全球运输物流

Worldwide ▪ ▪ Transport ▪ ▪ Logistics

BTG
国际运输有限公司

BTG
展览运输有限公司

BTG
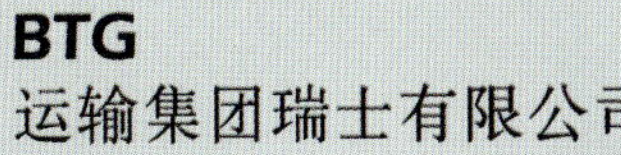
运输集团瑞士有限公司

BTG 北京代表处
Tel.: +86 (10) 84 60 11 37
Fax: +86 (10) 64 61 95 07
zhong.yuan@btg.cn

BTG上海代表处
Tel.: +86 (21) 58 78 82 41
Fax: +86 (21) 58 78 44 78
stephen.chen@btg.cn

BTG BAVARIA
TRANSPORT GROUP
巴伐利亚运输集团

www.btg.de

AsiaWorld-Expo
亞洲國際博覽館
5th Anniversary 五週年

AsiaWorld-Expo
亞洲國際博覽館

【参展类别】
组展商（包括行业协会、策划公司、专业展览公司）
展览场地方（包括展览馆、会议中心、会议旅游度假村）
展装服务商（展览设计、展览工程商）
展览展示器材、耗材供应商（灯光音响、广告、平面印刷、研发企业）
展览运输服务商
电子商务服务商（网络科技服务和产品、电子商务）
展览相关行业服务商（旅行机构、酒店、航空公司、展览运输、礼品赠品、教育培训、礼仪、翻译、速记等）
展览机构（工业行业协会、商会、贸易促进机构、会展管理办公室、会议展览业协会）
展览媒体（杂志、网站）

InterExpo 2011

第12届中国国际展览和会议展示会

The 12th China International Trade Show for Exhibition and Conference Industry

主办单位：

中国国际贸易促进委员会（CCPIT）
国际展览业协会（UFI）
国际展览和活动协会（IAEE）
独立组展商协会（SISO）
杭州市人民政府

承办单位：

中国展览馆协会
中国国际展览中心集团公司
杭州市西湖博览会组委会办公室

协办单位：
中国展览馆协会组展专业委员会
中国展览馆协会展览工程专业委员会
中国展览馆协会展览理论研究委员会
浙江世贸国际展览中心

媒体支持：

《中国会展》杂志社
《中国展会》杂志社
《中外会展》杂志社
国际商报
中国贸易报
中国及海外会展概览
中国贸促会宣传出版中心

展览日期：

2011年1月13日-14日

展览地点：

浙江世贸中心●杭州

预定展位 了解详情 请致电：

中国展览馆协会秘书处

联 系 人：郭丽　陆思
联系电话：+86-10-84600953/54/56/61/62
传　　真：+86-10-84600955
E-mail :caec_gl@163.com

世界级展览尽在香港

香港贸易发展局展览会：世界商贸汇聚其中

香港是亚洲商业中心，也是区内的商贸展览之都。香港贸易发展局每年举办逾30项世界级展览会，其中10项的规模为亚洲同类展览之冠，三项居于世界首位。随著香港会议展览中心完成扩建工程，本局其他展览会也甚有扩展潜力，足可晋身世界前列。

香港贸发局展览会组织完善，质素超卓，一直居于同类展览会最佳之列，吸引世界各地的买家和参展商踊跃出席，积极与香港、中国内地及全球的业者洽商交易。

展期	展览名称
2011	
1月10至12日	香港贸发局香港国际授权展
1月10至13日	香港贸发局香港玩具展*
	香港贸发局香港婴儿用品展
	香港国际文具展
1月17至20日	香港贸发局香港时装节秋冬系列*
	香港贸发局香港国际时尚荟萃
2月17至20日	香港贸发局教育及职业博览#
3月4至8日	香港贸发局香港国际珠宝展*#
3月21至24日	香港贸发局香港国际影视展#
4月13至16日	香港贸发局香港春季电子产品展*
	香港贸发局国际资讯科技博览
	香港贸发局香港国际春季灯饰展*
4月20至23日	香港贸发局香港家庭用品展*
	香港贸发局香港国际家用纺织品展
4月27至30日	香港贸发局香港礼品及赠品展*
	香港国际印刷及包装展
7月4至7日	香港贸发局香港夏季礼品、家庭用品及玩具展
	香港贸发局香港时装节春夏系列*
7月20至26日	香港贸发局香港书展
7月22至24日	优质生活博览 - 美容及养生、休闲及培育、开学用品及精明消费
8月11至15日	香港贸发局美食博览
8月	香港国际茶展
	国际现代化中医药及健康产品展览会暨会议
9月7至11日	香港贸发局香港钟表展*
10月13至16日	香港贸发局香港秋季电子产品展*
	国际电子组件及生产技术展*
10月27至29日	亚洲运动用品展
10月27至30日	香港贸发局香港国际秋季灯饰展*
	国际环保博览
10月	香港贸发局香港国际建筑装饰材料及五金展
11月3至5日	香港贸发局香港眼镜展*
	香港贸发局香港国际美酒展
12月1至3日	香港贸发局创新科技及设计博览
12月	香港贸发局国际中小企博览

* 认证 ufi Approved Event　　# 认可

香港贸发局有权更改上述展览表而不作另行通告

查询：(852) 1830 668
www.hktdc.com/ex/hktradefairs/21

www.hktdc.com

中国博览会和展览会

FAIRS & EXHIBITIONS IN CHINA 2011

中国国际贸易促进委员会

CHINA COUNCIL FOR THE PROMOTION OF INTERNATIONAL TRADE（CCPIT）

图书在版编目（CIP）数据

中国博览会和展览会. 2011 : 汉英对照 / 中国国际贸易促进委员会编. -- 北京 : 中国民族摄影艺术出版社, 2011

ISBN 978-7-5122-0034-0

Ⅰ. ①中… Ⅱ. ①中… Ⅲ. ①博览会－计划－中国－2011－汉、英②展览会－计划－中国－2011－汉、英 Ⅳ. ①G245-120.02

中国版本图书馆CIP数据核字(2011)第008555号

广告经营许可证号：京东工商广字第0404号

中国博览会和展览会2011

编　　著：中国国际贸易促进委员会

装帧设计：刘　旸　穆　航　李　劲

封面摄影：顾晨曦

出　　版：中国民族摄影艺术出版社

社　　址：北京东城区和平里北街14号（100013）

印　　刷：北京朝阳印刷厂有限责任公司

开　　本：889毫米 × 1194毫米 1/16

印　　张：19.875

字　　数：242千字

版　　次：2011年1月第1版第1次印刷

书　　号：ISBN 978-7-5122-0034-0

定　　价：200.00元

《2011年中国博览会和展览会》编委会

挖掘世博财富，推动展览业和谐发展

2010年10月31日晚8时30分许，国务院总理温家宝在上海世博园世博中心庄严宣布：中国2010年上海世博会闭幕。至此，184天精彩纷呈的上海世博会画上了一个圆满的句号。246个参展国家和国际组织、超过7300万人次的中外游客、2万多场次文艺演艺活动、首度将“城市”作为展品、首次开通网上世博会……中国因上海世博会进一步增进与国际社会的交往，世界因这场盛会进一步认识了真正的中国。

上海世博会结束了，其历史意义和深远影响值得我们用更多的时间去思考和实践。中共中央总书记胡锦涛在主持中共中央政治局第24次集体学习时强调，上海世博会给我们留下了丰厚物质成果和宝贵精神财富。我们要紧密结合贯彻落实党的十七届五中全会精神，认真总结上海世博会经验，弘扬上海世博会精神，努力把上海世博会成果转化为推动科学发展、促进社会和谐的新优势。对于中国展览业来说，这一点具有尤为深刻的意义。

首先，上海世博会的成功让中国更深刻地认识到展览业在社会经济发展中的重要作用。展览行业作为一个开放的系统，其影响波及周边地区乃至全国，能够对周边地区乃至全国经济的发展产生一定的带动作用，促进举办城市与周边区域形成紧密联系的经济带，提升整个区域的发展水平和竞争力。值此世博盛事成功举办之际，中国各级地方政府如重庆、威海、烟台等相继推出了扶持展览业发展的系列政策和措施，培育和引进大型品牌展览会，推介会展活动，扶持展览企业，培育展览活动和展览业发展研究，建设展览信息平台，培养展览人才等。而随着后世博效应的持续显现，可以预见，展览在接下来的几年仍将是政府重点扶持的产业之一。

第二，上海世博会展示了具有引领未来作用的发展理念，对于中国展览业的优化升级具有很强的借鉴意义。世博会是公认的世界展览最高殿堂。在上海世博会上，欧美展览大国展示理念和手段先进，特别是直观呈现了低碳、绿色、可持续的发展新方式。发展低碳会展是会展企业成长的必由之路。近年来，我国展馆投资急剧升温，结构性过剩问题突出，重复、无序办展的现象较为普遍，展览会上仍在使用大量难以重复利用的装修、宣传材料。怎样把低碳战略贯彻在我们的会展行业发展之中，是我们展览人需要深思的问题。

第三，上海世博会为中外展览行业交流提供了绝佳的平台。国内十多家会展企业直接参与了世博园的场馆设计、搭建和运营，与国际知名会展企业共同工作，不仅提高了我国企业在国际上的知名度，而且有助于国内企业引进国际先进的经营管理理念，提高组展办展水平，也让我们看到了中国会展业的巨大潜力。我们应分享、利用好这些经验，继续推动中国展览业的国际化进程。

2010年中央经济工作会议将“拓展国际经济合作空间”、“坚持出口和进口并重”、“继续稳定和拓展外需”作为明年经济工作的重要任务，对我国的展览活动提出了更高的要求。世博会的宝贵经验是中国展览业的共同财富。我们应该乘着上海世博会成功举办的东风，总结经验，开拓创新，为我国经济平稳健康运行做出贡献。

中国贸促会从1995年开始编辑出版《中国博览会和展览会》一书，汇总预告下一年度在中国举办的展、博览会，在帮助国内外工商业界了解在中国境内举办的展览会信息、引导国内外企业参加适合的展览会方面发挥了积极作用。长期以来，本书受到各有关方面的关心和重视，我在此深表谢意。

呈现给大家的《2011年中国博览会和展览会》收录了2011年将在中国内地近70个城市及香港、澳门、台湾地区举办的1000余个博览会和展览会的信息。我衷心希望各有关方面继续关心本书的编辑出版工作，积极提供信息，提出宝贵意见和建议，使其为中国展览业的和谐发展发挥更加积极的作用。

中国国际贸易促进委员会
中 国 国 际 商 会 会长 万季飞

二〇一〇年十二月

城市索引

行业索引

办公用品

纺织、服装

妇婴用品

公共安全

节能环保

机电

家具、家居

建筑、建材

交通

经贸活动

旅游、酒店

媒体、广告

美容、化妆

能源、矿产

农林牧渔

其他

石油、化工

食品、饮料

体育、休闲、娱乐

通讯、电脑、软件

玩具、礼品

文化、艺术

五金

物流

箱包

鞋类、皮革

医疗、健康

印刷、包装

北京市

第 12 届中国汽车用品暨改装汽车展览会

展出时间：2011 年 2 月 25 ～ 27 日
展馆名称：中国国际展览中心（新馆）
展出内容：美容护理用品、汽车内饰、汽车外饰、汽车影音娱乐、车载通讯导航、汽车安全用品等
展会网址：www.ciaacexpo.com.cn
主办单位：中国国际商会、雅森国际展览有限公司
承办单位：雅森国际展览有限公司、慧聪网
联系地址：北京市西城区裕民路 18 号北环中心 A 座 505 室
邮　　编：100029
联系电话：010-82250016
传　　真：010-82254766
电子邮箱：yasn_intl@163.com

2011 第 18 届北京国际建筑涂料、化学建材展览会

展出时间：2011 年 3 月 1 ～ 4 日
举办周期：一年一届
展馆名称：中国国际展览中心（新馆）
展会网址：www.builddecor.org
主办单位：中国国际贸易促进委员会、中国建筑装饰协会、中国国际展览中心集团公司
承办单位：北京中装华港建筑展览科技有限公司
联系地址：北京市朝阳区北三环东路 6 号
邮　　编：100028
联系电话：010-64630548；84540980
传　　真：010-84540980
电子邮箱：zhangchun@bj-jbh.com
联 系 人：张春（13391511886）

第 18 届全国建筑装饰材料行业订货会

展出时间：2011 年 3 月 1 ～ 4 日
举办周期：一年一届
展馆名称：中国国际展览中心（新馆）
展会网址：www.builddecor.org
主办单位：中国国际贸易促进委员会、中国建筑装饰协会、中国国际展览中心集团公司
承办单位：北京中装华港建筑展览科技有限公司
联系地址：北京市朝阳区北三环东路 6 号
邮　　编：100028
联系电话：010-64630548；84540980
传　　真：010-84540980
电子邮箱：zhangchun@bj-jbh.com
联 系 人：赵媛媛（13661248444）

第 18 届中国（北京）国际建筑装饰及材料博览会

展出时间：2011 年 3 月 1 ～ 4 日
举办周期：一年一届
展馆名称：中国国际展览中心（新馆）
展会网址：www.builddecor.org
主办单位：中国国际贸易促进委员会、中国建筑装饰协会、中国国际展览中心集团公司
承办单位：北京中装华港建筑展览科技有限公司
联系地址：北京市朝阳区北三环东路 6 号
邮　　编：100028
联系电话：010-64630548；84540980
传　　真：010-84540980
电子邮箱：zhangchun@bj-jbh.com
联 系 人：张春（13391511886）

2011 北京国际卫生洁具、建筑陶瓷及厨房设施展览会

展出时间：2011 年 3 月 1 ～ 4 日
举办周期：一年一届
展馆名称：中国国际展览中心（新馆）
展会网址：www.builddecor.org
主办单位：中国国际贸易促进委员会、中国建筑装饰协会、中国国际展览中心集团公司
承办单位：北京中装华港建筑展览科技有限公司
联系地址：北京市朝阳区北三环东路 6 号
邮　　编：100028
联系电话：010-64630548；84540980
传　　真：010-84540980
电子邮箱：zhangchun@bj-jbh.com
联 系 人：赵媛媛（13661248444）

第 18 届中国国际门业暨建筑装饰五金展览会

展出时间：2011 年 3 月 1 ～ 4 日
举办周期：一年一届
展馆名称：中国国际展览中心（新馆）
展会网址：www.builddecor.org
主办单位：中国国际贸易促进委员会、中国建筑装饰协会、中国国际展览中心集团公司
承办单位：北京中装华港建筑展览科技有限公司
联系地址：北京市朝阳区北三环东路 6 号
邮　　编：100028
联系电话：010-64630548；84540980
传　　真：010-84540980
电子邮箱：zhangchun@bj-jbh.com
联 系 人：张春（13391511886）

第 12 届中国国际地面装饰及地毯展览会

展出时间：2011 年 3 月 1 ～ 4 日
举办周期：一年一届
展馆名称：中国国际展览中心（新馆）
展会网址：www.builddecor.org
主办单位：中国国际贸易促进委员会、中国建筑装饰协会、中国国际展览中心集团公司
承办单位：北京中装华港建筑展览科技有限公司
联系地址：北京市朝阳区北三环东路 6 号
邮　　编：100028
联系电话：010-64630548；84540980
传　　真：010-84540980

电子邮箱：zhangchun@bj-jbh.com
联 系 人：张春（13391511886）、赵媛媛（13661248444）

第 13 届中国国际建筑遮阳及建筑节能展览会

展出时间：2011 年 3 月 1 ~ 4 日
举办周期：一年一届
展馆名称：中国国际展览中心（新馆）
展会网址：www.builddecor.org
主办单位：中国国际贸易促进委员会、中国建筑装饰协会、中国国际展览中心集团公司
承办单位：北京中装华港建筑展览科技有限公司
联系地址：北京市朝阳区北三环东路 6 号
邮　　编：100028
联系电话：010-64630548；84540980
传　　真：010-84540980
电子邮箱：zhangchun@bj-jbh.com
联 系 人：张春（13391511886）

第 12 届中国国际门窗幕墙工业及天花吊顶材料展览会

展出时间：2011 年 3 月 1 ~ 4 日
举办周期：一年一届
展馆名称：中国国际展览中心（新馆）
展会网址：www.builddecor.org
主办单位：中国国际贸易促进委员会、中国建筑装饰协会、中国国际展览中心集团公司
承办单位：北京中装华港建筑展览科技有限公司
联系地址：北京市朝阳区北三环东路 6 号
邮　　编：100028
联系电话：010-64630548；84540980
传　　真：010-84540980
电子邮箱：zhangchun@bj-jbh.com
联 系 人：赵媛媛（13661248444）

第 11 届中国国际墙纸、布艺展览会

展出时间：2011 年 3 月 1 ~ 4 日
举办周期：一年一届
展馆名称：中国国际展览中心（新馆）
展会网址：www.builddecor.org
主办单位：中国国际贸易促进委员会、中国建筑装饰协会、中国国际展览中心集团公司
承办单位：北京中装华港建筑展览科技有限公司
联系地址：北京市朝阳区北三环东路 6 号
邮　　编：100028
联系电话：010-64630548；84540980
传　　真：010-84540980
电子邮箱：zhangchun@bj-jbh.com
联 系 人：张春（13391511886）

第 11 届中国国际橱柜、壁柜、隔断、楼梯、木业展览会

展出时间：2011 年 3 月 1 ~ 4 日
举办周期：一年一届
展馆名称：中国国际展览中心（新馆）
展会网址：www.builddecor.org
主办单位：中国国际贸易促进委员会、中国建筑装饰协会、中国国际展览中心集团公司
承办单位：北京中装华港建筑展览科技有限公司
联系地址：北京市朝阳区北三环东路 6 号
邮　　编：100028
联系电话：010-64630548；84540980
传　　真：010-84540980
电子邮箱：zhangchun@bj-jbh.com
联 系 人：赵媛媛（13661248444）

第 11 届中国国际供热空调及城建设备与技术展览会

展出时间：2011 年 3 月 1 ~ 4 日
举办周期：一年一届
展馆名称：中国国际展览中心（新馆）
展会网址：www.builddecor.org
主办单位：中国国际贸易促进委员会、中国建筑装饰协会、中国国际展览中心集团公司
承办单位：北京中装华港建筑展览科技有限公司
联系地址：北京市朝阳区北三环东路 6 号
邮　　编：100028
联系电话：010-64630548；84540980
传　　真：010-84540980
电子邮箱：zhangchun@bj-jbh.com
联 系 人：张春（13391511886）

第 18 届中国国际别墅建材、人造砂岩、玻璃钢塑及园林景观展览会

展出时间：2011 年 3 月 1 ~ 4 日
举办周期：一年一届
展馆名称：中国国际展览中心（新馆）
展会网址：www.builddecor.org
主办单位：中国国际贸易促进委员会、中国建筑装饰协会、中国国际展览中心集团公司
承办单位：北京中装华港建筑展览科技有限公司
联系地址：北京市朝阳区北三环东路 6 号
邮　　编：100028
联系电话：010-64630548；84540980
传　　真：010-84540980
电子邮箱：zhangchun@bj-jbh.com
联 系 人：赵媛媛（13661248444）

第 18 届中国国际屋顶系统、涂料化工及墙体材料展览会

展出时间：2011 年 3 月 1 ~ 4 日
举办周期：一年一届
展馆名称：中国国际展览中心（新馆）
展会网址：www.builddecor.org
主办单位：中国国际贸易促进委员会、中国建筑装饰协会、中国国际展览中心集团公司
承办单位：北京中装华港建筑展览科技有限公司

联系地址：北京市朝阳区北三环东路6号
邮　　编：100028
联系电话：010-64630548；84540980
传　　真：010-84540980
电子邮箱：zhangchun@bj-jbh.com
联 系 人：张春（13391511886）

第6届中国国际砂浆技术与产品展览会

展出时间：2011年3月1～4日
举办周期：一年一届
展馆名称：中国国际展览中心（新馆）
展会网址：www.builddecor.org
主办单位：中国国际贸易促进委员会、中国建筑装饰协会、中国国际展览中心集团公司
承办单位：北京中装华港建筑展览科技有限公司
联系地址：北京市朝阳区北三环东路6号
邮　　编：100028
联系电话：010-64630548；84540980
传　　真：010-84540980
电子邮箱：zhangchun@bj-jbh.com
联 系 人：赵媛媛（13661248444）

第6届中国国际建筑装饰艺术玻璃工业展览会

展出时间：2011年3月1～4日
举办周期：一年一届
展馆名称：中国国际展览中心（新馆）
展会网址：www.builddecor.org
主办单位：中国国际贸易促进委员会、中国建筑装饰协会、中国国际展览中心集团公司
承办单位：北京中装华港建筑展览科技有限公司
联系地址：北京市朝阳区北三环东路6号
邮　　编：100028
联系电话：010-64630548；84540980
传　　真：010-84540980
电子邮箱：zhangchun@bj-jbh.com
联 系 人：赵媛媛（13661248444）

第18届（北京）国际五金及楼宇智能博览会

展出时间：2011年3月1～4日
举办周期：一年一届
展馆名称：中国国际展览中心（新馆）
展会网址：www.builddecor.org
主办单位：中国国际贸易促进委员会、中国建筑装饰协会、中国国际展览中心集团公司
承办单位：北京中装华港建筑展览科技有限公司
联系地址：北京市朝阳区北三环东路6号
邮　　编：100028
联系电话：010-64630548；84540980
传　　真：010-84540980
电子邮箱：zhangchun@bj-jbh.com
联 系 人：张春（13391511886）

第11届（北京）国际墙纸、布艺地毯及辅料展览会

展出时间：2011年3月1～4日
举办周期：一年一届
展馆名称：中国国际展览中心（新馆）
展会网址：www.builddecor.org
主办单位：中国国际贸易促进委员会、中国建筑装饰协会、中国国际展览中心集团公司
承办单位：北京中装华港建筑展览科技有限公司
联系地址：北京市朝阳区北三环东路6号
邮　　编：100028
联系电话：010-64630548；84540980
传　　真：010-84540980
电子邮箱：zhangchun@bj-jbh.com
联 系 人：赵媛媛（13661248444）

第6届（北京）国际建筑装饰艺术玻璃工业展览会

展出时间：2011年3月1～4日
举办周期：一年一届
展馆名称：中国国际展览中心（新馆）
展会网址：www.builddecor.org
主办单位：中国国际贸易促进委员会、中国建筑装饰协会、中国国际展览中心集团公司
承办单位：北京中装华港建筑展览科技有限公司
联系地址：北京市朝阳区北三环东路6号
邮　　编：100028
联系电话：010-64630548；84540980
传　　真：010-84540980
电子邮箱：zhangchun@bj-jbh.com
联 系 人：张春（13391511886）

第18中国（北京）国际建筑石材产品及设备博览会

展出时间：2011年3月1～4日
举办周期：一年一届
展馆名称：中国国际展览中心（新馆）
展会网址：www.builddecor.org
主办单位：中国国际贸易促进委员会、中国建筑装饰协会、中国国际展览中心集团公司
承办单位：北京中装华港建筑展览科技有限公司
联系地址：北京市朝阳区北三环东路6号
邮　　编：100028
联系电话：010-64630548；84540980
传　　真：010-84540980
电子邮箱：zhangchun@bj-jbh.com
联 系 人：赵媛媛（13661248444）

2011北京厨卫展览会

展出时间：2011年3月1～4日
举办周期：一年一届
展馆名称：中国国际展览中心（新馆）
展出内容：卫浴洁具、卫浴配件、精品陶瓷、整体厨房、设施及配件等

展会网址：www.expox.com.cn
主办单位：中国国际贸易促进委员会、中国建筑装饰协会、中国国际展览中心集团公司
承办单位：北京中装华港建筑科技展览有限公司
联系地址：北京市朝阳区北三环东路6号中国国际展览中心4层
邮　　编：100028
联系电话：010-84494460；84494457
传　　真：010-84494457
电子邮箱：jay55052@163.com
联 系 人：于子杰

第18届中国（北京）国际建筑装饰及材料博览会

展出时间：2011年3月1～4日
举办周期：一年一届
展馆名称：中国国际展览中心（新馆）
展出内容：卫浴洁具、卫浴配件、精品陶瓷、整体厨房、设施及配件等
展会网址：www.expox.com.cn
主办单位：中国国际贸易促进委员会、中国建筑装饰协会、中国国际展览中心集团公司
承办单位：北京中装华港建筑科技展览有限公司
联系地址：北京市朝阳区北三环东路6号中国国际展览中心4层
邮　　编：100028
联系电话：010-84494460；84494457
传　　真：010-84494457
电子邮箱：jay55052@163.com
联 系 人：于子杰

第18届中国（北京）国际建筑陶瓷及厨卫设施展览会

展出时间：2011年3月1～4日
举办周期：一年一届
展馆名称：中国国际展览中心（新馆）
展出内容：卫浴洁具、卫浴配件、精品陶瓷、整体厨房、设施及配件等
展会网址：www.expox.com.cn
主办单位：中国国际贸易促进委员会、中国建筑装饰协会、中国国际展览中心集团公司
承办单位：北京中装华港建筑科技展览有限公司
联系地址：北京市朝阳区北三环东路6号中国国际展览中心4层
邮　　编：100028
联系电话：010-84494460；84494457
传　　真：010-84494457
电子邮箱：jay55052@163.com
联 系 人：于子杰

2011中国（北京）国际供热空调、卫生洁具及城建设备与技术展览会

展出时间：2011年3月3～5日
始办时间：1996年
展馆名称：国家会议中心
展出内容：供热采暖产品及设备、电采暖设备、热泵系统空调及通风产品、太阳能工程及热利用产品、给排水系统、再生能源等
展会网址：www.ishchina.com
主办单位：法兰克福展览（上海）有限公司、中国汽车工业国际合作总公司
承办单位：法兰克福展览（上海）有限公司北京办
联系电话：010-64622528
传　　真：010-64620075
电子邮箱：flkfbj2010@sina.com
联 系 人：孙东亮、郭丽清

第6届中国（北京）国际地面供暖系统产品及设备展览会

展出时间：2011年3月3～5日
展馆名称：中国国际展览中心
展出内容：电热膜、电热板、发热地板、地热电缆等
展会网址：www.cihe-hvac.com
主办单位：中国贸促会建设行业分会、中国建筑装饰协会、中国城市燃气学会应用专业委员会分户燃气供暖分会、中国建筑金属结构协会地面供暖委员会、北京市建设工程物资协会地板采暖分会、中国国际展览中心集团公司
承办单位：北京中装泰格尔展览有限公司
联系地址：北京朝阳区北三环东路六号中国国际展览中心一号馆四层380室
邮　　编：100028
联系电话：010-84600666
传　　真：010-84600669
电子邮箱：cihe-hvac@163.com

第11届中国国际供热、通风及空调产品与技术博览会

展出时间：2011年3月3～5日
展馆名称：中国国际展览中心
展出内容：电热膜、电热板、发热地板、地热电缆等
展会网址：www.cihe-hvac.com
主办单位：中国贸促会建设行业分会、中国建筑装饰协会、中国城市燃气学会应用专业委员会分户燃气供暖分会、中国建筑金属结构协会地面供暖委员会、北京市建设工程物资协会地板采暖分会、中国国际展览中心集团公司
承办单位：北京中装泰格尔展览有限公司
联系地址：北京朝阳区北三环东路六号中国国际展览中心一号馆四层380室
邮　　编：100028
联系电话：010-84600666
传　　真：010-84600669
电子邮箱：cihe-hvac@163.com

第8届中国国际采暖散热器及配套产品展览会

展出时间：2011年3月3～5日
展馆名称：中国国际展览中心
展出内容：电热膜、电热板、发热地板、地热电缆等

展会网址：www.cihe-hvac.com
主办单位：中国贸促会建设行业分会、中国建筑装饰协会、中国城市燃气学会应用专业委员会分户燃气供暖分会、中国建筑金属结构协会地面供暖委员会、北京市建设工程物资协会地板采暖分会、中国国际展览中心集团公司
承办单位：北京中装泰格尔展览有限公司
联系地址：北京朝阳区北三环东路六号中国国际展览中心一号馆四层380室
邮　　编：100028
联系电话：010-84600666
传　　真：010-84600669
电子邮箱：cihe-hvac@163.com

第2届中国国际生活热水及净水设备与技术展览会

展出时间：2011年3月3～5日
展馆名称：中国国际展览中心
展出内容：电热膜、电热板、发热地板、地热电缆等
展会网址：www.cihe-hvac.com
主办单位：中国贸促会建设行业分会、中国建筑装饰协会、中国城市燃气学会应用专业委员会分户燃气供暖分会、中国建筑金属结构协会地面供暖委员会、北京市建设工程物资协会地板采暖分会、中国国际展览中心集团公司
承办单位：北京中装泰格尔展览有限公司
联系地址：北京朝阳区北三环东路六号中国国际展览中心一号馆四层380室
邮　　编：100028
联系电话：010-84600666
传　　真：010-84600669
电子邮箱：cihe-hvac@163.com

第7届中国国际空调、通风及热泵产品与技术展览会

展出时间：2011年3月3～5日
展馆名称：中国国际展览中心
展出内容：电热膜、电热板、发热地板、地热电缆等
展会网址：www.cihe-hvac.com
主办单位：中国贸促会建设行业分会、中国建筑装饰协会、中国城市燃气学会应用专业委员会分户燃气供暖分会、中国建筑金属结构协会地面供暖委员会、北京市建设工程物资协会地板采暖分会、中国国际展览中心集团公司
承办单位：北京中装泰格尔展览有限公司
联系地址：北京朝阳区北三环东路六号中国国际展览中心一号馆四层380室
邮　　编：100028
联系电话：010-84600666
传　　真：010-84600669
电子邮箱：cihe-hvac@163.com

2011北京国际创意礼品及工艺品展览会

展出时间：2011年3月5～8日
展馆名称：中国国际贸易中心
展出内容：商务礼品、茶文化礼品、户外休闲礼品等
上届数据：参观人数达60000人次
主办单位：中国国际贸易中心股份有限公司、中国工艺品进出口集团
承办单位：中艺新国际展览（北京）有限公司、北京思恒展览策划有限公司
联系地址：北京朝阳门外吉祥里103号中艺大厦B座一层
联系电话：010-85698508
电子邮箱：tony.a@263.net
联 系 人：敖重恒

2011年第11届中国国际石油石化技术装备展览会

展出时间：2011年3月22～24日
举办周期：一年一届
展馆名称：中国国际展览中心（新馆）
展出内容：油气勘探、开发与生产装备、物探、测井、环保节能与安全管理、卸装与包装技术等
展会网址：www.cippe.com.cn
主办单位：北京振威展览有限公司、中国石油和石油化工设备工业协会、中国贸促会化工行业分会
承办单位：北京振威展览有限公司
联系地址：北京市朝阳区北苑路170号凯旋城E座8楼801室
联系电话：010-58236515
传　　真：010-58236567
电子邮箱：cippe@zhenweiexpo.com
联 系 人：覃珧、夏杰

2011年第8届中国国际防爆电气技术设备展览会

展出时间：2011年3月22～24日
举办周期：一年一届
始办时间：1993年
展馆名称：中国国际展览中心（新馆）
展出内容：防爆液位控制器、防爆液压件、防爆空调冷冻系统、防爆气体检测仪器等
主办单位：中国贸促会化工行业分会、中国煤炭学会煤矿安全专业委员会、中国电器工业协会防爆电器分会
承办单位：北京振威展览有限公司
联系地址：北京市朝阳区北苑路170号凯旋城E座8楼801室
联系电话：010-58236588
传　　真：010-58236567
联 系 人：覃珧、夏杰
电子邮箱：cippe@zhenweiexpo.com

2011年第19届中国国际广播电视信息网络展览会

展出时间：2011年3月23～25日
举办周期：一年一届
展馆名称：中国国际展览中心
展出内容：摄录编设备、制作设备、影视灯光音响、数字电影制作和放映设备等
展会网址：www.ccbn.cn
主办单位：国家广播电影电视总局

承办单位：国家广播电影电视总局广播科学研究院、中国有线电视网络有限公司、全国各省市自治区广播电影电视局
联系电话：010-86092133
传　　真：010-86094090
联 系 人：徐建、贺伟、吴洪川
电子邮箱：hewei@china.com

2011 亚洲国际品牌体育用品及运动时尚博览会

展出时间：2011 年 3 月 23 ~ 26 日
举办周期：一年一届
展馆名称：中国国际展览中心
展出内容：体育用品等
展会网址：www.ispochina.com.cn
主办单位：中国国际展览中心集团公司
承办单位：慕尼黑展览（上海）有限公司
联系地址：上海市浦东新区源深路 1088 号葛洲坝大厦 11 楼
联系电话：021-20205500
传　　真：021-20205688
电子邮箱：ispochina@mmi-shanghai.com

2011 第 23 届国际医疗仪器设备展览会

展出时间：2011 年 3 月 25 ~ 27 日
举办周期：一年一届
展馆名称：国家会议中心
展出内容：医疗仪器、医疗设备、医疗耗材等
上届数据：3000 名军队医疗机构和 2000 多名地方医院专业买家参观展会，26408 名海内外专业观众参观展会
主办单位：中国人民解放军总后勤部卫生部、中国国际贸易中心股份有限公司、惠通兴业国际展览（北京）有限公司、杜塞尔多夫展览（中国）有限公司
承办单位：惠通兴业国际展览（北京）有限公司
联系地址：北京市复兴路乙 59 号巨星大厦 603 室
联系电话：021-61242365；61242366
传　　真：021-61242366；61242368
联 系 人：付龙

第 19 届中国国际服装服饰博览会

展出时间：2011 年 3 月 28 ~ 31 日
举办周期：一年一届
始办时间：1993 年
展馆名称：中国国际展览中心（新馆）
展出内容：男装、女装、休闲装、童装、羊绒制品等
展会网址：www.chiconline.com.cn
上届数据：展出面积 10 万平方米，来自 23 个国家和地区的 900 余个中外服装服饰品牌参展，国内外观众达到 115000 人
主办单位：中国服装协会、中国国际贸易中心股份有限公司、中国贸促会纺织行业分会
承办单位：中国贸促会纺织行业分会
联系地址：北京市东城区东长安街 12 号 449 室
邮　　编：100742
联系电话：010-85229099
传　　真：010-85229018
联 系 人：翟旭

2011 中国国际纺织面料及辅料（春夏）博览会

展出时间：2011 年 3 月 30 日 ~ 4 月 1 日
举办周期：一年一届
始办时间：1995 年
展馆名称：中国国际展览中心
展出内容：各类服装面料、辅料、计算机 CAD/CAM 系统，相关出版物及网络等
展会网址：www.intertextile.com.cn
上届数据：展会面积 50000 平方米，观众 24373 人次
主办单位：中国纺织工业协会
承办单位：中国贸促会纺织行业分会、法兰克福展览（香港）有限公司、中国纺织信息中心
联系地址：北京市东长安街 12 号 550 室
邮　　编：100742
联系电话：010-85229463；85229488；85229440
传　　真：010-85229296
电子邮箱：intertextilebj@ccpittex.com
联 系 人：沈桢、于欣、王壮飞

第 2 届中国国际水技术展览会

展出时间：2011 年 3 月 30 日 ~ 4 月 1 日
展馆名称：国家会议中心
展会网址：www.waterex.com.cn
主办单位：住房和城乡建设部中国建筑文化中心、上海荷瑞会展有限公司
承办单位：上海荷瑞会展有限公司
联系地址：上海市延安西路 2633 号美丽华商务中心 C308 室
邮　　编：200336
联系电话：021-62706717
传　　真：021-62706720
电子邮箱：kevin@chcbiz.com

2011 中国国际纺织纱线展览会

展出时间：2011 年 3 月 31 日 ~ 4 月 2 日
展馆名称：中国国际贸易中心
展出内容：天然纤维和纱线、研究检测服务、相关媒体及刊物等
主办单位：中国贸促会纺织行业分会、法兰克福展览（香港）有限公司、中国棉纺织行业协会、中国毛纺织行业协会、中国化学纤维工业协会、中国麻纺行业协会、中国纺织信息中心
联系地址：北京东长安街 12 号 546 室
邮　　编：100742
联系电话：010-85229496
传　　真：010-85229300
联 系 人：王小雷

2011 第 11 届北京国际特许连锁加盟与中小型创业项目展览会

展出时间：2011 年 4 月 3 ~ 4 日
展馆名称：全国农业展览馆
承办单位：北京西西木国际展览有限公司
联系地址：北京市朝阳区雅成二里二号楼 1-602
邮　　编：100123
联系电话：010-59227308
传　　真：010-59227308
电子邮箱：heyanjone@126.com
联 系 人：何苑（13601084110）

第 8 届中国（北京）国际烘焙展览会

展出时间：2011 年 4 月 8 ~ 10 日
展馆名称：中国国际展览中心
展会网址：www.baking-expo.com
主办单位：中国食品工业协会、北京爽朗展览服务有限公司、北京世博联展览服务有限公司
承办单位：北京爽朗展览服务有限公司
联系地址：北京市朝阳区三元桥第三置业大厦 B-1006 室
邮　　编：100028
联系电话：010-58221856
传　　真：010-58851286
联 系 人：李晓露

2011 年北京生物质能展览会

展出时间：2011 年 4 月 8 ~ 10 日
展馆名称：中国国际展览中心
主办单位：中国可再生能源学会生物质能专业委员会、中国农村能源行业协会、中国高科技产业化研究会、中国贸促会建设行业分会、中国国际商会建设行业商会
承办单位：北京市新能源与可再生能源协会、北京泰格尔展览有限公司
联系地址：北京市北三环东路六号国际展览中心一号馆四层 337 室
邮　　编：100028
联系电话：010-57211579
传　　真：010-84600659
电子邮箱：zgly168@163.com
联 系 人：孔翔永（13501209274）

2011 第 3 届中国国际光伏产业新技术新材料新产品新设备展览会

展出时间：2011 年 4 月 8 ~ 10 日
展馆名称：中国国际展览中心
上届数据：展览面积近 30000 平方米，参展企业 300 家
主办单位：中国高科技产业化研究会、中国贸促会建设行业分会、国家太阳能光伏产品质量监督检验中心、中国可再生能源学会光伏专业委员会、中国建筑金属结构协会光电建筑应用委员会、中国国际商会建设行业商会
承办单位：北京市新能源与可再生能源协会、北京泰格尔展览有限公司
联系电话：010-81686496
电子邮箱：xnyhbz@163.com
联 系 人：佘士凡（13641231398）

第 12 届中国国际机床展览会

展出时间：2011 年 4 月 11 ~ 16 日
举办周期：两年一届
始办时间：1989 年
展馆名称：中国国际展览中心（新馆）
展出内容：金属切削机床、电加工及激光加工等特种加工机床、锻压机械、金属切割及焊接设备等
展会网址：www.cimtshow.com
上届数据：参展企业 1222 家，观众 26.5 人次
主办单位：中国机床工具工业协会
承办单位：中国机床工具工业协会、中国国际展览中心集团公司
联系地址：北京市宣武区莲花池东路 102 号天莲大厦 12 层
邮　　编：100055
联系电话：010-63345053
传　　真：010-63345271
电子邮箱：xieyun@cmtba.org.cn
联 系 人：谢赟

2011 中国出境旅游交易会

展出时间：2011 年 4 月 13 ~ 15 日
展馆名称：中国国际贸易中心
展会网址：www.cottm.cn
联系电话：021-64484882
电子邮箱：qqing@tarsus.co.uk
联 系 人：卿清辉

2011 年第 3 届中国国际混凝土技术与装备展览会

展出时间：2011 年 4 月 14 ~ 16 日
举办周期：一年一届
始办时间：2009 年
展馆名称：北京展览馆
展出内容：混凝土用原材料、建材回收再生骨料技术与设备、混凝土制品、砂浆及生产技术与装备等
展会网址：www.concretechina.org
主办单位：中国贸促会建筑材料行业分会、中国混凝土与水泥制品协会、中国建筑砌块协会、中国加气混凝土协会、中国建材机械工业协会、中国砂石协会、中国模板协会、中国建筑材料联合会混凝土外加剂分会、中国建筑材料联合会玻璃纤维增强水泥分会、中国硅酸盐学会膨胀与自应力混凝土专业委员会
联系电话：010-88365655
电子邮箱：lill@ccpitbm.org
联 系 人：李玲玲

第 12 届中国国际水泥技术及装备展览会

展出时间：2011 年 4 月 14 ~ 16 日
展馆名称：北京展览馆
展出内容：矿山设备与工程机械、输送运输等
主办单位：中国水泥协会、中国贸促会建筑材料行业分会
承办单位：中国贸促会建筑材料行业分会
联系地址：北京三里河路 11 号 316 室
邮　　编：100831
联系电话：010-88366101；88375528
传　　真：010-88377477
电子邮箱：info@cementtech.org
联 系 人：陈平原、金笑

2011 中国国际矿山开采及粉体加工技术装备展览会

展出时间：2011 年 4 月 14 ~ 16 日
展馆名称：北京展览馆
展出内容：矿山设备与工程机械、输送运输等
主办单位：中国水泥协会、中国贸促会建筑材料行业分会
承办单位：中国贸促会建筑材料行业分会
联系地址：北京三里河路 11 号 316 室
邮　　编：100831
联系电话：010-88366101；88375528
传　　真：010-88377477
电子邮箱：info@cementtech.org
联 系 人：陈平原、金笑

2011 中国国际葡萄酒及烈酒展览会

展出时间：2011 年 4 月 17 ~ 19 日
举办周期：一年一届
始办时间：2010
展馆名称：北京全国农业展览馆
展出内容：各种葡萄酒、烈酒及相关产品
展会网址：www.cafte.gov.cn
上届数据：展出面积 1500 平方米
主办单位：中国贸促会农业行业分会
联系地址：北京市朝阳区麦子店街 20 号楼 8 层
邮　　编：100125
联系电话：010-59194402
传　　真：010-65918986
电子邮箱：linda@agri.gov.cn
联 系 人：江月朋

2011 中国国际薯业博览会

展出时间：2011 年 4 月 20 ~ 22 日
举办周期：一年一届
始办时间：2010 年
展馆名称：北京全国农业展览馆
展出内容：马铃薯、甘薯、木薯等薯类的种薯与繁育、机械与设备、薯类加工品、薯类生产资料等
展会网址：www.chinapotatoexpo.com
上届数据：展位数 310 个，参展企业 200 家，专业观众 4500 人
主办单位：农业部农业贸易促进中心、中国贸促会农业行业分会
联系地址：北京市朝阳区麦子店街 20 号楼
邮　　编：100125
联系电话：010-59194577
传　　真：010-65001257
联 系 人：赵学尽

第 18 届中国（北京）国际石材产品及石材技术装备展览会

展出时间：2011 年 4 月 20 ~ 23 日
展馆名称：中国国际展览中心
展出内容：荒料、板材、异型制品、石雕制品、环境装饰、机械设备及工具等
主办单位：中国贸促会建筑材料行业分会、中国石材工业协会、中展集团北京华港展览有限公司
承办单位：中展集团北京华港展览有限公司
联系地址：北京市朝阳区北三环东路 6 号中国国际展览中心综合服务楼 1 层北京华港展览有限公司
邮　　编：100028
联系电话：010-84600805
联 系 人：柴彤

2011 第 6 届北京国际泳池沐浴 SPA 展览会

展出时间：2011 年 4 月 26 ~ 28 日
展馆名称：中国国际展览中心
展出内容：泳池温泉、SPA 水疗、桑拿沐浴、休闲养生等
承办单位：北京极地通达展览有限公司
联系电话：010-85864985
电子邮箱：leisurechina@126.com
联 系 人：张先生

2011 中国国际家庭低碳热水生活展览会

展出时间：2011 年 4 月 27 ~ 29 日
展馆名称：中国国际展览中心
主办单位：中国时尚协会、中国轻工业信息中心、中国家居联合会
承办单位：北京环球北方国际展览有限公司
联系电话：010-69550844
传　　真：010-80502875
电子邮箱：langzyq0323@163.com
联 系 人：吴朋

2011 第 5 届北京国际无损检测应用技术展览会

展出时间：2011 年 4 月 27 ~ 29 日
展馆名称：中国国际贸易中心
展会网址：www.ndtexpo.com
主办单位：中国设备管理协会、中石协 ASME 规范产品专业委员会、中国石油和化工勘察设计协会热工设计专业委员会、全国化工热工设计技术中心站、北京热物理与能源工程学会、中国国际经济技术交流中心
承办单位：北京环亚联展览服务有限公司

联系地址：北京朝阳路67号9-1-1103
联系电话：010-85765970
传　　真：010-85765560
联 系 人：沈阳（13522258333）

第5届中国（北京）国际锅炉、压力容器、管道及相关设备展览会

展出时间：2011年4月27～29日
展馆名称：中国国际贸易中心
展会网址：www.ndtexpo.com
主办单位：中国设备管理协会、中石协ASME规范产品专业委员会、中国石油和化工勘察设计协会热工设计专业委员会、全国化工热工设计技术中心站、北京热物理与能源工程学会、中国国际经济技术交流中心
承办单位：北京环亚联展览服务有限公司
联系地址：北京朝阳路67号9-1-1103
联系电话：010-85765970
传　　真：010-85765560
联 系 人：沈阳（13522258333）

2011中国卧室文化节暨中国国际高端卧室时尚用品展览会

展出时间：2011年4月27～29日
展馆名称：中国国际展览中心
展出内容：卧室家具、床上用品、婴幼儿寝具等
承办单位：北京环球北方国际展览有限公司
联系电话：10-69552014
传　　真：10-69551747
电子邮箱：bjguoliwen@126.com
联 系 人：郭伟（15910887387）

2011北京国际广告新媒体新技术新设备新材料展示交易会

展出时间：2011年4月27～30日
展馆名称：中国国际展览中心
主办单位：中国对外贸易经济合作企业协会、中国电子国际展览广告公司
联系地址：北京复兴路甲23号电子大楼
邮　　编：100036
联系电话：010-68296359；68296360；68296276
传　　真：010-68288219
电子邮箱：chendz@ceiec.com.cn；dingtao@ceiec.com.cn
联 系 人：陈大治

2011北京国际LED显示技术及LED城市景观照明展览会

展出时间：2011年4月27～30日
展馆名称：中国国际展览中心
主办单位：中国对外贸易经济合作企业协会、中国电子国际展览广告公司
联系地址：北京复兴路甲23号电子大楼
邮　　编：100036
联系电话：010-68296359；68296360；68296276
传　　真：010-68288219
电子邮箱：chendz@ceiec.com.cn；dingtao@ceiec.com.cn
联 系 人：陈大治

2011第11届中国国际成人保健及生殖健康用品（北京）展览会

展出时间：2011年5月7～9日
展馆名称：中国国际展览中心
展会网址：www.mhexpo.com.cn
主办单位：中国性学会、中国成人产业发展联盟、中国医疗保健国际交流促进会
承办单位：北京世博威国际展览有限公司
联系地址：北京市朝阳区朝阳路69号
邮　　编：100123
联系电话：010-85754857
传　　真：010-51413308
电子邮箱：liangfeng8866@foxmail.com
联 系 人：梁枫（13691120117）

2011首届成人用品网商采购交易会

展出时间：2011年5月7～9日
展馆名称：中国国际展览中心
展会网址：www.mhexpo.com.cn
主办单位：中国性学会、中国成人产业发展联盟、中国医疗保健国际交流促进会
承办单位：北京世博威国际展览有限公司
联系地址：北京市朝阳区朝阳路69号
邮　　编：100123
联系电话：010-85754857
传　　真：010-51413308
电子邮箱：liangfeng8866@foxmail.com
联 系 人：梁枫（13691120117）

2011第5届北京国际健康营养食用油产业展览会

展出时间：2011年5月7～9日
展馆名称：中国国际展览中心
主办单位：中国保健营养理事会、中国保健营养理事会高端食用油专业委员会
承办单位：北京世博威国际展览有限公司、中国保健营养理事会高端食用油专业委员会
联系电话：010-80693488
传　　真：010-51413308
电子邮箱：18610288801@163.com
联 系 人：白芸（18610288801）

2011第11届中国（北京）国际有机食品及绿色食品展览会

展出时间：2011年5月7～9日
展馆名称：中国国际展览中心
展会网址：www.gnfexpo.com.cn
主办单位：国际绿色产业协会、国家有机产业联盟、中国保健营养理事会、中国老年营养与食品专业

委员会
承办单位：北京世博威国际展览有限公司
联系地址：北京市朝阳区朝阳路69号
邮　　编：100123
联系电话：010-85755107
传　　真：010-51413308
电子邮箱：beijingfoodexpo@yeah.net
联 系 人：张学峰（15811512873）

2011年北京第2届国际减灾应急技术设备博览会

展出时间：2011年5月8～10日
展馆名称：中国国际贸易中心
展会网址：www.ecidrea.com.cn
上届数据：展出面积近10000平方米
主办单位：国家减灾委员会办公室、中国灾害防御协会、民政部国家减灾中心、商务部外贸发展事务局
承办单位：中艺新国际展览（北京）有限公司、北京新格拉斯国际会展有限公司
联系电话：010-83294491
传　　真：010-83294738
联 系 人：徐伟（13910818429）

第8届中国国际国防电子展览会

展出时间：2011年5月12～14日
展馆名称：北京展览馆
展出内容：计算机信息系统安全产品、火控系统、雷达系统等
主办单位：中国电子进出口总公司、中电科技国际贸易有限公司、北京鑫隆电子新技术公司
承办单位：中国电子国际展览广告有限责任公司
联系地址：中国北京复兴路甲23号电子大楼
邮　　编：100036
联系电话：010-68296457
传　　真：010-68296451
电子邮箱：cidex@ceiec.com.cn
联 系 人：赵军

第13届北京国际玩具及幼教用品展览会

展出时间：2011年5月13～15日
始办时间：1999年
展馆名称：中国国际贸易中心
展会网址：www.beijingite.com
主办单位：中国国际贸易中心股份有限公司
承办单位：北京南北展览有限公司
联系地址：北京市建国门外大街1号国贸中心展览部
邮　　编：100004
联系电话：010-65050194
传　　真：010-65053260
电子邮箱：caodelong@cwtc.com
联 系 人：曹先生

第14届中国北京国际科技产业博览会

展出时间：2011年5月18～22日
举办周期：一年一届
始办时间：1998年
展馆名称：中国国际展览中心
展出内容：电子信息与现代通讯、生物工程与医药、环境保护产业、新材料与新能源、现代农业与绿色技术、现代工程与先进制造技术
展会网址：www.chitec.cn
上届数据：展出面积60000平方米，国外参展面积16000平方米，参展商数量2213家，国外参展商163家，观众数量21万人次
主办单位：科学技术部、商务部、教育部、工业和信息化部、中国国际贸易促进委员会、国家知识产权局、北京市人民政府
承办单位：中国贸促会北京市分会
联系地址：北京市西城区南礼士路19号建邦商务会馆2层北京世界贸易中心
邮　　编：100045
联系电话：010-68066669/8022
传　　真：010-68066969
电子邮箱：lj@wtcbj.com；qw@wtcbj.com
联 系 人：刘洁、齐激

2011中国国际煤炭装备及矿山技术设备展览会

展出时间：2011年6月1～3日
展馆名称：中国国际展览中心
展会网址：www.ciceme.com
主办单位：中国煤炭工业劳动保护科学技术学会、中国机电产品流通协会、中国煤炭城市发展联合促进会
承办单位：北京华贸联展览有限责任公司
联系地址：北京石景山京原路7号骅悦隆大厦11层
邮　　编：100043
联系电话：010-68683076
传　　真：010-68631368
电子邮箱：yfzhaowei@163.com

2011第12届中国国际新能源暨节能环保产业展览会

展出时间：2011年6月7～10日
举办周期：两年一届
展馆名称：中国国际展览中心
展出内容：光伏、风能、新能源及相关产品
主办单位：中华人民共和国环境保护部、中华人民共和国国家发展与改革委员会、中华人民共和国科学技术部、中华人民共和国工业和信息化部、中华人民共和国住房和城乡建设部、北京市人民政府、中国环境保护产业协会
承办单位：中国环境保护产业协会、上海屹涵文化传播有限公司
联系地址：上海市莘松路958弄大浪湾道30号1003室
邮　　编：200021
联系电话：021-61179628
传　　真：021-61916497
电子邮箱：infonengyuan@163.com
联 系 人：游健（13671856722）

2011 北京汽车用品展览会

展出时间：2011 年 7 月 22 ~ 25 日
展馆名称：中国国际展览中心
展出内容：汽车用品
上届数据：展出面积 35000 平方米
主办单位：中国国际商会、中国市场学会
承办单位：北京嘉华兴会展有限公司、香港亚洲体育管理集团公司
联系地址：中国北京市朝阳区西坝河南路甲 1 号新天第 B 座 1207 室
邮　　编：100028
联系电话：010-64465847
传　　真：010-64462873
电子邮箱：Info@carnixpo.com

第 2 届中国（北京）国际妇女儿童产业博览会

展出时间：2011 年 7 月 29 日 ~ 8 月 1 日
展馆名称：国家会议中心
展会网址：www.cwexpo.cn
主办单位：中国贸促会北京市分会、北京市妇女联合会、国家会议中心
承办单位：北京国际展览中心、北京德佰展览服务有限公司
联系地址：北京市西城区月坛北街 26 号恒华国际大厦 6 层 601-603 室
邮　　编：100045
联系电话：010-58565888-625
传　　真：010-58566000
电子邮箱：caocheng@biec.com.cn
联 系 人：曹成、陈畅

2011 中国北京国际物流展览会

展出时间：2011 年 8 月 4 ~ 6 日
始办时间：2007 年
展馆名称：中国国际展览中心
展出内容：物流技术设备、仓储、运输
展会网址：www.ci-le.com
主办单位：中国物流技术协会、中国机电产品流通协会、金振发（北京）咨询策划有限公司
承办单位：金振发（北京）咨询策划有限公司
联系地址：北京市海淀区金沟河路 19 号万城大厦
邮　　编：100039
联系电话：010-68158795
传　　真：010-68187797
电子邮箱：bj_56@126.com

2011 年中国国际储能、动力电池产业及技术展览会

展出时间：2011 年 8 月 10 ~ 12 日
展馆名称：中国国际展览中心
展会网址：www.bjbattery.com
联系地址：北京市石景山区鲁谷南路 26 号展龙写字楼 316、568 室
邮　　编：100040
联系电话：010-68626901
传　　真：010-68621059
联 系 人：黄峰（13522776856）

2011 北京国际酒店用品展览会

展出时间：2011 年 8 月 24 ~ 26 日
举办周期：一年一届
展馆名称：北京国家会议中心
展出内容：餐饮供应设备、烘焙设备、器具及原料、食品及饮料、咖啡与茶、桌面用品、智能产品、康体设备及用品、家具及装饰品、客房用品及电器、布草与服饰、大堂设备及用品、清洁设备及用品、酒店工程配套建材及照明
展会网址：www.hotelexchina.com
主办单位：中国旅游饭店业协会、中国旅游报社、上海博华国际展览有限公司
联系地址：上海襄阳南路 218 号现代大厦 8 楼
邮　　编：200031
联系电话：021-64371178；87766833
传　　真：021-64370982
电子邮箱：hotelex@ubmsinoexpo.com

2011 年中国国际信息通信展览会

展出时间：2011 年 9 月 26 ~ 30 日
举办周期：一年一届
始办时间：1990 年
展馆名称：中国国际展览中心
展出内容：信息通信技术、设备、解决方案等
展会网址：www.ptexpo.com.cn
上届数据：参展企业 500 家，国际参展企业 150 家，观众 20 万人次
主办单位：中华人民共和国工业信息化部、中国国际贸易促进委员会
承办单位：中国邮电器材集团公司、中国国际展览中心集团公司
联系地址：北京市西城区复兴门内大街 158 号远洋大厦 F106A
邮　　编：100031
联系电话：010-66428786
传　　真：010-66426556
电子邮箱：haozengkun@ptac.com.cn
联 系 人：李佳博

第 11 届中国北京国际工程机械、建材机械及矿山机械展览与技术交流会

展出时间：2011 年 10 月 18 ~ 21 日
举办周期：一年一届
始办时间：1989 年
展馆名称：北京就花国际会展中心
上届数据：展览面积 15 万平方米，参展商 880 家
主办单位：中国工程机械成套有限公司、中国贸促会机械行业分会、中国工机械协会

承办单位：中国工程机械成套有限公司、中国贸促会机械行业分会、中国工机械协会
联系地址：北京市西城区三里河路46号
邮　　编：100823
联系电话：010-68594982
传　　真：010-68594836
电子邮箱：kanfwei@ccpitmsc.org
联 系 人：康薇

2011北京园林景观、木结构、木屋、花园产业展览会

展出时间：2011年10月29～30日
展馆名称：国家会议中心
主办单位：中华人民共和国住房和城乡建设部
承办单位：住房和城乡建设部住宅产业化促进中心、中国建筑文化中心、中国房地产业协会、北京市住房和城乡建设委员会
联系电话：010-88082075
传　　真：010-88082034
电子邮箱：yantao8688@yahoo.com.cn
联 系 人：闫涛

2011第10届中国国际园林景观建造与配套设施展览会

展出时间：2011年10月29～30日
展馆名称：国家会议中心
主办单位：中华人民共和国住房和城乡建设部
承办单位：住房和城乡建设部住宅产业化促进中心、中国建筑文化中心、中国房地产业协会、北京市住房和城乡建设委员会
联系电话：010-88082075
传　　真：010-88082034
电子邮箱：yantao8688@yahoo.com.cn
联 系 人：闫涛

第6届中国北京国际文化创意产业博览会

展出时间：2011年11月10～13日
举办周期：一年两届
始办时间：2006年
展馆名称：中国国际展览中心
展出内容：新闻出版与版权贸易、广播电影电视、文物及博物馆相关文化创意产品等
展会网址：www.iccie.cn
上届数据：展出面积65000平方米，国外参展面积12000平方米，参展商数量1515家，国外参展商110家，观众数量190000人次
主办单位：文化部、国家广播电影电视总局、中华人民共和国新闻出版总署、北京市人民政府
承办单位：北京市贸促会
联系地址：北京京市西城区南礼士路19号建邦商务会馆2层北京世界贸易中心
邮　　编：100045
联系电话：010-6806669/8021
传　　真：010-68066969
电子邮箱：qiwei@ccpitbj.org
联 系 人：齐潋、王珞丞

2011中国国际调味品、食品配料及助剂产业博览会

展出时间：2011年11月14～16日
展馆名称：全国农业展览馆
展出内容：调味品、食品及配料、调味品制造、经销企业等
主办单位：北京市调味品协会、黑龙江省调味品工业协会
承办单位：永红国际展览（北京）有限公司
联系地址：北京市朝阳区朝阳公园南路六里屯丽水嘉园1-2105室
邮　　编：100026
联系电话：010-57106016
传　　真：010-65918902
联 系 人：郭林（13681560624）

天津市

2011 天津机床展览会

展出时间：2011 年 3 月 8 ~ 10 日
举办周期：一年一届
始办时间：2002 年
展馆名称：天津国际展览中心
展出内容：金属切削机床、工夹量具、数控与自动化、模具及材料、铸造机械、工业货柜、工具柜、仓储、物流设备等
主办单位：天津世嘉展览服务有限公司
承办单位：天津世嘉展览服务有限公司
联系地址：天津市南开区咸阳路 57 号
联系电话：022-27696023
传　　真：022-27610951
电子邮箱：wjz5802@163.com
联 系 人：王先生

2011 第 15 届（天津）国际工控自动化与仪器仪表展览会

展出时间：2011 年 3 月 8 ~ 10 日
展馆名称：天津梅江国际会展中心
展出内容：仪器仪表、控制系统工具等
主办单位：天津市自动化学会、天津世嘉展览有限公司
承办单位：天津世嘉展览有限公司
联系电话：022-27366505
传　　真：022-27696035
电子邮箱：zqrtj@126.com
联 系 人：张秋荣

第 15 届天津国际电子设备、元器件及电子仪器展览会

展出时间：2011 年 3 月 8 ~ 10 日
举办周期：一年一届
展馆名称：天津梅江国际会展中心
展出内容：电子生产设备、电子元器件、电子仪器仪表、测试测量及电子生产自动化技术
主办单位：天津市电子学会、天津世嘉展览有限公司
承办单位：天津世嘉展览有限公司
联系电话：022-27695802
传　　真：022-27610951
电子邮箱：bz8251@163.com
联 系 人：王小姐

2011 天津国际连接器接插件与线缆工业展览会

展出时间：2011 年 3 月 8 ~ 10 日
举办周期：一年一届
展馆名称：天津梅江国际会展中心
展出内容：电子生产设备、电子元器件、电子仪器仪表、测试测量及电子生产自动化技术
主办单位：天津市电子学会、天津世嘉展览有限公司
承办单位：天津世嘉展览有限公司
联系电话：022-27695802
传　　真：022-27610951
电子邮箱：bz8251@163.com
联 系 人：王小姐

2011 环渤海（天津）第 15 届电子工业展览会

展出时间：2011 年 3 月 8 ~ 10 日
举办周期：一年一届
展馆名称：天津梅江国际会展中心
展出内容：电子生产设备、电子元器件、电子仪器仪表、测试测量及电子生产自动化技术
主办单位：天津市电子学会、天津世嘉展览有限公司
承办单位：天津世嘉展览有限公司
联系电话：022-27695802
传　　真：022-27610951
电子邮箱：bz8251@163.com
联 系 人：王秀君

2011 第 10 届中国天津国际客车及零部件展览会

展出时间：2011 年 3 月 19 ~ 21 日
举办周期：一年一届
展馆名称：天津梅江国际会展中心
展出内容：客车及零部件等
主办单位：中国城市公共交通协会、中国城市公共交通协会科学技术分会、天津市公共交通集团（控股）有限公司
承办单位：北京建通国豪广告有限公司、天津市公交物资有限公司
联系地址：北京市海淀区车公庄西路甲 19 号华通大厦 A 座 831 室
邮　　编：100048
联系电话：010-68416664；68700558
传　　真：010-68414610

2011 年中国公交和客车领军者大会

展出时间：2011 年 3 月 19 ~ 21 日
举办周期：一年一届
展馆名称：天津梅江国际会展中心
展出内容：客车及零部件等
主办单位：中国城市公共交通协会、中国城市公共交通协会科学技术分会、天津市公共交通集团（控股）有限公司
承办单位：北京建通国豪广告有限公司、天津市公交物资有限公司
联系地址：北京市海淀区车公庄西路甲 19 号华通大厦 A 座 831 室
邮　　编：100048
联系电话：010-68416664；68700558
传　　真：010-68414610

2011 年旅游客运市场发展论坛

展出时间：2011 年 3 月 19 ~ 21 日
举办周期：一年一届

展馆名称：天津梅江国际会展中心
展出内容：客车及零部件等
主办单位：中国城市公共交通协会、中国城市公共交通协会科学技术分会、天津市公共交通集团（控股）有限公司
承办单位：北京建通国豪广告有限公司、天津市公交物资有限公司
联系地址：北京市海淀区车公庄西路甲 19 号华通大厦 A 座 831 室
邮　　编：100048
联系电话：010-68416664；68700558
传　　真：010-68414610

2011 年中国公交春季商务大会

展出时间：2011 年 3 月 19 ~ 21 日
举办周期：一年一届
展馆名称：天津梅江国际会展中心
展出内容：客车及零部件等
主办单位：中国城市公共交通协会、中国城市公共交通协会科学技术分会、天津市公共交通集团（控股）有限公司
承办单位：北京建通国豪广告有限公司、天津市公交物资有限公司
联系地址：北京市海淀区车公庄西路甲 19 号华通大厦 A 座 831 室
邮　　编：100048
联系电话：010-68416664；68700558
传　　真：010-68414610

2011 第 5 届中国（天津）国际建筑节能与新型建材展览会

展出时间：2011 年 4 月 26 ~ 28 日
举办周期：一年一届
始办时间：2007 年
展馆名称：天津市建材业协会、天津国际展览中心
展出内容：门窗型材及五金配件、新型墙体材料、建筑涂料及防水材料、塑料管道、卫浴及厨房设施、陶瓷、石材、楼梯及室内装饰材料
主办单位：中国建筑材料联合会、天津市城乡建设和交通建设管理委员会、天津众鑫科技发展有限公司
承办单位：天津众鑫科技发展有限公司
联系地址：天津市河东区六纬路 85 号增 3 号万隆中心大厦 A 座 13 层
邮　　编：300012
联系电话：022-24218213
传　　真：022-24218221
电子邮箱：tjjienengzhan@sina.com

2011 中国（天津）国际太阳能及光伏工程展览会

展出时间：2011 年 4 月 28 ~ 30 日
展馆名称：天津国际展览中心
展出内容：光伏生产设备
主办单位：中国能源协会、天津市科学技术学会、天津节能协会机械分会、北京欧赛国际展览有限公司
承办单位：北京欧赛国际展览有限公司、天津裕华展览服务有限公司
联系地址：北京市朝阳区双桥路金隅可乐大厦 A 座 1609 室
联 系 人：刘玉雷（18605481889）

中国（天津）国际清洁能源博览会

展出时间：2011 年 4 月 28 ~ 30 日
展馆名称：天津国际展览中心
展出内容：风力发电机组、海上风电设备及技术等
主办单位：中国能源协会、天津市科学技术学会、天津节能协会机械分会、天津裕华展览服务有限公司
承办单位：天津裕华展览服务有限公司、北京欧赛国际展览有限公司
联系地址：天津市河西区大沽南路 857 号国华大厦 2108 室
邮　　编：300200
联系电话：022-58581918
传　　真：022-58581928
电子邮箱：tianjinexpo@126.com
联 系 人：林晨晖（13502068395）

2011 中国（天津）国际风能产业展览会

展出时间：2011 年 4 月 28 ~ 30 日
展馆名称：天津国际展览中心
展出内容：风力发电机组、海上风电设备及技术等
主办单位：中国能源协会、天津市科学技术学会、天津节能协会机械分会、天津裕华展览服务有限公司
承办单位：天津裕华展览服务有限公司、北京欧赛国际展览有限公司
联系地址：天津市河西区大沽南路 857 号国华大厦 2108 室
邮　　编：300200
联系电话：022-58581918
传　　真：022-58581928
电子邮箱：tianjinexpo@126.com
联 系 人：林晨晖（13502068395）

2011 中国（天津）国际生物质能展览会

展出时间：2011 年 4 月 28 ~ 30 日
展馆名称：天津国际展览中心
展出内容：风力发电机组、海上风电设备及技术等
主办单位：中国能源协会、天津市科学技术学会、天津节能协会机械分会、天津裕华展览服务有限公司
承办单位：天津裕华展览服务有限公司、北京欧赛国际展览有限公司
联系地址：天津市河西区大沽南路 857 号国华大厦 2108 室
邮　　编：300200
联系电话：022-58581918
传　　真：022-58581928
电子邮箱：tianjinexpo@126.com
联 系 人：林晨晖（13502068395）

2011 第 8 届中国（天津）国际涂装、电镀及表面处理展览会

展出时间：2011 年 4 月 28 ～ 30 日
举办周期：一年一届
展馆名称：天津国际展览中心
展出内容：油漆涂装、粉末涂装、汽车涂装线、家用电器涂装线、机械手涂装、彩涂板与热镀锌、空气及无气喷枪、喷涂室、固化炉、运输带、工程服务等
上届数据：27680 人次参观展会
主办单位：天津市科学技术学会天津市电镀工程学会、天津市电镀行业协会《电镀与精饰》编辑部
承办单位：天津裕华展览服务有限公司
联系地址：天津市河西区大沽南路 857 号国华大厦 2108 室
邮　　编：300200
联系电话：022-58581918
传　　真：022-58581928
电子邮箱：yuhua808@126.com
联 系 人：陈浩（13662065133）

2011 中国（天津）国际涂装、电镀新技术、新产品技术研讨会及高峰论坛

展出时间：2011 年 4 月 28 ～ 30 日
举办周期：一年一届
展馆名称：天津国际展览中心
展出内容：油漆涂装、粉末涂装、汽车涂装线、家用电器涂装线、机械手涂装等
上届数据：27680 人次参观展会
主办单位：天津市科学技术学会天津市电镀工程学会、天津市电镀行业协会《电镀与精饰》编辑部
承办单位：天津裕华展览服务有限公司
联系地址：天津市河西区大沽南路 857 号国华大厦 2108 室
邮　　编：300200
联系电话：022-58581918
传　　真：022-58581928
电子邮箱：yuhua808@126.com
联 系 人：陈浩（13662065133）

2011 第 8 届中国（天津）国际涂料展览会

展出时间：2011 年 4 月 28 ～ 30 日
举办周期：一年一届
展馆名称：天津国际展览中心
展出内容：油漆涂装、粉末涂装、汽车涂装线、家用电器涂装线、机械手涂装等
上届数据：27680 人次参观展会
主办单位：天津市科学技术学会天津市电镀工程学会、天津市电镀行业协会《电镀与精饰》编辑部
承办单位：天津裕华展览服务有限公司
联系地址：天津市河西区大沽南路 857 号国华大厦 2108 室
邮　　编：300200
联系电话：022-58581918
传　　真：022-58581928
电子邮箱：yuhua808@126.com
联 系 人：陈浩（13662065133）

2011 天津电镀展览会

展出时间：2011 年 4 月 28 ～ 30 日
举办周期：一年一届
展馆名称：天津国际展览中心
展出内容：油漆涂装、粉末涂装、汽车涂装线、家用电器涂装线、机械手涂装等
上届数据：27680 人次参观展会
主办单位：天津市科学技术学会天津市电镀工程学会、天津市电镀行业协会《电镀与精饰》编辑部
承办单位：天津裕华展览服务有限公司
联系地址：天津市河西区大沽南路 857 号国华大厦 2108 室
邮　　编：300200
联系电话：022-58581918
传　　真：022-58581928
电子邮箱：yuhua808@126.com
联 系 人：陈浩（13662065133）

2011 中国（天津）国际储能、动力电池技术与设备展览会

展出时间：2011 年 4 月 28 ～ 30 日
展馆名称：天津国际展览中心
展出内容：各类车辆、电动工具、各类储能用蓄电池等
主办单位：中国能源协会、天津市科学技术学会、天津节能协会机械分会、天津裕华展览服务有限公司
承办单位：北京欧赛国际展览有限公司
联系地址：中国北京市朝阳区双桥路金隅可乐大厦 A 座 1609 室
联系电话：010-65426818
传　　真：010-65702428
联 系 人：赵琳

2011 第 4 届天津国际工艺美术及艺术品收藏展览会

展出时间：2011 年 5 月 6 ～ 9 日
举办周期：一年一届
展馆名称：天津国际展览中心
展出内容：美术作品、陶瓷艺术品、古典家具、传统雕塑、奇石、古玩等
主办单位：今天今世工艺美术学会、天津市宝玉石协会、天津企阳展览服务有限公司
承办单位：天津企阳展览服务有限公司
联系地址：天津市河西区友谊路 32 号
邮　　编：300200
联系电话：022-83711728
传　　真：022-83713578
电子邮箱：wangwei18188@126.com
联 系 人：王伟（1382085040）

2011 第 4 届天津国际珠宝首饰展览会

展出时间：2011 年 5 月 6 ～ 9 日
展馆名称：天津国际展览中心
展出内容：钻石及宝石、珠宝首饰、黄金制品、设备仪

器
主办单位：天津市宝玉石协会、天津企阳展览服务有限公司
承办单位：天津企阳展览服务有限公司
联系地址：天津市南开区红旗南路阳光 100 国际新城 15 号楼 1508 室
邮　　编：300381
联系电话：022-83711728
传　　真：022-83711728-801
电子邮箱：tjqiyang@163.com

2011 中国（天津）国际医疗仪器与设备展览会

展出时间：2011 年 5 月 18 ~ 20 日
举办周期：一年一届
始办时间：2010 年
展馆名称：天津体育中心
展出内容：放射线设备、超声诊断仪、心电监护设备、生化检验设备、呼吸麻醉机、内窥镜、急救设备等
主办单位：天津市卫生局、天津市机电设备招标局
承办单位：天津市泰和新侨科技园区管委会、天津建和国际贸易展览有限公司
联系地址：天津和平区开封道 2 号明源大楼 22 层 10 号
邮　　编：300042
联系电话：022-23115536；23312556
传　　真：022-23310042
电子邮箱：kenwall@163.com
联 系 人：赵小姐、张小姐

2011 天第 9 届津国际手机产业展览会

展出时间：2011 年 6 月 8 ~ 10 日
举办周期：一年一届
始办时间：2003 年
展馆名称：天津滨海国际会展中心
主办单位：TD-SCDMA 产业联盟、天津经济技术委会员天津市人民政府信息化办公室、天津市商务委会员、天津市通信管理局、天津经济技术开发区管理委员会
承办单位：天津滨海国际会展中心、深圳市汉威展览策划有限公司
联系电话：0755-83721748
传　　真：0755-83721979
电子邮箱：belly1234@163.com
联 系 人：刘璐（13684940952）

2011 第 7 届中国国际金属加工技术设备（天津）展览会

展出时间：2011 年 8 月 18 ~ 21 日
举办周期：一年一届
始办时间：2005 年
展馆名称：天津滨海国际会展中心
展出内容：金属切削机床、金属成型机床、特种加工机床、模具成型机床、数控系统等
主办单位：中国机械工业联合会、中国有色金属加工工业协会、中国贸促会机械行业分会、振威展览集团
承办单位：天津振威展览有限公司
联系地址：天津经济技术开发区滨海国际会展中心 F 区 2 层
联系电话：022-66224071；66224075
传　　真：022-66224099
联 系 人：韩洁

2011 第 5 届中国国际铸造、锻压、热处理及工业炉工（天津）展览会

展出时间：2011 年 8 月 18 ~ 21 日
展馆名称：天津滨海国际会展中心
展出内容：铸造设备、压铸设备、熔炼设备等
主办单位：中国有色金属加工工业协会、天津市铸锻行业协会、天津市热处理行业协会、天津市金属学会振威展览集团
承办单位：天津振威展览有限公司
联系地址：天津经济技术开发区五大街滨海会展中心
邮　　编：300457
联系电话：022-66224092
传　　真：022-66224099
电子邮箱：zhanghangyu1119@msn.cn
联 系 人：张航宇

中国天津世界运动车博览会

展出时间：2011 年 10 月
举办周期：一年一届
始办时间：2010 年
展馆名称：天津奥林匹克体育馆
展出内容：动型多用途汽车、赛车、改装车整车、改装车零配件及装饰用品等
上届数据：展览面积 80000 平方米
主办单位：中国国际商会
承办单位：北京三松国际体育发展有限公司
联系地址：北京崇文区广渠门内大街 80 号通正国际大厦 616 室
邮　　编：100062
联系电话：010-62222842
传　　真：010-62222650
电子邮箱：Wdsliuyu@gmail.com
联 系 人：刘瑜

上海市

第 11 届中国（上海）国际眼镜业展览会

展出时间：2011 年 2 月 18 ~ 20 日
举办周期：一年一届
展馆名称：上海光大会展中心
展出内容：眼镜
展会网址：www.chinaoptics.cn
主办单位：中国眼镜协会
联系地址：北京市东长安街 6 号
联系电话：010-83559070
传　　真：010-83559075

2011 国际太阳能产业及光伏工程（上海）展览会

展出时间：2011 年 2 月 22 ~ 24 日
展馆名称：上海新国际展览中心
展会网址：www.snec.org.cn
主办单位：中国可再生能源学会、上海科学技术开发交流中心、上海市经济团体联合会、上海新能源行业协会
承办单位：上海市环境科学信息技术交流中心、上海伏勒密展览服务有限公司、上海伏勒密会展服务有限公司
联系地址：上海市徐汇区中山西路 1525 号技贸大厦 1008 室
邮　　编：200235
联系电话：021-64380781
传　　真：021-33561097

第 5 届（2011）国际太阳能光伏大会暨（上海）展览会

展出时间：2011 年 2 月 22 ~ 24 日
展馆名称：上海新国际展览中心
展会网址：www.snec.org.cn
主办单位：中国可再生能源学会、上海科学技术开发交流中心、上海市经济团体联合会、上海新能源行业协会
承办单位：上海市环境科学信息技术交流中心、上海伏勒密展览服务有限公司、上海伏勒密会展服务有限公司
联系地址：上海市徐汇区中山西路 1525 号技贸大厦 1008 室
邮　　编：200235
联系电话：021-64380781
传　　真：021-33561097

第 17 届上海国际服装纺织品贸易博览会

展出时间：2011 年 3 月 9 ~ 11 日
展馆名称：上海新国际博览中心
主办单位：上海市国际服装文化节组委会
承办单位：上海纺织技术服务展览中心
联系地址：上海市长寿路 285 号恒达广场 25 楼
邮　　编：200060
联系电话：021-62775353-610
传　　真：021-62270002
电子邮箱：fashionshanghai@163.com
联 系 人：张建军、田恩岗、涂善

2011 第 3 届上海家居舒适环境系统展览会

展出时间：2011 年 3 月 11 ~ 13 日
展馆名称：上海光大会展中心
展出内容：供热采暖系统、电采暖系列产品、壁挂炉、采暖散热器、家用取暖设备等
展会网址：www.jze168.com.cn
主办单位：上海市装饰装修行业协会
承办单位：上海京正展览服务有限公司、上海华墨展览服务有限公司
联系地址：上海市闵行区洱海路 99 弄 10 号
联系电话：021-51698082
传　　真：021-26614286
电子邮箱：shjzexpo@yahoo.com.cn
联 系 人：周军（15001736543）

2011 中国（上海）家电博览会

展出时间：2011 年 3 月 15 ~ 18 日
始办时间：1992 年
展馆名称：上海新国际博览中心
主办单位：中国家用电器协会、中国电子视像行业协会、中国电子音响工业协会
承办单位：北京协联信息科技公司
联系电话：010-67159042
传　　真：010-67156913
电子邮箱：liuxl@cheaa.com
联 系 人：刘秀丽

2011 上海国际时尚服饰展览会

展出时间：2011 年 3 月 16 ~ 18 日
展馆名称：世博主题馆
展出内容：男装、休闲装、女装、时尚配饰
上届数据：12 个国家和地区的 180 个品牌参展，参观人数近 10000 人次
主办单位：上海市人民政府、上海国际服装文化节组委会、上海纺织控股（集团）公司
承办单位：上海纺织技术服务展览中心、上海服装行业协会
联系地址：上海长寿路 285 号恒达广场 25 楼
联系电话：021-61242368
传　　真：021-61242366
电子邮箱：liufen0625@163.com
联 系 人：刘芬（18721520405）

第 15 届中国国际食品添加剂和配料展览会

展出时间：2011 年 3 月 23 ~ 25 日
举办周期：一年一届
始办时间：1997 年

展馆名称：中国上海光大会展中心、上海世贸商城和上海国际展览中心
展出内容：食品添加剂和配料、检测设备、食品加工和包装机械和包装材料
展会网址：www.chinafoodadditives.com
上届数据：展览面积 58000 平方米，展商 1058 家，专业观众 76570 人次
主办单位：中国食品添加剂和配料协会，《中国食品添加剂》杂志社和中国贸促会轻工行业分会
承办单位：中国食品添加剂和配料协会，《中国食品添加剂》杂志社和中国贸促会轻工行业分会
联系地址：北京市阜外大街乙 22 号
邮　　编：100833
联系电话：010-68396330
传　　真：010-68396422
电子邮箱：ccpitsli@public3.bta.net.cn
联 系 人：张昕

第 14 届中国（上海）美容美发化妆品博览会

展出时间：2011 年 3 月 28 ~ 30 日
展馆名称：上海光大会展中心
展出内容：美容美发、护肤纤体产品等
展会网址：www.meirongexpo.com
主办单位：上海美发美容行业协会、美发美容业（上海）合作组织
承办单位：上海秀博展览有限公司
联系地址：上海市漕宝路 82 号光大会展中心 E 座 1905 室
邮　　编：200235
联系电话：021-34140987
传　　真：021-51714528
电子邮箱：shixing@bhcexpo.net

2011 中国上海减肥纤体展览会

展出时间：2011 年 3 月 28 ~ 30 日
展馆名称：上海光大会展中心
展出内容：美容护肤用品、保湿润肤用品、增白防晒系列、面部彩妆系列、面部清洗保养系列、保健美体用品等
主办单位：上海美发美容行业协会、美发美容业（上海）合作组织
承办单位：上海秀博展览有限公司
联系地址：上海市漕宝路 82 号光大会展中心 E 座 1905 室
邮　　编：200235
联系电话：021-54971522
传　　真：021-51714528
电子邮箱：gaoxin_gg@163.com
联 系 人：高新（13917694548）

第 12 届中国清洁博览会

展出时间：2011 年 3 月 29 ~ 31 日
举办周期：一年一届
展馆名称：上海新国际博览中心
展出内容：清洁机械与设备、清洁工具及零配件、清洁剂、室内环境净化技术及用品等
展会网址：www.chinacleanexpo.com
上届数据：展出面积 12500 平方米，展商 178 家，业内观众 6940 人次
主办单位：上海博华国际展览有限公司、上海闻展展览有限公司、上海市室内环境净化协会
联系地址：中国上海市襄阳南路 218 号现代大厦 8 楼
邮　　编：200031
联系电话：021-64371178
传　　真：021-64371196
联 系 人：宋先生

2011 第 9 届中国 LED 大屏幕显示技术设备展览会

展出时间：2011 年 3 月 29 ~ 31 日
展馆名称：上海光大会展中心
主办单位：中国商务广告协会、中国广告协会霓虹灯广告分会、中国同源有限公司、上海秀博展览有限公司
承办单位：上海秀博展览有限公司
联系地址：上海市漕宝路 82 号 E 座 1905 室
邮　　编：200235
联系电话：021-34140470
传　　真：021-51714528
电子邮箱：xu.rui1234@163.com
联 系 人：许娟（13918582197）

2011 第 12 届中国（上海）广告四新展览会

展出时间：2011 年 3 月 29 ~ 31 日
展馆名称：上海光大会展中心
展出内容：广告制作设备、广告材料、展览展示系统及广告标识、多媒体及触摸技术与设备等
展会网址：www.expo-ad.com
主办单位：中国商务广告协会、中国同源有限公司、中国广告协会霓虹灯委员会
承办单位：上海秀博展览有限公司、上海威棱展览有限公司
联系地址：上海市漕宝路 82 号 E 座 1905 室
邮　　编：200235
联系电话：021-64329266
传　　真：021-51714528
电子邮箱：shixing@sh163.net

第 20 届上海国际酒店用品博览会

展出时间：2011 年 3 月 29 日 ~ 4 月 1 日
举办周期：一年一届
始办时间：1991 年
展馆名称：上海新国际博览中心
展会网址：www.hotelexchina.com
上届数据：展出面积 60000 平方米，展商 885 家，观众 43288 人次
主办单位：上海博华国际展览有限公司
联系地址：中国上海市襄阳南路 218 号现代大厦 8 楼
邮　　编：200031
联系电话：021-64371178

传　　真：021-64370982
电子邮箱：hotelex@ubmsinoexpo.com
联 系 人：张红

2011 餐饮设备及供应展览会

展出时间：2011 年 3 月 29 日～4 月 1 日
举办周期：一年一届
始办时间：1991 年
展馆名称：上海新国际博览中心
展会网址：www.hotelexchina.com
上届数据：展出面积 60000 平方米，展商 885 家，观众 43288 人次
主办单位：上海博华国际展览有限公司
联系地址：中国上海市襄阳南路 218 号现代大厦 8 楼
邮　　编：200031
联系电话：021-64371178
传　　真：021-64370982
电子邮箱：hotelex@ubmsinoexpo.com
联 系 人：张红

2011 桌面用品展览会

展出时间：2011 年 3 月 29 日～4 月 1 日
举办周期：一年一届
始办时间：1991 年
展馆名称：上海新国际博览中心
展会网址：www.hotelexchina.com
上届数据：展出面积 60000 平方米，展商 885 家，观众 43288 人次
主办单位：上海博华国际展览有限公司
联系地址：中国上海市襄阳南路 218 号现代大厦 8 楼
邮　　编：200031
联系电话：021-64371178
传　　真：021-64370982
电子邮箱：hotelex@ubmsinoexpo.com
联 系 人：张红

2011 食品及饮料展览会

展出时间：2011 年 3 月 29 日～4 月 1 日
举办周期：一年一届
始办时间：1991 年
展馆名称：上海新国际博览中心
展会网址：www.hotelexchina.com
上届数据：展出面积 60000 平方米，展商 885 家，观众 43288 人次
主办单位：上海博华国际展览有限公司
联系地址：中国上海市襄阳南路 218 号现代大厦 8 楼
邮　　编：200031
联系电话：021-64371178
传　　真：021-64370982
电子邮箱：hotelex@ubmsinoexpo.com
联 系 人：张红

2011 烘焙展览会

展出时间：2011 年 3 月 29 日～4 月 1 日
举办周期：一年一届
始办时间：1991 年
展馆名称：上海新国际博览中心
展会网址：www.hotelexchina.com
上届数据：展出面积 60000 平方米，展商 885 家，观众 43288 人次
主办单位：上海博华国际展览有限公司
联系地址：中国上海市襄阳南路 218 号现代大厦 8 楼
邮　　编：200031
联系电话：021-64371178
传　　真：021-64370982
电子邮箱：hotelex@ubmsinoexpo.com
联 系 人：张红

2011 咖啡与茶用品展览会

展出时间：2011 年 3 月 29 日～4 月 1 日
举办周期：一年一届
始办时间：1991 年
展馆名称：上海新国际博览中心
展会网址：www.hotelexchina.com
上届数据：展出面积 60000 平方米，展商 885 家，观众 43288 人次
主办单位：上海博华国际展览有限公司
联系地址：中国上海市襄阳南路 218 号现代大厦 8 楼
邮　　编：200031
联系电话：021-64371178
传　　真：021-64370982
电子邮箱：hotelex@ubmsinoexpo.com
联 系 人：张红

2011 冰淇淋展览会

展出时间：2011 年 3 月 29 日～4 月 1 日
举办周期：一年一届
始办时间：1991 年
展馆名称：上海新国际博览中心
展会网址：www.hotelexchina.com
上届数据：展出面积 60000 平方米，展商 885 家，观众 43288 人次
主办单位：上海博华国际展览有限公司
联系地址：中国上海市襄阳南路 218 号现代大厦 8 楼
邮　　编：200031
联系电话：021-64371178
传　　真：021-64370982
电子邮箱：hotelex@ubmsinoexpo.com
联 系 人：张红

2011 康体健身与休闲娱乐展览会

展出时间：2011 年 3 月 29 日～4 月 1 日
举办周期：一年一届
始办时间：1991 年
展馆名称：上海新国际博览中心

展会网址：www.hotelexchina.com
上届数据：展出面积 60000 平方米，展商 885 家，观众 43288 人次
主办单位：上海博华国际展览有限公司
联系地址：中国上海市襄阳南路 218 号现代大厦 8 楼
邮　　编：200031
联系电话：021-64371178
传　　真：021-64370982
电子邮箱：hotelex@ubmsinoexpo.com
联 系 人：张红

2011 酒店家具展览会

展出时间：2011 年 3 月 29 日 ~ 4 月 1 日
举办周期：一年一届
始办时间：1991 年
展馆名称：上海新国际博览中心
展会网址：www.hotelexchina.com
上届数据：展出面积 60000 平方米，展商 885 家，观众 43288 人次
主办单位：上海博华国际展览有限公司
联系地址：中国上海市襄阳南路 218 号现代大厦 8 楼
邮　　编：200031
联系电话：021-64371178
传　　真：021-64370982
电子邮箱：hotelex@ubmsinoexpo.com
联 系 人：张红

2011 客房电器及用品展览会

展出时间：2011 年 3 月 29 日 ~ 4 月 1 日
举办周期：一年一届
始办时间：1991 年
展馆名称：上海新国际博览中心
展会网址：www.hotelexchina.com
上届数据：展出面积 60000 平方米，展商 885 家，观众 43288 人次
主办单位：上海博华国际展览有限公司
联系地址：中国上海市襄阳南路 218 号现代大厦 8 楼
邮　　编：200031
联系电话：021-64371178
传　　真：021-64370982
电子邮箱：hotelex@ubmsinoexpo.com
联 系 人：张红

第 20 届中国国际建筑陶瓷及卫浴科技精品展览会

展出时间：2011 年 3 月 29 日 ~ 4 月 1 日
举办周期：一年一届
展馆名称：上海新国际博览中心
展出内容：卫浴配件系列、厨房设备系列、卫生陶瓷和浴室精品、建筑陶瓷产品、陶瓷釉料、石材、马赛克等
展会网址：www.ceramics-china.cn
上届数据：展出面积 51750 平方米，展商 438 家，观众 29874 人次
主办单位：上海博华国际展览有限公司、意大利博洛尼亚展览集团、上海博建国际会展有限公司
联系地址：中国上海市襄阳南路 218 号现代大厦 8 楼
邮　　编：200031
联系电话：021-64371178
传　　真：021-64370982
电子邮箱：ceramics@ubmsinoexpo.com
联 系 人：宋先生

2011 中国国际马赛克、装饰艺术砖进出口展览会

展出时间：2011 年 3 月 29 日 ~ 4 月 1 日
举办周期：一年一届
展馆名称：上海新国际博览中心
展出内容：卫浴配件系列、厨房设备系列、卫生陶瓷和浴室精品、建筑陶瓷产品、陶瓷釉料、石材、马赛克等
展会网址：www.ceramics-china.cn
上届数据：展出面积 51750 平方米，展商 438 家，观众 29874 人次
主办单位：上海博华国际展览有限公司、意大利博洛尼亚展览集团、上海博建国际会展有限公司
联系地址：中国上海市襄阳南路 218 号现代大厦 8 楼
邮　　编：200031
联系电话：021-64371178
传　　真：021-64370982
电子邮箱：ceramics@ubmsinoexpo.com
联 系 人：宋先生

2011 中国国际建筑陶瓷色釉料及原辅材料展览会

展出时间：2011 年 3 月 29 日 ~ 4 月 1 日
举办周期：一年一届
展馆名称：上海新国际博览中心
展出内容：卫浴配件系列、厨房设备系列、卫生陶瓷和浴室精品、建筑陶瓷产品、陶瓷釉料、石材、马赛克等
展会网址：www.ceramics-china.cn
上届数据：展出面积 51750 平方米，展商 438 家家，观众 29874 人次
主办单位：上海博华国际展览有限公司、意大利博洛尼亚展览集团、上海博建国际会展有限公司
联系地址：中国上海市襄阳南路 218 号现代大厦 8 楼
邮　　编：200031
联系电话：021-64371178
传　　真：021-64370982
电子邮箱：ceramics@ubmsinoexpo.com
联 系 人：宋先生

2011 中国（上海）国际石材进出口及工程设计展览会

展出时间：2011 年 3 月 29 日 ~ 4 月 1 日
举办周期：一年一届
展馆名称：上海新国际博览中心
展出内容：卫浴配件系列、厨房设备系列、卫生陶瓷和浴室精品、建筑陶瓷产品、陶瓷釉料、石材、马赛克等

展会网址：www.ceramics-china.cn
上届数据：展出面积51750平方米，展商438家，观众29874人次
主办单位：上海博华国际展览有限公司、意大利博洛尼亚展览集团、上海博建国际会展有限公司
联系地址：中国上海市襄阳南路218号现代大厦8楼
邮　　编：200031
联系电话：021-64371178
传　　真：021-64370982
电子邮箱：ceramics@ubmsinoexpo.com
联 系 人：宋先生

2011W3国际精品设计展览会

展出时间：2011年3月29日～4月1日
举办周期：一年一届
展馆名称：上海新国际博览中心
展出内容：卫浴配件系列、厨房设备系列、卫生陶瓷和浴室精品、建筑陶瓷产品、陶瓷釉料、石材、马赛克等
展会网址：www.ceramics-china.cn
上届数据：展出面积51750平方米，展商438家，观众29874人次
主办单位：上海博华国际展览有限公司、意大利博洛尼亚展览集团、上海博建国际会展有限公司
联系地址：中国上海市襄阳南路218号现代大厦8楼
邮　　编：200031
联系电话：021-64371178
传　　真：021-64370982
电子邮箱：ceramics@ubmsinoexpo.com
联 系 人：宋先生

2011中国（上海）国际酒店与建筑照明展览会

展出时间：2011年3月29日～4月1日
举办周期：一年一届
展馆名称：上海新国际博览中心
展出内容：酒店工程照明、LED照明、控制器件等
展会网址：www.expolight.cn
上届数据：展出面积10000平方米，参展商83家，业内观众7328人次
主办单位：上海博华国际展览有限公司、中国照明电器协会
联系地址：中国上海市襄阳南路218号现代大厦8楼
邮　　编：200031
联系电话：021-64371178
传　　真：021-64371196
电子邮箱：james.qiu@ubmsinoexpo.com
联 系 人：宋先生

第20届上海国际酒店用品博览会

展出时间：2011年3月29日～4月1日
举办周期：一年一届
始办时间：1991年
展馆名称：上海新国际博览中心
展出内容：餐饮供应设备、烘焙设备、器具及原料、食品及饮料、咖啡与茶、桌面用品等
展会网址：www.hotelexchina.com
上届数据：展出面积60000平方米，展商885家，观众43288人次
主办单位：上海博华国际展览有限公司
联系地址：中国上海市襄阳南路218号现代大厦8楼
邮　　编：200031
联系电话：021-64371178
传　　真：021-64370982
电子邮箱：hotelex@ubmsinoexpo.com
联 系 人：张红

第19届中国国际建筑装饰展览会

展出时间：2011年3月29日～4月1日
举办周期：一年一届
展馆名称：上海新国际博览中心
展出内容：门、窗、遮阳、屋面结构、玻璃制品、墙体材料、木制品、室内装饰、化学建材、园林石材、陶瓷卫浴、楼宇电气、工程设计等
展会网址：www.expobuild.com
上届数据：展出面积51750平方米，参展商438家，观众29874人次
主办单位：上海博华国际展览有限公司、意大利博洛尼亚展览集团、上海博建国际会展有限公司
联系地址：中国上海市襄阳南路218号现代大厦8楼
邮　　编：200031
联系电话：021-64371178
传　　真：021-64370982
电子邮箱：expobuild@ubmsinoexpo.com
联 系 人：宋先生

2011中国国际门窗、幕墙、结构与遮阳产品展览会

展出时间：2011年3月29日～4月1日
举办周期：一年一届
展馆名称：上海新国际博览中心
展出内容：门、窗、遮阳、屋面结构、玻璃制品、墙体材料、木制品、室内装饰、化学建材、园林石材、陶瓷卫浴、楼宇电气、工程设计等
展会网址：www.expobuild.com
上届数据：展出面积51750平方米，参展商438家，观众29874人次
主办单位：上海博华国际展览有限公司、意大利博洛尼亚展览集团、上海博建国际会展有限公司
联系地址：中国上海市襄阳南路218号现代大厦8楼
邮　　编：200031
联系电话：021-64371178
传　　真：021-64370982
电子邮箱：expobuild@ubmsinoexpo.com
联 系 人：宋先生

2011中国（上海）国际建筑涂料展览会

展出时间：2011年3月29日～4月1日
举办周期：一年一届

展馆名称：上海新国际博览中心
展出内容：门、窗、遮阳、屋面结构、玻璃制品、墙体材料、木制品、室内装饰、化学建材、园林石材、陶瓷卫浴、楼宇电气、工程设计等
展会网址：www.expobuild.com
上届数据：展出面积 51750 平方米，参展商 438 家，观众 29874 人次
主办单位：上海博华国际展览有限公司、意大利博洛尼亚展览集团、上海博建国际会展有限公司
联系地址：中国上海市襄阳南路 218 号现代大厦 8 楼
邮　　编：200031
联系电话：021-64371178
传　　真：021-64370982
电子邮箱：expobuild@ubmsinoexpo.com
联 系 人：宋先生

2011 上海国际矿业装备展览会

展出时间：2011 年 4 月 7 ~ 9 日
展馆名称：上海光大会展中心
展出内容：采矿设备和仪器、矿产勘探设备及测绘仪器、运输工具和设备、巷道掘进和钻井设备、矿山安全救护设备及用品等
主办单位：洛阳矿山机械工程设计研究院
承办单位：上海时空展览服务有限公司
联系电话：021-33586934
传　　真：021-61294171
电子邮箱：ksjx_zb@163.com
联 系 人：李明（15901881006）

2011 第 22 届国际制冷、空调、供暖、通风及食品冷冻加工展览会

展出时间：2011 年 4 月 7 ~ 9 日
举办周期：一年一届
始办时间：1987 年
展馆名称：上海新国际博览中心
展出内容：制冷、空调、供暖、通风及食品冷冻加工产品等
上届数据：展会面积 70000 平方米
主办单位：中国贸促会北京市分会、中国制冷学会、中国制冷空调工业协会
承办单位：北京国际展览中心
联系地址：北京市西城区月坛北街 26 号恒华国际大厦 6 层 601-603 室
邮　　编：100045
联系电话：010-58565888-610
传　　真：010-68719984
电子邮箱：wqzhong@car.org.cn
联 系 人：张萍

第 13 届中国国际花卉园艺展览会

展出时间：2011 年 4 月 13 ~ 16 日
举办周期：一年一届
始办时间：1998 年
展馆名称：上海国际展览中心
展出内容：花卉、盆栽、种子、种苗（球）、大树等
展会网址：www.hortiflorexpo.com
上届数据：展览面积 15000 平方米，来自 17 个国家和地区 370 多家参展商参展，参观观众 13489 人
主办单位：中国花卉协会
承办单位：上海国际展览中心有限公司、长城国际展览有限责任公司
联系地址：上海市娄山关路 55 号新虹桥大厦 8 楼
邮　　编：200336
联系电话：021-62958367；62956677
传　　真：021-62780038
电子邮箱：intexcl@sh163.net
联 系 人：崔琳

2011 第 16 届中国（上海）国际游艇展览会

展出时间：2011 年 4 月 14 ~ 17 日
举办周期：一年一届
始办时间：1996 年
展馆名称：上海新国际博览中心
展会网址：www.boatshowchina.cn
上届数据：展商 400 家，业内观众 15827 人次
主办单位：上海船舶工业行业协会、中国船舶工业行业协会船艇分会、上海博华国际展览有限公司、上海对外科学技术交流中心
联系地址：中国上海市襄阳南路 218 号现代大厦 8 楼
邮　　编：200031
联系电话：021-64371178
传　　真：021-64370982
电子邮箱：Helena.gao@ubmsinoexpo.com
联 系 人：高小姐

第 16 届中国国际船艇及其技术设备展览会

展出时间：2011 年 4 月 14 ~ 17 日
举办周期：一年一届
始办时间：1996 年
展馆名称：上海新国际博览中心
展会网址：www.boatshowchina.cn
上届数据：展商 400 家，业内观众 15827 人次
主办单位：上海船舶工业行业协会、中国船舶工业行业协会船艇分会、上海博华国际展览有限公司、上海对外科学技术交流中心
联系地址：中国上海市襄阳南路 218 号现代大厦 8 楼
邮　　编：200031
联系电话：021-64371178
传　　真：021-64370982
电子邮箱：Helena.gao@ubmsinoexpo.com
联 系 人：高小姐

中国国际食用油及橄榄油展览会

展出时间：2011 年 4 月 18 ~ 20 日
举办周期：一年一届
始办时间：2005 年
展馆名称：上海光大会展中心

展出内容：各种食用油、橄榄油及相关产品
展会网址：www.cafte.gov.cn
上届数据：展出面积 3000 平方米
主办单位：中国贸促会农业行业分会
联系地址：北京市朝阳区麦子店街 20 号楼 8 层
邮　　编：100125
联系电话：010-59194402
传　　真：010-65918986
电子邮箱：linda@agri.gov.cn
联 系 人：江月朋

2011 上海办公设备展览会

展出时间：2011 年 4 月 20 ~ 22 日
展馆名称：上海展览中心
展出内容：办公设备、办公耗材等
主办单位：上海市计算机行业协会、上海文化用品行业协会、上海广会文化传媒有限公司
承办单位：上海广会文化传媒有限公司
联系地址：上海市镇宁路 200 号欣安大厦东楼 18C
邮　　编：200040
联系电话：021-62473100
传　　真：021-62470085
联 系 人：林小姐

第 14 届上海国际汽车展览会

展出时间：2011 年 4 月 21 ~ 28 日
展馆名称：上海新国际博览中心
展出内容：轿车、商务车、客车及卡车、特种车等
主办单位：中国机械工业联合会
承办单位：上海百域会展有限公司、中国会展网
联系地址：上海市浦东南路 2157 号众城商厦 4C
联系电话：021-51696950-205
传　　真：021-51692750
电子邮箱：hongjuan-1988@163.com
联 系 人：李小姐

2011 年中国国际磁性材料粉末冶金工业展览会

展出时间：2011 年 4 月 22 ~ 24 日
展馆名称：上海光大会展中心
承办单位：浙江省磁性材料行业协会、华东五省一市粉末冶金学会
联系地址：上海市光新路 128 号阳光大厦 26 楼
邮　　编：200061
联系电话：021-23010599
电子邮箱：gaosheng1688@live.cn
联 系 人：高升

2011 中国（上海）国际耐火材料工业展览会

展出时间：2011 年 4 月 22 ~ 24 日
展馆名称：上海光大会展中心
主办单位：上海科技会展有限公司、上海环球展览有限公司
承办单位：上海环球展览有限公司、上海博骥展览服务有限公司
联系地址：上海市奉贤区青村镇人民路 445 弄 35 号 302 室
传　　真：021-61294581
电子邮箱：wangdaihe@163.com
联 系 人：王涛（13403979848）

2011 上海户外运动用品博览会

展出时间：2011 年 5 月 6 ~ 8 日
展馆名称：上海东亚展览馆
展会网址：www.outdoorexpo.cc
承办单位：上海优莱客展览服务有限公司
联系电话：021-61637956
传　　真：021-61637955
电子邮箱：tony.chen@ulike.cc
联 系 人：陈骏

第 14 届中国国际焙烤展览会

展出时间：2011 年 5 月 11 ~ 14 日
举办周期：一年一届
始办时间：1997 年
展馆名称：上海新国际博览中心
展出内容：专用油脂、奶油、专用面粉、甜味剂等相关食品添加剂、书刊、培训机构与其相关的食品设备、器具、工具及金属探测设备等
展会网址：www.cnbakery.com
上届数据：展览面积 80000 平方米，展商 986 家，观众 82100 人次
主办单位：中国焙烤食品糖制品工业协会
承办单位：北京中焙通达会展服务有限公司
联系地址：北京市海淀区北蜂窝 2 号中盛大厦 1305A
邮　　编：100038
联系电话：010-63430880；63430990
传　　真：010-63430660
电子邮箱：chinabakery@126.com
联 系 人：李翔

2011 第 14 届中国国际焙烤展览会

展出时间：2011 年 5 月 11 ~ 14 日
举办周期：一年一届
展馆名称：上海新国际博览中心
展出内容：食品、展示柜、储藏与冷藏柜、店面装饰、食品包装机械等
展会网址：www.cnbakery.com
上届数据：观众 8.12 万人次
主办单位：中国焙烤食品糖制品工业协会
承办单位：北京中焙通达会展服务有限公司
联系地址：北京市海淀区北蜂窝 2 号中盛大厦 1305A
邮　　编：100038
联系电话：010-63430880；63430990
传　　真：010-63430660
电子邮箱：chinabakery@126.com
联 系 人：李翔

第6届中国国际康复护理展览会

展出时间：2011年5月16～18日
举办周期：一年一届
始办时间：2000年
展馆名称：上海国际展览中心有限公司
展出内容：康复辅助器具、行动辅助器具、矫形器和假肢、家具和配件、文化通讯辅助器具、日常护理用品、休闲娱乐辅助器具等
展会网址：www.china-aid.com
上届数据：来自11个国家和地区百家展商参展
主办单位：上海市民政局、上海市残疾人联合会、中国贸促会上海市分会
承办单位：上海市社会福利中心、上海市残疾人辅助器具资源中心、上海国际展览中心有限公司
联系地址：上海娄山关路55号新虹桥大厦8楼
邮　　编：200336
联系电话：021-62952131
传　　真：021-62780038
电子邮箱：intexljs@sh163.net
联 系 人：李菊盛

2011中国（上海）产业用纺织品、非织造布及无纺布展览会

展出时间：2011年5月17～19日
展馆名称：上海光大会展中心
展出内容：非织造材料及相关深加工产品、纤维原料及化学助剂等
展会网址：www.chybzl.com
上届数据：参展商200家，观众18198人次
承办单位：上海雅辉展览服务有限公司
联系地址：上海市漕溪路251弄望族城5号楼20F室
联系电话：021-26533783
传　　真：021-51561778
电子邮箱：yhexpo@163.com

2011第5届上海国际环保购物袋、包装袋展览会

展出时间：2011年5月17～19日
展馆名称：上海光大会展中心
主办单位：上海雅辉展览服务有限公司
联系地址：上海漕溪路251弄望族城5号楼20F室
邮　　编：200235
联系电话：021-64827889-814
传　　真：021-51714666
电子邮箱：fangyuan567@126.com
联 系 人：方圆（13917109531）

2011第8届上海国际皮革、合成革、人造革展览会

展出时间：2011年5月17～19日
展馆名称：上海光大会展中心
主办单位：上海雅辉展览服务有限公司
联系地址：上海漕溪路251弄望族城5号楼20F室
邮　　编：200235
联系电话：021-64827889-814
传　　真：021-51714666
电子邮箱：fangyuan567@126.com
联 系 人：方圆（13917109531）

2011年第8届上海国际箱包皮具手袋展览会

展出时间：2011年5月17～19日
展馆名称：上海光大会展中心
展出内容：箱包手袋等
展会网址：www.chinabagexpo.com
联系地址：上海市漕溪路251弄望族城5号楼20F室
邮　　编：200235
联系电话：021-64827889
传　　真：021-51714666
电子邮箱：shyhzl2008@126.com
联 系 人：江南（13818226158）

2011年第8届上海国际鞋类展览会

展出时间：2011年5月17～19日
展馆名称：上海光大会展中心
展出内容：箱包手袋等
展会网址：www.chinabagexpo.com
联系地址：上海市漕溪路251弄望族城5号楼20F室
邮　　编：200235
联系电话：021-64827889
传　　真：021-51714666
电子邮箱：shyhzl2008@126.com
联 系 人：江南（13818226158）

中国国际美容化妆洗涤用品博览会

展出时间：2011年5月18～20日
举办周期：一年一届
始办时间：1995年
展馆名称：上海新国际博览中心
展出内容：美容、护肤、洗涤、彩妆、香水、个人护理用品、美发、日化、包装机械、相关原料、设备及书刊杂志等
展会网址：www.cbebaiwen.com
上届数据：展览面积76000平方米，展商1257家，观众20万人次
主办单位：中国贸促会轻工行业分会、中国香料香精化妆品工业协会
承办单位：上海百文会展有限公司
联系地址：上海市西藏中路728号
联系电话：021-53082132
传　　真：021-53082151
电子邮箱：joans@chinabeautyexpo.com
联 系 人：张文燕

2011中国国际轨道交通展览会

展出时间：2011年5月19～21日
举办周期：一年一届
始办时间：2002年

展馆名称：上海新国际博览中心
展出内容：城市轨道交通及铁路机车车辆设备及零部件、轨道交通车辆内饰、城市轨道交通及铁路机电设备等
展会网址：www.metro-china.org
上届数据：展览面积18000平方米，展商270家，观众6912名
主办单位：中国国际工程咨询公司、上海国际展览中心有限公司
承办单位：上海天和会展服务有限公司
联系地址：上海市娄山关路55号8楼801-804室
邮　　编：200336
联系电话：021-62956677
传　　真：021-62780038
电子邮箱：Intexhxp@sh163.net
联 系 人：胡晓萍

中国（上海）国际茶业博览会

展出时间：2011年5月20～23日
展馆名称：上海国际展览中心
展会网址：www.tea-shexpo.com
主办单位：中国茶叶流通协会、中国长三角茶业合作（上海）组织、上海市茶叶行业协会、浙江省茶叶产业协会、江苏省茶叶行业协会、安徽省茶叶行业协会
承办单位：上海东贸展览服务有限公司
联系地址：上海市徐汇区沪闵路9116号圣骊大厦A座1006室
邮　　编：200235
联系电话：021-64752979
传　　真：021-64752907
电子邮箱：dongmaosh@163.com

2011年第16届上海国际零售业博览会

展出时间：2011年5月21～23日
展馆名称：上海光大会展中心
主办单位：沪鑫堡展览（上海）有限公司
承办单位：沪鑫堡展览（上海）有限公司
联系地址：上海市江桦路600-18-302
邮　　编：201114
联系电话：021-33887670
传　　真：021-26817211
电子邮箱：huxinbaoexpo@163.com
联 系 人：余越（13671733399）

2011上海商业空间设计及展示用品展览会

展出时间：2011年5月21～23日
展馆名称：上海光大会展中心
主办单位：沪鑫堡展览（上海）有限公司
承办单位：沪鑫堡展览（上海）有限公司
联系地址：上海市江桦路600-18-302
邮　　编：201114
联系电话：021-33887670
传　　真：021-26817211
电子邮箱：huxinbaoexpo@163.com
联 系 人：余越（13671733399）

2011上海商业智能设备与信息安全技术展览会

展出时间：2011年5月21～23日
展馆名称：上海光大会展中心
主办单位：沪鑫堡展览（上海）有限公司
承办单位：沪鑫堡展览（上海）有限公司
联系地址：上海市江桦路600-18-302
邮　　编：201114
联系电话：021-33887670
传　　真：021-26817211
电子邮箱：huxinbaoexpo@163.com
联 系 人：余越（13671733399）

2011年上海世界旅游资源博览会

展出时间：2011年5月21～29日
展馆名称：上海展览中心
主办单位：上海市旅游事业管理委员会、VNU欧洲展览集团
承办单位：上海旅游会展推广中心、上海万耀企龙展览有限公司
联系地址：上海市南京西路1333号上海展览中心行政楼3楼
邮　　编：200040
联系电话：021-62477668
传　　真：021-62479818
电子邮箱：victoria@vnuexhibitions.com.cn
联 系 人：维多利亚

2011第6届中国国际淀粉及淀粉衍生物（上海）展览会

展出时间：2011年5月26～28日
展馆名称：上海光大会展中心
展会网址：www.cisie.cn
上届数据：展览面积7000平方米
主办单位：中国淀粉工业协会、上海科学技术开发交流中心
承办单位：上海中晟展览服务有限公司、上海景程展览服务有限公司
联系地址：上海市中山西路1291号300、301室
联系电话：021-32098889
传　　真：021-32091252
电子邮箱：zsz@zs-expo.com
联 系 人：陈永强（13916912992）

第1届淀粉糖品展示会

展出时间：2011年5月26～28日
展馆名称：上海光大会展中心
展会网址：www.cisie.cn
主办单位：中国淀粉工业协会、上海科学技术开发交流中心
承办单位：上海中晟展览服务有限公司、上海景程展览服

务有限公司
联系地址：上海市中山西路1291号300、301室
联系电话：021-32098889
传　　真：021-32091252
电子邮箱：zsz@zs-expo.com
联 系 人：陈永强（13916912992）

第9届中国上海国际家具展览会

展出时间：2011年6月2～4日
展馆名称：上海新国际博览中心
展出内容：民用家具、办公家具、古典家具、软体家具、酒店家具、厨卫家具、户外休闲家具、教育家具等
主办单位：中国家具工业信息中心、世博集团上海外服国际展览广告有限公司、上海宁波商会家具分会、宁海县家具协会上海分会
联系地址：上海市新金桥路201号现代通信大厦8楼
联系电话：021-50552222

2011上海国际海上风电及风电产业链大会暨展览会

展出时间：2011年6月15～17日
展馆名称：上海新国际博览中心
展出内容：风电设备、风电配套服务、风电场开发、风电项目工程施工等
展会网址：www.offshorewindchina.com
上届数据：展览面积9000平方米，观众639人次，参会企业410家
主办单位：中国资源综合利用协会可再生能源专业委员会、中国可再生能源学会、产业工业委员会、上海市国际展览有限公司
承办单位：上海市国际展览有限公司
联系地址：上海市延安中路841号东方海外大厦8楼
邮　　编：200040
联系电话：021-62792828
传　　真：021-65455124
电子邮箱：fjy@siec-ccpit.com
联 系 人：费嘉奕

第11届世界制药原料中国展览会

展出时间：2011年6月21～23日
举办周期：一年一届
始办时间：2001年
展馆名称：上海新国际博览中心
展出内容：医药原料、活性配料、中间体、精细化工、赋形剂、动植物提取物、客户定制生产、配方研发、分析服务、咨询服务等
展会网址：www.cphi-china.cn
上届数据：展览面积63000平方米，参展商1400家，观众26547人次
主办单位：中国医药保健品进出口商会、欧洲博闻展览咨询有限公司
承办单位：上海博华国际展览有限公司
联系地址：北京市东城区朝阳门内大街南竹杆胡同6号（北京INN大厦3号楼）11-12层
邮　　编：100010
联系电话：010-58036298
传　　真：010-58036317
电子邮箱：zhangxiong@cccmhpie.org.cn
联 系 人：赵井满

第12届亚洲食品配料中国展览会

展出时间：2011年6月21～23日
举办周期：一年一届
始办时间：1999年
展馆名称：上海新国际博览中心
展出内容：食品添加剂与配料、健康天然原料、保健食品原料、动植物提取物、功能性食品原料等
展会网址：www.fia-china.com
上届数据：展览面积15000平方米，参展商400家，观众8000人次
主办单位：中国医药保健品进出口商会、欧洲博闻展览咨询有限公司
承办单位：上海博华国际展览有限公司
联系地址：北京市东城区朝阳门内大街南竹杆胡同6号（北京INN大厦3号楼）11-12层
邮　　编：100010
联系电话：010-58036298
传　　真：010-58036317
电子邮箱：zhangxiong@cccmhpie.org.cn
联 系 人：赵井满

2011世界制药机械、包装设备与材料中国展览会

展出时间：2011年6月21～23日
举办周期：一年一届
始办时间：2006年
展馆名称：上海新国际博览中心
展出内容：制药机械及辅助设备、包装机械及辅助材料、实验室产品与设备、医药包装新材料、药用辅料等
展会网址：www.p-mec.cn
上届数据：展览面积22000平方米，参展商350家，观众8000人次
主办单位：中国医药保健品进出口商会、欧洲博闻展览咨询有限公司
承办单位：上海博华国际展览有限公司
联系地址：北京市东城区朝阳门内大街南竹杆胡同6号（北京INN大厦3号楼）11-12层
邮　　编：100010
联系电话：010-58036298
传　　真：010-58036317
电子邮箱：zhangxiong@cccmhpie.org.cn
联 系 人：赵井满

2011亚洲食品配料展览会

展出时间：2011年6月21～23日
举办周期：一年一届
展出内容：食品添加剂与配料、健康天然原料、食品包装

设备，食品制造机械等
展会网址：www.fia-china.com
上届数据：展商 2109 家，业内观众 43580 人次
主办单位：欧洲博闻展览咨询有限公司、中国医药保健品进出口商会、上海博华国际展览有限公司
联系地址：中国上海市襄阳南路 218 号现代大厦 8 楼
邮　　编：200031
联系电话：021-64371178
传　　真：021-64370982

2011 亚洲天然食品原料展览会

展出时间：2011 年 6 月 21 ~ 23 日
举办周期：一年一届
展出内容：食品添加剂与配料、健康天然原料、食品包装设备，食品制造机械等
展会网址：www.fia-china.com
上届数据：展商 2109 家，业内观众 43580 人次
主办单位：欧洲博闻展览咨询有限公司、中国医药保健品进出口商会、上海博华国际展览有限公司
联系地址：中国上海市襄阳南路 218 号现代大厦 8 楼
邮　　编：200031
联系电话：021-64371178
传　　真：021-64370982

2011 亚洲健康食品原料展览会

展出时间：2011 年 6 月 21 ~ 23 日
举办周期：一年一届
展出内容：食品添加剂与配料、健康天然原料、食品包装设备，食品制造机械等
展会网址：www.fia-china.com
上届数据：展商 2109 家，业内观众 43580 人次
主办单位：欧洲博闻展览咨询有限公司、中国医药保健品进出口商会、上海博华国际展览有限公司
联系地址：中国上海市襄阳南路 218 号现代大厦 8 楼
邮　　编：200031
联系电话：021-64371178
传　　真：021-64370982

第 11 届世界制药原料中国展览会

展出时间：2011 年 6 月 21 ~ 23 日
举办周期：一年一届
展馆名称：上海新国际博览中心
展会网址：www.cphi-china.cn
上届数据：展出面积 85000 平方米，展商 1719 家，业内观众 26547 人次
主办单位：欧洲博闻展览咨询有限公司、中国医药保健品进出口商会、上海博华国际展览有限公司
联系地址：中国上海市襄阳南路 218 号现代大厦 8 楼
邮　　编：200031
联系电话：021-64371178
传　　真：021-64370982

2011 世界合同定制服务中国展览会

展出时间：2011 年 6 月 21 ~ 23 日
举办周期：一年一届
展馆名称：上海新国际博览中心
展会网址：www.cphi-china.cn
上届数据：展出面积 85000 平方米，展商 1719 家，业内观众 26547 人次
主办单位：欧洲博闻展览咨询有限公司、中国医药保健品进出口商会、上海博华国际展览有限公司
联系地址：中国上海市襄阳南路 218 号现代大厦 8 楼
邮　　编：200031
联系电话：021-64371178
传　　真：021-64370982

2011 世界制药机械、包装设备与材料中国展览会

展出时间：2011 年 6 月 21 ~ 23 日
举办周期：一年一届
展馆名称：上海新国际博览中心
展会网址：www.cphi-china.cn
上届数据：展出面积 85000 平方米，展商 1719 家，业内观众 26547 人次
主办单位：欧洲博闻展览咨询有限公司、中国医药保健品进出口商会、上海博华国际展览有限公司
联系地址：中国上海市襄阳南路 218 号现代大厦 8 楼
邮　　编：200031
联系电话：021-64371178
传　　真：021-64370982

2011 世界生化、分析仪器与实验室装备中国展览会

展出时间：2011 年 6 月 21 ~ 23 日
举办周期：一年一届
展馆名称：上海新国际博览中心
展会网址：www.cphi-china.cn
上届数据：展出面积 85000 平方米，展商 1719 家，业内观众 26547 人次
主办单位：欧洲博闻展览咨询有限公司、中国医药保健品进出口商会、上海博华国际展览有限公司
联系地址：中国上海市襄阳南路 218 号现代大厦 8 楼
邮　　编：200031
联系电话：021-64371178
传　　真：021-64370982

2011 年第 3 届上海国际数字标牌展览会

展出时间：2011 年 6 月 22 ~ 24 日
展馆名称：上海国际展览中心
展出内容：数字告示、数位电子看板、网络广告机、多媒体信息发布系统、高清联网信息发布系统等
展会网址：www.chinadigitalsignage.org
上届数据：参展商 100 多家，专业观众 11853 人次
主办单位：中国电子视像行业协会大屏幕投影显示设备分会、上海市多媒体行业协会、上海通信广播电视行业协会

承办单位：上海天盛会展服务有限公司
联系地址：上海市罗阳路168号C座303室
邮　　编：201104
联系电话：021-34080278
传　　真：021-54306576
电子邮箱：info@chinadigitalsignage.org

第3届上海国际数字标牌论坛

展出时间：2011年6月22～24日
展馆名称：上海国际展览中心
展出内容：数字告示、数位电子看板、网络广告机、多媒体信息发布系统、高清联网信息发布系统等
展会网址：www.chinadigitalsignage.org
上届数据：参展商100多家，专业观众11853人次
主办单位：中国电子视像行业协会大屏幕投影显示设备分会、上海市多媒体行业协会、上海通信广播电视行业协会
承办单位：上海天盛会展服务有限公司
联系地址：上海市罗阳路168号C座303室
邮　　编：201104
联系电话：021-34080278
传　　真：021-54306576
电子邮箱：info@chinadigitalsignage.org

2011第9届中国（上海）家用医疗用品展览会

展出时间：2011年6月27～29日
展馆名称：上海光大会展中心
上届数据：展览会面积20000平方米
主办单位：中国医促会、中国家庭医疗器械协会、中国医疗保健国际交流促进会
承办单位：上海展亚展览服务有限公司
联系地址：上海市沪闵路6259号银霄大厦A座2203
联系电话：021-54133201
传　　真：021-64126798
电子邮箱：18930510186@126.com
联 系 人：彭帅（18930510186）

2011中国（上海）家用医疗用品技术发展CEO论坛

展出时间：2011年6月27～29日
展馆名称：上海光大会展中心
上届数据：展览会面积20000平方米
主办单位：中国医促会、中国家庭医疗器械协会、中国医疗保健国际交流促进会
承办单位：上海展亚展览服务有限公司
联系地址：上海市沪闵路6259号银霄大厦A座2203
联系电话：021-54133201
传　　真：021-64126798
电子邮箱：18930510186@126.com
联 系 人：彭帅（18930510186）

2011家用医疗用品采购洽谈会

展出时间：2011年6月27～29日
展馆名称：上海光大会展中心
上届数据：展览会面积20000平方米
主办单位：中国医促会、中国家庭医疗器械协会、中国医疗保健国际交流促进会
承办单位：上海展亚展览服务有限公司
联系地址：上海市沪闵路6259号银霄大厦A座2203
联系电话：021-54133201
传　　真：021-64126798
电子邮箱：18930510186@126.com
联 系 人：彭帅（18930510186）

第7届2011年中国国际铝工业展览会

展出时间：2011年7月13～15日
展馆名称：上海新国际博览中心
展会网址：www.aluminiumchina.com
主办单位：励展博览集团（中国）公司
联系地址：北京市朝阳区新源南路1-3号平安国际金融中心A座15层01-03,05
邮　　编：100027
联系电话：010-59339000
传　　真：010-59339333
电子邮箱：alu@reedexpo.com.cn
联 系 人：张岚

2011第4届中国国际起重机械及配件展览会

展出时间：2011年7月14～16日
展馆名称：上海国际展览中心
展出内容：起重机械、起重工具等
主办单位：中国机械工业联合会、中国重型机械工业协会、北京五洲卓越国际展览有限公司
承办单位：北京五洲卓越国际展览有限公司
联系地址：北京市朝阳区北苑家园清友园2号楼1608室
邮　　编：100012
联系电话：010-84967955
传　　真：010-84967955
电子邮箱：qinyuexpo@126.com
联 系 人：秦天

2011中国（上海）国际园林设计展览会

展出时间：2011年7月14～16日
展馆名称：上海新国际博览中心
展出内容：园林景观规划及设计、园林绿化工程、防腐木、木塑、屋顶绿化材料、屋面系统工程等
主办单位：上海市园林绿化行业协会、上海万耀企龙展览有限公司、上海锦顺展览服务有限公司
联系地址：上海市南京西路1333号上海展览中心行政楼3楼
邮　　编：200040
联系电话：021-62477668
传　　真：021-62479818
电子邮箱：victoria@vnuexhibitions.com.cn

2011中国可持续建筑国际大会

展出时间：2011年7月14～16日
展馆名称：上海新国际博览中心
展出内容：园林景观规划及设计、园林绿化工程、防腐木、木塑、屋顶绿化材料、屋面系统工程等
主办单位：上海市园林绿化行业协会、上海万耀企龙展览有限公司、上海锦顺展览服务有限公司
联系地址：上海市南京西路1333号上海展览中心行政楼3楼
邮　　编：200040
联系电话：021-62477668
传　　真：021-62479818
电子邮箱：victoria@vnuexhibitions.com.cn

2011中国国际园林机械设备及技术展览会

展出时间：2011年7月14～16日
展馆名称：上海新国际博览中心
展出内容：园林景观规划及设计、园林绿化工程、防腐木、木塑、屋顶绿化材料、屋面系统工程等
主办单位：上海市园林绿化行业协会、上海万耀企龙展览有限公司、上海锦顺展览服务有限公司
联系地址：上海市南京西路1333号上海展览中心行政楼3楼
邮　　编：200040
联系电话：021-62477668
传　　真：021-62479818
电子邮箱：victoria@vnuexhibitions.com.cn

2011第6届中国（上海）国际触屏展览会

展出时间：2011年7月20～22日
展馆名称：上海新国际博览中心
主办单位：上海市电子学会、上海市通信制造业行业协会、香港扩展国际展览有限公司、中国触控协会触摸屏专业委员会
承办单位：上海扩展展览服务有限公司
联系地址：上海市徐汇区漕溪路251弄望族城5号楼602
联系电话：021-64841171
传　　真：021-64843366
电子邮箱：hubin_kuozhan@126.com
联 系 人：胡彬（18621189285）

2011第7届中国（上海）国际建筑节能及新型建材展览会

展出时间：2011年8月16～19日
展馆名称：上海浦东新国际博览中心
展出内容：建筑保温系统、节能门窗、新能源产品等
主办单位：上海市建筑材料行业协会、世博集团上海现代国际展览有限公司
联系地址：上海市普安路128号淮海大厦东楼1601-1602、1701-1702室
联系电话：021-61179628
传　　真：021-61916497
电子邮箱：infojiancai@163.com
联 系 人：何伟（13671856722）

第22届中国（上海）国际建材及室内装饰展览会

展出时间：2011年8月16～19日
展馆名称：上海浦东新国际博览中心
展出内容：建筑保温系统、节能门窗、新能源产品等
主办单位：上海市建筑材料行业协会、世博集团上海现代国际展览有限公司
联系地址：上海市普安路128号淮海大厦东楼1601-1602、1701-1702室
联系电话：021-61179628
传　　真：021-61916497
电子邮箱：infojiancai@163.com
联 系 人：何伟（13671856722）

第9届中国国际海洋石油天然气技术装备展览会

展出时间：2011年8月22～24日
展馆名称：上海新国际博览中心
展出内容：油气勘探开采设备、电线电缆、电工电气设备、仪器仪表、绳索、钢缆、钢索等
展会网址：www.sh.ciooe.com.cn
主办单位：北京振威展览有限公司、中国石油和石油化工设备工业协会
承办单位：北京振威展览有限公司
联系地址：北京市朝阳区北苑路170号凯旋城E座8楼801室
联系电话：010-58236588
传　　真：010-58236567
电子邮箱：cippe@zhenweiexpo.com
联 系 人：覃珧

2011第6届中国国际健康营养食用油产业上海博览会

展出时间：2011年8月22～24日
展馆名称：上海浦东国际展览中心
主办单位：中国保健营养理事会、中国保健营养理事会高端食用油专业委员会
承办单位：北京世博威国际展览有限公司、中国保健营养理事会高端食用油专业委员会
联系电话：010-80693488
传　　真：010-51413308
电子邮箱：18610288801@163.com
联 系 人：白芸（18610288801）

2011第12届中国（上海）国际有机食品及绿色食品展览会

展出时间：2011年8月22～24日
展馆名称：上海新国际博览中心
展会网址：www.gnfexpo.com.cn
主办单位：国际绿色产业协会、国家有机产业联盟、中国保健营养理事会、中国老年营养与食品专业委员会
承办单位：北京世博威国际展览有限公司
联系地址：北京市朝阳区朝阳路69号
邮　　编：100123

联系电话：010-85755107
传　　真：010-51413308
电子邮箱：beijingfoodexpo@yeah.net
联 系 人：张学峰（15811512873）

第17届中国国际家具生产设备及原辅材料展览会

展出时间：2011年9月14～17日
举办周期：一年一届
始办时间：1993年
展馆名称：世博主题馆
展出内容：家具制作设备与配件、软体家具生产设备、家具生产工具与刀锯、家具生产材料与配件、家具装饰材料、家具化工产品
展会网址：www.fmcchina.com.cn
上届数据：展出面积37000平方米，展商650家，业内观众30000人次
主办单位：中国家具协会、上海博华国际展览有限公司
联系地址：上海襄阳南路218号现代大厦8楼
邮　　编：200031
联系电话：021-64371178
传　　真：021-61154988
电子邮箱：fmc@ubmsinoexpo.com；fmp@ubmsinoexpo.com
联 系 人：高小姐

2011中国国际家具配件及材料精品展览会

展出时间：2011年9月14～17日
举办周期：一年一届
始办时间：1993年
展馆名称：世博主题馆
展出内容：家具制作设备与配件、软体家具生产设备、家具生产工具与刀锯、家具生产材料与配件、家具装饰材料、家具化工产品
展会网址：www.fmcchina.com.cn
上届数据：展出面积37000平方米，展商650家，业内观众30000人次
主办单位：中国家具协会、上海博华国际展览有限公司
联系地址：上海襄阳南路218号现代大厦8楼
邮　　编：200031
联系电话：021-64371178
传　　真：021-61154988
电子邮箱：fmc@ubmsinoexpo.com；fmp@ubmsinoexpo.com
联 系 人：高小姐

第17届中国国际家具展览会

展出时间：2011年9月14～17日
举办周期：一年一届
始办时间：1993年
展馆名称：上海新国际博览中心
展出内容：卧房家具、餐厅家具、客厅家具、卫浴家具、儿童家具、休闲家具、户外家具、酒店家具、餐饮家具、学校家具、医院家具、机场家具、办公家具等
展会网址：www.furnitureinchina.com
上届数据：展示面积300000平方米，展商1925家，观众62387人次
主办单位：中国家具协会、上海博华国际展览有限公司
联系地址：上海襄阳南路218号现代大厦8楼
邮　　编：200031
联系电话：021-64371178
传　　真：021-64370982
电子邮箱：furniture@ubmsinoexpo.com

第17届中国国际办公家具展览会

展出时间：2011年9月14～17日
举办周期：一年一届
始办时间：1993年
展馆名称：上海新国际博览中心
展出内容：卧房家具、餐厅家具、客厅家具、卫浴家具、儿童家具、休闲家具、户外家具、酒店家具、餐饮家具、学校家具、医院家具、机场家具、办公家具等
展会网址：www.furnitureinchina.com
上届数据：展示面积300000平方米，展商1925家，观众62387人次
主办单位：中国家具协会、上海博华国际展览有限公司
联系地址：上海襄阳南路218号现代大厦8楼
邮　　编：200031
联系电话：021-64371178
传　　真：021-64370982
电子邮箱：furniture@ubmsinoexpo.com

2011中国国际家居布艺饰品展览会

展出时间：2011年9月14～17日
举办周期：一年一届
始办时间：1993年
展馆名称：上海新国际博览中心
展出内容：卧房家具、餐厅家具、客厅家具、卫浴家具、儿童家具、休闲家具、户外家具、酒店家具、餐饮家具、学校家具、医院家具、机场家具、办公家具等
展会网址：www.furnitureinchina.com
上届数据：展示面积300000平方米，展商1925家，观众62387人次
主办单位：中国家具协会、上海博华国际展览有限公司
联系地址：上海襄阳南路218号现代大厦8楼
邮　　编：200031
联系电话：021-64371178
传　　真：021-64370982
电子邮箱：furniture@ubmsinoexpo.com

2011中国国际橱柜展览会

展出时间：2011年9月14～17日
举办周期：一年一届
始办时间：1993年
展馆名称：上海新国际博览中心

展出内容：卧房家具、餐厅家具、客厅家具、卫浴家具、儿童家具、休闲家具、户外家具、酒店家具、餐饮家具、学校家具、医院家具、机场家具、办公家具等
展会网址：www.furnitureinchina.com
上届数据：展示面积300000平方米，展商1925家，观众62387人次
主办单位：中国家具协会、上海博华国际展览有限公司
联系地址：上海襄阳南路218号现代大厦8楼
邮　　编：200031
联系电话：021-64371178
传　　真：021-64370982
电子邮箱：furniture@ubmsinoexpo.com

2011第14届亚洲宠物展览会

展出时间：2011年9月24～27日
展馆名称：上海光大会展中心
展出内容：宠物食品、宠物用品、宠物医疗等
展会网址：www.petfairasia.com
上届数据：展览面积20000平方米，参展商400多家，来自23个国家的30000余名观众到场参观
主办单位：上海万耀企龙展览有限公司
承办单位：上海万耀企龙展览有限公司
联系地址：上海市徐汇区田林路140号26A栋万耀企龙办公楼
邮　　编：200233
联系电话：021-61956088
传　　真：021-61956099
电子邮箱：pfa@vnuexhibitions.com.cn

2011第5届中国上海国际门业博览会

展出时间：2011年9月26～28日
展馆名称：上海新国际博览中心
展会网址：www.doorexpo.cn
主办单位：中国木材与木制品流通协会、中国木材与木制品流通协会木门专业委员会、中国贸促会上海浦东分会、中国国际商会上海浦东分会、上海浦东国际展览公司
承办单位：中国木材与木制品流通协会展览部、上海浦东国际展览公司、上海博峻会展服务有限公司、上海百应展览有限公司
联系电话：021-50550909
传　　真：021-50321966
联 系 人：罗玲

2011中国国际五金展览会

展出时间：2011年9月底
举办周期：一年一届
始办时间：2000年
展馆名称：上海新国际博览中心
展出内容：五金工具、锁具、建筑五金、DIY产品、厨卫设施等
上届数据：展览面积103500平方米，参展企业2016家，观众38925人
主办单位：中国贸促会轻工行业分会、中国五金协会
承办单位：中国五金协会
联系地址：北京阜外大街乙22号
邮　　编：100833
联系电话：010-68033182
传　　真：010-68396422
联 系 人：王振和

第6届中国（上海）国际肉类工业展览会

展出时间：2011年10月10～12日
展馆名称：上海光大会展中心
展会网址：www.meatexpo.com.cn
主办单位：中国肉类行业协会上海办事处、中国合作贸易企业协会、上海市肉类行业协会、浙江省肉类协会、东方国际集团广告展览有限公司、华港国际展览集团投资有限公司
承办单位：上海华港展览服务有限公司、东方国际集团广告展览有限公司
联系地址：上海市春申路3758弄2号506室
邮　　编：201100
联系电话：021-64602706
传　　真：021-64602848-808
电子邮箱：shmeatexpo@163.com

2011中国（上海）国际乐器展览会

展出时间：2011年10月11～14日
举办周期：一年一届
始办时间：2002年
展馆名称：上海新国际博览中心
展出内容：钢琴和键盘乐器、电声乐器、打击乐器、音乐相关电脑硬件和软件、音乐相关服务、协会和媒体等
展会网址：www.musicchina-expo.com
上届数据：观众42499人次，展商1164家
主办单位：中国乐器协会、上海国际展览中心有限公司和法兰克福展览（香港）有限公司
联系地址：娄山关路55号新虹桥大厦801室
邮　　编：200336
联系电话：021-62956677；62096149
传　　真：021-62780038
电子邮箱：intexwl@sh163.net
联 系 人：王蕾

2011中国（上海）国际时尚家居用品展览会

展出时间：2011年10月13～16日
举办周期：一年一届
始办时间：2007年
展馆名称：上海展览中心
展出内容：餐厨用品、礼品杂件、居家艺术
展会网址：www.el-china.com
上届数据：参展商200余家，观众10500人次
主办单位：法兰克福展览（上海）有限公司、江苏联亚国际展览有限公司
联系地址：南京市太平南路333号金陵御景园19楼A-G

邮　　编：210002
联系电话：025-84521101
传　　真：025-84692610
电子邮箱：ilc@uaec-expo.com
联 系 人：袁昊

2011 中国国际工业博览会

展出时间：2011 年 11 月 1 ~ 5 日
展馆名称：上海新国际博览中心
展出内容：数控机床与金属加工、工业自动化、环保技术与设备等
主办单位：国家发展和改革委员会、商务部、工业和信息化部、科学技术部、教育部、中国科学院、中国工程院、中国贸促会、上海市人民政府
承办单位：上海世博（集团）有限公司工博会项目分公司
联系地址：上海市延安中路 837 号 200040
联系电话：021-62892666
传　　真：021-62895703

第 11 届中国国际润滑油、脂及调和技术设备展览会

展出时间：2011 年 11 月 22 ~ 24 日
举办周期：一年一届
始办时间：2000 年
展馆名称：上海国际展览中心
展出内容：车用润滑油、脂及汽车化学养护品、润滑油品行业人力资源与咨询、信息杂志与网站服务等
展会网址：www.interlubric.com
上届数据：20 多个国家共计 1200 多家企业参展
主办单位：中国石化润由公司、中国石油润滑公司、中国贸促会上海分会
承办单位：上海国际展览中心有限公司
联系地址：上海市娄山关路 55 号新虹桥大厦 801-804 室
邮　　编：200336
联系电话：021-62952137；62951404；62956677
传　　真：021-62780038
电子邮箱：intexhjn@sh163.net；intexlj@sh163.net
联 系 人：刘军

2011 亚洲国际标签印刷展览会

展出时间：2011 年 11 月 29 日 ~ 12 月 2 日
举办周期：两年一届
始办时间：2003 年
展馆名称：上海新国际博览中心
展出内容：标签印刷机械、材料及相关
展会网址：www.labelexpo.cn
上届数据：参展商 300 家，观众 16000 人次
主办单位：塔苏斯（上海）展览有限公司
联系地址：上海市虹桥路 1 号港汇广场 1 座 1108 室
邮　　编：200030
联系电话：021-64484890
传　　真：021-64484880
电子邮箱：xchen@tarsus.co.uk
联 系 人：胡玮

重庆市

中国－中西部光电暨 LED 国际博览会

展出时间：2011 年 3 月 10 ~ 12 日
展馆名称：重庆国际会议展览中心
联 系 人：王文杰（15213336822）

2011 重庆（第 10 届）国际科学仪器及实验室装备展览会

展出时间：2011 年 3 月 10 ~ 12 日
举办周期：一年一届
展馆名称：重庆展览中心
主办单位：全国高科技产业品牌推进工业和信息化委员会、重庆市科学技术委员会、重庆市科学技术研究院、重庆市科学技术协会、重庆市自动化与仪器仪表学会、重庆市物流协会、中国四联仪器仪表集团有限公司、重庆九天展览策划有限公司
承办单位：重庆九天展览策划有限公司
联系地址：重庆市南岸区南坪西路福天大厦 24 层
邮　　编：400060
联系电话：023-61981811
传　　真：023-61981733
联 系 人：王萍

第 16 届重庆国际动力传动·液压气动及密封件展览会

展出时间：2011 年 3 月 10 ~ 12 日
举办周期：一年一届
展馆名称：重庆展览中心
主办单位：全国高科技产业品牌推进工业和信息化委员会、重庆市科学技术委员会、重庆市科学技术研究院、重庆市科学技术协会、重庆市自动化与仪器仪表学会、重庆市物流协会、中国四联仪器仪表集团有限公司、重庆九天展览策划有限公司
承办单位：重庆九天展览策划有限公司
联系地址：重庆市南岸区南坪西路福天大厦 24 层
邮　　编：400060
联系电话：023-61981811
传　　真：023-61981733
联 系 人：王萍

2011 第 10 届中国西部广告与传媒博览会

展出时间：2011 年 3 月 18 ~ 20 日
展馆名称：重庆展览中心
展出内容：户外广告制作技术设备及材料、大众传播媒体技术及设备等
主办单位：中国照明学会霓虹技术专业委员会、重庆市新闻出版局、重庆西部展览策划有限公司、重庆新海广告公司展览分公司
承办单位：重庆西部展览策划有限公司

联系地址：重庆市南坪西路 27 号福天大厦 A 座 27-2
邮　　编：400060
联系电话：023-62986278
传　　真：023-62986138
电子邮箱：westexpo@163.com
联 系 人：龚艳（13983602379）

2011 第 6 届重庆国际 LED 及城市景观照明展览会

展出时间：2011 年 3 月 18 ~ 20 日
展馆名称：重庆展览中心
展出内容：LED 显示技术及应用系统设备、城市景观照明
主办单位：重庆西部展览策划有限公司
承办单位：重庆创品会展有限公司
联系地址：重庆南坪珊瑚路 6 号万达广场锋邸 2 栋 8-7
邮　　编：400060
联系电话：023-62642082
传　　真：023-62642086
联 系 人：唐川（13983203515）

第 8 届中国（重庆）国际医疗器械展览会

展出时间：2011 年 3 月 24 ~ 26 日
展馆名称：重庆国际会议展览中心
主办单位：重庆市社区卫生协会、重庆雨新会展有限公司
承办单位：重庆雨新会展有限公司
联系地址：重庆市南岸区南坪珊瑚路 1 号贝迪新城 3 期 B 栋 5-2
联系电话：023-62986633
传　　真：023-86615066
电子邮箱：yxhz@cqyxhz.com

2011 中国西部国际工业锅炉、泵阀管件展览会

展出时间：2011 年 3 月 24 ~ 26 日
展馆名称：重庆国际会议展览中心
主办单位：重庆市人民政府经济和信息化委员会、重庆市工业经济联合会、重庆市铸造行业协会、重庆市锻压行业协会、重庆市热处理行业协会、重庆市中环盛世商务会展有限公司
承办单位：重庆市中环盛世商务会展有限公司
联系地址：重庆市江北区观音桥红鼎国际 A 座 3609 室
邮　　编：400020
联系电话：023-67753110
传　　真：023-67753176
电子邮箱：cmpi@163.com
联 系 人：张强（15923540859）

第 11 届中国国际金属冶金展览会

展出时间：2011 年 3 月 24 ~ 26 日
展馆名称：重庆国际会议展览中心
主办单位：重庆市人民政府经济和信息化委员会、重庆市工业经济联合会、重庆市铸造行业协会、重庆市锻压行业协会、重庆市热处理行业协会、重庆市中环盛世商务会展有限公司
承办单位：重庆市中环盛世商务会展有限公司
联系地址：重庆市江北区观音桥红鼎国际 A 座 3609 室
邮　　编：400020
联系电话：023-67753110
传　　真：023-67753176
电子邮箱：cmpi@163.com
联 系 人：张强（15923540859）

2011 第 8 届中国（重庆）国际口腔器材展览会及学术交流会

展出时间：2011 年 3 月 24 ~ 26 日
展馆名称：重庆展览中心
主办单位：重庆雨新会展有限公司、重庆市社区卫生协会
承办单位：重庆雨新会展有限公司
联系地址：重庆市南岸区南坪珊瑚路 1 号贝迪新城 3 期 B 栋 5-2
联系电话：023-62986633
传　　真：023-86615066
电子邮箱：yxhz@cqyxhz.com

2011 年重庆国际社会公共安全及技术设备展览会

展出时间：2011 年 3 月 25 ~ 27 日
展馆名称：重庆国际会议展览中心
主办单位：重庆市公安局社会公共安全行业管理办公室、重庆市公共安全技术防范协会
承办单位：重庆京慕展览服务有限公司
联系地址：重庆市江北区建新东路 13 号光宇锦鑫大厦 10-3 室
联系电话：023-86830069
传　　真：023-86830137
联 系 人：苏先生

第 12 届重庆国际紧固件、弹簧及设备展览会

展出时间：2011 年 4 月 14 ~ 16 日
展馆名称：重庆国际会议展览中心
主办单位：重庆市经济和信息化委员会、重庆市科学技术协会、重庆市紧固件行业协会、广东省紧固件行业协会、浙江省紧固件行业协会、嘉兴市紧固件进出口企业协会、海盐县紧固件同业商会、重庆市机械工程学会
承办单位：重庆沃德展览有限公司、重庆风华标准件制造有限公司
联系地址：重庆市南岸区江南大道 27 号江南明珠大厦 807 室
邮　　编：400060
联系电话：023-62968507-821
传　　真：023-62968444
电子邮箱：cqwodezp@163.com
联 系 人：张鹏（15923392379）

2010 首届重庆市紧固件协会与国内各设备、紧固件厂商对接洽谈会

展出时间：2011 年 4 月 14 ~ 16 日

展馆名称：重庆国际会议展览中心
主办单位：重庆市经济和信息化委员会、重庆市科学技术协会、重庆市紧固件行业协会、广东省紧固件行业协会、浙江省紧固件行业协会、嘉兴市紧固件进出口企业协会、海盐县紧固件同业商会、重庆市机械工程学会
承办单位：重庆沃德展览有限公司、重庆风华标准件制造有限公司
联系地址：重庆市南岸区江南大道 27 号江南明珠大厦 807 室
邮　　编：400060
联系电话：023-62968507-821
传　　真：023-62968444
电子邮箱：cqwodezp@163.com
联 系 人：张鹏（15923392379）

第 12 届中国重庆国际工业装备博览会

展出时间：2011 年 4 月 14 ~ 16 日
展馆名称：重庆国际会议展览中心
主办单位：重庆市经济和信息化委员会
承办单位：重庆沃德展览有限公司、国际投资环境研究院、重庆高地会展咨询服务中心
联系地址：重庆市南岸区江南大道 27 号江南明珠大厦 807 室
邮　　编：400060
联系电话：023-62968507
传　　真：023-62968444
电子邮箱：worldfair@126.com
联 系 人：徐军（13752931133）

第 12 届重庆国际五金机电展览会

展出时间：2011 年 4 月 14 ~ 16 日
展馆名称：重庆国际会议展览中心
主办单位：重庆市经济和信息化委员会
承办单位：重庆沃德展览有限公司、国际投资环境研究院、重庆高地会展咨询服务中心
联系地址：重庆市南岸区江南大道 27 号江南明珠大厦 807 室
邮　　编：400060
联系电话：023-62968507
传　　真：023-62968444
电子邮箱：worldfair@126.com
联 系 人：徐军（13752931133）

第 2 届中国（重庆）国际电子信息产业展览会

展出时间：2011 年 4 月 14 ~ 16 日
展馆名称：重庆国际会议展览中心
承办单位：重庆高地会展咨询服务中心
联系地址：重庆市南岸区江南大道 27 号江南明珠 905 室
邮　　编：400060
联系电话：023-88360590
传　　真：023-88360608
电子邮箱：zhouweidong_009@163.com
联 系 人：周卫东（13608314953）

2011 中国（重庆）国际互联网展览会

展出时间：2011 年 4 月 14 ~ 16 日
展馆名称：重庆国际会议展览中心
承办单位：重庆高地会展咨询服务中心
联系地址：重庆市南岸区江南大道 27 号江南明珠 905 室
邮　　编：400060
联系电话：023-88360590
传　　真：023-88360608
电子邮箱：zhouweidong_009@163.com
联 系 人：周卫东（13608314953）

2011 中国（重庆）国际信息通信展览会

展出时间：2011 年 4 月 14 ~ 16 日
展馆名称：重庆国际会议展览中心
承办单位：重庆高地会展咨询服务中心
联系地址：重庆市南岸区江南大道 27 号江南明珠 905 室
邮　　编：400060
联系电话：023-88360590
传　　真：023-88360608
电子邮箱：zhouweidong_009@163.com
联 系 人：周卫东（13608314953）

2011 第 12 届中国（重庆）国际表面处理、涂装及电镀工业展览会

展出时间：2011 年 4 月 14 ~ 16 日
展馆名称：重庆国际会议展览中心
主办单位：重庆市电镀行业协会、重庆市涂料涂装行业协会、成都表面工程行业协会、贵阳电镀协会、昆明电镀协会、《表面技术》编辑部
承办单位：重庆市电镀行业协会、重庆沃德展览有限公司
联系地址：重庆市南岸区江南大道 27 号江南明珠 8-7 室
邮　　编：400060
联系电话：023-86376748
传　　真：023-62968444
电子邮箱：hllychina@126.com
联 系 人：罗勇（13527594856）

第 12 届中国（重庆）国际涂料、油墨及胶粘剂展览会

展出时间：2011 年 4 月 14 ~ 16 日
展馆名称：重庆国际会议展览中心
主办单位：重庆市电镀行业协会、重庆市涂料涂装行业协会、成都表面工程行业协会、贵阳电镀协会、昆明电镀协会、《表面技术》编辑部
承办单位：重庆市电镀行业协会、重庆沃德展览有限公司
联系地址：重庆市南岸区江南大道 27 号江南明珠 8-7 室
邮　　编：400060
联系电话：023-86376748
传　　真：023-62968444
电子邮箱：hllychina@126.com
联 系 人：罗勇（13527594856）

第12届重庆国际焊割技术设备展览会

展出时间：2011年4月14～16日
展馆名称：重庆国际会议展览中心
展出内容：焊接设备、切割设备等
主办单位：重庆市经济和信息化委员会、重庆市科学技术协会、重庆市机械工程学会、重庆市五金机电商会
承办单位：重庆沃德展览有限公司
联系地址：重庆市南岸区江南大道27号江南明珠大厦807室
邮　　编：400060
联系电话：023-62968507
传　　真：023-62968444
电子邮箱：worldfair@126.com
联 系 人：王聪（15086676293）

2011第18届（重庆）机床展览会

展出时间：2011年4月20～22日
展馆名称：重庆国际会议展览中心
展出内容：机床、工具与机床附件、相关制造设备等
主办单位：中国机械工程学会
承办单位：重庆市对外贸易经济委员会、重庆市经济委员会、重庆市科学技术委员会、重庆市人民政府高新区管委会
联系电话：023-86382830
电子邮箱：joki_ting@hotmail.com
联 系 人：杜玉婷（13883901310）

2011中国国际工业转包展览会

展出时间：2011年4月20～22日
始办时间：2005年
展馆名称：重庆展览中心
展出内容：参展商246家，专业观众10612人次
展会网址：www.subcon.cn
主办单位：中国机械工程学会、重庆市人民政府
承办单位：重庆市对外贸易经济委员会、重庆市经济和信息化委员会、重庆市科学技术委员会、重庆市人民政府高新区管委会
联系地址：重庆市高新区科园四路269号
联系电话：023-68613835
传　　真：023-68631388
电子邮箱：service@unido-spx.org
联 系 人：刘磊

2011模具工业（重庆）展览会

展出时间：2011年5月11～14日
展馆名称：重庆国际会议展览中心
主办单位：重庆市模具工业协会、成都市模具工业协会、重庆市压铸行业协会
承办单位：重庆市立嘉会议展览有限公司
联系地址：重庆南坪开发路31号科尔国际商务大厦28-5室
邮　　编：400060
联系电话：023-86846800
传　　真：023-86846822
电子邮箱：pen15111959501@163.com
联 系 人：彭政（15111959501）

2011年第4届中国重庆国际皮革鞋业、鞋机鞋材展览会

展出时间：2011年5月13～15日
展馆名称：重庆国际会议展览中心
主办单位：美中服装鞋业协会
承办单位：重庆港华展览有限公司
联系地址：重庆市沙坪坝区石小路167号
联系电话：023-86156500
传　　真：023-86156500
电子邮箱：1033941731@qq.com
联 系 人：王小姐

2011年中国重庆国际合成革人造革展览会

展出时间：2011年5月13～15日
展馆名称：重庆国际会议展览中心
主办单位：美中服装鞋业协会
承办单位：重庆港华展览有限公司
联系地址：重庆市沙坪坝区石小路167号
联系电话：023-86156500
传　　真：023-86156500
电子邮箱：1033941731@qq.com
联 系 人：王小姐

2011年第4届中国重庆国际纺织工业、缝制设备展览会

展出时间：2011年5月13～15日
展馆名称：重庆国际会议展览中心
主办单位：美中服装鞋业协会
承办单位：重庆港华展览有限公司
联系地址：重庆市沙坪坝区石小路167号
联系电话：023-86156500
传　　真：023-86156500
电子邮箱：1033941731@qq.com
联 系 人：王小姐

2011中国重庆国际人造革合成革展览会

展出时间：2011年5月13～15日
举办周期：一年一届
展馆名称：重庆展览中心
展出内容：皮革制品、原辅料、制造机械等
主办单位：美中服装鞋业协会
承办单位：美中服装鞋业协会
联系地址：重庆市沙坪坝区石小路167号
联系电话：023-86156500
传　　真：023-86156500
电子邮箱：fengyu_16888@126.com
联 系 人：冯宇

2011年中国（重庆）国际箱包皮具手袋展览会

展出时间：2011年5月13～15日
展馆名称：重庆展览中心
主办单位：美中服装鞋业协会
承办单位：重庆市皮革鞋业协会、重庆港华展览有限公司
联系地址：重庆市沙坪坝区石小路167号附9-1-3号
联系电话：023-86156500
传　　真：023-86156500
电子邮箱：1033941731@qq.com
联 系 人：王小姐（15923519466）

2011重庆石材产品及石材养护展览会

展出时间：2011年5月19～21日
举办周期：一年一届
展馆名称：重庆国际会议展览中心
展出内容：石材产品、异型制品、环境装饰石材产品和设计等
主办单位：重庆市建筑业协会、重庆市工商联（总商会）建材商会、重庆博瑞德展览有限公司
承办单位：重庆博瑞德展览有限公司
联系地址：重庆江南大道19号
邮　　编：400060
联系电话：023-86382830
传　　真：023-86382820
联 系 人：杜玉婷

2011重庆国际化工展览会

展出时间：2011年5月19～22日
展馆名称：重庆国际会议展览中心
展出内容：化工合成材料及其原料等
展会网址：www.ccisf.com
主办单位：中华人民共和国商务部、重庆市人民政府
承办单位：重庆市外经贸委
联系地址：重庆市高新区陈家坪帝豪名都27层
邮　　编：400039
联系电话：023-68653068
传　　真：023-89088396
电子邮箱：37439814@qq.com
联 系 人：王丽（15902322131）

第14届渝洽会

展出时间：2011年5月19～22日
展馆名称：重庆国际会议展览中心
主办单位：中华人民共和国商务部、重庆市人民政府
承办单位：重庆市外经贸委
联系地址：重庆市高新区陈家坪帝豪名都27层
邮　　编：400039
联系电话：023-68650368
传　　真：023-89088396
电子邮箱：37439814@qq.com
联 系 人：王丽（15902322131）

2011年西部重庆城市建设及建筑节能展览会

展出时间：2011年5月19～22日
展馆名称：重庆国际会议展览中心
主办单位：中华人民共和国商务部、重庆市人民政府
承办单位：重庆市外经贸委
联系地址：重庆市高新区陈家坪帝豪名都27层
邮　　编：400039
联系电话：023-68650368
传　　真：023-89088396
电子邮箱：37439814@qq.com
联 系 人：王丽（15902322131）

2011中国（西部）重庆环保及新能源展览会

展出时间：2011年5月19～22日
展馆名称：重庆国际会议展览中心
主办单位：中华人民共和国商务部、重庆市人民政府
承办单位：重庆市外经贸委
联系地址：重庆市高新区陈家坪帝豪名都27层
邮　　编：400039
联系电话：023-68650368
传　　真：023-89088396
电子邮箱：37439814@qq.com
联 系 人：王丽（15902322131）

2011中国（重庆）建筑装饰艺术玻璃展览会

展出时间：2011年5月19～22日
展馆名称：重庆国际会议展览中心
主办单位：中华人民共和国商务部、重庆市人民政府
承办单位：重庆市外经贸委
联系地址：重庆市高新区陈家坪帝豪名都27层
邮　　编：400039
联系电话：023-68650368
传　　真：023-89088396
电子邮箱：37439814@qq.com
联 系 人：王丽（15902322131）

2011第5届重庆智能家居及楼宇智能化展览会

展出时间：2011年5月19～22日
展馆名称：重庆国际会议展览中心
主办单位：中华人民共和国商务部、重庆市人民政府
承办单位：重庆市外经贸委
联系地址：重庆市高新区陈家坪帝豪名都27层
邮　　编：400039
联系电话：023-68650368
传　　真：023-89088396
电子邮箱：37439814@qq.com
联 系 人：王丽（15902322131）

2011（第13届）中国重庆国际汽车工业展览会

展出时间：2011年6月9～13日
展馆名称：重庆国际会议展览中心
展会网址：www.autochongqing.com

上届数据：观众25万人次
主办单位：中国汽车工业协会、中国贸促会汽车行业分会、重庆市人民政府
承办单位：重庆市经济和信息化委员会、重庆市人民政府汽车工业办公室、重庆展览中心有限公司
联系地址：重庆市高新区科园四路269号
邮　　编：400041
联系电话：023-68634132
传　　真：023-68631388

2011第6届重庆婚礼博览会

展出时间：2011年8月25～28日
展馆名称：重庆国际会议展览中心
展出内容：婚纱摄影、婚礼策划及服务等
主办单位：重庆国际会议展览中心
承办单位：重庆市国际会议展览中心经营管理有限公司展览策划分公司
联系地址：重庆南岸区江南大道2号
邮　　编：400060
联系电话：023-62609089
传　　真：023-62609081
电子邮箱：nancy.chen@cqcec.com；lin.yuan@cqcec.com
联 系 人：陈小姐、袁小姐

第10届中国国际摩托车博览会

展出时间：2011年10月21～24日
举办周期：一年一届
始办时间：2002年
展馆名称：重庆国际会议展览中心
展出内容：摩托车整车、零部件、摩托车文化产品、通用燃油机、摩托车维护用品、技术及服务产品
展会网址：www.cimamotor.com
上届数据：参展企业数333家，国际参展企业数12家，观众人次50000人次
主办单位：中国贸促会、中国机电产品进出口商会、中国汽车工业协会、重庆市人民政府
承办单位：重庆市贸促会、重庆市经信委、重庆市外经贸委、中国汽车协会摩托车分会、中国兵器装备集团摩托车事业部
联系地址：重庆市北区杨和一村78号国际商会大厦19楼
邮　　编：400020
联系电话：023-67759128
传　　真：023-67723420
电子邮箱：wujinchuan@ccpit.org
联 系 人：吴锦川

2011第2届中国（重庆）国际玩具、礼品、工艺品、家庭用品博览会

展出时间：2011年12月15～18日
展馆名称：重庆国际会议展览中心
承办单位：重庆豪丰会展服务有限公司
联系地址：重庆市江北区红旗河沟（世纪英皇）南塔22-1、22-2
联系电话：023-86622282
传　　真：023-67715170
电子邮箱：cqlpzh@163.com
联 系 人：杨智

2011年中国重庆国际健康产业绿色产业博览会

展出时间：2011年12月23～25日
展馆名称：重庆国际会议展览中心
主办单位：重庆港华展览有限公司
承办单位：重庆港华展览有限公司
联系地址：重庆市沙坪坝区石小路167号
联系电话：023-86156500
传　　真：023-86156500
电子邮箱：fengyu_16888@126.com
联 系 人：黄小姐（15923519466）

河北省

石家庄市

2011 第 4 届河北广告四新展览会

展出时间：2011 年 2 月 14 ~ 16 日
展馆名称：石家庄人民会堂会展中心
展会网址：www.huichengzhanlan.com
上届数据：12825 人进场参观
主办单位：石家庄汇成展览有限公司
承办单位：石家庄汇成展览有限公司
联系地址：石家庄市友谊北大街 230 号
联系电话：0311-87269186
传　　真：0311-87269816
电子邮箱：huichengzhanlan@163.com
联 系 人：杜利强（13111561811）

2011 第 4 届河北 LED 暨城市景观亮化展览会

展出时间：2011 年 2 月 14 ~ 16 日
展馆名称：石家庄人民会堂会展中心
展出内容：LED 照明、LED 显示屏等
展会网址：www.huichengzhanlan.com
主办单位：石家庄汇成展览有限公司
承办单位：石家庄汇成展览有限公司
联系地址：石家庄市友谊北大街 230 号
联系电话：0311-87269186
传　　真：0311-87269816
电子邮箱：huichengzhanlan@163.com
联 系 人：杜利强（13111561811）

2011 河北（石家庄）医疗器械展览会

展出时间：2011 年 2 月 24 ~ 26 日
展馆名称：石家庄卓达国际会展中心
展出内容：X 射线设备，医用超声仪器设备，医用磁共振设备，手术室、急救室、诊疗室设备及器具等
展会网址：www.hbyiliaozhan.com
上届数据：展出面积 9600 多平方米，参展商 400 多家
主办单位：石家庄市医疗器械行业协会、《中国医疗设备》杂志社、“网来天下”医疗电子商务平台
承办单位：河北汉威会展服务有限公司
联系地址：石家庄市广安大街 15 号天滋官鲤公寓 2 号楼 24 层
邮　　编：050011
联系电话：0311-86216829
传　　真：0311-86216832
电子邮箱：hbyiliaozhan@126.com
联 系 人：侯清理、申雅萍、郑路谦

2011 第 10 届河北社会公共安全产品博览会

展出时间：2011 年 3 月 10 ~ 12 日
展馆名称：石家庄国际博览中心
主办单位：石家庄市安全技术防范协会
承办单位：石家庄镇杰展览服务有限公司、河北长荣展览服务有限公司
联系地址：石家庄市新石北路 368 号 2 号楼西侧 208 室
联系电话：0311-83835022
传　　真：0311-83835767
电子邮箱：839569044@qq.com
联 系 人：张瑞震（13231177795）

2011 第 17 届河北国际医疗器械展览会

展出时间：2011 年 3 月 17 ~ 19 日（拟定）
举办周期：一年一届
始办时间：1996 年
展馆名称：石家庄国际博览中心（拟定）
展会网址：www.hebeiyiliaozhan.com
上届数据：展览面积 10000 平方米，参展企业 300 多家
主办单位：河北省卫生厅、河北省贸促会、河北省卫生行业对外技术交流协会
承办单位：河北省国际展览中心
联系地址：石家庄市广安大街 34 号天利商务大厦 21 层
邮　　编：050011
联系电话：0311-85285581
传　　真：0311-85285583
电子邮箱：hebeiyiliaozhan@126.com
联 系 人：钱立娜

石家庄第 8 届观赏石博览会

展出时间：2011 年 3 月 18 日
承办单位：北京瑞平国际拍卖行有限公司
联系地址：石家庄市桥东区四中路 57 号百汇大厦 418 室
邮　　编：050011
联系电话：0311-87226668
电子邮箱：cangshipaimai@163.com
联 系 人：李奇

石家庄首届藏石拍卖会

展出时间：2011 年 3 月 18 日
承办单位：北京瑞平国际拍卖行有限公司
联系地址：石家庄市桥东区四中路 57 号百汇大厦 418 室
邮　　编：050011
联系电话：0311-87226668
电子邮箱：cangshipaimai@163.com
联 系 人：李奇

2011 第 4 届华北（石家庄）旅游交易

展出时间：2011 年 3 月 18 ~ 20 日
展馆名称：石家庄人民会堂会展中心
主办单位：石家庄市旅游局
承办单位：石家庄汇成展览有限公司、北方旅游网
联系地址：石家庄市友谊北大街 230 号
联系电话：0311-87690898
传　　真：0311-87690736
电子邮箱：huichengzhanlan@163.com

联 系 人：赵子杰（13613110586）

2011 第 8 届河北国际制造业自动化及仪器仪表展览会

展出时间：2011 年 3 月 25 ~ 27 日
展馆名称：石家庄国际博览中心
展出内容：工业自动化控制系统及装备、仪器仪表等
主办单位：河北省工业经济联合会、河北省自动化学会
承办单位：河北鼎亚展览服务有限公司
联系地址：石家庄市中华北大街 3 号金圆大厦南楼 12 层
邮 编：050000
联系电话：0311-87871868
传 真：0311-87871868
电子邮箱：dingyazhanlan@163.com
联 系 人：梅启胜（13081011298）

2011 第 8 届河北国际机床及工模具技术设备展览会

展出时间：2011 年 3 月 25 ~ 27 日
展馆名称：石家庄国际博览中心
展出内容：机床、模具等
主办单位：河北省工业经济联合会、河北省模具工业协会
承办单位：河北鼎亚展览服务有限公司
联系地址：石家庄市中华北大街 3 号金圆大厦南楼 12 层
邮 编：050000
联系电话：0311-87871868
传 真：0311-87871868
电子邮箱：dingyazhanlan@163.com
联 系 人：梅启胜（13081011298）

2011 河北建筑节能及可再生能源科技产品博览会

展出时间：2011 年 4 月 8 ~ 10 日
展馆名称：石家庄国际博览中心
主办单位：河北省土木建筑学会、河北省地暖行业协会、河北省照明行业协会、河北省太阳能利用行业协会
承办单位：石家庄镇杰展览服务有限公司
联系地址：石家庄新石北路 368 号 2 号楼西侧 208 室
邮 编：050091
联系电话：0311-83835001
传 真：0311-83835767
联 系 人：苑志宾（13673138719）

第 6 届河北太阳能展览会

展出时间：2011 年 4 月 8 ~ 10 日
展馆名称：石家庄国际博览中心
主办单位：河北省土木建筑学会、河北省地暖行业协会、河北省照明行业协会、河北省太阳能利用行业协会
承办单位：石家庄镇杰展览服务有限公司
联系地址：石家庄新石北路 368 号 2 号楼西侧 208 室
邮 编：050091
联系电话：0311-83835001
传 真：0311-83835767
联 系 人：苑志宾（13673138719）

2011 第 6 届河北节能供热采暖、锅炉及空调制冷展

展出时间：2011 年 4 月 8 ~ 10 日
展馆名称：石家庄国际博览中心
主办单位：河北省土木建筑学会、河北省地暖行业协会、河北省照明行业协会、河北省太阳能利用行业协会
承办单位：石家庄镇杰展览服务有限公司
联系地址：石家庄新石北路 368 号 2 号楼西侧 208 室
邮 编：050091
联系电话：0311-83835001
传 真：0311-83835767
联 系 人：苑志宾（13673138719）

2011 第 6 届河北给排水、水处理及泵阀管道展览会

展出时间：2011 年 4 月 8 ~ 10 日
展馆名称：石家庄国际博览中心
主办单位：河北省土木建筑学会、河北省地暖行业协会、河北省照明行业协会、河北省太阳能利用行业协会
承办单位：石家庄镇杰展览服务有限公司
联系地址：石家庄新石北路 368 号 2 号楼西侧 208 室
邮 编：050091
联系电话：0311-83835001
传 真：0311-83835767
联 系 人：苑志宾（13673138719）

2011 河北钢管管件制造技术与设备展览会

展出时间：2011 年 4 月 21 ~ 23 日
展馆名称：石家庄卓达国际会展中心
展出内容：钢管设备、管件设备等
主办单位：河北省钢管行业协会、沧州市管道制造业协会、中国管道装备制造基地电子商务中心
承办单位：石家庄同利会展有限公司
联系地址：石家庄桥东区中山东路 126 号
联系电话：0311-80669169
传 真：0311-86962866
电子邮箱：524232544@qq.com
联 系 人：何伟（15100189085）

2011 第 1 届园林博览会

展出时间：2011 年 5 月 1 日 ~ 10 月 31 日
始办时间：2011 年
展馆名称：（场地正在建设中）
主办单位：河北省政府、河北省住房和城乡建设厅、石家庄市政府
联系电话：0311-86045798

2011 第 3 届河北时尚体育及户外休闲用品博览会

展出时间：2011 年 8 月 5 ～ 7 日（拟定）
举办周期：一年一届
始办时间：2008 年
展馆名称：石家庄国际博览中心
展出内容：环京津健身休闲圈的形象展示、学校体育设施及其它专项体育运动器材、健身器材及配件、体育场馆器材及设施、户外运动及休闲用品、体育科研、康复医疗设备等
展会网址：www.hbtibohui.cn
上届数据：展览面积 6000 多平方米，观众近 3000 人次
主办单位：河北省体育局、中国贸促会河北省分会
承办单位：河北省国际展览中心
联系地址：石家庄市广安大街 34 号天利商务大厦 21 层
邮　　编：050011
联系电话：0311-85285581
传　　真：0311-85285583
电子邮箱：hebeiyiliaozhan@126.com
联 系 人：钱立娜

河北国际信息产业周

展出时间：2011 年 9 月
举办周期：一年一届
始办时间：2003 年
展馆名称：石家庄国际科技博览中心
展出内容：展示两化融合的成果，重点企业的自动化应用等
展会网址：www.hbinfoweek.com
上届数据：展览面积 6500 平方米，参展企业 500 家
主办单位：中国贸促会河北省分会、河北省工业和信息化厅、石家庄市人民政府
承办单位：河北省世界贸易中心、河北省信息产业与信息化协会、石家庄市工业和信息化局
联系地址：石家庄市新石北路 368 号
邮　　编：050000
联系电话：0311-83850328
传　　真：0311-87882626
电子邮箱：Wtc-heb@ccpit.org
联 系 人：雷长青

2011 石家庄投资贸易洽谈会暨第 6 届中国·石家庄国际医药博览会

展出时间：2011 年 10 月 18 ～ 20 日
举办周期：一年一届
始办时间：2006 年
展馆名称：石家庄国际博览中心
展出内容：药品类、保健品类、医药高新技术及软技术类、包装类
上届数据：展览面积 10000 平方米，参展企业 280 家
主办单位：河北省人民政府
承办单位：石家庄市人民政府
邮　　编：050011
联系电话：0311-86088502
传　　真：0311-86032148
联 系 人：刘光明

2011 第 3 届中国（石家庄）国际皮革裘皮博览会

展出时间：2011 年 11 月 18 ～ 20 日
举办周期：一年一届
始办时间：2009 年
展馆名称：石家庄国际博览中心
上届数据：展览面积 10000 平方米，参展企业 350 家
主办单位：中国食品土畜进出口商会
承办单位：石家庄市人民政府、河北省商务厅
联系电话：0311-86088502
传　　真：0311-86032148
联 系 人：刘光明

廊坊市

2011 中国国际风能科技装备建设展览会

展出时间：2011 年 5 月 18 ～ 21 日
展馆名称：廊坊国际会议展览中心
展出内容：风力发电机组、配套设备与技术等
展会网址：www.hbfengneng.com
主办单位：河北省人民政府
联系电话：010-58345931
传　　真：010-51418154
电子邮箱：zhang13996269582@126.com
联 系 人：张主任

2011 中国环渤海绿色新能源持续发展战略高峰论坛

展出时间：2011 年 5 月 18 ～ 21 日
展馆名称：廊坊国际会议展览中心
展出内容：风力发电机组、配套设备与技术等
展会网址：www.hbfengneng.com
主办单位：河北省人民政府
联系电话：010-58345931
传　　真：010-51418154
电子邮箱：zhang13996269582@126.com
联 系 人：张主任

第 16 届国际生态建筑建材及城市建设博览会

展出时间：2011 年 9 月 3 ～ 6 日
展馆名称：廊坊国际会议展览中心
主办单位：中华人民共和国住房和城乡建设部、河北省人民政府
承办单位：中国建筑文化中心、河北省住房和城乡建设厅、廊坊市人民政府
联系地址：北京海淀区三里河路 13 号
邮　　编：100037
联系电话：010-88082034
电子邮箱：sunny.99@163.com
联 系 人：陈星

中国·廊坊国际经济贸易洽谈会

展出时间：2011 年

举办周期：一年一届
始办时间：2000 年
展馆名称：廊坊国际展览馆
展会网址：www.lfgz.com
上届数据：展览面积 35000 平方米，参展企业 300 家
主办单位：中华全国工商业联合会、河北省人民政府
承办单位：廊坊市人民政府
联系地址：廊坊开发区国际展览馆
邮　　编：065001
联系电话：0316-6078116
传　　真：0316-6078444
联 系 人：宋玉珍

第 14 届中国（廊坊）农产品交易会

展出时间：2011 年
举办周期：一年一届
始办时间：1999 年
展馆名称：廊坊国际展览馆
展出内容：农产品
展会网址：www.lfgz.com
上届数据：展览面积 35000，参展企业 1000 家
主办单位：河北省人民政府
承办单位：廊坊市人民政府
联系地址：廊坊开发区国际展览馆
邮　　编：065001
联系电话：0316-6078116
传　　真：0316-6078444
联 系 人：宋玉珍

中国（廊坊）国际热气球节国际旅游展

展出时间：2011 年
举办周期：一年一届
展馆名称：廊坊国际展览馆
上届数据：观众 20000 人次
主办单位：廊坊市人民政府
承办单位：廊坊市旅游局
联系地址：廊坊开发区会展中心
邮　　编：065001
联系电话：0316-6078116
传　　真：0316-6078444
联 系 人：宋玉珍

2011 年河北省糖酒食品交易会暨五省二市经销商订货会

展出时间：2011 年
举办周期：一年两届
展馆名称：廊坊国际展览馆
展出内容：糖酒食品
上届数据：展览面积 12000 平方米，参展企业 400 家
主办单位：中国贸促会廊坊市分会
承办单位：石家庄裕盛展览公司、廊坊市国际经贸会议展览中心
联系地址：廊坊开发区国际展览馆
邮　　编：065001
联系电话：0316-6078116
传　　真：0316-6078444
联 系 人：宋玉珍

中国信鸽运动博览会暨中国廊坊（国际）名鸽展示会

展出时间：2011 年
举办周期：一年一届
展馆名称：廊坊国际展览馆
展出内容：信鸽展示、比赛
上届数据：展览面积 10000 平方米，参展企业 400 家，观众 30000 人次
主办单位：中国信鸽协会、河北省体育总会、廊坊市人民政府
承办单位：廊坊市体育局
联系地址：廊坊开发区国际展览馆
邮　　编：065001
联系电话：0316-6078116
传　　真：0316-6078444

碧海（廊坊）2011 春季钓具展销订货会

展出时间：2011 年
举办周期：一年一届
始办时间：2005 年
展馆名称：廊坊国际展览馆
展出内容：钓具
上届数据：展览面积 60000 平方米，参展企业 2500 家
承办单位：北京碧海钓具公司
联系地址：廊坊开发区会展中心
邮　　编：065001
联系电话：0316-6078116
传　　真：0316-6078444
联 系 人：宋玉珍

第 15 届中国城博会暨第 3 届河北省城市规划建设博览会

展出时间：2011 年
举办周期：一年一届
展馆名称：廊坊国际展览馆
展出内容：城市规划、建筑材料等
上届数据：展览面积 30000 平方米，参展企业 500 家
主办单位：河北省人民政府
承办单位：廊坊市人民政府
联系地址：廊坊开发区国际展览馆
邮　　编：065001
联系电话：0316-6078116
传　　真：0316-6078444
联 系 人：宋玉珍

第 31 届全国摩托车及配件展示交易会

展出时间：2011 年
举办周期：一年两届
展馆名称：廊坊国际展览馆

展出内容：摩托车及配件
上届数据：展览面积 22000 平方米，参展企业 1000 家
主办单位：中国汽车工业配件销售公司
承办单位：中国汽车工业配件销售公司
联系地址：廊坊开发区会展中心
邮　　编：065001
联系电话：0316-6078116
传　　真：0316-6078444
联 系 人：宋玉珍

2011 中国国际电梯展览会

展出时间：2011 年
举办周期：两年一届
展馆名称：廊坊国际展览馆
展出内容：电梯
上届数据：展览面积 50000 平方米，参展企业 550 家
主办单位：中国电梯协会
联系地址：廊坊开发区国际展览馆
邮　　编：065001
联系电话：0316-6078116
传　　真：0316-6078444
联 系 人：宋玉珍

中国（廊坊）农业农村节能排技术展览会

展出时间：2011 年
举办周期：一年一届
展馆名称：廊坊国际展览馆
展出内容：节能减排
上届数据：展览面积 3000 平方米，观众 10000 人次
主办单位：廊坊市人民政府
承办单位：廊坊市百盛会议展览有限公司
联系地址：廊坊市第五大街画家村 F 座 310 室
邮　　编：065000
联系电话：0316-2192558
传　　真：0316-2192558
电子邮箱：bshzhl@163.com
联 系 人：王山

廊坊市农业进出口企业展览会

展出时间：2011 年
举办周期：一年一届
展馆名称：廊坊国际展览馆
展出内容：农业产品
上届数据：展览面积 3000 平方米，观众 10000 人次
主办单位：廊坊市人民政府
承办单位：廊坊市百盛会议展览有限公司
联系地址：廊坊市第五大街画家村 F 座 310 室
邮　　编：065000
联系电话：0316-2192558
传　　真：0316-2192558
电子邮箱：bshzhl@163.com
联 系 人：王山

唐山市

唐山中国陶瓷博览会

展出时间：2011 年 9 月 16 ~ 20 日
举办周期：一年一届
始办时间：1998 年
展馆名称：唐山国际会展中心
展出内容：陶瓷及相关产品
展会网址：www.ceramicexpo.cn
上届数据：展览面积 22000 平方米，参展企业 278 家
主办单位：中国国际贸易促进委员会、中国轻工业联合会、中国建筑材料工业协会、河北省人民政府
承办单位：唐山市人民政府、中国贸促会河北省分会
联系地址：唐山市煤医道 14 号
邮　　编：063000
联系电话：0315-2846666
传　　真：0315-2823741
电子邮箱：ts2845771@126.com
联 系 人：周军威

衡水市

中国安平国际丝网博览会

展出时间：2011 年 9 月
举办周期：一年一届
始办时间：2001 年
展馆名称：安平国际丝网会展中心
展出内容：各种网、丝、钉、丝网制品（烧烤炉、丝网工艺品、花架、金属网带、食品炸筐、厨房电器烧烤架、过滤器、索具等）、丝网机械、拔丝模具、拔丝辅料、丝网表面处理设备及原料、丝网机械相关配件等
展会网址：www.1022.cn
上届数据：展出面积 160000 平方米，国内外客商共计 10000 余人
主办单位：中国国际贸易促进委员会、中国轻工业联合会、河北省人民政府、中国五金制品协会
承办单位：中国贸促会河北省分会、衡水市人民政府、安平县人民政府
联系地址：中国安平丝网大世界管委会
邮　　编：053600
联系电话：0318-7060861；7975698
传　　真：0318-7975698
电子邮箱：info@1022.cn
联 系 人：宋先生

中国·大营国际皮草交易会

展出时间：2011 年 10 月 28 日 ~ 11 月 1 日
举办周期：一年一届
始办时间：1992 年
展馆名称：中国大营国际皮草交易中心
展出内容：裘皮服装、毛领、帽条、裘皮饰品、工艺品及半成品等
展会网址：www.furscity.com

上届数据：参展企业2000多家，总交易额16亿元
主办单位：河北省人民政府
承办单位：衡水市人民政府
联系地址：河北省枣强县大营镇人民街
邮　　编：053100
联系电话：0318-8323355
传　　真：0318-8323912
电子邮箱：sphgryx@sina.com
联 系 人：孙平华

沧州市

中国（沧州）管道装备展览会

展出时间：2011年10月
举办周期：一年一届
始办时间：2009年
展馆名称：沧州国际会展中心
展出内容：管道装备产品、化工产品、五金机电产品
展会网址：www.czicec.cn
上届数据：展览面积70000平方米，参展企业580家
主办单位：河北省人民政府、"三油五电"集团
承办单位：沧州市人民政府、河北省商务厅
联系地址：河北省沧州市解放西路88号
邮　　编：061000
联系电话：0317-2127711
电子邮箱：czhxxx@126.com

邢台市

中国清河国际羊绒及绒毛制品博览会

展出时间：2011年9月26～28日
举办周期：一年一届
始办时间：1993年
展馆名称：中国清河羊绒制品市场
展出内容：绒毛、绒毛服饰、绒毛机械及相关辅助材料
上届数据：参展企业300家，观众20000人次
主办单位：中国国际贸易促进委员会、中国纺织工业协会、河北省人民政府
承办单位：中国毛纺织行业协会、清河县人民政府
联系地址：河北省邢台市清河县
联系电话：0319-8169085
联 系 人：张兴敏

迁安市

2011（迁安）新春商品展示交易博览会

展出时间：2011年1月20～26日
展馆名称：迁安市文化会展中心
主办单位：唐山佳际会展服务有限公司
承办单位：唐山佳际会展服务有限公司
联系地址：唐山市高新开发区西昌路创新大厦A座5F
邮　　编：063020
联系电话：0315-5376529
传　　真：0315-5925529
电子邮箱：baiqiangbolan@163.com
联 系 人：赵琳（15175515961）

山西省

太原市

2011山西创业项目暨连锁加盟品牌展览会

展出时间：2011年1月1日
展馆名称：太原卡萨国际会议中心
展会网址：www.chuangtoucn.cn
主办单位：共青团山西省委、山西广播电视台
承办单位：山西经济资讯频道《我要创业》栏目
联系地址：太原市迎泽南街百合美地3号楼2703室
邮　　编：030012
联系电话：0351-4366481
传　　真：0351-4366481
电子邮箱：tysjcf@hotmail.com
联 系 人：梁先生

2011山西广告展览会

展出时间：2011年3月12～14日
展馆名称：山西省展览馆
展出内容：户内外写真喷绘设备及材料、雕刻切割标牌技术设备及材料等
展会网址：www.sxtthz.com
主办单位：太原天天展览服务有限公司、郑州天天广告有限公司、郑州天天会展服务有限公司
承办单位：河南中力国际广告市场、中部LED光电中心
邮　　编：450008
联系电话：0371-65350057
传　　真：0371-63227599
电子邮箱：ttad0371@163.com
联 系 人：王佳

2011年山西打印技术设备及办公用品展览会

展出时间：2011年3月12～14日
展馆名称：山西省展览馆
展出内容：办公文化用品
主办单位：太原天天展览服务有限公司、郑州天天广告有限公司、郑州天天会展服务有限公司、《天天广告》
承办单位：郑州天天会展服务有限公司
联系地址：郑州市经三路32号财富广场3号楼10层D室
邮　　编：450008
联系电话：0371-65350058

2011山西照明LED霓虹灯展览会

展出时间：2011年3月12～14日
展馆名称：山西省展览馆
展出内容：办公文化用品
主办单位：太原天天展览服务有限公司、郑州天天广告有限公司、郑州天天会展服务有限公司、《天天广告》
承办单位：郑州天天会展服务有限公司

联系地址：郑州市经三路32号财富广场3号楼10层D室
邮　　编：450008
联系电话：0371-65350058

2011中国（太原）连锁加盟博览会

展出时间：2011年3月19～21日
展馆名称：中国煤炭博物馆
主办单位：中国贸促会太原市支会、太原市会展工作办公室
承办单位：太原会议展览资讯中心、太原新晋商投资管理咨询有限公司、山西中传华媒广告有限公司
联 系 人：润先生（13911565554）

2011第7届太原社会公共安全产品展览会

展出时间：2011年3月30日～4月1日
展馆名称：中国煤炭博物馆
展出内容：监控系统摄像设备、防爆探测系统等
展会网址：www.xinte-expo.com
主办单位：太原市公安局技术防范办公室、太原市会展工作办公室、太原市公共安全技术防范行业协会
承办单位：太原市会展行业协会、太原新特展贸策划有限公司
联系地址：山西省太原市柳巷南路99号柳南商贸中心B座1103室
邮　　编：030001
联系电话：0351-5624109
传　　真：0351-4693309
电子邮箱：xinterzm@sina.com

第4届中国（太原）型材门窗幕墙玻璃及设备展览会

展出时间：2011年4月12～14日
展馆名称：山西省展览馆
主办单位：山西省住房和城乡建设厅
承办单位：太原市君杰展览服务有限公司
联系地址：山西省太原市南内环街29号金苹果商务大厦7001室
邮　　编：030024
联系电话：0351-6333203
电子邮箱：huyan924@126.com
联 系 人：胡岩

2011第2届山西珠宝玉石首饰暨工艺礼品展览会

展出时间：2011年4月21～25日
展馆名称：山西省展览馆（新馆）
展出内容：钻石及宝石、珠宝首饰、黄金制品、珍珠及珊瑚、设备仪器等
展会网址：www.zb.wlhz.net
主办单位：山西省珠宝玉石首饰行业协会、太原市会展工作办公室
承办单位：山西万联会展有限公司、太原市会议展览资讯中心

联系地址：太原市桃园北路12号
邮　　编：030002
联系电话：0351-4166813
传　　真：0351-4079700
电子邮箱：445899318@qq.com
联 系 人：杜虎峰

2011第5届中国（山西）太阳能、热泵采暖供热展览会

展出时间：2011年4月22～24日
展馆名称：中国煤炭博物馆
展会网址：www.zglszs.com
主办单位：中国建筑装饰协会
承办单位：太原国博会展有限公司
联系地址：太原市千峰北路金城商务大厦5楼509室
联系电话：0351-2828138
传　　真：0351-6166595
电子邮箱：tygbhz@126.com

第6届中国（山西）节能采暖供热、锅炉、空调热泵展览会

展出时间：2011年4月22～24日
展馆名称：中国煤炭博物馆
展会网址：www.zglszs.com
主办单位：中国建筑装饰协会
承办单位：太原国博会展有限公司
联系地址：太原市千峰北路金城商务大厦5楼509室
联系电话：0351-2828138
传　　真：0351-6166595
电子邮箱：tygbhz@126.com

第10届（2011）太原煤炭工业技术装备展览会

展出时间：2011年4月22～24日
展馆名称：山西省展览馆
展出内容：地质勘测、基建施工技术装备与配件、煤炭集运、装载工具与设备等
主办单位：山西省煤炭工业厅、山西煤矿安全监察局、山西省煤炭工业协会
联系地址：太原市柳巷南路86号东晋大厦408-410室
联系电话：0351-4051234
传　　真：0351-4183723
联 系 人：陈松林（13803450011）

第12届山西医疗器械展览交易会

展出时间：2011年5月12～14日
展馆名称：山西省展览馆
主办单位：全国医药技术市场协会、中英合资好博塔苏斯展览公司
联系地址：太原市柳巷南路99号柳南商贸中心B座1103室
邮　　编：030001
联系电话：0351-5624103
传　　真：0351-5624101
电子邮箱：xinte@hope-tarsus.com

联 系 人：陈新其

2011中国中西部医疗器械展览会

展出时间：2011年5月12～14日
展馆名称：山西省展览馆
主办单位：全国医药技术市场协会、中英合资好博塔苏斯展览公司
联系地址：太原市柳巷南路99号柳南商贸中心B座1103室
邮 编：030001
联系电话：0351-5624103
传 真：0351-5624101
电子邮箱：xinte@hope-tarsus.com
联 系 人：陈新其

第6届中国中部投资贸易博览会

展出时间：2011年9月26～28日
展馆名称：中国（太原）煤炭交易中心
举办周期：一年一届
始办时间：2006年
展出内容：新能源、新材料、高新技术、生态旅游、现代农业、现代装备制造业、低碳经济等重点产业，通过投资贸易展览展示、项目对接
展会网址：www.expocentralchina.mofcom.gov.cn
主办单位：商务部、税务总局、工商总局、广电总局、国家旅游局、中国贸促会、全国工商联、中国工业经济联合会以及山西、安徽、江西、河南、湖北、湖南等六省人民政府联合主办
联系电话：010-85226240
传 真：010-85226527

中国国际民俗文化旅游产业博览会

展出时间：2011年10月
举办周期：两年一届
始办时间：2011年
展馆名称：山西太原国际展览中心
展出内容：民俗文化产品、旅游景区、旅游产品、民族服饰展演等
主办单位：中国国际商会
联系地址：北京西城区桦皮厂胡同2号国际商会大厦8层
邮 编：100035
联系电话：010-82217870
传 真：010-68025737
电子邮箱：wangyan@ccoic.cn
联 系 人：王彦

2011太原第5届（TOP）国际汽车展览会

展出时间：2011年10月12～17日
展馆名称：山西省展览馆（新馆）
主办单位：山西省汽车行业协会
承办单位：太原市天玺文化传媒有限公司
联系电话：0351-6199165
联 系 人：王先生

辽宁省

沈阳市

2011第6届中国东北畜牧及饲料工业展览会

展出时间：2011年3月
举办周期：一年一届
始办时间：1999年
展馆名称：辽宁农业展览馆
展出内容：优良种畜禽、动物保健品、饲料及饲料相关产品、畜牧机械展区机械与畜产品、加工、科技与媒体
展会网址：www.neimme.cn
主办单位：沈阳国际展览公司
联系地址：沈阳市和平区十一纬路云集东巷32号经纬大厦1-8-1
邮 编：110003
联系电话：024-23256988
传 真：024-23256988
电子邮箱：iecsy@126.com
联 系 人：李男

2011第2届中国沈阳（春季）家居装饰建材博览会

展出时间：2011年3月11～13日
展馆名称：辽宁工业展览馆
展会网址：www.jbhsy.com
主办单位：中国建筑卫生陶瓷协会、中华全国工商业联合会家具装饰业商会家装委员会、中国建筑装饰协会住宅装饰装修委员会、中国木业流通协会地板流通委员会、中国建筑材料联合会物流暨市场分会
承办单位：北京嘉博汇展览有限公司沈阳分公司
联系地址：沈阳市铁西区兴华南街5号鲁尔大厦2702室
邮 编：110021
联系电话：024-25868200
传 真：024-25868400
联 系 人：康小姐（13998116645）

2011第23届（春季）沈阳国际医疗器械设备展览会

展出时间：2011年3月22～24日
展馆名称：沈阳科学宫会展中心
主办单位：辽宁省经济和信息化委员会、辽宁省卫生厅、辽宁省医疗器械工业公司
承办单位：辽宁深港展览服务有限公司
联系地址：沈阳市和平区和平北大街28号
联系电话：024-22853303
传 真：024-22853500
电子邮箱：liaoningsg@163.com
联 系 人：吕红（13332412328）

2011年东北第14届国际仪器仪表及工业自动化展览会

展出时间：2011年3月22～24日
展馆名称：辽宁工业展览馆
展出内容：电子元器件、仪器仪表、数据采集、信号处理等
主办单位：沈阳市装备制造行业协会、北方工商业展览有限公司
承办单位：北方工商业展览有限公司
联系地址：沈阳市三好街93号金源大厦5F
邮　　编：110004
联系电话：024-23848943
传　　真：024-23922432
联 系 人：江月（13840323580）

2011第12届中国东北国际塑胶机械及包装展览会

展出时间：2011年3月22～24日
展馆名称：沈阳国际会展中心
主办单位：沈阳装备制造业行业协会
承办单位：北方工商业展览有限公司
联系地址：沈阳市和平区三好街93号金源大厦5F
邮　　编：110004
联系电话：024-23848943
传　　真：024-23922432
联 系 人：江月（13840323580）

2011中国（东北）国际门窗幕墙玻璃与加工设备展览会

展出时间：2011年3月22～24日
展馆名称：辽宁工业展览馆
展出内容：各类铝材、塑材、不锈钢制品等
主办单位：沈阳市人民政府、辽宁省建设厅、沈阳市城乡建设委员会
承办单位：辽宁省装饰协会、沈阳市科学技术局、沈阳市建筑材料应用管理办公室、北方工商业展览会有限公司
联系地址：沈阳市和平区三好街93号金源大厦5楼
邮　　编：110004
联系电话：024-31881707
传　　真：024-23922432
电子邮箱：wangshuaihj@163.com
联 系 人：王帅

2011第14届中国东北国际电力电工及能源技术设备展览会

展出时间：2011年3月22～24日
展馆名称：辽宁工业展览馆
展出内容：各类铝材、塑材、不锈钢制品等
主办单位：沈阳市人民政府、辽宁省建设厅、沈阳市城乡建设委员会
承办单位：辽宁省装饰协会、沈阳市科学技术局、沈阳市建筑材料应用管理办公室、北方工商业展览会有限公司
联系地址：沈阳市和平区三好街93号金源大厦5楼
邮　　编：110004
联系电话：024-31881707
传　　真：024-23922432
电子邮箱：wangshuaihj@163.com
联 系 人：王帅

2011中国东北第14届国际供热供暖、空调、热泵技术设备展览会

展出时间：2011年3月27～29日
展馆名称：辽宁工业展览馆
展出内容：供热、供暖、采暖技术及设备
主办单位：沈阳市人民政府、沈阳市城乡建设委员会
承办单位：北方工商业展览有限公司
联系地址：沈阳市三好街93号金源大厦5F
邮　　编：110004
联系电话：024-23914926
传　　真：024-23922432
电子邮箱：bfexpo@126.com

2011第17届东北沈阳国际建筑装饰博览会

展出时间：2011年3月27～29日
展馆名称：辽宁工业展览馆
展出内容：供热、供暖、采暖技术及设备
主办单位：沈阳市人民政府、沈阳市城乡建设委员会
承办单位：北方工商业展览有限公司
联系地址：沈阳市三好街93号金源大厦5F
邮　　编：110004
联系电话：024-23914926
传　　真：024-23922432
电子邮箱：bfexpo@126.com

2011中国第9届建筑节能墙材保温材料及设备展览会

展出时间：2011年3月27～29日
展馆名称：辽宁工业展览馆
展出内容：供热、供暖、采暖技术及设备
主办单位：沈阳市人民政府、沈阳市城乡建设委员会
承办单位：北方工商业展览有限公司
联系地址：沈阳市三好街93号金源大厦5F
邮　　编：110004
联系电话：024-23914926
传　　真：024-23922432
电子邮箱：bfexpo@126.com

2011第13届东北国际门窗幕墙玻璃与加工设备展览会

展出时间：2011年3月27～29日
展馆名称：辽宁工业展览馆
展出内容：供热、供暖、采暖技术及设备
主办单位：沈阳市人民政府、沈阳市城乡建设委员会
承办单位：北方工商业展览有限公司

联系地址：沈阳市三好街 93 号金源大厦 5F
邮　　编：110004
联系电话：024-23914926
传　　真：024-23922432
电子邮箱：bfexpo@126.com

2011 第 12 届中国东北国际给排水、水处理技术设备及泵、阀、管道展览会

展出时间：2011 年 3 月 27 ~ 29 日
展馆名称：辽宁工业展览馆
展出内容：供热、供暖、采暖技术及设备
主办单位：沈阳市人民政府、沈阳市城乡建设委员会
承办单位：北方工商业展览有限公司
联系地址：沈阳市三好街 93 号金源大厦 5F
邮　　编：110004
联系电话：024-23914926
传　　真：024-23922432
电子邮箱：bfexpo@126.com

2011 第 8 届全国太阳能东北展览会

展出时间：2011 年 3 月 28 ~ 30 日
展馆名称：沈阳科学宫会展中心
主办单位：大美国际资讯
联系电话：0471-3380065
传　　真：0471-3380054
联 系 人：范先生（13948614116）

2011 第 4 届沈阳中韩国际调味品及食品配料博览会

展出时间：2011 年 4 月 14 ~ 18 日
展馆名称：沈阳科学宫会展中心
主办单位：辽宁省经济和信息化委员会
承办单位：辽宁深港展览服务有限公司、黑龙江省食品工业协会
联系地址：沈阳市和平区和平北大街 28 号
联系电话：024-22853303
传　　真：024-22853500
电子邮箱：liaoningsg@163.com
联 系 人：吕红（13332412328）

2011 年中韩调味品高峰论坛

展出时间：2011 年 4 月 14 ~ 18 日
展馆名称：沈阳科学宫会展中心
主办单位：辽宁省经济和信息化委员会
承办单位：辽宁深港展览服务有限公司、黑龙江省食品工业协会
联系地址：沈阳市和平区和平北大街 28 号
联系电话：024-22853303
传　　真：024-22853500
电子邮箱：liaoningsg@163.com
联 系 人：吕红（13332412328）

2011 第 15 届国际焊接、切割、激光技术及设备展览会

展出时间：2011 年 4 月 22 ~ 25 日
展馆名称：沈阳新国际展览中心
展出内容：各类焊机、焊接设备等
主办单位：沈阳市人民政府
承办单位：辽宁省焊接学会、沈阳市焊接学会、沈阳装备制造行业协会、北方工商业展览有限公司
联系地址：沈阳市和平区三好街 93 号金源大厦 5 楼
邮　　编：110004
联系电话：024-31881707
传　　真：024-23922432
电子邮箱：wangshuaihj@163.com
联 系 人：王帅

2011 中国东北第 12 届国际物流技术及运输系统展览会

展出时间：2011 年 4 月 22 ~ 25 日
展馆名称：沈阳新国际展览中心
展出内容：各类焊机、焊接设备等
主办单位：沈阳市人民政府
承办单位：辽宁省焊接学会、沈阳市焊接学会、沈阳装备制造行业协会、北方工商业展览有限公司
联系地址：沈阳市和平区三好街 93 号金源大厦 5 楼
邮　　编：110004
联系电话：024-31881707
传　　真：024-23922432
电子邮箱：wangshuaihj@163.com
联 系 人：王帅

东北第 13 届国际工业装备博览会

展出时间：2011 年 4 月 22 ~ 25 日
展馆名称：沈阳新国际展览中心
展出内容：各类焊机、焊接设备等
主办单位：沈阳市人民政府
承办单位：辽宁省焊接学会、沈阳市焊接学会、沈阳装备制造行业协会、北方工商业展览有限公司
联系地址：沈阳市和平区三好街 93 号金源大厦 5 楼
邮　　编：110004
联系电话：024-31881707
传　　真：024-23922432
电子邮箱：wangshuaihj@163.com
联 系 人：王帅

东北第 11 届国际机床及工模具展览会

展出时间：2011 年 4 月 22 ~ 25 日
展馆名称：沈阳新国际展览中心
展出内容：各类焊机、焊接设备等
主办单位：沈阳市人民政府
承办单位：辽宁省焊接学会、沈阳市焊接学会、沈阳装备制造行业协会、北方工商业展览有限公司
联系地址：沈阳市和平区三好街 93 号金源大厦 5 楼
邮　　编：110004

联系电话：024-31881707
传　　真：024-23922432
电子邮箱：wangshuaihj@163.com
联 系 人：王帅

东北第 11 届国际塑胶机械及包装工业展览会

展出时间：2011 年 4 月 22 ~ 25 日
展馆名称：沈阳新国际展览中心
展出内容：各类焊机、焊接设备等
主办单位：沈阳市人民政府
承办单位：辽宁省焊接学会、沈阳市焊接学会、沈阳装备制造行业协会、北方工商业展览有限公司
联系地址：沈阳市和平区三好街 93 号金源大厦 5 楼
邮　　编：110004
联系电话：024-31881707
传　　真：024-23922432
电子邮箱：wangshuaihj@163.com
联 系 人：王帅

2011 中国（沈阳）国际地板博览会

展出时间：2011 年 4 月 29 日 ~ 5 月 3 日
展馆名称：沈阳新国际展览中心
展出内容：各种地板、地面材料、相关辅助设备及铺装技术工艺展示等
展会网址：www.jj999.com
主办单位：中国林产工业协会、沈阳市人民政府
承办单位：中国林产工业协会地板专业委员会、辽宁省家具协会、沈阳市地板行业协会
联系地址：沈阳市和平区青年大街 306 号 6 楼
邮　　编：110004
联系电话：024-88515557
传　　真：024-88572916
电子邮箱：Lnsjx@163.com
联 系 人：白红、王满伟

2011 沈阳国际信息通信广播电视展览会

展出时间：2011 年 5 月 17 ~ 19 日
展馆名称：沈阳科学宫会展中心
主办单位：辽宁省经济和信息化委员会、辽宁省通信管理局、辽宁省广播电影电视局
承办单位：辽宁达祺展览有限公司
联系地址：沈阳市东陵区长青街 35 号 304 室
邮　　编：110015
联系电话：024-24228555
传　　真：024-24228555
电子邮箱：13940099440@139.com

2011 第 13 届全国特许连锁加盟中小投资项目创业沈阳展览会

展出时间：2011 年 5 月 21 ~ 23 日
展馆名称：沈阳地一大道钻石展厅
主办单位：中国商业联合会特许培训中心、国际绿色产业协会、中国连锁加盟项目中心、沈阳华博会展有限公司
承办单位：沈阳华博会展有限公司
联系地址：沈阳市铁西区建设东路 72 号
联系电话：024-85861058

2011 沈阳珠宝饰品展览会

展出时间：2011 年 6 月 9 ~ 13 日
展馆名称：沈阳科学宫会展中心
主办单位：沈阳华博会展有限公司
承办单位：沈阳华博会展有限公司
联系地址：沈阳市建设东路 72 号爱都国际 1-15-10 室
邮　　编：110021
联系电话：024-25612969
传　　真：024-25657817
电子邮箱：25848175@163.com
联 系 人：王琳（13032458741）

2011 第 12 届沈阳礼品工艺品艺术品收藏展览会

展出时间：2011 年 6 月 9 ~ 13 日
展馆名称：沈阳科学宫会展中心
主办单位：沈阳华博会展有限公司
承办单位：沈阳华博会展有限公司
联系地址：沈阳市铁西区建设东路 70 号(爱都国际)1-15-10 号
邮　　编：110021
联系电话：024-85861056
传　　真：024-25657817
电子邮箱：sy_gift@126.com
联 系 人：李红

2011 第 11 届中国东北国际冶金及金属工业展览会暨中国·东北钢铁市场论坛

展出时间：2011 年 8 月
举办周期：一年一届
始办时间：1994 年
展出内容：冶金及金属工业
展会网址：www.neimme.cn
主办单位：鞍山钢铁集团公司、沈阳国际展览公司
承办单位：沈阳国际展览公司
联系地址：沈阳市和平区十一纬路云集东巷 32 号经纬大厦 1-8-1
邮　　编：110003
联系电话：024-23256988
传　　真：024-23256988
电子邮箱：iecsy@126.com
联 系 人：李男

第 5 届中国东北亚（沈阳）进出口商品博览会

展出时间：2011 年 8 月 25 ~ 28 日
举办周期：一年一届
始办时间：2007 年
展馆名称：辽宁工业展览馆
展出内容：纺织品、服装、日用商品、餐饮、食品、保健品、

IT电子、电器产品、动漫、电玩、文化、旅游、教育
展会网址：www.northeastasiafair.cn
主办单位：中国国际贸易促进委员会、沈阳市人民政府
承办单位：沈阳国际商会、中国贸促会沈阳市分会
联系地址：沈阳市沈河区青年大街35号国贸大厦4楼
邮　　编：110014
联系电话：024-22729975；22729972
传　　真：024-22729975
电子邮箱：ccpitmail@163.com
联 系 人：王海军

2011中国东北（沈阳）政府采购暨节能减排展览会

展出时间：2011年11月
举办周期：一年一届
始办时间：2006年
展馆名称：沈阳市科学宫会展中心
展出内容：政府采购用品、节能减排产品
展会网址：www.iecsy.com
主办单位：沈阳国际展览公司
联系地址：沈阳市和平区十一纬路云集东巷32号经纬大厦1-8-1
邮　　编：110003
联系电话：024-23256988
传　　真：024-23256988
电子邮箱：iecsy@126.com
联 系 人：李男

大连市

第16届中国国际建筑装饰材料展览会

展出时间：2011年4月6～11日
举办周期：一年一届
展馆名称：大连星海会展中心
展出内容：门窗、幕墙、五金及设备、工程公司洁具、陶瓷、石材、水泥制品等
主办单位：中国室内装饰协会、大连市人民政府、大连北展豪迈集团
承办单位：大连北方国际展览股份有限公司
联系地址：大连市中山区同兴街25号世界贸易大厦25F
邮　　编：116001
联系电话：0411-82538642
传　　真：0411-82538678
电子邮箱：my12336@126.com

2011中国大连第10届大型游戏机展览会

展出时间：2011年4月21～23日
展馆名称：大连世界博览广场
展出内容：游艺机游乐园设施、电子娱乐游戏街机及相关设备等
主办单位：辽宁省文化厅、大连市文化广播影视局、中国贸促会大连市分会、辽宁省文化娱乐行业协会、大连高新技术产业园区管委会
承办单位：大连君合展览策划有限公司
联系地址：大连市玉学街8号5-4-3
邮　　编：116038
联系电话：0411-83897559
传　　真：0411-86483332
电子邮箱：19852@163.com
联 系 人：袁先生（13998634267）

大连动漫游戏产业投资洽谈会

展出时间：2011年4月21～23日
展馆名称：大连世界博览广场
展出内容：游艺机游乐园设施、电子娱乐游戏街机及相关设备等
主办单位：辽宁省文化厅、大连市文化广播影视局、中国贸促会大连市分会、辽宁省文化娱乐行业协会、大连高新技术产业园区管委会
承办单位：大连君合展览策划有限公司
联系地址：大连市玉学街8号5-4-3
邮　　编：116038
联系电话：0411-83897559
传　　真：0411-86483332
电子邮箱：19852@163.com
联 系 人：袁先生（13998634267）

2011年第2届中国大连国际生物技术产品和仪器设备博览会

展出时间：2011年4月25～27日
展馆名称：大连世博广场
展出内容：生命科学前沿技术、各种生物制品、生物医药、生物能源、生物农业、生物环境和环保产品等
主办单位：中国科学院、中国工程院、中华人民共和国教育部、科技部和国家发改委
承办单位：大连市人民政府
联系地址：辽宁省大连高新园区高能街26号
邮　　编：116025
联系电话：0411-84796897
传　　真：0411-84796897
电子邮箱：ida@bitlifesciences.com
联 系 人：耿允

第2届中国大连国际DNA和基因组活动周

展出时间：2011年4月25～27日
展馆名称：大连世博广场
展出内容：生命科学前沿技术、各种生物制品、生物医药、生物能源、生物农业、生物环境和环保产品等
主办单位：中国科学院、中国工程院、中华人民共和国教育部、科技部和国家发改委
承办单位：大连市人民政府
联系地址：辽宁省大连高新园区高能街26号
邮　　编：116025
联系电话：0411-84796897
传　　真：0411-84796897
电子邮箱：ida@bitlifesciences.com
联 系 人：耿允

第 1 届生物能源大会

展出时间：2011 年 4 月 25 ~ 27 日
展馆名称：大连世博广场
展出内容：生命科学前沿技术、各种生物制品、生物医药、生物能源、生物农业、生物环境和环保产品等
主办单位：中国科学院、中国工程院、中华人民共和国教育部、科技部和国家发改委
承办单位：大连市人民政府
联系地址：辽宁省大连高新园区高能街 26 号
邮　　编：116025
联系电话：0411-84796897
传　　真：0411-84796897
电子邮箱：ida@bitlifesciences.com
联 系 人：耿允

第 4 届工业生物技术大会

展出时间：2011 年 4 月 25 ~ 27 日
展馆名称：大连世博广场
展出内容：生命科学前沿技术、各种生物制品、生物医药、生物能源、生物农业、生物环境和环保产品等
主办单位：中国科学院、中国工程院、中华人民共和国教育部、科技部和国家发改委
承办单位：大连市人民政府
联系地址：辽宁省大连高新园区高能街 26 号
邮　　编：116025
联系电话：0411-84796897
传　　真：0411-84796897
电子邮箱：ida@bitlifesciences.com
联 系 人：耿允

第 1 届海洋生物技术大会

展出时间：2011 年 4 月 25 ~ 27 日
展馆名称：大连世博广场
展出内容：生命科学前沿技术、各种生物制品、生物医药、生物能源、生物农业、生物环境和环保产品等
主办单位：中国科学院、中国工程院、中华人民共和国教育部、科技部和国家发改委
承办单位：大连市人民政府
联系地址：辽宁省大连高新园区高能街 26 号
邮　　编：116025
联系电话：0411-84796897
传　　真：0411-84796897
电子邮箱：ida@bitlifesciences.com
联 系 人：耿允

第 2 届工业酶与生物催化大会暨第 2 届石油微生物大会

展出时间：2011 年 4 月 25 ~ 27 日
展馆名称：大连世博广场
展出内容：生命科学前沿技术、各种生物制品、生物医药、生物能源、生物农业、生物环境和环保产品等
主办单位：中国科学院、中国工程院、中华人民共和国教育部、科技部和国家发改委
承办单位：大连市人民政府
联系地址：辽宁省大连高新园区高能街 26 号
邮　　编：116025
联系电话：0411-84796897
传　　真：0411-84796897
电子邮箱：ida@bitlifesciences.com
联 系 人：耿允

2011 中国国际冶金装备工业博览会

展出时间：2011 年 5 月 12 ~ 14 日
举办周期：一年一届
展馆名称：大连国际博览中心
展出内容：钢铁、管材、线材等
主办单位：中国国际贸易促进委员会
承办单位：中国特钢企业协会展览办公室、大连机电进出口企业协会
联系地址：辽宁省大连市西岗区东北路 167 号天赋大厦 F8#9
邮　　编：116013
联系电话：0411-66663088
传　　真：0411-66663221
电子邮箱：dlmomiji4@hotmail.com
联 系 人：于小姐

2011 第 13 届大连国际动力传动与控制技术展览会

展出时间：2011 年 5 月 19 ~ 21 日
展馆名称：大连星海会展中心
主办单位：辽宁省人民政府、大连市人民政府、辽宁省机械工程学会、中国机电进出口商会、大连市机电行业协会
承办单位：大连华展展览服务有限公司、大连双新展览策划有限公司
联系地址：辽宁省大连市中山区友好路 211 号 1203 室
邮　　编：116001
联系电话：0411-83787490
传　　真：0411-82310692
电子邮箱：6969x1@163.com
联 系 人：魏娟（13998493072）

2011 第 6 届大连国际表面处理、涂装及电镀工业展览会

展出时间：2011 年 5 月 19 ~ 21 日
展馆名称：大连星海会展中心
主办单位：辽宁省人民政府、大连市人民政府、辽宁省机械工程学会、中国机电进出口商会、大连市机电行业协会
承办单位：大连华展展览服务有限公司、大连双新展览策划有限公司
联系地址：辽宁省大连市中山区友好路 211 号 1203 室
邮　　编：116001
联系电话：0411-83787490
传　　真：0411-82310692
电子邮箱：6969x1@163.com

联 系 人：魏娟（13998493072）

2011第4届大连国际供热、制冷、空调、通风设备及节能技术展览会

展出时间：2011年5月19～21日
展馆名称：大连星海会展中心
主办单位：辽宁省人民政府、大连市人民政府、辽宁省机械工程学会、中国机电进出口商会、大连市机电行业协会
承办单位：大连华展展览服务有限公司、大连双新展览策划有限公司
联系地址：辽宁省大连市中山区友好路211号1203室
邮　　编：116001
联系电话：0411-83787490
传　　真：0411-82310692
电子邮箱：6969x1@163.com
联 系 人：魏娟（13998493072）

2011第13届（华展）大连国际自动化、仪器仪表展览会

展出时间：2011年5月19～21日
展馆名称：大连星海会展中心
主办单位：辽宁省人民政府、大连市人民政府、辽宁省机械工程学会、中国机电进出口商会、大连市机电行业协会
承办单位：大连华展展览服务有限公司、大连双新展览策划有限公司
联系地址：辽宁省大连市中山区友好路211号1203室
邮　　编：116001
联系电话：0411-83787490
传　　真：0411-82310692
电子邮箱：6969x1@163.com
联 系 人：魏娟（13998493072）

2011第11届大连国际给排水、水处理暨泵阀门管道展览会

展出时间：2011年5月19～21日
展馆名称：大连星海会展中心
主办单位：辽宁省人民政府、大连市人民政府、辽宁省机械工程学会、中国机电进出口商会、大连市机电行业协会
承办单位：大连华展展览服务有限公司、大连双新展览策划有限公司
联系地址：辽宁省大连市中山区友好路211号1203室
邮　　编：116001
联系电话：0411-83787490
传　　真：0411-82310692
电子邮箱：6969x1@163.com
联 系 人：魏娟（13998493072）

2011（第9届）大连国际焊接工业展览会

展出时间：2011年5月19～21日
展馆名称：大连星海会展中心
主办单位：辽宁省人民政府、大连市人民政府、辽宁省机械工程学会、中国机电进出口商会、大连市机电行业协会
承办单位：大连华展展览服务有限公司、大连双新展览策划有限公司
联系地址：辽宁省大连市中山区友好路211号1203室
邮　　编：116001
联系电话：0411-83787490
传　　真：0411-82310692
电子邮箱：6969x1@163.com
联 系 人：魏娟（13998493072）

2011（第6届）大连国际清洁设备、清洁剂展览会

展出时间：2011年5月19～21日
展馆名称：大连星海会展中心
主办单位：辽宁省人民政府、大连市人民政府、辽宁省机械工程学会、中国机电进出口商会、大连市机电行业协会
承办单位：大连华展展览服务有限公司、大连双新展览策划有限公司
联系地址：辽宁省大连市中山区友好路211号1203室
邮　　编：116001
联系电话：0411-83787490
传　　真：0411-82310692
电子邮箱：6969x1@163.com
联 系 人：魏娟（13998493072）

2011（第6届）大连国际工业博览会

展出时间：2011年5月19～21日
展馆名称：大连星海会展中心
主办单位：辽宁省人民政府、大连市人民政府、辽宁省机械工程学会、中国机电进出口商会、大连市机电行业协会
承办单位：大连华展展览服务有限公司、大连双新展览策划有限公司
联系地址：辽宁省大连市中山区友好路211号1203室
邮　　编：116001
联系电话：0411-83787490
传　　真：0411-82310692
电子邮箱：6969x1@163.com
联 系 人：魏娟（13998493072）

2011第10届大连国际电子设备、电子元器件工业展览会

展出时间：2011年5月19～21日
展馆名称：大连星海会展中心
主办单位：辽宁省人民政府、大连市人民政府、辽宁省机械工程学会、中国机电进出口商会、大连市机电行业协会
承办单位：大连华展展览服务有限公司、大连双新展览策划有限公司
联系地址：辽宁省大连市中山区友好路211号1203室
邮　　编：116001
联系电话：0411-83787490

传　　真：0411-82310692
电子邮箱：6969x1@163.com
联 系 人：魏娟（13998493072）

2011 第 10 届大连国际铸造、工业炉及热处理展览会

展出时间：2011 年 5 月 19 ~ 21 日
展馆名称：大连星海会展中心
主办单位：辽宁省人民政府、大连市人民政府、辽宁省机械工程学会、中国机电进出口商会、大连市机电行业协会
承办单位：大连华展展览服务有限公司、大连双新展览策划有限公司
联系地址：辽宁省大连市中山区友好路 211 号 1203 室
邮　　编：116001
联系电话：0411-83787490
传　　真：0411-82310692
电子邮箱：6969x1@163.com
联 系 人：魏娟（13998493072）

2011 中国大连国际物流展览会

展出时间：2011 年 5 月 19 ~ 21 日
展馆名称：大连星海会展中心
主办单位：辽宁省人民政府、大连市人民政府、辽宁省机械工程学会、中国机电进出口商会、大连市机电行业协会
承办单位：大连华展展览服务有限公司、大连双新展览策划有限公司
联系地址：辽宁省大连市中山区友好路 211 号 1203 室
邮　　编：116001
联系电话：0411-83787490
传　　真：0411-82310692
电子邮箱：6969x1@163.com
联 系 人：魏娟（13998493072）

第 16 届中国国际家具（大连）展览会

展出时间：2011 年 6 月 10 ~ 13 日
展馆名称：大连世界博览广场
主办单位：中国家具协会
承办单位：大连家具协会
联系地址：大连市中山区同兴街 25 号世界贸易大厦 25F
邮　　编：116001
联系电话：0411-82538642
传　　真：0411-82538678

中国国际啤酒节

展出时间：2011 年 7 月 29 日 ~ 8 月 9 日
举办周期：一年一届
始办时间：1999 年
展馆名称：大连星海广场
展出内容：中外各啤酒品牌、餐饮、汽车、地产、金融等
展会网址：www.chinabeer.net
主办单位：中国轻工业联合会、大连市人民政府
承办单位：贸促会轻工行业分会、中国食品工业（集团）公司、大连市旅游局等
联系地址：西城区阜外大街乙 22 号
邮　　编：100833
联系电话：010-68396327
传　　真：68396351
电子邮箱：majianshe327@163.com
联 系 人：马建设

2011 年中国国际环境保护（大连）博览会

展出时间：2011 年 8 月 25 ~ 27 日
展馆名称：大连星海会展中心
主办单位：大连市人民政府
承办单位：大连市环境保护产业协会、大连北方国际展览公司
联系电话：0411-82538656
传　　真：0411-82538678
电子邮箱：hxx_0608@163.com
联 系 人：胡晓鑫

2011 第 4 届大连国际广告技术与设备展览会

展出时间：2011 年 9 月 1 ~ 3 日
展馆名称：大连星海会展中心
展出内容：广告制作技术设备、广告材料及物料、户内外广告媒体等
上届数据：展出面积 7000 平方米，专业观众 9582 人次
主办单位：辽宁省广告器材行业协会、大连华展展览服务有限公司
承办单位：大连华展展览服务有限公司
联系地址：大连中山区友好路 211 号商务特区 1203
联系电话：0411-82310691
电子邮箱：dlhzzwy@163.com
联 系 人：赵小姐（15904961725）

2011 大连国际孕婴童及幼教玩具产业展览会

展出时间：2011 年 9 月 1 ~ 3 日
举办周期：一年一届
展馆名称：大连星海会展中心
主办单位：中国贸促会大连分会、大连华展展览服务有限公司
承办单位：大连双新展览策划有限公司、大连华展展览服务有限公司
联系地址：大连中山区友好路 211 号商务特区 1203
联系电话：0411-82310691
电子邮箱：dlhzzwy@163.com
联 系 人：赵小姐（15904961725）

2011 年第 8 届东亚国际旅游博览会

展出时间：2011 年 10 月 14 ~ 16 日
展馆名称：大连星海会展中心
主办单位：中国人民共和国国家旅游局、辽宁省人民政府和大连市人民政府
承办单位：辽宁省旅游局、大连市旅游局、大连北方国际

展览公司
联系地址：大连市中山区同兴街25号世界贸易大厦25楼
邮　　编：116001
联系电话：0411-82538695
传　　真：0411-82538678
电子邮箱：sunyu0306@sina.com
联 系 人：孙禹

2011大连国际电子工业展览会

展出时间：2011年11月
展馆名称：大连星海会展中心
展出内容：电子设备、电子生产、加工、成型、维修设备组装、封装设备等
主办单位：中国电子学会、中国机电产品进出口商会、辽宁省人民政府、大连市人民政府
承办单位：大连华展展览服务有限公司
联系地址：大连市会展路18号
联系电话：0411-66663625
电子邮箱：shanhongliu1314@163.com
联 系 人：单红柳（13591821816）

吉林省

长春市

第4届中国长春华夏文化艺术节暨2011中国长春文化产业博览会

展出时间：
　　春季：2011年3月
　　秋季：2011年7月
举办周期：一年一届
始办时间：2008年
展馆名称：吉林省长春市欧亚卖场会展中心、长春国际会展中心
展出内容：文化产业产品
上届数据：观众10万人次
主办单位：长春市政府、长春市委宣传部、长春文化产业办
承办单位：长春大信会展有限公司
联系地址：长春市人民大街1579号
邮　　编：130051
联系电话：0431-82796663
传　　真：0431-82796663
电子邮箱：Wangyingfeng2005@sina.com
联 系 人：王英锋

2011年长春第8届数码影像印刷及办公自动化展览会

展出时间：2011年3月8～10日
展馆名称：长春国际展览中心
主办单位：长春市广告协、吉林省照明学会
承办单位：长春维达展览服务有限公司
联系地址：长春市会展大街100号110室
邮　　编：130033
联系电话：0431-84606322
传　　真：0431-84606161

2011长春国际LED、发光体及城市节能照明技术设备展览会

展出时间：2011年3月8～10日
展馆名称：长春国际展览中心
主办单位：长春市广告协、吉林省照明学会
承办单位：长春维达展览服务有限公司
联系地址：长春市会展大街100号110室
邮　　编：130033
联系电话：0431-84606322
传　　真：0431-84606161

2011年长春第14届广告博览会

展出时间：2011年3月8～10日
展馆名称：长春国际展览中心
主办单位：长春市广告协、吉林省照明学会
承办单位：长春维达展览服务有限公司

联系地址：长春市会展大街100号110室
邮　　编：130033
联系电话：0431-84606322
传　　真：0431-84606161

2011第12届中国国际工业装备（长春）展览会

展出时间：2011年3月29～31日
展馆名称：长春国际会展中心
主办单位：长春市模具工业协会、沈阳装备制造业协会
承办单位：北方工商业展览有限公司、长春维达展览服务有限公司
联系地址：长春市会展大街100号110室
邮　　编：130033
联系电话：0431-84606322
传　　真：0431-84606161

2011中国（长春）第12届国际仓储物流技术设备展览会

展出时间：2011年3月29～31日
展馆名称：长春国际会展中心
主办单位：长春市人民政府、长春市模具工业协会、长春市汽车工业协会
承办单位：长春维达展览服务有限公司
联系地址：长春市会展大街100号110室
邮　　编：130033
联系电话：0431-84606322
传　　真：0431-84606161

2011中国（长春）第12届国际五金工具展览会

展出时间：2011年3月29～31日
展馆名称：长春国际会展中心
主办单位：长春市人民政府、长春市模具工业协会、长春市汽车工业协会
承办单位：长春维达展览服务有限公司
联系地址：长春市会展大街100号110室
邮　　编：130033
联系电话：0431-84606322
传　　真：0431-84606161

2011中国长春第12届国际塑料橡胶工业展览会

展出时间：2011年3月29～31日
展馆名称：长春国际会展中心
主办单位：长春市人民政府、长春市模具工业协会、长春市汽车工业协会
承办单位：长春维达展览服务有限公司
联系地址：长春市会展大街100号110室
邮　　编：130033
联系电话：0431-84606322
传　　真：0431-84606161

2011吉林（长春）第7届家具及木工机械展览会

展出时间：2011年4月8～11日
展馆名称：长春国际会展中心
主办单位：吉林省工业和信息化厅
承办单位：吉林省家具协会、吉林省建筑装饰业协会、吉林省工艺美术协会、长春维达展览服务有限公司
联系地址：长春市会展大街100号110室
邮　　编：130033
联系电话：0431-84606322
传　　真：0431-84606161

2011吉林（长春）第6届国际建筑节能产品、新型墙材展览会

展出时间：2011年4月8～11日
展馆名称：长春国际会展中心
主办单位：吉林省工业和信息化厅
承办单位：吉林省家具协会、吉林省建筑装饰业协会、吉林省工艺美术协会、长春维达展览服务有限公司
联系地址：长春市会展大街100号110室
邮　　编：130033
联系电话：0431-84606322
传　　真：0431-84606161

2011中国长春太阳能及新能源展览会

展出时间：2011年4月8～11日
举办周期：一年一届
展馆名称：长春国际会展中心
展出内容：太阳能整机、太阳能光伏等
主办单位：吉林省建筑装饰业协会、长春市供热管理办公室
承办单位：北方工商业展览有限公司、长春维达展览服务有限公司
联系地址：长春市会展大街100号会展中心综合办公楼113室
邮　　编：130033
联系电话：0431-84606949
传　　真：0431-84606161
电子邮箱：rezi20009@126.com
联 系 人：张慧

2011吉林（长春）第14届国际门窗幕墙、屋顶技术及加工设备展览会

展出时间：2011年4月8～11日
举办周期：一年一届
展馆名称：长春国际会展中心
展出内容：太阳能整机、太阳能光伏等
主办单位：吉林省建筑装饰业协会、长春市供热管理办公室
承办单位：北方工商业展览有限公司、长春维达展览服务有限公司
联系地址：长春市会展大街100号会展中心综合办公楼113室
邮　　编：130033
联系电话：0431-84606949
传　　真：0431-84606161

电子邮箱：rezi20009@126.com
联 系 人：张慧

2011年吉林（长春）第13届国际环境保护与水处理技术设备及泵阀管道展览会

展出时间：2011年4月8～11日
展馆名称：长春国际会展中心
展出内容：生活污水及工业废水处理技术与设备、泳池、桑拿、浴室、锅炉等用水处理技术与设备、家用/商用纯水机、饮水机、冷却器、净水过滤器、桶装水设备、泵、阀门、管道等
主办单位：吉林省环境保护局、长春市环保协会
承办单位：北方工商业展览有限公司、长春维达展览服务有限公司
联系地址：长春市会展大街100号会展中心综合办公楼113室
邮　　编：130033
联系电话：0431-84606161
传　　真：0431-84606162
电子邮箱：beifang55@163.com
联 系 人：韩小姐

2011第4届长春国际给排水、水处理暨泵、阀门、管道展览会

展出时间：2011年4月28～30日
展馆名称：长春国际会展中心
展出内容：供水排水技术及设备、水处理技术与设备等
主办单位：长春市人民政府、长春浩创展览服务有限公司
承办单位：长春浩创展览服务有限公司
联系地址：长春经济开发区浦东路898号博大集团308室
邮　　编：130033
联系电话：0431-85834601
传　　真：0431-85834601
联 系 人：赵春红（13321407995）

第8届中国（长春）国际汽车零配件展洽会

展出时间：2011年4月28～30日
举办周期：一年一届
始办时间：2004年
展馆名称：长春国际会展中心
展出内容：汽车零部件、发动机、底盘、电气电子系统、汽车用品、汽车维修养护等
上届数据：展览面积53000平方米，专业观众10万人次
主办单位：长春市人民政府
承办单位：中国贸促会长春市分会
联系地址：吉林省长春市自由大路5188号
邮　　编：130033
联系电话：0431-82738717
传　　真：0431-82738717

2011第4届长春国际工业自动化及仪器仪表展览会

展出时间：2011年4月28～30日
展馆名称：长春国际会展中心
主办单位：长春市会民政府、中国贸促会长春分会、长春百瑞国际会展集团有限公司
承办单位：长春百瑞国际会展集团有限公司
联系地址：长春市人民大街9399号
联系电话：0431-88784165
传　　真：0431-88784177
电子邮箱：bairui@ccbrjt.com

2011中国（长春）进口暨高端消费品博览会

展出时间：2011年4月30日～5月4日
展馆名称：长春国际会展中心
主办单位：吉林省商务厅、中国贸促会吉林省分会
承办单位：吉林省盈和商务会展有限公司、吉林省会展业发展中心
联系地址：长春市经济技术开发区浦东路1199号109室
邮　　编：130000
联系电话：0431-85800548
传　　真：0431-85800548
电子邮箱：85800548@163.com
联 系 人：李先生（13159744888）

第8届中国（长春）国际汽车博览会

展出时间：2011年7月15～24日
举办周期：一年一届
始办时间：1999年
展馆名称：长春国际会展中心
展出内容：客车、商用车、特种车、改装车、工程车、室外乘用车
展会网址：www.auto-changchun.com
上届数据：展出面积16.6万平米，参展商132家，交易额8.2亿元
主办单位：中国国际贸易促进委员会、中国汽车工业协会、吉林省人民政府、长春市人民政府
承办单位：中国贸促会长春市分会
联系地址：吉林省长春市自由大路5188号
邮　　编：130033
联系电话：0431-82738717
传　　真：0431-82738717

第12届中国长春（高新区）国际雕塑作品邀请展览会

展出时间：2011年7月24日～9月9日
举办周期：一年一届
始办时间：2010年
展馆名称：待定
展出内容：雕塑作品
主办单位：长春市人民政府、中国建筑学会、中国美术家协会、全国城市雕塑、建设指导委员会、中国雕塑学会
承办单位：长春市规划局、长春市人民政府外事办公室、长春市城市雕塑、建设指导委员会办公室、长春市高新区政府
联系地址：长春市同志街1893号

邮　　编：130021
联系电话：0431-85649312
传　　真：0431-85670603
电子邮箱：Yangliu_1974@163.com
联 系 人：杨少清（13944930788）

第 6 届中国（长春）民间艺术博览会

展出时间：2011 年 8 月 5 ~ 14 日
举办周期：一年一届
始办时间：2002 年
展馆名称：长春国际会展中心
展出内容：中国民间艺术
上届数据：总成交额 10082 万元
主办单位：中国文联、中国民协、吉林省政府、长春市政府
承办单位：中共吉林省委宣传部、吉林省文联、中共长春市委宣传部、长春市文联
联系地址：长春市朝阳区安达街 801 号
邮　　编：130067
联系电话：0431-85659522
传　　真：0431-85659722
电子邮箱：Mm999997@163.com
联 系 人：孙中亮

第 10 届中国长春国际农业·食品博览（交易）会

展出时间：2011 年 8 月 12 ~ 21 日
举办周期：一年一届
始办时间：2000 年
展馆名称：中信国际展览中心
展出内容：农产品、食品、农机具、农资产品、新型能源设备等
上届数据：展出面积 106 万平方米，参观 153 万人次
主办单位：国家农业部、吉林省政府、长春市政府
承办单位：长春市政府、吉林省农委
联系地址：长春市净月大街 4775 号长春农业博览园
邮　　编：130117
联系电话：0431-84558719
传　　真：0431-84558719
电子邮箱：ccnby@126.com
联 系 人：安冬炜

黑龙江省

哈尔滨

第 14 届哈尔滨国际广告四新展示交易会

展出时间：2011 年 3 月 12 ~ 14 日
展馆名称：哈尔滨国际会展体育中心
主办单位：哈尔滨市工商行政管理局
承办单位：哈尔滨东方展览策划有限公司
联系电话：0451-87620099
传　　真：0451-87620088
联 系 人：李丹

2011 哈尔滨国际广告标识、LED 新技术展览会

展出时间：2011 年 3 月 12 ~ 14 日
展馆名称：哈尔滨国际会展体育中心
主办单位：哈尔滨市工商行政管理局
承办单位：哈尔滨东方展览策划有限公司
联系电话：0451-87620099
传　　真：0451-87620088
联 系 人：李丹

2011 第 9 届中国哈尔滨国际绿色节能建筑装饰材料博览会

展出时间：2011 年 4 月 21 ~ 23 日
举办周期：一年一届
展馆名称：哈尔滨国际会展中心
主办单位：哈尔滨市环境保护局、哈尔滨市质量技术监督局、中国贸促会哈尔滨市分会
承办单位：哈尔滨市环境保护产业协会、哈尔滨市质量检验协会、哈尔滨中信伟业展览有限公司
联系地址：哈尔滨市南岗区黄河路 99 号黄河绿园小区黄河大厦 805 室
邮　　编：150090
联系电话：0451-82388901-8003
传　　真：0451-82388903
电子邮箱：zxzl666@163.com
联 系 人：李艳杰（15124544385）

第 9 届中国哈尔滨国际建筑节能新型墙材展览会

展出时间：2011 年 4 月 21 ~ 23 日
举办周期：一年一届
展馆名称：哈尔滨国际会展中心
主办单位：哈尔滨市环境保护局、哈尔滨市质量技术监督局、中国贸促会哈尔滨市分会
承办单位：哈尔滨市环境保护产业协会、哈尔滨市质量检验协会、哈尔滨中信伟业展览有限公司
联系地址：哈尔滨市南岗区黄河路 99 号黄河绿园小区黄河大厦 805 室
邮　　编：150090
联系电话：0451-82388901-8003
传　　真：0451-82388903

电子邮箱：zxzl666@163.com
联 系 人：李艳杰（15124544385）

第9届中国哈尔滨国际干混砂浆、墙体保温与防水展览会

展出时间：2011年4月21～23日
举办周期：一年一届
展馆名称：哈尔滨国际会展中心
主办单位：哈尔滨市环境保护局、哈尔滨市质量技术监督局、中国贸促会哈尔滨市分会
承办单位：哈尔滨市环境保护产业协会、哈尔滨市质量检验协会、哈尔滨中信伟业展览有限公司
联系地址：哈尔滨市南岗区黄河路99号黄河绿园小区黄河大厦805室
邮　　编：150090
联系电话：0451-82388901-8003
传　　真：0451-82388903
电子邮箱：zxzl666@163.com
联 系 人：李艳杰（15124544385）

第9届中国哈尔滨国际墙纸壁纸及布艺展览会

展出时间：2011年4月21～23日
举办周期：一年一届
展馆名称：哈尔滨国际会展中心
主办单位：哈尔滨市环境保护局、哈尔滨市质量技术监督局、中国贸促会哈尔滨市分会
承办单位：哈尔滨市环境保护产业协会、哈尔滨市质量检验协会、哈尔滨中信伟业展览有限公司
联系地址：哈尔滨市南岗区黄河路99号黄河绿园小区黄河大厦805室
邮　　编：150090
联系电话：0451-82388901-8003
传　　真：0451-82388903
电子邮箱：zxzl666@163.com
联 系 人：李艳杰（15124544385）

第9届中国哈尔滨国际建筑涂料及化学建材展览会

展出时间：2011年4月21～23日
举办周期：一年一届
展馆名称：哈尔滨国际会展中心
主办单位：哈尔滨市环境保护局、哈尔滨市质量技术监督局、中国贸促会哈尔滨市分会
承办单位：哈尔滨市环境保护产业协会、哈尔滨市质量检验协会、哈尔滨中信伟业展览有限公司
联系地址：哈尔滨市南岗区黄河路99号黄河绿园小区黄河大厦805室
邮　　编：150090
联系电话：0451-82388901-8003
传　　真：0451-82388903
电子邮箱：zxzl666@163.com
联 系 人：李艳杰（15124544385）

第9届中国哈尔滨国际地面材料及铺装技术展览会

展出时间：2011年4月21～23日
举办周期：一年一届
展馆名称：哈尔滨国际会展中心
主办单位：哈尔滨市环境保护局、哈尔滨市质量技术监督局、中国贸促会哈尔滨市分会
承办单位：哈尔滨市环境保护产业协会、哈尔滨市质量检验协会、哈尔滨中信伟业展览有限公司
联系地址：哈尔滨市南岗区黄河路99号黄河绿园小区黄河大厦805室
邮　　编：150090
联系电话：0451-82388901-8003
传　　真：0451-82388903
电子邮箱：zxzl666@163.com
联 系 人：李艳杰（15124544385）

第9届中国哈尔滨国际门业及建筑装饰五金展览会

展出时间：2011年4月21～23日
举办周期：一年一届
展馆名称：哈尔滨国际会展中心
主办单位：哈尔滨市环境保护局、哈尔滨市质量技术监督局、中国贸促会哈尔滨市分会
承办单位：哈尔滨市环境保护产业协会、哈尔滨市质量检验协会、哈尔滨中信伟业展览有限公司
联系地址：哈尔滨市南岗区黄河路99号黄河绿园小区黄河大厦805室
邮　　编：150090
联系电话：0451-82388901-8003
传　　真：0451-82388903
电子邮箱：zxzl666@163.com
联 系 人：李艳杰（15124544385）

第9届中国哈尔滨国际玻璃、幕墙及天花吊顶材料展览会

展出时间：2011年4月21～23日
举办周期：一年一届
展馆名称：哈尔滨国际会展中心
主办单位：哈尔滨市环境保护局、哈尔滨市质量技术监督局、中国贸促会哈尔滨市分会
承办单位：哈尔滨市环境保护产业协会、哈尔滨市质量检验协会、哈尔滨中信伟业展览有限公司
联系地址：哈尔滨市南岗区黄河路99号黄河绿园小区黄河大厦805室
邮　　编：150090
联系电话：0451-82388901-8003
传　　真：0451-82388903
电子邮箱：zxzl666@163.com
联 系 人：李艳杰（15124544385）

第9届中国哈尔滨国际橱柜、壁柜、隔断、木业展览会

展出时间：2011年4月21～23日
举办周期：一年一届

展馆名称：哈尔滨国际会展中心
主办单位：哈尔滨市环境保护局、哈尔滨市质量技术监督局、中国贸促会哈尔滨市分会
承办单位：哈尔滨市环境保护产业协会、哈尔滨市质量检验协会、哈尔滨中信伟业展览有限公司
联系地址：哈尔滨市南岗区黄河路 99 号黄河绿园小区黄河大厦 805 室
邮　　编：150090
联系电话：0451-82388901-8003
传　　真：0451-82388903
电子邮箱：zxzl666@163.com
联 系 人：李艳杰（15124544385）

第 9 届中国哈尔滨国际建筑陶瓷及厨房、卫浴设施展览会

展出时间：2011 年 4 月 21 ~ 23 日
举办周期：一年一届
展馆名称：哈尔滨国际会展中心
主办单位：哈尔滨市环境保护局、哈尔滨市质量技术监督局、中国贸促会哈尔滨市分会
承办单位：哈尔滨市环境保护产业协会、哈尔滨市质量检验协会、哈尔滨中信伟业展览有限公司
联系地址：哈尔滨市南岗区黄河路 99 号黄河绿园小区黄河大厦 805 室
邮　　编：150090
联系电话：0451-82388901-8003
传　　真：0451-82388903
电子邮箱：zxzl666@163.com
联 系 人：李艳杰（15124544385）

第 9 届中国哈尔滨国际石材产品及石材技术装备展览会

展出时间：2011 年 4 月 21 ~ 23 日
举办周期：一年一届
展馆名称：哈尔滨国际会展中心
主办单位：哈尔滨市环境保护局、哈尔滨市质量技术监督局、中国贸促会哈尔滨市分会
承办单位：哈尔滨市环境保护产业协会、哈尔滨市质量检验协会、哈尔滨中信伟业展览有限公司
联系地址：哈尔滨市南岗区黄河路 99 号黄河绿园小区黄河大厦 805 室
邮　　编：150090
联系电话：0451-82388901-8003
传　　真：0451-82388903
电子邮箱：zxzl666@163.com
联 系 人：李艳杰（15124544385）

第 9 届中国哈尔滨国际钢结构、空间结构及相关产品展览会

展出时间：2011 年 4 月 21 ~ 23 日
举办周期：一年一届
展馆名称：哈尔滨国际会展中心
主办单位：哈尔滨市环境保护局、哈尔滨市质量技术监督局、中国贸促会哈尔滨市分会
承办单位：哈尔滨市环境保护产业协会、哈尔滨市质量检验协会、哈尔滨中信伟业展览有限公司
联系地址：哈尔滨市南岗区黄河路 99 号黄河绿园小区黄河大厦 805 室
邮　　编：150090
联系电话：0451-82388901-8003
传　　真：0451-82388903
电子邮箱：zxzl666@163.com
联 系 人：李艳杰（15124544385）

第 9 届中国哈尔滨国际城市景观、园林园艺技术设备展览会

展出时间：2011 年 4 月 21 ~ 23 日
举办周期：一年一届
展馆名称：哈尔滨国际会展中心
主办单位：哈尔滨市环境保护局、哈尔滨市质量技术监督局、中国贸促会哈尔滨市分会
承办单位：哈尔滨市环境保护产业协会、哈尔滨市质量检验协会、哈尔滨中信伟业展览有限公司
联系地址：哈尔滨市南岗区黄河路 99 号黄河绿园小区黄河大厦 805 室
邮　　编：150090
联系电话：0451-82388901-8003
传　　真：0451-82388903
电子邮箱：zxzl666@163.com
联 系 人：李艳杰（15124544385）

2011 第 11 届中国哈尔滨国际绿色管业博览会

展出时间：2011 年 4 月 21 ~ 23 日
举办周期：一年一届
展馆名称：哈尔滨国际会展中心
主办单位：哈尔滨市环境保护局、哈尔滨市质量技术监督局、中国贸促会哈尔滨市分会
承办单位：哈尔滨市环境保护产业协会、哈尔滨市质量检验协会、哈尔滨中信伟业展览有限公司
联系地址：哈尔滨市南岗区黄河路 99 号黄河绿园小区黄河大厦 805 室
邮　　编：150090
联系电话：0451-82388901-8003
传　　真：0451-82388903
电子邮箱：zxzl666@163.com
联 系 人：李艳杰（15124544385）

第 11 届中国哈尔滨国际水处理给排水设备展览会

展出时间：2011 年 4 月 21 ~ 23 日
举办周期：一年一届
展馆名称：哈尔滨国际会展中心
主办单位：哈尔滨市环境保护局、哈尔滨市质量技术监督局、中国贸促会哈尔滨市分会
承办单位：哈尔滨市环境保护产业协会、哈尔滨市质量检验协会、哈尔滨中信伟业展览有限公司
联系地址：哈尔滨市南岗区黄河路 99 号黄河绿园小区黄

河大厦 805 室
邮　　编：150090
联系电话：0451-82388901-8003
传　　真：0451-82388903
电子邮箱：zxzl666@163.com
联 系 人：李艳杰（15124544385）

2011 第 11 届中国哈尔滨国际环保、工业节能减排技术设备博览会

展出时间：2011 年 4 月 21 ~ 23 日
举办周期：一年一届
展馆名称：哈尔滨国际会展中心
主办单位：哈尔滨市环境保护局、哈尔滨市质量技术监督局、中国贸促会哈尔滨市分会
承办单位：哈尔滨市环境保护产业协会、哈尔滨市质量检验协会、哈尔滨中信伟业展览有限公司
联系地址：哈尔滨市南岗区黄河路 99 号黄河绿园小区黄河大厦 805 室
邮　　编：150090
联系电话：0451-82388901-8003
传　　真：0451-82388903
电子邮箱：zxzl666@163.com
联 系 人：李艳杰（15124544385）

2011 中国哈尔滨国际生态城市建设博览会

展出时间：2011 年 4 月 21 ~ 23 日
举办周期：一年一届
展馆名称：哈尔滨国际会展中心
主办单位：哈尔滨市环境保护局、哈尔滨市质量技术监督局、中国贸促会哈尔滨市分会
承办单位：哈尔滨市环境保护产业协会、哈尔滨市质量检验协会、哈尔滨中信伟业展览有限公司
联系地址：哈尔滨市南岗区黄河路 99 号黄河绿园小区黄河大厦 805 室
邮　　编：150090
联系电话：0451-82388901-8003
传　　真：0451-82388903
电子邮箱：zxzl666@163.com
联 系 人：李艳杰（15124544385）

第 11 届中国哈尔滨国际冶金工业展览会

展出时间：2011 年 4 月 27 ~ 29 日
展馆名称：哈尔滨国际会展中心
主办单位：中国国际贸易促进委员会、黑龙江省人民政府、哈尔滨市人民政府
承办单位：中国贸促会黑龙江省分会、中国贸促会哈尔滨市分会、哈尔滨中信伟业展览有限公司
联系地址：哈尔滨市南岗区黄河路 99 号黄河大厦 805 室
邮　　编：150090
联系电话：0451-82388901-8008
传　　真：0451-82388903
联 系 人：王晔（1559086501）

第 11 届中国哈尔滨国际铸造锻压及工业炉展览会

展出时间：2011 年 4 月 27 ~ 29 日
展馆名称：哈尔滨国际会展中心
主办单位：中国国际贸易促进委员会、黑龙江省人民政府、哈尔滨市人民政府
承办单位：中国贸促会黑龙江省分会、中国贸促会哈尔滨市分会、哈尔滨中信伟业展览有限公司
联系地址：哈尔滨市南岗区黄河路 99 号黄河大厦 805 室
邮　　编：150090
联系电话：0451-82388901-8008
传　　真：0451-82388903
联 系 人：王晔（1559086501）

2011 第 11 届哈尔滨国际五金博览会

展出时间：2011 年 4 月 27 ~ 29 日
展馆名称：哈尔滨国际会展中心
主办单位：中国国际贸易促进委员会、黑龙江省人民政府、哈尔滨市人民政府
承办单位：中国贸促会黑龙江省分会、中国贸促会哈尔滨市分会、哈尔滨中信伟业展览有限公司
联系地址：哈尔滨市南岗区黄河路 99 号黄河大厦 805 室
邮　　编：150090
联系电话：0451-82388901-8008
传　　真：0451-82388903
联 系 人：王晔（1559086501）

2011 中国哈尔滨国际装备制造业博览会

展出时间：2011 年 4 月 27 ~ 29 日
展馆名称：哈尔滨国际会展中心
主办单位：中国国际贸易促进委员会、黑龙江省人民政府、哈尔滨市人民政府
承办单位：中国贸促会黑龙江省分会、中国贸促会哈尔滨市分会、哈尔滨中信伟业展览有限公司
联系地址：哈尔滨市南岗区黄河路 99 号黄河大厦 805 室
邮　　编：150090
联系电话：0451-82388901-8008
传　　真：0451-82388903
联 系 人：王晔（1559086501）

2011 第 11 届中国哈尔滨国际发供电及电工技术设备展览会

展出时间：2011 年 4 月 27 ~ 29 日
展馆名称：哈尔滨国际会展中心
主办单位：中国国际贸易促进委员会、黑龙江省人民政府、哈尔滨市人民政府
承办单位：中国贸促会黑龙江省分会、中国贸促会哈尔滨市分会、哈尔滨中信伟业展览有限公司
联系地址：哈尔滨市南岗区黄河路 99 号黄河大厦 805 室
邮　　编：150090
联系电话：0451-82388901-8008
传　　真：0451-82388903
联 系 人：王晔（1559086501）

2011 哈尔滨工业自动化及仪器仪表展览会

展出时间：2011 年 4 月 27 ~ 29 日
展馆名称：哈尔滨国际会展中心
主办单位：中国国际贸易促进委员会、黑龙江省人民政府、哈尔滨市人民政府
承办单位：中国贸促会黑龙江省分会、中国贸促会哈尔滨市分会、哈尔滨中信伟业展览有限公司
联系地址：哈尔滨市南岗区黄河路 99 号黄河大厦 805 室
邮　　编：150090
联系电话：0451-82388901-8008
传　　真：0451-82388903
联 系 人：王晔（1559086501）

2011 中国哈尔滨第 16 届国际建筑门窗、玻璃、幕墙及加工设备展览会

展出时间：2011 年 5 月 6 ~ 8 日
展馆名称：哈尔滨国际会展中心
主办单位：黑龙江省建筑装饰装修材料协会、黑龙江省城建开发管理办公室、哈尔滨旭阳展览有限公司
承办单位：哈尔滨旭阳展览有限公司
联系地址：哈尔滨市红旗大街 301 号会展中心 504 室
邮　　编：150090
联系电话：0451-82273207
传　　真：0451-82273868
电子邮箱：yangli0451@126.com
联 系 人：杨莉（15846609465）

第 22 届中国哈尔滨国际经济贸易洽谈会（哈洽会）

展出时间：2011 年 6 月 15 ~ 19 日
展馆名称：哈尔滨国际会展体育中心
展出内容：新材料、新能源与节能技术、生物医药技术、先进制造与信息化、农业创新与精深加工、环保与公共安全等
展会网址：www.ichtf.com
主办单位：中华人民共和国商务部、中华人民共和国国家发展和改革委员会、中国国际贸易促进委员会、黑龙江省人民政府、浙江省人民政府、哈尔滨市人民政府
联系地址：哈尔滨市南岗区美顺街 35 号
邮　　编：150090
联系电话：0451-82340100
传　　真：0451-82345874
电子邮箱：chn@ichtf.com
联 系 人：景林、张玉红

中国·哈尔滨之夏国际啤酒节

展出时间：2011 年 6 月 30 日 ~ 7 月 11 日
举办周期：一年一届
始办时间：2008 年
展馆名称：冰雪大世界园区
展出内容：中外各啤酒品牌、餐饮、汽车、地产、金融等企业
展会网址：www.chinahxbeer.com
上届数据：展览面积 4 余万平方米，展商 15 家，观众 40 多万人次
主办单位：中国轻工业联合会、哈尔滨市人民政府
承办单位：中国国际贸易促进委员会轻工行业分会、中国食品工业（集团）公司、哈尔滨市旅游局等
联系地址：西城区阜外大街乙 22 号
邮　　编：100833
联系电话：010-68396327
传　　真：010-68396351
电子邮箱：majianshe327@163.com
联 系 人：马建设

大庆市

2011 年大庆第 2 届文博会

展出时间：2011 年 7 月
展馆名称：大庆时代广
主办单位：大庆市人民政府
承办单位：大庆新闻传媒集团
联系地址：大庆高新区服务外包园 C-1 座 1218 室
邮　　编：163311
联系电话：0459-6810002
传　　真：0459-6810011
电子邮箱：daqingwenbohui@163.com

江苏省

南京市

2011 第 17 届南京广告展览会

展出时间：2011 年 3 月 11 ~ 13 日
展馆名称：南京国际展览中心
主办单位：中国贸促会南京市分会、南京亚东展览服务有限公司
承办单位：南京亚东展览服务有限公司
联系地址：南京市中山北路 34 号种业大楼 4 楼
邮　　编：210009
联系电话：025-83227379
传　　真：025-83227379
电子邮箱：Sunday001@126.com
联 系 人：戴小姐

2011 南京国际霓虹灯展览会

展出时间：2011 年 3 月 11 ~ 13 日
展馆名称：南京国际展览中心
主办单位：中国贸促会南京市分会、南京亚东展览服务有限公司
承办单位：南京亚东展览服务有限公司
联系地址：南京市中山北路 34 号种业大楼 4 楼
邮　　编：210009
联系电话：025-83227379
传　　真：025-83227379
电子邮箱：sunday001@126.com
联 系 人：戴小姐

2011 南京 LED 及标识标牌展览会

展出时间：2011 年 3 月 11 ~ 13 日
展馆名称：南京国际展览中心
主办单位：中国贸促会南京市分会、南京亚东展览服务有限公司
承办单位：南京亚东展览服务有限公司
联系地址：南京市中山北路 34 号种业大楼 4 楼
邮　　编：210009
联系电话：025-83227379
传　　真：025-83227379
电子邮箱：Sunday001@126.com
联 系 人：戴小姐

2011 南京国际广告设备展览会

展出时间：2011 年 3 月 11 ~ 13 日
展馆名称：南京国际展览中心
主办单位：中国贸促会南京市分会、南京亚东展览服务有限公司
承办单位：南京亚东展览服务有限公司
联系地址：南京市中山北路 34 号种业大楼 4 楼
邮　　编：210009
联系电话：025-83227379
传　　真：025-83227379
电子邮箱：Sunday001@126.com
联 系 人：戴小姐

2011（第 10 届）南京社会公共安全防范产品及技术展览会

展出时间：2011 年 3 月 17 ~ 19 日
展馆名称：南京国际展览中心
展会网址：www.js-secu.com
主办单位：江苏省公安厅科技处
承办单位：南京汇展展览服务有限公司
联系地址：南京市鼓楼区汉中路 108 号金轮大厦 18E
联系电话：025-84714021
传　　真：025-84714041
电子邮箱：1999@njhzexpo.com
联 系 人：丁萍

2011 第 9 届江苏国际机床及工模具展览会

展出时间：2011 年 3 月 23 ~ 25 日
展馆名称：南京国际展览中心
展会网址：www.njfhzl.com
主办单位：江苏省经济和信息化委员会、江苏省机床工具工业协会
承办单位：南京凤凰展览有限公司
联系地址：南京市丰富路 163 号民族大厦 1608 室
联系电话：025-86645029
传　　真：025-84517548
电子邮箱：happycr888@163.com

2011 年中国国际清洁能源展览会

展出时间：2011 年 4 月 12 ~ 14 日
展馆名称：南京国际博览中心
主办单位：中国资源综合利用协会、鸿与智集团
承办单位：上海鸿众展览服务有限公司
联系地址：海市秣陵路 355 号上海铁路大厦 3 楼
联系电话：021-51013507
传　　真：021-51013044
电子邮箱：cew@hnzmedia.com

中国国际船舶工业博览会

展出时间：2011 年 4 月 12 ~ 14 日
举办周期：一年一届
始办时间：2010 年
展馆名称：南京国际博览中心
展出内容：船舶修造、船舶配套、海洋工程、通讯导航、港口技术、物流运输、服务机构、船配产业园区及仓储码头项目招商引资等
展会网址：www.china-ship.com
上届数据：参展企业 416 家，国际参展企业 51 家，观众人次 22941 人
主办单位：中华人民共和国工业和信息化部、江苏省人民政府、中国国际贸易促进委员会、中国船舶

工业行业协会、中国造船工程协会
承办单位：江苏省经济和信息化委员会、江苏省商务厅、南京市人民政府
联系地址：江苏省南京市太平南路333号企凌御景园商务楼19楼A-G座
邮　　编：210002
联系电话：025-84521101
传　　真：025-84692610
电子邮箱：frank@china-ship.com
联 系 人：黄浩

2011江苏（南京）光电博览会

展出时间：2011年4月15～17日
展馆名称：南京国际展览中心
主办单位：江苏省光学学会、中国国际商会南京分会、中国贸促会南京分会
承办单位：南京苏贝尔会展服务有限公司
联系地址：江苏省南京市中央路417号先锋广场1237
邮　　编：210037
联系电话：025-86999579
传　　真：025-86999309
电子邮箱：sydeny1987@163.com
联 系 人：王苏娟（13915926078）

2011年南京智能建筑产品展览会

展出时间：2011年4月27～29日
展馆名称：南京国际博览中心
主办单位：江苏省建设厅科技发展中心
承办单位：南京国际博览中心、南京汇展展览服务有限公司
联系地址：南京市鼓楼区汉中路108号金轮大厦18E
邮　　编：210029
联系电话：025-84714021

2011年第3届南京国际汽车博览会

展出时间：2011年4月30日～5月4日
展馆名称：南京国际展览中心
承办单位：中汽博览南京公司
联系地址：南京市燕山路199号南京国际博览中心
联系电话：025-86753386
传　　真：025-86753386
电子邮箱：370040508@qq.com
联 系 人：尚格

2010第13届南京工业自动化及仪器仪表展览会

展出时间：2011年5月18～20日
始办时间：1998年
展馆名称：南京国际展览中心
主办单位：南京市自动化及仪表协会、南京东亚会展服务有限公司
承办单位：南京东亚会展服务有限公司
联系地址：南京市华侨路37号春风大厦17F
邮　　编：210029
联系电话：025-84700182
传　　真：025-84720708
电子邮箱：dyyanwei@163.com
联 系 人：颜伟（15195966916）

第8届南京仪器仪表及自动化专家论坛

展出时间：2011年5月18～20日
始办时间：1998年
展馆名称：南京国际展览中心
主办单位：南京市自动化及仪表协会、南京东亚会展服务有限公司
承办单位：南京东亚会展服务有限公司
联系地址：南京市华侨路37号春风大厦17F
邮　　编：210029
联系电话：025-84700182
传　　真：025-84720708
电子邮箱：dyyanwei@163.com
联 系 人：颜伟（15195966916）

2011年华东（南京）检验医学及输血用品展览会

展出时间：2011年5月19～21日
展馆名称：南京国际展览中心
主办单位：南京市卫生局、浙江省疾病预防控制中心、南京市医院协会、南京市疾病预防控制中心
承办单位：南京博贸展览有限公司
联系地址：南京市和燕路251号金港大厦B栋26楼B座
联系电话：025-85550990
传　　真：025-85550655
电子邮箱：shbjzl@126.com
联 系 人：许浩（18951615090）

2011南京国际缝制设备与刺绣工业博览会

展出时间：2011年5月26～28日
展馆名称：南京国际展览中心
上届数据：展览面积12000平方米，参展商338家
主办单位：中国贸促会南京市分会
承办单位：南京中纺展览有限公司
联系地址：南京市集庆路127号宏安大厦2506室
邮　　编：210006
联系电话：025-52315808
传　　真：025-52315918
电子邮箱：zfexpo@126.com
联 系 人：韦雅（13813960577）

2011第10届南京国际纺织品面料、辅料博览会

展出时间：2011年5月26～28日
展馆名称：南京国际展览中心
上届数据：展览面积12000平方米，参展商338家
主办单位：中国贸促会南京市分会
承办单位：南京中纺展览有限公司
联系地址：南京市集庆路127号宏安大厦2506室
邮　　编：210006
联系电话：025-52315808

传　　真：025-52315918
电子邮箱：zfexpo@126.com
联 系 人：韦雅（13813960577）

2011（第2届）南京儿童教育、儿童用品展览会

展出时间：2011年6月
展馆名称：南京国际展览中心
展会网址：www.njchildexpo.com
承办单位：南京奥意国际汽车展览有限公司
联系地址：南京龙蟠路88号·南京国际展览中心100室
邮　　编：210037
联系电话：025-86891012
传　　真：025-86891580
电子邮箱：market@njae.net

2011中国（南京）国际金属加工展览会

展出时间：2011年10月12～14日
展馆名称：南京国际博览中心
主办单位：中国机床总公司、德国斯图加特展览公司
承办单位：斯图加特展览（中国）有限公司
联系电话：021-50811929-16
传　　真：021-50813069
电子邮箱：cmte@messe-stuttgart.com.cn

第11届中国国际粮油产品及设备技术展览会

展出时间：2011年10月13～15日
举办周期：一年一届
始办时间：1999年
展馆名称：宁波国际会议展览中心
展出内容：国内外粮油加工产品，粮油食品，粮油深加工产品，粮油、食品、饲料加工机械设备与技术，粮油食品包装设备与技术，粮食、油脂储藏、运输、检测、管理设备与技术，粮油仓储物流设备、粮油贸易、交流、项目洽谈
展会网址：www.cgof.cn
上届数据：参展企业1000家，国际参展企业15家，观众人次30000人次
主办单位：国家粮食局浙江省人民政府
承办单位：中国贸促会粮食行业分会、国家粮食局发展交流中心、中国粮食行业协会、浙江省粮食局、宁波市人民政府会展工作办公室、宁波国际会议展览中心有限公司
联系地址：北京复兴门内大街45号
邮　　编：100801
联系电话：010-66094251
传　　真：010-66094291
电子邮箱：lintian@ccpit.org
联 系 人：田临

2011中国国际新能源汽车产业技术会议和贸易博览会

展出时间：2011年11月10～12日
始办时间：2010年
展馆名称：南京国际展览中心
主办单位：中华人民共和国发展和改革委员会、中华人民共和国工业和信息化部、中华人民共和国科技部、江苏省人民政府
承办单位：江苏联亚国际展览有限公司
联系地址：南京市太平南路333号金陵御景园商务楼19楼A-G座
联系电话：025-84521101-807
传　　真：025-84692610
电子邮箱：info@evtecchina.com
联 系 人：耿小姐

2011中国（南京）国际美容美发化妆用品博览会

展出时间：2011年11月24～26日
展馆名称：南京国际展览中心
主办单位：江苏省美发美容协会、中华美容协会、南京中纺展览有限公司
承办单位：南京中纺展览有限公司
联系地址：南京市集庆路127号宏安大厦2506室
邮　　编：210006
联系电话：025-86410885
传　　真：025-86410995
联 系 人：罗云（13705181783）

2011江苏日化洗涤用品及包装展览会

展出时间：2011年11月24～26日
展馆名称：南京国际展览中心
主办单位：江苏省美发美容协会、中华美容协会、南京中纺展览有限公司
承办单位：南京中纺展览有限公司
联系地址：南京市集庆路127号宏安大厦2506室
邮　　编：210006
联系电话：025-86410885
传　　真：025-86410995
联 系 人：罗云（13705181783）

苏州市

2011第8届苏州国际机床及模具展览会

展出时间：2011年3月10～12日
展馆名称：苏州国际博览中心
主办单位：苏州市人民政府
承办单位：苏州联创展览有限公司
联系地址：苏州市东环路1199号中新城商务楼B501、B504室
邮　　编：215021
联系电话：0512-67426972
传　　真：0512-67245702
电子邮箱：lianchuang518@126.com
联 系 人：叶欣（15921801135）

2011苏州国际节能环保技术及设备展览会

展出时间：2011年3月10～12日
展馆名称：苏州国际博览中心
主办单位：苏州市人民政府

承办单位：苏州联创展览有限公司
联系地址：苏州市东环路 1199 号中新城商务楼 B501、B504 室
邮　　编：215021
联系电话：0512-67426972
传　　真：0512-67245702
电子邮箱：lianchuang518@126.com
联 系 人：叶欣（15921801135）

2011 第 8 届苏州国际工业博览会

展出时间：2011 年 3 月 11 ~ 12 日
展馆名称：苏州国际博览中心
主办单位：苏州市压铸技术协会
承办单位：苏州国华展览有限公司
联系地址：苏州工业园区现代大道博览广场
联系电话：0512-62580111
传　　真：0512-62805042
电子邮箱：yq@suzhouexpo.com
联 系 人：庄越奇

2011 年长三角企业服务博览会

展出时间：2011 年 4 月 8 ~ 9 日
举办周期：一年一届
展馆名称：苏州国际博览中心
主办单位：江苏省经济贸易委员会、苏州市人民政府
承办单位：苏州博雅公关服务有限公司、苏州国际博览中心
联系地址：苏州工业园区东环路 660 号风华大厦 1701 室
邮　　编：215000
联系电话：0512-67625702
电子邮箱：cmalyl@163.com

2011 第 6 届中国（苏州）国际表面处理展览会

展出时间：2011 年 4 月 14 ~ 16 日
展馆名称：苏州国际博览中心
主办单位：苏州市经济贸易委员会、苏州国家高新技术产业开发区管委会
承办单位：苏州市电镀协会、苏州天溪展览有限公司
联系地址：苏州市鹿山路 369 号国家环保产业园孵化器 313 室
邮　　编：215129
联系电话：0512-88607707
传　　真：0512-88607718
电子邮箱：u212asu27@sina.com
联 系 人：房艾军

2011 第 4 届中国苏州涂料工业展览会

展出时间：2011 年 4 月 14 ~ 16 日
展馆名称：苏州国际博览中心
主办单位：苏州市经济贸易委员会、苏州国家高新技术产业开发区管委会
承办单位：苏州市电镀协会、苏州天溪展览有限公司
联系地址：苏州市鹿山路 369 号国家环保产业园孵化器 313 室
邮　　编：215129
联系电话：0512-88607707
传　　真：0512-88607718
电子邮箱：u212asu27@sina.com
联 系 人：房艾军

2011 中国苏州精细化工及技术装备展览会

展出时间：2011 年 4 月 14 ~ 16 日
展馆名称：苏州国际博览中心
主办单位：苏州市经济贸易委员会、苏州国家高新技术产业开发区管委会
承办单位：苏州市电镀协会、苏州天溪展览有限公司
联系地址：苏州市鹿山路 369 号国家环保产业园孵化器 313 室
邮　　编：215129
联系电话：0512-88607707
传　　真：0512-88607718
电子邮箱：u212asu27@sina.com
联 系 人：房艾军

2011 年苏州中国国际电镀博览会

展出时间：2011 年 4 月 14 ~ 16 日
展馆名称：苏州国际博览中心
主办单位：苏州市经济贸易委员会、苏州国家高新技术产业开发区管委会
承办单位：苏州市电镀协会、苏州天溪展览有限公司
联系地址：苏州市鹿山路 369 号国家环保产业园孵化器 313 室
邮　　编：215129
联系电话：0512-88607707
传　　真：0512-88607718
电子邮箱：u212asu27@sina.com
联 系 人：房艾军

2011 第 12 届亚太电子（苏州）展览会

展出时间：2011 年 4 月 22 ~ 24 日
展馆名称：苏州国际博览中心
主办单位：中国电子学会
联 系 人：刘天鸿（13912616961）

2011 中国（华东）国际互联网技术及应用展览会

展出时间：2011 年 4 月 22 ~ 24 日
展馆名称：苏州国际博览中心
主办单位：苏州市经济和信息化委员会、苏州市科学技术局
承办单位：苏州励扬展览有限公司
联系地址：苏州市广济南路 146 号南兵营大厦 245 室
邮　　编：215000
联系电话：0512-82108205
传　　真：0512-82108072
电子邮箱：18706135541@163.com
联 系 人：林峰

2011 苏州自动化生产设备展览会

展出时间：2011 年 5 月 11 ~ 13 日
展馆名称：苏州国际博览中心
主办单位：海峡经济科技合作中心
承办单位：上海讯展会议展览有限公司
联系地址：上海市打浦路 1 号金玉兰广场西楼 1005 室
邮　　编：200023
联系电话：021-63045419-219
传　　真：021-64181136
电子邮箱：shxunzhan@163.com
联 系 人：管铁松

2011 第 7 届苏州线路板展览会

展出时间：2011 年 5 月 11 ~ 13 日
展馆名称：苏州国际博览中心
主办单位：海峡经济科技合作中心
承办单位：上海讯展会议展览有限公司
联系地址：上海市打浦路 1 号金玉兰广场西楼 1005 室
邮　　编：200023
联系电话：021-63045419-219
传　　真：021-64181136
电子邮箱：shxunzhan@163.com
联 系 人：管铁松

2011 苏州国际家具展览会

展出时间：2011 年 6 月 3 ~ 6 日
展馆名称：苏州国际博览中心
主办单位：苏州市相城区人民政府、苏州市相城区蠡口家具行业协会
承办单位：赵艺学商务策划机构
联系电话：0512-65765333
传　　真：0512-65750666

2011 苏州办公家具、木工机械及原辅材料展览会

展出时间：2011 年 6 月 23 ~ 26 日
展馆名称：苏州国际博览中心
主办单位：苏州市相城区人民政府、苏州市相城区蠡口家具行业协会
承办单位：赵艺学商务策划机构
联系电话：0512-65765333
传　　真：0512-65750666

2011 苏州国际家具制造设备及建筑材料展览会

展出时间：2011 年 6 月 23 ~ 26 日
展馆名称：苏州国际博览中心
主办单位：苏州市相城区人民政府、苏州市相城区蠡口家具行业协会
承办单位：赵艺学商务策划机构
联系电话：0512-65765333
传　　真：0512-65750666

2011 苏州红木家具、家居饰品及灯具展览会

展出时间：2011 年 10 月 28 日 ~ 11 月 6 日
展馆名称：苏州国际博览中心
主办单位：苏州市相城区人民政府、苏州市相城区蠡口家具行业协会
承办单位：赵艺学商务策划机构
联系电话：0512-65765333
传　　真：0512-65750666

无锡市

2011 首届太湖国际车房博览会

展出时间：2011 年 1 月 1 ~ 3 日
展馆名称：无锡太湖国际展览中心
主办单位：中正汽车销售服务有限公司
联系地址：无锡市江海东路 12 号
联系电话：0510-82137098
传　　真：0510-82112168

2011 第 18 届无锡太湖国际机床及模具制造设备展览会

展出时间：2011 年 3 月 5 ~ 8 日
展馆名称：无锡太湖国际博览中心
上届数据：展出面积 30000 平方米
主办单位：中国贸促会无锡市支会、无锡市机械工业联合会
承办单位：无锡市三角洲会展有限公司
联系地址：无锡市吉庆里 62 号吉庆苑 7 号楼 502 室
邮　　编：214005
联系电话：0510-82322145
传　　真：0510-82301731
电子邮箱：滕辉（13812196389）

2011 第 15 届无锡太湖国际工业自动化及仪器仪表展览会

展出时间：2011 年 3 月 5 ~ 8 日
展馆名称：无锡太湖国际博览中心
上届数据：展出面积 30000 平方米
主办单位：中国贸促会无锡市支会、无锡市机械工业联合会
承办单位：无锡市三角洲会展有限公司
联系地址：无锡市吉庆里 62 号吉庆苑 7 号楼 502 室
邮　　编：214005
联系电话：0510-82322145
传　　真：0510-82301731
电子邮箱：滕辉（13812196389）

第 3 届无锡汽车节

展出时间：2011 年 4 月 23 ~ 27 日
展馆名称：无锡体育会展中心
主办单位：无锡市商务局、无锡市汽车流通行业协会
承办单位：无锡市大道广告有限公司

联系地址：无锡市太湖大道东方汽车城二期
邮　　编：214028
联系电话：0510-82110553

第11届中国国际粮油产品及设备技术展览会

展出时间：2011年10月13～15日
举办周期：一年一届
始办时间：1999年
展馆名称：宁波国际会议展览中心
展出内容：国内外粮油加工产品，粮油食品，粮油深加工产品，粮油、食品、饲料加工机械设备与技术，粮油食品包装设备与技术，粮食、油脂储藏、运输、检测、管理设备与技术，粮油仓储物流设备、粮油贸易、交流、项目洽谈
展会网址：www.cgof.cn
上届数据：参展企业1000家，国际参展企业15家，观众人次30000人次
主办单位：国家粮食局浙江省人民政府
承办单位：中国贸促会粮食行业分会、国家粮食局发展交流中心、中国粮食行业协会、浙江省粮食局、宁波市人民政府会展工作办公室、宁波国际会议展览中心有限公司
联系地址：北京复兴门内大街45号
邮　　编：100801
联系电话：010-66094251
传　　真：010-66094291
电子邮箱：lintian@ccpit.org
联 系 人：田临

2011第27届亚洲国际集邮展览会

展出时间：2011年11月11～15日
展馆名称：无锡太湖国际展览中心
展会网址：www.wuxistamp2011.com
主办单位：国家邮政局、江苏省人民政府、中国邮政集团公司、中华全国集邮联合会
承办单位：无锡市人民政府
联系电话：0510-82837777
电子邮箱：wuxistamp2011@hotmail.com

2011（无锡）电动车、燃油助力车及零部件展览会

展出时间：2011年12月12～14日
展馆名称：无锡摩托电动车市场
主办单位：无锡市人民政府
联系电话：0535-6918315
联 系 人：张先生

常州市

2011第5届（中国·常州）国际地板博览会

展出时间：2011年3月25～28日
展馆名称：横林国际地板城
主办单位：中国林产工业协会地板专业委员会、江苏省木材行业协会地板专业委员会、常州市人民政府
承办单位：武进区人民政府、北京承天世纪国际展览有限公司
联系地址：常州通江大道天安商务楼15层
邮　　编：213022
联系电话：0519-85196666
传　　真：0519-85139555

2011常州第14届国际机床、模具及橡塑工业展览会

展出时间：2011年5月12～14日
展馆名称：常州人力资源市场
展会网址：www.expo.machine365.com
主办单位：江苏省模具工业协会、江苏兴业机电设备有限公司
承办单位：常州领越展览服务有限公司、常州工联机电设备有限公司
联系地址：常州市新北区晋陵北路99号
邮　　编：213022
联系电话：0519-85108175
传　　真：0519-85119909
电子邮箱：sales@czxinda.com.cn
联 系 人：宋小姐、陆小姐

2011第5届中国（常州）电动车、燃油助力车及零部件展览会

展出时间：2011年6月
展馆名称：常州国际会展中心
主办单位：《电动车商情》
承办单位：青岛金奥广告策划有限公司
联系电话：0535-6918315
联 系 人：张先生

浙江省

杭州市

2011 中国杭州国际奢侈品展览会

展出时间：2011 年 1 月 1 ~ 3 日
展馆名称：浙江世贸展览中心
展会网址：www.hzluxury.cn
主办单位：浙江省区域经济合作企业发展促进会、浙江清华学子总裁经济合作发展促进会、浙商理事会、世界名品协会、中博展览集团
承办单位：中博展览股份有限公司
联系地址：杭州曙光路 122 号浙江世贸国际展览中心 3F
联系电话：0571-28001691
传　　真：0571-28001660

2011 春第 5 届全国（杭州）医药生物、保健品订货展览会

展出时间：2011 年 2 月 25 ~ 27 日
展馆名称：杭州和平国际会展中心
主办单位：中商展览集团有限公司
承办单位：杭州商益会展有限公司
联系电话：0571-89930712
传　　真：0571-87083969
电子邮箱：rehexpo@163.com
联 系 人：瞿燕

2011 第 16 届中国生殖保健产品展览会

展出时间：2011 年 2 月 25 ~ 27 日
展馆名称：杭州和平国际会展中心
主办单位：中商展览集团有限公司
承办单位：杭州商益会展有限公司
联系电话：0571-89930712
传　　真：0571-87083969
电子邮箱：rehexpo@163.com
联 系 人：瞿燕

2011 杭州举办公共环境设施及广告应用设备展览会

展出时间：2011 年 2 月 25 ~ 27 日
展馆名称：杭州海外海国际会议展览中心
主办单位：中国贸促会南京分会、中国国际商会南京商会、亚东展览服务有限公司
承办单位：南京亚东展览服务有限公司
联系地址：南京市中山北路 34 号种业大楼 418
邮　　编：210009
联系电话：025-83227379
传　　真：025-83215537
电子邮箱：584480800@qq.com
联 系 人：张小姐

第 4 届中国（杭州）国际花园、户外家具及休闲用品展览会

展出时间：2011 年 3 月 13 ~ 16 日
展馆名称：杭州和平国际会展中心
主办单位：中国轻工工艺品进出口商会、杭州市人民
承办单位：杭州市对外贸易经济合作局、北京泰莱特展览有限责任公司
联系电话：0592-2226159
电子邮箱：linxiujuan@talent-expo.com
联 系 人：林秀娟

2011 中国（浙江）国际竹产业博览会

展出时间：2011 年 3 月 25 ~ 27 日
展馆名称：浙江世贸国际展览中心
主办单位：国家林业局竹子研究开发中心、安吉县人民政府、浙江省竹产业协会
承办单位：浙江中博展览股份有限公司、杭州中竹信息技术有限公司
联系电话：0571-28001677

第 7 届中国国际妇幼婴童产业博览会

展出时间：2011 年 3 月 25 ~ 27 日
举办周期：一年一届
始办时间：2005 年
展馆名称：杭州和平国际会展中心
展出内容：全系列与孕妇及幼婴童（0-14 岁）有关的养护用品、穿戴用品、出行用品、食品保健品、教育、玩具、礼品生产商、品牌商、代理商、出口商、材料（辅料）供应商及综合服务提供商等
展会网址：www.expo.cncta.org
上届数据：参展企数 316 家，国际参展企业数 221 家，观众 20000 人次
主办单位：中国轻工业联合会，杭州市人民政府
承办单位：中国贸促会杭州市分会、杭州市婴童行业协会
联系地址：杭州市体育场路 286 号天名大厦 6 楼
邮　　编：310003
联系电话：0571-85174905
传　　真：0571-85068893
电子邮箱：gonglianghz@sohu.com
联 系 人：龚良

2011 第 5 届杭州国际社会公共安全产业博览会

展出时间：2011 年 3 月 31 日 ~ 4 月 2 日
展馆名称：浙江世界贸易中心
主办单位：杭州市安全技术防范行业协会
承办单位：杭州华展展览有限公司
联系地址：杭州省府路 9 号浙江省人民大会堂 3 楼
邮　　编：310007
联系电话：0571-88080648
传　　真：0571-88806467
电子邮箱：xjwork@tom.com
联 系 人：方琴（13858084285）

2011 第 11 届浙江国际智能楼宇技术与安防产品展览会

展出时间：2011 年 3 月 31 日～4 月 2 日
展馆名称：浙江世界贸易中心
主办单位：杭州市安全技术防范行业协会
承办单位：杭州华展展览有限公司
联系地址：杭州省府路 9 号浙江省人民大会堂 3 楼
邮　　编：310007
联系电话：0571-88080648
传　　真：0571-88806467
电子邮箱：xjwork@tom.com
联 系 人：方琴（13858084285）

2011 年中国（杭州）国际佛事用品博览会

展出时间：2011 年 4 月
举办周期：一年一届
始办时间：2009 年
展馆名称：杭州和平国际会展中心
展出内容：佛事用品、宫庙用品、佛教工艺品、原料设备
上届数据：参展企业 300 家，国际参展企业 30 家，观众 3000 人次
主办单位：中国贸促会杭州市分会
承办单位：中国国际商会杭州市商会事业发展中心
联系地址：杭州市体育场路 286 号天名大厦 6 楼
邮　　编：310003
联系电话：0571-85174905
传　　真：0571-85068893
电子邮箱：gonglianghz@sohu.com
联 系 人：龚良

2011 第 5 届杭州国际珠宝首饰展览会

展出时间：2011 年 4 月 15 ～ 18 日
展馆名称：杭州和平国际会展中心
主办单位：中国贸促会杭州市分会、中国国际商会杭州商会、杭州珠宝钟表首饰业商会、杭州企阳会展有限公司
承办单位：杭州企阳会展有限公司
联系地址：杭州市绍兴路 158 号
联系电话：0571-85791513
电子邮箱：hangzhouljmx818@163.com
联 系 人：陈可（13362186506）

2011 中国（杭州）国际工业博览会

展出时间：2011 年 5 月 20 ～ 22 日
展馆名称：杭州和平国际会展中心
主办单位：杭州市人民政府、中国机械工业联合会、浙江省经济和信息化委员会
承办单位：杭州市经济委员会
联系地址：杭州市东新路 381 号
邮　　编：310004
联系电话：0571-85886252
传　　真：0571-85380305
电子邮箱：曹园（13738072639）

2011 中国（浙江）物流与供应链管理展览会

展出时间：2011 年 5 月 20 ～ 22 日
展馆名称：杭州和平国际会展中心
主办单位：浙江省供应链协会、浙江省物流采购协会
承办单位：杭州市经济委员会、杭州市现代物流协会
联系地址：杭州市东新路 381 号
邮　　编：310004
联系电话：0571-85886253
传　　真：0571-85380959
电子邮箱：1194508663@qq.com
联 系 人：高峰（13616550040）

2011 第 10 届中国（杭州）数控机床工模具展览会

展出时间：2011 年 5 月 20 ～ 22 日
展馆名称：杭州和平国际会展中心
主办单位：浙江省供应链协会、浙江省物流采购协会
承办单位：杭州市经济委员会、杭州市现代物流协会
联系地址：杭州市东新路 381 号
邮　　编：310004
联系电话：0571-85886253
传　　真：0571-85380959
电子邮箱：1194508663@qq.com
联 系 人：高峰（13616550040）

2011 中国杭州文化创意产业博览会

展出时间：2011 年 10 月
展会网址：www.ccie.xh-expo.com
主办单位：杭州市人民政府、浙江大学、中国美术学院
承办单位：杭州市文化创意产业办公室
联系地址：杭州滨江区白马湖生态创意城柴家坞 33 号
邮　　编：310052
联系电话：0571-87667355
传　　真：0571-87667360
电子邮箱：hzccie@126.com
联 系 人：王先生（15858170180）

第 2 届杭州创意生活节

展出时间：2011 年 10 月
展会网址：www.ccie.xh-expo.com
主办单位：杭州市人民政府、浙江大学、中国美术学院
承办单位：杭州市文化创意产业办公室
联系地址：杭州滨江区白马湖生态创意城柴家坞 33 号
邮　　编：310052
联系电话：0571-87667355
传　　真：0571-87667360
电子邮箱：hzccie@126.com
联 系 人：王先生（15858170180）

第 6 届中国国际休闲产业博览会

展出时间：2011 年 11 月 4 ～ 7 日
举办周期：一年一届
始办时间：2006 年

展馆名称：杭州和平国际会展中心
展出内容：休闲产业
展会网址：www.cli-expo.com
上届数据：参展企业 298 家，国际参展企业 79 家，观众 24000 人次
主办单位：杭州市人民政府
承办单位：中国贸促会杭州市分会
联系地址：杭州市体育场路 286 号天名大厦 6 楼
邮　　编：310003
联系电话：0571-85174905
传　　真：0571-85068893
电子邮箱：gonglianghz@sohu.com
联 系 人：龚良

宁波市

2011 第 8 届中国宁波紧固件、零部件及制造装备展览会

展出时间：2011 年 3 月 5 ~ 7 日
展馆名称：宁波国际会议展览中心
主办单位：宁波市经济委员会
承办单位：圣创展览策划有限公司
联系地址：宁波江东区会展路 181 号会展中心 9 号馆 6F070-071
联系电话：0574-27865719
传　　真：0574-27855299
电子邮箱：zhxh328@yahoo.com.cn

2011 宁波国际五金冲压件、五金车件展览会

展出时间：2011 年 3 月 5 ~ 7 日
展馆名称：宁波国际会议展览中心
主办单位：宁波市经济委员会
承办单位：圣创展览策划有限公司
联系地址：宁波江东区会展路 181 号会展中心 9 号馆 6F070-071
联系电话：0574-27865719
传　　真：0574-27855299
电子邮箱：zhxh328@yahoo.com.cn

2011 宁波国际铸造、锻压及工业炉展览会

展出时间：2011 年 3 月 5 ~ 7 日
展馆名称：宁波国际会议展览中心
主办单位：宁波市经济委员会
承办单位：圣创展览策划有限公司
联系地址：宁波江东区会展路 181 号会展中心 9 号馆 6F070-071
联系电话：0574-27865719
传　　真：0574-27855299
电子邮箱：zhxh328@yahoo.com.cn

2011 宁波冶金工业展览会

展出时间：2011 年 3 月 5 ~ 7 日
展馆名称：宁波国际会议展览中心
主办单位：宁波市经济委员会
承办单位：圣创展览策划有限公司
联系地址：宁波江东区会展路 181 号会展中心 9 号馆 6F070-071
联系电话：0574-27865719
传　　真：0574-27855299
电子邮箱：zhxh328@yahoo.com.cn

2011 中国宁波国际海事展览会

展出时间：2011 年 3 月 17 ~ 19 日
展馆名称：宁波国际会议展览中心
主办单位：浙江省船舶行业协会、中华人民共和国宁波海事局、宁波市江东区人民政府、宁波市现代物流业发展领导小组办公室
承办单位：美国克劳斯国际展览公司、雅卓展览服务有限公司、宁波市船舶工业协会
联系地址：宁波市百丈东路 650 号 7 楼
邮　　编：315040
联系电话：0574-27716607
传　　真：0574-87849306
联 系 人：顾晓丽

2011 宁波物流与技术设备展览会

展出时间：2011 年 3 月 17 ~ 19 日
展馆名称：宁波国际会展中心
主办单位：宁波市物流办、宁波市物流协会、雅卓展览服务有限公司
承办单位：雅卓展览服务有限公司
联系电话：0760-22588963
传　　真：0760-89822020
联 系 人：翟天龙（18924988266）

第 8 届中国（宁波）国际文具礼品博览会

展出时间：2011 年 3 月 17 ~ 19 日
展馆名称：宁波国际会议展览中心
主办单位：中国国际贸易促进委员会、宁波市人民政府
承办单位：中国贸促会宁波分会、海县人民政府
联系电话：0574-87254018
传　　真：0574-87254017
电子邮箱：1246348873@qq.com
联 系 人：姚佳林

第 2 届世纪文具网国际采购会

展出时间：2011 年 3 月 17 ~ 19 日
展馆名称：宁波国际会议展览中心
主办单位：中国国际贸易促进委员会、宁波市人民政府
承办单位：中国贸促会宁波分会、海县人民政府
联系电话：0574-87254018
传　　真：0574-87254017
电子邮箱：1246348873@qq.com
联 系 人：姚佳林

2011 第 3 届中国（宁波）国际渔业博览会

展出时间：2011 年 4 月 16 ~ 18 日
展馆名称：宁波国际会展中心
展会网址：www.haiboexpo.com
承办单位：海博展览有限公司
联系地址：宁波市江东区百丈东路 1130 号海运港 311/323 室
联系电话：0574-56112557
传　　真：0574-56112668

第 3 届中国（宁波）国际水产设备与技术展览会

展出时间：2011 年 4 月 16 ~ 18 日
展馆名称：宁波国际会展中心
展会网址：www.haiboexpo.com
承办单位：海博展览有限公司
联系地址：宁波市江东区百丈东路 1130 号海运港 311/323 室
联系电话：0574-56112557
传　　真：0574-56112668

2011 宁波国际肉类工业展览会

展出时间：2011 年 4 月 16 ~ 18 日
展馆名称：宁波国际会展中心
展会网址：www.haiboexpo.com
承办单位：海博展览有限公司
联系地址：宁波市江东区百丈东路 1130 号海运 311/323 室
联系电话：0574-56112557
传　　真：0574-56112668

2011 中国（宁波）国际灯具灯饰采购交易会

展出时间：2011 年 5 月 10 ~ 12 日
展馆名称：宁波国际会展中心
主办单位：浙江省照明学会
承办单位：上海易盛展览服务有限公司
联系地址：上海市莘松路 958 弄江山道 5 号 503 室
邮　　编：200000
联系电话：021-61246316
传　　真：021-61246320
电子邮箱：yishengexpo@126.com

2011 宁波国际纺织面料辅料纱线展览会

展出时间：2011 年 5 月 19 ~ 21 日
展馆名称：宁波国际会展中心
主办单位：宁波市服装协会、宁波市纺织服装管理办公室
承办单位：宁波江东东博展览有限公司
联系地址：宁波市世纪大道北段 689 号新天地国际商务大厦 12 幢 603 室
邮　　编：315040
联系电话：0574-87784339
传　　真：0574-87773480
电子邮箱：nbdongbo@163.com
联 系 人：张小姐

2011 第 9 届宁波国际家用纺织品贸易展览会

展出时间：2011 年 5 月 19 ~ 21 日
展馆名称：宁波国际会展中心
主办单位：宁波市服装协会、宁波市纺织服装管理办公室
承办单位：宁波江东东博展览有限公司
联系地址：宁波市世纪大道北段 689 号新天地国际商务大厦 12 幢 603 室
邮　　编：315040
联系电话：0574-87784339
传　　真：0574-87773480
电子邮箱：nbdongbo@163.com
联 系 人：张小姐

2011 第 8 届宁波国际缝制设备展览会

展出时间：2011 年 5 月 19 ~ 21 日
展馆名称：宁波国际会展中心
主办单位：宁波市服装协会、宁波市纺织服装管理办公室
承办单位：宁波江东东博展览有限公司
联系地址：宁波市世纪大道北段 689 号新天地国际商务大厦 12 幢 603 室
邮　　编：315040
联系电话：0574-87784339
传　　真：0574-87773480
电子邮箱：nbdongbo@163.com
联 系 人：张小姐

2011 第 7 届中国模具之都（宁波）博览会

展出时间：2011 年 5 月 26 ~ 29 日
展馆名称：宁波国际会展中心
承办单位：宁波市模具行业协会、宁波市机床设备行业协会
联系电话：0574-87964003
联 系 人：沈先生（13777268725）

2011 宁波机床模具展览会

展出时间：2011 年 5 月 26 ~ 29 日
展馆名称：宁波国际会展中心
承办单位：宁波市模具行业协会、宁波市机床设备行业协会
联系电话：0574-87964003
联 系 人：沈先生（13777268725）

2011 第 10 届中国国际日用消费品博览会

展出时间：2011 年 6 月 8 ~ 12 日
举办周期：一年一届
始办时间：2002 年
展馆名称：宁波国际会展中心
上届数据：展览面积 90000 平方米
主办单位：中华人民共和国商务部、浙江省人民政府
承办单位：宁波市人民政府
联系地址：宁波灵桥路 190 号外经贸大厦 16 楼
邮　　编：315000
联系电话：0574-87327683

传　　真：0574-87327443
电子邮箱：trade@cicgf.com

温州市

2011 第 2 届温州（国际）高端置业投资展览会

展出时间：2011 年 3 月 26 ~ 28 日
展馆名称：温州国际会议展览中心
主办单位：温州市总商会、温州市民营企业家协会
承办单位：温州精智展览有限公司
联系地址：温州市后仓街 3 号温州总商会大楼 3 楼
邮　　编：325800
电子邮箱：694766360@qq.com
联 系 人：李铭

2011 中国（温州）户外休闲用品展览会

展出时间：2011 年 4 月 16 ~ 18 日
展馆名称：温州国际会议展览中心
主办单位：温州市经济贸易委员会、温州市旅游局
承办单位：温州国际会议展览中心
联系地址：温州市江滨东路 1 号温州国际会展中心 4 楼
联系电话：0577-88139008
传　　真：0577-88139191
联 系 人：曾志

2011 中国（温州）婴童用品展览会

展出时间：2011 年 5 月 28 ~ 30 日
展馆名称：温州国际会展中心
展会网址：www.bogooo.com.cn
主办单位：中华全国妇女儿童用品协会
承办单位：温州博高展览有限公司
联系地址：温州市学院东路鲍州路 12 号 1 幢 3 楼
邮　　编：325001
联系电话：0577-85678566
传　　真：0577-85678577
电子邮箱：bogooo@bogooo.com.cn

2011 中国（温州）箱包皮具手袋展览会

展出时间：2011 年 6 月 17 ~ 18 日
展馆名称：温州国际会议展览中心
主办单位：温州博高展览有限公司
承办单位：温州博高展览有限公司
联系地址：温州市学院东路鲍州路 12 号 1 幢 3 层
联系电话：0577-85678566
传　　真：0577-85678577

2011 年第 16 届中国（温州）国际皮革、鞋材、鞋机展览会

展出时间：2011 年 8 月 26 ~ 28 日
展馆名称：温州国际会议展览中心
主办单位：中国塑料加工工业协会
承办单位：温州德纳展览有限公司
联系地址：温州市新城大道晚报大厦 7 层
联系电话：0577-88905881
传　　真：0577-88901788

2011 中国（温州）机械装备展览会

展出时间：2011 年 10 月 21 ~ 23 日
展馆名称：温州国际会议展览中心
主办单位：中国机械工业联合会、温州市人民政府
承办单位：温州国际会议展览中心
联系电话：021-60910207
传　　真：021-60910208
电子邮箱：871170422@qq.com
联 系 人：王娇

义乌市

中国国际五金电器博览会

展出时间：2011 年 4 月 20 ~ 23 日
举办周期：一年一届
始办时间：2004
展馆名称：义乌国际博览中心
展会网址：www.hardwareexpo.cn
主办单位：中国五金交电化工商业协会、义乌市人民政府
承办单位：浙江中国小商品城集团股份有限公司、义乌市五金家电行业协会
联系地址：浙江省义乌市宾王路 301 号梅湖会展中心 3 号馆一楼
邮　　编：322000
联系电话：0579-85415002；85415003
　　　　　0579-85415026；85415262
传　　真：0579-85415004
电子邮箱：web@hardwareexpo.cn
联 系 人：胡经理

义乌消费品出口交易会

展出时间：2011 年 4 月 20 ~ 23 日
举办周期：一年一届
始办时间：2006 年
展馆名称：义乌国际博览中心
展出内容：家庭用品、工艺装饰、家居家纺、服装箱帽
展会网址：www.yiwusourcingfair.com
上届数据：参展企业 432 多家
主办单位：浙江省对外贸易服务中心、浙江中国小商品城集团股份有限公司
承办单位：义乌中国小商品城展览有限公司、浙江远大国际会展有限公司
联系地址：浙江省义乌市宾王路 301 号梅湖会展中心一楼展览三部
邮　　编：322000
联系电话：0579-85415333；85415266
　　　　　0579-85415026；85415262
传　　真：0579-85415244
电子邮箱：expo@chinafairs.org
联 系 人：孙经理

中国义乌文化产品交易博览会

展出时间：2011 年 4 月 20 ~ 23 日
举办周期：一年一届
始办时间：2004 年
展馆名称：义乌国际博览中心
展出内容：文化办公、体育娱乐、工艺美术、创意动漫及玩具、书画古玩、图书音像
展会网址：www.ssofair.com
上届数据：展览面积 52000 平方米，专业观众 83915 人
主办单位：中华人民共和国文化部、浙江人民政府
承办单位：浙江省文化厅、浙江省文化产业促进会、义乌市人民政府
联系地址：浙江省义乌市宾王路 301 号梅湖会展中心展览四部
邮　　编：322000
联系电话：0579-85415406
传　　真：0579-85415386；85415777
电子邮箱：expo@chinafairs.org
联 系 人：陈经理

中国国际旅游商品博览会

展出时间：2011 年 5 月
举办周期：一年一届
始办时间：2009 年
展馆名称：义乌国际博览中心
展出内容：旅游装备品、宾馆酒店装备用品、旅游用品、旅游纪念品等
展会网址：www.tourismfair.cn
上届数据：企业参展 1585 家
主办单位：国家旅游局浙江省人民政府
承办单位：中国旅游协会、浙江省旅游局、义乌市人民政府
联系地址：浙江省义乌市宾王路 301 号梅湖会展中心一楼展览部
邮　　编：322000
联系电话：0579-85415111
传　　真：0579-85415005；85415777
电子邮箱：hst@chinafairs.org
联 系 人：胡经理

2011 第 6 届中国水晶及玻璃制品博览会

展出时间：2011 年 10 月 21 ~ 25 日
举办周期：一年一届
始办时间：2005 年
展馆名称：义乌国际博览中心
展出内容：水晶工艺品、日用玻璃制品、水晶灯饰、水晶加工设备及配件
展会网址：www.crystalfair.cn
主办单位：中国日用玻璃协会、浙江省经济贸易委员会、浦江县人民政府
承办单位：浦江县经济贸易局、浙江中国小商品城集团股份有限公司、浙江省水晶工艺制品协会
联系地址：浙江省义乌市宾王路 301 号梅湖会展中心一楼展览三部
邮　　编：322000
联系电话：0579-85415268
传　　真：0579-85415386
联 系 人：孙经理

中国义乌国际小商品博览会

展出时间：2011 年 10 月 21 ~ 25 日
举办周期：一年一届
始办时间：1995 年
展馆名称：义乌国际博览中心
展出内容：文化办公、体育娱乐、玩具、针织辅料、服装鞋帽、工艺品、日用品、流行首饰、化妆美容、箱包皮具、五金机电、电子电器、汽车用品、服务贸易、水晶及玻璃制品等
展会网址：www.chinafairs.org
上届数据：展览面积 12 万平方米，专业观众 12 万人，国际标准展位 5000 个，境外贸易商 1.8 万人，境外贸易团队 80 个
主办单位：中华人民共和国商务部、浙江省人民政府、中国国际贸易促进委员会、中国轻工业联合会、中国商业联合会
承办单位：浙江省商务厅、义乌市人民政府
联系地址：杭州市延安路 466 号
邮　　编：310006
联系电话：0571-85811952
传　　真：0571-87702810
电子邮箱：lbe@ccpit.org
联 系 人：李保尔

中国义乌国际森林产品博览会

展出时间：2011 年 11 月 1 ~ 4 日
举办周期：一年一届
始办时间：2008 年
展馆名称：义乌国际博览中心
展出内容：竹木家居、竹木工艺品、竹木日用品、森林食品、花卉园艺、森林休闲用品、林业装备
展会网址：www.forestryfair.com
上届数据：展览面积 4.5 万平方米，有来自国内外的 1000 余家企业参展
主办单位：国家林业局浙江省人民政府
承办单位：浙江省林业厅，义乌市人民政府
联系地址：浙江省义乌市宾王路 301 号梅湖会展中心一楼
邮　　编：322000
联系电话：0579-8541500185415255
传　　真：0579-85415244
电子邮箱：expo@chinafairs.org
联 系 人：孙经理、陈经理

第 11 届中国（义乌）国际袜子、针织及染整机械展览会

展出时间：2011 年 11 月 24 ~ 26 日
举办周期：一年一届
始办时间：1999 年
展馆名称：义乌国际博览中心

展出内容：针织机械、染整机械、服装机械、商标印花机械、针织机械配件、纱线纤维、针织辅料
展会网址：www.2456.com
上届数据：展会面积 7600 平方米，130 家参展商
主办单位：中国贸促会浙江分会、浙江中国小商品城集团股份有限公司、香港雅式展览服务有限公司
承办单位：义乌中国小商品城展览有限公司、浙江省经贸国际展览中心
联系地址：浙江省义乌市宾王路 301 号梅湖会展中心一楼展览一部
邮　　编：322000
联系电话：0579-85415801
传　　真：0579-85415444
电子邮箱：expo@chinafairs.org
联 系 人：何经理

慈溪市

2011 中国慈溪家电博览会

展出时间：2011 年 4 月 21 ~ 23 日
展馆名称：慈溪国际会展中心
主办单位：中国家用电器商业协会、慈溪市人民政府
承办单位：慈溪江南会展管理有限公司
联系地址：慈溪市北三环东路 588 号慈溪会展中心
邮　　编：315300
联系电话：0574-63072021
传　　真：0574-63072011
联 系 人：徐少尉

2011 浙江（慈溪）轴承及专用装备展览会

展出时间：2011 年 4 月 27 ~ 29 日
展馆名称：慈溪国际会展中心
联系地址：慈溪市北三环东路 588 号慈溪会展中心
邮　　编：315300
联系电话：0574-63072444
传　　真：0574-63072093
电子邮箱：nbexpo@163.com
联 系 人：王军（13777124709）

绍兴市

中国国际纺织品博览会

展出时间：2011 年 10 月 25 ~ 28 日
举办周期：一年一届
始办时间：2000 年
展馆名称：柯桥·中国轻纺城国际会展中心
展出内容：各类纺织服装面料、辅料、纺织原材料、服装服饰、家用纺织品
展会网址：www.ctcte.com
上届数据：展览面积 31000 平方米，达成贸易总额 48.93 亿元
主办单位：浙江省人民政府、中国国际贸易促进委员会、中国纺织工业协会、中国商业联合会
承办单位：浙江省商务厅、中国贸促会浙江省分会、浙江省绍兴市人民政府、浙江省绍兴县人民政府
联系地址：杭州市延安路 466 号
邮　　编：310006
联系电话：0571-85811952
传　　真：0571-87702810
电子邮箱：lbe@ccpit.org
联 系 人：李保尔

永康市

中国五金博览会

展出时间：2011 年 9 月 26 ~ 28 日
举办周期：一年一届
始办时间：1995 年
展馆名称：永康中国科技五金城
展出内容：工具五金、机电机械、发电机、机电产品、五金、门窗及配件、标准紧固件等
展会网址：www.hardwarefair.cn
上届数据：展览面积 46000 平方米，参展企业 1241 家，参展参会专业观众 10.4 万人次，成交 88.2 亿元
主办单位：浙江省国际贸易促进委员会、中国商业联合会、中国科技金融促进会、中国轻工业联合会、中国发明协会
承办单位：浙江省永康市人民政府、中国贸促会浙江省分会
联系地址：杭州市延安路 466 号
邮　　编：310006
联系电话：0571-85811952
传　　真：0571-87702810
电子邮箱：lbe@ccpit.org
联 系 人：李保尔

诸暨市

中国国际袜业博览会

展出时间：2011 年 10 月 18 ~ 20 日
举办周期：两年一届
始办时间：2000 年
展馆名称：浙江大唐轻纺袜业城
展出内容：各种袜类、内衣、织袜原材料、辅料、织袜机械
展会网址：www.dtsocks.com
上届数据：展出面积 10000 平方米
主办单位：浙江省国际贸易促进委员会、中国工业经济联合会、中国纺织品进出口商会、中国针织工业协会
承办单位：浙江省诸暨市人民政府、中国贸促会浙江省分会
联系地址：杭州市延安路 466 号
邮　　编：310006
联系电话：0571-85811952
传　　真：0571-87702810
电子邮箱：lbe@ccpit.org
联 系 人：李保尔

海宁市

中国皮革博览会

展出时间：2011 年 9 月
举办周期：一年一届
始办时间：1994 年
展馆名称：海宁中国皮革城
展出内容：皮革服装、裘皮服装、毛皮原料、皮毛饰品、皮革辅料、箱包、皮具、票夹、皮带、皮拖鞋、皮手套皮工艺品等
展会网址：www.chinaleather.com
上届数据：展览面积 17 万平方米
主办单位：浙江省人民政府、中国国际贸易促进委员会、中国轻工业联合会、中国皮革协会
承办单位：中国贸促会浙江省分会、嘉兴市人民政府、海宁市人民政府
联系地址：杭州市延安路 466 号
邮　　编：310006
联系电话：0571-85811952
传　　真：0571-87702810
电子邮箱：lbe@ccpit.org
联 系 人：李保尔

安徽省

合肥市

2011 中国（合肥）年货商品展览会

展出时间：2011 年 1 月 15 ~ 23 日
展馆名称：安徽国际会展中心
展出内容：服装、鞋及床上用品、工艺礼品、糖烟酒及饮料、优秀农产品及特色食品等
主办单位：中国（合肥）年货采购大会组织委员会
承办单位：安徽大名国际会展有限公司
联系地址：安徽省合肥市经开区桐山国际购物广场南商铺 109 室
邮　　编：230601
联系电话：0551-2783338
传　　真：0551-2783397
电子邮箱：xuechao11111@yahoo.com.cn
联 系 人：薛超（13637965924）

2011 中国中西部（合肥）医疗器械展览会

展出时间：2011 年 3 月 1 ~ 3 日
展馆名称：安徽国际会展中心
展出内容：诊断设备、治疗设备、辅助设备、口腔设备及用品等
展会网址：www.cwmee.com
主办单位：安徽好博塔苏斯展览公司
承办单位：安徽好博塔苏斯展览公司
联系电话：0551-3615593
传　　真：0551-3615599
联 系 人：蔡伟

2011 安徽印刷包装工业展览会

展出时间：2011 年 3 月 25 ~ 27 日
展馆名称：安徽国际会展中心
展出内容：印前设备、印刷材料、包装机械等
主办单位：安徽好博塔苏斯展览公司
承办单位：安徽好博塔苏斯展览公司
联系地址：合肥市金寨路 71 号美第阳光大厦 A 座 401 室
邮　　编：230022
联系电话：0551-3622510
传　　真：0551-3639165
联 系 人：孙先生

2011 中国（安徽）国际型材、门窗幕墙、玻璃交易会

展出时间：2011 年 4 月 8 ~ 10 日
举办周期：一年一届
展馆名称：安徽国际会展中心
展出内容：各种材质的门、窗、门窗制作辅料以及配套产品等
主办单位：中国城市建设发展协会、中国国际经济贸易促进会

承办单位：安徽中浩展览有限公司
联系地址：合肥市新站区濉溪路1号嘉华中心B座803室
联系电话：0551-7102222
传　　真：0551-7105588
电子邮箱：zhonghao9999@126.com
联 系 人：孙鹏（18655120909）

2011新型门窗应用高峰论坛

展出时间：2011年4月8～10日
举办周期：一年一届
展馆名称：安徽国际会展中心
展出内容：各种材质的门、窗、门窗制作辅料以及配套产品等
主办单位：中国城市建设发展协会、中国国际经济贸易促进会
承办单位：安徽中浩展览有限公司
联系地址：合肥市新站区濉溪路1号嘉华中心B座803室
联系电话：0551-7102222
传　　真：0551-7105588
电子邮箱：zhonghao9999@126.com
联 系 人：孙鹏（18655120909）

2011安徽重点企业新产品、新技术推介会

展出时间：2011年4月8～10日
举办周期：一年一届
展馆名称：安徽国际会展中心
展出内容：各种材质的门、窗、门窗制作辅料以及配套产品等
主办单位：中国城市建设发展协会、中国国际经济贸易促进会
承办单位：安徽中浩展览有限公司
联系地址：合肥市新站区濉溪路1号嘉华中心B座803室
联系电话：0551-7102222
传　　真：0551-7105588
电子邮箱：zhonghao9999@126.com
联 系 人：孙鹏（18655120909）

2011中国中部（合肥）国际装备制造业博览会 第11届安徽国际工业装备展览会

展出时间：2011年5月18～20日
举办周期：一年一届
始办时间：2000年
展馆名称：安徽国际会展中心
展出内容：金属切削机床、金属成形机床、特种加工机床、数控系统、数显装置和机床电器等
展会网址：www.ccieme.com.cn
主办单位：中国机械工业联合会、安徽省机械工业协会、中英合资好博塔苏斯展览公司
承办单位：安徽好博塔苏斯展览有限公司、安徽省机床工具协会
联系地址：合肥市金寨路71号美第阳光大厦A座401室
邮　　编：230071
联系电话：0553-3621712
传　　真：0553-3653201

第11届安徽国际工业控制自动化及仪器仪表展

展出时间：2011年5月18～20日
展馆名称：安徽国际会展中心
展出内容：工业自动化、电气系统、机器人技术、工业自动化信息技术及IT解决方案等
主办单位：中国机械工业联合会、安徽省人民政府
承办单位：安徽省经济和信息化委员会、安徽省机械工业协会、安徽省机床工具协会、安徽好博塔苏斯展览公司
联系地址：合肥市金寨路71号美第阳光大厦A座401室
邮　　编：230022
联系电话：0551-3621712
传　　真：0551-3653201
电子邮箱：ahaie@163.com
联 系 人：任建（13966768235）

福建省

福州市

2011 福州年货博览会

展出时间：2011 年 1 月 21 ~ 30 日
展馆名称：福州国际会展中心
展出内容：食品、副食品、酒水、日用品等
主办单位：福州日报社
承办单位：福州年货博览会组委会
联系地址：福州市西洋路 4 号
联系电话：0591-13599979808
传　　真：0591-83300308
联 系 人：廖小姐

2011 福建（第 22 届）国际医疗仪器与设备展览会

展出时间：2011 年 3 月 1 ~ 3 日
举办周期：一年一届
始办时间：1995 年
展馆名称：福建经贸会展中心
展出内容：放射线设备、超声诊断仪、心电监护设备、内窥镜生化检验设备、呼吸麻醉机、急救设备等
上届数据：参展企业 300 家，国际参展企业 20 家，观众人次 12000 人
主办单位：福建省医学装备协会、中国贸促会福建分会、福建省机电进出口商会、中国国际商会福建商会
承办单位：福建经贸会展中心、天津建和国际贸易展览有限公司
联系地址：福州市五四路 260 号
邮　　编：350003
联系电话：0591-87842218
传　　真：0591-87810540
电子邮箱：kenwall@163.com
联 系 人：郑宏

2011 中国畜牧业及饲料工业（福州）展览会暨新技术、新产品、新设备推广会、交易会

展出时间：2011 年 4 月 15 ~ 17 日
举办周期：一年一届
展馆名称：福建经贸会展中心
展出内容：优良种畜禽、饲料及饲料相关产品等
主办单位：中国畜牧企业联合会、中国饲料研究信息中心、福建省养殖行业协会
承办单位：上海程锦展览服务有限公司
联系地址：福州市冶山路 23 号 133 室
联系电话：0591-62035529；62035521
传　　真：0591-62035521
电子邮箱：abcdcuiwei@163.com
联 系 人：崔伟（13615049099）

2011 中国（福州）国际 LED 展览会

展出时间：2011 年 5 月 18 ~ 20 日
展馆名称：福州国际会展中心
展出内容：LED 芯片、外延片、磊晶片及相关基材、LED 产品控制系统、LED 显示屏等
主办单位：福建省光电行业协会
承办单位：北京励展华博展览有限公司
联系地址：北京市昌平区回龙观东大街紫金新干线 10-1-303
联系电话：010-86320523
传　　真：010-60770332
电子邮箱：zj_kuozhan@126.com
联 系 人：张建（13522144851）

2011 福州国际路灯、庭院灯暨户外照明展览会

展出时间：2011 年 5 月 18 ~ 20 日
展馆名称：福州金山展览城
展出内容：LED 芯片、外延片、磊晶片及相关基材、户外照明设备等
主办单位：北京励展华博展览有限公司
承办单位：北京励展华博展览有限公司
联系电话：010-68660512
传　　真：010-68666067
电子邮箱：bjlzhb@163.com
联 系 人：王杰

2011 中国福建商品交易会

展出时间：2011 年 5 月 18 ~ 22 日
举办周期：一年一届
始办时间：2004 年
展馆名称：福州金山展览城
展出内容：境外优质进口商品、陶瓷、树脂、玩具、家具、鞋类、箱包、钟表、数码、油画、日用品等海峡西岸经济区优势产品
展会网址：www.fujianfair.com
上届数据：参展企业 350 家
主办单位：国务院台湾事务办公室、中国国际贸易促进委员会、中华人民共和国海关总署、国家质量监督检验检疫总局、福建省人民政府
承办单位：福建省对外贸易经济合作厅、福建省经济贸易委员会、福建省人民政府台湾事务办公室、中国贸促会福建省分会、福州市人民政府
联系地址：福建省福州市华林路 128 号屏东写字楼 16 层
邮　　编：350003
联系电话：0591-28309560；28309652
传　　真：0591-28309638；28309633
电子邮箱：oc@fujianfair.com
联 系 人：中国福建商品交易会组委会办公室

泉州市

2011 中国（晋江）国际箱包手袋产业博览会

展出时间：2011 年 9 月 18 ~ 20 日

展馆名称：泉州展览城
展出内容：配件、箱包机械、箱包手袋、皮件
展会网址：www.bagexpo.poking.com.cn
主办单位：福建箱包原辅材料行业协会、厦门博群展览有限公司
承办单位：厦门博群展览有限公司
联系地址：中国厦门市嘉禾路295号侨旺大厦26E
邮　　编：361012
联系电话：0592-3119662
传　　真：0592-3119768
电子邮箱：hui.kan@163.com
联 系 人：余加水（15959223418）

厦门市

第11届中国厦门国际石材展览会

展出时间：2011年3月6～9日
展馆名称：厦门国际会议展览中心
上届数据：展出面积90000平方米，参展企业1211家
主办单位：中国五矿化工进出口商会、厦门市贸易发展局、中国贸促会厦门分会
承办单位：厦门会展金泓信展览有限公司
联系电话：0592-5959614
传　　真：0592-5959611
联 系 人：石小姐

2011第4届海峡两岸船舶工业展览会

展出时间：2011年3月29～31日
展馆名称：厦门国际会议展览中心
展出内容：船舶制造、船舶制造材料及配件、航运技术与服务系统等
主办单位：福建省船舶工业行业协会、台湾区造船工业同业公会、福建省国际会议展览业协会、福建省交通运输协会
承办单位：厦门博群展览有限公司
联系地址：厦门市嘉禾路295号侨旺大厦26E
联系电话：0592-3119622
传　　真：0592-3119768
电子邮箱：hui.kan@163.com

海峡两岸船舶工业高层峰会及合作论坛

展出时间：2011年3月29～31日
展馆名称：厦门国际会议展览中心
展出内容：船舶制造、船舶制造材料及配件、航运技术与服务系统等
主办单位：福建省船舶工业行业协会、台湾区造船工业同业公会、福建省国际会议展览业协会、福建省交通运输协会
承办单位：厦门博群展览有限公司
联系地址：厦门市嘉禾路295号侨旺大厦26E
联系电话：0592-3119622
传　　真：0592-3119768
电子邮箱：hui.kan@163.com

2011第3届中国（厦门）国际工程机械暨建材机械展览会

展出时间：2011年4月8～11日
展馆名称：厦门国际会展中心
展出内容：工程机械、建筑机械、工程车辆与设备等
展会网址：www.xicme.com
主办单位：中国对外承包工程商会、福建省经济贸易委员会、福建省对外贸易经济合作厅、厦门市人民政府
承办单位：福建省金钥匙商务会展有限公司、厦门飞驰商务有限公司
联系地址：福州市湖东路152号中山大厦B座3楼
联系电话：0591-87304173
传　　真：0591-87304190
联 系 人：陈莺、张峰云

第15届台交会

展出时间：2011年4月8～11日
展馆名称：厦门国际会展中心
展出内容：机械设备、仪器仪表、印刷设备及食品加工机械等
上届数据：参展企业900多家
主办单位：中国机电产品进出口商会、台湾区电机电子工业同业公会、厦门市人民政府
承办单位：厦门市对台贸易促进中心
联系电话：0592-2669865
传　　真：0592-2669868

2011中国（厦门）国际水处理、给排水、泵阀管道展览会

展出时间：2011年4月15～17日
展馆名称：厦门国际会议展览中心
展出内容：给排水技术设备、污水处理设备、仪器仪表与自控系统等
主办单位：厦门市中展世纪商务展览有限公司
联系地址：厦门市嘉禾路327号太平洋广场南楼19E
联系电话：0592-3984299
传　　真：0592-5078149
电子邮箱：xmwgf888@163.com
联 系 人：温国峰（18906036932）

2011中国（厦门）国际太阳能及光伏工程展览会

展出时间：2011年4月16～18日
展馆名称：厦门国际会展中心
展会网址：www.solarexpo.poking.com.cn
主办单位：中国可再生能源协会、福建省节能协会、福建省能源企业协会、福建省国际会议展览业协会、中国贸促会福建省分会
承办单位：厦门博群展览有限公司
联系地址：中国厦门市嘉禾路295号侨旺大厦26E
邮　　编：361012
联系电话：0592-3119662
传　　真：0592-3119768

电子邮箱：fjnyzh@163.com

2011第6届中国（厦门）国际建筑节能博览会

展出时间：2011年5月20～22日
展馆名称：厦门国际会展中心
主办单位：厦门市人民政府、住房和城乡建设部建筑节能与科技司
承办单位：住房和城乡建设部科技发展促进中心、住房和城乡建设部建筑节能中心、厦门市建设与管理局、厦门市建筑节能办公室、厦门华览商务会展有限公司
联系电话：0592-2919753
传　　真：0592-2919751
电子邮箱：xmjnz@163.com
联 系 人：薛丹、陈静婉、郑慧娟

2011福建国际印刷及包装技术展览会

展出时间：2011年10月22～24日
举办周期：一年一届
始办时间：1999年
展馆名称：厦门国际会议展览中心
展出内容：广告与数码影像制作设备、标识、展览展示系统、广告媒体等
展会网址：www.poking.com.cn
主办单位：福建省广告协会、福建省国际会议展览业协会
承办单位：厦门博群展览有限公司
联系地址：厦门市嘉禾路295号侨旺大厦24C
联系电话：0592-3119622；5327183
传　　真：0592-3119768
电子邮箱：979558429@qq.com
联 系 人：陈先生

2011第14届福建国际广告四新展览会

展出时间：2011年10月22～24日
举办周期：一年一届
始办时间：1999年
展馆名称：厦门国际会议展览中心
展出内容：广告与数码影像制作设备、标识、展览展示系统、广告媒体等
展会网址：www.poking.com.cn
主办单位：福建省广告协会、福建省国际会议展览业协会
承办单位：厦门博群展览有限公司
联系地址：厦门市嘉禾路295号侨旺大厦24C
联系电话：0592-3119622；5327183
传　　真：0592-3119768
电子邮箱：979558429@qq.com
联 系 人：陈先生

晋江市

2011年第13届中国（晋江）国际鞋业博览会

展出时间：2011年
举办周期：一年一届
始办时间：1999年
展馆名称：晋江SM国际展览中心
展出内容：鞋类制成品、运动鞋、休闲鞋、各类制鞋材料及配件、皮革、化工原料、制鞋制革机械设备、信息刊物等
展会网址：www.cn-jif.com
主办单位：福建省人民政府、中国国际贸易促进委员会、中国轻工业联合会
承办单位：福建省晋江市人民政府、晋江市制鞋工业协会
联系地址：福建省晋江市青阳外经贸大厦3楼
联系电话：0595-85600609；85671572
传　　真：0595-85674572
联 系 人：陈生（13535222599）

第3届海峡两岸佛教用品及工艺品博览会

展出时间：2011年3月25～28日
展馆名称：晋江SM新国际展览中心
展出内容：佛教用品、工艺品等
主办单位：中国贸促会福建省委员会
承办单位：晋江市国际贸易促进委员会、瑞朗世博（厦门）展览有限公司
联系地址：福建省厦门市嘉禾路295号侨旺大厦16D
邮　　编：361012
联系电话：0592-3119835
传　　真：0592-3119850
电子邮箱：jessiewq@126.com
联 系 人：王静

江西省

南昌市

2011年江西南昌年货展销会

展出时间：2010年12月30日～2011年1月30日
展出内容：绿色食品、健康保健食品、各民族南北地区土特产、休闲食品等
主办单位：健康村生活圈、优品汇-中国年货网上超市
承办单位：成都西润科技有限公司
联系电话：4006119884

2011中国江西第3届吃穿用大型年货商品购物节

展出时间：2011年1月15～25日
展馆名称：江西省展览中心
展出内容：食品、烟酒、服装等
主办单位：南昌市商业贸易委员会、江西省展览中心
承办单位：江西展览中心、江西华美会展服务有限公司
联系地址：江西省南昌市省政府大院北二路68号510-511室
联系电话：0791-6202823
联 系 人：谢齐林（13026212882）

2011中国农药、肥料及相关产品春季交易会

展出时间：2011年3月5～7日
展馆名称：南昌国际会展中心
展出内容：农药、肥料等
主办单位：中国农药发展与应用协会、江西省农业厅、南昌市人民政府
承办单位：北京中贸捷成展览服务有限公司
联系地址：北京市东城区交道口菊儿胡同7号501室
联系电话：010-64047288
传　　真：010-64047288
联 系 人：常亮（13439828599）

2011年南昌第3届家居博览交易会

展出时间：2011年3月12～13日
展馆名称：南昌国际展览中心
主办单位：中国建筑卫生陶瓷协会、南昌市人民政府
承办单位：北京家家户户文化有限公司、江南都市报、家家户户网
联系地址：江西省南昌市解放西路999号香江商贸城A区A5
联系电话：0791-8206600
传　　真：0791-8225873
电子邮箱：zhangbiyu1986@163.com
联 系 人：高菲

2011第14届江西国际医疗器械展览会

展出时间：2011年3月22～24日
展馆名称：南昌国际展览中心
主办单位：南昌市卫生局、中国国际卫生健康产业交流协会
承办单位：江西省华美会展服务有限公司
联系地址：南昌市省政府大院北二路68号综合楼510-511室
邮　　编：330046
联系电话：0791-6211365
传　　真：0791-6206571
电子邮箱：287201314@126.com
联 系 人：刘英（13155817232）

2011南昌国际广告技术及设备展览会

展出时间：2011年3月24～26日
展馆名称：江西省体育馆
主办单位：江南都市报、《创新广告》杂志
承办单位：江西省天地仁和展览服务有限公司
联系地址：江西省南昌市井冈山大道1358号外经贸大厦裙楼922室
联系电话：0791-2062257
传　　真：0791-2062257
联 系 人：杨志菁（15170463448）
电子邮箱：765466826@qq.com

2011南昌LED产业技术及城市照明展览会

展出时间：2011年3月24～26日
展馆名称：江西省体育馆
主办单位：江南都市报、《创新广告》杂志
承办单位：江西省天地仁和展览服务有限公司
联系地址：江西省南昌市井冈山大道1358号外经贸大厦裙楼922室
联系电话：0791-2062257
传　　真：0791-2062257
联 系 人：杨志菁（15170463448）
电子邮箱：765466826@qq.com

2011中国饲料工业展览会暨畜牧业科技成果推介会

展出时间：2011年4月20～21日
展馆名称：南昌国际会展中心
展会网址：www.chinafeed.org.cn
主办单位：中国饲料工业协会、全国畜牧总站
承办单位：南昌新世纪会展中心有限公司
联系电话：010-59194586
传　　真：010-59194037
电子邮箱：yuxin@agri.gov.cn

2011年江西住宅产业博览会

展出时间：2011年5月21～22日
展馆名称：南昌国际展览中心
主办单位：南昌市人民政府
承办单位：南昌新世纪会展中心有限公司
联系地址：江西省南昌市红谷滩新区赣江南大道50号
邮　　编：330038
联系电话：0791-3981805

传　　真：0791-3981600

2011 中国（南昌）第 5 届社会公共安全产品展览会

展出时间：2011 年 6 月 1 ~ 3 日
展馆名称：南昌国际展览中心
展出内容：视频监控设备、入侵报警系统设备、防爆安全检查设备等
主办单位：南昌市安全技术防范协会
承办单位：北京四星展览服务有限公司、南昌世鑫展览服务有限公司
联系地址：南昌市红谷滩区江信国际花园 19 栋 1616 室
联系电话：0791-3820527
传　　真：0791-3820675

2011 第 3 届江西国际装备制造业博览会

展出时间：2011 年 6 月 13 ~ 15 日
展馆名称：南昌国际展览中心
主办单位：江西省工业经济联合会
承办单位：江西华美会展服务有限公司、江西工业网
联系电话：0791-6200396

2011 第 3 届江西国际机床及模具展览会

展出时间：2011 年 6 月 13 ~ 15 日
展馆名称：南昌国际展览中心
主办单位：江西省工业经济联合会
承办单位：江西华美会展服务有限公司、江西工业网
联系电话：0791-6200396

景德镇市

中国景德镇国际陶瓷博览会

展出时间：2011 年 10 月 18 ~ 22 日
举办周期：一年一届
始办时间：2004 年
展馆名称：景德镇中国陶瓷博物馆
展出内容：各类陶瓷：艺术用瓷、日用陶瓷、工业陶瓷、高新技术陶瓷、建筑卫浴瓷、陶瓷包装、陶瓷机械等
展会网址：www.chinaicf.cn
上届数据：参展企业 610 家，观众 35 万人次
主办单位：国家商务部、中国轻工业联合会、中国贸促会、江西省人民政府
承办单位：国家商务部外贸发展局、中国陶瓷工业协会、江西省商务厅、江西省贸促会、景德镇市人民政府
联系地址：景德镇市石洪路 1 号瓷博会执委会办公室
邮　　编：333000
联系电话：0798-8561961
传　　真：0798-8562779
电子邮箱：jdz@chinaicf.cn
联 系 人：舒妮

山东省

济南市

2011 第 5 届山东国际自行车电动车及零部件展览会

展出时间：2011 年 2 月 26 ~ 28 日
展馆名称：济南国际会展中心
展出内容：各种普通自行车、运动自行车、折叠自行车、儿童车、滑板车等
主办单位：济南市人民政府、山东省自行车电动车行业协会
承办单位：济南世博展览策划有限公司
联系地址：山东省济南市花园路 189-1 号 334 室
联系电话：0531-82385199
传　　真：0531-82385199-808
电子邮件：79155623@qq.com
联 系 人：张迪（13964125444）

2011 第 13 届国际动力传动与控制技术（济南）展览会

展出时间：2011 年 3 月 3 ~ 5 日
展馆名称：济南国际会展中心
展出内容：液压技术、密封技术、气动技术、传输设备等
展会网址：www.jn-ptc.com
主办单位：中国贸促会机械行业分会、中国国际商会机械行业商会、济南市人民政府、山东省自动化学会
承办单位：中国贸促会济南市分会、济南华展展览有限公司
联系地址：济南市二环东路 3966 号东环国际广场 B 座 1104 室
联系电话：0531-83532222
传　　真：0531-83532333
电子邮箱：jinanzhanhui@sina.com
联 系 人：崔德高（13465406910）

2011 第 13 届中国国际工控自动化及仪器仪表济南展览会

展出时间：2011 年 3 月 3 ~ 5 日
展馆名称：济南国际会展中心
展出内容：控制系统、仪表控制、仪表材料元器件及附件、工业机器人及相关技术、自动化及 IT 解决方案
展会网址：www.jn-iaie.com
主办单位：济南市人民政府、中国国际贸易促进委员会机械行业分会、中国国际商会机械行业商会、山东省自动化学会
承办单位：中国贸促会济南市分会、济南华展展览有限公司
联系地址：济南市二环东路 3966 号东环国际广场 B 座 1104 室
邮　　编：250100
联系电话：0531-83532222

传　　真：0531-83532333
电子邮箱：jinanzhanhui@sina.com
联 系 人：崔德高（13465406910）

2011 年第 13 届济南国际机床模具展览会

展出时间：2011 年 3 月 3 ~ 5 日
举办周期：一年一届
始办时间：1998 年
展馆名称：济南国际会展中心
展出内容：机床、机床功能部件、工具及附件、模具及配套件
上届数据：参展商 504 家，其中国际展商 40 家，国内展商 464 家，专业观众总数 24480 人次
主办单位：中国贸促会机械行业分会、中国国际商会机械行业商会、济南市人民政府、山东省自动化学会
承办单位：中国贸促会济南市分会、青岛金诺会展有限公司、济南华展展览有限公司
联系地址：济南市二环东路 3966 号东环国际广场 B1104 室
邮　　编：250100
联系电话：0531-83532222
传　　真：0531-83532333
电子邮箱：qdjinnuo@126.com
联 系 人：谢明

2011 第 4 届中国（济南）国际太阳能利用大会暨展览会

展出时间：2011 年 3 月 4 ~ 6 日
展馆名称：济南舜耕国际会展中心
主办单位：中国资源综合利用协会可再生源专业委员会、济南市人民政府、山东省人民政府节约能源办公室、山东省经济和信息化委员会、山东省发展改革委员会、山东省住房和城乡建设厅、山东省农业厅、山东省贸易促进委员会
承办单位：济南市商务局、山东省太阳能行业协会、山东新丞华展览有限公司
联系电话：0531-88879969/9971
传　　真：0531-88879916
电子邮箱：solar361@yahoo.com.cn

第 7 届中国（济南）国际焊接、切割技术设备及五金工具展览会

展出时间：2011 年 3 月 16 ~ 18 日
举办周期：一年一届
始办时间：2005 年
展馆名称：济南国际会展中心
主办单位：中国贸促会机械行业分会、中国国际商会机械行业商会、济南市人民政府
承办单位：中国贸促会济南市分会
联系地址：济南市二环东路 3966 号（东环国际广场）B 座 1104 室
邮　　编：250100
联系电话：0531-83532222
传　　真：0531-83532333

第 6 届中国（山东）国际焊割设备展览会

展出时间：2011 年 3 月 16 ~ 18 日
展馆名称：济南国际会展中心
展出内容：焊接装备、切割及配套设备、焊接辅机具、焊机配套件
主办单位：山东省人民政府、中国机械工业联合会
承办单位：山东省经济和信息化委员会、济南市人民政府、山东省机械工业协会、中国贸促会山东省委员会
联系地址：济南市高新技术开发区大学科技园北区
邮　　编：250101
联系电话：0531-86512558
传　　真：0531-88879893
电子邮箱：chinaieme@sina.com
联 系 人：董清振（15966697719）

2011 山东（国际）制浆造纸技术及装备展览会

展出时间：2011 年 3 月 17 ~ 19 日
展馆名称：山东机械设备展览中心
展会网址：www.expoline.cn
主办单位：山东省造纸行业协会、山东省印刷物资公司
承办单位：山东机械设备展览中心
联系地址：济南市解放东路 69 号
邮　　编：250104
联系电话：0531-88932925
传　　真：0531-88932924
电子邮箱：ex2010@126.com

2011 第 9 届山东国际科学仪器及实验室装备展览会

展出时间：2011 年 3 月 24 ~ 26 日
展馆名称：济南国际会展中心
展出内容：通用分析仪器、生化仪器、生命科学及微生物检测仪器、实验室仪器与装备及配套产品
展会网址：www.sisilee.com
主办单位：山东省科学技术厅
承办单位：山东省理化分析测试协会、山东省分析测试中心、青岛市分析测试学会、山东新丞华展览有限公司
联系地址：济南市二环东路 3966 号东环国际广场 B 座 1104 室
邮　　编：250100
联系电话：0531-86512587
传　　真：0531-88879811
电子邮箱：shandongzhanhui@126.com
联 系 人：邱萍

2011 淀粉暨淀粉衍生物（山东）展览会

展出时间：2011 年 3 月 28 ~ 30 日
展馆名称：济南国际会展中心
展出内容：淀粉及相关产品及设备、生产技术方面的新产

品、新技术、新材料、新工艺
主办单位：中国食品企业联合会、中国食品企业协会
承办单位：济南亚星服务有限公司
联系地址：山东省济南市华龙路
传　　真：0531-88010175
电子邮件：zhuyangzxh@163.com
联 系 人：赵兴红（13455140532）

2011 第 14 届山东济南（春季）广告四新、LED 展览会

展出时间：2011 年 3 月 28 ~ 30 日
举办周期：一年一届
展馆名称：济南舜耕国际会展中心
展出内容：喷绘、写真、热转印、雕刻、切割、吸塑、装裱技术及设备、广告物料及耗材等
主办单位：中国贸促会济南市分会、中国国际商会济南商会
承办单位：上海汇展商贸有限公司、济南展览会组委会
联系地址：山东省济南市槐村街 25 号信康大厦 3F
联系电话：0531-87111981
传　　真：0531-87114586
电子邮箱：87111981@163.com
联 系 人：付兵

中国调味品、餐饮调料（山东）展览会

展出时间：2011 年 3 月 30 日 ~ 4 月 1 日
展馆名称：济南国际会展中心
展会网址：www.expoline.cn
主办单位：中国食品企业联合会、中国食品企业协会
承办单位：亚星会展
联系地址：济南市华龙路 1825 号
邮　　编：250100
联系电话：0531-88020531
传　　真：0531-88010175
电子邮箱：yaxing086@163.com
联 系 人：孙京文（15863792043）

第 5 届中国（济南）城市市政建设博览会

展出时间：2011 年 4 月 1 ~ 3 日
始办时间：2005 年
展馆名称：济南国际会展中心
展出内容：市政建设工程机械设备、节能型城市亮化技术设备、市政工程领先技术及产品、城市基础设施产品
主办单位：中国市政工程协会、山东省建设厅
承办单位：山东省市政工程协会、山东新丞华展览有限公司
联系电话：0531-88879882
传　　真：0531-88879991

2011 第 10 届中国（济南）国际照明暨城市亮化设备展览会

展出时间：2011 年 4 月 15 ~ 17 日
展馆名称：济南高新区国际会展中心
展出内容：户外照明灯具、商业照明灯具、太阳能照明灯具、市政照明灯具等
上届数据：展出面积 2.6 万平方米，观众 2 万余人
主办单位：山东省照明学会、济南市人民政府、山东省照明电器协会、山东半导体照明产业联盟、中国国际贸易促进联合会
承办单位：济南信展展览有限公司、香港东港国际展览有限公司
联系地址：济南市华龙路 28 号智能园
邮　　编：250100
联系电话：15589901521
传　　真：0531-88160483
电子邮箱：wang471x@163.com
联 系 人：王先生

第 10 届中国济南国际 LED 展览会

展出时间：2011 年 4 月 15 ~ 17 日
展馆名称：济南国际会展中心
展出内容：LED 照明、LED 显示屏、LED 广告光源、LED 芯片、外延片、磊晶片及相关基材等
主办单位：山东省照明学会、济南市人民政府、山东省照明电器协会、山东半导体照明产业联盟、中国国际贸易促进联合会
承办单位：济南信展展览有限公司、香港东港国际展览有限公司
联系地址：济南市华龙路 28 号智能园五层
邮　　编：250100
联系电话：0531-88160493
传　　真：0531-88160483
电子邮箱：xinzhan863@163.com
联 系 人：续庆龙

2011 年第 12 届山东济南涂料展览会

展出时间：2011 年 4 月 15 ~ 17 日
展馆名称：济南国际会展中心
展出内容：内墙涂料、外墙涂料、地坪涂料、防火涂料、涂料原料、涂料设备、涂料包装桶及各种涂刷设备
主办单位：济南市人民政府、全国高科技建筑建材产业化委员会、中国建筑装饰协会、中国国际贸易促进联合会、亚洲新型建筑材料产业促进会、山东省建材工业协会
承办单位：济南信展展览有限公司
联系地址：济南市工业南路 28 号
联系电话：0531-86512558
传　　真：0531-88879893
电子邮箱：wangxiao08@163.com
联 系 人：王文青（15054152865）

第 12 届中国（济南）装饰艺术玻璃及玻璃移门展览会

展出时间：2011年4月15~17日
展馆名称：济南国际会展中心

展出内容：玻璃产品、玻璃深加工机械设备及玻璃生产线、玻璃制造技术、新技术、玻璃纤维及各种复合材料、原料等
主办单位：济南市人民政府、山东建材协会玻璃专业委员会、中国建筑装饰协会、中国国际贸易促进委员会
承办单位：济南信展展览有限公司、香港东港国际展览公司
联 系 人：周艳梅（13589042842）

2011 第 11 届山东国际木工机械暨加工设备展览会

展出时间：2011 年 4 月 15 ~ 17 日
展馆名称：济南国际会展中心
主办单位：济南市人民政府、山东省林产工业协会、山东省木材流通协会、河南省木材流通协会、河北省木材流通协会、安徽省木材流通协会、江苏省木材流通协会、浙江省木材流通协会
承办单位：济南信展展览有限公司
联系地址：济南市华龙路 28 号智能园五层
邮　　编：250100
联系电话：0531-88160493
传　　真：0531-88160483
联 系 人：郭琳琳（15275189325）

2011 第 4 届山东国际石材产品及机械设备展览会

展出时间：2011 年 4 月 15 ~ 17 日
展馆名称：济南国际会展中心
展出内容：大理石荒料、花岗石荒料、砂岩荒料、石灰石、石英、砂石、板岩等，养护材料及设备
主办单位：济南市人民政府、亚洲经贸发展促进中心、中国国际贸易促进联合会、山东省建材工业协会
承办单位：济南信展展览有限公司、香港东港国际展览有限公司
联系地址：山东省济南市华龙路 28 号智能园五层
邮　　编：250100
联系电话：0531-88010173
传　　真：0531-88160483
电子邮箱：xinzhanscz@163.com
联 系 人：王景芝

2011 第 12 届中国（济南）国际建筑节能及新型墙材展览会

展出时间：2011 年 4 月 15 ~ 17 日
展馆名称：济南国际会展中心
展出内容：建筑保温系统、墙体屋面材料、生产设备、建筑砂浆产品、砂浆设备、添加剂
主办单位：山东省建材工业协会、全国高科技建筑建材产业化委员会、山东省建材工业协会墙体与保温材料专业委员会、山东省土木建筑学会节能建筑专委会
承办单位：济南信展展览有限公司
联系地址：山东省济南市华龙路 28 号智能园五层
邮　　编：250100
联系电话：0531-88010173
传　　真：0531-88160483
电子邮箱：jiancai411@126.com
联 系 人：王蕾（15106926955）

2011 第 9 届中国济南国际城市园林景观与建筑设计展览会

展出时间：2011 年 4 月 15 ~ 17 日
举办周期：一年一届
展馆名称：济南国际会展中心
展出内容：城镇总体及区域规划、新区规划、社区规划、交通规划、户外园林景观木结构设施、别墅建材等
上届数据：展出面积 15000 平方米
主办单位：济南市人民政府、亚洲新型建筑材料产业促进会、中国国际贸易促进联合会
承办单位：济南信展展览有限公司
联系地址：山东省济南市华龙路 28 号智能园五楼
联系电话：0531-88010173
传　　真：0531-88160483
电子邮箱：373548864@163.com
联 系 人：仵文良（13256666946）

2011 第 11 届中国（济南）国际厨房、卫浴及配套设施展览会

展出时间：2011 年 4 月 15 ~ 17 日
展馆名称：济南国际会展中心
展出内容：整体厨房、厨房家具、厨房电器、脱排油烟机、燃气灶等
主办单位：济南市人民政府、中国建筑装饰协会、亚洲经贸发展促进中心、中国国际贸易促进联合会、亚洲新型建筑材料产业促进会、山东省建材工业协会
承办单位：济南信展展览有限公司、香港东港国际展览有限公司
联系地址：济南市华龙路 28 号智能园五层
邮　　编：250100
联系电话：0531-81903088
传　　真：0531-88160483
电子邮箱：xinzhan413@163.com

2011 第 8 届（山东）摄影器材、数码影像暨婚纱影楼用品展览会

展出时间：2011 年 4 月 16 ~ 18 日
展馆名称：济南国际会展中心
展出内容：彩扩彩放、影楼用品、数码影像、照相器材、影楼化妆
主办单位：济南信展展览有限公司、香港东港国际展览有限公司、中国国际贸易促进联合会、亚洲经贸发展促进中心
承办单位：济南信展展览有限公司
联 系 人：闫威超（13658600385）

2011年山东国际食品添加剂及配料展览会

展出时间：2011年4月22～24日
展馆名称：济南国际会展中心
展出内容：食品添加剂、食品配料、保健食品配料、食品添加剂食品配料及其相关行业的的生产、检测设备、仪器、包装材料，应用技术等
主办单位：中国食品工业协会、济南市食品工业协会、山东省焙烤食品行业协会
承办单位：济南信展展览有限公司
联系地址：济南市华龙路28号智能园五层
邮　　编：250100
联系电话：0531-88160493
传　　真：0531-88160483
电子邮箱：xinzhan422@163.com
联 系 人：张晓盟（15054175180）

第9届山东加盟连锁·特许经营暨中小创业项目展览洽谈会

展出时间：2011年4月22～24日
展馆名称：济南舜耕国际会展中心
展出内容：特许经营连锁加盟企业、连锁加盟相关配套产品的制造商、专卖店、直营店、咨询服务、媒体等
主办单位：山东电视台、山东省创业促进会、山东省经济和信息化委员会、山东省商务厅、济南市人民政府
承办单位：济南舜耕国际会展中心
联系地址：山东省济南市舜耕路28号
邮　　编：250014
联系电话：0531-82611050
传　　真：0531-82910367
联 系 人：韩主任（13181740556）

2011中国山东肉类加工技术及机械展览会

展出时间：2011年4月22～24日
展馆名称：济南国际会展中心
展出内容：肉类加工机械、屠宰设备
主办单位：中国食品工业协会、济南市食品工业协会、山东省焙烤食品行业协会
承办单位：济南信展展览有限公司
联系地址：济南市华龙路28号智能园5层
邮　　编：250100
联系电话：0531-88160493
电子邮箱：xzxy666888@163.com
联 系 人：徐艳（13864147762）

2011中国山东烘焙工业展览会

展出时间：2011年4月22～24日
展馆名称：济南国际会展中心
展出内容：烘焙设备、饼干机械、糖果机械、休闲食品设备、制作模具、包装设备
主办单位：中国食品工业协会、济南市食品工业协会、山东省焙烤食品行业协会
承办单位：济南信展展览有限公司
联系地址：济南市华龙路28号智能园5层
邮　　编：250100
联系电话：0531-88160493
传　　真：0531-88160483
电子邮箱：xinzhan422@163.com
联 系 人：李晓东（15063394713）

2011中国山东国际食品加工与包装机械展览会

展出时间：2011年4月22～24日
展馆名称：济南国际会展中心
展出内容：食品加工设备、食品包装设备、其它辅助加工设备
主办单位：中国食品工业协会、济南市食品工业协会、山东省焙烤食品行业协会
承办单位：济南信展展览有限公司
联系地址：济南市华龙路28号智能园5层
邮　　编：250100
联系电话：0531-88160493
传　　真：0531-88160483
电子邮箱：xinzhan422@163.com
联 系 人：刘倩（15866781121）

2011年第13届山东国际暖通\锅炉及空调技术与设备展览会

展出时间：2011年5月11～13日
展馆名称：济南舜耕国际会展中心
展出内容：供热、供暖、采暖技术及设备
主办单位：山东省住房和城乡建设厅、山东省热力管理办公室
承办单位：济南华展展览有限公司
联系地址：济南市二环东路3966号东环国际广场B座1104室
邮　　编：250100
联系电话：0531-83532222
传　　真：0531-83532333

2011山东国际过滤与分离技术设备展览会

展出时间：2011年5月11～13日
展馆名称：济南舜耕国国际会展中心
展出内容：过滤设备、分离机/离心机、水质净化及相关产品
主办单位：山东省住房和城乡建设厅、中国贸促会济南市分会、济南市环境保护局、中国国际商会济南市分会
承办单位：济南华展展览有限公司
联系地址：济南市二环东路3966号东环国际广场B座1104室
邮　　编：250100
联系电话：0531-83532222
传　　真：0531-83532333

电子邮箱：844904190@qq.com

2011 第 13 届山东国际给排水、水处理及管泵阀展览会

展出时间：2011 年 5 月 11 ~ 13 日
举办周期：一年一届
展馆名称：济南舜耕国际会展中心
展出内容：各种金属及非金属管材、管件、管道、接头、水箱及配件等
主办单位：山东省住房和城乡建设厅、山东省热力协会、中国贸促会济南市分会、中国国际商会济南市分会
承办单位：济南华展展览有限公司
联系地址：济南市二环东路 3966 号东环国际广场 B 座 1104 室
邮　　编：250100
联系电话：0531-83532222
传　　真：0531-83532333
电子邮箱：tanshujun-hz@163.com
联 系 人：谭淑君

青岛市

2011 年青岛（春季）国际包装印刷技术设备展览会

展出时间：2011 年 3 月 10 ~ 12 日
始办时间：2004 年
展馆名称：青岛国际会展中心
展会网址：www.qdpackage.com
主办单位：青岛市人民政府、山东省新闻出版局
承办单位：青岛市国际会展中心、青岛市新闻出版局、青岛市印刷行业协会、青岛外经贸商务展览有限公司
联系地址：青岛市崂山区苗岭路 9 号
邮　　编：266061
联系电话：0532-82995727
传　　真：0532-88891421
联 系 人：高涛 18953200525

2011 第 9 届青岛国际铸造、锻压及工业炉展览会

展出时间：2011 年 3 月 23 ~ 25 日
举办周期：一年一届
始办时间：2003 年
展馆名称：青岛国际会展中心
展出内容：铸造设备、压铸设备、热处理工业炉等
主办单位：中国金属学会、青岛市人民政府
承办单位：青岛金诺会展有限公司
联系地址：青岛市福州南路 87 号福林大厦 902 室
邮　　编：266071
联系电话：0532-85552936
传　　真：0532-85552960
电子邮箱：qdjinnuo@126.com
联 系 人：杨晓华（13969728766）

2011 第 6 届全国输送与流水线技术装备展览会

展出时间：2011 年 3 月 25 ~ 27 日
举办周期：一年一届
始办时间：2001 年
展馆名称：青岛国际会展中心
展出内容：仓储技术与设备、搬运技术及周边设备、物流信息技术与物流服务等
展会网址：www.linexpo.cn
主办单位：中国机械工程学会物流工程分会、中国机械工程学会机械传动分会、中国国际贸易促进委员会、山东物流工程学会会
承办单位：青岛海瀚会展有限公司、香港鼎新国际展览有限公司
联系地址：青岛市山东路 52 号华嘉大厦 1604 室
邮　　编：266071
联系电话：0532-83613988；85019822
传　　真：0532-83613588
电子邮箱：yuxuanzuji@163.com

2011 中国（青岛）国际叉车与配件展览会

展出时间：2011 年 3 月 29 ~ 31 日
举办周期：一年一届
始办时间：2001 年
展馆名称：青岛国际会展中心
展出内容：仓储技术与设备、搬运技术及周边设备、物流信息技术与物流服务等
展会网址：www.logisticschina.cn
主办单位：中国机械工程学会物流工程分会、中国机械工程学会机械传动分会、中国国际贸易促进委员会、山东物流工程学会会
承办单位：青岛海瀚会展有限公司、香港鼎新国际展览有限公司
联系地址：青岛市山东路 52 号华嘉大厦 1604 室
邮　　编：266071
联系电话：0532-83613988；85019817
传　　真：0532-83613588
电子邮箱：hanhe1986@sina.com
联 系 人：韩贺（13678874435）

2011 第 7 届中国（青岛）国际地坪工业技术及施工机械展览会

展出时间：2011 年 3 月 29 ~ 31 日
展馆名称：青岛国际会展中心
展出内容：地坪材料、弹性地材、地坪机械等
主办单位：中国经济贸易发展促进中心、亚洲新型建筑材料产业促进会
承办单位：亚洲经贸发展促进中心、中国机械工程学会
联系地址：青岛市山东路 52 号华嘉大厦 1604 室
邮　　编：266071
联系电话：0532-83613988
传　　真：0532-83613588
电子邮箱：zhumeili.ok@163.com
联 系 人：朱美丽（13465829685）

2011 第 30 届中国（青岛）国际美容美发化妆用品博览会

展出时间：2011 年 3 月 30 ~ 4 月 1 日
展馆名称：青岛国际会展中心
展出内容：美容化妆用品、美发护发生发用品、减肥塑身美体用品、医学美容保健用品等
展会网址：www.bfmrw.com
主办单位：济南市美容美发协会、青岛美容美发行业协会
承办单位：青岛德尔展览有限公司、济南昊渤展览有限公司
联系地址：山东省济南市三孔桥街鲁能康桥 3-1106
邮　　编：250000
联系电话：0531-68807388
传　　真：0531-68807388
联 系 人：韩霞（15154137918）

2011 第 8 届中国国际橡胶及轮胎工业（青岛）展览会

展出时间：2011 年 4 月 9 ~ 11 日
举办周期：一年一届
始办时间：2004 年
展馆名称：青岛国际会展中心
展出内容：轮胎、橡胶制品和半成品、橡胶机械设备、橡胶材料等
展会网址：www.rubbere.com
主办单位：山东省人民政府、山东省橡胶行业协会、青岛市人民政府
承办单位：青岛金诺会展有限公司
联系地址：青岛市市南区福州南路 87 号 902
邮　　编：266071
联系电话：0532-55552919
传　　真：0532-85785105
电子邮箱：sujiao85785101@163.com
联 系 人：王飞

2011 年山东口腔器械与齿科材料（青岛）展览会

展出时间：2011 年 4 月 27 ~ 29 日
展馆名称：青岛国际会展中心
展出内容：口腔器械及齿科材料、口腔保健用品、口腔健康教育宣传
主办单位：亚洲经贸发展促进中心、青岛市口腔医学会、青岛海名国际会展有限公司
承办单位：青岛海名国际会展有限公司
联系地址：济南市二环东路 3966 号东环国际广场 B 座 1104 室
邮　　编：250100
联系电话：0532-85012141
传　　真：0532-85012624
电子邮箱：kakaxizhanshi@126.com
联 系 人：王小姐

2011 中国（青岛）国际肉类工业展览

展出时间：2011 年 4 月 27 ~ 29 日
举办周期：一年一届
始办时间：2004 年
展馆名称：青岛国际会展中心
展出内容：机械与设备、低温物流设备与技术等
展会网址：www.jnmeat.com
主办单位：中国食品工业协会、青岛市人民政府、青岛金诺会展有限公司
承办单位：青岛金诺会展有限公司
联系地址：青岛市福州南路 87 号福林大厦 902 室
联系电话：0532-55552901
传　　真：0532-55552903
电子邮箱：shibohui168@163.com

2011 第 10 届青岛国际汽车工业展览会

展出时间：2011 年 5 月 26 ~ 30 日
展馆名称：青岛国际会展中心
展出内容：轿车、越野车、概念车、跑车，相关汽车宣传媒体与金融服务
主办单位：中国汽车工程学会、山东省汽车行业协会
承办单位：山东省汽车工程学会、青岛嘉路博国际会展有限公司
联系地址：山东省青岛市香港中路 169 号天虹大厦 1104 室
邮　　编：266071
联系电话：0532-85896533
传　　真：0532-85896533
联 系 人：姜维

第 9 届中国国际航海博览会

展出时间：2011 年 5 月 27 ~ 29 日
举办周期：一年一届
始办时间：2002 年
展馆名称：青岛奥林匹克帆船中心
展出内容：船舰及技术设备、水上运动器材及装备、水上运动休闲器材及装备
主办单位：中国国际贸易促进委员会、中华人民共和国国家海洋局、国家体育总局水上运动管理中心、青岛市人民政府
承办单位：中国贸促会青岛市分会
联系地址：青岛市延安三路 121 号 501 室
邮　　编：266071
联系电话：0532-83892373
传　　真：0532-83892050
电子邮箱：marinefair@163.com

2011 第 5 届中国（山东）国际儿童产业博览会

展出时间：2011 年 6 月 10 ~ 12 日
展馆名称：青岛国际会展中心
展出内容：儿童教育、儿童家居、孕婴用品、综合服务
主办单位：青岛市政府会展业发展办公室、青岛国际会展中心、青岛新闻网
承办单位：青岛外经贸商务展览有限公司、青岛新闻网络传播有限公司、海奥网
联系地址：青岛市崂山区苗岭路 9 号青岛国际会展中心 5 号馆 11 楼

邮　　编：266061
联系电话：0532-82995616
传　　真：0532-88894849
电子邮箱：qingdaozhanlan@163.com
联 系 人：王振才（13573810095）

第12届中国青岛国际礼品工艺品家居饰品博览会

展出时间：2011年6月10～12日
展会网址：www.cqige.com
主办单位：中国礼品产业协会、中国世界民族文化交流促进会、中国家居产业联合会、山东省工艺美术协会、山东省旅游饭店协会、广东博昌展览服务有限公司、青岛博泰展览贸易有限公司
承办单位：广东博昌展览服务有限公司
联系地址：青岛市嘉定路17号市政写字楼712-715房
联系电话：0532-83755508；83722208
传　　真：0532-83742577
电子邮箱：qdblh@126.com

2011第12届中国青岛国际酒店用品及设备博览会

展出时间：2011年6月10～12日
展会网址：www.cqihe.com
主办单位：中国饭店协会、广东博昌展览服务有限公司
承办单位：青岛博泰展览贸易有限公司
联系地址：青岛市嘉定路17号市政写字楼712-715房
联系电话：0532-83755508；83722208
传　　真：0532-83740868
电子邮箱：qdblh@126.com

2011第12届中国（青岛）国际皮革、鞋机、鞋材展览会

展出时间：2011年6月28～30日
展馆名称：青岛国际会展中心
展出内容：各类皮料、合成皮革、鞋材、鞋楦、鞋衬等
主办单位：山东省皮革行业协会、中国贸促会山东省分会、山东省服装行业协会、中国国际商会山东分会、亚洲经贸发展促进中心、青岛皮革行业协会
承办单位：青岛海名国际会展有限公司、山东省皮革行业协会
联系地址：青岛市山东路52号华嘉大厦4楼
邮　　编：266071
联系电话：0532-85012141；85011486
传　　真：0532-85012624

2011中国（青岛）国际非金属矿工业展览会

展出时间：2011年7月1～3日
展馆名称：青岛国际会展中心
展出内容：非金属矿产品、非金属矿物生产加工机械设备等
展会网址：www.cipechina.cn
主办单位：山东颗粒学会、国际粉体检测与控制联合会、中国振动工程学会振动利用工程专业委员会、中国机械工程学会物流工程分会、全国管道物料输送技术专业委员会、中国国际贸易促进委员会、中国非金属矿工业协会滑石专业委员会、中国非金属矿工业协会石膏专业委员会、中国非金属矿工业协会石墨专业委员会
承办单位：青岛海瀚会展有限公司、国际粉体检测与控制联合会、山东颗粒学会颗粒测试专业委员会
联系地址：青岛市山东路52号华嘉大厦1604室
邮　　编：266071
联系电话：0532-83613988
传　　真：0532-83613588
电子邮箱：zhumeili.ok@163.comm
联 系 人：朱美丽

2011中国青岛国际石材工业及机械设备展览会

展出时间：2011年7月14～17日
展馆名称：青岛国际会展中心
展出内容：大理石荒料、花岗石荒料、天然石材板材、石雕、石刻制品、石碑制品
主办单位：青岛市人民政府、山东省石材行业协会
承办单位：青岛海宸国际会展有限公司
联系地址：青岛国际会展中心5-8F
邮　　编：266061
联系电话：0532-83831786
传　　真：0532-83841887
联 系 人：刘宝芳

2011第10届（青岛）华东国际电子工业制造展览会

展出时间：2011年7月28～30日
展馆名称：青岛国际会展中心
展出内容：电子元器件及组件、集成电路、电子材料、电子化工产品、电子工具等
上届数据：展出总面积25000平方米，参展商共572家、专业观众43472人次
主办单位：亚洲经贸发展促进中心、中国电子学会元件分会、山东电器工业协会、中国国际贸易促进联合会
承办单位：青岛德尔展览有限公司、香港东港国际展览有限公司
联系地址：青岛市山东路52号华嘉大厦201室
邮　　编：266071
联系电话：0532-85017066
传　　真：0532-85833615
联 系 人：赵莉（15820035503）

2011第6届山东国际电子工业制造展览会

展出时间：2011年7月28～30日
展馆名称：青岛国际会展中心
展出内容：电子元器件及组件、集成电路、电子材料、电子化工产品、电子工具等
主办单位：亚洲经贸发展促进中心、山东电器工业协会、中国电子学会元件分会、中国国际贸易促进

委员会
承办单位：青岛德尔展览有限公司
联系地址：山东省济南市历城区华龙路28号
邮　　编：250100
联系电话：0531-82376167
传　　真：0531-82376177
电子邮箱：sdzhanhui@126.com
联 系 人：刘辉

2011第6届青岛国际LED展览会

展出时间：2011年7月28～30日
展馆名称：青岛国际会展中心
展出内容：LED照明灯具、LED显示屏、LED显示屏组件、LED交通指示牌等
主办单位：中国电子学会元件分会、中国国际贸易促进联合会、山东照明学会、山东青岛照明电器行业协会、扬州市工商联（总商会）路灯产业商会、广东省电子商会
承办单位：青岛德尔展览有限公司、香港东港国际展览有限公司
联系地址：青岛市山东路52号华嘉大厦201室
邮　　编：266071
传　　真：0532-85833615
电子邮箱：chinazhanhui@126.com
联 系 人：李倩（13964810865）

2011第6届青岛国际路灯、庭院灯暨户外照明展览会

展出时间：2011年7月28～30日
展馆名称：青岛国际会展中心
上届数据：展出面积8000平方米，参展商135家
主办单位：中国电子学会元件分会、中国国际贸易促进联合会、山东省照明电器行业协会、青岛市照明电器行业协会、扬州市工商联（总商会）路灯产业商会、广东省电子商会
承办单位：青岛德尔展览有限公司、香港东港国际展览有限公司
联系地址：青岛市山东路52号华嘉大厦201室
邮　　编：266071
联系电话：0532-85019618
传　　真：0532-85833615
电子邮箱：wenyu_88@126.com
联 系 人：宋文妤

2011青岛国际机床模具展览会

展出时间：2011年8月4～7日
举办周期：一年一届
展馆名称：青岛国际会展中心
展出内容：各类机床传动与控制技术、数控系统等
主办单位：中国贸促会机械行业分会、中国国际商会机械行业商会、青岛市人民政府重大节庆活动办公室、青岛金诺会展有限公司
承办单位：青岛金诺会展有限公司
联系地址：青岛市福州南路87号福林大厦902室
邮　　编：266071
联系电话：0532-80771360
传　　真：0532-80771890
电子邮箱：qdjinnuo@126.com

2011中国（青岛）国际制药机械及包装设备材料展览会

展出时间：2011年8月11～13日
展馆名称：青岛国际会展中心
展出内容：洗药机、润药机、切药机、筛选机、炒药机、其他饮片机械等
主办单位：中国国际医药技术促进协会、中国国际贸易发展联合会、青岛蓝博会展有限公司
承办单位：青岛蓝博会展有限公司
联系地址：青岛市山东路46号华宇大厦605室
邮　　编：266071
联系电话：0532-85012515
传　　真：0532-85012915
电子邮箱：qd-fair@163.com

2011第6届中国（青岛）国际食品药品包装材料制品及设计展览会

展出时间：2011年8月11～13日
展馆名称：青岛国际会展中心
主办单位：中国国际医药技术促进协会、中国国际贸易发展联合会
承办单位：青岛蓝博会展有限公司
联系地址：青岛市山东路46号华宇大厦605室
邮　　编：266071
联系电话：0532-85012515
传　　真：0532-85012915
电子邮箱：qdlanbo@163.com
联 系 人：王锦丽（15965585772）

第6届中国（北方）国际食品添加剂和配料展览会

展出时间：2011年8月11～13日
展馆名称：青岛国际会展中心
展出内容：食品添加剂、食品配料等
主办单位：山东省食品工业办公室、中国国际贸易发展联合会、山东省食品工业协会、山东省食品添加剂专业委员会
承办单位：青岛蓝博会展有限公司
联系电话：0532-85012515
传　　真：0532-85012915
电子邮箱：qdlanbo@163.com
联 系 人：刘爱文（13780608070）

2011第11届中国（青岛）国际物流展览会

展出时间：2011年8月11～13日
举办周期：一年一届
始办时间：2001年
展馆名称：青岛国际会展中心
展出内容：仓储技术与设备、搬运技术及周边设备、物

流信息技术与物流服务等
展会网址：www.logisticschina.cn
主办单位：中国机械工程学会物流工程分会、中国机械工程学会机械传动分会、中国国际贸易促进委员会、山东物流工程学会会
承办单位：青岛海瀚会展有限公司、香港鼎新国际展览有限公司
联系地址：青岛市山东路52号华嘉大厦1105室
邮　　编：266071
联系电话：0532-83613988；85019810
传　　真：0532-83613588
电子邮箱：cilechina@126.com

2011第13届中国青岛国际动力传动与控制技术展览会

展出时间：2011年8月25～27日
展馆名称：青岛国际会展中心
展出内容：液压技术、气动技术、密封技术、直线运动系统、压缩空气技术等
展会网址：www.china-ptce.com
主办单位：中国贸促会机械行业分会、中国国际商会机械行业商会、山东省自动化学会、青岛金诺会展有限公司
承办单位：青岛金诺会展有限公司
联系地址：山东省青岛市福州南路87号福林大厦902室
联系电话：0532-55552901
传　　真：0532-55552903
电子邮箱：service@china-jinnuo.com

2011第13届中国青岛国际工业自动化及仪器仪表展览会

展出时间：2011年8月25～27日
举办周期：一年一届
展馆名称：青岛国际会展中心
展出内容：仪器仪表、控制系统、自动化及IT解决方案
展会网址：www.zd-yiqi.com
主办单位：中国贸促会机械行业分会、中国计算机用户协会智能控制分会、山东省自动化学会、青岛市人民政府
承办单位：青岛金诺会展有限公司
联系地址：青岛市福州南路87号福林大厦902室
邮　　编：266071
联系电话：0532-55552901
传　　真：0532-55552903
电子邮箱：jndaiming@126.com
联 系 人：戴明（13615320907）

中国国际渔业博览会

展出时间：2011年11月1～3日
举办周期：一年一届
始办时间：1996年
展馆名称：青岛国际会展中心
展出内容：水产品加工及贸易、渔业机械设备、海洋捕捞、养殖饲料及病害防治、质量控制、相关服务及媒体等等
展会网址：www.cafte.gov.cn
上届数据：展出面积31300平方米
主办单位：中国贸促会农业行业分会
联系地址：北京市朝阳区麦子店街20号楼8层
邮　　编：100125
联系电话：010-59194405
传　　真：010-65918986
电子邮箱：joy@agri.gov.cn
联 系 人：张晓颖

烟台市

第7届烟台国际焊割及五金工具展览会

展出时间：2011年5月19～21日
展馆名称：烟台国际博览中心
展出内容：焊接设备、切机设备、手动工具、电动工具、气动工具、风动工具等
主办单位：中国机电产品流通协会、烟台市人民政府、青岛金诺会展有限公司
承办单位：烟台金诺会展有限公司
联系地址：烟台市南大街117号文化宫大厦2218室
邮　　编：264000
联系电话：0535-6663198；6677027
传　　真：0535-6686272；6686273
电子邮箱：ytzhanhui@163.com
联 系 人：李欣（15854513346）

2011第9届烟台国际工业自动化及仪器仪表展览会

展出时间：2011年5月19～21日
举办周期：一年一届
展馆名称：烟台国际博览中心
展出内容：工业机器人及相关技术、自动化及IT解决方案等
主办单位：中国机电产品流通协会、烟台市人民政府、青岛金诺会展有限公司
承办单位：烟台金诺会展有限公司
联系地址：山东省烟台市南大街117号文化宫大厦2218室
邮　　编：264000
联系电话：0535-6663198；6677027
传　　真：0535-6686272；6686273
电子邮箱：yanglie1023@163.com
联 系 人：杨丽娥

2011第9届烟台国际机床暨工模具技术设备展览会

展出时间：2011年5月19～21日
举办周期：一年一届
始办时间：2003年
展馆名称：烟台国际博览中心
展出内容：金属切削机床、组合机床、电加工及特种加工机床、数控机床、加工中心专用机床与锻压机械、折弯机械、相关加工设备等

主办单位：中国机电产品流通协会、烟台市人民政府、青岛金诺会展有限公司
承办单位：烟台金诺会展有限公司
联系地址：山东省烟台市南大街 117 号文化宫大厦 2218 室
邮　　编：264000
联系电话：0535-6663198
传　　真：0535-6686272；6686273
电子邮箱：ytjn6663198@163.com

威海市

2011 威海食品博览会

展出时间：2011 年 6 月 11 ~ 13 日
展馆名称：威海国际展览中心
展出内容：食品、水产品、海芝宝
展会网址：www.weihaishipin.com
主办单位：山东省商务厅、山东出入境检验检疫局、威海市人民政府
承办单位：威海市商务局、威海出入境检验检疫局、威海市贸促会、威海市贸易办、威海万龙会展有限公司
联系地址：山东省威海市海滨中路 58 号 A 馆
邮　　编：264209
联系电话：0631-5335149
传　　真：0631-5182509
电子邮箱：weihaishipin@126.com
联 系 人：李宴旭（13963198868）

2011 中国渔具制造业基地（威海）国际博览会

展出时间：2011 年 10 月
展馆名称：威海国际展览中心
展出内容：渔具类产品、渔具配件、钓具配件、制造材料、制造设备等
展会网址：www.cgcexpo.cn
主办单位：威海市商务局、中国贸促会威海市委员会、威海泛华展览有限公司
承办单位：威海泛华展览有限公司
联系地址：威海市文化西路 177 号海悦建国饭店 B 座 605 室
邮　　编：264209
联系电话：0631-5625630；5675630
传　　真：0631-5624630
电子邮箱：info_c@chinafish.cn
联 系 人：王英明

临沂市

2011 "天丰"杯中国（临沂）第 5 届太阳能春季展览会

展出时间：2011 年 2 月 20 ~ 22 日
展馆名称：临沂国际商城会展中心
展出内容：太阳能热水器、阳台壁挂式、热管式集热器各类平板太阳集热器
主办单位：临沂市人民政府
承办单位：山东威海隆达广告有限责任公司
联系地址：山东威海市世昌大道 79 号通信大厦
邮　　编：264200
联系电话：0631-5867586
传　　真：0631-5867567
电子邮箱：tynsq@163.com
联 系 人：王主任

2011 第 4 届山东省畜牧业暨饲料工业展览会

展出时间：2011 年 4 月 1 ~ 3 日
展馆名称：临沂国际商城会展中心
主办单位：山东畜牧兽医学会、临沂市畜牧局
承办单位：临沂市饲料工业协会、临沂市兽药协会、临沂朝阳会展服务有限公司
联系地址：临沂市红旗路和八一路交汇处广场世纪城 AA 座 1901 室
联系电话：0539-3106232
传　　真：0539-3106229
电子邮箱：zhaoyanghzfw@163.com

2011 第 2 届中国（临沂）国际特许经营 · 安防设备连锁加盟展览会

展出时间：2011 年 4 月 1 ~ 3 日
展馆名称：临沂国际商城会展中心
展出内容：警用装备、消防监控、工业安全
主办单位：山东省经济贸易促进委员会、临沂启剑会展有限公司
承办单位：临沂启剑会展有限公司、世界名牌理事会中国商会
联系地址：山东临沂兰山通达路 50 号
邮　　编：276000
联系电话：0539-3113211
传　　真：0539-3113211
电子邮箱：changli@qijianexpo.com
联 系 人：张利

2011 第 2 届中国（临沂）国际 · 医疗器械连锁加盟展览会

展出时间：2011 年 4 月 1 ~ 3 日
展馆名称：临沂国际商城会展中心
主办单位：山东省经济贸易促进委员会、临沂市经济贸易促进委员会、临沂启剑会展有限公司
承办单位：临沂启剑会展有限公司
联系地址：山东临沂兰山通达路 50 号
邮　　编：276000
联系电话：0539-3113211
传　　真：0539-3113211
电子邮箱：changli@qijianexpo.com
联 系 人：张利

2011 第 6 届中国鲁南（临沂）五金机电及焊接设备展览会

展出时间：2011 年 5 月 17 ~ 19 日

展馆名称：临沂国际商城会展中心
展出内容：焊接设备、五金工具、五金机电、五金制品
主办单位：山东焊接协会、中国贸会山东省分会、中国贸促会分会临沂市分会
承办单位：济南恒展展览策划有限公司
联系地址：济南市历下区 26 号
联系电话：0531-85880252
传　　真：0531-55560501

2011 年第 6 届中国板材木工机械及家具临沂展览会

展出时间：2011 年 5 月 17 ~ 19 日
展馆名称：临沂鲁信国际会展中心
展出内容：原木、木制品、板材、木工机械、木材加工车间除尘设备、刨花输送及燃烧成套设备等
主办单位：山东省木材协会、山东省木材流通协会、中国贸易商会山东省分会、中国贸易促进委员会山东省分会、中国贸促会临沂市分会、加拿大新布伦瑞克省中国投资贸易办公室、加拿大大西洋商会
承办单位：济南恒展展览有限公司、临沂恒展展览有限公司
联系电话：0531-85880252
传　　真：0531-88153208
联 系 人：张云（15254170345）

2011 第 6 届中国临沂塑料机械暨原辅材料展览会

展出时间：2011 年 5 月 27 ~ 29 日
展馆名称：临沂鲁信国际会展中心
主办单位：中国塑料包装协会、山东省塑料协会
承办单位：济南恒展展览有限公司
联系电话：0531-85880252
传　　真：0531-88153208
电子邮箱：zq207374@126.com
联 系 人：张云（15254170345）

2011 第 6 届中国临沂机床及工模具博览会

展出时间：2011 年 5 月 27 ~ 29 日
举办周期：一年一届
展馆名称：临沂鲁信国际会展中心
展出内容：金属切削机床、组合机床、电加工及特种加工机床、数控机床、加工中心等
主办单位：山东省机械工业办公室、山东省模具工业协会、临沂国际贸易促进委员会、加拿大新布伦瑞克省中国投资贸易办公室、加拿大大西洋商会
承办单位：济南恒展展览有限公司、临沂恒展展览有限公司
联系地址：济南市历下区 26 号楼
联系电话：0531-85880252
传　　真：0531-88153208
电子邮箱：zq207374@126.com
联 系 人：张云（15254170345）

2011 第 6 届中国临沂自动化工控动力传动展览会

展出时间：2011 年 5 月 27 ~ 29 日
展馆名称：临沂鲁信国际会展中心
展出内容：仪器仪表、控制系统、仪表材料元器件及附件、工业机器人及相关技术、自动化及 IT 解决方案
主办单位：山东省机械工程学会、中国贸促会分会临沂市分会
承办单位：临沂鑫海展览策划有限公司、济南恒展展览策划有限公司
联系地址：济南市历下区 26 号
联系电话：0531-85880252
传　　真：0531-88153208

东营市

2011 中国（广饶）国际橡胶轮胎暨汽车配件展览会

展出时间：2011 年 5 月 15 ~ 17 日
展馆名称：山东省广饶会展中心
展出内容：轮胎、轮胎配件及附件、各种化工助剂、天然橡胶、汽车零部件等
主办单位：中国国际贸易促进委员会、山东省人民政府
承办单位：中国贸促会山东省委员会、东营市人民政府
联系地址：山东省广饶县傅家路 585 号
邮　　编：266071
联系电话：0546-7799000
传　　真：0546-7799111

河南省

郑州市

2011 中国（河南）国际煤炭工业展览会

展出时间：2011 年 3 月 10 ~ 12 日
展馆名称：郑州国际会展中心
主办单位：中国能源协会、中国监察协会煤炭分会
承办单位：北京鸿程展览服务有限公司
联系地址：北京市丰台区京铁家园二区 7-111
邮　　编：100039
联系电话：010-52980188
传　　真：010-51803905
电子邮箱：hcexpo@163.com
联 系 人：陈辉

2011 中国（河南）国际工程机械展览会

展出时间：2011 年 3 月 10 ~ 12 日
展馆名称：郑州国际会展中心
主办单位：中国工程机械管理协会
承办单位：北京鸿程展览服务有限公司
联系地址：北京市丰台区京铁家园二区 7-1111
邮　　编：100842
联系电话：010-52980190
传　　真：010-51803905
电子邮箱：bjzhmatao@126.com
联 系 人：陈川

第 20 届中原医疗器械（2011 年春季）展览会

展出时间：2011 年 3 月 16 ~ 18 日
展馆名称：郑州国际会展中心
展出内容：诊断设备、治疗设备等
主办单位：全国医药技术市场协会、河南省医疗器械行业协会、河南省医疗器械工业公司
承办单位：郑州好博塔苏斯展览有限公司
联系地址：郑州市紫荆山路 60 号金成国贸大厦 2106 室
邮　　编：450004
联系电话：0371-66619418
传　　真：0371-66619419
联 系 人：张学斌

第 20 届郑州口腔设备及材料（2011 年春季）展览会

展出时间：2011 年 3 月 16 ~ 18 日
展馆名称：郑州国际会展中心
展出内容：诊断设备、治疗设备等
主办单位：全国医药技术市场协会、河南省医疗器械行业协会、河南省医疗器械工业公司
承办单位：郑州好博塔苏斯展览有限公司
联系地址：郑州市紫荆山路 60 号金成国贸大厦 2106 室
邮　　编：450004
联系电话：0371-66619418
传　　真：0371-66619419
联 系 人：张学斌

第 13 届中原国际液压传动及控制技术展览会

展出时间：2011 年 3 月 23 ~ 26 日
举办周期：一年一届
始办时间：1999 年
展馆名称：郑州国际会展中心
展出内容：液压动力传动、机械动力传动、气动技术、电气传动、压缩技术等
展会网址：www.ccieme.com.cn
主办单位：中国机械工业联合会、河南省会展业商会、河南省机械工程学会、河南省自动化学会、中英合资好博塔苏斯展览公司、郑州市人民政府
承办单位：郑州好博塔苏斯展览有限公司
联系地址：郑州市紫荆山路 60 号金城国贸 2106 室
邮　　编：450004
联系电话：0371-66619428
传　　真：0371-66619430
电子邮箱：slj66170980@126.com
联 系 人：沈华兵

2011 中国中部（郑州）国际装备制造业博览会

展出时间：2011 年 3 月 23 ~ 26 日
举办周期：一年一届
始办时间：1999 年
展馆名称：郑州国际会展中心
展会网址：www.ccieme.com.cn
主办单位：中国机械工业联合会、河南省机械工业协会、河南省机械工程学会、河南省自动化学会、中英合资好博塔苏斯展览公司、郑州市人民政府
承办单位：郑州好博塔苏斯展览有限公司
联系地址：郑州市紫荆山路 60 号金成国贸 2106 室
邮　　编：450004
联系电话：0371-66619428
传　　真：0371-66619430
电子邮箱：slj66170980@126.com
联 系 人：沈华兵（13592507710）

2011 郑州自动化仪表展览会

展出时间：2011 年 3 月 23 ~ 26 日
展馆名称：郑州国际会展中心
展出内容：自动化仪表与控制装置、检测、分析、计量、质控等各类仪器仪表、显示记录仪表等
主办单位：中国机械工业联合会、河南省机械工业协会、河南省机械工程学会、河南省自动化学会、中英合资好博塔苏斯展览公司、郑州市人民政府
承办单位：中英合资好博塔苏斯展览公司
联系地址：郑州市紫荆山路 60 号金成国贸大厦 2106 室

邮　　编：450008
联系电话：0371-66619428
传　　真：0371-66619430
电子邮箱：slj66170980@126.com
联 系 人：沈华兵

2011 第 3 届中国郑州烘焙工业展览会

展出时间：2011 年 4 月 13 ~ 15 日
展馆名称：郑州国际会展中心
主办单位：亚洲经贸发展促进中心、河南省食品工业协会、中国国际贸易促进联合会、海名国际会展集团
承办单位：郑州海名汇博会展策划有限公司、北京海名汇博展览有限公司、青岛海名国际会展有限公司
联系地址：郑州市经七路 37 号和众商务中心 5 层
邮　　编：450003
传　　真：0371-63923100
联 系 人：张宇（15890628683）

2011 第 3 届中国郑州食品添加剂及配料展览会

展出时间：2011 年 4 月 13 ~ 15 日
展馆名称：郑州国际会展中心
主办单位：亚洲经贸发展促进中心、河南省食品工业协会、中国国际贸易促进联合会、海名国际会展集团
承办单位：郑州海名汇博会展策划有限公司、北京海名汇博展览有限公司、青岛海名国际会展有限公司
联系地址：郑州市经七路 37 号和众商务中心 5 层
邮　　编：450003
传　　真：0371-63923100
联 系 人：张宇（15890628683）

2011 第 3 届中国郑州食品加工与包装机械展览会

展出时间：2011 年 4 月 13 ~ 15 日
展馆名称：郑州国际会展中心
主办单位：亚洲经贸发展促进中心、河南省食品工业协会、中国国际贸易促进联合会、海名国际会展集团
承办单位：郑州海名汇博会展策划有限公司、北京海名汇博展览有限公司、青岛海名国际会展有限公司
联系地址：郑州市经七路 37 号和众商务中心 5 层
邮　　编：450003
传　　真：0371-63923100
联 系 人：张宇（15890628683）

沿黄名品展览会

展出时间：2011 年 5 月
举办周期：一年一届
展馆名称：郑州国际会展中心
展出内容：沿黄九省及台湾地区特产、名品、礼品等
主办单位：沿黄九省贸促会
承办单位：中国贸促会河南省分会、河南省国际商会
联系地址：郑州市文化路 115 号 6418 室
邮　　编：450003
联系电话：0371-63576588
传　　真：0371-63576816
电子邮箱：zsb0371@126.com
联 系 人：石维堂

2011 中国（郑州）国际家具展览会

展出时间：2011 年 5 月 7 ~ 9 日
展馆名称：郑州国际会展中心
展出内容：现代家具、客厅家具、卧室家具等
展会网址：www.ciff-zz.com
主办单位：中国建筑装饰协会、中国家居产业联合会
承办单位：中国建筑装饰协会信息咨询委员会、中国家居产业联合发展中心、河南中展动力展览有限公司
联系地址：郑州 CBD 商务内环路 19 号楼 1 单元西座 2203 房
联系电话：0371-66300596
传　　真：0371-66300600
电子邮箱：ciff-zz@163.com
联 系 人：夏峰（13837159533）

2011 第 5 届中国（郑州）石材产品及技术装备展览会

展出时间：2011 年 5 月 7 ~ 9 日
展馆名称：郑州国际会展中心
展出内容：各类花岗石、大理石、板材等
主办单位：中国建筑装饰协会、中国家居产业联合会
承办单位：中国建筑装饰协会信息咨询委员会、中国家居产业联合发展中心、河南中展动力展览服务有限公司
联系地址：郑州 CBD 商务内环路 19 号楼 1 单元西座 2203 房
联系电话：0371-66300596
传　　真：0371-66300600
电子邮箱：hnjbh@126.com
联 系 人：顾翔（13393707898）

第 7 届中国（郑州）国际供热、采暖系统产品及技术应用展览会

展出时间：2011 年 5 月 7 ~ 9 日
展馆名称：郑州国际会展中心
展出内容：地面供暖产品及设备、供热采暖技术设备、供暖系统自动化与配套设备等
展会网址：www.hnntz.com
上届数据：展出面积 12000 平方米，参展企业 212 家
主办单位：中国家居产业联合会、中国建筑装饰协会
承办单位：河南中展动力展览有限公司、中国家居产业联合会发展中心、中国建筑装饰协会信息咨询委员会
联系地址：郑州郑东新区商务内环路 19 号楼西单元 2203 室
联系电话：0371-66300596

传　　真：0371-66300600
电子邮箱：hnjbh@126.com

2011第12届中国（郑州）国际建筑装饰材料博览会

展出时间：2011年5月7～9日
展馆名称：郑州国际会展中心
展出内容：群体厨房及卫浴精品、建筑涂料、墙纸壁布等
主办单位：中国建筑装饰协会、中国度居财产联合会
承办单位：中国建筑装饰协会信息咨询委员会、中国度居财产联合发展中间、河南中展动力展览有限公司
联系地址：郑州CBD商务内环1号
联系电话：0371-68107873；66300598
联 系 人：顾翔（13393707898）

2011中国（郑州）国际珠宝展览会

展出时间：2011年5月20～23日
展馆名称：郑州国际会展中心
展出内容：珠宝首饰、黄金制品、玉石、设备仪器
主办单位：河南省珠宝玉石首饰行业协会、郑州方圆会展策划有限公司
承办单位：郑州方圆会展策划有限公司
联系地址：郑州市郑东新区CBD商务内环路22号1302室
邮　　编：450000
联系电话：0371-68085112
传　　真：0371-68085112
联 系 人：高小姐（13526544960）

2011中国（郑州）国际缝制设备展览会

展出时间：2011年5月27～29日
展馆名称：郑州国际会展中心
展会网址：www.dllsee.com
主办单位：河南省服装行业协会
承办单位：郑州大路展览有限公司
联系地址：郑州市商务内环路23号楼2单元401室
邮　　编：450000
联系电话：0371-60970172
传　　真：0371-60970173
电子邮箱：zzdalu@163.com
联 系 人：唐小姐、陈珂

2011中国（郑州）国际纺织面料、辅料及纱线展览会

展出时间：2011年5月27～29日
展馆名称：郑州国际会展中心
展出内容：服装面料、辅料、纱线、钮扣、拉链
展会网址：www.zzdalu.com
主办单位：河南省服装行业协会、河南省国际商会服装商会
承办单位：郑州大路展览有限公司、郑州国际会展责任有限公司
联系地址：郑州市郑东新区商务内环路23号楼2单元401室
邮　　编：450000
联系电话：0371-60970172
传　　真：0371-60970173
联 系 人：唐超

2011第6届中国（郑州）欧亚国际酒店设备及用品展览会

展出时间：2011年6月2～4日
展馆名称：郑州国际会展中心
主办单位：河南省旅游协会、河南省餐饮与饭店行业协会、河南省酒店业商会、河南省商业行业协会、郑州欧亚国际展览有限公司
承办单位：郑州欧亚国际展览有限公司
联系地址：郑州市郑东新区商务内环路8号6楼B座
邮　　编：450016
联系电话：0371-60272760
传　　真：0371-60272750
联 系 人：张威（13526473118）

第6届中国（郑州）国际家用纺织品及布艺展览会

展出时间：2011年6月3～5日
展馆名称：郑州国际会展中心
展出内容：家用纺织品、酒店用纺织品、汽车纺织品、各类床上用品等
展会网址：www.ouyainfo@163.com
主办单位：河南省家用纺织品行业协会、河南省商业行业协会、郑州欧亚国际展览有限公司
承办单位：河南省纺织产品质量监督检验测试中心、河南省纺织信息协会、河南省纺织工会、河南省商业行业协会连锁加盟专委会、河南省商业行业协会零售商业专委会、河南省商业行业协会批发市场专委会等
联系地址：郑州市郑东新区商务内环路8号6楼B座-4
联系电话：0371-60272790；60272780
传　　真：0371-60272750
电子邮箱：ouyainfo@163.com
联 系 人：贾芳

第2届河南国际金融博览会

展出时间：2011年9月
举办周期：一年一届
始办时间：2010年
展馆名称：郑州国际会展中心
展出内容：金融机构、融资和理财服务产品展示、民间资本信贷、中介机构展示、金融技术、设备展示等
主办单位：河南省金融服务办公室、贸促会河南省分会、郑州市人民政府、河南国际商会、北京金博会公司、北京市金融工作局
联系地址：郑州市文化路115号6418室
邮　　编：450003
联系电话：0371-63576588
传　　真：0371-63576816

电子邮箱：zsb0371@126.com
联 系 人：石维堂

2011 中国郑州印刷包装产品博览会

展出时间：2011 年 9 月
举办周期：两年一届
始办时间：2007 年
展馆名称：郑州国际会展中心
主办单位：河南省人民政府
承办单位：郑州市人民政府、河南省商务厅、中国贸促会河南分会、中原出版传媒投资控股集团有限公司
联系地址：郑州市文化路 115 号 6418 室
邮　　编：450003
联系电话：0371-63576588
传　　真：0371-63576816
电子邮箱：zsb0371@126.com
联 系 人：石维堂

2011 第 7 届中国冰淇淋冷冻食品工业展览会

展出时间：2011 年 10 月 12 ~ 14 日
举办周期：一年一届
始办时间：2001 年
展馆名称：郑州国际会展中心
展出内容：冰淇淋生产设备、原辅材料及包装、冷冻食品生产设备、原辅材料及包装等
展会网址：www.cn870.com
上届数据：观众 12000 人
主办单位：中国焙烤食品糖制品工业协会、全国冷冻饮品专业委员会及河南省食品办公室
承办单位：北京中焙联合展览有限公司
联系地址：北京市海淀区北蜂窝 2 号中盛大厦 1305A
邮　　编：100038
联系电话：010-63430880；63430990
传　　真：010-63430660
电子邮箱：cn870870@126.com
联 系 人：李翔、李娟

2011 第 2 届中部（郑州）化工博览会

展出时间：2011 年 11 月
举办周期：两年一届
始办时间：2009 年
展馆名称：郑州中原国际博览中心
主办单位：河南省国资委、中国贸促会河南省分会、河南省石油和化学工业协会、河南省煤炭学会、郑州市工商联化工商会
联系地址：河南省郑州市文化路 115 号 6418 室
邮　　编：450003
联系电话：0371-63576588
传　　真：0371-63576816
电子邮箱：zsb0371@126.com
联 系 人：石维堂

湖北省

武汉市

2011 中国（武汉）社会公共安全产品与技术设备展览会

展出时间：2011 年 3 月 9 ~ 11 日
展馆名称：武汉国际会展中心
展出内容：视频监控设备、入侵报警系统设备、防爆安全检查设备、出入口控制系统设备等
展会网址：www.hubeiaf.com
主办单位：湖北省安全技术防范行业协会
承办单位：北京四星展览服务有限公司、湖北万泽展览服务有限公司
联系地址：武汉市民主路 717 号金都华庭 A 座 803
邮　　编：430071
联系电话：027-50701302；50702247
传　　真：027-50702682
电子邮箱：afexpo@126.com
联 系 人：代俊峰（13627257558）

2011 中国（武汉）道路交通安全产品与技术设备展览会

展出时间：2011 年 3 月 9 ~ 11 日
展馆名称：武汉国际会展中心
展出内容：智能化交通管理系统、交通信号及标志、标线设备、其它相关交通安全产品及设备等
主办单位：湖北省安全技术防范行业协会
承办单位：湖北万泽展览服务有限公司
联系地址：武汉市武昌区民主路 717 号金都华庭大厦 A 座 803 室
邮　　编：430071
联系电话：027-50701302
传　　真：027-50702682
电子邮箱：afexpo@126.com
联 系 人：代俊峰（13627257558）

第 3 届武汉印刷、包装、纸业展览会

展出时间：2011 年 3 月 14 ~ 16 日
展馆名称：武汉国际会展中心
主办单位：好博塔苏斯展览有限公司
承办单位：好博塔苏斯展览有限公司、武汉金点广告有限公司
联系地址：武汉市武昌中南路一号国际金融贸易大厦 10 楼
邮　　编：430071
联系电话：027-87362609
传　　真：027-87362987
联 系 人：冯先生

2011 年第 27 届湖北（武汉）国际先进医疗仪器设备展览会

展出时间：2011 年 3 月 29 ~ 31 日

展馆名称：武汉国际会展中心
主办单位：湖北省卫生厅、武汉市卫生局、中国贸促会湖北省分会、中国国际商会湖北商会
承办单位：湖北省卫生厅装备处、湖北省国际展览中心
联系地址：武汉市汉口江汉北路8号19楼
邮　　编：430022
联系电话：027-85772659
传　　真：027-85772659
电子邮箱：whwb0531@126.com
联 系 人：文彬

2011 第 11 届中南地区（武汉）美发美容日用化妆品博览会

展出时间：2011 年 4 月 16 ~ 18 日
展馆名称：武汉国际会展中心
展会网址：www.whcciec.com
主办单位：湖北省美发美容协会
承办单位：武汉传承文化展览有限公司
联系地址：武汉市江岸区黄浦大街88号黄埔东宫B座2106室
邮　　编：430012
联系电话：027-62373008
传　　真：027-82288715
电子邮箱：whciee2006@yahoo.com.cn
联 系 人：萧先生（13797009318）

2011 中国中西部（武汉）医疗器械展览会

展出时间：2011 年 5 月 12 ~ 14 日
展馆名称：武汉国际会展中心
展出内容：诊断设备、超声诊断设备、x 线影像诊断设备、心脑电监护设备等
展会网址：www.cwmee.com
主办单位：好博塔苏斯展览公司
联系地址：湖北省武汉市武昌区中南路一号国际金融贸易大厦 10 楼
邮　　编：430000
联系电话：027-87362945
传　　真：027-87362987
电子邮箱：may@hope-tarsus.com
联 系 人：王素梅

2011 第 4 届中国武汉茶业博览会暨陆羽国际茶文化节

展出时间：2011 年 5 月 13 ~ 16 日
展会周期：一年一届
展馆名称：武汉国际会展中心
展出内容：茶叶、茶具、茶机械、茶流通企业等
展会网址：www.hzteaexpo.com
主办单位：湖北省农业厅
承办单位：湖北省茶叶学会、湖北省陆羽茶文化研究会、湖北省茶叶协会武汉茶业协会、武汉中兴恒远展览会议有限公司
联系地址：湖北省武汉市新华路 385 号南达大楼
邮　　编：430015
联系电话：027-65602827
传　　真：027-65603179
电子邮箱：teaexpo@qq.com
联 系 人：吴远志（13971157979）

2011 年中国（武汉）国际电子信息产业展览会

展出时间：2011 年 5 月 15 ~ 17 日
展馆名称：武汉国际会展中心
展出内容：通信运营、通信技术与设备、广播电视技术设备等
主办单位：湖北省科学技术厅、湖北省经济和信息化委员会、湖北省通信管理局、湖北省广播电影电视局、湖北省广播电视总台
承办单位：湖北中科会展有限责任公司
联系地址：武汉武昌水果湖洪山路 62 号 2 号楼一楼
邮　　编：430071
联系电话：027-87825462；15202752434
传　　真：027-87278669
电子邮箱：yxy5981@163.com
联 系 人：杨先生（15007189966）

2011 武汉职业装展览会

展出时间：2011 年 5 月 27 ~ 29 日
展馆名称：武汉国际会展中心
展出内容：行业职业装、工厂企业职业装、酒店职业装、装饰品等
展会网址：www.hudiezl.com
主办单位：武汉市琥谍展览有限公司
联系地址：武汉市江汉区玉宇里
邮　　编：430023
联系电话：027-65608445
传　　真：027-65608445
电子邮箱：zhiyezhuangzl@sina.com
联 系 人：官先生

2011 年第 12 届中国国际机电产品博览会

展出时间：2011 年 9 月 23 ~ 26 日
展馆名称：武汉新城国际博览中心
展出内容：机床与工具、工业控制、焊接技术与电工等
展会网址：www.cwme.com.cn
主办单位：中华人民共和国商务部、中国国际贸易促进委员会、山西省人民政府、河南省人民政府、湖南省人民政府、湖北省人民政府、武汉市人民政府
承办单位：中国机电产品进出口商会、武汉对外经贸商务展览公司
联系地址：武汉市台北路 106 号澎湖公寓 B 座 1502 室
邮　　编：430032
联系电话：027-85801233
传　　真：027-85771292
电子邮箱：yhrita2007@126.com
联 系 人：余慧（15926349435）

湖南省

长沙市

2011 中南部全国医药新特药保健品（长沙）博览会

展出时间：2011 年 3 月 9 ~ 11 日
展馆名称：湖南省展览馆
展出内容：医药产品、保健品、药店及连锁店等
主办单位：中国医药医疗营销协会
承办单位：长沙名家汇展览服务有限公司
联系地址：长沙雨花区香樟路樟树屋恒生手外科医院后 4 栋 801 室
邮　　编：410116
联系电话：0731-88862718
传　　真：0731-84662368
电子邮箱：zjzzq2008@163.com
联 系 人：张志强（13787000358）

2011 第 12 届湖南广告四新及传媒展览会

展出时间：2011 年 3 月 12 ~ 14 日
举办周期：一年一届
始办时间：2001 年
展馆名称：长沙红星国际会展中心
展出内容：广告技术设备、广告摄影技术及设备、大屏幕显示及应用技术、展览展示器材
展会网址：www.wlo-cs.com
主办单位：长沙市浩天会展服务有限公司
承办单位：长沙市文龙展览策划有限公司
联系地址：长沙市五一大道 333 号后栋 407 室、409 室
邮　　编：410005
联系电话：0731-4455909；2166069；2181829
传　　真：0731-2166069；4455909
电子邮箱：wlo_cs@126.com
联 系 人：刘洁（13407313991）

2011 湖南公共安全产品与技术博览会

展出时间：2011 年 4 月 21 ~ 23 日
举办周期：一年一届
始办时间：2000 年
展馆名称：长沙红星国际会展中心
上届数据：参展企业 200 家
主办单位：湖南省公安厅后勤装备科技处
承办单位：湖南省安全技术防范协会、湖南长沙兰德展览广告有限公司
联系地址：长沙市天心区芙蓉中路三段 438 号金苑商务楼 A 栋 607 室
邮　　编：410015
联系电话：0731-5212008
传　　真：0731-2886798
电子邮箱：13308468282@hn165.com
联 系 人：张智（13808450898）

第 18 届湖南医疗器械（2011 年春季）展览会

展出时间：2011 年 5 月 23 ~ 25 日
展馆名称：湖南国际会展中心
展出内容：诊断设备、治疗设备、卫生材料及用品、口腔设备、生物技术及仪器等
主办单位：全国医药技术市场协会、湖南省医学会、大众卫生报社、长沙好博塔苏斯展览公司
承办单位：长沙好博塔苏斯展览有限公司
联系地址：长沙市芙蓉中路一段 468 号湖南财富中心富座 1904 室
邮　　编：410005
联系电话：0731-82836018
传　　真：0731-82836036
联 系 人：赵杰

2011 第 12 届湖南工控自动化及仪器仪表展览会

展出时间：2011 年 5 月 25 ~ 27 日
举办周期：一年一届
展馆名称：湖南国际会展中心
展出内容：传感器、自动化器件、密封件装置和辅助设备等
主办单位：中国机械工业联合会、湖南省机械行业管理办公室、湖南省自动化学会、湖南省仪器仪表行业协会、湖南省国防科技工业办公室、湖南省仪器仪表学会、中国仪器仪表学会实验室仪器分会、中英合资好博塔苏斯展览公司
承办单位：长沙好博塔苏斯展览有限公司
联系地址：湖南省长沙市芙蓉中路一段 468 号湖南财富中心富座 1904
邮　　编：410005
联系电话：0731-82836020
传　　真：0731-82836036
电子邮箱：zmm51888@163.com
联 系 人：张明敏（13574831522）

2011 中部制造业博览会

展出时间：2011 年 5 月 25 ~ 27 日
举办周期：一年一届
展馆名称：湖南国际会展中心
展出内容：机床、工具与机床附件、工程机械及零配件、汽车零配件等
主办单位：中国机械工业联合会、湖南省机械行业管理办公室、湖南省自动化学会、湖南省仪器仪表行业协会、湖南省国防科技工业办公室、湖南省仪器仪表学会、中国仪器仪表学会实验室仪器分会、中英合资好博塔苏斯展览公司
承办单位：中英合资好博塔苏斯展览有限公司、长沙好博塔苏斯展览有限公司
联系地址：湖南省长沙市芙蓉中路一段 468 号湖南财富中心富座 1904
邮　　编：410005
联系电话：0731-82836020
传　　真：0731-82836036
电子邮箱：zmm51888@163.com

联 系 人：张明敏（13574831522）

第12届湖南工业装备展览会

展出时间：2011年5月25～27日
举办周期：一年一届
展馆名称：湖南国际会展中心
展出内容：机床、工具与机床附件、工程机械及零配件、汽车零配件等
主办单位：中国机械工业联合会、湖南省机械行业管理办公室、湖南省自动化学会、湖南省仪器仪表行业协会、湖南省国防科技工业办公室、湖南省仪器仪表学会、中国仪器仪表学会实验室仪器分会、中英合资好博塔苏斯展览公司
承办单位：中英合资好博塔苏斯展览有限公司、长沙好博塔苏斯展览有限公司
联系地址：湖南省长沙市芙蓉中路一段468号湖南财富中心富座1904
邮　　编：410005
联系电话：0731-82836020
传　　真：0731-82836036
电子邮箱：zmm51888@163.com
联 系 人：张明敏（13574831522）

2011第6届湖南电力新技术新装备展览会

展出时间：2011年5月25～27日
展馆名称：湖南国际会展中心
展出内容：发电技术及设备、电气自动化技术与设备、计量计费设备、电力监控仪器等
主办单位：湖南省电力行业协会
承办单位：长沙好博塔苏斯展览有限公司
联系地址：湖南省长沙市芙蓉中路一段468号湖南财富中心富座1904
邮　　编：410005
联系电话：0731-82836020
传　　真：0731-82836036
电子邮箱：zmm51888@163.com
联 系 人：张明敏（13574831522）

2011年第12届湖南国际机床展览会

展出时间：2011年5月29～31日
举办周期：一年一届
始办时间：2000年
展馆名称：湖南国际会展中心
展出内容：液压机、冲压机床、剪板机、折弯机、弯管机、卷板机、效正效平机、空气锤、锻造机及锻压设备等
展会网址：www.ccieme.com.cn
主办单位：中国机械工业联合会、湖南省机械行业管理办公室、湖南省机械工业协会
承办单位：长沙好博塔苏斯展览有限公司
联系地址：长沙市芙蓉中路一段468号湖南财富中心富座1904室
联系电话：0731-82836037
传　　真：0731-82836036
电子邮箱：cceme@qq.com
联 系 人：李树林（13707315271）

2011中国中部（长沙）国际装备制造业博览会暨湖南国际工业装备展览会

展出时间：2011年5月29～31日
举办周期：一年一届
始办时间：2000年
展馆名称：湖南国际会展中心
展出内容：机床、工具与机床附件、工控自动化、仪器仪表、计量检测设备、流体机械与动力传动设备、电力电工设备、电厂电站设备等
展会网址：www.ccieme.com.cn
主办单位：中国机械工业联合会、湖南省机械行业管理办公室、湖南省机械工业协会
承办单位：长沙好博塔苏斯展览有限公司
联系地址：长沙市芙蓉中路一段468号湖南财富中心富座1904室
联系电话：0731-82836037
传　　真：0731-82836036
电子邮箱：cceme@qq.com
联 系 人：李树林（13707315271）

2011湖南机械工业博览会

展出时间：2011年10月20～22日
展馆名称：长沙红星国际会展中心
展出内容：机床、模具加工技术设备、工控自动化与仪器仪表等
主办单位：湖南省机械工程学会
承办单位：长沙支点展览策划有限公司
联系地址：长沙市八一路59号省科技厅信息大楼816室
邮　　编：410001
联系电话：0731-84467498
传　　真：0731-84461049
联 系 人：江九良（13548717522）

2011长沙工程机械、建筑机械与矿山机械展览会

展出时间：2011年10月20～22日
展馆名称：长沙红星国际会展中心
展出内容：机床、模具加工技术设备、工控自动化与仪器仪表等
主办单位：湖南省机械工程学会
承办单位：长沙支点展览策划有限公司
联系地址：长沙市八一路59号省科技厅信息大楼816室
邮　　编：410001
联系电话：0731-84467498
传　　真：0731-84461049
联 系 人：江九良（13548717522）

广东省

广州市

2011 第 17 届广州酒店清洁设备展览会

展出时间：2011 年 1 月 6 ~ 8 日
展馆名称：中国进出口商品交易会琶洲展馆
展出内容：清洁设备、清洁用品、清洁剂等
主办单位：中国进出口商品交易会琶洲展馆
承办单位：中国进出口商品交易会琶洲展馆
联系地址：广州市达道路 16 号广州军区影视大厦 512 室
邮　　编：510600
联系电话：020-23376029
传　　真：020-88277479
电子邮箱：fx23376029@163.com
联 系 人：朱灼彬（13560389519）

2011 广州创业展览会

展出时间：2011 年 1 月 7 ~ 9 日
展馆名称：广州（琶洲）中州国际展览中心
主办单位：香港世贸国际展览有限公司、广州锐升商贸有限公司
承办单位：香港世贸国际展览有限公司、广州锐升商贸有限公司
联系地址：广州市海珠区新港东庭园路 183 号 219
联系电话：020-23358193
传　　真：020-34150219
电子邮箱：hkwto025@163.com
联 系 人：高少涛（13725422949）

2011 广州国际车灯展览会

展出时间：2011 年 2 月 20 ~ 22 日
展馆名称：中国进出口商品交易会展馆
承办单位：广州康博士展览有限公司
联系电话：020-38767624
传　　真：020-38283267-803
电子邮箱：info@kbszl.cn

2011 广州国际轮胎展览会

展出时间：2011 年 2 月 20 ~ 22 日
展馆名称：中国进出口商品交易会展馆
承办单位：广州康博士展览有限公司
联系电话：020-38767624
传　　真：020-38283267-803
电子邮箱：info@kbszl.cn

2011 第 8 届广州（国际）车用空调及冷藏链技术展览会

展出时间：2011 年 2 月 24 ~ 26 日
举办周期：一年一届
始办时间：2004 年
展馆名称：广州国际会议展览中心（琶洲展馆）
展出内容：整车空调系统、车用空调配件等
展会网址：www.84t.cn
上届数据：展览面积 10000 平方米，展商 326 家
主办单位：中国汽车工程学会车身技术分会空调学组、中国汽车后市场联合会、香港巴斯特国际会展（集团）公司、广州巴斯特展览有限公司
承办单位：广州巴斯特展览有限公司
联系地址：广州新港东路 238 号世港国际公寓 B601
邮　　编：510335
联系电话：020-86372196
传　　真：020-86374257
电子邮箱：nanhailin2008@163.com
联 系 人：林睿

2011 年广州演艺设备、智能声光产品技术展览会

展出时间：2011 年 2 月 28 日 ~ 3 月 2 日
展馆名称：广州保利世贸博览馆
主办单位：中国电子音响工业协会、中国录音师协会、中国舞台美术学会、广州大学声像与灯光技术研究所、广东省录音师协会、广东省舞台美术学会
联系地址：广州市越秀区三育路众鑫楼四楼
邮　　编：510080
联系电话：020-61286158
传　　真：020-61280512
电子邮箱：dqslzh@163.com
联 系 人：陈生

2011 广东国际广告展览会

展出时间：2011 年 3 月 1 ~ 4 日
展馆名称：中国进出口商品交易会琶洲展览馆
展出内容：展览展示器材、便携式展具系列、舞台架及其它 POP 产品等
承办单位：广州信亚展览服务有限公司
联系地址：广州天河区天河路 365 号
联系电话：020-38845362

2011 中国（广州）国际潜水展览会

展出时间：2011 年 3 月 3 ~ 5 日
展馆名称：广州国际会议展览中心（琶洲展馆）
主办单位：广东省对外经济合作企业协会、广东省文化产业促进会、粤港经贸合作交流促进会
承办单位：香港鸿威国际展览集团、广州市鸿威展览服务有限公司
电子邮箱：fuyeli@163.com
联 系 人：傅业丽（15986388047）

2011 中国（广州）国际水系旅游休闲运动及水上用品博览

展出时间：2011 年 3 月 3 ~ 5 日
展馆名称：广州国际会议展览中心（琶洲展馆）
主办单位：广东省对外经济合作企业协会、广东省文化产

业促进会、粤港经贸合作交流促进会
承办单位：香港鸿威国际展览集团、广州市鸿威展览服务有限公司
电子邮箱：fuyeli@163.com
联 系 人：傅业丽（15986388047）

2011 第 2 届中国广州国际通讯展览会

展出时间：2011 年 3 月 7 ~ 9 日
展馆名称：广州保利世贸博览馆
展会网址：www.gztwzl.com
主办单位：广东省经济和信息化委员会、广东省通信管理局
承办单位：广东 3G 产业发展联盟、广东省手机生产基地、广东省信息协会、广州天唯展览服务有限公司
联系地址：广州市东风中路 305 号省政府大院 9 号楼
联系电话：020-83134256
传　　真：020-83134714
电子邮箱：uranus@gd.gov.cn
联 系 人：邓守毅

2011 新一代宽带网络及战略性信息产业研讨会

展出时间：2011 年 3 月 7 ~ 9 日
展馆名称：广州保利世贸博览馆
展会网址：www.gztwzl.com
主办单位：广东省经济和信息化委员会、广东省通信管理局
承办单位：广东 3G 产业发展联盟、广东省手机生产基地、广东省信息协会、广州天唯展览服务有限公司
联系地址：广州市东风中路 305 号省政府大院 9 号楼
联系电话：020-83134256
传　　真：020-83134714
电子邮箱：uranus@gd.gov.cn
联 系 人：邓守毅

第 2 届中国（广州）国际移动互联网高峰论坛

展出时间：2011 年 3 月 7 ~ 9 日
展馆名称：广州保利世贸博览馆
展会网址：www.gztwzl.com
主办单位：广东省经济和信息化委员会、广东省通信管理局
承办单位：广东 3G 产业发展联盟、广东省手机生产基地、广东省信息协会、广州天唯展览服务有限公司
联系地址：广州市东风中路 305 号省政府大院 9 号楼
联系电话：020-83134256
传　　真：020-83134714
电子邮箱：uranus@gd.gov.cn
联 系 人：邓守毅

2011 广州国际 3G 手机展览会

展出时间：2011 年 3 月 8 ~ 10 日
始办时间：2009 年
展馆名称：中国进出口商品交易会琶洲展览馆
主办单位：广东省经济和信息化委员会、广东省通信管理局
承办单位：广东 3G 产业发展联盟、广东省手机生产基地、广东省信息协会、广州天唯展览服务有限公司
联系地址：广州市海珠区新港东路海诚东街 10 号琶洲会展创意园 A 栋 610 室
联系电话：020-89232963
传　　真：020-89232963
电子邮箱：14221288@qq.com
联 系 人：丁晓晶（15989021097）

中国（广州）国际泵、阀门、管道展览会

展出时间：2011 年 3 月 9 ~ 11 日
举办周期：一年一届
始办时间：1999 年
展馆名称：中国进出口商品交易会展馆
展出内容：终端净水处理设备类、中水回用、污水处理设备类、泵、阀门、管道设备类、过滤、消毒设备类、给排水设备类、仪表仪器类；泵设备，阀门设备，管道设备
展会网址：www.waterchina-gz.com
上届数据：参展商 279 家，专业观众 9850 人次
主办单位：中国对外贸易中心（集团）
承办单位：中国对外贸易广州展览总公司
联系地址：广州市流花路 117 号
邮　　编：510014
联系电话：020-86674121
传　　真：020-86680925-02
电子邮箱：project2@fairwindow.com.cn
联 系 人：梁小姐

华南国际印刷工业展览会

展出时间：2011 年 3 月 9 ~ 11 日
举办周期：一年一届
始办时间：1993 年
展馆名称：中国进出口商品交易会展馆
展出内容：印前、印刷、印后、印刷服务等
展会网址：sinoprint.fairwindow.com；label.fairwindow.com
上届数据：参展商 408 家，专业观众 38698 人次
主办单位：广东省新闻出版局、中国对外贸易中心（集团）、雅式展览服务有限公司、广东省出版集团
承办单位：中国对外贸易广州展览总公司、北京雅展展览服务有限公司
联系地址：广州市流花路 117 号
邮　　编：510014
联系电话：020-26081625
传　　真：020-86680925-05
电子邮箱：pfp@fairwindow.com.cn
联 系 人：杨先生

2011 中国国际标签印刷技术展览会

展出时间：2011 年 3 月 9 ~ 11 日
举办周期：一年一届
始办时间：1993 年
展馆名称：中国进出口商品交易会展馆

展出内容：印前、印刷、印后、印刷服务等
展会网址：sinoprint.fairwindow.com；
label.fairwindow.com
上届数据：参展商 408 家，专业观众 38698 人次
主办单位：广东省新闻出版局、中国对外贸易中心（集团）、雅式展览服务有限公司、广东省出版集团
承办单位：中国对外贸易广州展览总公司、北京雅展展览服务有限公司
联系地址：广州市流花路 117 号
邮　　编：510014
联系电话：020-26081625
传　　真：020-86680925-05
电子邮箱：pfp@fairwindow.com.cn
联 系 人：杨先生

中国广州国际工业自动化技术及装备展览会

展出时间：2011 年 3 月 9 ～ 11 日
举办周期：一年一届
始办时间：1997 年
展馆名称：中国进出口商品交易会展馆
展出内容：工业自动化技术及装备
展会网址：www.siaf-china.com
上届数据：参展商 317 家，专业观众 16715 人次
主办单位：中国对外贸易中心（集团）、德国法兰克福展览有限公司
承办单位：中国对外贸易广州展览总公司、广州富洋展览有限公司、广州光亚法兰克福展览有限公司、德国美赛高法兰克福展览有限公司
联系地址：广州市流花路 117 号
邮　　编：510014
联系电话：020-86680925-02
传　　真：020-26081669
电子邮箱：zhouqw@fairwindow.com.cn
联 系 人：周小姐

中国（广州）国际给排水、水处理技术与设备展览会

展出时间：2011 年 3 月 9 ～ 11 日
举办周期：一年一届
始办时间：1999 年
展馆名称：中国进出口商品交易会展馆
展出内容：终端净水处理设备类、中水回用、污水处理设备类、泵、阀门、管道设备类、过滤、消毒设备类、给排水设备类、仪表仪器类；泵设备，阀门设备，管道设备
展会网址：www.waterchina-gz.com
上届数据：参展商 279 家，专业观众 9850 人次
主办单位：中国对外贸易中心（集团）
承办单位：中国对外贸易广州展览总公司
联系地址：广州市流花路 117 号
邮　　编：510014
联系电话：020-86674121
传　　真：020-86680925-02
电子邮箱：project2@fairwindow.com.cn
联 系 人：梁小姐

2011 第 8 届中国（广州）国际乐器展览会

展出时间：2011 年 3 月 9 ～ 12 日
展馆名称：中国进出口商品交易会展馆
展出内容：钢琴和键盘乐器、弦乐器、打击乐器、电声乐器、民族乐器、乐谱及书籍乐器配件、音乐相关电脑硬件软件等
展会网址：www.guangzhoumusic.cn
主办单位：广东省科学技术厅、广东省文化厅、国家轻工业乐器信息中心、广东省对外科技交流中心
承办单位：广东国际科技贸易展览公司
联系地址：广州市连新路 171 号广东省科技厅大院
联系电话：020-83546339

2011 年第 9 届中国（广州）国际专业音响、灯光展览会

展出时间：2011 年 3 月 9 ～ 12 日
展馆名称：中国进出口商品交易会展馆
展出内容：钢琴和键盘乐器、弦乐器、打击乐器、电声乐器、民族乐器、乐谱及书籍乐器配件、音乐相关电脑硬件软件等
展会网址：www.guangzhoumusic.cn
主办单位：广东省科学技术厅、广东省文化厅、国家轻工业乐器信息中心、广东省对外科技交流中心
承办单位：广东国际科技贸易展览公司
联系地址：广州市连新路 171 号广东省科技厅大院
联系电话：020-83546339

2011 广州箱包皮具手袋及原料配饰展览会

展出时间：2011 年 3 月 13 ～ 15 日
展馆名称：广州保利世贸博览馆
展出内容：箱包、皮具
主办单位：广州瑞鸿展览服务有限公司
承办单位：广州瑞鸿展览服务有限公司
联系地址：广州市天河区棠德南路乐天棠德广场 C 座 406 室
邮　　编：510665
联系电话：020-38667261
传　　真：020-38667163
电子邮箱：ruihongfair@163.com
联 系 人：王先生（13650761563）

2011 广州鞋类皮革展览会

展出时间：2011 年 3 月 13 ～ 15 日
展馆名称：广州保利世贸博览馆
展出内容：箱包、皮具
主办单位：广州瑞鸿展览服务有限公司
承办单位：广州瑞鸿展览服务有限公司
联系地址：广州市天河区棠德南路乐天棠德广场 C 座 406 室
邮　　编：510665
联系电话：020-38667261
传　　真：020-38667163
电子邮箱：ruihongfair@163.com

联 系 人：王先生（13650761563）

2011 广州鞋材鞋机展览会

展出时间：2011 年 3 月 13 ~ 15 日
展馆名称：广州保利世贸博览馆
展出内容：箱包、皮具
主办单位：广州瑞鸿展览服务有限公司
承办单位：广州瑞鸿展览服务有限公司
联系地址：广州市天河区棠德南路乐天棠德广场 C 座 406 室
邮　　编：510665
联系电话：020-38667261
传　　真：020-38667163
电子邮箱：ruihongfair@163.com
联 系 人：王先生（13650761563）

2011 广州人造革合成革展览会

展出时间：2011 年 3 月 13 ~ 15 日
展馆名称：广州保利世贸博览馆
展出内容：箱包、皮具
主办单位：广州瑞鸿展览服务有限公司
承办单位：广州瑞鸿展览服务有限公司
联系地址：广州市天河区棠德南路乐天棠德广场 C 座 406 室
邮　　编：510665
联系电话：020-38667261
传　　真：020-38667163
电子邮箱：ruihongfair@163.com
联 系 人：王先生（13650761563）

中国广州国际家居饰品 / 用品展览会（春季）

展出时间：2011 年 3 月 18 ~ 21 日
举办周期：一年两届
始办时间：1998 年
展馆名称：中国进出口商品交易会展馆
展出内容：家居饰品
展会网址：hhc.fairwindow.com
上届数据：参展商 239 家，专业观众 37775 人次
主办单位：中国对外贸易中心（集团）
承办单位：中国对外贸易广州展览总公司
联系地址：广州市流花路 117 号
邮　　编：510014
联系电话：020-26081604
传　　真：020-86663416-23
电子邮箱：ginaho@fairwindow.com.cn
联 系 人：何小姐

中国广州国际家具博览会（春季）

展出时间：2011 年 3 月 18 ~ 21 日
举办周期：一年两届
始办时间：1998 年
展馆名称：中国进出口商品交易会展馆
展出内容：现代家具、古典家具
展会网址：www.ciff-gz.com
上届数据：参展商 785 家，专业观众 82204 人次
主办单位：中国家具协会、中国对外贸易中心（集团）、广东省家具协会、香港家私装饰厂商总会
承办单位：中国对外贸易广州展览总公司
联系地址：广州市流花路 117 号
邮　　编：510014
联系电话：020-26081604
传　　真：020-86663416-23
电子邮箱：ginaho@fairwindow.com.cn
联 系 人：何小姐

中国广州国际陶瓷展览会

展出时间：2011 年 3 月 18 ~ 21 日
举办周期：一年一届
始办时间：2007 年
展馆名称：中国进出口商品交易会展馆
展出内容：日用陶瓷、工艺美术陶瓷、园艺陶瓷
展会网址：ceramex.fairwindow.com
上届数据：参展商 150 家，专业观众 23278 人次
主办单位：中国对外贸易中心（集团）
承办单位：中国对外贸易广州展览总公司
联系地址：广州市流花路 117 号
邮　　编：510014
联系电话：020-26081613
传　　真：020-86663416-01
电子邮箱：yujl@fairwindow.com.cn
联 系 人：余小姐

中国广州国际家用纺织品及辅料展览会

展出时间：2011 年 3 月 18 ~ 21 日
举办周期：一年一届
始办时间：1998 年
展馆名称：中国进出口商品交易会展馆
展出内容：家居用装饰布及装饰品、地毯及地面覆盖物、各类室内配件、纺织类工艺品、其它家用纺织品、家用纺织品相关产品及服务
展会网址：htc.fairwindow.com
上届数据：参展商 181 家，专业观众 18495 人次
主办单位：中国纺织工业协会、中国对外贸易中心（集团）
承办单位：中国家用纺织品行业协会、中国对外贸易广州展览总公司、中国贸促会纺织行业分会、法兰克福展览（香港）有限公司
联系地址：广州市流花路 117 号
邮　　编：510014
联系电话：020-26081613；26080413
传　　真：020-86663416-01
电子邮箱：htc@fairwindow.com.cn
联 系 人：余小姐

中国广州国际户外及休闲展览会

展出时间：2011 年 3 月 18 ~ 21 日
举办周期：一年一届
始办时间：2008 年

展馆名称：中国进出口商品交易会展馆
展出内容：户外家居、庭院生活、园艺布置装饰，工具及设备
展会网址：outdoor.fairwindow.com
上届数据：参展商 120 家，专业观众 17088 人次
主办单位：中国对外贸易中心（集团）、中国食品土畜进出口商会
承办单位：中国对外贸易广州展览总公司
联系地址：广州市流花路 117 号
邮　　编：510014
联系电话：020-26081896
传　　真：020-86663416-01
电子邮箱：aoly@fairwindow.com.cn
联 系 人：敖丽艳

2011 广州国际个人医疗保健器械及用品展览会

展出时间：2011 年 3 月 24 ~ 26 日
展馆名称：广州保利世界贸易中心
主办单位：中华人民共和国商务部
承办单位：广州金晔展览服务有限公司
联系电话：020-86663460
传　　真：020-86674041
电子邮箱：zhengjie5088@163.com
联 系 人：郑婕

2011 广州福祉用品及康复器具展览会

展出时间：2011 年 3 月 24 ~ 26 日
展馆名称：广州保利世贸博览馆
展出内容：假肢矫形器产品、特殊医疗设备等
主办单位：中国国际经济技术交流中心、广州市器械行业协会
承办单位：广州市金晔展览有限公司
联系地址：广州市流花路 119 号锦汉展览中心 1 号馆 6 层
联系电话：020-86662549
传　　真：020-86674041
电子邮箱：15986351907@139.com
联 系 人：段奎明

2011 年广州国际旅游展览会

展出时间：2011 年 3 月 24 ~ 26 日
举办周期：一年一届
始办时间：1993 年
展馆名称：广州锦汉展览中心
展出内容：旅游休闲地产、旅游户外用品及装备、航空公司、航空联盟、游览车、汽车租赁及铁路机构等
上届数据：展出面积 15172 平方米，参展商 506 家
主办单位：汉诺威米兰展览（上海）有限公司
承办单位：汉诺威米兰展览（上海）有限公司
联系地址：上海市浦东新区银霄路 393 号百安居浦东商务大厦 301 室
邮　　编：201204
联系电话：021-50456700-223
传　　真：021-50459355
电子邮箱：austin.wang@hmf-china.com
联 系 人：汪村彦

2011 第 22 届广州特许连锁加盟展览会

展出时间：2011 年 3 月 25 ~ 27 日
展馆名称：中国进出口商品交易会琶洲展馆
主办单位：广东省连锁经营协会、广州连锁经营协会、广州富众展览有限公司
承办单位：广州富众展览有限公司
联 系 人：黄小燕（13826043926）

2011 年广州第 7 届包装盒制品展览会

展出时间：2011 年 3 月 25 ~ 27 日
展馆名称：中国进出口商品交易会展馆
主办单位：广州市星晖贸易展览有限公司
承办单位：广州市星晖贸易展览有限公司
联系地址：广州珠江新城花城大道 3 号南天广场皇朝阁 3101 室
联系电话：020-38250412
传　　真：020-38250932
电子邮箱：xinghui@gzxinghui.com
联 系 人：刘小姐

中国广州国际家具博览会（办公环境展）

展出时间：2011 年 3 月 27 ~ 30 日
举办周期：一年一届
始办时间：1998 年
展馆名称：中国进出口商品交易会展馆
展出内容：办公家具、商用家具、办公场所相关设备（照明系列、墙材系列、铺地材料系列等）
展会网址：officefurniture.fairwindow.com
上届数据：参展商 610 家，专业观众 52648 人次
主办单位：中国对外贸易中心（集团）
承办单位：中国对外贸易广州展览总公司
联系地址：广州市流花路 117 号
邮　　编：510014
联系电话：020-26081673
传　　真：020-86663416-01
电子邮箱：yuw@fairwindow.com.cn
联 系 人：于雯

中国广州国际木工机械、家具配料展览会

展出时间：2011 年 3 月 27 ~ 30 日
举办周期：一年一届
始办时间：1998 年
展馆名称：中国进出口商品交易会展馆
展出内容：木工机械、软体机械、家具工具刀具、海绵、塑料及 PVC、化工原料、家具皮革及面料、板材、木皮及贴面纸、家具及厨具五金
展会网址：cifm.fairwindow.com
上届数据：参展商 887 家，专业观众 43709 人次
主办单位：中国对外贸易中心（集团）、科隆国际展览有限公司

承办单位：中国对外贸易广州展览总公司科隆展览新加坡有限公司
联系地址：广州市流花路 117 号
邮　　编：510014
联系电话：020-26081673
传　　真：020-86663416-01
电子邮箱：yuw@fairwindow.com.cn
联 系 人：于雯

2011 广州国际真空工业展览会

展出时间：2011 年 3 月 28 ~ 30 日
展馆名称：广州保利世贸展览中心
主办单位：广东真空学会、广州市雅斯展览有限公司
承办单位：广州市雅斯展览有限公司
联系地址：广州市花都曙光路新天地大厦 B401
联系电话：020-86800480
传　　真：020-86800836
联 系 人：张利威（13538967072）

2011 广州国际制药机械展览会

展出时间：2011 年 3 月 29 ~ 31 日
展馆名称：广州锦汉展览中心
主办单位：中国医药保健国际贸易促进会、广东省保健食品行业协会、广州市艺帆展览服务有限公司
承办单位：广州市艺帆展览服务有限公司
联系地址：广州市天河区燕岭路 25-27 号银燕大厦 201 室
邮　　编：501507
联系电话：020-61089470
传　　真：020-61089459
电子邮箱：liuchunhua3006@126.com
联 系 人：刘春花（13826460801）

2011 药品包装展览会

展出时间：2011 年 3 月 29 ~ 31 日
展馆名称：广州锦汉展览中心
主办单位：中国医药保健国际贸易促进会、广东省保健食品行业协会、广州市艺帆展览服务有限公司
承办单位：广州市艺帆展览服务有限公司
联系地址：广州市天河区燕岭路 25-27 号银燕大厦 201 室
邮　　编：501507
联系电话：020-61089470
传　　真：020-61089459
电子邮箱：liuchunhua3006@126.com
联 系 人：刘春花（13826460801）

2011 中国（广州）国际肉类工业展览会

展出时间：2011 年 3 月 29 ~ 31 日
展馆名称：中国进出口商品交易会琶洲展馆
主办单位：中国农业产业经济发展协会、中国营养产业国际交流协会、广东省保健食品行业协会
广州进口食品质量管理协会
承办单位：广州市艺帆展览服务有限公司
联系地址：广州市天河区燕岭路 25-27 号银燕大厦 201 室
邮　　编：510507
联系电话：020-61089482
传　　真：020-61089459
电子邮箱：jovy111@163.com
联 系 人：陈荣（15914369687）

2011 第 10 届中国（广州）国际营养品展览会

展出时间：2011 年 3 月 29 ~ 31 日
展馆名称：中国进出口商品交易会琶洲展馆
主办单位：中国农业产业经济发展协会、中国营养产业国际交流协会、广东省保健食品行业协会
广州进口食品质量管理协会
承办单位：广州市艺帆展览服务有限公司
联系地址：广州市天河区燕岭路 25-27 号银燕大厦 201 室
邮　　编：510507
联系电话：020-61089482
传　　真：020-61089459
电子邮箱：jovy111@163.com
联 系 人：陈荣（15914369687）

2011 第 10 届中国（广州）国际健康食品及有机产品展览会

展出时间：2011 年 3 月 29 ~ 31 日
展馆名称：中国进出口商品交易会琶洲展馆
主办单位：中国农业产业经济发展协会、中国营养产业国际交流协会、广东省保健食品行业协会
广州进口食品质量管理协会
承办单位：广州市艺帆展览服务有限公司
联系地址：广州市天河区燕岭路 25-27 号银燕大厦 201 室
邮　　编：510507
联系电话：020-61089482
传　　真：020-61089459
电子邮箱：jovy111@163.com
联 系 人：陈荣（15914369687）

2011 广州烘焙食品展览会展览

展出时间：2011 年 3 月 29 ~ 31 日
展馆名称：广州保利世贸展览中心
主办单位：中国食品工业协会
承办单位：中国食品工业协会面包糕饼专业委员会、北京中食德和展览有限公司
联系地址：北京市丰台区西客站南广场融信大厦 1905 室
邮　　编：100055
联系电话：010-61790520
电子邮箱：a61790520@163.com
联 系 人：金鑫（13521336224）

2011 第 3 届中国（广州）国际食用油及橄榄油展览会

展出时间：2011 年 3 月 29 ~ 31 日
展馆名称：广州锦汉展览中心
主办单位：中国农业产业经济发展协会、中国营养产业国际交流协会、广东省保健食品行业协会

承办单位：广州市艺帆展览服务有限公司
联系地址：广州市天河区燕岭路25-27号银燕大厦201室
邮　　编：510507
联系电话：020-61089482
传　　真：020-61089459
电子邮箱：jovy11@163.com
联 系 人：陈荣（15914369687）

第18届全国药品保健品（广州）交易会

展出时间：2011年3月29～31日
展馆名称：广州锦汉展览中心
主办单位：广东省保健食品行业协会、中国医药保健国际贸易促进会
承办单位：广州市艺帆展览服务有限公司
联系地址：广州市燕岭路25-27号银燕大厦2406室
邮　　编：510507
联系电话：020-61078749
传　　真：020-61078749
电子邮箱：gdyfzl@163.com
联 系 人：江桂发

第3届广州国际园林机械展览会

展出时间：2011年3月30日～4月1日
展馆名称：中国进出口商品交易会琶洲展馆
展会网址：www.yljxz.com
主办单位：中国市政工程协会、广东省风景园林协会
承办单位：广州市鸿威展览服务有限公司
联系地址：广州市天河区车陂路318号美景花苑202-203室
邮　　编：510660
联系电话：020-28314758
传　　真：020-82579220
电子邮箱：yjw88688@126.com
联 系 人：叶计伟

2011第3届广州国际立体绿化和屋顶绿化展览会

展出时间：2011年3月30日～4月1日
展馆名称：中国进出口商品交易会琶洲展馆
展会网址：www.yljxz.com
主办单位：中国市政工程协会、广东省风景园林协会
承办单位：广州市鸿威展览服务有限公司
联系地址：广州市天河区车陂路318号美景花苑202-203室
邮　　编：510660
联系电话：020-28314758
传　　真：020-82579220
电子邮箱：yjw88688@126.com
联 系 人：叶计伟

2011第3届广州国际绿化苗木展览会

展出时间：2011年3月30日～4月1日
展馆名称：中国进出口商品交易会琶洲展馆
展会网址：www.yljxz.com
主办单位：中国市政工程协会、广东省风景园林协会
承办单位：广州市鸿威展览服务有限公司
联系地址：广州市天河区车陂路318号美景花苑202-203室
邮　　编：510660
联系电话：020-28314758
传　　真：020-82579220
电子邮箱：yjw88688@126.com
联 系 人：叶计伟

2011第3届广州国际园林景观与美好人居博览会

展出时间：2011年3月30日～4月1日
展馆名称：中国进出口商品交易会琶洲展馆
展会网址：www.yljxz.com
主办单位：中国市政工程协会、广东省风景园林协会
承办单位：广州市鸿威展览服务有限公司
联系地址：广州市天河区车陂路318号美景花苑202-203室
邮　　编：510660
联系电话：020-28314758
传　　真：020-82579220
电子邮箱：yjw88688@126.com
联 系 人：叶计伟

2011广州国际婴童用品展览会

展出时间：2011年4月8～10日
举办周期：一年一届
展馆名称：广州保利世贸博览馆
展会网址：www.chinababyfair.com
主办单位：广东省玩具协会、广东玩具文化经济发展研究会、广州力通展览服务有限公司
承办单位：广州力通展览服务有限公司
联系地址：广州市淘金北路正平南街1号金源楼2楼
邮　　编：510095
联系电话：020-83587037
传　　真：020-83587016
电子邮箱：expo@ctoy.cn
联 系 人：郑小姐

2011广州国际玩具及模型展览会

展出时间：2011年4月8～10日
举办周期：一年一届
展馆名称：广州保利世贸博览馆
展会网址：www.chinababyfair.com
主办单位：广东省玩具协会、广东玩具文化经济发展研究会、广州力通展览服务有限公司
承办单位：广州力通展览服务有限公司
联系地址：广州市淘金北路正平南街1号金源楼2楼
邮　　编：510095
联系电话：020-83587037
传　　真：020-83587016
电子邮箱：expo@ctoy.cn
联 系 人：郑小姐

第109届中国进出口商品交易会（广交会）

展出时间：第一期：2011年4月15～19日
　　　　　第二期：2011年4月23～27日

第三期：2011 年 5 月 1 ~ 5 日
举办周期：一年一届
展馆名称：中国进出口商品交易会展馆
展出内容：第一期：电子家电、照明、车辆及配件、机械、五金工具、建材、化工产品、进口产品
第二期：日用消费品、礼品、家居装饰品
第三期：防治服装、鞋、办公箱包及休闲用品、医药及医疗保健、食品及土特产品、进口产品
展会网址：www.cantonfair.org.cn
上届数据：来自 208 个国家和地区的 200612 名境外采购商到会
主办单位：中华人民共和国商务部、广东省人民政府
承办单位：中国对外贸易中心
联系地址：广州市海珠区新港中路 382 号
联系电话：4000-888-999；020-26088888

2011（广州）空气源热泵及配套产品展览会

展出时间：2011 年 5 月 10 ~ 12 日
展馆名称：广州保利世贸博览馆
主办单位：联合国工发组织国际风能太阳能信息中心、中国热泵产业联盟、国际铜业协会、大美国际资讯
承办单位：大美展览《热泵》杂志、《太阳能信息》报
联系电话：0471-3380054
传　　真：0471-3380054
联 系 人：张玉光（15947611022）

2011 广州国际表面处理、电镀、涂装展览会

展出时间：2011 年 5 月 11 ~ 13 日
举办周期：两年一届
展馆名称：广州国际会议展览中心
展会网址：www.sf-expo.cn
主办单位：中国表面工程协会电镀分会、美国粉末涂料涂装协会、广东电镀协会、广东省涂料行业协会、智展展览有限公司
承办单位：广东智展展览有限公司
联系地址：广州市寺右新马路五号华友大厦 1802 室
邮　　编：510600
联系电话：020-37599008
传　　真：020-37599151
电子邮箱：ex360s@126.com
联 系 人：陈燕慧

2011 中国电镀与精饰学术大会

展出时间：2011 年 5 月 11 ~ 13 日
举办周期：两年一届
展馆名称：广州国际会议展览中心
展会网址：www.sf-expo.cn
主办单位：中国表面工程协会电镀分会、美国粉末涂料涂装协会、广东电镀协会、广东省涂料行业协会、智展展览有限公司
承办单位：广东智展展览有限公司
联系地址：广州市寺右新马路五号华友大厦 1802 室
邮　　编：510600
联系电话：020-37599008
传　　真：020-37599151
电子邮箱：ex360s@126.com
联 系 人：陈燕慧

2011 第 4 届功能性涂层开发与应用高峰论坛

展出时间：2011 年 5 月 11 ~ 13 日
举办周期：两年一届
展馆名称：广州国际会议展览中心
展会网址：www.sf-expo.cn
主办单位：中国表面工程协会电镀分会、美国粉末涂料涂装协会、广东电镀协会、广东省涂料行业协会、智展展览有限公司
承办单位：广东智展展览有限公司
联系地址：广州市寺右新马路五号华友大厦 1802 室
邮　　编：510600
联系电话：020-37599008
传　　真：020-37599151
电子邮箱：ex360s@126.com
联 系 人：陈燕慧

第 9 届广州国际涂料、油墨、胶粘剂展览会

展出时间：2011 年 5 月 11 ~ 13 日
举办周期：两年一届
展馆名称：广州国际会议展览中心
展会网址：www.sf-expo.cn
主办单位：中国表面工程协会电镀分会、美国粉末涂料涂装协会、广东电镀协会、广东省涂料行业协会、智展展览有限公司
承办单位：广东智展展览有限公司
联系地址：广州市寺右新马路五号华友大厦 1802 室
邮　　编：510600
联系电话：020-37599008
传　　真：020-37599151
电子邮箱：ex360s@126.com
联 系 人：陈燕慧

2011 第 2 届广州国际颜料展览会

展出时间：2011 年 5 月 11 ~ 13 日
举办周期：两年一届
展馆名称：广州国际会议展览中心
展会网址：www.sf-expo.cn
主办单位：中国表面工程协会电镀分会、美国粉末涂料涂装协会、广东电镀协会、广东省涂料行业协会、智展展览有限公司
承办单位：广东智展展览有限公司
联系地址：广州市寺右新马路五号华友大厦 1802 室
邮　　编：510600
联系电话：020-37599008
传　　真：020-37599151
电子邮箱：ex360s@126.com

联 系 人：陈燕慧

2011 广州国际涂料展览会

展出时间：2011 年 5 月 11 ~ 13 日
举办周期：两年一届
展馆名称：广州国际会议展览中心
展会网址：www.sf-expo.cn
主办单位：中国表面工程协会电镀分会、美国粉末涂料涂装协会、广东电镀协会、广东省涂料行业协会、智展展览有限公司
承办单位：广东智展展览有限公司
联系地址：广州市寺右新马路五号华友大厦 1802 室
邮　　编：510600
联系电话：020-37599008
传　　真：020-37599151
电子邮箱：ex360s@126.com
联 系 人：陈燕慧

第 14 届广州阀门、流体工程、流程工业过程装备展览会

展出时间：2011 年 5 月 18 ~ 20 日
举办周期：一年一届
始办时间：1997 年
展馆名称：中国进出口商品交易会琶洲展馆
承办单位：广州流体展览有限公司
联系地址：广州市开发区青年路 7 号利丰大厦南塔 505 室
联系电话：020-39851852
传　　真：020-62614523
电子邮箱：flowexpo@163.com
联 系 人：郑杰

2011 中国（广州）葡萄酒及烈酒展览会

展出时间：2011 年 6 月 2 ~ 4 日
展馆名称：中国进出口商品交易会琶洲展馆
展出内容：展出面积近 6000 平方米
展会网址：www.winexpo.org.cn
主办单位：中国食品土畜进出口商会
承办单位：广州福亚展览有限公司
联系地址：广州市天河路 238 号华龙大厦 2306 室
邮　　编：510620
联系电话：020-85519093
传　　真：020-87517368
电子邮箱：cifexpo@gmail.com

2011 中国（广州）国际食品饮料展览会

展出时间：2011 年 6 月 2 ~ 4 日
举办周期：一年一届
始办时间：2004 年
展馆名称：中国进出口商品交易会
展会网址：www.cifexpo.org
上届数据：展出面积 20000 平方米，参展商 523 家
主办单位：中国食品土畜进出口商会
承办单位：广州福亚展览有限公司
联系地址：广州市天河区天河路 238 号华龙大厦 2306 室
邮　　编：510620
联系电话：020-87517618
电子邮箱：info@fuyaexpo.com

2011 中国（广州）国际能源大会暨展览会

展出时间：2011 年 6 月 9 ~ 11 日
展馆名称：中国进出口商品交易会琶洲展馆
展会网址：www.enertechexpo.com
联系地址：广州市新港东路 1068 号中洲中心南塔 A 座 29 楼
邮　　编：510335
联系电话：020-89048095
传　　真：020-89048096
电子邮箱：info@enertechexpo.com

2011 第 9 届中国（广州）国际汽车用品展览会

展出时间：2011 年 6 月 9 ~ 11 日
展馆名称：广州保利世贸博览馆
展会网址：www.ciaae.cn
主办单位：中国对外贸易经济合作企业协会
承办单位：广州一流展览服务有限公司
联系电话：020-28378188
传　　真：020-28378181
电子邮箱：info@fce.cn
联 系 人：张慧（13710833855）

2011 第 9 届中国（广州）国际汽车零部件展览会

展出时间：2011 年 6 月 9 ~ 11 日
展馆名称：广州保利世贸博览馆
展会网址：www.ciaae.cn
主办单位：中国对外贸易经济合作企业协会
承办单位：广州一流展览服务有限公司
联系电话：020-28378188
传　　真：020-28378181
电子邮箱：info@fce.cn
联 系 人：张慧（13710833855）

2011 广州国际建筑电气技术展览会

展出时间：2011 年 6 月 9 ~ 12 日
展馆名称：中国进出口商品交易会琶洲展馆
主办单位：广州光亚法兰克福展览有限公司
承办单位：广州光亚法兰克福展览有限公司
联系地址：广州市天河区林和西路 9 号耀中广场 2616 室
联系电话：020-36047286
传　　真：020-36047797
联 系 人：李媛

2011 广州国际照明展览会

展出时间：2011 年 6 月 9 ~ 12 日
展馆名称：中国进出口商品交易会琶洲展馆
主办单位：广州光亚法兰克福展览有限公司

承办单位：广州光亚法兰克福展览有限公司
联系地址：广州天河区林和西路9号耀中广场2616室
联系电话：020-38396665
传　　真：020-87067407

第2届广州国际物流装备与技术展览会

展出时间：2011年6月22～24日
展馆名称：中国进出口商品交易会琶洲展馆
主办单位：广东省物流行业协会、中国工程机械工业协会工业车辆分会、中国工程机械质量监督检验中心、中联叉车公司（原中国叉车总公司）、香港巴斯特国际会展集团有限公司
承办单位：广州巴斯特展览有限公司
联系地址：广州市新港东路238号世港国际公寓B栋601室
邮　　编：510380
联系电话：020-86374869
传　　真：020-86374257
电子邮箱：bestguangzhou@vip.163.com
联 系 人：黎国

第7届国际品牌叉车及配件展览会

展出时间：2011年6月22～24日
展馆名称：中国进出口商品交易会琶洲展馆
主办单位：广东省物流行业协会、中国工程机械工业协会工业车辆分会、中国工程机械质量监督检验中心、中联叉车公司（原中国叉车总公司）、香港巴斯特国际会展集团有限公司
承办单位：广州巴斯特展览有限公司
联系地址：广州市新港东路238号世港国际公寓B栋601室
邮　　编：510380
联系电话：020-86374869
传　　真：020-86374257
电子邮箱：bestguangzhou@vip.163.com
联 系 人：黎国

2011广州国际钢格板展览会

展出时间：2011年6月23～25日
展馆名称：中国进出口商品交易会琶洲展馆
主办单位：广州巨浪展览策划有限公司
承办单位：广州巨浪展览策划有限公司
联系地址：广州市天河区珠江新城华明路29号星汇园A1座3A04-3A06
邮　　编：510623
联系电话：020-38621070
传　　真：020-38620781
电子邮箱：183125734@qq.com
联 系 人：陈小玲（15820261506）

第12届广州国际金属暨冶金工业展览会

展出时间：2011年6月23～25日
展馆名称：中国进出口商品交易会琶洲展馆
主办单位：广州巨浪展览策划有限公司
承办单位：广州巨浪展览策划有限公司
联系地址：广州市天河区珠江新城华明路29号星汇园A1座3A04-3A06
邮　　编：510623
联系电话：020-38621070
传　　真：020-38620781
电子邮箱：183125734@qq.com
联 系 人：陈小玲（15820261506）

第12届广州国际铜工业展览会

展出时间：2011年6月23～25日
展馆名称：中国进出口商品交易会琶洲展馆
主办单位：广州巨浪展览策划有限公司
承办单位：广州巨浪展览策划有限公司
联系地址：广州市天河区珠江新城华明路29号星汇园A1座3A04-3A06
邮　　编：510623
联系电话：020-38621070
传　　真：020-38620781
电子邮箱：183125734@qq.com
联 系 人：陈小玲（15820261506）

2011年第12届广州国际管材展览会

展出时间：2011年6月23～25日
展馆名称：中国进出口商品交易会琶洲展馆
主办单位：广州巨浪展览策划有限公司
联系地址：广州市天河区珠江新城华明路29号星汇园A1座3A04-3A06室
邮　　编：510623
联系电话：020-38621473
传　　真：020-38621473
电子邮箱：zhenglituo@126.com；lisaijia@126.com
联 系 人：郑力拓（13143673880）

2011广州国际酒店设备及用品展览会

展出时间：2011年6月30日～7月2日
展馆名称：中国进出口商品交易会琶洲展馆
主办单位：亚太酒店用品行业协会、粤港澳酒店总经理联谊会、中国特种咖啡行业协会、广东烹饪协会、中华西餐文化促进会、广东厨委会、广州华展展览策划有限公司
承办单位：广州华展展览策划有限公司
联系地址：广州市广州大道中900号9楼H
联系电话：020-38866965
传　　真：020-22223568
电子邮箱：lesie@hosfair.com
联 系 人：刘先生（13570235112）

2011第9届广州国际酒店智能餐饮管理软件信息化产品展览会

展出时间：2011年6月30日～7月2日

展馆名称：中国进出口商品交易会琶洲展馆
主办单位：亚太酒店用品行业协会、粤港澳酒店总经理联谊会、中国特种咖啡行业协会、广东烹饪协会、中华西餐文化促进会、广东厨委会、广州华展展览策划有限公司
承办单位：广州华展展览策划有限公司
联系地址：广州市广州大道中900号9楼H
联系电话：020-38866965
传　　真：020-22223568
电子邮箱：lesie@hosfair.com
联 系 人：刘先生（13570235112）

2011第9届广州POS机展览会

展出时间：2011年6月30日～7月2日
展馆名称：中国进出口商品交易会琶洲展馆
主办单位：广州华展展览策划有限公司
承办单位：广州华展展览策划有限公司
联系地址：广州大道中900号金穗大厦9楼H座
邮　　编：510620
联系电话：020-31746168
传　　真：020-22223568
电子邮箱：yejianbomr@126.com
联 系 人：叶剑波

2011第4届广州国际葡萄酒展览会

展出时间：2011年6月30日～7月2日
展馆名称：中国进出口商品交易会琶洲展馆
主办单位：广州华展展览策划有限公司
承办单位：广州华展展览策划有限公司
联系地址：广州大道中900号金穗大厦9楼H座
邮　　编：510620
联系电话：020-31746168
传　　真：020-22223568
电子邮箱：yejianbomr@126.com
联 系 人：叶剑波

中国（广州）国际建筑装饰博览会

展出时间：2011年7月8～11日
举办周期：一年一届
始办时间：1999年
展馆名称：中国进出口商品交易会展馆
展出内容：建筑装饰五金、装饰玻璃与移门、天花吊顶、墙纸/布艺及辅料、楼梯展区等
展会网址：cbd.fairwindow.com
上届数据：参展商2157家，专业观众113625人次
主办单位：中国对外贸易中心（集团）、中国建筑装饰协会
承办单位：中国对外贸易广州展览总公司、广州博亚展览发展有限公司
联系地址：广州市流花路117号
邮　　编：510014
联系电话：020-26081622
传　　真：020-86681629-03
电子邮箱：cbd@fairwindow.com.cn
联 系 人：廖小姐

中国（广州）国际卫浴及建筑陶瓷展览会

展出时间：2011年7月8～11日
举办周期：一年一届
始办时间：2008年
展馆名称：中国进出口商品交易会展馆
展出内容：卫浴设施和配件类、建筑陶瓷类、泳池、桑拿及SPA设备类
展会网址：sani-ceramex.fairwindow.com
上届数据：参展商200家，专业观众60000人次
主办单位：中国对外贸易中心（集团）、中国建筑卫生陶瓷协会
承办单位：中国对外贸易广州展览总公司、广州博亚展览发展有限公司
联系地址：广州市流花路117号
邮　　编：510014
联系电话：020-26081623；26081636
传　　真：020-86681629-03
电子邮箱：cbd@fairwindow.com.cn
联 系 人：谢先生

中国（广州）国际地面铺装材料展览会

展出时间：2011年7月8～11日
举办周期：一年一届
始办时间：2007年
展馆名称：中国进出口商品交易会展馆
展出内容：各种地板材料、手工、机制地毯及纺织地铺材料等、地面石材等
展会网址：www.floorcovering-gz.fairwindow.com
上届数据：参展商160家，专业观众18000人次
主办单位：中国对外贸易中心（集团）、中国林产工业协会
承办单位：中国对外贸易广州展览总公司、广州博亚展览发展有限公司
联系地址：广州市流花路117号
邮　　编：510014
联系电话：020-26081623
传　　真：020-86681629-03
电子邮箱：cbd@fairwindow.com.cn
联 系 人：黄先生

中国（广州）国际厨房设备及配件展览会

展出时间：2011年7月8～11日
举办周期：一年一届
始办时间：2010年
展馆名称：中国进出口商品交易会展馆
展出内容：整体橱柜、橱柜配件及材料、厨房水暖五金、厨房电器及设备、软件及出版物、其它
展会网址：kitchen-gz.fairwindow.com
上届数据：参展商150家，专业观众50000人次
主办单位：中国对外贸易中心（集团）、全国工商联家具装饰业商会
承办单位：中国对外贸易广州展览总公司、广州博亚展览

发展有限公司
联系地址：广州市流花路 117 号
邮　　编：510014
联系电话：020-26081697
传　　真：020-86681629-03
电子邮箱：cbd@fairwindow.com.cn
联 系 人：陈先生

中国（广州）国际衣柜展览会

展出时间：2011 年 7 月 8 ~ 11 日
举办周期：一年一届
始办时间：2010 年
展馆名称：中国进出口商品交易会展馆
展出内容：衣柜、书柜、入墙柜、组合柜、隔断门、移门、移动隔间、衣帽间、滑动门、板材、衣柜系统五金配件、涂料等辅材、木工机械等
主办单位：中国对外贸易中心（集团）
承办单位：中国对外贸易广州展览总公司、广州博亚展览发展有限公司
联系地址：广州市流花路 117 号
邮　　编：510014
联系电话：020-26081623
传　　真：020-86681629-03
电子邮箱：cbd@fairwindow.com.cn
联 系 人：方小姐

中国（广州）国际门窗展览会

展出时间：2011 年 7 月 8 ~ 11 日
举办周期：一年一届
始办时间：2011 年
展馆名称：中国进出口商品交易会展馆
展出内容：铝合金门、实木门、门窗专业配件及机械、木门成套生产及加工设备门业辅助材料等
主办单位：中国对外贸易中心（集团）
承办单位：中国对外贸易广州展览总公司、广州博亚展览发展有限公司
联系地址：广州市流花路 117 号
邮　　编：510014
联系电话：020-26081667
传　　真：020-86681629-03
电子邮箱：cbd@fairwindow.com.cn
联 系 人：章先生

2011 广州楼梯展览会

展出时间：2011 年 7 月 8 ~ 11 日
展馆名称：中国进出口商品交易会琶洲展馆
主办单位：中国对外贸易中心（集团）、中国建筑装饰协会
承办单位：广州博亚展览发展有限公司
联系地址：中国广东省广州市荔湾区周门北路 40 号东梯 2 楼
联系电话：020-81672766

2011 广州国际特色休闲食品展览会

展出时间：2011 年 7 月 8 ~ 11 日
展馆名称：广州琶洲保利世贸博览馆
主办单位：广东省食品行业协会、广东省食品学会、广州天衡展览策划有限公司
承办单位：广州天衡展览策划有限公司
联系电话：020-39751727
传　　真：020-28813323
电子邮箱：253734799@qq.com
联 系 人：龙伟（13570282967）

2011 第 3 届广州国际电线电缆专用设备及原辅料采购展览会

展出时间：2011 年 7 月 20 ~ 22 日
展馆名称：中国进出口商品交易会琶洲展馆
展出内容：各种线缆制造及精加工机械，包括线缆处理设备等
主办单位：广州博优会展服务有限公司
承办单位：广州博优会展服务有限公司
联系地址：广州市中山大道中 368 号
联系电话：020-35511998
传　　真：020-35511998
电子邮箱：F518-518@163.com
联 系 人：胡先生（13533337570）

2011 中国（广州）国际石油与化工工业展览会

展出时间：2011 年 8 月
展馆名称：中国进出口商品交易会琶洲展馆
主办单位：广东油气商会、广东省机械工业质量管理协会、广东省对外经济合作企业协会、香港鸿威展览集团
承办单位：广州市鸿威展览服务有限公司、上海鸿威展览策划有限公司
联系地址：广州市天河区车陂路 318 号美景花苑 202-203 室
邮　　编：510660
联系电话：400-6258268
传　　真：020-82579220
电子邮箱：gzhwexpo@163.com

2011 广州国际热能科技博览会暨新能源、节能减排科技展览会

展出时间：2011 年 8 月
展馆名称：中国进出口商品交易会琶洲展馆
主办单位：广东油气商会、广东省机械工业质量管理协会、广东省对外经济合作企业协会、香港鸿威展览集团
承办单位：广州市鸿威展览服务有限公司、上海鸿威展览策划有限公司
联系地址：广州市天河区车陂路 318 号美景花苑 202-203 室
邮　　编：510660
联系电话：400-6258268

传　　真：020-82579220
电子邮箱：gzhwexpo@163.com

2011 中国（广州）国际危化品仓储物流展览会

展出时间：2011 年 8 月
展馆名称：中国进出口商品交易会琶洲展馆
主办单位：广东油气商会、广东省机械工业质量管理协会、广东省对外经济合作企业协会、香港鸿威展览集团
承办单位：广州市鸿威展览服务有限公司、上海鸿威展览策划有限公司
联系地址：广州市天河区车陂路 318 号美景花苑 202-203 室
邮　　编：510660
联系电话：400-6258268
传　　真：020-82579220
电子邮箱：gzhwexpo@163.com

2011 广州特种车辆暨商用车展览会

展出时间：2011 年 8 月 6 ~ 8 日
展馆名称：中国进出口商品交易会琶洲展馆
展会网址：www.gzjiutian.com
承办单位：广州九天展览有限公司
联系地址：广州市天河区沙太路河水大街 35 号
联系电话：020-82562925
传　　真：020-37389506
电子邮箱：jiutianshow@163.com

2011 中国（广州）国际电子化学品展览会

展出时间：2011 年 9 月 1 ~ 3 日
展馆名称：中国进出口商品交易会琶洲展馆
展出内容：集成电路电子化学品、印刷电路板电子化学品等
展会网址：www.cneci.net
主办单位：广东省化工学会、广东省石油和化学工业协会、广东振威国展展览有限公司
承办单位：广东振威国展展览有限公司
联系地址：广州市海珠区琶洲大道东 1 号保利国际广场南塔 5 楼
联系电话：020-89899051
传　　真：020-89899050
联 系 人：孔祥菊（13760743879）

中国广州国际家具博览会（秋季）

展出时间：2011 年 9 月
举办周期：一年两届
始办时间：1998 年
展馆名称：中国进出口商品交易会展馆
展出内容：现代家具、古典家具
展会网址：www.ciff-gz.com
主办单位：中国家具协会、中国对外贸易中心（集团）、广东省家具协会、香港家私装饰厂商总会
承办单位：中国对外贸易广州展览总公司
联系地址：广州市流花路 117 号
邮　　编：510014
联系电话：020-26081604
传　　真：020-86663416-23
电子邮箱：ginaho@fairwindow.com.cn
联 系 人：何小姐

中国广州国际家居饰品 / 用品展览会（秋季）

展出时间：2011 年 9 月
举办周期：一年两届
始办时间：1998 年
展馆名称：中国进出口商品交易会展馆
展出内容：家居饰品
展会网址：hhc.fairwindow.com
主办单位：中国对外贸易中心（集团）
承办单位：中国对外贸易广州展览总公司
联系地址：广州市流花路 117 号
邮　　编：510014
联系电话：020-26081604
传　　真：020-86663416-23
电子邮箱：ginaho@fairwindow.com.cn
联 系 人：何小姐

2011 第 2 届华南医疗器械（广州）展览会

展出时间：2011 年 9 月 8 ~ 10 日
展馆名称：中国进出口商品交易会琶洲展馆
主办单位：广州市医疗器械行业协会
承办单位：广州益发展览有限公司
联系地址：广州市松柏东街 20 号联鸣商贸中心 A 座 511 室
联系电话：020-62634718
传　　真：020-62634710
联 系 人：黎梅丽（13527724310）

中国（广州）国际汽车展览会

展出时间：2011 年 11 月
举办周期：一年一届
始办时间：2003 年
展馆名称：中国进出口商品交易会展馆
展出内容：整车、零部件及用品
展会网址：www.autoshow-gz.com
上届数据：参展商 700 家，专业观众 482658 人次
主办单位：广州市人民政府、广东省经济和信息化委员会、中国对外贸易中心、中国机械工业联合会、中国汽车工业协会
承办单位：中国对外贸易广州展览总公司、中国贸促会汽车行业分会、广州汽车工业集团有限公司、中国汽车工程学会、广州联合展贸有限公司、中国贸促会广州市分会、广州汽车销售行业协会、广州工业经济联合会
联系地址：广州市流花路 117 号
邮　　编：510014
联系电话：020-86669126
传　　真：020-86681629-04
电子邮箱：autogz@fairwindow.com.cn

联 系 人：刘少璞

中山市

2011 年第 2 届中山迎春展销会

展出时间：2011 年 1 月 20 ~ 26 日
展馆名称：中山市博览中心
主办单位：中山市博览中心管理有限公
承办单位：中山市博览中心管理有限公
联系电话：0760-88663378
传　　真：0760-88663380
联 系 人：董先生（18988585058）

2011 第 11 届中国（中山）包装、印刷工业展览会

展出时间：2011 年 5 月 27 ~ 29 日
举办周期：一年一届
展馆名称：中山博览中心
上届数据：展出面积 10000 平方米，参展商 223 家
主办单位：广东省包装技术协会、亚联国际展览公司
承办单位：中山市亚联展览服务有限公司
联系地址：中山市中山港康乐大道火炬国际会展中心
邮　　编：528437
联系电话：0760-85311852
传　　真：0760-85311808
电子邮箱：zs5311800@126.com

2011 第 11 届中国（中山）机床模具塑胶机械展

展出时间：2011 年 5 月 27 ~ 29 日
举办周期：一年一届
展馆名称：中山博览中心
上届数据：展出面积 10000 平方米，参展商 223 家
主办单位：广东省包装技术协会、亚联国际展览公司
承办单位：中山市亚联展览服务有限公司
联系地址：中山市中山港康乐大道火炬国际会展中心
邮　　编：528437
联系电话：0760-85311852
传　　真：0760-85311808
电子邮箱：zs5311800@126.com

2011 第 6 届华南（中山）家电配件及制造工艺技术展览会

展出时间：2011 年 9 月 16 ~ 18 日
举办周期：一年一届
始办时间：1998 年
展馆名称：中山黄圃国际会展中心
展会网址：www.scef.com.cn
主办单位：广东省家电商会、中山市经济贸易局、中山市黄圃镇人民政府、星球国际资讯（香港）有限公司
承办单位：东莞电购会展览服务有限公司
联系地址：深圳市福田区上步南路国企大厦 A 座 11 楼 11D 室
邮　　编：518031
联系电话：0755-25911739
传　　真：0755-82129416

珠海市

2011 珠海春季婚庆展览会

展出时间：2011 年 3 月 12 ~ 13 日
展馆名称：珠海体育中心
展会网址：www.weddingexpo.com.cn
主办单位：珠海捷创会展有限公司
承办单位：珠海捷创会展有限公司
联系地址：珠海吉大九州大道中太平洋保险大厦 5 楼
联系电话：0756-3959299
传　　真：0756-3959299
电子邮箱：susi.guo@weddingexpo.com.cn

2011 年第 6 届珠海茶业茶文化博览会

展出时间：2011 年 4 月 22 ~ 25 日
举办周期：一年一届
展馆名称：珠海国际会议中心
展出内容：各种茗茶及茶叶制品、宜兴紫砂、景德镇陶瓷、茶具、茶设备和茶包装等
主办单位：珠海市茶文化交流协会
承办单位：上海视宇展览服务有限公司
联系电话：020-86302553
传　　真：020-86302553
电子邮箱：shsy2288@163.com
联 系 人：汪伟（15915822816）

第 10 届中国国际航空航天博览会

展出时间：2011 年 9 月
展馆名称：中国国际航空航天博览中心
展出内容：机场建设与管理、航空服务等
主办单位：广东省人民政府、国防科学技术工业委员会、中国民用航空总局、中国国际贸易促进委员会、中国航空工业第一集团公司、中国航空工业第二集团公司、中国航天科技集团公司、中国航天科工集团公司
承办单位：珠海航展有限公司
联系地址：珠海九洲大道东九洲二巷 1 号
邮　　编：519015
联系电话：0756-3375602
传　　真：0756-3376415
电子邮箱：lxw@airshow.com.cn
联 系 人：刘小姐

2011 中国（珠海）国际打印耗材展览会

展出时间：2011 年 10 月 13 ~ 15 日
举办周期：一年一届
展馆名称：珠海航展馆
上届数据：展出面积 23000 平方米，商参展 360 家，观众 8626 人次
主办单位：中国贸促会会珠海市分会、再生时代文化传

媒（中国）有限司
承办单位：再生时代文化传媒（中国）有限公司
联系地址：广东省珠海市九洲大道中太平洋保险大厦5楼
联系电话：0756-3220716
传　　真：0756-3220717
电子邮箱：anna@therecycler.com.cn
联 系 人：梁小姐

深圳市

2011年第8届深圳（嘉年华）年货博览会

展出时间：2011年1月13～30日
展馆名称：深圳体育馆中心广场
展出内容：绿色食品、农产品、名优特产、品牌服装、皮具、家居用品、礼品等
主办单位：中国商业协会、香港国际贸易促进会
承办单位：深圳环球展览公司
联系地址：深圳市福田区深圳体育馆西门

2011中国（深圳）国际黄金珠宝玉石展览会

展出时间：2011年2月26日～3月1日
展馆名称：深圳会展中心
展出内容：黄金首饰、玉石、铂金饰、珍珠、白银首饰等
联系地址：广州市流花路中国大酒店商业大厦1160室
联系电话：020-86660158
电子邮箱：szhuizhan@126.com

2011深圳国际服装贴牌加工博览会

展出时间：2011年3月7～9日
展馆名称：深圳会展中心
主办单位：深圳市纺织行业协会、深圳市鹏城展览策划有限公司
承办单位：深圳市鹏城展览策划有限公司
联系电话：0755-82542710
传　　真：0755-82542087
联 系 人：杨春华（13728708032）

2011深圳美容博览会

展出时间：2011年3月10～12日
展馆名称：深圳会展中心
主办单位：亚洲洗涤化妆品协会
承办单位：广州潮流阁展览有限公司
联系地址：广州市天河路351号外经贸大厦30楼
联系电话：020-38817715
联 系 人：周辉（15322065633）

2011深圳日化暨个人护理用品博览会

展出时间：2011年3月10～12日
展馆名称：深圳会展中心
主办单位：亚洲洗涤化妆品协会
承办单位：广州潮流阁展览有限公司
联系电话：020-38817715
联 系 人：周辉（15322065633）

2011中国（深圳）国际热加工技术及装备展览会

展出时间：2011年3月28～31日
展馆名称：深圳会展中心
主办单位：深圳市机械行业协会、深圳丹迪莱会议展览有限公司
承办单位：深圳丹迪莱会议展览有限公司
联系地址：深圳市福田区深南大道6021号喜年中心A座517室
联系电话：0755-83459957
传　　真：0755-83477946
电子邮箱：yshen@126.com
联 系 人：尹惠斌（13603072585）

2011第12届中国（深圳）国际模具制造技术及产品展览会

展出时间：2011年3月28～31日
展馆名称：深圳会展中心
主办单位：深圳市机械行业协会
承办单位：深圳市丹迪莱会议展览有限公司
联系电话：0755-83459957
传　　真：0755-83477946
电子邮箱：yshen@126.com
联 系 人：尹惠斌

2011中国（深圳）国际工业博览会

展出时间：2011年4月～10月
举办周期：一年两届
始办时间：2009年
展馆名称：深圳华南城
展出内容：纺织服装、皮革皮具、五金化工、印刷包装等
上届数据：展览面积90000平方米，参展商1326家，参观人数12.8万人次
主办单位：中国国际贸易促进委员会、中国国际商会、深圳市人民政府
承办单位：环球商务国际旅行社、华南国际工业原料城（深圳）有限公司
联系地址：北京复兴门外大街1号
邮　　编：100860
联系电话：010-88075249
传　　真：010-68018320
电子邮箱：mashan@ccpit.org
联 系 人：马珊

2011深圳（国际）地下空间、路桥工程设备暨技术展览会

展出时间：2011年4月3～5日
展馆名称：深圳会展中心
展出内容：隧道与地下工程施工成套设备等
主办单位：中国国际经济技术合作促进会、中国城市轨道交通协会、中国科学技术咨询中心、中国高科技产业化研究会信息化工作委员会

承办单位：深圳市科技咨询中心、深圳市联合飞扬展览有限公司
联系地址：深圳市福田区彩田路彩虹新都彩荟阁 15G
联系电话：0755-61637281
传　　真：0755-83530231
电子邮箱：unifly001@126.com
联 系 人：冯武（13410439351）

2011 年深圳光电产品展览会

展出时间：2011 年 4 月 8 ~ 10 日
举办周期：一年一届
展馆名称：深圳会展中心
展出内容：光通信传感与激光红外、精密光学仪器等
主办单位：深圳市人民政府、中国电子信息产业集团有限公司、中国电子视像行业协会、中国电子音响工业协会、中国电子器材总公司
承办单位：中电会展与信息传播有限公司
联系地址：北京市复兴路 49 号 A 座 702 室
邮　　编：100036
联系电话：010-51662329
传　　真：010-68132578
联 系 人：齐滢孜

2011 年深圳国际电子制造设备展览会

展出时间：2011 年 4 月 8 ~ 10 日
举办周期：一年一届
展馆名称：深圳会展中心
展出内容：光通信传感与激光红外、精密光学仪器等
主办单位：深圳市人民政府、中国电子信息产业集团有限公司、中国电子视像行业协会、中国电子音响工业协会、中国电子器材总公司
承办单位：中电会展与信息传播有限公司
联系地址：北京市复兴路 49 号 A 座 702 室
邮　　编：100036
联系电话：010-51662329
传　　真：010-68132578
联 系 人：齐滢孜

2011 中国（深圳）安防电子产品展览会

展出时间：2011 年 4 月 8 ~ 10 日
举办周期：一年一届
展馆名称：深圳会展中心
展出内容：光通信传感与激光红外、精密光学仪器等
主办单位：深圳市人民政府、中国电子信息产业集团有限公司、中国电子视像行业协会、中国电子音响工业协会、中国电子器材总公司
承办单位：中电会展与信息传播有限公司
联系地址：北京市复兴路 49 号 A 座 702 室
邮　　编：100036
联系电话：010-51662329
传　　真：010-68132578
联 系 人：齐滢孜

2011 第 77 届中国电子展览会

展出时间：2011 年 4 月 8 ~ 10 日
举办周期：一年一届
展馆名称：深圳会展中心
展出内容：光通信传感与激光红外、精密光学仪器等
主办单位：深圳市人民政府、中国电子信息产业集团有限公司、中国电子视像行业协会、中国电子音响工业协会、中国电子器材总公司
承办单位：中电会展与信息传播有限公司
联系地址：北京市复兴路 49 号 A 座 702 室
邮　　编：100036
联系电话：010-51662329
传　　真：010-68132578
联 系 人：齐滢孜

2011 年深圳上网本及电脑周边产品展览会

展出时间：2011 年 4 月 8 ~ 10 日
举办周期：一年一届
展馆名称：深圳会展中心
展出内容：光通信传感与激光红外、精密光学仪器等
主办单位：深圳市人民政府、中国电子信息产业集团有限公司、中国电子视像行业协会、中国电子音响工业协会、中国电子器材总公司
承办单位：中电会展与信息传播有限公司
联系地址：北京市复兴路 49 号 A 座 702 室
邮　　编：100036
联系电话：010-51662329
传　　真：010-68132578
联 系 人：齐滢孜

2011 中国（深圳）LED 展览会

展出时间：2011 年 4 月 8 ~ 10 日
举办周期：一年一届
展馆名称：深圳会展中心
展出内容：光通信传感与激光红外、精密光学仪器等
主办单位：深圳市人民政府、中国电子信息产业集团有限公司、中国电子视像行业协会、中国电子音响工业协会、中国电子器材总公司
承办单位：中电会展与信息传播有限公司
联系地址：北京市复兴路 49 号 A 座 702 室
邮　　编：100036
联系电话：010-51662329
传　　真：010-68132578
联 系 人：齐滢孜

2011 中国深圳国际电池展览会

展出时间：2011 年 4 月 8 ~ 10 日
举办周期：一年一届
展馆名称：深圳会展中心
展出内容：光通信传感与激光红外、精密光学仪器等
主办单位：深圳市人民政府、中国电子信息产业集团有限公司、中国电子视像行业协会、中国电子音响工业协会、中国电子器材总公司

承办单位：中电会展与信息传播有限公司
联系地址：北京市复兴路49号A座702室
邮　　编：100036
联系电话：010-51662329
传　　真：010-68132578
联 系 人：齐滢孜

2011深圳（国际）轨道交通技术及装备展览会

展出时间：2011年4月8～10日
展馆名称：深圳会展中心
展出内容：轨道交通及铁路机车车辆设备及零部件和机电设备、车辆设备、动力供应、供电系统等
主办单位：中国轨道交通交通协会、中国高科技产业化研究会信息化工作委员会、深圳市联合飞扬展览有限公司
承办单位：深圳市联合飞扬展览有限公司
联系地址：深圳市福田区彩田路彩虹新都彩荟阁15G
传　　真：0755-83530231
电子邮箱：baobaovip.1@163.com
联 系 人：曹玉洁（13417456581）

第19届中国（深圳）国际礼品、工艺品、钟表及家庭用品展览会

展出时间：2011年4月24～27日
展馆名称：深圳会展中心
主办单位：励展华博展览（深圳）有限公司
承办单位：励展华博展览（深圳）有限公司
联系地址：深圳市中心区福华三路深圳国际商会中心1801室
邮　　编：518048
联系电话：0755-33331166
传　　真：0755-33331168
电子邮箱：info@reedhuabo.com

2011第3届深圳国际佛事用品展览会

展出时间：2011年5月1～4日
展馆名称：深圳会展中心
上届数据：展览面积20000平方米，观众89231人次
主办单位：深圳市佛教协会、深圳弘法寺
联系地址：深圳市南山区南海大道2088号信和自由广场水瓶座11A
邮　　编：518054
联系电话：0755-82829083
传　　真：0755-82829081
电子邮箱：13028890909@163.com
联 系 人：李小龙（13028890909）

第7届中国（深圳）国际文化产业博览交易会

展出时间：2011年5月13～16日
展馆名称：深圳会展中心
展出内容：符合国家有关产业政策，具有明晰的产权及良好的市场前景的个人有效的非职务个人创意发明专利项目和个人有效的非专利创新性项目
主办单位：文化部、商务部、广播电影电视总局、新闻出版总署、中国贸促会、广东省人民政府和深圳市人民政府
联系地址：深圳市福田区商报路奥林匹克大厦十层
邮　　编：518034
联系电话：0755-83522415
传　　真：0755-83519477
联 系 人：唐义雄、汪丹、李伟

2011中国（深圳）国际名酒名饮展览会

展出时间：2011年5月20～22日
展馆名称：深圳会展中心
联系地址：深圳市福田区福华三路深圳会展中心3号馆202室
联系电话：0755-82880049
传　　真：0755-82880069
联 系 人：任瑶（13570847592）

中国葡萄酒业发展前景高峰论坛

展出时间：2011年5月20～22日
展馆名称：深圳会展中心
联系地址：深圳市福田区福华三路深圳会展中心3号馆202室
联系电话：0755-82880049
传　　真：0755-82880069
联 系 人：任瑶（13570847592）

第6届深圳国际品牌内衣展览会

展出时间：2011年5月20～22日
展馆名称：深圳会展中心
展会网址：www.siuf.cn
主办单位：广东省纺织协会、深圳市光明新区管委会
承办单位：深圳市纺织行业协会、深圳市盛世博文展览有限公司
联系地址：深圳市平湖街道办华南大道华南城环球物流大厦1312-1316室
联系电话：0755-83056070
传　　真：0755-83056609
电子邮箱：szsiuf@126.com
联 系 人：李先生

2011中国国际内衣文化周

展出时间：2011年5月20～22日
展馆名称：深圳会展中心
展会网址：www.siuf.cn
主办单位：广东省纺织协会、深圳市光明新区管委会
承办单位：深圳市纺织行业协会、深圳市盛世博文展览有限公司
联系地址：深圳市平湖街道办华南大道华南城环球物流大厦1312-1316室
联系电话：0755-83056070

传　　真：0755-83056609
电子邮箱：szsiuf@126.com
联 系 人：李先生

2011 中国（深圳）国际食品、餐饮博览会

展出时间：2011 年 5 月 20 ~ 22 日
展馆名称：深圳会展中心
联系地址：深圳市福田区福华三路会展中心 3 号馆 202 室
邮　　编：518048
联系电话：0755-82880049
传　　真：0755-82880069
电子邮箱：ry1010@126.com
联 系 人：任瑶（13570847592）

2011 第 6 届中国深圳国际门业博览会

展出时间：2011 年 5 月 24 ~ 26 日
展馆名称：深圳会展中心
主办单位：全国高科技建筑建材产业化委员会
承办单位：汉维展览服务有限公司
联系地址：北京市海淀三里河路
联系电话：010-57221331
传　　真：010-57221331
电子邮箱：369867958@qq.com
联 系 人：闫焘（15300094331）

2011 中国国际（深圳）钢管工业展览会

展出时间：2011 年 5 月 26 ~ 28 日
展馆名称：深圳会展中心
主办单位：法国钢管协会、亚洲金属工业协会、国际管材协会（ITA）中国、中国冷弯型钢协会、中国国际钣金工业协会、河北钢管行业协会、三汇国际集团有限公司
承办单位：广东三汇国际会展有限公司
联系地址：广州市新港东路 238 号世港国际公寓 B703-706 室
邮　　编：510660
联系电话：020-89883997
传　　真：020-89220667
电子邮箱：13016086099@126.com
联 系 人：王华

2011 中国国际（深圳）管件及配套设备展览会

展出时间：2011 年 5 月 26 ~ 28 日
展馆名称：深圳会展中心
主办单位：法国管材协会、亚洲金属工业协会、中国国际钣金工业协会、三汇国际集团有限公司
承办单位：广东三汇国际会展有限公司
联系地址：广东省广州市新港东路 238 号世港国际公寓 B703-706 室
联系电话：020-89883997
传　　真：020-89220667
电子邮箱：suwe2011@163.com
联 系 人：木凡（18922380207）

2011 年深圳国际锁具展览会暨国际锁具供应商大会

展出时间：2011 年 5 月 26 ~ 28 日
展馆名称：深圳会展中心
展会网址：www.lockfair.com
主办单位：中国保安协会锁具修理工分会、三汇国际会展集团
联系地址：深圳市罗湖区华佳广场 5 楼 512-515
联系电话：0755-61288918
传　　真：0755-61288917

2011 第 5 届中国（深圳）国际模型展览会

展出时间：2011 年 6 月 17 ~ 19 日
展馆名称：深圳会展中心
主办单位：广东省航空学会、德国多特蒙得展览集团、广州会亿展览有限公司
承办单位：广州会亿展览有限公司
联系电话：020-28309360
传　　真：020-28309360
电子邮箱：simexpo@163.com
联 系 人：高生

第四中国（深圳）国际胶粘带及保护膜展览会

展出时间：2011 年 6 月 17 ~ 19 日
展馆名称：深圳会展中心
展会网址：www.dgjzd.cn
主办单位：德国多特蒙德展览集团
承办单位：广州会多展览有限公司
联系地址：广州天河科技园建中路 7 号
联系电话：020-85556058
传　　真：020-85551758
电子邮箱：huiyi3000@126.com

2011 第 2 届深圳国际电磁线（漆包线）、绝缘材料展览会

展出时间：2011 年 6 月 23 ~ 25 日
展馆名称：深圳会展中心
主办单位：香港智展国际有限公司、广东智展展览有限公司
承办单位：广东智展展览有限公司
联系电话：020-62371251
传　　真：020-62371259
电子邮箱：xqexpo@126.com
联 系 人：黄钰玲（15914385891）

第 9 届深圳国际小电机及电机工业展览会

展出时间：2011 年 6 月 23 ~ 25 日
展馆名称：深圳会展中心
主办单位：香港智展国际有限公司、广东智展展览有限公司
承办单位：广东智展展览有限公司
联系电话：020-62371251
传　　真：020-62371259

电子邮箱：xqexpo@126.com
联 系 人：黄钰玲（15914385891）

第 9 届深圳国际磁性材料及应用、生产设备展览会

展出时间：2011 年 6 月 23 ～ 25 日
展馆名称：深圳会展中心
主办单位：香港智展国际有限公司、广东智展展览有限公司
承办单位：广东智展展览有限公司
联系电话：020-62371251
传　　真：020-62371259
电子邮箱：xqexpo@126.com
联 系 人：黄钰玲（15914385891）

第 17 届中国国际电源及电子变压器展览会

展出时间：2011 年 6 月 23 ～ 25 日
展馆名称：深圳会展中心
主办单位：香港智展国际有限公司、广东智展展览有限公司
承办单位：广东智展展览有限公司
联系电话：020-62371251
传　　真：020-62371259
电子邮箱：xqexpo@126.com
联 系 人：黄钰玲（15914385891）

第 19 届中国国际电子元器件、电子设备展览会

展出时间：2011 年 6 月 23 ～ 25 日
展馆名称：深圳会展中心
主办单位：香港智展国际有限公司、广东智展展览有限公司
承办单位：广东智展展览有限公司
联系电话：020-62371251
传　　真：020-62371259
电子邮箱：xqexpo@126.com
联 系 人：黄钰玲（15914385891）

2011 深圳国际特种陶瓷产业论坛及展览会

展出时间：2011 年 6 月 23 ～ 25 日
展馆名称：深圳会展中心
主办单位：香港智展国际有限公司、广东智展展览有限公司
承办单位：广东智展展览有限公司
联系电话：020-62371251
传　　真：020-62371259
电子邮箱：xqexpo@126.com
联 系 人：黄钰玲（15914385891）

2011 中国（深圳）益智玩具及幼教用品展览会

展出时间：2011 年 8 月 25 ～ 27 日
展馆名称：深圳大中华国际交易中心
主办单位：深圳市企业创新促进会、深圳市科技工贸和信息化委员
承办单位：深圳市汉威展览策划有限公司
联系地址：深圳市宝安区龙华民治街道民康西路秋瑞大厦 0818
联系电话：0755-33072845
传　　真：0755-29177856
电子邮箱：yangqiong0706@126.com
联 系 人：杨琼（15815572560）

2011 中国（深圳）国际互联网技术与应用博览会

展出时间：2011 年 9 月 15 ～ 17 日
展馆名称：深圳会展中心
展会网址：www.rfidexpo.com.cn
联系地址：广东省深圳市南山区南海大道 4050 号上海汽车大厦 706 室
联系电话：0755-86227155
传　　真：0755-86227110

2011 华南国际孕婴童用品展览会

展出时间：2011 年 9 月 23 ～ 25 日
展馆名称：深圳会展中心
主办单位：励展华博展览（深圳）有限公司
承办单位：励展华博展览（深圳）有限公司
联系地址：深圳市中心区福华三路深圳国际商会中心 1801 室
邮　　编：518048
联系电话：0755-33331166
传　　真：0755-33331168
电子邮箱：info@reedhuabo.com

第 13 届中国国际高新技术成果交易会电子展览会

展出时间：2011 年 11 月 16 ～ 21 日
举办周期：一年一届
始办时间：2004 年
展馆名称：深圳会展中心
展出内容：电子元器件、电子材料、电子设备
展会网址：www.elexcon.com
上届数据：参展商 260 家，观众 8.2 万人次
主办单位：中华人民共和国商务部、中华人民共和国科学技术部、中华人民共和国工业和信息化部、中华人民共和国国家发展和改革委员会、中华人民共和国教育部、中华人民共和国人力资源和社会保障部、中华人民共和国农业部、中华人民共和国国家知识产权局、中国科学院、中国工程院、深圳市人民政府
承办单位：深圳市创意时代会展有限公司
联系地址：深圳福田区福华三路国际商会中心 2201
邮　　编：518048
联系电话：0755-88312522
传　　真：0755-88312533
电子邮箱：chtf@elexcon.com
联 系 人：许为海

2011 第 7 届中国（深圳）国际触摸屏展览会

展出时间：2011 年 11 月 24 ~ 26 日
展馆名称：深圳会展中心
上届数据：参展商 386 家
承办单位：上海扩展展览服务有限公司
联系地址：上海市徐汇区漕溪路 251 弄望族城 5 号楼 602
邮　　编：200235
联系电话：021-64841166
传　　真：021-64843366
电子邮箱：touchexpo@163.com
联 系 人：费雄（15921091892）

2011 中国（深圳）国际金融博览会

展出时间：2011 年 12 月 4 ~ 6 日
举办周期：一年一届
始办时间：2008 年
展馆名称：深圳会展中心
展出内容：企业融资和上市服务、国际金融服务、港澳台金融服务、金融高端人才交流等
上届数据：展出面积 30000 平方米，参展商 500 家，观众累计 15 万人次
主办单位：中国国际贸易促进委员会、中国国际商会、深圳市人民政府、中国银行、招商银行、深圳证券交易所、中国国际金融有限公司
承办单位：中国贸促会深圳市分会、深圳市金融办、中国人民银行深圳市中心支行、深圳银监局、深圳证监局、深圳保监局、深圳国际商会
联系地址：北京市西城区桦皮厂胡同 2 号国际商会大厦 8 层
邮　　编：100035
联系电话：010-82217812
传　　真：010-68045253
电子邮箱：mina@ccoic.cn
联 系 人：米娜

东莞市

2011 第 2 届东莞艺术品、工艺品、收藏品博览会

展出时间：2011 年 1 月 6 ~ 7 日
展馆名称：东莞国际会展中心
主办单位：东莞亿群文化传播有限公司
承办单位：东莞亿群文化传播有限公司
联系地址：东莞市南城区莞太路中兴大厦 1209 室
联系电话：0769-23025387
传　　真：0769-22023119

2011GSCA 电影（亚洲）博览会

展出时间：2011 年 1 月 11 ~ 13 日
展馆名称：东莞科技馆、东莞万达电影城
主办单位：东莞市科学技术局、东莞市文化广电新闻出版局
承办单位：东莞市科学技术博物馆
联系地址：东莞市新城市中心区美中路 2 号
联系电话：0769-22835268
传　　真：0769-22835200

2011 第 2 届东莞塘厦茶叶博览会

展出时间：2011 年 1 月 13 ~ 17 日
展馆名称：东莞塘厦体育馆
主办单位：东莞亿群文化传播有限公司
承办单位：东莞亿群文化传播有限公司
联系地址：东莞市东城区长泰路中信协和大厦 409 室
邮　　编：523000
联系电话：0769-23025387
传　　真：0769-21666752
联 系 人：金鑫（15019007663）

2011 春节东莞国际广告技术展览会

展出时间：2011 年 2 月 28 日 ~ 3 月 4 日
展馆名称：广东现代国际展览中心
主办单位：广州轩华展览有限公司
承办单位：广州轩华展览有限公司
联系电话：020-38023852
传　　真：020-38023815

2011 年第 20 届东莞国际电子制造工业展览会

展出时间：2011 年 3 月
展馆名称：东莞国际会展中心
展出内容：电子制造设备、电源技术、电子材料、电子配件、线缆连接工业等
联系地址：东莞市东莞市东城区旗峰路 162 号
邮　　编：514300
联系电话：0769-22035308
传　　真：0769-22384798
电子邮箱：expo.zengjie@hotmail.com
联 系 人：曾杰

第 25 届国际名家具机械、材料展览会

展出时间：2011 年 3 月 16 ~ 20 日
展馆名称：广东现代国际展览中心
主办单位：东莞市人民政府
承办单位：东莞名家具俱乐部
联系地址：中国广东省东莞市厚街镇商贸中心五楼
联系电话：0769-22423217
传　　真：0769-22424631
电子邮箱：wumin0597@163.com
联 系 人：吴闽（13532778552）

第 25 届国际名家具（东莞）展览会

展出时间：2011 年 3 月 16 ~ 20 日
展馆名称：广东现代国际展览中心
主办单位：东莞市人民政府
承办单位：东莞名家具俱乐部
联系地址：中国广东省东莞市厚街镇商贸中心五楼
联系电话：0769-22423217

传　　真：0769-22424631
电子邮箱：wumin0597@163.com
联 系 人：吴闽（13532778552）

2011 第 7 届东莞国际涂料展览会

展出时间：2011 年 3 月 17 ~ 30 日
展出内容：广东现代国际展览中心
主办单位：世贸博览有限公司、东莞市龙亨展览有限公司
承办单位：东莞市龙亨展览有限公司
联系地址：东莞市可园南路 5 号联讯大厦 605-607 室
联系电话：0769-22388565
传　　真：0769-22388575
电子邮箱：303018198@qq.com

第 12 届中国（东莞）国际纺织制衣工业技术展览会

展出时间：2011 年 3 月 28 ~ 31 日
展馆名称：广东现代国际展览中心
主办单位：上海讯展会议展览有限公司
承办单位：上海讯展会议展览有限公司
传　　真：021-64181136
电子邮箱：cnshow-xunzhan@yahoo.cn
联 系 人：王先生（13916251946）

2011 华南特许连锁加盟暨创业项目（东莞）展览会

展出时间：2011 年 5 月 1 ~ 3 日
展馆名称：东莞国际会展中心
主办单位：香港中小投资创业协会、东莞连锁经营协会、广州海鹰展览服务有限公司
承办单位：广州海鹰展览服务有限公司
联系电话：020-82307378
传　　真：020-82591717
电子邮箱：market@gdgzhy.com
联 系 人：丁海波（13719004258）

2011 东莞国际纺织品印花工业技术展览会

展出时间：2011 年 5 月 22 ~ 24 日
展馆名称：广东现代国际展览中心
主办单位：香港浩瀚资讯传媒集团有限公司、《纺织品印花》杂志社
承办单位：香港浩瀚资讯传媒集团有限公司
联系地址：广州市童心路西胜街 42 号市科技中心 2 号楼 2 楼

2011 东莞缝制设备展览会

展出时间：2011 年 5 月 22 ~ 24 日
展馆名称：广东现代国际展览中心
主办单位：香港浩瀚资讯传媒集团有限公司、《纺织品印花》杂志社
承办单位：香港浩瀚资讯传媒集团有限公司
联系地址：广州市童心路西胜街 42 号市科技中心 2 号楼 2 楼

2011 第 11 届东莞国际印刷包装及制罐工业展览会

展出时间：2011 年 10 月 20 ~ 22 日
展馆名称：广东现代国际展览中心
主办单位：广东省印刷包装行业商会、德国多特蒙德展览集团、广州会亿展览服务有限公司
承办单位：广州会亿展览服务有限公司
联系地址：广州天河科技园建中路 7 号
联系电话：020-85556058
传　　真：020-85551758
电子邮箱：huiyi3000@126.com

2011 第 13 届东莞国际模具及金属加工展览会

展出时间：2011 年 11 月 16 ~ 19 日
展馆名称：广东现代国际展览中心
承办单位：上海讯展会议展览有限公司
联系地址：上海市打浦路 1 号金玉兰广场西楼 1005 室
邮　　编：200023
联系电话：021-64181136
传　　真：021-64181136
电子邮箱：wangqili@xt-sh.com
联 系 人：王启立（13764274482）

佛山市

2011 第 3 届佛山茶叶博览会

展出时间：2011 年 1 月 7 ~ 10 日
展馆名称：佛山岭南明珠会展中心
主办单位：东莞亿群文化传播有限公司
承办单位：东莞亿群文化传播有限公司
联系地址：东莞市南城区莞太路中兴大厦 1209 室
邮　　编：523000
联系电话：0769-23025387
传　　真：0769-21666752
联 系 人：金先生（15019007663）

2011 第 5 届中国（佛山）国际不锈钢展览会

展出时间：2011 年 3 月 18 ~ 20 日
展馆名称：佛山市国际会议展览中心
主办单位：广东省钢铁工业协会、广东省金属材料流通协会、广东省有色金属行业协会、成展展览服务有限公司
承办单位：成展展览服务有限公司
联系地址：广东省佛山市福华路 13 号 1606 室
联系电话：0757-83284305
传　　真：0757-83284326
电子邮箱：cfme111@163.com

2011 第 5 届中国（佛山）国际金属工业博览会

展出时间：2011 年 3 月 18 ~ 20 日
展馆名称：佛山市国际会议展览中心

主办单位：广东省钢铁工业协会、广东省金属材料流通协会、广东省有色金属行业协会、成展展览服务有限公司
承办单位：成展展览服务有限公司
联系地址：广东省佛山市福华路 13 号 1606 室
联系电话：0757-83284305
传　　真：0757-83284326
电子邮箱：cfme111@163.com

汕头市

中国（澄海）国际玩具礼品博览会

展出时间：2011 年 4 月 21 ～ 24 日
举办周期：一年一届
始办时间：1999 年
展馆名称：汕头澄海展览中心
展出内容：玩具、礼品
展会网址：www.ccitf.com
上届数据：参展企业 285 家，国际参展企业 50 家，观众 4 万多人次
主办单位：中国国际贸易促进委员会、汕头市人民政府
承办单位：汕头市澄海区人民政府、中国贸促会汕头市分会、中国贸促会澄海区支会
联系地址：广东省汕头市澄海区国道 324 线岭亭路段外经大楼
邮　　编：515800
联系电话：0754-85834716；85839731
传　　真：0754-85830704
电子邮箱：info@ccitf.com
联 系 人：陈炎歆

顺德市

2011（中国）顺德厨卫生活电器采购展览会

展出时间：2011 年 3 月 10 ～ 12 日
举办周期：一年一届
展馆名称：顺德展览中心
主办单位：顺德家电商会
承办单位：《家电快讯》杂志
联系电话：0757-22219902
联 系 人：陈先生

2011 顺德家用电器原材料、零配件采购展览会

展出时间：2011 年 3 月 10 ～ 12 日
举办周期：一年一届
展馆名称：顺德展览中心
主办单位：顺德家电商会
承办单位：《家电快讯》杂志
联系电话：0757-22219902
联 系 人：陈先生

2011 第 5 届顺德国际机械零部件采购展览会

展出时间：2011 年 4 月 20 ～ 23 日
展馆名称：顺德顺联国际机械博览中心
主办单位：佛山市顺德区陈村镇人民政府、佛山市顺德区机械装备制造业商会
承办单位：顺联机械城有限公司
联系地址：佛山市顺德区陈村镇工业园工业大道东 1 号
联系电话：0757-23300088

2011 第 3 届顺德茶叶博览会

展出时间：2011 年 5 月 13 ～ 16 日
展馆名称：顺德展览中心
主办单位：东莞亿群文化传播有限公司
承办单位：东莞亿群文化传播有限公司
联系地址：东莞市东城区中信协和大厦 409 室
联系电话：0769-23025387
传　　真：0769-21666752
联 系 人：金鑫（15019007663）

广西省

南宁市

2011 广西（南宁）汽车博览

展出时间：2011 年 1 月 1 ~ 3 日
展馆名称：广西体育中心
主办单位：广西日报传媒集团
承办单位：广西日报传媒集团南国早报、广西日报传媒集团广告中心
联 系 人：王生（13077752677）

2011 年第 2 届北部湾广西优生优育展览会

展出时间：2011 年 3 月 11 ~ 13 日
展馆名称：广西展览馆
主办单位：中国贸促会南宁市分会、广西南宁力帮展览有限公司
承办单位：广西南宁力帮展览有限公司
联系地址：0771-5647565
联 系 人：田昊（13978863039）

2011 年南宁孕婴童用品展览会

展出时间：2011 年 3 月 11 ~ 13 日
展馆名称：广西展览馆
主办单位：中国贸促会南宁市分会、广西南宁力帮展览有限公司
承办单位：广西南宁力帮展览有限公司
联系地址：0771-5647565
联 系 人：田昊（13978863039）

2011 东南亚（广西）建筑防水展览会

展出时间：2011 年 3 月 12 ~ 14 日
展馆名称：广西科技展览馆
主办单位：中国进出口经济贸易合作企业协会、广西土木工程学会
承办单位：银河国际展览集团（香港）实业有限公司、南宁天云会展策划有限公司
联系地址：南宁市建政路 49 号石化工业楼 308 室
邮　　编：530023
联系电话：0771-5614216
传　　真：0771-5614045
电子邮箱：dongnanyazhan@163.com
联 系 人：黄建宏

2011 第 12 届广西广告技术设备展览会

展出时间：2011 年 3 月 25 ~ 27 日
举办周期：一年一届
展馆名称：南宁国际会展中心
主办单位：广西机械工程学会、南宁南春展览服务有限公司
承办单位：南宁南春展览服务有限公司
联系地址：南宁市金洲路 11 号金旺角 B1002 室
邮　　编：530028
联系电话：0771-2368926
传　　真：0771-2368926
电子邮箱：nanningnanchun@163.com
联 系 人：王燕君

2011 年第 4 届广西沼气技术设备展览会

展出时间：2011 年 3 月 25 ~ 27 日
举办周期：一年一届
展馆名称：南宁国际会展中心
主办单位：广西机械工程学会、南宁南春展览服务有限公司
承办单位：南宁南春展览服务有限公司
联系地址：南宁市金洲路 11 号金旺角 B1002 室
邮　　编：530028
联系电话：0771-2368926
传　　真：0771-2368926
电子邮箱：nanningnanchun@163.com
联 系 人：王燕君

2011 年广西甘蔗种植及收割技术设备展览会

展出时间：2011 年 3 月 25 ~ 27 日
举办周期：一年一届
展馆名称：南宁国际会展中心
主办单位：广西机械工程学会、南宁南春展览服务有限公司
承办单位：南宁南春展览服务有限公司
联系地址：南宁市金洲路 11 号金旺角 B1002 室
邮　　编：530028
联系电话：0771-2368926
传　　真：0771-2368926
电子邮箱：nanningnanchun@163.com
联 系 人：王燕君

中国东盟轻工产品展览会

展出时间：2011 年 10 月
举办周期：一年一届
始办时间：2010 年
展馆名称：南宁华南城
展出内容：纺织服装、皮革皮具、钟表、数码通信产品等
上届数据：展览面积 15000 万平方米
主办单位：中国国际商会、中国 - 东盟博览会秘书处、南宁市人民政府
承办单位：环球商务国际旅行社、华南国际工业原料城（深圳）有限公司
联系地址：北京复兴门外大街 1 号
邮　　编：100860
联系电话：010-88075249
传　　真：010-68018320
电子邮箱：mashan@ccpit.org
联 系 人：马珊

海南省

海口市

2011 海口迎春嘉年华博览会

展出时间：2011 年 1 月 19 ~ 25 日
展馆名称：海口市国际会展中心
展出内容：服装服饰、休闲用品、食品等
主办单位：中国贸促会海南省分会、中国贸促会海口市分会
承办单位：广州军创展览服务有限公司
联系地址：广州市天河东圃大马路 1 号中行楼
邮　　编：510660
联系电话：020-87371249
传　　真：020-37570450
联 系 人：龙伟

2011 中国南部（海南）国际休闲度假及旅游景区展览会

展出时间：2011 年 2 月 25 ~ 27 日
展馆名称：海口市国际会展中心
展出内容：特色休闲度假城市、休闲度假项目、知名度假村（别墅）及户外配套设施等
主办单位：中国贸促会海南省分会、海南风景园林协会、亚洲休闲度假行业协会、全球休闲旅游协会
承办单位：海口博慧展览有限公司
联系地址：海南省海口市国贸大道北则 16-2 号帝国大夏 B 座 1103 室
邮　　编：570125
联系电话：0898-31981998
传　　真：0898-31983099
电子邮箱：chen8888xing@163.com
联 系 人：陈荣兴（13976861235）

2011 年中国（海南）国际高尔夫运动用具博览会

展出时间：2011 年 2 月 25 ~ 27 日
展馆名称：海口市国际会展中心
展出内容：特色休闲度假城市、休闲度假项目、知名度假村（别墅）及户外配套设施等
主办单位：中国贸促会海南省分会、海南风景园林协会、亚洲休闲度假行业协会、全球休闲旅游协会
承办单位：海口博慧展览有限公司
联系地址：海南省海口市国贸大道北则 16-2 号帝国大夏 B 座 1103 室
邮　　编：570125
联系电话：0898-31981998
传　　真：0898-31983099
电子邮箱：chen8888xing@163.com
联 系 人：陈荣兴（13976861235）

2011 中国（海南）国际潜水装备展览会

展出时间：2011 年 2 月 25 ~ 27 日
展馆名称：海口市国际会展中心
展出内容：潜水装备、救生用具、潜水俱乐部、协会、学校和培训认证机构、技术潜水、商业潜水、打捞救助、水下工程等
主办单位：中国贸促会海南省分会、中国贸促会海口市分会、国潜水运动协会三亚潜水培训中心、海口博慧展览有限公司
承办单位：海口博慧展览有限公司
联系地址：海南省海口市国贸大道北则 16-2 号帝国大夏 B 座 1103 室
邮　　编：570125
联系电话：0898-31981998
传　　真：0898-31983099
电子邮箱：chen8888xing@163.com
联 系 人：陈荣兴（13976861235）

2011 中国（海南）国际钓鱼装备暨用品展览会

展出时间：2011 年 2 月 25 ~ 27 日
展馆名称：海口市国际会展中心
展出内容：钓鱼装备、钓鱼用品等
主办单位：中国贸促会海南省分会、中国贸促会海口市分会、海南省海钓协会、海南省文化促进会、海口博慧展览有限公司
承办单位：海口博慧展览有限公司
联系地址：海南省海口市国贸大道北则 16-2 号帝国大夏 B 座 1103 室
邮　　编：570125
联系电话：0898-31981998
传　　真：0898-31983099
电子邮箱：yangjunexpo@yeah.net
联 系 人：杨军（18808964545）

2011 海南国际旅游岛海钓乐发展论坛

展出时间：2011 年 2 月 25 ~ 27 日
展馆名称：海口市国际会展中心
展出内容：钓鱼装备、钓鱼用品等
主办单位：中国贸促会海南省分会、中国贸促会海口市分会、海南省海钓协会、海南省文化促进会、海口博慧展览有限公司
承办单位：海口博慧展览有限公司
联系地址：海南省海口市国贸大道北则 16-2 号帝国大夏 B 座 1103 室
邮　　编：570125
联系电话：0898-31981998
传　　真：0898-31983099
电子邮箱：yangjunexpo@yeah.net
联 系 人：杨军（18808964545）

2011 海南“博慧杯”海钓大赛

展出时间：2011 年 2 月 25 ~ 27 日
展馆名称：海口市国际会展中心
展出内容：钓鱼装备、钓鱼用品等
主办单位：中国贸促会海南省分会、中国贸促会海口市分会、海南省海钓协会、海南省文化促进会、

海口博慧展览有限公司
承办单位：海口博慧展览有限公司
联系地址：海南省海口市国贸大道北则 16-2 号帝国大夏 B 座 1103 室
邮　　编：570125
联系电话：0898-31981998
传　　真：0898-31983099
电子邮箱：yangjunexpo@yeah.net
联 系 人：杨军（18808964545）

2011 中国（海南）国际水上游乐设施设备展览会

展出时间：2011 年 2 月 25 ~ 27 日
展馆名称：海口市国际会展中心
展出内容：水上游乐项目、水上游乐设施、水上运动用品、医疗及服务等
主办单位：中国贸促会海南省分会、中国贸促会海口市分会、中国游艺机游乐园协会水上专业委员会
承办单位：海口博慧展览有限公司
联系地址：海南省海口市国贸大道北则 16-2 号帝国大夏 B 座 1103 室
邮　　编：570125
联系电话：0898-31981998
传　　真：0898-31983099
电子邮箱：yangjunexpo@yeah.net
联 系 人：杨军（18808964545）

2011 第 2 届海南国际制冷、空调、供暖、通风及食品加工展览会

展出时间：2011 年 3 月 25 ~ 27 日
展馆名称：海口市国际会展中心
展出内容：制冷机组、制冷设备及配件等
主办单位：海口显辉展览有限公司
承办单位：海口显辉展览有限公司
联系地址：海口市海甸岛三东路金苑别墅 10 栋首层
邮　　编：570203
联系电话：0898-66252360
传　　真：0898-36386318
电子邮箱：xianhuizhanlan2008@126.com
联 系 人：王先生（15595769861）

2011 第 2 届海国际旅游度假酒店设备用品展览会

展出时间：2011 年 3 月 25 ~ 27 日
展馆名称：海口市国际会展中心
主办单位：中国贸促会海南省分会
承办单位：海口显辉展览有限公司
联系地址：海口市海甸岛三东路金苑别墅 10 栋首层
邮　　编：570203
联系电话：0898-66252360
传　　真：0898-36386318
电子邮箱：xianhuizhanlan2008@126.com
联 系 人：王先生（15595769861）

2011 第 2 届海南酒店家具展览会

展出时间：2011 年 3 月 25 ~ 27 日
展馆名称：海口市国际会展中心
主办单位：中国贸促会海南省分会
承办单位：海口显辉展览有限公司
联系地址：海口市海甸岛三东路金苑别墅 10 栋首层
邮　　编：570203
联系电话：0898-66252360
传　　真：0898-36386318
电子邮箱：xianhuizhanlan2008@126.com
联 系 人：王先生（15595769861）

2011 中国（海南）国际葡萄酒展览会

展出时间：2011 年 3 月 25 ~ 27 日
展馆名称：海口市国际会展中心
主办单位：中国贸促会海南省分会
承办单位：海口显辉展览有限公司
联系地址：海口市海甸岛三东路金苑别墅 10 栋首层
邮　　编：570203
联系电话：0898-66252360
传　　真：0898-36386318
电子邮箱：xianhuizhanlan2008@126.com
联 系 人：王先生（15595769861）

2011 第 2 届海南国际食品博览会

展出时间：2011 年 3 月 25 ~ 27 日
展馆名称：海口市国际会展中心
展出内容：粮油、水（海）产品、禽、蛋及其他农产品等
展会网址：www.xianhuizhanlan.com
主办单位：中国贸促会海南省分会
承办单位：海口显辉展览有限公司
联系地址：海口市海甸岛三东路金苑别墅 10 栋首层
邮　　编：570203
联系电话：0898-66252360
传　　真：0898-36386318
电子邮箱：xianhuizhanlan2008@126.com
联 系 人：王先生（15595769861）

四川省

成都市

2011 第 9 届（成都）国际印刷包装展览会

展出时间：2011 年 2 月 20 ~ 22 日
展馆名称：成都世纪城新国际会展中心
主办单位：中国轻工业对外经济技术合作公司、德纳展览集团公司
承办单位：成都德纳展览有限公司
联系地址：成都市锦江区橡树林路 166 号 1 栋 1 单元 3305
联系电话：028-86008777-811
传　　真：028-86009111
电子邮箱：sc8y@163.com
联 系 人：袁旭成

第 9 届成都国际广告四新展览会

展出时间：2011 年 2 月 20 ~ 22 日
展馆名称：成都世纪城新国际会展中心
主办单位：中国轻工业对外经济技术合作公司、德纳展览集团公司
承办单位：成都德纳展览有限公司
联系地址：成都市锦江区橡树林路 166 号 1 栋 1 单元 3305
联系电话：028-86008777-811
传　　真：028-86009111
电子邮箱：sc8y@163.com
联 系 人：袁旭成

2011 第 10 届西部成都医疗器械展览会

展出时间：2011 年 2 月 20 ~ 22 日
展馆名称：成都世纪城新国际会展中心
主办单位：中国轻工业对外经济技术合作公司、德纳展览集团公司
承办单位：成都德纳展览有限公司
联系地址：成都市锦江区橡树林路 166 号 1 栋 1 单元 3305
联系电话：028-86008777-811
传　　真：028-86009111
电子邮箱：sc8y@163.com
联 系 人：袁旭成

2011 第 10 届西部成都口腔设备及材料展览会

展出时间：2011 年 2 月 23 ~ 25 日
展馆名称：成都世纪城新国际会展中心
主办单位：四川省医院协会、四川省农村卫生协会
承办单位：成都市天一展览服务有限公司
联系地址：成都市高升桥东路 2 号高盛中心 508 室
邮　　编：610041
联系电话：028-86080319
传　　真：028-86080309
电子邮箱：chengtian@126.com
联 系 人：袁泽（13198528358）

2011 第 4 届成都国际职业教育技术装备展览会

展出时间：2011 年 3 月 29 ~ 31 日
展馆名称：成都世纪城国际会展中心
主办单位：四川省分析测试学会、武汉风向标会展服务有限公司
联系电话：028-84087057
电子邮箱：cd@vaneexpo.com

2011 第 4 届成都国际教育技术装备及高教仪器展览会

展出时间：2011 年 3 月 29 ~ 31 日
展馆名称：成都世纪城国际会展中心
主办单位：四川省分析测试学会、武汉风向标会展服务有限公司
联系电话：028-84087057
电子邮箱：cd@vaneexpo.com

第 9 届中国（成都）国际给排水水处理技术设备展览会暨水务发展高峰论坛

展出时间：2011 年 3 月 29 ~ 31 日
展馆名称：成都世纪城新国际会展中心
主办单位：四川省城镇供水排水协会、四川省环境科学学会
联系地址：成都抚琴西路 181 号群益大厦 7 楼 A 座
邮　　编：610072
联系电话：028-68276846
传　　真：028-68168944
联 系 人：李媛

2011 第 2 届中国（成都）新能源暨节能科技展览会

展出时间：2011 年 4 月 2 ~ 4 日
展馆名称：成都世纪城新国际会展中心
联系地址：成都市二环路西三段 213 号宏源大厦 B 座 5 层
联系电话：028-87793160
传　　真：028-87718219-802
电子邮箱：degree@vip.sina.com

第 11 届中国成都珠宝展览会

展出时间：2011 年 4 月 8 ~ 11 日
展馆名称：成都世纪城新国际会展中心
展会网址：www.cdzbz.cn
主办单位：成都市天一展览服务有限公司、重庆市金银珠宝饰品行业协会、贵州黄金珠宝检测中心
承办单位：成都市天一展览服务有限公司
联系地址：成都市高升桥东路 2 号高盛中心 508 室
邮　　编：610041
联系电话：028-86080319
传　　真：028-86080309
电子邮箱：chengtian@126.com
联 系 人：蔡荣华

2011 第 11 届成都国际社会公共安全产品与技术展览会

展出时间：2011 年 4 月 12 ~ 14 日
展馆名称：成都世纪城新国际会展中心
联系地址：成都市人民南路四段中苑巷 6 号
联系电话：028-85253110
传　　真：028-85250117

2011 第 4 届中国西部（成都）国际化工博览会

展出时间：2011 年 4 月 12 ~ 14 日
展馆名称：成都世纪城新国际会展中心
联系地址：成都市人民南路四段中苑巷 6 号
联系电话：028-85253110
传　　真：028-85250117

2011 第 2 届中国（成都）工业装备及国防科技博览会

展出时间：2011 年 4 月 27 ~ 29 日
展馆名称：成都世纪城新国际会展中心
主办单位：中国机械工业联合会、成都市人民政府、国家国防科技工业局信息中心
承办单位：四川省模具工业协会、上海东博展览有限公司、成都德纳展览有限公司
联系地址：成都市橡树林路 166 号 1 幢 1 单元 3305 号
联系电话：028-86095077
传　　真：028-86009111

第 16 届成都国际机床及工模具展览会

展出时间：2011 年 4 月 27 ~ 29 日
展馆名称：成都世纪城新国际会展中心
主办单位：中国机械工业联合会、成都市人民政府、国家国防科技工业局信息中心
承办单位：四川省模具工业协会、上海东博展览有限公司、成都德纳展览有限公司
联系地址：成都市橡树林路 166 号 1 幢 1 单元 3305 号
联系电话：028-86095077
传　　真：028-86009111

第 37 届成都房地产交易会

展出时间：2011 年 4 月 29 日 ~ 5 月 3 日
展馆名称：成都世纪城新国际会展中心
主办单位：成都市城乡房产管理局
承办单位：成都市房地产交易中心、成都市建筑装饰协会
联系地址：成都市东城根上街 78 号建设大厦 6 楼
传　　真：028-86248299
电子邮箱：chengdugd@163.com
联 系 人：黄兰淇（13880609825）

2011 春季成都国际建筑装饰、材料及住宅部品展览会

展出时间：2011 年 4 月 29 日 ~ 5 月 3 日
展馆名称：成都世纪城新国际会展中心
主办单位：成都市城乡房产管理局
承办单位：成都市房地产交易中心、成都市建筑装饰协会
联系地址：成都市东城根上街 78 号建设大厦 6 楼
传　　真：028-86248299
电子邮箱：chengdugd@163.com
联 系 人：黄兰淇（13880609825）

2011 第 2 届中国成都电梯、零部件及配件展览会

展出时间：2011 年 6 月 7 ~ 9 日
展馆名称：成都世纪城新国际会展中心
主办单位：成都市房地产开发企业协会、四川省电工技术学会、成都市金属结构行业协会、成都市建筑装饰协会、四川省制冷学会
承办单位：成都市天一展览服务有限公司
联系地址：成都市高升桥东路 2 号高盛中心 508 室
邮　　编：610041
联系电话：028-86080319
传　　真：028-86080309
电子邮箱：chengtian@126.com
联 系 人：赵玉霞（13084465404）

2011 第 6 届中国成都建筑装饰材料博览会

展出时间：2011 年 6 月 7 ~ 9 日
展馆名称：成都世纪城新国际会展中心
主办单位：成都市房地产开发企业协会、四川省电工技术学会、成都市金属结构行业协会、成都市建筑装饰协会、四川省制冷学会
承办单位：成都市天一展览服务有限公司
联系地址：成都市高升桥东路 2 号高盛中心 508 室
邮　　编：610041
联系电话：028-86080319
传　　真：028-86080309
电子邮箱：chengtian@126.com
联 系 人：赵玉霞（13084465404）

2011 年第 8 届中国成都建筑钢结构、网架结构技术装备展览会

展出时间：2011 年 6 月 7 ~ 9 日
展馆名称：成都世纪城新国际会展中心
主办单位：成都市房地产开发企业协会、四川省电工技术学会、成都市金属结构行业协会、成都市建筑装饰协会、四川省制冷学会
承办单位：成都市天一展览服务有限公司
联系地址：成都市高升桥东路 2 号高盛中心 508 室
邮　　编：610041
联系电话：028-86080319
传　　真：028-86080309
电子邮箱：chengtian@126.com
联 系 人：赵玉霞（13084465404）

2011 年第 6 届中国成都门业展览会

展出时间：2011 年 6 月 7 ~ 9 日
展馆名称：成都世纪城新国际会展中心
主办单位：成都市房地产开发企业协会、四川省电工技术

学会、成都市金属结构行业协会、成都市建筑装饰协会、四川省制冷学会
承办单位：成都市天一展览服务有限公司
联系地址：成都市高升桥东路2号高盛中心508室
邮　　编：610041
联系电话：028-86080319
传　　真：028-86080309
电子邮箱：chengtian@126.com
联 系 人：赵玉霞（13084465404）

2011年第2届中国成都地面供暖技术与设备展览会

展出时间：2011年6月7～9日
展馆名称：成都世纪城新国际会展中心
主办单位：成都市房地产开发企业协会、四川省电工技术学会、成都市金属结构行业协会、成都市建筑装饰协会、四川省制冷学会
承办单位：成都市天一展览服务有限公司
联系地址：成都市高升桥东路2号高盛中心508室
邮　　编：610041
联系电话：028-86080319
传　　真：028-86080309
电子邮箱：chengtian@126.com
联 系 人：赵玉霞（13084465404）

2011第5届（成都）国际化工设备展览会

展出时间：2011年6月8～10日
展馆名称：成都世纪城新国际会展中心
主办单位：中国成达工程有限公司、中国石油和石油化工设备工业协会
联系地址：成都天府大道中段279号
联系电话：028-65537017
传　　真：028-65530000

2011成都家居、休闲用品及礼品展览会

展出时间：2011年6月17～19日
展馆名称：成都世纪城新国际会展中心
主办单位：励展华博展览（深圳）有限公司
承办单位：励展华博展览（深圳）有限公司
联系地址：深圳市福田区福华三路深圳国际商会中心1801
邮　　编：518048
联系电话：0755-33989235
电子邮箱：judy.zhu@reedhuabo.com
联 系 人：朱小姐

2011第13届中国西部（成都）五金商品展览会

展出时间：2011年7月21～23日
展馆名称：成都世纪城新国际会展中心
主办单位：中国机械工业联合会、成都市人民政府、西安市人民政府
承办单位：西安三联科技会展有限公司
联系电话：028-86922708
传　　真：028-66476338
电子邮箱：zh20004@126.com
联 系 人：张小姐（15882127538）

云南省

昆明市

2011昆明新春欢乐购物节

展出时间：2011年1月14～31日
展馆名称：昆明国际会展中心
主办单位：云南省农业厅、云南省商务厅、云南省花卉产业办公室、昆明市人民政府、中国贸促会云南省分会
联系地址：昆明市春城路昆明国际会展中心
传　　真：0871-6998973
电子邮箱：libiao1950@163.com
联 系 人：高宇（13013327007）

2011第4届华展云南广告四新展览会

展出时间：2011年3月18～20日
展馆名称：昆明国际会展中心
主办单位：四川华展文化传播有限公司
承办单位：四川华展文化传播有限公司
联系地址：成都市蜀源路1号华府金沙4幢2903
邮　　编：610091
联系电话：028-66970755
传　　真：028-61962761
电子邮箱：200659989@qq.com
联 系 人：罗先生

2011年云南LED照明展览会

展出时间：2011年3月18～20日
展馆名称：昆明国际会展中心
主办单位：四川华展文化传播有限公司
承办单位：四川华展文化传播有限公司
联系地址：成都市蜀源路1号华府金沙4幢2903
邮　　编：610091
联系电话：028-66970755
传　　真：028-61962761
电子邮箱：200659989@qq.com
联 系 人：罗先生

2011中国中西部医疗器械展览会

展出时间：2011年3月24～26日
展馆名称：昆明国际会展中心
承办单位：中英合资好博塔苏斯展览公司
联系地址：四川省成都市一环路南一段12号学府花园书香榭19F
邮　　编：610041
联系电话：028-85225922
传　　真：028-85226177
联 系 人：李佛萍

2011年中国昆明国际会展中心地产家装建材交易展示会

展出时间：2011年4月14～18日
展馆名称：昆明国际会展中心
主办单位：云南省住房和城乡建设厅、云南日报报业集团
承办单位：春城晚报社、云南新闻广告公司、西安曲江千秋文化传播有限公司
联系地址：国贸万兴印象小区2栋2单元502室
联系电话：0871-3554799
传　　真：0871-7184096
联 系 人：舒展（1872506682）

第7届云南地产文化节

展出时间：2011年4月14～18日
展馆名称：昆明国际会展中心
主办单位：云南省住房和城乡建设厅、云南日报报业集团
承办单位：春城晚报社、云南新闻广告公司、西安曲江千秋文化传播有限公司
联系地址：国贸万兴印象小区2栋2单元502室
联系电话：0871-3554799
传　　真：0871-7184096
联 系 人：舒展（1872506682）

2011年中国昆明新居住家装设计与装饰材料展览会

展出时间：2011年4月14～18日
展馆名称：昆明国际会展中心
主办单位：云南省住房和城乡建设厅、云南日报报业集团
承办单位：春城晚报社、云南新闻广告公司、西安曲江千秋文化传播有限公司
联系地址：国贸万兴印象小区2栋2单元502室
联系电话：0871-3554799
传　　真：0871-7184096
联 系 人：舒展（1872506682）

2011年中国云南地产文化节（昆明）春季房地产展览交易会

展出时间：2011年4月14～18日
展馆名称：昆明国际会展中心
主办单位：云南省住房和城乡建设厅、云南日报报业集团
承办单位：春城晚报社、云南新闻广告公司、西安曲江千秋文化传播有限公司
联系地址：国贸万兴印象小区2栋2单元502室
联系电话：0871-3554799
传　　真：0871-7184096
联 系 人：舒展（1872506682）

第8届西南国际煤矿及采矿技术装备展览会

展出时间：2011年5月13～15日
展馆名称：昆明国际会展中心
主办单位：云南省工业和信息化委员会、云南煤矿安全监察局、云南省能源局、云南省煤炭工业协会、中国煤炭城市发展联合促进会
承办单位：昆明力腾展览有限公司
联系地址：昆明市日新路红河谷B幢3-302
联系电话：0871-8132423
传　　真：0871-8132423
联 系 人：王平（13618718843）

2011中国云南智能交通系统及交通安全设施展览会

展出时间：2011年5月19～21日
展馆名称：昆明国际会展中心
主办单位：云南省公路养护与管理协会、云南省市政工程协会
承办单位：昆明风向标会展有限公司
联系地址：昆明市日新路航空小区凌云公寓1单元706室
邮　　编：650200
联系电话：0871-8369576
传　　真：0871-3561974
电子邮箱：kmcsk@163.com
联 系 人：曹生坤（13577187795）

2011中国云南工程机械、建筑机械及工程车辆展览会

展出时间：2011年5月19～21日
展馆名称：昆明国际会展中心
主办单位：云南省公路养护与管理协会、云南省市政工程协会
承办单位：昆明风向标会展有限公司
联系地址：昆明市日新路航空小区凌云公寓1单元706室
邮　　编：650200
联系电话：0871-8369576
传　　真：0871-3561974
电子邮箱：kmcsk@163.com
联 系 人：曹生坤（13577187795）

2011中国云南高速公路养护技术与设备展览会

展出时间：2011年5月19～21日
展馆名称：昆明国际会展中心
主办单位：云南省公路养护与管理协会、云南省市政工程协会
承办单位：昆明风向标会展有限公司
联系地址：昆明市日新路航空小区凌云公寓1单元706室
邮　　编：650200
联系电话：0871-8369576
传　　真：0871-3561974
电子邮箱：kmcsk@163.com
联 系 人：曹生坤（13577187795）

陕西省

西安市

2011第14届陕西（西安）广告设备及LED光电显示技术展览会

展出时间：2011年3月3～5日
展馆名称：西安曲江国际会展中心
联系地址：西安市西安市朱雀大街南段明德华园大厦14A室
联系电话：029-85490002
传　　真：029-85272596

2011中国西部国际低碳博览会

展出时间：2011年3月3～5日
举办周期：一年一届
始办时间：2011年
展馆名称：西安曲江国际会展中心
展出内容：控污减排与环境保护技术及应用、循环经济与综合利用技术及应用、工业节能技术及应用、新能源技术及技术及应用、建筑节能技术及应用、交通节能技术及应用等
主办单位：全国高科技节能减排中心
承办单位：西安曲江鼎济会展有限公司、西安曲江国际会展（集团）有限公司
联系地址：曲江新区雁塔南路318号曲江文化产业孵化中心南楼
联系电话：029-85495226
传　　真：029-85495226
联 系 人：王保权（15902962792）

2011年西安结婚产业博览会

展出时间：2011年3月4～6日
展馆名称：西安曲江国际会展中心
主办单位：西安市商务局、西安婚庆行业协会
承办单位：陕西天一信息咨询有限责任公司
联 系 人：吴先生（13319288750）

第12届中国西部国际装备制造业博览会

展出时间：2011年3月16～19日
举办周期：一年两届
始办时间：2003年
展馆名称：西安曲江国际会展中心
展出内容：机床工模具、焊接与切割设备、工业自动化、控制技术及仪器仪表、流体机械与动力传动、能源矿山、电力设备、印刷包装机轻工机械、物流仓储及汽车制造设备、户外工程及制砖机械等
展会网址：www.cwieme.com
上届数据：参展企业数1200余家，国际参展企业数100余家，观众人次60000人
主办单位：中国机械工业联合会、陕西省振兴装备制造业领导小组、西安市人民政府
承办单位：中国贸促会西安市分会、西安三联科技会展有限公司
联系地址：西安市科技路48号创业广场B座25层
邮　　编：710075
联系电话：029-88350391
传　　真：029-88350391
电子邮箱：pianhua@126.com
联 系 人：鱼安娜

2011西安流体机械与转动展会

展出时间：2011年3月16～19日
展馆名称：西安曲江国际会展中心
主办单位：中国机械工业联合会、陕西省振兴装备制造业领导小组、西安市人民政府
承办单位：中国贸促会西安市分会、西安三联科技会展有限公司
联系地址：西安市科技路48号创业广场B座25层
邮　　编：710075
联系电话：029-88350391
传　　真：029-88350391

2011中国（西安）国际物流与运输展览会

展出时间：2011年3月16～19日
展馆名称：西安绿地笔克国际会展中心
主办单位：中国机械工业联合会、西安市人民政府、成都市人民政府
承办单位：中国贸促会西安市分会、西安曲江三联会展公司
联系地址：西安市科技路48号创业广场B座25层
邮　　编：710075
联系电话：029-88350391
传　　真：029-88350391

中国西部物流与制造业融合与升级高端论坛

展出时间：2011年3月16～19日
展馆名称：西安绿地笔克国际会展中心
主办单位：中国机械工业联合会、西安市人民政府、成都市人民政府
承办单位：中国贸促会西安市分会、西安曲江三联会展公司
联系地址：西安市科技路48号创业广场B座25层
邮　　编：710075
联系电话：029-88350391
传　　真：029-88350391

2011西安建材装饰门窗玻璃太阳能节能保温节能展览会

展出时间：2011年4月8～12日
展馆名称：西安曲江国际会展中心
主办单位：国家发改委、陕西省人民政府
承办单位：中国建筑文化中心、陕西省会展中心
联系地址：北京市海淀区三里河路13号中国建筑文化中

心大厦4层
邮　　编：100037
联系电话：010-68311370
传　　真：010-88082061
电子邮箱：ztj407@126.com
联 系 人：张铁军（13911561388）

2011第15届中国（西安）东西部合作与投资贸易洽谈会

展出时间：2011年4月8～12日
展馆名称：西安曲江国际会展中心
主办单位：国家发改委、陕西省人民政府
承办单位：中国建筑文化中心、陕西省会展中心
联系地址：北京市海淀区三里河路13号中国建筑文化中心大厦4层
邮　　编：100037
联系电话：010-68311370
传　　真：010-88082061
电子邮箱：ztj407@126.com
联 系 人：张铁军（13911561388）

2011春季西安住宅及建筑科技产业博览会

展出时间：2011年4月22～25日
展馆名称：西安曲江国际会展中心
主办单位：西安市住房保障和房屋管理局、西安市城乡建设委员会、西安市规划局
承办单位：西安市房产交易管理中心、西安曲江千秋文化传播有限公司、西安房地产超级市场有限公司
联系地址：西安市西大街234号房产交易大厦809室
联系电话：029-85325705
传　　真：029-85325567

2011西安世界园艺博览会

展出时间：2011年4月28日～10月22日
展馆名称：西安浐灞生态区
展会网址：www.expo2011.cn
主办单位：国家林业局、中国贸促会、中国花卉协会、陕西省人民政府
承办单位：西安市人民政府
联系地址：西安市浐灞生态区浐灞大道1号商务中7楼
邮　　编：710024
联系电话：029-83596533

2011第12届西安酒店用品展览会

展出时间：2011年5月18～20日
展馆名称：西安曲江国际会展中心
承办单位：广州华展展览服务有限公司
联系地址：广州市广州大道中900号金穗大厦9H
邮　　编：510620
联系电话：020-31746168
传　　真：020-22223568
电子邮箱：yejianbovip@126.com
联 系 人：叶剑波（13662351358）

2011第12届西安厨具展览会

展出时间：2011年5月18～20日
展馆名称：西安曲江国际会展中心
承办单位：广州华展展览服务有限公司
联系地址：广州市广州大道中900号金穗大厦9H
邮　　编：510620
联系电话：020-31746168
传　　真：020-22223568
电子邮箱：yejianbovip@126.com
联 系 人：叶剑波（13662351358）

2011第12届西安厨房设备展览会

展出时间：2011年5月18～20日
展馆名称：西安曲江国际会展中心
承办单位：广州华展展览服务有限公司
联系地址：广州市广州大道中900号金穗大厦9H
邮　　编：510620
联系电话：020-31746168
传　　真：020-22223568
电子邮箱：yejianbovip@126.com
联 系 人：叶剑波（13662351358）

2011第12届西安酒店设备展览会

展出时间：2011年5月18～20日
展馆名称：西安曲江国际会展中心
承办单位：广州华展展览服务有限公司
联系地址：广州市广州大道中900号金穗大厦9H
邮　　编：510620
联系电话：020-31746168
传　　真：020-22223568
电子邮箱：yejianbovip@126.com
联 系 人：叶剑波（13662351358）

2011第13届中国（西安）国际供热供暖与锅炉节能减排技术设备展览会

展出时间：2011年5月18～20日
展馆名称：西安曲江国际会展中心
展会网址：www.cnhe.com.cn
主办单位：陕西省制冷学会、陕西省土木建筑学会
承办单位：陕西振威国际展览有限公司
联系地址：西安市长安北路91号富城大厦8楼806室
联系电话：029-87818002
传　　真：029-87812358
电子邮箱：mengwei@zhenweiexpo.com
联 系 人：孟伟

2011中国（西安）国际制冷空调与供暖技术设备展览会

展出时间：2011年5月18～20日
展馆名称：西安曲江国际会展中心

展会网址：www.cnhe.com.cn
主办单位：陕西省制冷学会、陕西省土木建筑学会
承办单位：陕西振威国际展览有限公司
联系地址：西安市长安北路91号富城大厦8楼806室
联系电话：029-87818002
传　　真：029-87812358
电子邮箱：mengwei@zhenweiexpo.com
联 系 人：孟伟

第11届中国（西安）门窗幕墙及设备展览会

展出时间：2011年5月18～20日
展馆名称：西安曲江国际会展中心
展会网址：www.cnhe.com.cn
主办单位：陕西省制冷学会、陕西省土木建筑学会
承办单位：陕西振威国际展览有限公司
联系地址：西安市长安北路91号富城大厦8楼806室
联系电话：029-87818002
传　　真：029-87812358
电子邮箱：mengwei@zhenweiexpo.com
联 系 人：孟伟

2011中国西安智能家居楼宇智能化展览会

展出时间：2011年5月21～25日
展馆名称：西安曲江国际会展中心
主办单位：陕西自动化学会智能建筑与楼宇自动化专业委员会
承办单位：陕西省建筑弱电专业委员会
联系电话：029-62806808
传　　真：029-62806877
联 系 人：张先生（13992819932）

2011中国西安第3届生殖健康暨性文化艺术博览会

展出时间：2011年5月28日～6月1日
展馆名称：西安曲江国际会展中心
主办单位：西安市人口和计划生育委员会
承办单位：陕西药促会、陕西汉诺威展览策划有限公司
联系地址：西安市雁展路6号曲江会展国际B座503
联系电话：029-85490616
传　　真：029-85490620
电子邮箱：xbh029@126.com
联 系 人：章毅（13384985401）

2011第6届中国西安国际高新技术成果交易会

展出时间：2011年6月
举办周期：一年一届
始办时间：2005年
展馆名称：西安绿地笔克国际会展中心
展出内容：高新技术成果、高科技产品、新兴产业等
展会网址：www.sxayax.com
上届数据：参展企业数500余家，国际参展企业数50余家，观众人次10000人次
主办单位：中国高新技术产业开发区协会、中国开发区协会、西安市人民政府
承办单位：西安市科技局、西安市人事局、中国贸促会西安市分会、西安市会展办、西安高新区管委会、西安经济技术开发区管委会、西安正阳商展策划服务有限公司
联系地址：西安市科技路48号创业广场B座
邮　　编：710075
联系电话：029-88350391
传　　真：029-88350391
电子邮箱：pianhua@126.com
联 系 人：鱼安娜

中国西安国际汽车工业展览会

展出时间：2011年7月
举办周期：一年一届
始办时间：2010年
展馆名称：西安曲江国际会展中心
展出内容：汽车整车、零部件、汽车衍生品
上届数据：参展企业70余家，观众360000人次
主办单位：中国国际贸易促进委员会、中国汽车工业协会、西安市人民政府
承办单位：中国贸促会西安市分会、西安市会展办、西安晚报、陕西显高传媒有限公司
联系地址：西安市科技路48号创业广场B座25层
邮　　编：710071
联系电话：029-88350391
传　　真：029-88350391
电子邮箱：Blackscreen@163.com
联 系 人：鱼安娜

2011年西安电子产品展览会

展出时间：2011年8月25～27日
展馆名称：西安曲江国际会展中心
主办单位：中国电子器材总公司
承办单位：中电会展与信息传播有限公司
联系电话：010-51661100-8008
传　　真：010-51661100-8011
电子邮箱：sunxu521@hotmail.com
联 系 人：孙旭

2011年西安军工电子展览会

展出时间：2011年8月25～27日
展馆名称：西安曲江国际会展中心
主办单位：中国电子器材总公司
承办单位：中电会展与信息传播有限公司
联系电话：010-51661100-8008
传　　真：010-51661100-8011
电子邮箱：sunxu521@hotmail.com
联 系 人：孙旭

2011第13届西安国际特许加盟连锁与中小型创业项目展览会

展出时间：2011年9月

展馆名称：西安曲江国际会展中心
承办单位：北京西西木国际展览有限公司
联系地址：北京市朝阳区雅城二里2号楼1-602
邮　　编：100123
联系电话：010-59227308
联 系 人：崔鹏

中国国际通用航空大会

展出时间：2011年10月
举办周期：两年一届
始办时间：2009年
展馆名称：西安绿地笔克国际会展中心、浦城内府机场
展出内容：飞行表演、通用飞机、通用飞机制造、飞行员培训、航电产品研发、模拟器生产
展会网址：www.chinagacity.com
上届数据：参展企业数100余家，观众人次1000000人次
主办单位：陕西省人民政府、中国民用航空局、中国国际贸易促进委员会
承办单位：西安市人民政府、渭南市人民政府
联系地址：西安市科技路48号创业广场B座
邮　　编：710075
联系电话：029-88350391
传　　真：029-88350391
电子邮箱：pianhua@126.com
联 系 人：鱼安娜

青海省

西宁市

2011首届西部（青海）国际工程机械展览会

展出时间：2011年4月21～24日
展馆名称：青海国际展览中心
主办单位：西宁市人民政府、青海省住房和城乡建设厅、青海水利厅、西宁市城中区人民政府、西宁市发展改革委员会、西宁市城乡规划建设局、中国贸促会西宁市支会、中国国际商会西宁商会
承办单位：西宁天一展览服务有限公司
联系电话：028-86080309
传　　真：028-86080319
电子邮箱：chengtian@126.com

2011中国（青海）国际清真食品及用品展览会

展出时间：2011年7月26～30日
展馆名称：西宁城南国际展览中心
展出内容：清真生鲜食品、清真速冻食品、清真高低温熟制品、清真乳制品、民族特色商品、保健品及其他穆斯林民族日用消费品等
始办时间：2007年
举办周期：一年一届
上届数据：展出面积25000平方米，企业参展1000家，成交金额4亿美元
主办单位：中国国际贸易促进委员会、青海省人民政府
承办单位：中国贸促会贸易推广交流中心、中国贸促会青海省分会
联系地址：西宁市滨河南路220号正华投资大厦5楼
邮　　编：810001
联系电话：0971-6133951；010-88075391
传　　真：0971-6116381；010-68023790
联 系 人：李冬云
展会网址：www.halalfair.org
电子邮箱：lidongyun@ccpitqh.com

宁夏回族自治区

银川市

2011 中国（宁夏）国际投资贸易洽谈会暨第 2 届中国·阿拉伯国家经贸论坛

展出时间：2011 年 9 月 21 ~ 25 日
举办周期：一年一届
展馆名称：宁夏国际展览中心
主办单位：中华人民共和国商务部、中国国际贸易促进委员会、宁夏回族自治区人民政府
承办单位：中国贸促会宁夏回族自治区分会、中国国际贸易促进委员会贸易推广交流中心
联系地址：宁夏银川市北京东路 165 号原交通厅大楼 709
邮　　编：750001
联系电话：0951-5039882
电子邮箱：tangjie@ccpit.org
联 系 人：汤杰

新疆维吾尔自治区

乌鲁木齐市

2011 年新疆新春年货博览会

展出时间：2011 年 1 月 11 ~ 30 日
展馆名称：新疆国际博览中心
联 系 人：王先生（13669967811）

2011 新疆国际建筑材料博览会

展出时间：2011 年 5 月 19 ~ 21 日
展出内容：新疆国际博览中心
主办单位：中国贸促会新疆分会、新疆维吾尔自治区招商发展局、新疆建筑材料行业管理办公室
承办单位：中国贸促会克州支会、新疆国际贸易展览公司、新疆天空国际贸易展览有限公司
联系地址：乌鲁木齐市新华南路 835 号广汇大厦 2216 室
邮　　编：830049
联系电话：0991-2866318
传　　真：0991-8531318
电子邮箱：ite928@sohu.com
联 系 人：林春叶

2011 中国（新疆）国际施工工程装备展览会

展出时间：2011 年 5 月 27 ~ 29 日
展馆名称：新疆国际博览中心
主办单位：新疆维吾尔自治区经济和信息委员会、新疆维吾尔自治区发展和改革委员会、新疆维吾尔自治区交通厅、新疆维吾尔自治区住房和城乡建设厅、新疆维吾尔自治区国土资源厅、新疆维吾尔自治区商务厅、新疆生产建设兵团交通局、新疆维吾尔自治区招商发展局
承办单位：新疆振威国际展览有限公司
联系地址：乌鲁木齐市政协巷 56 号汇丰大厦 15 层 M/N 座
邮　　编：830002
联系电话：0991-2330537
传　　真：0991-2330537
电子邮箱：maillipeng58532688@163.com
联 系 人：张宏军（13669968932）

第 8 届中国新疆国际煤炭工业博览会

展出时间：2011 年 7 月 22 ~ 24 日
展馆名称：新疆国际博览中心
展会网址：www.xjicme.com.cn
主办单位：新疆维吾尔自治区经济和信息化委员会、新疆维吾尔自治区煤炭工业管理局、新疆生产建设兵团安全生产监督管理局、新疆煤矿安全监察局、新疆维吾尔自治区招商发展局（自治区经协办）
承办单位：新疆振威国际展览有限公司
联系地址：乌鲁木齐市政协巷 56 号汇丰大厦 15 层 M/N 座
邮　　编：830002

联系电话：0991-2330537
传　　真：0991-2330537
电子邮箱：maillipeng58532688@163.com
联 系 人：李勇（13199911517）

2011 第 10 届新疆国际石油天然气技术装备展览会

展出时间：2011 年 7 月 28 ~ 30 日
展馆名称：新疆国际博览中心
主办单位：新疆维吾尔自治区经济和信息化委员会、新疆维吾尔自治区招商发展局、新疆维吾尔自治区石油和化学工业行业管理办公室
承办单位：新疆振威国际展览有限公司
联系地址：乌鲁木齐市政协巷 56 号汇丰大厦 15 层 M/N 座
邮　　编：830002
联系电话：0991-2330537
传　　真：0991-2330537
电子邮箱：maillipeng58532688@163.com
联 系 人：李勇（13199911517）

2011 年第 7 届新疆国际社会公共安全产品暨警用技术装备博览会

展出时间：2011 年 8 月 10 ~ 12 日
展馆名称：新疆国际博览中心
主办单位：新疆维吾尔自治区人民政府、新疆维吾尔自治区公安厅、新疆维吾尔自治区司法厅、新疆维吾尔自治区商务厅、武警新疆消防总队、新疆维吾尔自治区监狱管理局
承办单位：乌鲁木齐市公安局治安管理支队、新疆国际博览中心展览有限公司、广州利峰展览科技有限公司
联系地址：广州市天河区车陂路美东花园 1 号楼 903 室
邮　　编：510660
联系电话：13560409138
传　　真：020-82161389
电子邮箱：qxj201108@126.com

2011 第 11 届中国新疆国际农业博览会

展出时间：2011 年 8 月 12 ~ 14 日
展馆名称：新疆国际博览中心
主办单位：新疆维吾尔自治区农业厅、新疆维吾尔自治区畜牧厅、新疆维吾尔自治区农机局、新疆维吾尔自治区林业厅、新疆生产建设兵团农业局、新疆维吾尔自治区科技厅、新疆生产建设兵团经协办、新疆维吾尔自治区招商发展局、新疆维吾尔自治区供销社、新疆维吾尔自治区乡企局
承办单位：新疆振威国际展览有限公司
联系地址：乌鲁木齐市政协巷 56 号汇丰大厦 15 层 M/N 座
邮　　编：830002
联系电话：0991-2330537
传　　真：0991-2330537
电子邮箱：maillipeng58532688@163.com
联 系 人：李勇（13199911517）

哈密市

2011 新疆（吐哈）国际煤炭与新能源工业博览会

展出时间：2011 年 5 月 18 ~ 20 日
展馆名称：哈密市永亮煤炭交易中心
主办单位：新疆维吾尔自治区煤炭工业协会、哈密市永亮煤炭交易中心
联系地址：河北石家庄桥东区中山东路 126 号
联 系 人：陈震

香港特别行政区

香港贸发局香港国际授权展览会

展出时间：2011 年 1 月 10 ～ 12 日
展馆名称：香港会议展览中心
展出内容：艺术设计、名人肖像、卡通人物、专上学府品牌、知名品牌、数码娱乐、影视娱乐、时尚服饰、运动
主办单位：香港贸发局
承办单位：香港贸发局
联系电话：00852-25844163；25844582
传　　真：00852-28240249
电子邮箱：licensingshow@hktdc.org

香港贸发局香港婴儿用品展览会

展出时间：2011 年 1 月 10 ～ 13 日
展馆名称：香港会议展览中心
展出内容：婴幼儿用品
主办单位：香港贸发局
承办单位：香港贸发局
联系电话：00852-1830668
传　　真：00852-28240249
电子邮箱：exhibitions@tdc.org.hk

2011 年香港玩具展览会

展出时间：2011 年 1 月 10 ～ 13 日
展会周期：一年一届
展馆名称：香港会议展览中心
展出内容：玩具及游戏、嗜好玩具、魔术用具、户外及运动用品、纸品及玩具包装、派对用品、玩具零件及配件
主办单位：香港贸发局
承办单位：香港贸发局、飞马商务会展服务有限公司
联系电话：0591-83924938
传　　真：0591-83951657
电子邮箱：tofair@yahoo.com
联 系 人：郑先生

2011 香港国际文具展览会

展出时间：2011 年 1 月 11 ～ 13 日
展馆名称：香港会议展览中心
展出内容：书写工具、各种笔、办公礼品、纸品及纸类产品、办公用品、美术用品及设备、教学器材、儿童用具及学校用品等
主办单位：香港贸发局法兰克福展览（香港）有限公司
联系地址：香港湾仔博览道一号香港贸易发展局展览事务部
联系电话：00852-22404606
传　　真：00852-28240026
电子邮箱：exhibitions@hktdc.org
联 系 人：董瑞莹

香港贸发局香港时装节 2011 秋冬系列展览会

展出时间：2011 年 1 月 17 ～ 20 日
展馆名称：香港会议展览中心
展出内容：秋冬时装系列、服装配件、饰品及布料
上届数据：展出面积 41586 平方米，参展商 1490 家，买家 23700 人
主办单位：香港贸发局
承办单位：香港贸发局
联系电话：00852-1830668
传　　真：00852-28240249
电子邮箱：exhibitions@tdc.org.hk

香港贸发局香港国际时尚荟萃展览会

展出时间：2011 年 1 月 17 ～ 20 日
展馆名称：香港会议展览中心
展出内容：秋冬时装系列、服装配件、饰品及布料
主办单位：香港贸发局
承办单位：香港贸发局
联系电话：00852-1830668
传　　真：00852-28240249
电子邮箱：exhibitions@tdc.org.hk

香港贸发局教育及职业博览会

展出时间：2011 年 2 月 17 ～ 20 日
展馆名称：香港会议展览中心
展出内容：教育、职业、书刊及教材
主办单位：香港贸发局
承办单位：香港贸发局
联系电话：00852-1830668
传　　真：00852-28240249
电子邮箱：exhibitions@tdc.org.hk

香港贸发局香港国际珠宝展览会

展出时间：2011 年 3 月 4 ～ 8 日
展馆名称：香港会议展览中心
展出内容：贵重珠宝首饰、宝石、配件、工具及设备、珠宝首饰及名厂手表
主办单位：香港贸发局
承办单位：香港贸发局
联系电话：00852-1830668
传　　真：00852-28240249
电子邮箱：exhibitions@tdc.org.hk

2011 香港国际资讯科技博览会

展出时间：2011 年 4 月 13 ～ 16 日
举办周期：一年一届
展馆名称：香港会议展览中心
展出内容：视听产品、数码影像产品、电子配件、电子制造服务、电子组件及生产技术、电子保健产品、家用电器、家居科技、灯饰及照明产品等
上届数据：展出面积 9000 平方米，参展商 406 家，买家 51469 人
主办单位：香港贸发局

承办单位：香港贸发局
联系地址：珠江新城花城大道3号
邮　　编：510623
联系电话：020-87248839
传　　真：020-87248166
电子邮箱：happydayexpo@126.com
联 系 人：尤楠楠

2011年香港春季电子展览会

展出时间：2011年4月13～16日
展馆名称：香港会议展览中心
展出内容：通信、通讯、电子等
主办单位：香港贸发局
承办单位：香港贸发局
联系地址：深圳市罗湖区宝安南路深港豪苑名商阁612室
邮　　编：518001
联系电话：0755-25857573
传　　真：0755-25857457
电子邮箱：exhibitions@tdc.org.hk；apple80518@126.com
联 系 人：张小姐

香港贸发局香港国际春季灯饰展览会

展出时间：2011年4月13～16日
展馆名称：香港会议展览中心
展出内容：照明、灯饰、贸易服务
主办单位：香港贸发局
承办单位：香港贸发局
联系电话：00852-1830668
传　　真：00852-28240249
电子邮箱：exhibitions@tdc.org.hk

香港国际家用纺织品展览会

展出时间：2011年4月20～23日
展馆名称：香港会议展览中心
展出内容：浴室纺织品、寝室纺织品、地毯及铺地制品、家居饰品、餐桌及厨房纺织品、铺墙制品、婴儿纺织品、家用纺织相关产品、设计及贸易服务
主办单位：香港贸发局
承办单位：香港贸发局
联系电话：00852-1830668
传　　真：00852-28240249
电子邮箱：exhibitions@tdc.org.hk

2011年香港家庭用品展览会

展出时间：2011年4月20～23日
展馆名称：香港会议展览中心
展出内容：人造花饰、浴室用具、清洁用具、家私、园艺及户外用品、手工艺品、五金用具及自行装配产品、保健及个人护理用品等
主办单位：香港贸发局
承办单位：香港贸发局、上海佳诚会展服务有限公司
联系地址：上海市浦东新区杨高南路5055弄21号202室
联系电话：021-50836736
传　　真：021-26621100
电子邮箱：tina@jiachengexpo.com
联 系 人：徐小姐

2011香港国际印刷及包装展览会

展出时间：2011年4月27～30日
展馆名称：亚洲国际博览馆
展出内容：印刷及包装服务、印刷耗材、包装材料及配件等
主办单位：香港贸发局、CIEC华港国际展览有限公司
承办单位：华港国际展览有限公司
联系地址：香港湾仔港湾道25号海港中心1909室
邮　　编：020-87248839
联系电话：020-87248166
电子邮箱：worldexpo@21cn.com
联 系 人：刘小姐

2011香港国际礼品及赠品展览会

展出时间：2011年4月27～30日
举办周期：一年一届
展馆名称：香港会议展览中心
展出内容：宣传礼品及赠品、工艺品、小型陶瓷礼品、电子消费品、公司礼品、时尚首饰及饰品、儿童礼品、女士礼品及赠品、纸品及包装产品、派对及圣诞装饰品等
主办单位：香港贸发局
承办单位：上海誉高展览策划有限公司
联系地址：上海市浦申路633号6F
邮　　编：201114
联系电话：021-34504155
传　　真：021-51069283
电子邮箱：exhibitions@tdc.org.hk；258522985@163.com
联 系 人：陈华

香港贸发局香港夏季礼品、家庭用品及玩具展览会

展出时间：2011年7月4～7日
展馆名称：香港会议展览中心
展出内容：礼品及赠品、家庭用品、家居装饰品、玩具及游戏、节日及派对装饰品
主办单位：香港贸发局
承办单位：香港贸发局
联系电话：00852-1830668
传　　真：00852-28240249
电子邮箱：exhibitions@tdc.org.hk

香港时装节春夏系列展览会

展出时间：2011年7月4～7日
展馆名称：香港会议展览中心
展出内容：各种春夏服装、时装配饰、服装相关之产品、服务

主办单位：香港贸发局
承办单位：香港贸发局
联系电话：00852-1830668
传　　真：00852-28240249
电子邮箱：exhibitions@tdc.org.hk

香港贸发局香港图书展览会

展出时间：2011 年 7 月 20 ~ 26 日
展馆名称：香港会议展览中心
展出内容：书籍、印刷品、文具、印刷服务及多媒体教育用品
主办单位：香港贸发局
承办单位：香港贸发局
联系电话：00852-1830668
传　　真：00852-28240249
电子邮箱：exhibitions@tdc.org.hk

优质生活博览览会

展出时间：2011 年 7 月 22 ~ 24 日
展馆名称：亚洲国际博览馆
展出内容：美容及养生、休闲及培育、开学用品、精明消费
主办单位：香港贸发局
承办单位：香港贸发局
联系电话：00852-1830668
传　　真：00852-28240249
电子邮箱：exhibitions@tdc.org.h

香港国际茶展览会

展出时间：2011 年 8 月
展馆名称：香港会议展览中心
展出内容：各地名茶、加工茶、茶饮料与茶制品、茶叶包装、茶叶机械与检测、茶具、茶叶机构、茶叶技术、茶艺术品及茶业媒体
主办单位：香港贸发局
承办单位：香港贸发局
联系电话：00852-1830668
传　　真：00852-28240249
电子邮箱：exhibitions@tdc.org.hk

2011 国际现代化中医药及健康产品展览会暨会议

展出时间：2011 年 8 月
展馆名称：香港会议展览中心
展出内容：书医中药、健康产品、科研
主办单位：香港贸发局
承办单位：香港贸发局
联系电话：00852-1830668
传　　真：00852-28240249
电子邮箱：exhibitions@tdc.org.hk

香港贸发局美食博览会

展出时间：2011 年 8 月 11 ~ 15 日
展馆名称：香港会议展览中心
展出内容：食品及饮品、厨具、食品包装、标签、物流及相关服务、食品处理产品、食品科技、机械及服务、政府机构及食品业商会
主办单位：香港贸发局
承办单位：香港贸发局
联系电话：00852-1830668
传　　真：00852-28240249
电子邮箱：exhibitions@tdc.org.hk

香港贸发局香港钟表展览会

展出时间：2011 年 9 月 7 ~ 11 日
展馆名称：香港会议展览中心
展出内容：钟表、配件及零件、装饰配件、设备、工具及机械
主办单位：香港贸发局
承办单位：香港贸发局
联系电话：00852-1830668
传　　真：00852-28240249
电子邮箱：exhibitions@tdc.org.hk

香港国际建筑材料及五金展览会

展出时间：2011 年 10 月
展馆名称：亚洲国际博览馆
展出内容：卫浴、厨房、建筑装饰五金、建筑科技、天花、幕墙、陶瓷、石材、涂料、化学建材门窗等
主办单位：香港贸发局
承办单位：香港贸发局
联系电话：00852-25844333
传　　真：00852-35438717
电子邮箱：exhibitions@tdc.org.hk

香港秋季电子产品展览会

展出时间：2011 年 10 月 13 ~ 15 日
展馆名称：香港会议展览中心
展出内容：视听产品、电脑及周边产品、数码影像产品、电子配件、电子游戏产品、家用电器、电子保健产品、汽车电子及导航系统、办公室自动化及设备、个人电子产品、保安产品、电讯产品、检测及认证、相关服务
主办单位：香港贸发局
承办单位：香港贸发局
联系电话：00852-22404075
传　　真：00852-22404075
电子邮箱：exhibitions@tdc.org.hk

国际电子组件及生产技术展览会

展出时间：2011 年 10 月 13 ~ 16 日
展馆名称：香港会议展览中心
展出内容：通用半导体、功率半导体器件、嵌入式系统、传感器、微机电系统、印刷电路板和其他电路载体及电子制造服务、连接技术等

主办单位：香港贸发局
承办单位：香港贸发局
联系电话：00852-22404018
传　　真：00852-28240026
电子邮箱：exhibitions@tdc.org.hk

亚洲运动用品展览会

展出时间：2011 年 10 月 27 ~ 29 日
展馆名称：香港会议展览中心
展出内容：球类运动装备、自行车运动用品、健身及健美器材、高尔夫球用品、室内运动、户外运动及休闲用品、球拍运动、滚轴及滑板用品、运动鞋、运动服装及配件、田径运动、水上运动、冰上运动
主办单位：香港贸发局
承办单位：香港贸发局
联系电话：00852-1830668
传　　真：00852-28240249
电子邮箱：exhibitions@tdc.org.hk

香港国际秋季灯饰展览会

展出时间：2011 年 10 月 27 ~ 30 日
展馆名称：香港会议展览中心
展出内容：商业照明、环保照明、家居照明、LED 照明、户外照明、灯饰配件及零件、灯饰管理、设计及技术、贸易服务及刊物
主办单位：香港贸发局
承办单位：香港贸发局
联系电话：00852-22404811
传　　真：00852-28240026
电子邮箱：exhibitions@tdc.org.hk

国际环保博览会

展出时间：2011 年 10 月 27 ~ 30 日
展馆名称：亚洲国际博览馆
展出内容：空气质素、能源效益及能源、废物及循环再造、环保产品
主办单位：香港贸发局
承办单位：香港贸发局
联系电话：00852-25844333
传　　真：00852-35438715
电子邮箱：exhibitions@tdc.org.hk

香港贸发局香港眼镜展览会

展出时间：2011 年 11 月 3 ~ 5 日
展馆名称：香港会议展览中心
展出内容：隐形眼镜、镜框及镜架、镜片
主办单位：香港贸发局
承办单位：香港贸发局
联系电话：00852-1830668
传　　真：00852-28240249
电子邮箱：exhibitions@tdc.org.hk

香港贸发局香港国际美酒展览会

展出时间：2011 年 11 月 3 ~ 5 日
展馆名称：香港会议展览中心
展出内容：含酒精饮品、酒类生产及物流、酒类产品及器具、酒类相关服务
主办单位：香港贸发局
承办单位：香港贸发局
联系电话：00852-1830668
传　　真：00852-28240249
电子邮箱：exhibitions@tdc.org.hk

澳门特别行政区

澳门教育展览会

展出时间：2011 年 1 月 15 ~ 16 日
展馆名称：澳门威尼斯人 - 度假村 - 酒店会展中心
主办单位：澳门威尼斯人酒店会展中心
联系电话：00853-28710300
传　　真：00853-28590309
电子邮箱：ipim@ipim.gov.mo

2011 房地产展览会

展出时间：2011 年 1 月 15 ~ 16 日
展馆名称：澳门威尼斯人 - 度假村 - 酒店会展中心
主办单位：珠海市华视广告有限公司
联系电话：00853-28710300
传　　真：00853-28590309
电子邮箱：ipim@ipim.gov.mo

第 23 届婚纱缯宴美容珠宝展览会

展出时间：2011 年 1 月 15 ~ 16 日
展馆名称：澳门威尼斯人 - 度假村 - 酒店会展中心
主办单位：艺嘉公关广告推广公司
联系电话：00853-28710300
传　　真：00853-28590309
电子邮箱：ipim@ipim.gov.mo

第 6 届儿童用品展览会

展出时间：2011 年 2 月 25 ~ 27 日
展馆名称：澳门威尼斯人 - 度假村 - 酒店会展中心
主办单位：艺嘉公关广告推广公司
联系电话：00853-28710300
传　　真：00853-28590309
电子邮箱：ipim@ipim.gov.mo

2011 年澳门国际环保合作发展论坛及展览会

展出时间：2011 年 3 月 31 日 ~ 4 月 2 日
举办周期：一年一届
始办时间：2008 年
展馆名称：澳门威尼斯人度假村酒店
展出内容：饮用水的处理技术、家居及厂房的污水管理技术、替代能源及节能减排技术等
展会网址：www.macaomiecf.com
上届数据：来自 43 个国家和地区的 5697 人参会
主办单位：澳门特别行政区政府
承办单位：澳门贸易投资促进局、澳门环境保护局
联系地址：澳门友谊大马路 918 号世界贸易中心 4 楼
联系电话：00853-28710300
传　　真：00853-28590309
电子邮箱：ipim@ipim.gov.mo

澳门国际打印耗材展览会

展出时间：2011 年 5 月 13 ~ 14 日
展馆名称：澳门威尼斯人 - 度假村 - 酒店会展中心
展会网址：www.remacau.com.cn/
主办单位：上海广会会展有限公司
联系电话：00853-28710300
传　　真：00853-28590309
电子邮箱：ipim@ipim.gov.mo

2011 年亚洲国际博彩博览会

展出时间：2011 年 6 月 7 ~ 9 日
展馆名称：澳门威尼斯人 - 度假村 - 酒店会展中心
展会网址：www.g2easia.com
主办单位：励展博览集团、美国博彩业协会
联系电话：00853-28710300
传　　真：00853-28590309
电子邮箱：ipim@ipim.gov.mo

2011 澳门国际品牌连锁加盟展览会

展出时间：2011 年 7 月 8 ~ 10 日
展馆名称：澳门威尼斯人 - 度假村 - 酒店会展中心
展会网址：www.mfe.mo
主办单位：澳门贸易投资促进局
联系电话：00853-28710300
传　　真：00853-28590309
电子邮箱：ipim@ipim.gov.mo

第 4 届电脑及数码产品展览会暨第 3 届家居博览会

展出时间：2011 年 7 月 9 ~ 10 日
展馆名称：澳门威尼斯人 - 度假村 - 酒店会展中心
主办单位：艺嘉公关广告推广公司
联系电话：00853-28710300
传　　真：00853-28590309
电子邮箱：ipim@ipim.gov.mo

第 7 届儿童用品展览会

展出时间：2011 年 8 月 13 ~ 14 日
展馆名称：澳门威尼斯人 - 度假村 - 酒店会展中心
主办单位：艺嘉公关广告推广公司
联系电话：00853-28710300
传　　真：00853-28590309
电子邮箱：ipim@ipim.gov.mo

中国国土安全暨航空保安展览会

展出时间：2011 年 8 月 16 ~ 18 日
展馆名称：澳门威尼斯人 - 度假村 - 酒店会展中心
主办单位：国际航空保安协会、亚洲专业保安协会、亚洲防伪协会、深圳市安博会展有限公司
联系电话：00853-28710300
传　　真：00853-28590309
电子邮箱：ipim@ipim.gov.mo

文化艺术产业博览会

展出时间：2011 年 8 月 27 ~ 28 日
展馆名称：澳门渔人码头会议展览中心
主办单位：中国澳门广告展览有限公司
联系电话：00853-28710300
传　　真：00853-28590309
电子邮箱：ipim@ipim.gov.mo

第 24 届婚纱缙宴美容珠宝展览会

展出时间：2011 年 9 月 17 ~ 18 日
展馆名称：澳门威尼斯人 - 度假村 - 酒店会展中心
主办单位：艺嘉公关广告推广公司
联系电话：00853-28710300
传　　真：00853-28590309
电子邮箱：ipim@ipim.gov.mo

2011 亚洲美食佳酿展暨酒店及餐饮设备展览会

展出时间：2011 年 11 月 2 ~ 4 日
展馆名称：澳门威尼斯人 - 度假村 - 酒店会展中心
展会网址：www.wineandgourmetasia.com
主办单位：科隆国际展览（新加坡）有限公司
联系电话：00853-28710300
传　　真：00853-28590309
电子邮箱：ipim@ipim.gov.mo

第 7 届国际酒店设备与用品展览会暨餐饮设备、食品与饮料展览会

展出时间：2011 年 11 月 23 ~ 25 日
展馆名称：澳门威尼斯人 - 度假村 - 酒店会展中心
展会网址：www.hotel-exhibition.com
主办单位：海岸国际展览有限公司
联系电话：00853-28710300
传　　真：00853-28590309
电子邮箱：ipim@ipim.gov.mo

台湾省

第 19 届台北国际图书展览会

展出时间：2011 年 2 月 9 ~ 14 日
展馆名称：台北世界贸易中心
主办单位：台北世界贸易中心
承办单位：台北世界贸易中心
联系电话：020-27671268

台北婚纱暨珠宝艺品大展

展出时间：2011 年 2 月 18 ~ 21 日
展馆名称：台北世界贸易中心
主办单位：台北世界贸易中心
承办单位：台北世界贸易中心
联系电话：020-25603008

2011 台北国际工具机展览会

展出时间：2011 年 3 月 1 ~ 6 日
展馆名称：台北世界贸易中心南港展览馆
主办单位：台北世界贸易中心
承办单位：台北世界贸易中心
联系电话：020-27255200-2616
020-23494666-681

2011 年台北国际自行车展览会

展出时间：2011 年 3 月 16 ~ 19 日
展馆名称：台北世界贸易中心南港展览馆
展出内容：整车、轻型电动车及零配件
主办单位：台北世界贸易中心、台湾区自行车输出业同业公会
承办单位：台湾区车辆工业同业公会、台湾区橡胶工业同业公会
联系电话：008662-27255200
传　　真：008662-27251314
电子邮箱：candy_d@126.com

第 21 届国际美容化妆品展览会

展出时间：2011 年 3 月 17 ~ 21 日
展馆名称：台北世界贸易中心
主办单位：台北世界贸易中心
承办单位：台北世界贸易中心
联系电话：020-86925588-2804

台北儿童博览会暨乐器展 / 台北婴儿与孕妈咪用品展览会

展出时间：2011 年 4 月 1 ~ 4 日
展馆名称：台北世界贸易中心
主办单位：台北世界贸易中心
承办单位：台北世界贸易中心
联系电话：020-27592679

2011 台北国际车用电子展览会

展出时间：2011 年 4 月 12 ~ 15 日
展馆名称：台北世界贸易中心南港展览馆
主办单位：台北世界贸易中心
承办单位：台北世界贸易中心
联系电话：020-27255200-2623
020-87926666-333

2011 年台北国际汽车及零配件展览会

展出时间：2011 年 4 月 12 ~ 15 日
展馆名称：台北世贸中心南港展览馆
展出内容：汽车引擎零件、车体零件、转向系统、维修设备、传动系统、刹车系统、电子零配件、修护器具及设备、车用电子产品等
展会网址：www.zmexpo.com
主办单位：台北世界贸易中心
承办单位：台北世界贸易中心
联系地址：广州市越秀区童心路西胜街 42 号
联系电话：020-83585771
传　　真：020-62824847

第 14 届台北国际安全博览会

展出时间：2011 年 4 月 20 ~ 22 日
展馆名称：台北世界贸易中心南港展览馆
主办单位：台北世界贸易中心
承办单位：台北世界贸易中心
联系电话：020-26599080-351

台北婚纱珠宝暨喜宴大展 – 海峡两岸婚纱珠宝精品展览会

展出时间：2011 年 4 月 22 ~ 25 日
展馆名称：台北世界贸易中心
主办单位：台北世界贸易中心
承办单位：台北世界贸易中心
联系电话：020-25564668

2011 台北国际体育用品展览会

展出时间：2011 年 4 月 27 ~ 30 日
展馆名称：台北世界贸易中心南港展览馆
主办单位：台北世界贸易中心
承办单位：台北世界贸易中心
联系电话：020-27255200-2262

2011 第 30 届新一代设计展览会

展出时间：2011 年 5 月 20 ~ 23 日
展馆名称：台北世界贸易中心
主办单位：台北世界贸易中心
承办单位：台北世界贸易中心
联系电话：020-27255200

2011 台北国际电脑展览会

展出时间：2011 年 6 月 1 ~ 5 日
展馆名称：台北世界贸易中心
展出内容：计算机软硬件及外围设备、数码相机、数字摄录放机、PDA、影音产品、多媒体软件、游戏软件、工具软件、网络通讯、商用软件信息安全软、硬件等
主办单位：台北世界贸易中心、台北市计算机商业同业公会
联系电话：0755-25863780
传　　真：0755-25857457

2011 台湾平面显示器展览会

展出时间：2011 年 6 月 14 ~ 16 日
展馆名称：台北世界贸易中心南港展览馆
主办单位：台北世界贸易中心
承办单位：台北世界贸易中心
联系电话：020-27255200-2168

2011 年台北国际光电周

展出时间：2011 年 6 月 14 ~ 16 日
展馆名称：台北世界贸易中心南港展览馆
主办单位：台北世界贸易中心
承办单位：台北世界贸易中心
联系电话：020-23514026

台北婚纱摄影婚庆暨珠宝大展览会

展出时间：2011 年 6 月 17 ~ 20 日
展馆名称：台北世界贸易中心
主办单位：台北世界贸易中心
承办单位：台北世界贸易中心
联系电话：020-25970321

2011 台北国际包装工业展览会

展出时间：2011 年 6 月 22 ~ 25 日
展馆名称：台北世界贸易中心南港展览馆
主办单位：台北世界贸易中心
承办单位：台北世界贸易中心
联系电话：020-27255200-2678
020-27252585

2011 台北国际食品加工、餐饮设备暨制药机械展览会

展出时间：2011 年 6 月 22 ~ 25 日
展馆名称：台北世界贸易中心南港展览馆
主办单位：台北世界贸易中心
承办单位：台北世界贸易中心
联系电话：020-27255200-2678
020-27230036

2011 年台北国际食品展览会

展出时间：2011 年 6 月 23 ~ 26 日
举办周期：一年一届

展馆名称：台北世界贸易中心南港展览馆
上届数据：展出面积14661平方米，来自全球32个国家的825家参展商，观众40724人次
主办单位：北京领汇国际展览有限公司
承办单位：北京领汇国际展览有限公司
联系地址：北京市朝阳区农展馆南路13号瑞辰国际中心719室
邮　　编：100125
电子邮箱：expo168@126.com
联 系 人：于惠永（13521761056）

居家生活时尚展览会

展出时间：2011年6月24～26日
展馆名称：台北世界贸易中心
主办单位：台北世界贸易中心
承办单位：台北世界贸易中心
联系电话：020-25954212

台北葡萄酒展览会

展出时间：2011年6月25～26日
展馆名称：台北世界贸易中心
主办单位：台北世界贸易中心
承办单位：台北世界贸易中心
联系电话：020-25954212

2011台北国际木工机械暨木工材料展览会

展出时间：2011年7月7～10日
展馆名称：台北世界贸易中心南港展览馆
主办单位：台北世界贸易中心
承办单位：台北世界贸易中心
联系电话：020-2725-5200-2676

2011台北国际水族暨宠物展览会

展出时间：2011年7月15～18日
展馆名称：台北世界贸易中心
主办单位：台北世界贸易中心
承办单位：台北世界贸易中心
联系电话：020-26596000

台北世纪婚纱珠宝暨喜宴展览会

展出时间：2011年7月22～25日
展馆名称：台北世界贸易中心南港展览馆
主办单位：台北世界贸易中心
承办单位：台北世界贸易中心
联系电话：020-27597167

第21届国际秋冬美容化妆品展览会

展出时间：2011年9月23～26日
展馆名称：台北世界贸易中心
主办单位：台北世界贸易中心
承办单位：台北世界贸易中心
联系电话：020-86925588-2929

第15届台北儿童博览会暨台北婴儿与孕妈咪用品展览会

展出时间：2011年10月7～10日
展馆名称：台北世界贸易中心
主办单位：台北世界贸易中心
承办单位：台北世界贸易中心
联系电话：020-27592679

2011台北国际电子产业科技展览会

展出时间：2011年10月10～13日
展馆名称：台北世界贸易中心南港展览馆
主办单位：台北世界贸易中心
承办单位：台北世界贸易中心
联系电话：020-27255200-2628

2011台湾国际宽屏通讯展览会

展出时间：2011年10月10～13日
展馆名称：台北世界贸易中心南港展览馆
主办单位：台北世界贸易中心
承办单位：台北世界贸易中心
联系电话：020-27255200-2628

第27届台北礼品展览会

展出时间：2011年10月14～17日
展馆名称：台北世界贸易中心
主办单位：台北世界贸易中心
承办单位：台北世界贸易中心
联系电话：020-23014049

2011台北国际数位摄影器材暨影音大展览会

展出时间：2011年10月28～31日
展馆名称：台北世界贸易中心
主办单位：台北世界贸易中心
承办单位：台北世界贸易中心
联系电话：020-26596000

2011台湾宠物用品暨鱼的世界展览会

展出时间：2011年11月18～21日
展馆名称：台北世界贸易中心
主办单位：台北世界贸易中心
承办单位：台北世界贸易中心
联系电话：040-23509899

第23届台北国际建筑建材暨产品展－两岸建筑建材暨产品展览会

展出时间：2011年12月15～18日
展馆名称：台北世界贸易中心
主办单位：台北世界贸易中心
承办单位：台北世界贸易中心
联系电话：020-27588173

FAIRS & EXHIBITIONS IN CHINA 2011

CHINA COUNCIL FOR THE PROMOTION OF
INTERNATIONAL TRADE (CCPIT)

CHINA NATIONALITY ART PHOTOGRAPH PUBLISHING HOUSE

Editing Committee of Fairs & Exhibitions in China 2011

Exploit the Treasure of Expo Shanghai to Promote the Harmonious Development of Exhibition Industry

At 20: 30 on October 31st 2010,Premier WEN Jiabao solemnly declared the World Expo Shanghai closed, bringing down the curtain for the 184-day magnificent gathering. 246 participating countries and international organizations, more than 730 million visitors from home and abroad, more than 20,000 art performances, the first time to present city as a theme and establish virtual expo Thanks to such an expo, China is more involved into the global community, while the world has learnt more about China.

Despite the end of Expo Shanghai, its historical significance and deep influence is worth us more time to think about and practice. President HU Jintao once pointed out that Expo Shanghai had left us rich material and spiritual treasure. We should follow the spirit of the Fifth Plenary Conference of Seventeenth Central Committee of the CPC, carefully review the experience and promote the spirit of Expo Shanghai, and make it our new advantages for promoting scientific development, social harmony and especially the development of China's exhibition industry.

First, the success of Expo Shanghai has raised the national awareness of exhibition industry as an important engine for social economy. As an open system, the exhibition industry can influence not only the host city but also its surrounding areas and even the whole country, making the region to grow into a close economy belt, boosting the local economy and promoting the competitiveness of the entire region. During the year of expo, many local governments, such as Chongqing, Weihai and Yantai, have put forward a series of policies and measures to cultivate and introduce brand exhibitions, advertise events, aid exhibition enterprises, support relevant activities and studies, establish information platform and train exhibition personnel. With the persistent functioning of post-expo effect, we can estimate that governments at all levels will continue to make great efforts on supporting exhibition industry in the following years.

Second, the future-leading concept of development presented on Expo Shanghai has high reference value for the restructure and upgrading of China's exhibition industry. World expo is known as the topmost hall of exhibition. On Expo Shanghai, big Western exhibition countries have shown their advanced ideas and instruments of exhibition, especially the new development mode that is low-carbon, green and sustainable. Low-carbon exhibition is the inevitable growing route for exhibition enterprises. In recent years, the investment in exhibition venues has been heating up fast in China, highlighting the structural surplus problem. The duplication of similar projects and disorderly competition frequently occurs. On exhibitions we can still find abundant decoration and advertisement materials that are not reusable. How to implement the low-carbon tactics in industrial development - that is a good questions for our exhibition professionals to ponder over.

3rd, Expo Shanghai has provided an excellent platform for exhibition exchange between China and the rest of the world. A dozen of domestic exhibition companies have participated in the design, construction and operation of expo pavilions in cooperation with renowned international enterprises, which not only enhances the international recognition of Chinese companies, but also helps introduce advanced operation ideas to China and improve our ability to organize exhibitions, and meanwhile shows the huge potential of the industry. We should share and make good use of such experience, and continue to accelerate the globalization of China's exhibition industry.

According to the Central Economic Working Conference 2010,the primary tasks of China's economy next year includes expanding international economic cooperation, laying equal stress on both import and export, and stabilizing and increasing foreign demand, which put forward higher requirements for China exhibitions. The valuable experience of Expo Shanghai is the common wealth of China's exhibition industry. We should fully utilize the success of Expo Shanghai, sum up the experience, pioneer and innovate, contributing to the stable and healthy operation of national economy.

Starting from 1995,China Council for the Promotion of International Trade (CCPIT) has annually published Fairs and Exhibitions in China for the events of the following year. It has played an active role in bringing the information of China's exhibitions to commercial and industrial circles home and abroad and guiding companies to take part in appropriate events. I would like to take this opportunity to express my sincere gratitude for the long-term interest and support from all that are concerned.

Fairs and Exhibitions in China 2011 provides information of more than 1000 fairs and exhibitions to be held in 70 mainland cities, Hong Kong, Macau and Taipei in the year 2011. I sincerely expect our readers to continuously pay close attention to the editing of this directory, provide more information, and give valuable comments and suggestions to make this publication more conducive in promoting the harmonious development of China's exhibition industry.

万季飞

WAN Jifei, Chairman

China Council for the Promotion of International Trade (CCPIT)

China Chamber of International Commerce (CCOIC)

Index By Provinces & Cities

Index By Industries

A

Agriculture, Forestry, Animal Husbandry & Fishery

B

Building & Decoration Materia

C

Culture & Arts

Communication Technology, Computer & Software

Cosmetology

E

Energy & Ore

Environmental Protection

Economics and Trade

F

Food & Beverage

Furniture & Houseware

H

Hardware

L

Luggage & Bag

Logistics

M

Machine Tool & Electric Equipment

Medical Service

Media & Advertisement

P

Public Security

Printing & Package

Petroleum & Chemical Industry

O

Other

S

Stationery

Shoes & Leather

Sports & Leisure

T

Textiles & Costume

Toys & Gift

Travel & Hotel

Transportation

W

Women, Children & Infant Products

Anhui

Hefei

2011 China (Hefei) Consumer Goods Fair for Spring Festival

Date: 2011.1.15-23
Venue: Anhui International Convention and Exhibition Center
Exhibits: Garments, shoes and beddings, art gifts, sugars, cigarettes, alcoholic beverages, agriculture products, specialty foods, etc.
Host: The Organizing Committee of 2010 China (Hefei) Consumer Goods Fair for Spring Festival
Organizer: Anhui Daming International Exhibition Service Co., Ltd.
Address: Rm.109 Tongshan International Shopping Mall, Economic Development Zone, Hefei
Zip Code: 230601
Tel: +86-551-2783338
Fax: +86-551-2783397
Email: xuechao11111@yahoo.com.cn
Contact Person: Xue Cha(+86-13637965924)

2011 Midwestern (Hefei) Medical Equipments Exhibition

Date: 2011.3.1-3
Venue: Anhui International Convention and Exhibition Center
Exhibits: Diagnose equipment, treatment equipment, auxiliary equipment, stomatological equipment and supplies, etc.
Organizer: Tarsus Hope Anhui Exhibition co., Ltd.
Address: Room 401,Block A Meidi Sunshine Building, No.71.Jinzhai Rd.Hefei
Zip Code: 230022
Tel: +86-551-3615593
Fax: +86-551-3615599
Website: www.cwmee.com
Contact Person: Cai Wei

2011 Anhui Printing & Packaging Industry Exhibition

Date: 2011.3.25-27
Venue: Anhui International Convention and Exhibition Center
Exhibits: Printing machines, printing materials, packaging machines , etc.
Host: Tarsus Hope Anhui Exhibition co., Ltd.
Organizer: Tarsus Hope Anhui Exhibition Co., Ltd.
Address: Room 401,Block A Meidi Sunshine Building, No.71.Jinzhai Rd.Hefei
Zip Code: 230022
Tel: +86-551-3622510
Fax: +86-551-3639165
Contact Person: Mr.Wang

2011 China (Anhui) International Sections, Doors, Windows Curtain Walls, Glass Trade Fair

Date: 2011.4.8-10
Frequency: Yearly
Venue: Anhui International Convention and Exhibition Center
Exhibits: Doors, windows auxiliary materials and products, etc.
Host: China Urban Construction Development Association, China International Economic and Trade Promotion Association
Organizer: Anhui Zhonghao Exhibition Co., Ltd.
Address: Rm.803 Building B, Jiahua Center, No.1 Suixi Rd., Xinzhan Dist., Hefei
Tel: +86-551-7102222
Fax: +86-551-7105588
Email: zhonghao9999@126.com
Contact Person: Sun Pen(+86-18655120909)

2011 Application of New Type Doors and Windows Forum

Date: 2011.4.8-10
Frequency: Yearly
Venue: Anhui International Convention and Exhibition Center
Exhibits: Doors, windows auxiliary materials and products, etc.
Host: China Urban Construction Development Association, China International Economic and Trade Promotion Association
Organizer: Anhui Zhonghao Exhibition Co., Ltd.
Address: Rm.803 Building B, Jiahua Center, No.1 Suixi Rd., Xinzhan Dist., Hefei
Tel: +86-551-7102222
Fax: +86-551-7105588
Email: zhonghao9999@126.com
Contact Person: Sun Pen(+86-18655120909)

2011 Anhui Showcase for New Type Product & Technology of Key Companies

Date: 2011.4.8-10
Frequency: Yearly
Venue: Anhui International Convention and Exhibition Center
Exhibits: Doors, windows auxiliary materials and products, etc.
Host: China Urban Construction Development Association, China International Economic and Trade Promotion Association
Organizer: Anhui Zhonghao Exhibition Co., Ltd.
Address: Rm.803 Building B, Jiahua Center, No.1 Suixi Rd., Xinzhan Dist., Hefei
Tel: +86-551-7102222
Fax: +86-551-7105588
Email: zhonghao9999@126.com
Contact Person: Sun Pen(+86-18655120909)

2011 Central China (Hefei) International Equipment Manufacturing Expo

Date: 2011.5.18-20
Frequency: Yearly
Year of the First Event: 2000
Venue: Anhui International Convention and Exhibition Center
Exhibits: Metal-cutting machine tools, metal forming machine tools, special machine tools, numerical control systems, digital machine tools and electrical equipment, spare parts and auxiliary equipment, abrasives, cutting tools, the fixtures and related products, machine tools test and measurement equipment, etc.
Host: China Machinery Industry Federation, Anhui Machinery Industry Association, Good Botasusi Exhibition Co.Ltd.
Organizer: Good Botasusi Exhibition Co., Ltd., Anhui Machinery Industry Federation
Address: 401,Building A, Meidiyangguang, 71 Jinzhai Road, Hefei, Anhui, China
Zip Code: 230071
Tel: +86-553-3621712
Fax: +86-553-3653201
Website: www.ccieme.com.cn

The 11th Anhui International Industrial Equipment Exhibition

Date: 2011.5.18-20
Frequency: Yearly
Year of the First Event: 2000
Venue: Anhui International Convention and Exhibition Center
Exhibits: Metal-cutting machine tools, metal forming machine tools, special machine tools, numerical control systems, digital machine tools and electrical equipment, spare parts and auxiliary equipment, abrasives, cutting tools, the fixtures and related products, machine tools test and measurement equipment, etc.
Host: China Machinery Industry Federation, Anhui Machinery Industry Association, Good Botasusi Exhibition Co.Ltd.
Organizer: Good Botasusi Exhibition Co., Ltd., Anhui Machinery Industry Federation
Address: 401,Building A, Meidiyangguang, 71 Jinzhai Road, Hefei, Anhui, China

Zip Code: 230071
Tel: +86-553-3621712
Fax: +86-553-3653201
Website: www.ccieme.com.cn

The 11th Anhui International Industrial Automation and Apparatus Exhibition

Date: 2011.5.18-20
Venue: Anhui International Convention and Exhibition Center
Exhibits: Industrial automation, electrical system, robot technology, industrial automation IT technology and solution, etc.
Host: China Machinery Industry Federation, People's Government of Anhui Province
Organizer: Anhui Committee for Economic and Informatization, Anhui Machinery Industry Association, Anhui Machine Tool Association, Tarsus Hope Anhui Exhibition co., Ltd.
Address: Room 401,Building A, Meidi Yangguang Plaza, No.71 Jinzhai Rd., Hefei
Zip Code: 230022
Tel: +86-551-3621712
Fax: +86-551-3653201
Email: ahaie@163.com
Contact Person: Ren Jian(+86-13966768235)

Beijing

The 12th China Automobile Accessories and Refit Vehicle Exhibition

Date: 2011.2.25-27
Venue: New China International Exhibition Centre
Exhibits: Auto care products, automobile interior trim and outside decoration, auto audio entertainment, vehicle-mounted communicational navigation, auto safety products etc.
Host: China Chamber of International Commerce, YASN International Exhibition Co., Ltd.
Organizer: YASN International Exhibition Co., Ltd., HC360.COM
Address: Room 505,Dep't Beihuan Centre, No.18 Yuming Road, Xicheng District, Beijing
Zip Code: 100029
Tel: +86-10-82250016
Fax: +86-10-82254766
Website: www.ciaacexpo.com.cn
Email: yasn_intl@163.com

2011 The 18th China International Exhibition for Construction Coating & Chemical Building Material

Date: 2011.3.1-4
Frequency: Yearly
Venue: China New International Exhibition Centre
Host: China Council for the Promotion of International Trade, China Building Decoration Association, China International Exhibition Centre Group
Organizer: Beijing Zhongzhuanghuagang Exhibition Co., Ltd.
Address: No.6,Beisanhuandong Road, Chaoyang District, Beijing
Zip Code: 100028
Tel: +86-10-64630548, 84540980
Fax: +86-10-84540980
Email: zhangchun@bj-jbh.com
Contact Person: Zhang Chun(+86-13391 511886), Zhao Yuanyuan(+86-13661248444)

The 18th China Construction Decoration Industry Fair

Date: 2011.3.1-4
Frequency: Yearly
Venue: China New International Exhibition Centre
Host: China Council for the Promotion of International Trade, China Building Decoration Association, China International Exhibition Centre Group
Organizer: Beijing Zhongzhuanghuagang Exhibition Co., Ltd.
Address: No.6,Beisanhuandong Road, Chaoyang District, Beijing
Zip Code: 100028
Tel: +86-10-64630548, 84540980
Fax: +86-10-84540980
Email: zhangchun@bj-jbh.com
Contact Person: Zhang Chun(+86-13391 511886), Zhao Yuanyuan(+86-13661248444)

The 18th China (Beijing) International Building Decoration & Building Material Fair

Date: 2011.3.1-4
Frequency: Yearly
Venue: China New International Exhibition Centre
Host: China Council for the Promotion of International Trade, China Building Decoration Association, China International Exhibition Centre Group
Organizer: Beijing Zhongzhuanghuagang Exhibition Co., Ltd.
Address: No.6,Beisanhuandong Road, Chaoyang District, Beijing
Zip Code: 100028
Tel: +86-10-64630548, 84540980
Fax: +86-10-84540980
Email: zhangchun@bj-jbh.com
Contact Person: Zhang Chun(+86-13391 511886), Zhao Yuanyuan(+86-13661248444)

2011 China International Exhibition for Sanitary Ware, Construction Ceramic & Kitchen Appliances

Date: 2011.3.1-4
Frequency: Yearly
Venue: China New International Exhibition Centre
Host: China Council for the Promotion of International Trade, China Building Decoration Association, China International Exhibition Centre Group
Organizer: Beijing Zhongzhuanghuagang Exhibition Co., Ltd.
Address: No.6,Beisanhuandong Road, Chaoyang District, Beijing
Zip Code: 100028
Tel: +86-10-64630548, 84540980
Fax: +86-10-84540980
Email: zhangchun@bj-jbh.com
Contact Person: Zhang Chun(+86-13391 511886), Zhao Yuanyuan(+86-13661248444)

The 18th China International Building Decorations & Building Materials Expo

Date: 2011.3.1-4
Frequency: Yearly
Venue: China New International Exhibition Centre
Host: China Council for the Promotion of International Trade, China Building Decoration Association, China International Exhibition Centre Group
Organizer: Beijing Zhongzhuanghuagang Exhibition Co., Ltd.
Address: No.6,Beisanhuandong Road, Chaoyang District, Beijing
Zip Code: 100028
Tel: +86-10-64630548, 84540980
Fax: +86-10-84540980
Email: zhangchun@bj-jbh.com
Contact Person: Zhang Chun(+86-13391 511886), Zhao Yuanyuan(+86-13661248444)

The 12th China International Ground Adornment and Carpet Exhibition

Date: 2011.3.1-4
Frequency: Yearly
Venue: China New International Exhibition Centre
Host: China Council for the Promotion of International Trade, China Building Decoration Association, China International Exhibition Centre Group
Organizer: Beijing Zhongzhuanghuagang Exhibition Co., Ltd.
Address: No.6,Beisanhuandong Road, Chaoyang District, Beijing
Zip Code: 100028
Tel: +86-10-64630548, 84540980
Fax: +86-10-84540980
Email: zhangchun@bj-jbh.com
Contact Person: Zhang Chun(+86-13391 511886), Zhao Yuanyuan(+86-13661248444)

The 13th China International Architectural Sunshade Energy-Saving Building Exhibition

Date: 2011.3.1-4
Frequency: Yearly
Venue: China New International Exhibition Centre
Host: China Council for the Promotion of International Trade, China Building Decoration Association, China International Exhibition Centre Group
Organizer: Beijing Zhongzhuanghuagang Exhibition Co., Ltd.
Address: No.6,Beisanhuandong Road, Chaoyang District, Beijing
Zip Code: 100028
Tel: +86-10-64630548, 84540980
Fax: +86-10-84540980
Email: zhangchun@bj-jbh.com
Contact Person: Zhang Chun(+86-13391 511886), Zhao Yuanyuan(+86-13661248444)

The 12th China International Exhibition for Flooring Covering, Building Wood

Date: 2011.3.1-4
Frequency: Yearly
Venue: China New International Exhibition Centre
Host: China Council for the Promotion of International Trade, China Building Decoration Association, China International Exhibition Centre Group
Organizer: Beijing Zhongzhuanghuagang Exhibition Co., Ltd.
Address: No.6,Beisanhuandong Road, Chaoyang District, Beijing
Zip Code: 100028
Tel: +86-10-64630548, 84540980
Fax: +86-10-84540980
Email: zhangchun@bj-jbh.com
Contact Person: Zhang Chun(+86-13391 511886), Zhao Yuanyuan(+86-13661248444)

The 11th International Floor Covering and Carpet Fair

Date: 2011.3.1-4
Frequency: Yearly
Venue: China New International Exhibition Centre
Host: China Council for the Promotion of International Trade, China Building Decoration Association, China International Exhibition Centre Group
Organizer: Beijing Zhongzhuanghuagang Exhibition Co., Ltd.
Address: No.6,Beisanhuandong Road, Chaoyang District, Beijing
Zip Code: 100028
Tel: +86-10-64630548, 84540980
Fax: +86-10-84540980
Website:
Email: zhangchun@bj-jbh.com
Contact Person: Zhang Chun(+86-13391 511886), Zhao Yuanyuan(+86-13661248444)

The 11th China International Kitchen Cabinet, Wall Cabinet, Partition Wall, Stairs & Wood Products Exhibition

Date: 2011.3.1-4
Frequency: Yearly
Venue: China New International Exhibition Centre
Host: China Council for the Promotion of International Trade, China Building Decoration Association, China International Exhibition Centre Group
Organizer: Beijing Zhongzhuanghuagang Exhibition Co., Ltd.
Address: No.6,Beisanhuandong Road, Chaoyang District, Beijing
Zip Code: 100028
Tel: +86-10-64630548, 84540980
Fax: +86-10-84540980
Email: zhangchun@bj-jbh.com
Contact Person: Zhang Chun(+86-13391 511886), Zhao Yuanyuan(+86-13661248444)

The 11th China International Exhibition for Heating, Air-Conditioning, Ventilation & Gas Products and Technology

Date: 2011.3.1-4
Frequency: Yearly
Venue: China New International Exhibition Centre
Host: China Council for the Promotion of International Trade, China Building Decoration Association, China International Exhibition Centre Group
Organizer: Beijing Zhongzhuanghuagang Exhibition Co., Ltd.
Address: No.6,Beisanhuandong Road, Chaoyang District, Beijing
Zip Code: 100028
Tel: +86-10-64630548, 84540980
Fax: +86-10-84540980
Email: zhangchun@bj-jbh.com
Contact Person: Zhang Chun(+86-13391 511886), Zhao Yuanyuan(+86-13661248444)

The 18th China International Villa Building Materials, Artificial Sandstone, Metal Plastic Sculpture and Landscape Exhibition

Date: 2011.3.1-4
Frequency: Yearly
Venue: China New International Exhibition Centre
Host: China Council for the Promotion of International Trade, China Building Decoration Association, China International Exhibition Centre Group
Organizer: Beijing Zhongzhuanghuagang Exhibition Co., Ltd.
Address: No.6,Beisanhuandong Road, Chaoyang District, Beijing
Zip Code: 100028
Tel: +86-10-64630548, 84540980
Fax: +86-10-84540980
Email: zhangchun@bj-jbh.com
Contact Person: Zhang Chun(+86-13391 511886), Zhao Yuanyuan(+86-13661248444)

The 18th China International Roof System, Coating Chemical and Wall Materials Exhibition

Date: 2011.3.1-4
Frequency: Yearly
Venue: China New International Exhibition Centre
Host: China Council for the Promotion of International Trade, China Building Decoration Association, China International Exhibition Centre Group
Organizer: Beijing Zhongzhuanghuagang Exhibition Co., Ltd.
Address: No.6,Beisanhuandong Road, Chaoyang District, Beijing
Zip Code: 100028
Tel: +86-10-64630548, 84540980
Fax: +86-10-84540980
Email: zhangchun@bj-jbh.com
Contact Person: Zhang Chun(+86-13391 511886), Zhao Yuanyuan(+86-13661248444)

The 6th China International Mortar Technology and Products Exhibition

Date: 2011.3.1-4
Frequency: Yearly
Venue: China New International Exhibition Centre
Host: China Council for the Promotion of International Trade, China Building Decoration Association, China International Exhibition Centre Group
Organizer: Beijing Zhongzhuanghuagang Exhibition Co., Ltd.
Address: No.6,Beisanhuandong Road, Chaoyang District, Beijing
Zip Code: 100028
Tel: +86-10-64630548, 84540980
Fax: +86-10-84540980
Email: zhangchun@bj-jbh.com
Contact Person: Zhang Chun(+86-13391 511886), Zhao Yuanyuan(+86-13661248444)

China (Beijing) International Construction Stone Products and Equipment Fair

Date: 2011.3.1-4
Frequency: Yearly
Venue: China New International Exhibition Centre
Host: China Council for the Promotion of International Trade, China Building Decoration Association, China International Exhibition Centre Group
Organizer: Beijing Zhongzhuanghuagang Exhibition Co., Ltd.
Address: No.6,Beisanhuandong Road, Chaoyang District, Beijing
Zip Code: 100028
Tel: +86-10-64630548, 84540980
Fax: +86-10-84540980
Email: zhangchun@bj-jbh.com
Contact Person: Zhang Chun(+86-13391 511886), Zhao Yuanyuan(+86-13661248444)

The 6th China International Decorative Art Glass Industry Exhibition

Date: 2011.3.1-4
Frequency: Yearly
Venue: China New International Exhibition Centre
Host: China Council for the Promotion of International Trade, China Building Decoration Association, China International Exhibition Centre Group
Organizer: Beijing Zhongzhuanghuagang Exhibition Co., Ltd.
Address: No.6,Beisanhuandong Road, Chaoyang District, Beijing
Zip Code: 100028
Tel: +86-10-64630548, 84540980
Fax: +86-10-84540980
Email: zhangchun@bj-jbh.com
Contact Person: Zhang Chun(+86-13391 511886), Zhao Yuanyuan(+86-13661248444)

The 18th (Beijing) International Hardware and Building Intelligent Exposition

Date: 2011.3.1-4
Frequency: Yearly
Venue: China New International Exhibition Centre
Host: China Council for the Promotion of International Trade, China Building Decoration Association, China International Exhibition Centre Group
Organizer: Beijing Zhongzhuanghuagang Exhibition Co., Ltd.
Address: No.6,Beisanhuandong Road, Chaoyang District, Beijing
Zip Code: 100028
Tel: +86-10-64630548, 84540980
Fax: +86-10-84540980
Email: zhangchun@bj-jbh.com
Contact Person: Zhang Chun(+86-13391 511886), Zhao Yuanyuan(+86-13661248444)

The 11th China (Beijing) International Floor Covering, Carpet and auxiliary material Exhibition

Date: 2011.3.1-4
Frequency: Yearly
Venue: China New International Exhibition Centre
Host: China Council for the Promotion of International Trade, China Building Decoration Association, China International Exhibition Centre Group
Organizer: Beijing Zhongzhuanghuagang Exhibition Co., Ltd.
Address: No.6,Beisanhuandong Road, Chaoyang District, Beijing
Zip Code: 100028
Tel: +86-10-64630548, 84540980
Fax: +86-10-84540980
Email: zhangchun@bj-jbh.com
Contact Person: Zhang Chun(+86-13391 511886), Zhao Yuanyuan(+86-13661248444)

The 6th (Beijing) International Architectural Decoration Art Glass Exhibition

Date: 2011.3.1-4
Frequency: Yearly
Venue: China New International Exhibition Centre
Host: China Council for the Promotion of International Trade, China Building Decoration Association, China International Exhibition Centre Group
Organizer: Beijing Zhongzhuanghuagang Exhibition Co., Ltd.
Address: No.6,Beisanhuandong Road, Chaoyang District, Beijing
Zip Code: 100028
Tel: +86-10-64630548, 84540980
Fax: +86-10-84540980
Email: zhangchun@bj-jbh.com
Contact Person: Zhang Chun(+86-13391 511886), Zhao Yuanyuan(+86-13661248444)

The 18th China (Beijing) International Construction Stone Products and Equipment Exhibition

Date: 2011.3.1-4
Frequency: Yearly
Venue: China New International Exhibition Centre
Host: China Council for the Promotion of International Trade, China Building Decoration Association, China International Exhibition Centre Group
Organizer: Beijing Zhongzhuanghuagang Exhibition Co., Ltd.
Address: No.6,Beisanhuandong Road, Chaoyang District, Beijing
Zip Code: 100028
Tel: +86-10-64630548, 84540980
Fax: +86-10-84540980
Email: zhangchun@bj-jbh.com
Contact Person: Zhang Chun(+86-13391 511886), Zhao Yuanyuan(+86-13661248444)

2011 Beijing Kitchen & Bath Appliances Expo

Date: 2011.3.1-4
Frequency: Yearly
Venue: New China International Exhibition Centre
Exhibits: Sanitary ware and sanitary fittings, fine ceramics, integral kitchen, facilities and accessories, etc.
Host: China Council for the Promotion of International Trade, China Building Decoration Association, China International Exhibition Centre Group
Organizer: Beijing Zhongzhuanghuagang Exhibition Co., Ltd.
Address: 4th Floor, No.6,Beisanhuandong Road, China International Exhibition Centre, Chaoyang District, Beijing
Zip Code: 100028
Tel: +86-10-84494460, 84494457
Fax: +86-10-84494457
Email: jay55052@163.com
Contact Person: Yu Zijie

The 18th China (Beijing) International Architectural Decoration and Materials Exposition

Date: 2011.3.1-4
Frequency: Yearly
Venue: New China International Exhibition Centre
Exhibits: Sanitary ware and sanitary fittings, fine ceramics, integral kitchen, facilities and accessories, etc.
Host: China Council for the Promotion of International Trade, China Building Decoration Association, China International Exhibition Centre Group
Organizer: Beijing Zhongzhuanghuagang Exhibition Co., Ltd.
Address: 4th Floor, No.6,Beisanhuandong Road, China International Exhibition Centre, Chaoyang District, Beijing
Zip Code: 100028
Tel: +86-10-84494460, 84494457
Fax: +86-10-84494457
Email: jay55052@163.com
Contact Person: Yu Zijie

The 18th China (Beijing) International Architectural Ceramics and Kitchen & Bath Equipment Exhibition

Date: 2011.3.1-4
Frequency: Yearly
Venue: New China International Exhibition Centre
Exhibits: Sanitary ware and sanitary fittings, fine ceramics, integral kitchen, facilities and accessories, etc.
Host: China Council for the Promotion of International Trade, China Building Decoration Association, China International Exhibition Centre Group
Organizer: Beijing Zhongzhuanghuagang Exhibition Co., Ltd.
Address: 4th Floor, No.6,Beisanhuandong Road, China International Exhibition Centre, Chaoyang District, Beijing
Zip Code: 100028
Tel: +86-10-84494460, 84494457
Fax: +86-10-84494457
Email: jay55052@163.com
Contact Person: Yu Zijie

The 7th China International Air-conditioning, Ventilation and Heat Pump Products and Technology Expo

Date: 2011.3.3-5
Frequency: Yearly
Venue: China International Exhibition Center
Host: China Council for the Promotion of International Trade Construction Industry Sub-Council, Architectural Society of China HVAC & R Committee, China Construction Metal Structure Association Heating and Radiator Committee, China Construction Metal Structure Association Plumbing Facilities Committee, China Construction Metal Structure Association Floor-Heating Committee, Geothermal Committee of China Energy Sources Association, China Individual Gas Heating Group, Application Committee of China Gas Society Geothermal Committee of China Energy Source Association, Beijing Construction Engineering Material Association, Floor-heating Chamber, China Building Decoration Association, China International Exhibition Center Group Corporation
Organizer: Beijing B & D Tiger Exhibition Co., Ltd.
Address: Rm.380,4/F, Hall 1,China International Exhibition Center, No.6 East Beisanhuan Road, Beijing
Zip Code: 100028
Tel: +86-10-84600666/67/68
Fax: +86-10-84600669
Email: gaoqian314@126.com
Contact Person: Gao Qian

2011 China (Beijing) International Heating Air Conditioning, Sanitary Ware and Urban Construction Equipment and Technology Exhibition

Date: 2011.3.3-5
Year of the First Event: 1996
Venue: China National Convention Centre
Exhibits: Heating product and equipment, electrical heaters, heat pump system air-conditioning, ventilation products, solar energy engineering and thermal utilization products, water supply and drainage systems, renewable energy, etc
Host: Frank Gospel Exhibition (Shanghai) Co., Ltd, China National Automotive Industry International Corp.
Organizer: Frank Gospel Exhibition (Shanghai) Co., Ltd Beijing Office
Address: Floor 11,Gezhouba Building, No.1088 Yuanshen Road, Pudong New District, Shanghai
Tel: +86-10-64622528
Fax: +86-10-64620075
Website: www.ishchina.com
Email: flkfbj2010@sina.com
Contact Person: Sun Dongliang, Guo Liqing

The 6th China (Beijing) International Floor Heating System Product & Equipment Exhibition

Date: 2011.3.3-5
Venue: China International Exhibition Centre
Exhibits: Electrothermal film, electrothermal board, fever floor, geothermal cable, etc.
Host: China Council for the Promotion of International Trade Construction Industry Sub-Council, China Building Decoration Association, Individual Gas Heating Group of Application Committee of China Gas Society, China Construction Metal Structure Association Floor-Heating Committee, Beijing Construction Engineering Material Association Floor-heating Chamber, China International Exhibition Centre Group Corporation
Organizer: Beijing B & D Tiger Exhibition Co., Ltd.
Address: Rm.380,4/F, Hall 1,China International Exhibition Centre, No.6 East Beisanhuan Road, Chaoyang District, Beijing
Zip Code: 100028
Tel: +86-10-84600666
Fax: +86-10-84600669
Email: cihe-hvac@163.com

CIHE & HVAC 2011

Date: 2011.3.3-5
Venue: China International Exhibition Centre
Exhibits: Electrothermal film, electrothermal board, fever floor, geothermal cable, etc.
Host: China Council for the Promotion of International Trade Construction Industry Sub-Council, China Building Decoration Association, Individual Gas Heating Group

of Application Committee of China Gas Society, China Construction Metal Structure Association Floor-Heating Committee, Beijing Construction Engineering Material Association Floor-heating Chamber, China International Exhibition Centre Group Corporation
Organizer: Beijing B & D Tiger Exhibition Co., Ltd.
Address: Rm.380,4/F, Hall 1,China International Exhibition Centre, No.6 East Beisanhuan Road, Chaoyang District, Beijing
Zip Code: 100028
Tel: +86-10-84600666
Fax: +86-10-84600669
Email: cihe-hvac@163.com

The 8th China International Heating Radiator and Auxiliary Products Exhibition

Date: 2011.3.3-5
Venue: China International Exhibition Centre
Exhibits: Electrothermal film, electrothermal board, fever floor, geothermal cable, etc.
Host: China Council for the Promotion of International Trade Construction Industry Sub-Council, China Building Decoration Association, Individual Gas Heating Group of Application Committee of China Gas Society, China Construction Metal Structure Association Floor-Heating Committee, Beijing Construction Engineering Material Association Floor-heating Chamber, China International Exhibition Centre Group Corporation
Organizer: Beijing B & D Tiger Exhibition Co., Ltd.
Address: Rm.380,4/F, Hall 1,China International Exhibition Centre, No.6 East Beisanhuan Road, Chaoyang District, Beijing
Zip Code: 100028
Tel: +86-10-84600666
Fax: +86-10-84600669
Email: cihe-hvac@163.com

The 2nd China International Living Hot Water & Water Purification Equipment and Technology Exhibition

Date: 2011.3.3-5
Venue: China International Exhibition Centre
Exhibits: Electrothermal film, electrothermal board, fever floor, geothermal cable, etc.
Host: China Council for the Promotion of International Trade Construction Industry Sub-Council, China Building Decoration Association, Individual Gas Heating Group of Application Committee of China Gas Society, China Construction Metal Structure Association Floor-Heating Committee, Beijing Construction Engineering Material Association Floor-heating Chamber, China International Exhibition Centre Group Corporation
Organizer: Beijing B & D Tiger Exhibition Co., Ltd.
Address: Rm.380,4/F, Hall 1,China International Exhibition Centre, No.6 East Beisanhuan Road, Chaoyang District, Beijing
Zip Code: 100028
Tel: +86-10-84600666
Fax: +86-10-84600669
Email: cihe-hvac@163.com

The 7th China International Air Conditioning, Ventilation, Heat Pump Products and Technology Exhibition

Date: 2011.3.3-5
Venue: China International Exhibition Centre
Exhibits: Electrothermal film, electrothermal board, fever floor, geothermal cable, etc.
Host: China Council for the Promotion of International Trade Construction Industry Sub-Council, China Building Decoration Association, Individual Gas Heating Group of Application Committee of China Gas Society, China Construction Metal Structure Association Floor-Heating Committee, Beijing Construction Engineering Material Association Floor-heating Chamber, China International Exhibition Centre Group Corporation
Organizer: Beijing B & D Tiger Exhibition Co., Ltd.
Address: R m.380,4 / F, Hall 1,China International Exhibition Centre, No.6 East Beisanhuan Road, Chaoyang District, Beijing
Zip Code: 100028
Tel: +86-10-84600666
Fax: +86-10-84600669
Email: cihe-hvac@163.com

2011 Beijing International Creative Gifts and Handicrafts Exhibitions

Date: 2011.3.5-8
Venue: China World Trade Centre
Previous Data: 60000 Visitors
Exhibits: Tea culture, business gifts, outdoor leisure
Host: China International Trade Centre Co., Ltd., China National Arts & Crafts (Group) Corp.
Organizer: China Arts International Exhibition Co., Ltd., Beijing Siheng Exhibition Co., Ltd.
Address: Floor 1,Dep't B, Zhongyi Building, No.103,Jixiangli, Chaoyangmenwai, Beijing
Tel: +86-10-85698508
Email: tony.a@263.net
Contact Person: Ao Chongheng

The 11th China International Petroleum & Petrochemical Technology and Equipment Exhibition

Date: 2011.3.22-24
Frequency: Yearly
Venue: China International Exhibition Center (New Hall)
Exhibits: Oil & gas exploration, exploit and production equipment, technology and equipment for geophysical exploration, well logging and drilling, technologies and equipment for safety, environmental protection and energy conservation, fire and alarm equipment, articles for industrial safety and labor protection, equipment for industrial rinsing, technology and material for anti-corrosion, communication, management information system and e-commerce, etc.
Host: Beijing Zhenwei Exhibition Co., Ltd., China Association of Petroleum and Petrochemical Equipment Industry, China Council for the Promotion of International Trade Chemical Industry Sub-Council
Organizer: Beijing Zhenwei Exhibition Co., Ltd.
Address: Rm.801,8th Floor, E Building, Kaixuancheng, No.170,Beiyuan Road, Chaoyang District, Beijing, China
Zip Code: 100101
Tel: +86-10-58236588
Fax: +86-10-58236567
Website: www.cippe.com.cn
Email: cippe@zhenweiexpo.com
Contact Person: Xia Jie

The 8th China International Explosion-Proof, Electric Technology and Equipment Exhibition

Date: 2011.3.22-24
Frequency: Yearly
Venue: China International Exhibition Center (New Hall)
Exhibits: Explosion-proof controller, explosion-proof air conditioning system, explosion-proof wireless network data controller, etc.
Host: Beijing Zhenwei Exhibition Co., Ltd., Explosion-proof Electrical Apparatus Branch of China Electrical Equipment Industrial Association, Coal Safety Committee of China Coal Association, China Council for the Promotion of International Trade Chemical Industry Sub-Council
Previows Data: 6000-squre-meter exhibition area, 100 exhibitors
Organizer: Beijing Zhenwei Exhibition Co., Ltd.

Address: Room 801,E Building, 8th Floor, E Building, Kaixuancheng, No.170,Beiyuan Road, Chaoyang District, Beijing, China
Zip Code: 100101
Tel: +86-10-58236588
Fax: +86-10-58236567
Website: www.1131.cc/anfangzhan/shows/27679
Email: cippe@zhenweiexpo.com

The 2011 China Content Broadcasting Network Exhibition

Date: 2011.3.23-25
Frequency: Yearly
Year of the First Event: 1993
Venue: China International Exhibition Center
Exhibits: Film and TV production, equipment, system and technology of management and transmission, etc.
Previous Data: 1,000 exhibitors from over 30 countries and regions with 69,000 sq.m.exhibition area
Host: State Administration of Radio, Film & Television
Organizer: Academy of Broadcasting Science of State Administration of Radio Film & Television, China Cable TV Network Company, Provincial Administrations of Radio, TV & Film
Address: No.2,Fuxingmenwai Street, Beijing, China
Tel: +86-10-86092133
Fax: +86-10-86094090
Website: www.ccbn.cn
Email: ccbn@ccbn.com, visit@ccbn.cn

2011 Asia International Sports Brand & Sports Style Exposition

Date: 2011.3.23-26
Frequency: Yearly
Venue: China International Exhibition Centre
Exhibits: Sports ware & related
Host: China International Exhibition Centre Group Corporation
Organizer: Messe München (Shanghai) Exhibition Co., Ltd.
Address: Floor 11,Gezhouba Building, No.1088 Yuanshen Road, Pudong New District, Shanghai
Tel: +86-21-20205500
Fax: +86-21-20205688
Email: ispochina@mmi-shanghai.com

The 23rd International Medical Instruments and Equipment Exhibition

Date: 2011.3.25-27
Frequency: Yearly
Venue: China National Convention Centre
Previous Data: 3000 army medical institutions and more than 2,000 local hospital professional buyers, 26408 professional visitors from home and abroad.
Host: Health Department of General Logistics Department of Chinese People's Liberation Army, China World Trade Center Co., Ltd., Huitong Xingye International Exhibition (Beijing) Co., Ltd., Messe Düsseldorf China Ltd.
Organizer: Huitong Xingye International Exhibition (Beijing) Co., Ltd.
Address: Room 603,Juxing Building, No.59,Fuxing Road Yi, Beijing
Tel: +86-21-61242365, 61242366
Fax: +86-21-61242366, 61242368
Contact Person: Fu Long

2011 China International Clothing & Accessories Fair

Date: 2011.3.28-31
Frequency: Yearly
Year of the First Event: 1993
Venue: New China International Exhibition Center
Exhibits: Garment, accessories, etc.
Previous Data: 110,000 sq.m.exhibition area
Host: China World Trade Center Ltd.
Zip Code: 100742
Tel: +86-10-85229382
Fax: +86-10-85229018
Website: www.chiconline.com.cn
Contact Person: An Yiheng

2011 The 19th China International Clothing & Accessories Fair

Date: 2011.3.28-31
Frequency: Yearly
Year of the First Event: 1993
Venue: China New International Exhibition Centre
Previous Data: Exhibition area: 10,000 sq.m., more than 900 clothing brand from 23 countries and area with an audience attendance of 115,000.
Exhibits: Men's, women's, casual wear, children's clothing, cashmere products, etc.
Host: China National Garment Association, China World Trade Centre Ltd., China Council for the Promotion of International Trade Textile Industry Sub-Council
Organizer: China Council for the Promotion of International Trade Textile Industry Sub-Council
Address: Room 449,No.12 East Chang'an Street, Dongcheng District, Beijing
Zip Code: 100742
Tel: +86-10-85229099
Fax: +86-10-85229018
Website: www.chiconline.com.cn
Contact Person: Zhai Xu

The 2nd Water Expo

Date: 2011.3.30-4.1
Venue: China National Convention Centre
Host: Ministry of Housing and Urban-Rural Development of the People's Republic of China Chinese Architectural Culture Centre, Shanghai Herui Exhibition Co., Ltd.
Organizer: Shanghai Herui Exhibition Co., Ltd.
Address: Room C308,Meilihua Business Centre, No.2633,West Yan'an Road, Shanghai
Zip Code: 200336
Tel: +86-21-62706717
Fax: +86-21-62706720
Website: www.waterex.com.cn
Email: Kevin@chcbiz.com

China International Trade Fair for Fibres and Yarns

Date: 2011.3.31-4.2
Venue: China World Trade Centre
Exhibits: Natural fibre yarns, research and testing services, related press and publications, etc
Host: China Council for the Promotion of International Trade Sub-Council of Textile Industry, Messe Frankfurt (HK) Ltd., China Cotton Textile Association, China Wool Textile Association, China Chemical Fibre Association, China Bast & Leaf Fibres Textiles Association, China Textile Information Centre
Address: Room 546 No.12 East Chang'an Street, Beijing, China
Zip Code: 100742
Tel: +86-10-85229496
Fax: +86-10-85229300
Contact Person: Wang Xiaolei

2011 The 11th Beijing International Chain and Franchise Show Small and Medium-Sized Business Projects

Date: 2011.4.3-4
Venue: National Agricultural Exhibition Centre
Organizer: Beijing Xiximu International Exhibition Co., Ltd.
Address: 1-602,Dep't 2,No.2 Yachengli, Chaoyang District, Beijing
Zip Code: 100123
Tel: +86-10-59227308
Fax: +86-10-59227308
Email: heyanjone@126.com
Contact Person: He Yuan(+86-13601084110)

The 8th China International Trade Fair for Bakery & Confectionery

Date: 2011.4.8-10
Venue: China International Exhibition Centre
Host: China National Food Industry Association, Beijing Shuanglang Exhibition Service Co., Ltd., Beijing Shibolian Exhibition Service Co., Ltd.
Organizer: Beijing Shuanglang Exhibition Service Co., Ltd.
Address: Room B-1006 3rd Property Building, Sanyuan Bridge, Chaoyang District, Beijing
Zip Code: 100028
Tel: +86-10-58221856
Fax: +86-10-58851286
Email: Li Xiaolu

2011 Beijing International Biomass Energy Exhibition

Date: 2011.4.8-10
Venue: China International Exhibition Centre
Host: China Renewable Energy Association Biomass Energy Professional Committee, China Association of Rural Energy Industry, China High-Tech Industrialization Association, China Council for the Promotion of International Trade Construction Industry Sub-Council, CCOIC Construction Industry Sub-Chamber
Organizer: China Renewable Energy Association, Beijing Taiger Exhibition Co., Ltd.
Address: Room 337,4/F, Hall 1,China International Exhibition Centre, No.6 East Beisanhuan Road, Chaoyang District, Beijing
Zip Code: 100028
Tel: +86-10-57211579
Fax: +86-10-84600659
Email: zgly168@163.com
Contact Person: Kong Xiangyong (+86-13501209274)

2011 The 3rd China International Photovoltaic Industry Exhibition of New Technology, New Material, New Product and New Equipment

Date: 2011.4.8-10
Venue: China International Exhibition Centre
Previous Data: Exhibition 30000 sq.m Area, 300 Exhibitors
Host: China High-Tech Industrialization Association, China Council for the Promotion of International Trade Construction Industry Sub-Council, National Solar PV Product Quality Supervision and Inspection Centre, China Renewable Energy Association PV Professional Committee, China Construction Steel Structure Association Photoelectric Architectural Applications Committee, CCOIC Construction Industry Sub-Chamber
Organizer: Beijing New & Renewable Energy Association, Beijing Taiger Exhibition Co., Ltd.
Tel: +86-10-81686496
Email: xnyhbz@163.com
Contact Person: Yu Shifan (+86-13641231398)

The 12th China International Machine Tool Show (CIMT2011)

Date: 2011.4.11-16
Frequency: Biyearly
Year of the First Event: 1989
Venue: China International Exhibition Center (New Venue), Beijing, China
Exhibits: Metal cutting machine, electric processing and laser machining, special processing machine, forging and pressing machinery, metal cutting and Welding equipment, tooling and material processing equipment, industrial robots, pneumatic hydraulic components and devices, digital devices, etc.
Previous Data: 1222 Exhibitors, 650 Foreign Exhibitors, 265000 Spectators
Host: China Machine Tool & Tool Builders' Association (CMTBA)
Organizer: China Machine Tool & Tool Builders' Association (CMTBA)
China International Exhibition Center Group Corporation (CIEC)
Address: 12th Floor, Tianlian Building, No.102 East Lianhuachi Road, Xuanwu District, Beijing
Zip Code: 100055
Tel: +86-10-63345053
Fax: +86-10-63345271
Website: www.cimtshow.com
Email: xieyun@cmtba.org.cn
Contact Person: Xie Yun

2011 China Outbound Travel and Tourism Market

Date: 2011.4.13-15
Venue: China World Trade Centre
Tel: +86-21-64484882
Website: www.cottm.cn
Email: qqing@tarsus.co.uk
Contact Person: Qing Qinghui

2011 The 3rd China International Concrete Technology and Equipment Exhibition

Date: 2011.4.14-16
Frequency: Yearly
Year of the First Event: 2009
Venue: Beijing Exhibition Centre
Exhibits: Concrete raw material, building materials recycling aggregate technology and equipment, concrete products, mortar production technology and equipment, etc.
Host: China Council for the Promotion of International Trade Construction Material Sub-Council, China Concrete and Cement Products Association, China Building Block Association, China Aerated Concrete Association, China Construction Machinery Industry Association, China Sand Stone Association, Chinese Form-Work Association, China Building Material Council Concrete Admixtures Sub-Council, China Building Material Council Glass Fiber Reinforced Cement Sub-Council, Chinese Ceramic Society Expansion and Self-Stressing Concrete Professional Committee
Tel: +86-10-88365655
Website: www.concretechina.org
Email: lill@ccpitbm.org
Contact Person: Li Lingling

The 12th China International Cement Technology and Equipment Exhibition

Date: 2011.4.14-16
Venue: Beijing Exhibition Centre
Exhibits: Mining equipment and engineering machinery, transportation.
Host: China Cement Association, China Council for the Promotion of International Trade Building Materials Sub-Council
Organizer: China Council for the Promotion of International Trade Building Materials Sub-Council
Address: Room 316,No.11 Sanlihe Road, Beijing
Zip Code: 100831
Tel: +86-10-88366101, 88375528
Fax: +86-10-88377477
Email: info@cementtech.org
Contact Person: Chen Pingyuan, Jin Xiao

2011 China International Mining and Powder Processing Technology and Equipment Exhibition

Date: 2011.4.14-16
Venue: Beijing Exhibition Centre
Exhibits: Mining equipment and engineering machinery, transportation.
Host: China Cement Association, China Council for the Promotion of International Trade Building Materials Sub-Council
Organizer: China Council for the Promotion of International Trade Building Materials Sub-Council
Address: Room 316,No.11 Sanlihe Road,

Beijing
Zip Code: 100831
Tel: +86-10-88366101, 88375528
Fax: +86-10-88377477
Email: info@cementtech.org
Contact Person: Chen Pingyuan, Jin Xiao

China International Wine & Spirits Exhibition

Date: 2011.4.17-19
Frequency: Yearly
Year of the First Event: 2010
Venue: National Agriculture Exhibition Center, Beijing
Exhibits: Wine, Spirit and related products
Previous Data: 1500sq.m Exhibition Area
Host: CCPIT-SSA
Address: 8th Floor, 20 Maizidian Street, Chaoyang District, Beijing
Zip Code: 100125
Tel: +86-10-59194402
Fax: +86-10-65918986
Website: www.cafte.gov.cn
Email: linda@agri.gov.cn
Contact Person: Jiang Yuepeng

China Potato Expo

Date: 2011.4.20-22
Frequency: Yearly
Year of the First Event: 2010
Venue: National Agricultural Exhibition Center
Exhibits: Breeding and Seed Multiplication, Machinery and Equipment, Fresh and Processed Products, Agro-inputs
Previous Data: 200 Exhibitors
Host: Agricultural Trade Promotion Center, Ministry of Agriculture
CCPIT-Specialized Sub-council of Agriculture
Address: 8th Floor, 20 Maizidian Street, Chaoyang District, Beijing
Zip Code: 100125
Tel: +86-10-59194577/4578
Fax: +86-10-65001257
Website: www.chinapotatoexpo.com
Contact Person: Zhao XueJin

The 18th China (Beijing) International Stone Products, Stone Technology & Equipment Exhibition

Date: 2011.4.20-23
Venue: China International Exhibition Center
Exhibits: Blocks, plates, shaped products, stone products, environmental decoration, mechanical equipment and tools
Host: CCPIT Building Materials Industry Branch, China Stone Material Industry Association, China and Hong Kong in the Beijing Exhibition Group Exhibition Co., Ltd.
Organizer: China and Hong Kong in the Beijing Exhibition Group Exhibition Co., Ltd
Address: No.6,North 3rd Ring Road, Chaoyang District, Beijing
Post Code: 100028
Tel: +86-10-84600805
Contact Person: Chai Tong

2011 The 6th Beijing International Swimming Pool and Bath SPA Exhibition

Date: 2011.4.26-28
Venue: China International Exhibition Center
Exhibits: Swimming pool hot spring, SPA water treatment, water treatment, etc.
Organizer: Beijing Jidi Tongda Exhibition Co., Ltd.
Tel: +86-10-85864985
Email: leisurechina@126.com
Contact Person: Mr.Zhang

The 5th China (Beijing) International Exposition of Application Technique of Non-destructive Testing

Date: 2011.4.27-29
Venue: China World Trade Centre
Host: China Association of Plant Engineering, China Cooperation Network of ASME Code Items Professional Committee, China Petroleum and Chemical Survey and Design Society Thermotechnical Design Professional Committee, Nation Chemical Thermotechnical Design Technology Centre, Beijing Thermal Physical and Energy Engineering Society, China International Centre for Economic and Technical Exchanges
Organizer: Beijing Huanya Exhibition Services Co., Ltd.
Address: 9-1-1103,No.67 Chaoyang Road, Beijing
Tel: +86-10-85765970
Fax: +86-10-85765560
Website: www.ndtexpo.com
Contact Person: Shen Yang (+86-13522258333)

The 5th China (Beijing) International Boiler, Pressure Vessel, Pipeline and Related Equipment Exhibition

Date: 2011.4.27-29
Venue: China World Trade Centre
Host: China Association of Plant Engineering, China Cooperation Network of ASME Code Items Professional Committee, China Petroleum and Chemical Survey and Design Society Thermotechnical Design Professional Committee, Nation Chemical Thermotechnical Design Technology Centre, Beijing Thermal Physical and Energy Engineering Society, China International Centre for Economic and Technical Exchanges
Organizer: Beijing Huanya Exhibition Services Co., Ltd.
Address: 9-1-1103,No.67 Chaoyang Road, Beijing
Tel: +86-10-85765970
Fax: +86-10-85765560
Website: www.ndtexpo.com
Contact Person: ShenYang (+86-13522258333)

2011 China International Family Low Carbon Hot Water Life Exhibition

Date: 2011.4.27-29
Venue: China International Exhibition Centre
Host: China Fashion Association, China Light Industry Information Centre, China Furniture & Decoration Chamber of Commerce
Organizer: Beijing Huanqiu North International Exhibition Co., Ltd.
Tel: +86-10-69550844
Fax: +86-10-80502875
Email: langzyq0323@163.com
Contact Person: Wu Peng

CBCF2011

Date: 2011.4.27-29
Venue: China International Exhibition Centre
Exhibits: Bedroom furniture, bedding, infant bedding, etc
Organizer: Beijing Huanqiu North International Exhibition Co., Ltd.
Tel: +86-10-69552014
Fax: +86-10-69551747
Email: bjguoliwen@126.com
Contact Person: Guo Wei(+86-15910887387)

2011 Beijing International Advertising Show of New Media, New Technology, New Equipment and New Materials

Date: 2011.4.27-30
Venue: China International Exhibition Centre
Host: China Shippers' Association, China Electronics International Exhibition & Advertising Co., Ltd.
Address: No.23 Fuxing Road Jia, Electronic Building, Beijing
Zip Code: 100036
Tel: +86-10-68296359, 68296360, 68296276
Fax: +86-10-68288219
Email: chendz@ceiec.com.cn
dingtao@ceiec.com.cn
Contact Person: Chen Dazhi

China LED Expo 2011

Date: 2011.4.27-30
Venue: China International Exhibition Centre
Host: China Shippers' Association, China Electronics International Exhibition & Advertising Co., Ltd.
Address: No.23 Fuxing Road Jia, Electronic Building, Beijing
Zip Code: 100036
Tel: +86-10-68296359, 68296360, 68296276
Fax: +86-10-68288219
Email: chendz@ceiec.com.cn
dingtao@ceiec.com.cn
Contact Person: Chen Dazhi

2011 The 5th China(Beijing) International Healthy and Nutritious Edible Oil Industry Exhibition

Date: 2011.5.7-9
Venue: China International Exhibition Center
Host: China Health Care Nutrition Council, China Health Care Nutrition Council High-Quality Edible Oil Professional Committee
Organizer: Beijing SBW International Exhibition Cooperation, China Health Care Nutrition Council High-Quality Edible Oil Professional Committee
Tel: +86-10-80693488
Fax: +86-10-51413308
Email: 18610288801@163.com
Contact Person: Bai Yun(+86-18610288801)

2011 The 11th China International Green Food & Organic Food Exposition

Date: 2011.5.7-9
Venue: China International Exhibition Centre
Host: International Green Industry Association, National Organic Industry Alliance, China Health Care Nutrition Council, China Elderly Nutrition and Food Professional Committee,
Organizer: Beijing SBW International Exhibition Corporation
Address: No.69 Chaoyang Road, Chaoyang District, Beijing
Zip Code: 100123
Tel: +86-10-85755107
Fax: +86-10-51413308
Website: www.gnfexpo.com.cn
Email: Beijingfoodexpo@yeah.net
Contact Person: Zhang Xuefeng
(+86-15811512873)

2011 The 11th China International Adult Health Care and Reproduction Healthy Products Exhibition (Beijing)

Date: 2011.5.7-9
Venue: China International Exhibition Centre
Host: China Sexology Association, China Industrial Development Corporation, China Health Care International Exchange Association
Organizer: Beijing Shibowei International Exhibition Company
Address: No.69 Chaoyang Road, Chaoyang District, Beijing
Zip Code: 100123
Tel: +86-10-85754857
Fax: +86-10-51413308
Website: www.mhexpo.com.cn
Email: liangfeng8866@foxmail.com
Contact Person: Liang Feng
(+86-13691120117)

2011 The 1st Adult Supplies Online Sourcing Fair

Date: 2011.5.7-9
Venue: China International Exhibition Centre
Host: China Sexology Association, China Industrial Development Corporation, China Health Care International Exchange Association
Organizer: Beijing Shibowei International Exhibition Company
Address: No.69 Chaoyang Road, Chaoyang District, Beijing
Zip Code: 100123
Tel: +86-10-85754857
Fax: +86-10-51413308
Website: www.mhexpo.com.cn
Email: liangfeng8866@foxmail.com
Contact Person: Liang Feng
(+86-13691120117)

2011 The 2nd Beijing International Disaster Reduction and Emergency Technology & Equipment Expo

Date: 2011.5.8-10
Venue: China World Trade Centre
Previous Data: Exhibition Area: 10000 sq m.
Host: National Disaster Mitigation Committee Office, China Association for Disaster Prevention, Ministry of Civil Affairs National Disaster Mitigation Centre, Trade Development Bureau of Ministry of Commerce
Organizer: China Arts International Exhibition Co., Ltd., Beijing Singelas International Exhibition Co., Ltd.
Tel: +86-10-83294491
Fax: +86-10-83294738
Website: www.ecidrea.com.cn
Contact Person: Xu Wei(+86-13910818429)

The 8th China International Defense Electronics Exhibition

Date: 2011.5.12-14
Venue: Beijing Exhibition Center
Exhibits: Computer information security systems, radar systems.
Host: China National Electronics Import & Export Corp., CETC International Co., Ltd., Beijing Xinlong Electronics New Technology Co., Ltd.
Organizer: China Electronics International Exhibition & Advertising Co., Ltd.
Address: No.23 Fuxing Road Jia, Electronic Building, Beijing
Zip Code: 100036
Tel: +86-10-68296457
Fax: +86-10-68296451
Email: cidex@ceiec.com.cn
Contact Person: Zhao Jun

The 13th Beijing International Toys & Preschool Tools Exhibition

Date: 2011.5.13-15
Year of the First Event: 1999
Venue: China World Trade Centre
Host: China World Trade Centre Ltd., Beijing Nanbei Exhibition Co., Ltd.
Organizer: Beijing Nanbei Exhibition Co., Ltd.
Address: Exhibition Department of China World Trade Centre, No.1,Jianguomenwai Street, Beijing
Zip Code: 100004
Tel: +86-10-65050194
Fax: +86-10-65053260
Website: www.Beijingite.com
Email: caodelong@cwtc.com
Contact Person: Mr.Cao

The 14th China Beijing International High-tech Expo

Date: 2011.5.18-22
Frequency: Yearly
Year of the First Event: 1998
Venue: China International Exhibition Center
Exhibits: Electronic information and modern communication, biological project and medicine, environmental protection industry, new materials and new energy, modern agriculture and green technologies, modern engineering and advanced manufacture technology
Previous Data: 60000 sq.m Exhibition Area, 16000 sq.m Exhibition Area, 2213 Exibitors
Host: Ministry of Science & Technology, P.R.China Ministry of Commerce, P.R.China

Ministry of Education, P.R.China Ministry of Industry and Information Technology, P.R.China China Council for the Promotion of International Trad State Intellectual Property Office, P.R.China The People's Gocernment of Beijing Municipality
Organizer: CCPIT Beijing Sub-Council
Address: 2nd Floor, JianBang Business Hall, 19 South Lishilu, World Trade Centre, Xicheng District, Beijing
Zip Code: 100045
Tel: +86-10-68066669-8022/8021
Fax: +86-10-68066969
Website: www.chitec.cn
Email: lj@wtcbj.com, qw@wtcbj.com
Contact Person: Liu Jie, Qi Wei

The 7th China International Coal Equipment and Mine Technical Equipment Exhibition 2011

Date: 2011.6.1-3
Venue: China International Exhibition Centre
Host: China Coal Industry Labor Protection Science and Technology Society, China Electromechanical Products Circulation Association, Coal Cities Development Union
Organizer: Beijing Huamaolian Exhibition Co., Ltd.
Address: Floor 11,Huayuelong Building, Jingyuan Road, ShiJinshan District, Beijing
Zip Code: 100043
Tel: +86-10-68683076
Fax: +86-10-68631368
Website: www.ciceme.com
Email: yfzhaowei@163.com

The 12th China International New Energy & Energy-Saving Industry Exhibition

Date: 2011.6.7-10
Frequency: Biyearly
Venue: China New International Exhibition Centre
Exhibits: Photovoltaic (pv), wind energy, new energy and related products
Host: Ministry of Environmental Protection of the People's Republic of China, National Development and Reform Commission, Ministry of Science and Technology of the People's Republic of China, Ministry of Industry and Information Technology of the People's Republic of China, Ministry of Housing and Urban-Rural Development of the People's Republic of China, Beijing municipal government, China Association of Environmental Protection Industry
Organizer: China Association of Environmental Protection Industry, Shanghai Yihan Culture Development Co., Ltd.
Address: Room 1003,No.30 Dalangwan Street, Alley 958,Xinsong Road, Shanghai
Zip Code: 200021
Tel: +86-21-61179628
Fax: +86-21-61916497
Email: infonengyuan@163.com
Contact Person: You Jian(+86-13671856722)

CIAACE 2011

Date: 2011.7.22-25
Venue: China International Exhibition Centre
Exhibits: Auto supplies
Host: China Chamber of International Commerce, China Marketing Association
Organizer: Beijing Carnixpo Convention & Exhibition Co., Ltd., Hong Kong Asian Sports Management Group Company
Address: Room 1207,Dep't B, Xintiandi, No.1 Xibahenan Road, Chaoyang District, Beijing, China
Zip Code: 100028
Tel: +86-10-64465847
Fax: +86-10-64462873
Email: Info@carnixpo.com

The 2nd China International Children & Women Industry Expo 2011

Date: 2011.7.29-8.1
Venue: National Convention Centre
Host: CCPIT Beijing Sub-Council, Beijing Women's Federation, National Convention Centre
Organizer: China International Exhibition Centre, Beijing Debai Exhibition Services Co., Ltd.
Address: Room 601-603,Floor 6,Henghua International Building, North Yuetan Street, Xicheng District, Beijng
Zip Code: 100045
Tel: +86-10-58565888-625
Fax: +86-10-58566000
Website: www.cwexpo.cn
Email: caocheng@biec.com.cn
Contact Person: Cao Cheng, Chen Chang

The 4th China Beijing International Logistics Expo 2011

Date: 2011.8.4-6
Year of the First Event: 2007
Venue: China International Exhibition Centre
Exhibits: Logistics technology, equipment, storage and transportation
Host: China Logistics Technology Association, CMEPCA, Beijing Jinzhengfa Consultant Co., Ltd.
Organizer: Jinzhengfa Consultant Co., Ltd.
Address: Wancheng Building, No.19,Jingouhe Road, Hiadian District, Beijing
Zip Code: 100039
Tel: +86-10-68158795
Fax: +86-10-68187797
Website: www.ci-le.com
Email: bj_56@126.com

2011 China Beijing International Energy Storage & Power Battery Tech Show

Date: 2011.8.10-12
Venue: China International Exhibition Centre
Address: Room 316,568,Zhanlong Building, No.26 North Lugu Road, ShiJinshan District, Beijing
Zip Code: 100040
Tel: +86-10-68626901
Fax: +86-10-68621059
Website: www.bjbattery.com
Contact Person: Huang Feng (+86-13522776856)

Beijing International Hospitality Equipment & Supply Exhibition (Hotelex Beijing 2011)

Date: 2011.8.24-26
Frequency: Yearly
Venue: CNCC, Beijing
Exhibits: Food supply equipment, baking equipment, tools and materials, food and drinks, coffee and tea, desktop supplies, intelligent product, fitness equipment and supplies, furniture and decorations, guestroom items and appliances, cloth grass and dress, lobby equipment and supplies, clean equipment and supplies, hotel suitable engineering construction materials and lighting
Host: China Tourism and Hotel Association
China Tourism News Press
Shanghai UBM Sinoexpo International Exhibition Co., Ltd.
Address: 8th Floor, Modern Building, 218 Xiangyang South Road, Shanghai
Zip Code: 200031
Tel: +86-21-64371178, 87766833
Fax: +86-21-64370982
Website: www.hotelexchina.com
Email: hotelex@ubmsinoexpo.com
Contact Person: Sean Song

Pt/expo Comm China 2011

Date: 2011.9.26-30
Frequency: Yearly
Year of the First Event: 1990
Venue: China International Exhibition Center
Exhibits: Information and communication technology, equipment, solutions, The application of informatization, Satellite

communication technology, equipment, solutions
Previous Data: 500 foreign, 150 exhibitors, 200,000 spectators
Host: Ministry of Industry and Information Technology of the People's Republic of China, China Council for the Promotion of International Trade
Organizer: China National Postal and Telecommunications Appliances Corporation, China International Exhibition Center Group Corporation
Address: F106A, Yuanyang Building, No.158 Fuxingmennei Ave.Xicheng District, Beijing
Zip Code: 100031
Tel: +86-10-66428786/8728/8789//6011/6298 /8760/9901
Fax: +86-10-66426556/9898
Website: www.ptexpo.com.cn
Email: zhaozengkun@ptac.com.cn, lijiabo@ptac.com.cn, liusanping@ptac.com.cn, hanshu@ptac.com.cn, jiangji@ptac.com.cn, leiyingfan@ptac.com.cn, zhusha@ptac.com.cn
Contact Person: Li Jiabo

The 11th China Beijing International Construction Machinery, Construction Materials machinery & Mining Machinery Exhibition and Technology Seminar

Date: 2011.10.18-21
Year of first event: 1989
Venue: Beijing Jiuhua International Exhibition Center
Previous data: An exhibition area of 150,000 square meters, 880 exhibitors
Host: China National Construction Machinery Co., Ltd., CCPIT Machinery Sub, China Machinery Association
Organizer: China National Construction Machinery Co., Ltd., CCPIT Machinery Sub, China Machinery Association
Address: No.46,Sanlihe Road, Xicheng District, Beijing
Post Code: 100823
Tel: +86-10-68594982
Fax: +86-68594836
Email : kanfwei@ccpitmsc.org
Contact Person: Kang Wei

2011 Beijing Landscape Wooden Garden Industry Exhibition

Date: 2011.10.29-30
Venue: China National Convention Centre
Host: Ministry of Housing and Urban-Rural Development of the People's Republic of China
Organizer: Centre for Housing Industrialization of Ministry of Housing and Urban-Rural Development of the People's Republic of China, China Architectural Culture Centre, China Real Estate Association, Beijing Municipal Commission of Housing and Urban-Rural Development
Tel: +86-10-88082075
Fax: +86-10-88082034
Email: yantao8688@yahoo.com.cn
Contact Person: Yan Tao

2011 The 10th China International Garden Landscape Construction and Supporting Facilities Exhibition

Date: 2011.10.29-30
Venue: China National Convention Centre
Host: Ministry of Housing and Urban-Rural Development of the People's Republic of China
Organizer: Centre for Housing Industrialization of Ministry of Housing and Urban-Rural Development of the People's Republic of China, China Architectural Culture Centre, China Real Estate Association, Beijing Municipal Commission of Housing and Urban-Rural Development
Tel: +86-10-88082075
Fax: +86-10-88082034
Email: yantao8688@yahoo.com.cn
Contact Person: Yan Tao

The 6th China Beijing International Cultural & creative Industry Expo

Date: 2011.11.10-13
Frequency: Twice Yearly
Year of the First Event: 2006
Venue: China International Exhibition Center
Exhibits: News publication and copyright trade, radio, film and television and cultural relics and museum related cultural creative products, culture and creative industry gathering area, design, cultural tourism and tourist commodities, galleries and art, animation games and sports industry, creative gifts and crafts, etiquette leisure products and urban sculpture, graffiti art
Previous Data: The exhibition area: more than 65,000 sq.m, 12,000 sq.m foreign exhibitors exhibition area, 1515 foreign exhibitors,
Host: The Ministry of Culture, P.R.C. The State Administration of Radio Film and Television General Administration of Press and Publication, P.R.C. The People's Government of Beijing Municipality
Organizer: CCPIT Beijing Sub-Council
Address: 2nd Floor, JianBang Business Hall, 19 South Lishilu, World Trade Centre, Xicheng District, Beijing
Zip Code: 100045
Tel: +86-10-6806669-8021/8012
Fax: +86-10-68066969
Website: www.iccie.cn
Email: qiwei@ccpitbj.org
Contact Person: Qi Wei, Wang Luocheng

ICE 2011 Beijing International Condiments, Food Ingredients and Additives Expo

Date: 2011.11.14-16
Venue: National Agricultural Exhibition Centre
Exhibits: Spices, food and ingredients, condiment manufacture, distribution enterprise etc.
Host: Beijing Condiment Industry Association, Heilongjiang Condiment Industry Association
Organizer: YongGong International Exhibition (Beijing) Co., Ltd
Address: Room 1-2105,Lishuijiayuan, Liulitun, North Chaoyang Park Road, Chaoyang District, Beijing
Zip Code: 100026
Tel: +86-10-57106016
Fax: +86-10-65918902
Contact Person: Guo Lin(+86-13681560624)

Chongqing

China-Midwest Optoelectronics & LED International Fair

Date: 2011.3.10-12
Venue: Chongqing International Convention and Exhibition Centre
Contact person: Wang Wenjie (+86-15213336822)

2011 The 10th Chongqing International Scientific Instrument & Laboratory Equipment Exhibition

Date: 2011.3.10-12
Frequency: Yearly
Venue: Chongqing Exhibition Center
Host: National high-tech brand to promote industrial and Information Technology Commission, Chongqing Science and Technology Commission, Chongqing Municipal Science and Technology Research Institute, Chongqing Science and Technology Institute, Chongqing Institute of Automation and Instrumentation, Chongqing Logistics Association, China Silian Instrument Group Co., Ltd., Chongqing Jiutian Exhibition Planning Co., Ltd.
Organizer: Chongqing Jiutian Exhibition Planning Co., Ltd.
Address: The 24th floor, Futian Building, Nanping West Road, Nanan District, Chongqing
Zip Code: 400060
Tel: +86-23-61981811
Fax: +86-23-61981733
Contact Person: Wang Ping

The 16th Chongqing International Power Transmission, Seal Hydraulic & Pneumatic Exhibition

Date: 2011.3.10-12
Frequency: Yearly
Venue: Chongqing Exhibition Center
Host: National high-tech brand to promote industrial and Information Technology Commission, Chongqing Science and Technology Commission, Chongqing Municipal Science and Technology Research Institute, Chongqing Science and Technology Institute, Chongqing Institute of Automation and Instrumentation, Chongqing Logistics Association, China Silian Instrument Group Co., Ltd., Chongqing Jiutian Exhibition Planning Co., Ltd.
Organizer: Chongqing Jin Exhibition Planning Co., Ltd.
Address: The 24th floor, Futian Building, Nanping West Road, Nanan District, Chongqing
Zip Code: 400060
Tel: +86-23-61981811
Fax: +86-23-61981733
Contact Person: Wang Ping

2011 The 6th Chongqing International LED & Urban Landscape Lighting Exhibition

Date: 2011.3.18-20
Venue: Chongqing Exhibition Centre
Exhibits: LED display technology and application systems equipment, urban landscape lighting
Host: Chongqing Western Exhibition Planning Co., Ltd.,
Organizer: Chongqing Chuangpin Exhibition Co., Ltd.Address: Building 2,8-7,Wanda Plaza, No.6,Nanping Coral Road , Chongqing
Zip Code: 400060
Tel: +86-23-62642082
Fax: +86-23-62642086
Contact Person: Tang Chuan (+86-13983203515)

2011 The 10th Western China Advertising & Media Expo

Date: 2011.3.18-20
Venue: Chongqing Exhibition Center
Exhibits: Outdoor advertising technology equipment and materials, mass media technology and equipment
Website: www.hbyiliaozhan.com
Host: China Illuminating Engineering Society Technical Committee neon, Chongqing Press and Publication Bureau, Chongqing Exhibition Planning Co., Ltd.Chongqing Xinhai Advertising Exhibition Co., Ltd.
Organizer: Chongqing Western Exhibition Planning Co., Ltd.
Address: Tower A, 27-2,Futian Building, No.27,Nanping West Road , Chongqing
Zip Code: 400060
Tel: +86-23-62986278
Fax: +86-23-62986278
Email: westexpo@163.com
Contact Person: Gong Yan (+86-13983602379)

2011 China Western International Industrial Boiler, Pump And Valve Fittings

Date: 2011.3.24-26
Venue: Chongqing International Convention and Exhibition Centre
Host: Chongqing Municipal People's Government Economic and Information Technology Committee, City Federation of Industrial Economics, Chongqing Casting Forging Industry Association, Chongqing Heat Association, Chongqing Zhonghuan Shengshi Commercial Conference & Exhibition Co., Ltd.
Organizer: Chongqing Zhonghuan Shengshi Commercial Conference & Exhibition Co., Ltd.
Address: Guanyinqiao Hong Ding International A, Jiangbei District, Chongqing
Zip Code: 400020
Tel: +86-23-67753110
Fax: +86-23-67753176
Email: cmpi@163.com
Contact Person: Zhang Qiang (+86-15923540859)

The 11th China International Metallurgy Exhibition

Date: 2011.3.24-26
Venue: Chongqing International Convention and Exhibition Centre
Host: Chongqing Municipal People's Government Economic and Information Technology Committee, City Federation of Industrial Economics, Chongqing Casting Forging Industry Association, Chongqing Heat Association, Chongqing Zhonghuan Shengshi Commercial Conference & Exhibition Co., Ltd.
Organizer: Chongqing Zhonghuan Shengshi Commercial Conference & Exhibition Co., Ltd.
Address: Guanyinqiao Hong Ding International A, Jiangbei District, Chongqing
Zip Code: 400020
Tel: +86-23-67753110
Fax: +86-23-67753176
Email: cmpi@163.com
Contact Person: Zhang Qiang (+86-15923540859)

The 8th China (Chongqing) International Medical Equipment Fair

Date: 2011.3.24-26
Venue: Chongqing International Convention and Exhibition Centre
Host: Community Health Association of Chongqing, Chongqing Yuxin Exhibition Co., Ltd.
Organizer: Chongqing Yuxin Exhibition Co., Ltd.
Address: Building B 5-2,No.1,Nanping Nanan Chongqing, Coral Road
Tel: +86-23-62986633
Fax: +86-23-86615066
Email: yxhz@cqyxhz.com

2011 The 2nd China (Chongqing) International Toys, Gifts, Handicrafts and Home Expo

Date: 2011.3.24-26
Venue: Chongqing Exhibition Centre
Host: Chongqing Xinyu Exhibition Co., Ltd., Chongqing Institute of Community Health
Organizer: Chongqing Xinyu Exhibition Co., Ltd.
Address: Building B 5-2,No.1 Coral Road, Nanping Nanan District, Chongqing
Tel: +86-23-62986633
Fax: +86-23-86615066
Email: yxhz@cqyxhz.com

2011 Chongqing International Community Public Security And Technology Equipment Exhibition

Date: 2011.3.25-27
Frequency: Yearly
Venue: Chongqing International Convention and Exhibition Centre
Host: Chongqing Municipal Public Security Bureau Public Security Industry Management Office, Chongqing Public Security and Protection Association
Organizer: Chongqing Jingmu Exhibition Service Co., Ltd.
Address: GuangJinxin Building, No.13 Jianxin East Road, Jiangbei District, Chongqing
Tel: +86-23-86830069
Fax: +86-23-86830137
Contact Person: Mr.Su

The 12th China Chongqing International Industrial Equipment Fair

Date: 2011.4.14-16
Venue: Chongqing International Convention and Exhibition Centre
Host: Chongqing Economic and Information Technology Commission
Organizer: Chongqing Ward Exhibition Service Co., Ltd., the International Investment Environment Institute, Chongqing Exhibition Enquiry Service Centre, Highland
Address: Room 807,Jiangnan Road, Nanan District, Chongqing No.27 South Pearl Tower
Zip Code: 400060
Tel: +86-23-62968507
Contact Person: Xu Jun (+86-13752931133)

The 12th Chongqing International Hardware & Electrical Exhibition

Date: 2011.4.14-16
Venue: Chongqing International Convention and Exhibition Centre
Host: Chongqing Economic and Information Technology Commission
Organizer: Chongqing Ward Exhibition Service Co., Ltd., the International Investment Environment Institute, Chongqing Exhibition Enquiry Service Centre, Highland
Address: Room 807,Jiangnan Road, Nanan District, Chongqing No.27 South Pearl Tower
Zip Code: 400060
Tel: +86-23-62968507
Contact Person: Xu Jun (+86-13752931133)

2011 The 12th China (Chongqing) International Surface Treatment, Coating And Electroplating Industry Exhibition

Date: 2011.4.14-16
Venue: Chongqing International Convention and Exhibition Centre
Host: Electroplating Industry Association of Chongqing, Coating Industry Association, Chengdu surface engineering industry association, Guiyang plating association, Kunming plating associatino, "Surface" Editorial
Organizer: Electroplating Industry Association of Chongqing, Chongqing Ward Exhibition Service Co., Ltd
Address: 1609,Building A, Jinyu Kele Mansion, Shuangqiao Road, Chaoyang District, Beijing
Zip Code: 400060
Tel: +86-23-62968507
Contact Person: Xu Jun (+86-13752931133)

The 12th Chongqing International Hardware & Electrical Exhibition

Date: 2011.4.14-16
Venue: Chongqing International Convention and Exhibition Centre
Host: Electroplating Industry Association of Chongqing, Coating Industry Association, Chengdu surface engineering industry association, Guiyang plating association, Kunming plating associatino, "Surface" Editorial
Organizer: Electroplating Industry Association of Chongqing, Chongqing Ward Exhibition Service Co., Ltd
Address: 1609,Building A, Jinyu Kele Mansion, Shuangqiao Road, Chaoyang District, Beijing
Zip Code: 400060
Tel: +86-23-62968507
Contact Person: Xu Jun (+86-13752931133)

The 2nd China (Chongqing) International Exhibition Of Electronic Information Industry

Date: 2011.4.14-16
Venue: Chongqing International Convention and Exhibition Centre
Organizer: Chongqing Highland Exhibition Enquiry Service Centre
Address: Room 905,No.27,Jiangnan Road, Nanan District, Chongqing
Zip Code: 400060
Tel: +86-23-88360590
Fax: +86-23-88360608
Email: zhouweidong_009@163.com
Contact Person: Zhou WeiDong (+86-13608314953)

2011 China (Chongqing) International Exhibition of Things

Date: 2011.4.14-16
Venue: Chongqing International Convention and Exhibition Centre
Organizer: Chongqing Highland Exhibition Enquiry Service Centre
Address: Room 905,No.27,Jiangnan Road, Nanan District, Chongqing
Zip Code: 400060
Tel: +86-23-88360590
Fax: +86-23-88360608
Email: zhouweidong_009@163.com
Contact Person: Zhou WeiDong (+86-13608314953)

2011 China (Chongqing) International Exhibition

Date: 2011.4.14-16
Venue: Chongqing International Convention and Exhibition Centre
Organizer: Chongqing Highland Exhibition Enquiry Service Centre
Address: Room 905,No.27,Jiangnan Road, Nanan District, Chongqing
Zip Code: 400060
Tel: +86-23-88360590
Fax: +86-23-88360608
Email: zhouweidong_009@163.com
Contact Person: Zhou WeiDong (+86-13608314953)

The 12th Chongqing International Fasteners, Springs and Equipment Exhibition

Date: 2011.4.14-16
Venue: Chongqing International Convention and Exhibition Centre
Host: Chongqing Economic and Information Technology Commission, Chongqing

Municipal Science and Technology Technical Association, Chongqing Fastener Industry Association, Guangdong Fastening Parts Industry Association, Zhejiang Fastener Industry Association, Jiaxing Fasteners Import & Export Enterprises Association, Haiyan Fastener Association, Chongqing Institute of Mechanical Engineering
Organizer: Chongqing Wode Exhibition Co., Ltd., Chongqing Fenghua Standard Parts Manufacturing Co., Ltd.
Address: Room 807,Jiangnan Pearl Tower, No.27,Jiangnan Road, Nanan District, Chongqing
Zip Code: 400060
Tel: +86-23-62968507-821
Fax: +86-23-62968444
Email: cqwodezp@163.com
Contact Person: Zhang Peng
(+86-15923392379)

The 12th Chongqing International Welding Technology Exhibition

Date: 2011.4.14-16
Venue: Chongqing International Convention and Exhibition Centre
Exhibits: Welding equipment, cutting equipment, etc
Host: Chongqing Economic and Information Technology Commission, Chongqing Municipal Science and Technology Technical Association, Chongqing Institute of Mechanical Engineering, Chongqing Hardware Electrical Association
Organizer: Chongqing Wode Exhibition Co., Ltd.
Address: Room 807,Jiangnan Pearl Tower, No.27,Jiangnan Road, Nanan District, Chongqing
Zip Code: 400060
Tel: +86-23-62968507-821
Fax: +86-23-62968444
Email: worldfair@126.com
Contact Person: Wang Cong
(+86-15086676293)

2011 The 18th (Chongqing) Machine Tool Exhibition

Date: 2011.4.20-22
Venue: Chongqing International Convention and Exhibition Centre
Exhibits: Machine tools, tools and machine tool accessories, related manufacturing equipment, etc.
Host: Chinese Mechanical Engineering Society.
Organizer: Chongqing Foreign Trade and Economic Committee of Chongqing Economic Commission, Council of Science and Technology Committee of Chongqing, High-tech Zone of the Chongqing Municipal People's Government
Tel: +86-23-86382830
Email: joki_ting@hotmail.com
Contact Person: Du Yuting
(+86-13883901310)

2011 China International Industrial Subcontracting Exhibition

Date: 2011.4.20-22
Year of the First Event: 2005
Venue: Chongqing Exhibition Center
Previous data: 246 exhibitors and 10,612 professional visitors
Website: www.subcon.cn
Host: Chinese Mechanical Engineering Society, the Chongqing Municipal People's Government
Organizer: Chongqing Foreign Trade and Economic Committee of Chongqing Economic and Information Technology Commission, Chongqing Science and Technology Committee, Chongqing Municipal People's Government High-tech Zone
Address: No.269 Chongqing High-tech Zone Branch Park Four
Tel: +86-23-68613835
Fax: +86-23-68631388
Email: service @ unido-spx.org
Contact Person: Liu Lei

2011 Chongqing Die & Mould Industry Exhibition

Date: 2011.5.11-14
Venue: Chongqing International Convention and Exhibition Centre
Host: Mould Industry Association, Chongqing, Chengdu Die & Mould Industry Association, Die Casting Industry Association of Chongqing
Organizer: Chongqing Lijia Convention and Exhibition Co., Ltd.
Address: Room 28-5,No.31 Development Road, Nanping, Chongqing
Zip Code: 400060
Tel: +86-23-86846800
Fax: +86-23-86846822
Email: pen15111959501@163.com
Contact Person: Peng Zheng
(+86-15111959501)

2011 The 4th China (Chongqing) International Leather Shoes & Shoes Materials Fair

Date: 2011.5.13-15
Venue: Chongqing International Convention and Exhibition Centre
Host: United States Apparel & Footwear Association
Organizer: Chongqing Ganghua Exhibition Co., Ltd.
Address: No.167,Stone Street, Shapingba District, Chongqing
Tel: +86-23-86156500
Fax: +86-23-86156500
Email: 1033941731@qq.com
Contact Person: Ms.Wang

2011 China Chongqing International Exhibition Of Synthetic Leather Artificial Leather

Date: 2011.5.13-15
Venue: Chongqing International Convention and Exhibition Centre
Host: United States Apparel & Footwear Association
Organizer: Chongqing Ganghua Exhibition Co., Ltd.
Address: No.167,Stone Street, Shapingba District, Chongqing
Tel: +86-23-86156500
Fax: +86-23-86156500
Email: 1033941731@qq.com
Contact Person: Ms.Wang

2011 The 4th China Chongqing International Textile Industry, Sewing Equipment Exhibition

Date: 2011.5.13-15
Venue: Chongqing International Convention and Exhibition Centre
Host: United States Apparel & Footwear Association
Organizer: Chongqing Ganghua Exhibition Co., Ltd.
Address: No.167,Stone Street, Shapingba District, Chongqing
Tel: +86-23-86156500
Fax: +86-23-86156500
Email: 1033941731@qq.com
Contact Person: Ms.Wang

2011 China (Chongqing) International Leather Handbags & Luggage Exhibition

Date: 2011.5.13-15
Venue: Chongqing Exhibition Center
Host: United States Apparel & Footwear Association
Organizer: Chongqing Leather & Footwear Association, Chongqing Ganghua Exhibition Co., Ltd.
Address: No.167,Stone Street, Shapingba District, Chongqing
Tel: +86-23-86156500

Fax: +86-23-86156500
Email: 1033941731@qq.com
Contact person: Ms Wang (+86-15923519466)

2011 China Chongqing International Synthetic Leather & Artificial Leather Exhibition

Date: 2011.5.13-15
Frequency: Yearly
Venue: Chongqing Exhibition Center
Exhibits: leather products, raw materials, manufacturing machine
Host: United States Apparel & Footwear Association
Organizer: United States Apparel & Footwear Association
Address: No.167,Stone Path, Shapingba District, Chongqing
Zip Code: 050000
Tel: +86-23-86156500
Fax: +86-23-86156500
Email: fengyu_16888@126.com
Contact Person: Feng Yu

2011 Chongqing Stone Products & Stone Conservation Exhibition

Date: 2011.5.19-21
Frequency: Yearly
Venue: Chongqing International Convention and Exhibition Centre
Exhibits: Stone products, shaped products, decorative stone products, the environment design, etc.
Host: Chongqing City Construction Industry Association, the Chongqing Municipal Industry and Commerce (Chamber of CommerceCouncil) Building Materials Association, Chongqing Borui De Exhibition Co., Ltd.(BROADFAIRS).
Organizer: Chongqing Borui De Exhibition Co., Ltd.
Address: No.19 Jiangnan Road, Chongqing
Zip Code: 400060
Tel : +86-23-86382830
Fax : +86-23-86382820
Contact Person: Du Yuting

2011 Chongqing International Chemical Industry Fair

Date: 2011.5.19-22
Venue: Chongqing International Convention and Exhibition Centre
Exhibits: Chemicals and raw materials, synthetic materials
Website: www.ccisf.com
Host: Ministry of Commerce of China, Chongqing Municipal People's Government
Organizer: Chongqing Municipal Foreign Economic and Trade Commission
Address: 27th floor, Imperial Town, Chongqing High-tech Zone
Zip Code: 400039
Tel: +86-23-68653068
Fax: +86-23-89088396
Email: 37439814@qq.com
Contact Person: Wang Li (+86-15902322131)

The 14th Chongqing Fair

Date: 2011.5.19-22
Venue: Chongqing International Convention and Exhibition Centre
Host: Ministry of Commerce of China, Chongqing Municipal People's Government
Organizer: Chongqing Municipal Foreign Economic and Trade Commission
Address: 27th floor, Imperial Town, Chongqing High-tech Zone
Zip Code: 400039
Tel: +86-23-68650368
Fax: +86-23-89088396
Email: 37439814@qq.com
Contact Person: Wang Li (+86-15902322131)

2011 Chongqing Western City Construction And Building Energy-saving Exhibition

Date: 2011.5.19-22
Venue: Chongqing International Convention and Exhibition Centre
Host: Ministry of Commerce of China, Chongqing Municipal People's Government
Organizer: Chongqing Municipal Foreign Economic and Trade Commission
Address: 27th floor, Imperial Town, Chongqing High-tech Zone
Zip Code: 400039
Tel: +86-23-68650368
Fax: +86-23-89088396
Email: 37439814@qq.com
Contact Person: Wang Li (+86-15902322131)

2011 China (Western) Exhibition Of Chongqing Environmental Protection And New Energy

Date: 2011.5.19-22
Venue: Chongqing International Convention and Exhibition Centre
Host: Ministry of Commerce of China, Chongqing Municipal People's Government
Organizer: Chongqing Municipal Foreign Economic and Trade Commission
Address: 27th floor, Imperial Town, Chongqing High-tech Zone
Zip Code: 400039
Tel: +86-23-68650368
Fax: +86-23-89088396
Email: 37439814@qq.com
Contact Person: Wang Li (+86-15902322131)

2011 China (Chongqing) Building Decoration Art Glass Exhibition

Date: 2011.5.19-22
Venue: Chongqing International Convention and Exhibition Centre
Host: Ministry of Commerce of China, Chongqing Municipal People's Government
Organizer: Chongqing Municipal Foreign Economic and Trade Commission
Address: 27th floor, Imperial Town, Chongqing High-tech Zone
Zip Code: 400039
Tel: +86-23-68650368
Fax: +86-23-89088396
Email: 37439814@qq.com
Contact Person: Wang Li (+86-15902322131)

2011 5th Chongqing Exhibition Intelligent Home And Intelligent Building

Date: 2011.5.19-22
Venue: Chongqing International Convention and Exhibition Centre
Host: Ministry of Commerce of China, Chongqing Municipal People's Government
Organizer: Chongqing Municipal Foreign Economic and Trade Commission
Address: 27th floor, Imperial Town, Chongqing High-tech Zone
Zip Code: 400039
Tel: +86-23-68650368
Fax: +86-23-89088396
Email: 37439814@qq.com
Contact Person: Wang Li (+86-15902322131)

2011 The 13th China Chongqing International Auto Industry Exhibition

Date: 2011.6.9-13
Venue: Chongqing International Convention and Exhibition Centre
Website: www.autochongqing.com
Previous data: 250,000 visitors
Host: China Association of Automobile Manufacturers, Automotive Sub-Council CCPIT, the Chongqing Municipal People's Government
Organizer: Chongqing Economic and Information Technology Commission, Automotive Industry Office of Chongqing Government, Chongqing Exhibition Center Co., Ltd.
Address: No.269 , Chongqing High-tech Zone Branch Park
Zip Code: 400041

Tel: +86-23-68634132
Fax: +86-23-68631388

2011 The 6th Chongqing Wedding Expo

Date: 2011.8.25-28
Venue: Chongqing International Convention and Exhibition Centre
Host: Chongqing International Convention and Exhibition Centre
Organizer: Exhibition Planning Branch of Chongqing International Convention and Exhibition Centre Management Co., Ltd.
Address: No.2 Jiangnan Road, Nanan District, Chongqing
Zip Code: 400060
Tel: +86-23-62609089
Fax: +86-23-62609081
Email: nancy.chen@cqcec.com, lin.yuan@cqcec.com
Contact Person: Ms Chen, Ms Yuan

2011 China International Wind Energy Science, Technology and Equipment Construction Exposition

Date: 2011.12.15-18
Venue: Chongqing International Convention and Exhibition Centre
Organizer: Chongqing Hao Feng Exhibition Service Co., Ltd.
Address: 22-1,22-2,Hongqihegou, Jiangbei District, Chongqing
Tel: +86-23-86622282
Fax: +86-23-67715170
Email: cqlpzh@163.com
Contact Person: Yang Zhi

2011 China Chongqing International Health Industry Green Industry Expo

Date: 2011.12.23-25
Venue: Chongqing International Convention and Exhibition Centre
Host: Chongqing Ganghua Exhibition Co., Ltd.
Organizer: Chongqing Ganghua Exhibition Co., Ltd.
Address: No.167,Stone Street, Shapingba District, Chongqing
Tel: +86-23-86156500
Fax: +86-23-86156500
Email: fengyu_16888@126.com
Contact Person: Ms Huang
(+86-15923519466)

Fujian

Fuzhou

2011 Fuzhou Spring Festival Goods Fair

Date: 2011.1.21-30
Venue: Fuzhou International Conference & Exhibition Center
Exhibits: Food, beverage, wine, grocery, etc.
Host: Fuzhou Daily Newspaper
Organizer: Organizing Committee of Fuzhou Spring Festival Goods Fair
Address: No.4 Xiyang Road Fuzhou
Fax: +86-591-83300308
Contact Person: Miss Liao
(+86-13599979808)

2011 The 22th Fujian International Medical Equipment Fair

Date: 2011.3.1-3
Year of the First Event: 1995
Venue: Fujian Economic and Trade Exhibition Center
Host: Fujian Association of Medical Equipment, Fujian Chamber of Electromechanical Imports and Exports, China Council for the Promotion of International Trade Fujian Sub-Council, China International Chamber Fujian Sub-Chamber
Organizer: Fujian Economic and Trade Exhibition Center, Tianjin Jianhe International Trade Exhibitin Co., Ltd.
Address: No.260,Wusi Road, Fuzhou, Fujian, China
Zip Code: 350003
Tel: +86-591-87842218
Fax: +86-591-87810540
Contact Person: Zheng Hong

2011 Fujian (The 22nd) International Medical Instruments And Equipment Exhibition

Date: 2011.3.1-3
Frequency: Yearly
Year of the First Event: 1995
Venue: Fujian trade exhibition center
Previous Data: 300 Exhibitors, 20 Foreign, 12000 Spectators
Host: Fujian medical equipment association, CCPIT Fujian Sub-Council, Mechanical and electronic import and export Chambers of commerce in fujian province, CCOIC Fujian Sub-Chamber
Organizer: Fujian trade exhibition center, Tianjin Jianhe international trade exhibition Co., Ltd
Address: No.260 Wusi Road, Fuzhou
Zip Code: 350003
Tel: +86-591-87842218
Fax: +86-591-87810540
Email: kenwall@163.com
Contact Person: Zheng Hong

2011 China Husbandry and New Technology, New Product, New Equipment Promotion and Trade Fair

Date: 2011.4.15-17
Frequency: Yearly
Venue: Fujian Economic and Trade Exhibition Center
Exhibits: Poultry, foodstuff, relevant products, farm machine, etc.
Host: China Animal Husbandry Enterprise Association, China Foodstuff Research Information Center, Fujian Province Breeding Industry Association
Organizer: Shanghai ChengJin Exhibition Service Co., Ltd.
Address: Room 133,No.23,Yeshan Road, Fuzhou, Fujian, China
Tel: +86-591-63301175
Fax: +86-591-62035521
Email: abcdcuiwei@163.com
Contact Person: Cui Wei (+86-13615049099)

2011 Fuzhou International LED Exhibition

Date: 2011.5.18-20
Venue: Fuzhou International Exhibition Centre
Exhibits: LED chips, epitaxial wafer, Epi Wafer and outdoor lighting, etc.
Host: Fujian Photoelectric Industry Association
Organizer: Beijing Lizhan Huabo Exhibition Co., Ltd.
Address: 10-1-303 ZiJin Newline, East Huilongguan Street, Changping District, Beijing
Tel: +86-10-86320523
Fax: +86-10-60770332
Email: zj_kuozhan@126.com
Contact Person: Zhang Jian
(+86-13522144851)

2011 Fuzhou International LED & Outdoor Lighting Exhibition

Date: 2011.5.18-20
Venue: Fuzhou Jinshan Exhibition Center
Exhibits: LED chips, epitaxial wafer, Epi Wafer and outdoor lighting, etc.
Host: Beijing Lizhan Huabo Exhibition Co., Ltd.
Organizer: Beijing Lizhan Huabo Exhibition

Co., Ltd.
Tel: +86-10-68660512
Fax: +86-10-68666067
Email: bjlzhb@163.com
Contact Person: Wang Jie

2011 China Fujian Commodity Trade Fair

Date: 2011.5.18-22
Frequency: Yearly
Year of the First Event: 2004
Venue: Fuzhou (Jinshan) Exhibition Center
Previous Data: 350 exhibitors
Host: State Council Taiwan Affairs Office, China Council for the Promotion of International Trade, China Customs, General Administration of Quality Supervision, Inspection and Quarantine of the People's Republic of China, People's Government of Fujian Province
Organizer: Fujian Foreign Trade and Economic Cooperation Office, Fujian Economic and Trade Commission, Taiwan Affairs Office of Fujian, China Council for the Promotion of International Trade Fujian Sub-Council, People's Government of Fuzhou
Address: F16,Pingdong Offices, No.128, Hualin Road, Fuzhou, Fujian, China
Zip Code: 350003
Tel: +86-591-28309650,28309652
Fax: +86-591-28309638,28309633
Website: www.fujianfair.com
Email: oc@fujianfair.com

Jinjiang

The 3rd Cross-Strait Buddhist Supplies and Crafts Fair

Date: 2011.3.25-28
Venue: Jinjiang SM New International Exhibition Center
Exhibits: Buddhist supplies and crafts, etc.
Host: China Council for the Promotion of International Trade Fujian Sub-council
Organizer: China Council for the Promotion of International Trade Jinjiang Sub-council, Rui Lang Shi Bo (Xiamen) Expo Co., Ltd.
Address: 16D Qiaowang Building No.295 Jiahe Road, Xiamen, Fujian
Zip Code: 361012
Tel: +86-592-3119835
Fax: +86-592-3119850
Email: jessiewq@126.com
Contact Person: Wang Jing

Xiamen

The 11th China Xiamen International Stone Fair

Date: 2011.3.6-9
Venue: Xiamen International Conference & Exhibition Center
Previous Data: 90000sq.m.exhibition area, 1211 exhibitors
Host: China Chamber of Commerce of Metals Minerals & Chemicals Importers & Exporters, Xiamen Municipal Trade Development Bureau, China Council for the Promotion of International Trade Xiamen Sub-Council
Organizer: Xiamen Jinhongxin Exhibition Co., Ltd.
Tel: +86-592-5959614
Fax: +86-592-5959611
Contact Person: Miss Shi

2011 The 3rd Cross-strait Boat Industry Expo

Date: 2011.3.29-31
Venue: Xiamen International Conference and Exhibition Center
Exhibits: Shipping manufacture, shipping manufacture materials and fittings, shipping technology and service system, etc.
Previous Data: Over 175 exhibitors, over 10667 professional visitors
Host: Fujian Shipping Industry Association, Taiwan Shipping Industry Association, Fujian International Convention and Exhibition Industry Association, Fujian Traffic and Transportation Association
Organizer: Xiamen Boqun Exhibition Co., Ltd.
Address: Room 26C, Qiaowang Building, No.295,Jiahe Road, Xiamen, Fujian, China
Tel: +86-592-3119622
Fax: +86-592-3119768
Email: huikan@163.com

Cross-Strait Shipping Industry Summit and Cooperation Seminar

Date: 2011.3.29-31
Venue: Xiamen International Conference and Exhibition Center
Exhibits: Shipping manufacture, shipping manufacture materials and fittings, shipping technology and service system, etc.
Previous Data: Over 175 exhibitors, over 10667 professional visitors
Host: Fujian Shipping Industry Association, Taiwan Shipping Industry Association, Fujian International Convention and Exhibition Industry Association, Fujian Traffic and Transportation Association
Organizer: Xiamen Boqun Exhibition Co., Ltd.
Address: Room 26C, Qiaowang Building, No.295,Jiahe Road, Xiamen, Fujian, China
Tel: +86-592-3119622
Fax: +86-592-3119768
Email: huikan@163.com

2011 The 3rd China (Xiamen) International Construction Machinery & Building Material Machinery Exhibition

Date: 2011.4.8-11
Venue: Xiamen International Exhibition Centre
Host: China International Contractors Association, Fujian Economic and Trade Commission, Fujian Foreign Trade and Economic Bureau, Xiamen Municipal Government, P.R.China
Organizer: Fujian Golden Key Business Exhibition Co., Ltd., Xiamen Feichi Business Co., Ltd.
Address: Floor 3,Dep't B, Zhongshan Building, No.152,Hudong Road, Fuzhou
Tel: +86-591-87304173
Fax: +86-591-87304190
Website: www.xicme.com
Contact Person: Chen Ying, Zhang Fengyun

The 15th Taiwan Trade Fair

Date: 2011.4.8-11
Venue: Xiamen International Exhibition Centre
Previous Data: 900 Exhibitors, 30000 professional visitors from 31 countries.
Exhibits: Mechanical equipment, instrumentation, printing equipment and food processing machinery, etc.
Host: China Chamber of Commerce for Import and Export of Machinery and Electronic Products, Taiwan Electrical and Electronic Industrial Board of Trade, Xiamen Municipal Government, P.R.China
Organizer: Xiamen Trade Promotion Centre on Taiwan
Tel: +86-592-2669865
Fax: +86-592-2669868

2011 China (Xiamen) International Water Treatment, Water Supply and Drainage, Pump & Valve Pipeline Exhibition

Date: 2011.4.15-17
Venue: Xiamen International Exhibition Centre
Exhibits: Water supply and drainage technology and equipment, sewage treatment equipment, instrument and control system, etc.

Host: Xiamen Sino-Show Century Business Exhibition Co., Ltd.
Address: 19E, South Building, Pacific Plaza, No.327 Jiahe Road, Xiamen
Tel: +86-592-3984299
Fax: +86-592-5078149
Email: xmwgf888@163.com
Contact Person: Wen Guofeng (+86-18906036932)

SOLAR EXPO 2011

Date: 2011.4.16-18
Venue: Xiamen International Exhibition Centre
Host: China Renewable Energy Association, Fujian Energy Conservation Association, Fujian Energy Enterprise Association, Fujian International Convention and Exhibition Association, CCPIT Fujian Sub-Council
Organizer: Xiamen Boqun Exhibition Co., Ltd.
Address: 26E, Qiaowang Building, No.295 Jiahe Road, Xiamen, China
Zip Code: 361012
Tel: +86-592-3119662
Fax: +86-592-3119768
Website：www.solarexpo.poking.com.cn
Email: fjnyzh@163.com

2011 The 6th China (Xiamen) International Building Energy Expo

Date: 2011.5.20-22
Venue: Xiamen International Exhibition Centre
Host: Xiamen Municipal Government, P.R.China, Ministry of Housing and Rural Construction Building Energy Efficiency and Technology Department
Organizer: Ministry of Housing and Rural Construction Science and Technology Development Promoting Center, Ministry of Housing and Rural Construction Building Energy Efficiency Centre, Xiamen City Construction and Administration Bureau, Xiamen Building Energy Saving Office, Xiamen Hualan Business Exhibition Co., Ltd.
Address: China (Xiamen) International Building Energy Expo Organizing Committee
Tel: +86-592-2919753
Fax: +86-592-2919751
Email: xmjnz@163.com
Contact person: Xue Dan, Chen Jingwan, Zheng Huijuan

2011 China (Jinjiang) International Bag Industry Expo

Date: 2011.9.18-20
Venue: Quanzhou Exhibition City
Exhibits: Accessories, bags, handbags, leather bags.
Host: Fujian Bags Raw and Auxiliary Materials Industry Association, Xiamen Boqun Exhibition Co., Ltd.
Organizer: Xiamen Boqun Exhibition Co., Ltd.
Address: 26E, Qiaowang Building, No.295 Jiahe Road, Xiamen, China
Zip Code: 361012
Tel: +86-592-3119662
Fax: +86-592-3119768
Email: hui.kan@163.com
Contact Person: Yu Jiashui (+86-15959223418)

2011 The 14th Fujian International Advertising Exhibition

Date: 2011.10.22-24
Frequency: Yearly
Year of the First Event: 1999
Venue: Xiamen International Conference and Exhibition Center
Exhibits: Advertising, digital image production equipment, label, exhibition system, advertising media, etc.
Host: Fujian Advertising Association, Fujian International Convention and Exhibition Industry Association
Organizer: Xiamen Boqun Exhibition Co., Ltd.
Address: 24C Qiaowang Building, No.295,Jiahe Road, Xiamen, Fujian, China
Tel: +86-592-3119622,5327183
Fax: +86-592-3119768
Website: www.poking.com.cn
Email: 979558429@qq.com
Contact Person: Mr.Chen

2011 The Fujian International Printing and Packaging Technology Exhibition

Date: 2011.10.22-24
Frequency: Yearly
Year of the First Event: 1999
Venue: Xiamen International Conference and Exhibition Center
Exhibits: Advertising, digital image production equipment, label, exhibition system, advertising media, etc.
Host: Fujian Advertising Association, Fujian International Convention and Exhibition Industry Association
Organizer: Xiamen Boqun Exhibition Co., Ltd.
Address: 24C Qiaowang Building, No.295,Jiahe Road, Xiamen, Fujian, China
Tel: +86-592-3119622,5327183
Fax: +86-592-3119768
Website: www.poking.com.cn
Email: 979558429@qq.com
Contact Person: Mr.Chen

Guangdong

Dongguan

2011 The 2nd Dongguan Artwork, Handicraft, Collection Expo

Date: 2011.1.6-7
Venue: Dongguan International Conference & Exhibition Center
Host: Dongguang Yiqun Cultural Dissemination Co., Ltd
Organizer: Dongguang Yiqun Cultural Dissemination Co., Ltd
Address: Rm 1209,Zhongxing Building, Guangtai Road, South District, Dongguang
Tel: +86-769-23025387
Fax: +86-769-22023119

2011 GSCA Film (Asia) Exposition

Date: 2011.1.11-13
Venue: Dongguan Science and Technology Museum, Dongguang Wanda Film
Host: Dongguang Science and technology Bureau, Dongguan Municipal Bureau of Culture, Radio, TV, Film, Press and Publication
Organizer: Dongguan Science and Technology Museum
Address: No.2,Meizhong Road, Central District, Dongguan
Tel: +86-769-22835268
Fax: +86-769-22835200

2011 The 2nd Dongguan Tangxia Tea Exposition

Date: 2011.1.13-17
Venue: Dongguang Tangxia Gymnasium
Host: Dongguang Yiqun Cultural Dissemination Co., Ltd
Organizer: Dongguang Yiqun Cultural Dissemination Co., Ltd
Address: Rm 409,Zhongxin Xiehe Building, Changtai Road, North District, Dongguang
Zip Code: 523000
Tel: +86-769-23025387
Fax: +86-769-21666752
Contact Person: Jin Xin(+86-15019007663)

2011 Dongguan International Advertising Technology Exhibition

Date: 2011.2.28-3.4
Venue: Guangdong Modern International Exhibition Center
Host: Guangzhou Xunhua Exhibition Co., Ltd
Organizer: Guangzhou Xunhua Exhibition

Co., Ltd
Tel: +86-20-38023852
Fax: +86-20-38023815

2011 The 20th Dongguan International Electronics Manufacturing Industry Exhibition

Date: 2011.3
Venue: Dongguan International Conference & Exhibition Center
Exhibits: Electronic manufacturing equipment, power technology, electronic material, electronic accessories, cable connection industry, etc
Address: No.162,Qifeng Road, East District, Dongguan
Zip Code: 514300
Tel: +86-769-22035308
Fax: +86-769-22384798
Email: expo.zengjie@hotmail.com
Contact Person: Zeng Jie

The 25th International Famous Furniture Machinery, Material Exhibition

Date: 2011.3.16-20
Venue: Guangdong Modern International Exhibition Center
Host: People's Government of Dongguan
Organizer: Dongguan Famous Furniture Club
Address: 5th Floor, Trade Centre, Houjie Town, Dongguan, Guangdong
Tel: +86-769-22423217
Fax: +86-769-22424631
Email: wumin0597@163.com
Contact Person: Wu Min (+86-13532778552)

The 25th International Famous Furniture (Dongguan) Exhibition

Date: 2011.3.16-20
Venue: Guangdong Modern International Exhibition Center
Host: People's Government of Dongguan
Organizer: Dongguan Famous Furniture Club
Address: 5th Floor, Trade Centre, Houjie Town, Dongguan, Guangdong
Tel: +86-769-22423217
Fax: +86-769-22424631
Email: wumin0597@163.com
Contact Person: Wu Min (+86-13532778552)

2011 The 7th Dongguan International Coating Exhibition

Date: 2011.3.17-30
Venue: Guangdong Modern International Exhibition Center
Host: World Trade Expo Co., Ltd, Dongguan Longheng Exhibition Co., Ltd
Organizer: Dongguan Longheng Exhibition Co., Ltd
Address: Rm 605-607,Lianxun Building, South Keyuan Road, Dongguan
Tel: +86-769-22388565
Fax: +86-769-22388575
Email: 303018198@qq.com

The 12th China (Dongguan) International Textile Clothing Industry Technology Exhibition

Date: 2011.3.28-31
Venue: Guangdong Modern International Exhibition Center
Exhibits: Shanghai Xunzhan Convention & Exhibition Ltd.
Previous Data: Shanghai Xunzhan Convention & Exhibition Ltd.
Fax: +86-21-64181136
Email: cnshow-xunzhan@yahoo.cn
Contact Person: Mr.Wang (+86-13916251946)

2011 South China Charter Alliance and Business Project (Dongguan) Exhibition

Date: 2011.5.1-3
Venue: Dongguan International Conference & Exhibition Center
Host: Hong Kong Small Investment and Business Association, Dongguan Chain Operation Management Association, Guangzhou Haiying Exhibition Services Co., Ltd
Organizer: Guangzhou Haiying Exhibition Services Co., Ltd
Tel: +86-20-82307378
Fax: +86-20-82591717
Email: market@gdgzhy.com
Contact Person: Ding Haibo (+86-13719004258)

2011 Dongguan International Textile Printing Industry Technology Exhibition

Date: 2011.5.22-24
Venue: Guangdong Modern International Exhibition Center
Host: Hong Kong Allallinfo Media Group Ltd, *Textile Printing Magazine*
Organizer: Hong Kong Allallinfo Media Group Ltd
Address: 2nd Floor, 2nd Building, Science and Technology Centre, No.42 Xisheng Street, Tongxin Road, Guangzhou

2011 Dongguan Sewing Equipment Exhibition

Date: 2011.5.22-24
Venue: Guangdong Modern International Exhibition Center
Host: Hong Kong Allallinfo Media Group Ltd, <Textile Printing>Magazine
Organizer: Hong Kong Allallinfo Media Group Ltd
Address: 2nd Floor, 2nd Building, Science and Technology Centre, No.42 Xisheng Street, Tongxin Road, Guangzhou

2011 The 11th Dongguan International Printing, Packaging and Canning Industry Exhibition

Date: 2011.10.20-22
Venue: Guangdong Modern International Exhibition Center
Host: Guangdong Printing and Packaging Industry Association, German Dortmund Exhibition Group, Guangzhou Huiyi Exhibition Services Co., Ltd
Organizer: Guangzhou Huiyi Exhibition Services Co., Ltd
Address: No.7 Jianzhong Road, Tianhe Science and Technology Zone, Guangzhou
Tel: +86-20-85556058
Fax: +86-20-85551758
Email: huiyi3000@126.com

2011 The 13th Dongguan International Mould and Metal Processing Exhibition

Date: 2011.11.16-19
Venue: Guangdong Modern International Exhibition Center
Organizer: Shanghai Xunzhan Convention & Exhibition Ltd.
Address: Rm 1005,West Jinyulan Plaza, No.1 Dapu Road, Shanghai
Zip Code: 200023
Tel: +86-21-64181136
Fax: +86-21-64181136
Email: wangqili@xt-sh.com
Contact Person: Wang Qili (+86-13764274482)

Foshan

2011 The 3rd Foshan Tea Exposition

Date: 2011.1.7-10
Venue: Foshan Lingnan Pearl Conference & Exhibition Centre
Host: Dongguang Yiqun Cultural Dissemination Co., Ltd
Organizer: Dongguang Yiqun Cultural Disse-

mination Co., Ltd
Address: Rm 1209,Zhongxin Building, Guantai Road, South District, Dongguan
Zip Code: 523000
Tel: +86-769-23025387
Fax: +86-769-21666752
Contact Person: Mr.Jin(+86-15019007663)

2011 5th China (Foshan) International Stainless Steel Exhibition

Date: 2011.3.18-20
Venue: Foshan International Conference & Exhibition Centre
Host: Guangdong Steel Industry Association, Guangdong Metal Materials Circulation Association, Guangdong Nonferrous Metal Industry Association, Chengzhan Exhibition Services Co., Ltd
Organizer: Chengzhan Exhibition Services Co., Ltd
Address: Rm 1606,No.13 Fuhua Road, Foshan, Guangdong
Tel: +86-757-83284305
Fax: +86-757-83284326
Email: cfme111@163.com

2011 The 5th China (Foshan) International Metal Industry Exposition

Date: 2011.3.18-20
Venue: Foshan International Conference & Exhibition Centre
Host: Guangdong Steel Industry Association, Guangdong Metal Materials Circulation Association, Guangdong Nonferrous Metal Industry Association, Chengzhan Exhibition Services Co., Ltd
Organizer: Chengzhan Exhibition Services Co., Ltd
Address: Rm 1606,No.13 Fuhua Road, Foshan, Guangdong
Tel: +86-757-83284305
Fax: +86-757-83284326
Email: cfme111@163.com

Guangzhou

2011 The 17th Guangzhou Hotel Cleaning Equipment Exhibition

Date: 2011.1.6-8
Venue: Chinese Export Commodities Fair Pazhou Complex
Exhibits: Cleaning equipment, cleaning supplies, detergents, etc.
Host: China Import and Export Fair Pazhou Complex
Organizer: China Import and Export Fair Pazhou Complex
Address: Room 512,Guangzhou Junqu Yingshi Building, No.16,Dadao Road, Guangzhou
Zip Code: 510600
Tel : +86-20-23376029
Fax : +86-20-88277479
Email: fx23376029@163.com
Contact: Zhu Zhuobin (+86-13560389519)

2011 Guangzhou Venture Fair

Date: 2011.1.7-9
Venue: Guangzhou (Pazhou) International Exhibition Center
Host: Hong Kong World Trade International Exhibition Co., Ltd., Guangzhou Ruisheng Commerce & Trade Co., Ltd.
Organizer: Hong Kong World Trade International Exhibition Co., Ltd., Guangzhou Ruisheng Commerce & Trade Co., Ltd.
Address: No.219,Xinggang Dongtingyun Street, Haizhu District, Guangzhou
Tel: +86-20-23358193
Fax: +86-20-34150219
Email: hkwto025@163.com
Contact Person: Gao Shaotao (+86-13725422949)

2011 Guangzhou International Lights Exhibition

Date: 2011.2.20-22
Venue: China Import and Export Fair Complex
Exhibits: Welding equipment, cutting equipment, etc
Organizer: Guangzhou Kang Boshi Exhibition Co., Ltd
Address: Room 807,Jiangnan Pearl Tower, No.27,Jiangnan Road, Nanan District, Chongqing
Zip Code: 400060
Tel: +86-20-38767624
Fax: +86-20-38283267-803
Email: info@kbszl.cn
Contact Person: Wang Cong (+86-15086676293)

2011 Guangzhou International Tire Exhibition

Date: 2011.2.20-22
Venue: China Import and Export Fair Complex
Exhibits: Welding equipment, cutting equipment, etc
Organizer: Guangzhou Kang Boshi Exhibition Co., Ltd
Address: Room 807,Jiangnan Pearl Tower, No.27,Jiangnan Road, Nanan District, Chongqing
Zip Code: 400060
Tel: +86-20-38767624
Fax: +86-20-38283267-803
Email: info@kbszl.cn
Contact Person: Wang Cong (+86-15086676293)

2011 The 12th Guangzhou International Pipe Industry Trade Fair

Date: 2011.2.20-22
Venue: China Import and Export Fair Complex
Host: Guangzhou Waves Exhibition Planning Co., Ltd.
Organizer: Chongqing Xinyu Exhibition Co., Ltd.
Zip Code: 510623
Tel: +86-20-38621473
Fax: +86-20-38621473
Email: zhenglituo@126.com , lisaijia@126.com
Contact Person: Zheng Lituo (+86-13143673880)

2011 The 8th Guangzhou (International) Vehicle Air-conditioning And Refrigeration Chain Technology Exhibition

Date: 2011.2.24-26
Venue: Guangzhou International Convention and Exhibition Centre (Pazhou Complex)
Exhibits: Vehicle air conditioning systems, vehicle air conditioning parts, etc.
Website: www.84t.cn
Previous data: 326 exhibitors; 10,000 sq.m of total area
Host: Society of Automotive Engineers Air Conditioning Body Technology Branch of study group, Federation of Chinese automobile market, Hong Kong Convention and Exhibition Baxter International (Group) Corporation, Guangzhou Best Exhibition Co., Ltd.
Organizer: Guangzhou Best Exhibition Co., Ltd.
Address: B601,Shigang International Apartment, Xingang East Road, Guangzhou
Zip Code: 510355
Tel: +86-20-86374257
Email: nanhailin2008@163.com
Contact Person: Lin Rui

2011 Guangzhou Performing Arts Facilities, intelligent Sound & Light Products Technology Exhibition

Date: 2011.2.28-3.2
Venue: Guangzhou Poly World Trade Expo
Host: China Audio Industry Association,

China Association of Sound Engineer, Society of Chinese Stage Art, Audio-visual & Lighting, Guangzhou University Institute of Technology, Guangdong Provincial Recordist Association, Guangdong Society of Stage Design
Address: 4th Floor, Zhongxin Building, Sanyu Road, Yuexiu District, Guangzhou
Tel: +86-20-61286158
Fax: +86-20-61280512
Email: dqslzh@163.com
Contact Person: Chen Sheng

2011 Guangdong International Advertising Exhibition

Date: 2011.3.1-4
Venue: China Import and Export Fair Pazhou Complex
Exhibits: Exhibition equipment, portable exhibition series, the stage rack and other POP products
Website: www.cantonfair.org.cn
Previous data: 200,612 foreign buyers from 208 countries
Organizer: Guangzhou Xinya Exhibition Services Ltd.
Address: No.365 Tianhe Road, Tianhe District, Guangzhou
Tel: +86-20-38845362

2011 China (Guangzhou) International Dive Expo

Date: 2011.3.3-5
Venue: Guangzhou International Convention and Exhibition Centre (Pazhou Complex)
Host: Guangdong Enterprises Association for Foreign Economic Cooperation of Guangdong Provincial Department of Culture Industry Association, Guangdong and Hong Kong Economic and Trade Exchange Association
Organizer: Hong Kong Grandeur International Exhibition Group, Guangzhou Grandeur Exhibition Services Ltd.
Address: 1609,Building A, Jinyu Kele Mansion, Shuangqiao Road, Chaoyang District, Beijing
Email: fuyeli@163.com
Tel: +86-23-62968507
Contact Person: Fu Yeli (+86-15986388047)

2011 China (Guangzhou) International Water Sports, Tourism & Leisure Water Supplies Expo

Date: 2011.3.3-5
Venue: Guangzhou International Convention and Exhibition Centre (Pazhou Complex)
Host: Guangdong Enterprises Association for Foreign Economic Cooperation of Guangdong Provincial Department of Culture Industry Association, Guangdong and Hong Kong Economic and Trade Exchange Association
Organizer: Hong Kong Grandeur International Exhibition Group, Guangzhou Grandeur Exhibition Services Ltd.
Address: 1609,Building A, Jinyu Kele Mansion, Shuangqiao Road, Chaoyang District, Beijing
Email: fuyeli@163.com
Tel: +86-23-62968507
Contact Person: Fu Yeli (+86-15986388047)

2011 The 2nd China International Communications Exhibition

Date: 2011.3.7-9
Venue: Guangzhou Poly World Trade Expo
Website: www.gztwzl.com
Host: Guangdong Provincial Economic and Information Technology Commission, Guangdong Provincial Communication Pipe Authority
Organizer: Guangdong 3G Industry Alliance, mobile phone production base in Guangdong Province, Information Association of Guangdong Province, Guangzhou Tianwei Exhibition Service Co., Ltd
Address: No.305,Dongfeng Mid Road, Guangzhou
Zip Code: 050000
Tel: +86-20-83134256
Fax: +86-20-83134714
Email: uranus@gd.gov.cn
Contact Person: Deng Shouyi

2011 Next-generation Broadband Network and Strategic Information Industry Seminar

Date: 2011.3.7-9
Venue: Guangzhou Poly World Trade Expo
Website: www.gztwzl.com
Host: Guangdong Provincial Economic and Information Technology Commission, Guangdong Provincial Communication Pipe Authority
Organizer: Guangdong 3G Industry Alliance, mobile phone production base in Guangdong Province, Information Association of Guangdong Province, Guangzhou Tianwei Exhibition Service Co., Ltd
Address: No.305,Dongfeng Mid Road, Guangzhou
Zip Code: 050000
Tel: +86-20-83134256
Fax: +86-20-83134714
Email: uranus@gd.gov.cn
Contact Person: Deng Shouyi

The 2nd China (Guangzhou) International Mobile Internet Forum

Date: 2011.3.7-9
Venue: Guangzhou Poly World Trade Expo
Website: www.gztwzl.com
Host: Guangdong Provincial Economic and Information Technology Commission, Guangdong Provincial Communication Pipe Authority
Organizer: Guangdong 3G Industry Alliance, mobile phone production base in Guangdong Province, Information Association of Guangdong Province, Guangzhou Tianwei Exhibition Service Co., Ltd
Address: No.305,Dongfeng Mid Road, Guangzhou
Zip Code: 050000
Tel: +86-20-83134256
Fax: +86-20-83134714
Email: uranus@gd.gov.cn
Contact Person: Deng Shouyi

2011 Guangzhou International 3G Mobile Phone Exhibition

Date: 2011.3.8-10
Year of first event: 2009
Venue: Chinese Export Commodities Fair Pazhou Exhibition Hall
Host: Guangdong Provincial Economic and Information Technology Commission, Guangdong Provincial Communication Management Bureau.
Organizer: Guangdong 3G Industry Alliance, Guangdong Mobile Phone Production Base, The Guangdong Provincial Information Industry Association, Guangzhou Tianwei Exhibition Services Co, Ltd.
Address: No.10,Haichengdong Street, Xingangdong Road , Haizhu District, Guangzhou
Zip Code: 510355
Tel: +86-20-89232963
Email: 14221288@qq.com
Contact Person: Ding XiaoJing (+86-15989021097)

SPS-Industrial Automation Fair Guangzhou

Date: 2011.3.9-11
Frequency: Yearly
Year of the First Event: 1997
Venue: China Import and Export Fair Complex
Exhibits: Industrial Automation
Previous Data: 317 Exhibitors, 16,715 Professional Spectators
Host: China Foreign Trade Centre (Group), Messe Frankfurt Exhibition GmbH

Organizer: China Foreign Trade Guangzhou Exhibition General Corporation, Guangzhou Overseas Trade Fairs Ltd., Guangzhou Guangya Messe Frankfurt Co Ltd., Mesago Messe Frankfurt GmbH
Address: No.117 Liuhua Road, Guangzhou
Zip Code: 510014
Tel: +86-20-86680925-02
Fax: +86-20-26081669
Website: www.siaf-china.com
Email: zhouqw@fairwindow.com.cn
Contact Person: Ms.Zhou

Water, Wastewater & Water Treatment China Pump, Valve & Pipe China

Date: 2011.3.9-11
Frequency: Yearly
Year of the First Event: 1999
Venue: China Import and Export Fair Complex
Exhibits: Water Purifying Equipment; Sewage Treatment Equipment; Products, Fitting of Pump, Valve, Pipe; Water Supply System, Water Drainage System; Detection, Monitor Technology, Equipment
Pump, Valve, Pipe
Previous Data: 279 Exhibitors, 9850 Professional Spectators
Host: China Foreign Trade Centre (Group)
Organizer: China Foreign Trade Guangzhou Exhibition General Corporation
Address: No.117 Liuhua Road, Guangzhou
Zip Code: 510014
Tel: +86-20-86674121
Fax: +86-20-86680925-02
Website: www.waterchina-gz.com
Email: project2@fairwindow.com.cn
Contact Person: Ms.Lliang

The South China International Exhibition on Printing Industry & The China International Exhibition on Label Printing Technology

Date: 2011.3.9-11
Frequency: Yearly
Year of the First Event: 1993
Venue: China Import and Export Fair Complex
Exhibits: Pre-press, Printing, Post-press, Printing Services
Previous Data: 408 Exhibitors, 38,698 Professional Spectators
Host: Administration of Press and Publication of Guangdong Province, China Foreign Trade Centre (Group), Adsale Exhibition Services Ltd, Guangdong Provincial Publishing Group
Organizer: China Foreign Trade Guangzhou Exhibition General Corporation, Beijing Yazhan Exhibition Services Ltd.
Address: No.117 Liuhua Road, Guangzhou
Zip Code: 510014
Tel: +86-20-26081625
Fax: +86-20-86680925-05
Website: www.sinoprint.fairwindow.com, www.label.fairwindow.com
Email: pfp@fairwindow.com.cn
Contact Person: Mr.Yang

2011 The 8th China (Guangzhou) International Musical Instruments Exhibition

Date: 2011.3.9-12
Venue: China Import and Export Fair Complex
Exhibits: Piano and keyboards, strings, percussion, electronic musical instruments, musical instruments, sheet music and books, musical instruments and accessories, music-related computer hardware, software etc.
Website: www.guangzhoumusic.cn
Host: Office of Science and Technology of Guangdong Province, Guangdong Provincial Department of Culture, the National Light Industry Information Center, musical instruments, Guangdong Science & Technol-ogy Exchange Center.
Organizer: Guangdong International Science & Technology Exhibition Co., Ltd.
Address: No.171,Lianxin Road, Guangzhou
Tel: +86-20-83546339

2011 The 9th China (Guangzhou) International Professional Audio & Lighting Exhibition

Date: 2011.3.9-12
Venue: China Import and Export Fair Complex
Exhibits: Piano and keyboards, strings, percussion, electronic musical instruments, musical instruments, sheet music and books, musical instruments etc.
Website: www.guangzhoumusic.cn
Host: Office of Science and Technology of Guangdong Province, Guangdong Provincial Department of Culture, the National Light Industry Information Center, musical instruments, Guangdong Science & Technology Exchange Center.
Organizer: Guangdong International Science & Technology Exhibition Co., Ltd.
Address: No.171,Lianxin Road, Guangzhou
Tel: +86-20-83546339

2011 Guangzhou Handbags, Accessories & Raw Materials Exhibition

Date: 2011.3.10-12
Venue: Guangzhou International Convention and Exhibition Centre (Pazhou Complex)
Contact person: Wang Wenjie
(+86-15213336822)

2011 China (Chongqing) International Leather Handbags & Luggage Exhibition

Date: 2011.3.13-15
Venue: Chongqing Exhibition Center
Exhibits: Bags, leather goods
Host: Guangzhou Ruihong Exhibition Services Ltd.
Organizer: Guangzhou Ruihong Exhibition Services Ltd..
Address: Room 406 Building C, Tiantangde Plaza, Tangdenan Street, Tianhe Street, Guangzhou
Zip Code: 510665
Tel: +86-20-38667261
Fax: +86-20-38667163
Email: ruihongfair@163.com
Contact person: Mr Wang
(+86-15923519466)

2011 Guangzhou Footwear Leather Fair

Date: 2011.3.13-15
Venue: Guangzhou Poly World Trade Expo
Exhibits: Bags, leather goods
Host: Guangzhou Ruihong Exhibition Services Ltd.
Organizer: Guangzhou Ruihong Exhibition Services Ltd..
Address: Room 406 Building C, Tiantangde Plaza, Tangdenan Street, Tianhe Street, Guangzhou
Zip Code: 510665
Tel: +86-20-38667261
Fax: +86-20-38667163
Email: ruihongfair@163.com
Contact person: Mr Wang
(+86-15923519466)

2011 Guangzhou Shoes Materials Fair

Date: 2011.3.13-15
Venue: Guangzhou Poly World Trade Expo
Exhibits: Bags, leather goods
Host: Guangzhou Ruihong Exhibition Services Ltd.
Organizer: Guangzhou Ruihong Exhibition Services Ltd.
Address: Room 406 Building C, Tiantangde Plaza, Tangdenan Street, Tianhe Street, Guangzhou
Zip Code: 510665
Tel: +86-20-38667261
Fax: +86-20-38667163

Email: ruihongfair@163.com
Contact person: Mr Wang
(+86-15923519466)

2011 Exhibition Guangzhou Leather Synthetic Leather

Date: 2011.3.13-15
Venue: Guangzhou Poly World Trade Expo
Exhibits: Bags, leather goods
Host: Guangzhou Ruihong Exhibition Services Ltd.
Organizer: Guangzhou Ruihong Exhibition Services Ltd..
Address: Room 406 Building C, Tiantangde Plaza, Tangdenan Street, Tianhe Street, Guangzhou
Zip Code: 510665
Tel: +86-20-38667261
Fax: +86-20-38667163
Email: ruihongfair@163.com
Contact person: Mr Wang
(+86-15923519466)

2011 The 10th Western China Advertising & Media Expo

Date: 2011.3.18-20
Venue: Chongqing Exhibition Center
Exhibits: Outdoor advertising technology equipment and materials, mass media technology and equipment
Website: www.hbyiliaozhan.com
Host: China Illuminating Engineering Society Technical Committee neon, Chongqing Press and Publication Bureau, Chongqing Exhibition Planning Co., Ltd.Chongqing Xinhai Advertising Exhibition Co., Ltd.
Organizer: Chongqing Western Exhibition Planning Co., Ltd.
Address: Tower A, 27-2,Futian Building, No.27, Nanping West Road, Chongqing
Zip Code: 400060
Tel: +86-23-62986278
Fax: +86-23-62986278
Email: westexpo@163.com
Contact Person: Gong Yan
(+86-13983602379)

China International Furniture Fair (Guangzhou)-Home Furniture

Date: Spring: 2011.3.18-21; Autumn: 2011.9
Frequency: Twice Yearly
Year of the First Event: 1988
Venue: China Import and Export Fair Complex
Exhibits: Modern furniture, classical furniture
Previous Data: 785 Exhibitors, 49 Foreign Exhibitors, 82204 Professional Spectators
Host: China National Furniture Association, China Foreign Trade Centre (Group), Guangdong Furniture Association, Hong Kong Furniture & Decoration Trade Association
Organizer: China Foreign Trade Guangzhou Exhibition General Corporation
Address: No.117 Liuhua Road, Guangzhou
Zip Code: 510014
Tel: +86-20-26081604
Fax: +86-20-86663416-23
Website: www.ciff-gz.com
Email: ginaho@fairwindow.com.cn
Contact Person: Ms.He

Homedecor & Housewares China

Date: Spring: 2011.3.18-21; Autumn: 2011.9
Frequency: Twice Yearly
Year of the First Event: 1998
Venue: China Import and Export Fair Complex
Exhibits: Homedecor
Previous Data: 239 Exhibitors, 437,775 Foreign Exhibitors Professional Spectators
Host: China Foreign Trade Centre (Group)
Organizer: China Foreign Trade Guangzhou Exhibition General Corporation
Address: No.117 Liuhua Road, Guangzhou
Zip Code: 510014
Tel: +86-20-26081604
Fax: +86-20-86663416-23
Website: www.hhc.fairwindow.com
Email: ginaho@fairwindow.com.cn
Contact Person: Ms.He

China International Ceramics Exhibition (Guangzhou)

Date: 2011.3.18-21
Frequency: Yearly
Year of the First Event: 2007
Venue: China Import and Export Fair Complex
Exhibits: Art Ceramics, Household Ceramics, Homedecor
Previous Data: 150 Exhibitors, 23,278 Profess-ional Spectators
Host: China Foreign Trade Centre (Group)
Organizer: China Foreign Trade Guangzhou Exhibition General Corporation
Address: No.117 Liuhua Road, Guangzhou
Zip Code: 510014
Tel: +86-20-26081613
Fax: +86-20-86663416-01
Website: www.ceramex.fairwindow.com
Email: yujl@fairwindow.com.cn
Contact Person: Ms.Yu

China (Guangzhou) International Trade Fair For Home Textiles

Date: 2011.3.18-21
Frequency: Yearly
Year of the First Event: 1988
Venue: China Import and Export Fair Complex
Exhibits: Bed, bath, table and kitchen linens, Wall and window decorations, Upholstery fabric, Textiles for contract market, Interior design and textile handicrafts, Accessories, Carpets and rugs, Home textile related products and services, Home textile design
Previous Data: 181 Exhibitors, 11 Foreign Exhibitors, 18495 Professional Spectators
Host: China National Textile & Apparel Council, China Foreign Trade Centre (Group)
Organizer: China home textile association, China's foreign trade Guangzhou exhibition corporation, CCPIT textile industry sub-council, Frankfurt (HongKong)Exhibition Co Ltd.,
Address: No.117 Liuhua Road, Guangzhou
Zip Code: 510014
Tel: +86-20-26081613
Fax: +86-20-86663416-01
Website: www.ceramex.fairwindow.com
Email: yujl@fairwindow.com.cn
Contact Person: Ms.Yu

China International Outdoor & Leisure Fair

Date: 2011.3.18-21
Frequency: Yearly
Year of the First Event: 2008
Venue: China Import and Export Fair Complex
Exhibits: Outdoor Living, Outdoor Activities, Garden Decorations, Tool and Equipments
Previous Data: 120 Exhibitors, 8 Foreign Exhibitors, 17088 Professional Spectators
Host: China Foreign Trade Centre (Group), China Chamber of Commerce of Import & Export of Food Stuffs, Native Produce & Animal By Products
Organizer: China Foreign Trade Guangzhou Exhibition General Corp.
Address: No.117 Liuhua Road, Guangzhou
Zip Code: 510014
Tel: +86-20-26081896
Fax: +86-20-86663416-01
Website: www.outdoor.fairwindow.com
Email: aoly@fairwindow.com.cn
Contact Person: Ao Liyan

2011 Guangzhou International Hotel Equipment and Supplies Exhibition

Date: 2011.3.24-26
Venue: Chinese Export Commodities Fair Pazhou Complex
Host: Asia Pacific Hotel Supplies Industry Association, Guangdong Hotel General Manager Hong Kong and Macao Associ-

ation, Specialty Coffee Association of China, Guangdong Cuisine Association, China Western Food Culture Association, Guangdong Kitchen Committee, Guangzhou, China Exhibition Planning Co., Ltd.
Organizer: Exhibition Planning Co., Ltd. Guangzhou China.
Address: No.900,Guangzhou Street, Guanghzhou
Tel: +86-20-38866965
Fax: +86-20-22223568
Email: lesie@hosfair.com
Contact Person: Mr.Liu (+86-13570235112)

2011 The 9th Guangzhou International Hotel Intelligent Information Management Software Products Exhibition

Date: 2011.3.24-26
Venue: Chinese Export Commodities Fair Pazhou Complex
Host: Asia Pacific Hotel Supplies Industry Association, Guangdong Hotel General Manager Hong Kong and Macao Association, Specialty Coffee Association of China, Guangdong Cuisine Association, China Western Food Culture Association, Guangdong Kitchen Committee, Guangzhou, China Exhibition Planning Co., Ltd.
Organizer: Exhibition Planning Co., Ltd. Guangzhou China.
Address: No.900,Guangzhou Street, Guanghzhou
Tel: +86-20-38866965
Fax: +86-20-22223568
Email: lesie@hosfair.com
Contact Person: Mr.Liu (+86-13570235112)

2011 Guangzhou Well-being Products & Rehabilitation Equipment Fair

Date: 2011.3.24-26
Venue: Guangzhou Poly World Trade Center
Host: Ministry of Commerce
Organizer: Guangzhou Jin Ye Exhibition Service Co., Ltd.
Address: 22-1,22-2,Hongqihegou, Jiangbei District, Chongqing
Tel: +86-20-86663460
Fax: +86-20-86674041
Email: zhengjie5088@163.com
Contact Person: Zheng Jie

2011 Guangzhou International Personal Health Care Equipment & Supplies Exhibition

Date: 2011.3.24-26
Venue: Guangzhou Poly World Trade Center
Host: Ministry of Commerce
Organizer: Guangzhou Jin Ye Exhibition Service Co., Ltd.
Address: 22-1,22-2,Hongqihegou, Jiangbei District, Chongqing
Tel: +86-20-86663460
Fax: +86-20-86674041
Email: zhengjie5088@163.com
Contact Person: Zheng Jie

2011 Guangzhou International Travel Fair

Date: 2011.3.24-26
Frequency: Yearly
Year of First Event: 1993
Venue: Guangzhou Jin Han Exhibition Center
Exhibits: Tourism and leisure real estate, tourism, outdoor supplies and equipment, airlines, airline alliance, tour buses, car rental and rail organizations, etc.
Previous data: An exhibition area of 15,172 sq.m, 506 exhibitors
Host: Hannover Exhibition (Shanghai) Co., Ltd.
Organizer: Hannover Exhibition (Shanghai) Co., Ltd.
Address: Room 301,B & Q Pudong Commercial Building, No.393 Yin Xiao Road, Pudong, Shanghai
Zip Code: 201204
Tel : +86-21-50456700-223
Fax : +86-21-50459355
Email: austin.wang @ hmf-china.com
Contact Person: Wang CunYan

2011 The 7th Guangzhou Box Products Exhibition

Date: 2011.3.25-27
Venue: China Import and Export Fair Complex
Host: Guangzhou Xing Hui Trade Exhibition Co., Ltd.
Organizer: Guangzhou Xing Hui Trade Exhibition Co., Ltd.
Address: Room 3101,Nantian Square, No.3,Huacheng Street, Zhujiang Xincheng, Guangzhou
Tel: +86-20-38250412
Fax: +86-20-38250932
Email: xinghui@gzxinghui.com
Contact Person: Ms.Liu

2011 The 22th Guangzhou Chartered Franchise Exhibition

Date: 2011.3.25-27
Venue: Chinese Export Commodities Fair Pazhou Complex
Host: Guangdong Chain Operations Association, Guangzhou Chain Store & Franchise Association, Guangzhou Fuzhong Exhibition Co., Ltd.
Organizer: Guangzhou Fuzhong Exhibition Co., Ltd.
Contact Person: Huang Xiaoyan (+86-13826043926)

China International Furniture Fair (Guangzhou)-Office Show

Date: 2011.3.27-30
Frequency: Yearly
Year of the First Event: 1998
Venue: China Import and Export Fair Complex
Exhibits: Office Furniture, Commercial Furniture, Office-related Equipment (Lightings, Wall Covering, Floor Coverings and so on)
Previous Data: 610 Exhibitors, 42 Foreign Exhibitors, 52648 Professional Spectators
Host: China Foreign Trade Centre (Group)
Organizer: China Foreign Trade Guangzhou Exhibition General Corp.
Address: No.117 Liuhua Road, Guangzhou
Zip Code: 510014
Tel: +86-20-26081673
Fax: +86-20-86663416-01
Website: www.officefurniture.fairwindow.com
Email: yuw@fairwindow.com.cn
Contact Person: Yu Wen

China International Woodworking Machinery & Furniture Raw Material (Guangzhou)/interzum Guangzhou

Date: 2011.3.27-30
Frequency: Yearly
Year of the First Event: 1998
Venue: China Import and Export Fair Complex
Exhibits: Office Furniture, Commercial Furniture, Office-related Equipment (Lightings, Wall Covering, Floor Coverings and so on)
Previous Data: 610 Exhibitors, 42 Foreign Exhibitors, 52648 Professional Spectators
Host: China Foreign Trade Centre (Group)
Organizer: China Foreign Trade Guangzhou Exhibition General Corp.
Address: No.117 Liuhua Road, Guangzhou
Zip Code: 510014
Tel: +86-20-26081673
Fax: +86-20-86663416-01
Website: www.officefurniture.fairwindow.com
Email: yuw@fairwindow.com.cn
Contact Person: Yu Wen

2011 Guangzhou International Vacuum Industry Exhibition

Date: 2011.3.28-30
Venue: Guangzhou Poly World Trade Expo

Pazhou Complex
Host: Guangdong Vacuum Society, Guangzhou Karl Exhibition Co., Ltd.
Organizer: Guangzhou Karl Exhibition Co., Ltd.
Address: Room B401,Xintiandi Building, Shuguang Road, Guangzhou
Tel: +86-20-86800480
Fax: +86-20-86800836
Contact Person: Zhang Liwei (+86-13538967072)

2011 China (Guangzhou) International Meat Industry Exhibition

Date: 2011.3.29-31
Venue: Guangzhou Poly World Trade Expo Pazhou Complex
Host: China Agriculture Industry Development Association, China Association for International Understanding nutrition industry, health food industry association in Guangdong Province, Guangzhou Association of imported food quality management
Organizer: Guangzhou YifanExhibition Services Ltd.
Address: Room 201,Yinyan Building, No.25-27,Yanling Road, Tianhe District, Guangzhou
Zip Code: 510507
Tel : +86-20-61089482
Fax: +86-20-61089459
Email: jovy111@163.com
Contact Person: Chen Rong (+86-15914369687)

2011 The 10th China (Guangzhou) International Nutrition Products Exhibition

Date: 2011.3.29-31
Venue: Guangzhou Poly World Trade Expo Pazhou Complex
Host: China Agriculture Industry Development Association, China Association for International Understanding nutrition industry, health food industry association in Guangdong Province, Guangzhou Association of imported food quality management
Organizer: Guangzhou YifanExhibition Services Ltd.
Address: Room 201,Yinyan Building, No.25-27,Yanling Road, Tianhe District, Guangzhou
Zip Code: 510507
Tel : +86-20-61089482
Fax: +86-20-61089459
Email: jovy111@163.com
Contact Person: Chen Rong (+86-15914369687)

2011 The 10th China (Guangzhou) International Health Food & Organic Products Exhibition

Date: 2011.3.29-31
Venue: Guangzhou Poly World Trade Expo Pazhou Complex
Host: China Agriculture Industry Development Association, China Association for International Understanding nutrition indus-try, health food industry association in Guangdong Province, Guangzhou Association of imported food quality management
Organizer: Guangzhou YifanExhibition Services Ltd.
Address: Room 201,Yinyan Building, No.25-27,Yanling Road, Tianhe District, Guangzhou
Zip Code: 510507
Tel : +86-20-61089482
Fax: +86-20-61089459
Email: jovy111@163.com
Contact Person: Chen Rong (+86-15914369687)

2011 Guangzhou International Pharmaceutical Machinery Exhibition

Date: 2011.3.29-31
Venue: Guangzhou Jin Han Exhibition Center
Host: China Healthcare International Trade Association, Guangdong Provincial Health Food Products Industry Association, Guangzhou Yifan Exhibition Service Co., Ltd.
Organizer: Guangzhou Yifan Exhibition Service Co., Ltd.
Address: Room 201,No.25-27 Yanling Road, Tianhe District, Guangzhou
Zip Code: 510507
Tel: +86-20-61089470
Fax: +86-20-61089459
Email: liuchunhua3006@126.com
Contact Person: Liu Chunhua

2011 Pharmaceutical Packaging Exhibition

Date: 2011.3.29-31
Venue: Guangzhou Jin Han Exhibition Center
Host: China Healthcare International Trade Association, Guangdong Provincial Health Food Products Industry Association, Guangzhou Yifan Exhibition Service Co., Ltd.
Organizer: Guangzhou Yifan Exhibition Service Co., Ltd.
Address: Room 201,No.25-27 Yanling Road, Tianhe District, Guangzhou
Zip Code: 510507
Tel: +86-20-61089470
Fax: +86-20-61089459
Email: liuchunhua3006@126.com
Contact Person: Liu Chunhua

2011 Guangzhou Bakery Fair

Date: 2011.3.29-31
Venue: Guangzhou Poly World Trade Center
Host: China Food Industry Association
Organizer: China Food Industry Bread Associ-ation, Beijing Zhongshide Exhibition Co., Ltd.
Address: South Square, Beijing West Railway Station
Zip Code: 100055
Tel: +86-23-62968507
Email: a61790520@163.com
Contact Person: Jin Xin (+86-13521336224)

The 18th National Medicine & Health Products (Guangzhou) Fair

Date: 2011.3.29-31
Venue: Guangzhou Jin Han Exhibition Center
Host: Health Food Industry Association of Guangdong Province, China National Medicines and Health International Trade Promotion
Organizer: Arts Fan Guangzhou Exhibition Services Ltd.
Address: Room 2406,Yinyan Building, No.25-27,Yanling Road, Guangzhou
Zip Code: 510507
Tel: +86-20-61078749
Fax: +86-20-61078749
Email: gdyfzl@163.com
Contact Person: Jiang GuiFa

2011 The 3rd China (Guangzhou) International Edible Oil & Olive Oil Exhibition

Date: 2011.3.29-31
Venue: Guangzhou Jin Han Exhibition Center
Host: China Agriculture Industry Development Association, the Chinese Nutrition Industry International Exchange Association, the Guangdong Health Food Industry Associations
Organizer: Arts Fan Guangzhou Exhibition Services Ltd
Address: Room 201,Yinyan Building, Yanling Road, Tianhe District, Guangzhou
Zip Code: 510507
Tel : +86-20-61089482
Fax : +86-20-61089459
Email: jovy11@163.com

2011 The 10th China (Guangzhou) International Nutrition Health Food & Organic Products Exhibition

Date: 2011.3.29-31
Venue: Guangzhou Jin Han Exhibition Center
Host: China Agriculture Industry Development

Association, the Chinese Nutrition Industry International Exchange Association, the Guangdong Health Food Industry Associations
Organizer: Arts Fan Guangzhou Exhibition Services Ltd
Address: Room 201,Yinyan Building, Yanling Road, Tianhe District, Guangzhou
Zip Code: 510507
Tel : +86-20-61089482
Fax : +86-20-61089459
Email: jovy11@163.com

The 3rd Guangzhou International Machinery Exhibition Garden

Date: 2011.3.30-4.1
Venue: Guangzhou International Convention and Exhibition Centre (Pazhou Complex)
Website: www.yljxz.com
Host: China Municipal Engineering Association, the Guangdong Association of Landscape Architecture
Organizer: Guangzhou Grandeur Exhibition Service Co., Ltd.
Address: No.318,Chepo Road, Tianhe Strict, Guangzhou
Tel: +86-20-28314758
Fax: +86-20-82579220
Contact Person: Ye Jiwei

2011 The 3rd Guangzhou International Stereo Green and Green Roofs Exhibition

Date: 2011.3.30-4.1
Venue: Guangzhou International Convention and Exhibition Centre (Pazhou Complex)
Website: www.yljxz.com
Host: China Municipal Engineering Association, the Guangdong Association of Landscape Architecture
Organizer: Guangzhou Grandeur Exhibition Service Co., Ltd.
Address: No.318,Chepo Road, Tianhe Strict, Guangzhou
Tel: +86-20-28314758
Fax: +86-20-82579220
Contact Person: Ye Jiwei

2011 The 3rd Guangzhou International Green Seedlings Exhibition

Date: 2011.3.30-4.1
Venue: Guangzhou International Convention and Exhibition Centre (Pazhou Complex)
Website: www.yljxz.com
Host: China Municipal Engineering Association, the Guangdong Association of Landscape Architecture
Organizer: Guangzhou Grandeur Exhibition Service Co., Ltd.
Address: No.318,Chepo Road, Tianhe Strict, Guangzhou
Tel: +86-20-28314758
Fax: +86-20-82579220
Contact Person: Ye Jiwei

2011 The 3rd Guangzhou International Landscape & Better Living Expo

Date: 2011.3.30-4.1
Venue: Guangzhou International Convention and Exhibition Centre (Pazhou Complex)
Website: www.yljxz.com
Host: China Municipal Engineering Association, the Guangdong Association of Landscape Architecture
Organizer: Guangzhou Grandeur Exhibition Service Co., Ltd.
Address: No.318,Chepo Road, Tianhe Strict, Guangzhou
Tel: +86-20-28314758
Fax: +86-20-82579220
Contact Person: Ye Jiwei

2011 Guangzhou International Baby Supplies Exhibition

Date: 2011.4.8-10
Frequency: Yearly
Venue: Guangzhou Poly World Trade Expo
Website: www.chinababyfair.com
Host: Guangdong Toy Association, Guangdong Toy Culture Study Association, Guangzhou Exhibition Services Ltd Stratton
Organizer: Guangzhou Litong Exhibition Services Ltd
Address: No.1,Zhengpingnan Street, TaoJin North Road, Guangzhou
Zip Code: 510095
Tel: +86-20-83587037
Fax: +86-20-83587016
Email: expo@ctoy.cn
Contact Person: Miss Zheng

2011 Guangzhou International Toys and Hobby Fair

Date: 2011.4.8-10
Frequency: Yearly
Venue: Guangzhou Poly World Trade Expo
Website: www.chinababyfair.com
Host: Guangdong Toy Association, Guangdong Toy Culture Study Association, Guangzhou Exhibition Services Ltd Stratton
Organizer: Guangzhou Litong Exhibition Services Ltd
Address: No.1,Zhengpingnan Street, TaoJin North Road, Guangzhou
Zip Code: 510095
Tel: +86-20-83587037
Fax: +86-20-83587016
Email: expo@ctoy.cn
Contact Person: Miss Zheng

The 109th China Import and Export Fair (Canton Fair)

Date: 2011.4.15-19 (Phase I)
4.23-27(Phase II); 5.1-5(Phase III)
Frequency: Yearly
Venue: China Import and Export Fair Complex
Exhibits: Phase I: Electronic appliances, lighting, vehicles and parts, machinery, hardware tools, Building materials, chemical products, imported products
Phase II: Consumer Goods, Gifts, Home Decorations
Phase III: prevention clothing, shoes, luggage and leisure office supplies, medicine and health care, food and local products, imported products
Website: www.cantonfair.org.cn
Previous data: 200,612 foreign buyers from 208 countries
Host: Ministry of Commerce, Guangdong Provincial People's Government
Organizer: China Foreign Trade Center
Address: No.382 Newport Road, Haizhu District, Guangzhou
Tel: +86-4000-888-999; +86-20-26088888

2011 (Guangzhou) Air Source Heat Pumps & Related Products Exhibition

Date: 2011.5.10-12
Venue: Guangzhou Poly World Trade Expo
Host: UNIDO International Solar Energy Wind Energy Information Center, Pump Industry Alliance of China, International Copper Association, the largest U.S.international information
Organizer: Tai Mei Exhibition "heat pump" magazine, "Solar Information"report
Address: No.269 , Chongqing High-tech Zone Branch Park
Zip Code: 400041
Tel: +86-471-3380054
Fax: +86-471-3380054
Contact Person: Zhang Yuguang (+86-15947611022)

2011 Guangzhou International Surface Treatment, Electroplating, Painting Exhibition

Date: 2011.5.11-13
Frequency: Biyearly
Venue: Guangzhou International Convention

and Exhibition Centre (Pazhou Complex)
Website : www.sf-expo.cn
Exhibits: Chemicals and raw materials, synthetic materials
Website: www.ccisf.com
Host: China Surface Engineering Association Electroplating Branch, U.S.Powder Coating Association, the Guangdong Electroplating Association, Guangdong Coating Industry Association, Wise Exhibition Co., Ltd.
Organizer: Wise Exhibition Co., Ltd.
Address: Room 1802,Huayou Plaza, No.5,Siyou Xinma Road, Guangzhou
Zip Code: 510600
Tel: +86-20-37599008
Fax: +86-20-37599151
Email: ex360s@126.com
Contact Person: Chen Yanhui

2011 Plating and Finishing Chinese Academic Conference

Date: 2011.5.11-13
Frequency: Biyearly
Venue: Guangzhou International Convention and Exhibition Centre (Pazhou Complex)
Website : www.sf-expo.cn
Exhibits: Chemicals and raw materials, synthetic materials
Website: www.ccisf.com
Host: China Surface Engineering Association Electroplating Branch, U.S.Powder Coating Association, the Guangdong Electroplating Association, Guangdong Coating Industry Association, Wise Exhibition Co., Ltd.
Organizer: Wise Exhibition Co., Ltd.
Address: Room 1802,Huayou Plaza, No.5,Siyou Xinma Road, Guangzhou
Zip Code: 510600
Tel: +86-20-37599008
Fax: +86-20-37599151
Email: ex360s@126.com
Contact Person: Chen Yanhui

2011 The 4th Development and Application of Functional Coating Forum

Date: 2011.5.11-13
Frequency: Biyearly
Venue: Guangzhou International Convention and Exhibition Centre (Pazhou Complex)
Website : www.sf-expo.cn
Exhibits: Chemicals and raw materials, synthetic materials
Website: www.ccisf.com
Host: China Surface Engineering Association Electroplating Branch, U.S.Powder Coating Association, the Guangdong Electroplating Association, Guangdong Coating Industry Association, Wise Exhibition Co., Ltd.
Organizer: Wise Exhibition Co., Ltd.
Address: Room 1802,Huayou Plaza, No.5,Siyou Xinma Road, Guangzhou
Zip Code: 510600
Tel: +86-20-37599008
Fax: +86-20-37599151
Email: ex360s@126.com
Contact Person: Chen Yanhui

The 9th Guangzhou International Coatings, inks, adhesives Exhibition

Date: 2011.5.11-13
Frequency: Biyearly
Venue: Guangzhou International Convention and Exhibition Centre (Pazhou Complex)
Website : www.sf-expo.cn
Exhibits: Chemicals and raw materials, synthetic materials
Website: www.ccisf.com
Host: China Surface Engineering Association Electroplating Branch, U.S.Powder Coating Association, the Guangdong Electroplating Association, Guangdong Coating Industry Association, Wise Exhibition Co., Ltd.
Organizer: Wise Exhibition Co., Ltd.
Address: Room 1802,Huayou Plaza, No.5,Siyou Xinma Road, Guangzhou
Zip Code: 510600
Tel: +86-20-37599008
Fax: +86-20-37599151
Email: ex360s@126.com
Contact Person: Chen Yanhui

2011 The 2nd Guangzhou International Exhibition paint

Date: 2011.5.11-13
Frequency: Biyearly
Venue: Guangzhou International Convention and Exhibition Centre (Pazhou Complex)
Website : www.sf-expo.cn
Exhibits: Chemicals and raw materials, synthetic materials
Website: www.ccisf.com
Host: China Surface Engineering Association Electroplating Branch, U.S.Powder Coating Association, the Guangdong Electroplating Association, Guangdong Coating Industry Association, Wise Exhibition Co., Ltd.
Organizer: Wise Exhibition Co., Ltd.
Address: Room 1802,Huayou Plaza, No.5,Siyou Xinma Road, Guangzhou
Zip Code: 510600
Tel: +86-20-37599008
Fax: +86-20-37599151
Email: ex360s@126.com
Contact Person: Chen Yanhui

2011 Guangzhou International Coatings Show

Date: 2011.5.11-13
Frequency: Biyearly
Venue: Guangzhou International Convention and Exhibition Centre (Pazhou Complex)
Website : www.sf-expo.cn
Exhibits: Chemicals and raw materials, synthetic materials
Website: www.ccisf.com
Host: China Surface Engineering Association Electroplating Branch, U.S.Powder Coating Association, the Guangdong Electroplating Association, Guangdong Coating Industry Association, Wise Exhibition Co., Ltd.
Organizer: Wise Exhibition Co., Ltd.
Address: Room 1802,Huayou Plaza, No.5,Siyou Xinma Road, Guangzhou
Zip Code: 510600
Tel: +86-20-37599008
Fax: +86-20-37599151
Email: ex360s@126.com
Contact Person: Chen Yanhui

The 14th Guangzhou, Valves, Fluid Engineering, Process Equipment Exhibition

Date: 2011.5.18-20
Frequency: Yearly
Year of First Event: 1997
Venue: Chinese Export Commodities Fair Pazhou Complex
Host: CFNA
Organizer: Guangzhou Fluid Exhibition Co., Ltd.
Address: Room 505,South Tower, Lifung Building, No.7,Youth Road, Development Zone, Guangzhou City
Tel: +86-20-39851852
Fax: +86-20-62614523
Email: flowexpo@163.com
Contact Person: Zheng Jie

2011 China (Guangzhou) Wine & Spirits Fair

Date: 2011.6.2-4
Venue: Chinese Export Commodities Fair Pazhou Complex
Website: www.winexpo.org.cn
Host: CFNA
Organizer: Guangzhou Fuya Exhibition Co., Ltd
Address: Room 2306,Hualong Building, No.238 Tianhe Road, Guangzhou
Zip Code: 510620
Tel: +86-20-85519093
Fax: +86-20-87517368
Email: cifexpo@gmail.com

2011 China (Guangzhou) International Food & Beverage Exhibition

Date: 2011.6.2-4
Frequency: Yearly
Year of First Event: 2004
Venue: Chinese Export Commodities Fair
Website: www.cifexpo.org
Previous data: exhibition area of 20,000 sq.m and 523 exhibitors
Host: CFNA
Organizer: Guangzhou Fuya Exhibition Co., Ltd.
Address: Room 2306,Hualong Building, No.238,Tianhe Road, Tianhe District, Guangzhou
Zip Code: 510620
Tel: +86-20-87517618
Email: info@fuyaexpo.com

2011 The 9th China (Guangzhou) International Auto Supplies Exhibition

Date: 2011.6.9-11
Venue: Guangzhou Poly World Trade Expo
Host: China Foreign Trade and Economic Cooperation Enterprise Association
Organizer: Guangzhou First-class Exhibition Service Co., Ltd.
Tel: +86-20-28378188
Email: info@fce.cn
Contact Person: Hang Hui (+86-13710833855)

2011 The 9th China (Guangzhou) International Auto Parts Exhibition

Date: 2011.6.9-11
Venue: Guangzhou Poly World Trade Expo
Host: China Foreign Trade and Economic Cooperation Enterprise Association
Organizer: Guangzhou First-class Exhibition Service Co., Ltd.
Tel: +86-20-28378188
Email: info@fce.cn
Contact Person: Hang Hui (+86-13710833855)

2011 China (Guangzhou) International Energy Conference and Exhibition

Date: 2011.6.9-11
Venue: Chinese Export Commodities Fair Pazhou Complex
Website: www.enertechexpo.com
Address: South Tower A, Zhongzhou Center, No.1068,Xingang East Road, Guangzhou City
Zip Code: 510335
Tel : +86-20-89048095
Fax : +86-20-89048096
Email: info@enertechexpo.com

2011 Guangzhou Electrical Building Technology Exhibition

Date: 2011.6.9-12
Venue: Chinese Export Commodities Fair (Pazhou Complex)
Exhibits: LED display technology and application systems equipment, urban landscape lighting
Host: Guangzhou Guangya Messe Frankfurt Co., Ltd.
Organizer: Guangzhou Guangya Messe Frankfurt Co., Ltd.
Address: Room 2616,Yaozhong Plaza, No.9,Linhe West Road, Tianhe District, Guangzhou
Tel: +86-20-36047286
Fax: +86-20-36047797
Contact Person: Li Yuan

2011 Guangzhou International Grating Exhibition

Date: 2011.6.23-25
Venue: Chinese Export Commodities Fair Pazhou Complex
Host: Guangzhou Waves Exhibition Planning Co., Ltd.
Organizer: Guangzhou Waves Exhibition Planning Co., Ltd
Address: Xinghui Garden, No.29 Huaming Road, Zhujiangxincheng, Tianhe District, Guangzhou
Zip Code: 510623
Tel: +86-20-38621070
Fax: +86-20-38620781
Email: 183125734@qq.com
Contact Person: Chen Xiaoling (+86-15820261506)

The 12th Guangzhou International Metal & Metallurgy Exhibition

Date: 2011.6.23-25
Venue: Chinese Export Commodities Fair Pazhou Complex
Host: Guangzhou Waves Exhibition Planning Co., Ltd.
Organizer: Guangzhou Waves Exhibition Planning Co., Ltd
Address: Xinghui Garden, No.29 Huaming Road, Zhujiangxincheng, Tianhe District, Guangzhou
Zip Code: 510623
Tel: +86-20-38621070
Fax: +86-20-38620781
Email: 183125734@qq.com
Contact Person: Chen Xiaoling (+86-15820261506)

The 12th Guangzhou International Copper Industry Exhibition

Date: 2011.6.23-25
Venue: Chinese Export Commodities Fair Pazhou Complex
Host: Guangzhou Waves Exhibition Planning Co., Ltd.
Organizer: Guangzhou Waves Exhibition Planning Co., Ltd
Address: Xinghui Garden, No.29 Huaming Road, Zhujiangxincheng, Tianhe District, Guangzhou
Zip Code: 510623
Tel: +86-20-38621070
Fax: +86-20-38620781
Email: 183125734@qq.com
Contact Person: Chen Xiaoling (+86-15820261506)

2011 The 9th Guangzhou POS Machine Exhibition

Date: 2011.6.30-7.2
Venue: Chinese Export Commodities Fair Pazhou Complex
Host: Guangzhou Huazhan Exhibition Planning Co., Ltd.
Organizer: Guangzhou Huazhan Exhibition Planning Co., Ltd.
Address: H Building, Jinsui Building, No.900,Guangzhou Street
Zip Code: 510620
Tel: +86-20-31746168
Fax: +86-20-22223568
Email: yejianbomr@126.com
Contact Person: Ye Jianbo

2011 The 4th Guangzhou International Wine Fair

Date: 2011.6.30-7.2
Venue: Chinese Export Commodities Fair Pazhou Complex
Host: Guangzhou Huazhan Exhibition Planning Co., Ltd.
Organizer: Guangzhou Huazhan Exhibition Planning Co., Ltd.
Address: H Building, Jinsui Building, No.900,Guangzhou Street
Zip Code: 510620
Tel: +86-20-31746168
Fax: +86-20-22223568
Email: yejianbomr@126.com
Contact Person: Ye Jianbo

China (Guangzhou) International Building Decoration Fair

Date: 2011.7.8-11
Frequency: Yearly
Year of the First Event: 1999
Venue: China Import and Export Fair Complex
Exhibits: Decorative Hardware, Decorative Glass/Slide Door, Ceiling, Wallpaper & Fabric, Stair, Decorative Lighting, Gardening/Coating/Building Chemicals, Stone
Previous Data: 2157 Exhibitors, 113625 Professional Spectators
Host: China Foreign Trade Centre (Group), China Building Decoration Association
Organizer: China Foreign Trade Guangzhou Exhibition General Corp., Guangzhou Boya Exhibition Development Co., Ltd.
Address: No.117 Liuhua Road, Guangzhou
Zip Code: 510014
Tel: +86-20-26081622
Fax: +86-20-86681629-03
Website: www.cbd.fairwindow.com
Email: cbd@fairwindow.com.cn
Contact Person: Ms.Liao

China (Guangzhou)International Exhibition for Sanitary Ware and Building Ceramics

Date: 2011.7.8-11
Frequency: Yearly
Year of the First Event: 2008
Venue: China Import and Export Fair Complex
Exhibits: Sanitary wares and accessories, Building cemamics, Pool and SPA equipment
Previous Data: 200 Exhibitors Professional 60000 Spectators
Host: China Foreign Trade Centre (Group), China Building Ceramics & Sanitary Ware Association
Organizer: China Foreign Trade Guangzhou Exhibition General Corp., Guangzhou Boya Exhibition Development Co., Ltd
Address: No.117 Liuhua Road, Guangzhou
Zip Code: 510014
Tel: +86-20-26081623
Fax: +86-20-86681629-03
Website: www.sani-ceramex.fairwindow.com
Email: cbd@fairwindow.com.cn
Contact Person: Mr.Xie

China (Guangzhou) International Floor Covering Fair

Date: 2011.7.8-11
Frequency: Yearly
Year of the First Event: 2007
Venue: China Import and Export Fair Complex
Exhibits: Solid wood flooring, Engineered wood flooring, Laminate flooring, Cork flooring, Bamboo Flooring; Carpets and textile floor coverings (hand made or machine made); Stone Flooring Materials; Other floor covering materials, Fittings and products, etc.
Previous Data: 160 Exhibitors, 18000 Professional Spectators
Host: China Foreign Trade Centre (Group), China National Forest Product Industry Association
Organizer: China Foreign Trade Guangzhou Exhibition General Corp., Guangzhou Boya Exhibition Development Co., Ltd
Address: No.117 Liuhua Road, Guangzhou
Zip Code: 510014
Tel: +86-20-26081623
Fax: +86-20-86681629-03
Website: www.floorcovering-gz.fairwindow.com
Email: cbd@fairwindow.com.cn
Contact Person: Mr.Huang

China (Guangzhou)International Kitchen Fair

Date: 2011.7.8-11
Frequency: Yearly
Year of the First Event: 2010
Venue: China Import and Export Fair Complex
Exhibits: Kitchen
Previous Data: 150 Exhibitors, 50,000 Professional Spectators
Host: China Foreign Trade Centre (Group), China Furniture & Decoration Chamber of Commerce
Organizer: China Foreign Trade Guangzhou Exhibition General Corp., Guangzhou Boya Exhibition Development Co., Ltd
Address: No.117 Liuhua Road, Guangzhou
Zip Code: 510014
Tel: +86-20-26081697
Fax: +86-20-86681629-03
Website: www.kitchen-gz.fairwindow.com
Email: cbd@fairwindow.com.cn
Contact Person: Mr.Chen

China (Guangzhou) International Wardrobe Fair

Date: 2011.7.8-11
Frequency: Yearly
Year of the First Event: 2010
Venue: China Import and Export Fair Complex
Exhibits: Chest, bookcase, enter wall ark, assorted ark, partition door, cloakroom, sliding door, plank, chest system hardware accesso-ries, coatings and other auxiliary materials, woodworking machinery, etc
Host: China Foreign Trade Centre (Group)
Organizer: China Foreign Trade Guangzhou Exhibition General Corp., Guangzhou Boya Exhibition Development Co., Ltd
Address: No.117 Liuhua Road, Guangzhou
Zip Code: 510014
Tel: +86-20-26081623
Fax: +86-20-86681629-03
Email: cbd@fairwindow.com.cn
Contact Person: Ms.Fang

CBD-Windoor

Date: 2011.7.8-11
Frequency: Yearly
Year of the First Event: 2011
Venue: China Import and Export Fair Complex
Exhibits: Aluminium alloy door, real wood door, ecological door, steel door, security door, fire door, artistic glass door, cupboard door, folding door, wood and plastic door, shutter door, complete wooden door production and processing equipment, Ltd
Host: China Foreign Trade Centre (Group)
Organizer: China Foreign Trade Guangzhou Exhibition General Corp., Guangzhou Boya Exhibition Development Co., Ltd
Address: No.117 Liuhua Road, Guangzhou
Zip Code: 510014
Tel: +86-20-26081667
Fax: +86-20-86681629-03
Email: cbd@fairwindow.com.cn
Contact Person: Mr.Zhang

2011 Guangzhou International Snack Food Exhibition

Date: 2011.7.9-11
Venue: Guangzhou Poly World Trade Expo Pazhou Complex
Host: Guangdong Food Industry Association, Guangdong Provincial Food and Society, Guangzhou Tianheng Exhibition Planning Co., Ltd.
Organizer: Guangzhou Tianheng Exhibition Planning Co., Ltd.
Tel: +86-20-26088888
Fax: +86-20-39751727
Email: 253734799@qq.com
Contact Person: Long Wei (+86-13570282967)

2011 The 3rd Guangzhou International Wire, Cable Equipment & Raw Materi-als Procurement Exhibition

Date: 2011.7.20-22
Venue: Chinese Export Commodities Fair Pazhou Complex
Exhibits: Various cable manufacturing and

finishing machinery, including the cable deal Equipment, etc.
Host: Guangzhou Boyou Exhibition Service Co., Ltd.
Organizer: Guangzhou Boyou Exhibition Service Co., Ltd.
Address: No.368,Zhongshan Street, Guangzhou
Tel: +86-20-35511998
Fax: +86-20-35511998
Email: F518-518@163.com
Contact Person: Mr.Hu (+86-13533337570)

The 13th China (Guangzhou) International Building & Decoration Fair

Date: 2011.7.23-25
Venue: Chinese Export Commodities Fair Pazhou Complex
Host: China Foreign Trade Center (Group), China Building Decoration Association
Organizer: Guangzhou Boya Exhibition Development Co., Ltd.
Tel: +86-20-81672766

2011 China (Guangzhou) International Kitchen Equipment and Accessories Exhibition

Date: 2011.7.23-25
Venue: Chinese Export Commodities Fair Pazhou Complex
Host: China Foreign Trade Center (Group), China Building Decoration Association
Organizer: Guangzhou Boya Exhibition Development Co., Ltd.
Tel: +86-20-81672766

2011 China (Guangzhou) International Floor Covering Fair

Date: 2011.7.23-25
Venue: Chinese Export Commodities Fair Pazhou Complex
Host: China Foreign Trade Center (Group), China Building Decoration Association
Organizer: Guangzhou Boya Exhibition Development Co., Ltd.
Tel: +86-20-81672766

2011 China (Guangzhou) International Ceramic Sanitary Ware and Construction Exhibition

Date: 2011.7.23-25
Venue: Chinese Export Commodities Fair Pazhou Complex
Host: China Foreign Trade Center (Group), China Building Decoration Association
Organizer: Guangzhou Boya Exhibition Development Co., Ltd.
Tel: +86-20-81672766

2011 China (Guangzhou) International Wardrobe Exhibition

Date: 2011.7.23-25
Venue: Chinese Export Commodities Fair Pazhou Complex
Host: China Foreign Trade Center (Group), China Building Decoration Association
Organizer: Guangzhou Boya Exhibition Development Co., Ltd.
Tel: +86-20-81672766

2011 China (Guangzhou) International Doors and Windows Exhibition

Date: 2011.7.23-25
Venue: Chinese Export Commodities Fair Pazhou Complex
Host: China Foreign Trade Center (Group), China Building Decoration Association
Organizer: Guangzhou Boya Exhibition Development Co., Ltd.
Tel: +86-20-81672766

2011 Guangzhou Stairs Fair

Date: 2011.7.23-25
Venue: Chinese Export Commodities Fair Pazhou Complex
Host: China Foreign Trade Center (Group), China Building Decoration Association
Organizer: Guangzhou Boya Exhibition Development Co., Ltd.
Tel: +86-20-81672766

2011 China (Guangzhou) International Petroleum & Chemical Industry Exhibition

Date: 2011.8
Venue: Guangzhou International Convention and Exhibition Centre (Pazhou Complex)
Host: Guangdong Oil & Gas Association, the Guangdong Provincial Quality Management Association of Machinery Industry Council of Foreign Economic Cooperation of Guangdong Province Enterprises Association, Hong Kong Wei Exhibition Group
Organizer: Guangzhou Grandeur Exhibition Service Co., Ltd., Shanghai Grandeur Exhibition Facts Planning Co., Ltd.
Address: No.318,Chepo Road, Tianhe Strict, Guangzhou
Zip Code: 510660
Tel: +86-400-6258268
Fax: +86-20-82579220
Email: gzhwexpo@163.com
Contact Person: Zhang Peng (+86-15923392379)

2011 Guangzhou International Thermal Energy Technology Expo & New Energy, Energy Saving

Date: 2011.8
Venue: Guangzhou International Convention and Exhibition Centre (Pazhou Complex)
Host: Guangdong Oil & Gas Association, the Guangdong Provincial Quality Management Association of Machinery Industry Council of Foreign Economic Cooperation of Guangdong Province Enterprises Association, Hong Kong Wei Exhibition Group
Organizer: Guangzhou Grandeur Exhibition Service Co., Ltd., Shanghai Grandeur Exhibition Facts Planning Co., Ltd.
Address: No.318,Chepo Road, Tianhe Strict, Guangzhou
Zip Code: 510660
Tel: +86-400-6258268
Fax: +86-20-82579220
Email: gzhwexpo@163.com
Contact Person: Zhang Peng (+86-15923392379)

2011 China (Guangzhou) International Logistics Storage of Hazardous Chemicals Exhibition

Date: 2011.8
Venue: Guangzhou International Convention and Exhibition Centre (Pazhou Complex)
Host: Guangdong Oil & Gas Association, the Guangdong Provincial Quality Management Association of Machinery Industry Council of Foreign Economic Cooperation of Guangdong Province Enterprises Association, Hong Kong Wei Exhibition Group
Organizer: Guangzhou Grandeur Exhibition Service Co., Ltd., Shanghai Grandeur Exhibition Facts Planning Co., Ltd.
Address: No.318,Chepo Road, Tianhe Strict, Guangzhou
Zip Code: 510660
Tel: +86-400-6258268
Fax: +86-20-82579220
Email: gzhwexpo@163.com
Contact Person: Zhang Peng (+86-15923392379)

2011 Guangzhou Special & Commercial Vehicle Exhibitions

Date: 2011.8.6-8
Venue: Guangzhou International Convention and Exhibition Centre (Pazhou Complex)
Website: www.gzjiutian.com
Organizer: Guangzhou Jiutian Exhibition Co., Ltd.
Address: No.35,Shatai Street, Tianhe District, Cuangzhou

Tel: +86-20-82562925
Fax: +86-20-37389506
Email: jiutianshow@163.com

The 2nd Guangzhou International Logistics Equipment and Technology Exhibition

Date: 2011.8.25-28
Venue: Chinese Export Commodities Fair (Pazhou Complex)
Host: Association of the logistics industry in Guangdong Province, China Construction Machinery Industry Association Industrial vehicles will branch, China Construction Machinery Quality Supervision and Inspection Testing center, in the United Forklift Corporation, Guangzhou Best Exhibition Co., Ltd.
Organizer: Guangzhou Best Exhibition Co., Ltd..
Address: B 601,Shiguang Building, No.238,Xingang Dong Street, Guangzhou
Zip Code: 510380
Tel: +86-20-86374869
Fax: +86-20-86374257
Email: bestguangzhou@vip.163.com
Contact Person: Li Guo

The 7th International Brand Forklift & Accessories Exhibition

Date: 2011.8.25-28
Venue: Chinese Export Commodities Fair (Pazhou Complex)
Host: Association of the logistics industry in Guangdong Province, China Construction Machinery Industry Association Industrial vehicles will branch, China Construction Machinery Quality Supervision and Inspection Testing center, in the United Forklift Corporation, Guangzhou Best Exhibition Co., Ltd.
Organizer: Guangzhou Best Exhibition Co., Ltd.
Address: B 601,Shiguang Building, No.238,Xingang Dong Street, Guangzhou
Zip Code: 510380
Tel: +86-20-86374869
Fax: +86-20-86374257
Email: bestguangzhou@vip.163.com
Contact Person: Li Guo

2011 China (Guangzhou) International Electronic Chemicals Exhibition

Date: 2011.9.1-3
Venue: Guangzhou International Convention and Exhibition Centre (Pazhou Complex)
Exhibits: Integrated electronic chemicals, and printed circuit board electronic chemicals products, etc.
Website: www.cneci.net
Host: Society of Chemical Industry of Guangdong Province, Guangdong Petroleum and Chemical Industry Association Council, the Guangdong Zhenwei Exhibition Co., Ltd.
Organizer: uangdong Zhenwei Exhibition Co., Ltd.
Tel: +86-20-89899051
Fax: +86-20-89899050
Email: joki_ting@hotmail.com
Contact Person: Kong Xiangju (+86-13760743879)

2011 The 2nd South China Medical Equipment (Guangzhou) Exhibition

Date: 2011.9.8-10
Year of the First Event: 2005
Venue: Chinese Export Commodities Fair Pazhou Complex
Host: Guangzhou Medical Device Industry Association
Organizer: Guangzhou increasingly Exhibition Co., Ltd.
Address: No.20 Liangming Commercial Center, Songbo Dong Street, Guangzhou
Tel: +86-20-62634718
Fax: +86-20-62634710
Contact Person: Li Meili (+86-13527724310)

China (Guangzhou) International Automobile Exhibition

Date: 2011.11
Frequency: Yearly
Year of the First Event: 2003
Venue: China Import and Export Fair Complex
Exhibits: vehicles, Auto parts & Accessories
Previous Data: 700 Exhibitors Professional 482658 Spectators
Host: Municipal People's Government of Guangzhou, the Economic & Information Commission of Guangdong Province, China Foreign Trade Centre, China Machinery Industry Federation, China Association of Automobile Manufacturers
Organizer: China Foreign Trade Guangzhou Exhibition General Corporation, CCPIT Automotive Sub-Council, Guangzhou Automobile Industry Group Co., Ltd.(GAIG), The Society of Automotive Engineers of China (SAE-China), Union Fair and Trade Co., Ltd., CCPIT Guangzhou Sub-Council, Guangzhou Association of Auto-Marketing Industry, Guangzhou Industrial Economy Federation
Address: No.117 Liuhua Road, Guangzhou
Zip Code: 510014
Tel: +86-20-86669126
Fax: +86-20-86681629-04
Website: www.autoshow-gz.com
Email: autogz@fairwindow.com.cn
Contact Person: Liu Shaopu

Shantou

China Chenghai International Toys & Gifts Fair CCITF

Date: 2011.4.21-24
Frequency: Yearly
Year of the First Event: 1999
Venue: Chenghai Exhibition Center, Shantou City
Exhibits: Toy, gift
Previous Data: 285 Exhibitors, 40,000 Spectators
Host: China Council for the Promotion of International Trade
Shantou Municipal People's Government
Organizer: Chenghai District people's Government, Shantou City, China Council for the Promotion of International Trade Shantou Sub-Council, China Council for the Promotion of International Trade Chenghai Sub-Branch, Address: Foreign Trade Building, 324 National Highway, Chenghai District, Shantou, Guangdong
Zip Code: 515800
Tel: +86-754-85834716,85839731
Fax: +86-754-85830704
Website: www.ccitf.com
Email: info@ccitf.com
Contact Person: Chen Yanxin

Shenzhen

2011 The 8th Shenzhen (Carnival) Spring Festival Purchase Exposition

Date: 2011.1.13-30
Venue: Shenzhen Gymnasium Central Plaza
Exhibits: Green food, agriculture, famous-and-excellent-product specialties, brand clothing, leather products, household items, gifts, etc.
Host: China Commerce Association, Hong Kong Council for the Promotion of International Trade
Organizer: Shenzhen Global Exhibition Company
Address: West Door of Shenzhen Gymnasium, Futian District, Shenzhen

2011 China (Shenzhen) International Gold Jewels Show

Date: 2011.2.26-3.1
Venue: Shenzhen Convention & Exhibition Center

Exhibits: Gold jewellery, jade, platinum, pearl, silver jewelry, etc.
Address: Rm 1160,Commerce Building, China Hotel, Liuhua Road, Guangzhou
Tel: +86-20-86660158
Email: szhuizhan@126.com

2011 Shenzhen International Garments Label Processing Exposition

Date: 2011.3.7-9
Venue: Shenzhen Convention & Exhibition Center
Host: Shenzhen Textile Industry Association, Shenzhen Pengcheng Exhibition Co., Ltd
Organizer: Shenzhen Pengcheng Exhibition Co., Ltd
Tel: +86-755-82542710
Fax: +86-755-82542087
Contact Person: Yang Chunhua (+86-13728708032)

2011 Shenzhen Hairdressing Exposition

Date: 2011.3.10-12
Venue: Shenzhen Convention & Exhibition Center
Host: Asia Washing Cosmetics Association
Organizer: Guangzhou Chaoliuge Exhibition Co., Ltd
Address: 30th Floor, Foreign Trade Building, No.351 Tianhe Road, Guangzhou
Tel: +86-20-38817715
Contact Person: Zhou Hui(+86-15322065633)

2011 Shenzhen Cosmetic and Personal Care Products Exposition

Date: 2011.3.10-12
Venue: Shenzhen Convention & Exhibition Center
Host: Asia Washing Cosmetics Association
Organizer: Guangzhou Chaoliuge Exhibition Co., Ltd
Tel: +86-20-38817715
Contact Person: Zhou Hui

2011 China (Shenzhen) International Thermal Processing Technology and Equipment Exhibition

Date: 2011.3.28-31
Venue: Shenzhen Convention & Exhibition Center
Host: Shenzhen Machinery Association, Shenzhen Dandilai Conference & Exhibition Co., Ltd
Organizer: Shenzhen Dandilai Conference & Exhibition Co., Ltd
Address: Rm 517,A, Xinian Centre, No.6021 Shennan Ave., Futian District, Shenzhen
Tel: +86-755-83459957
Fax: +86-755-83477946
Email: yshen@126.com
Contact Person: Yin Huibin (+86-13603072585)

2011 The 12th China (Shenzhen) International Mould Manufacturing Technology and Product Exhibition

Date: 2011.3.28-31
Venue: Shenzhen Convention & Exhibition Center
Host: Shenzhen Machinery Association
Organizer: Shenzhen Dandilai Conference & Exhibition Co., Ltd
Tel: +86-755-83459957
Fax: +86-755-83477946
Email: yshen@126.com
Contact Person: Yin Huibin

2011 Shenzhen (International) Underground Space, Road & Bridge Engineering Equipment and Technology Exhibition

Date: 2011.4.3-5
Venue: Shenzhen Convention & Exhibition Center
Exhibits: Tunnel and underground engineering construction equipment, etc
Host: China International Economic and Technological Cooperation Promotion Association, China Urban Rail Transit Association, China Science and Technology Consulting Center, China High-Tech Industrialization Society Information Committee
Organizer: Shenzhen Science and Technology Consulting Center, Shenzhen Union Feiyang Exhibition Co., Ltd
Address: 15G, Caihuige, Caihong New City, Caitian Road, Futian District, Shenzhen
Tel: +86-755-61637281
Fax: +86-755-83530231
Email: unifl y001@126.com
Contact Person: Feng Wu(+86-13410439351)

2011 China (Shenzhen) International Industrial Exposition

Date: 2011.4
Frequency: Twice Yearly
Year of the First Event: 2009
Venue: Shenzhen Huanan city
Exhibits: Textile and clothing, leather, hardware chemistry, printing and packaging, etc
Previous Data: 90000sq.m of Exhibition Area 1326Exhibitors, 128,000 Spectators
Host: China Council for the Promotion of International Trade, China Chamber of International Commerce, People's Government of Shenzhen
Organizer: China Global Business International Travel Service, South China International Industrial Raw Material City (Shenzhen) Co., Ltd
Address: No.1,Fuxingmenwai Street, Beijing
Zip Code: 100860
Tel: +86-10-88075249
Fax: +86-10-88075249
Email: mashan@ccpit.org
Contact Person: Ma Shan

2011 Shenzhen (International) Rail Transportation Technology and Equipment Exhibition

Date: 2011.4.8-10
Venue: Shenzhen Convention & Exhibition Center
Exhibits: Rail transit and railway locomotive vehicles equipment and parts and electromechanical equipment, vehicles equipment, power supply, power supply system, etc
Host: China Rail Transit Transportation Association, China High-Tech Industrialization Society Information Committee, Shenzhen Union Feiyang Exhibition Co., Ltd
Organizer: Shenzhen Union Feiyang Exhibition Co., Ltd
Address: 15G, Caihuige, Caihong New City, Caitian Road, Futian District, Shenzhen
Fax: +86-755-83530231
Email: baobaovip.1@163.com
Contact Person: Cao Yujie (+86-13417456581)

2011 Shenzhen Optoelectronic Products Exhibition

Date: 2011.4.8-10
Frequency: Yearly
Venue: Shenzhen Convention & Exhibition Center
Host: People's Government of Shenzhen, China Electronic Cooperation, China Video Industry Association, China Audio Industry Association, China Electronic Appliance Cooperation
Organizer: CEC Exhibition and Information Dissemination Co., Ltd
Address: Rm 702,A, No.49 Fuxing Road, Beijing
Zip Code: 100036
Tel: +86-10-51662329
Fax: +86-10-68132578
Contact Person: Qi Yingzi

2011 Shenzhen International Electronics Manufacturing Equipment Exhibition

Date: 2011.4.8-10
Frequency: Yearly
Venue: Shenzhen Convention & Exhibition Center
Host: People's Government of Shenzhen, China Electronic Cooperation, China Video Industry Association, China Audio Industry Association, China Electronic Appliance Cooperation
Organizer: CEC Exhibition and Information Dissemination Co., Ltd
Address: Rm 702,A, No.49 Fuxing Road, Beijing
Zip Code: 100036
Tel: +86-10-51662329
Fax: +86-10-68132578
Contact Person: Qi Yingzi

2011 China (Shenzhen) Security Electronics Products Exhibition

Date: 2011.4.8-10
Frequency: Yearly
Venue: Shenzhen Convention & Exhibition Center
Host: People's Government of Shenzhen, China Electronic Cooperation, China Video Industry Association, China Audio Industry Association, China Electronic Appliance Cooperation
Organizer: CEC Exhibition and Information Dissemination Co., Ltd
Address: Rm 702,A, No.49 Fuxing Road, Beijing
Zip Code: 100036
Tel: +86-10-51662329
Fax: +86-10-68132578
Contact Person: Qi Yingzi

2011 The 77th China Electronic Exhibition

Date: 2011.4.8-10
Frequency: Yearly
Venue: Shenzhen Convention & Exhibition Center
Host: People's Government of Shenzhen, China Electronic Cooperation, China Video Industry Association, China Audio Industry Association, China Electronic Appliance Cooperation
Organizer: CEC Exhibition and Information Dissemination Co., Ltd
Address: Rm 702,A, No.49 Fuxing Road, Beijing
Zip Code: 100036
Tel: +86-10-51662329
Fax: +86-10-68132578
Contact Person: Qi Yingzi

2011 Shenzhen Net-book and Computer Products Exhibition

Date: 2011.4.8-10
Frequency: Yearly
Venue: Shenzhen Convention & Exhibition Center
Host: People's Government of Shenzhen, China Electronic Cooperation, China Video Industry Association, China Audio Industry Association, China Electronic Appliance Cooperation
Organizer: CEC Exhibition and Information Dissemination Co., Ltd
Address: Rm 702,A, No.49 Fuxing Road, Beijing
Zip Code: 100036
Tel: +86-10-51662329
Fax: +86-10-68132578
Contact Person: Qi Yingzi

2011 China(Shenzhen)LED Exhibition

Date: 2011.4.8-10
Frequency: Yearly
Venue: Shenzhen Convention & Exhibition Center
Host: People's Government of Shenzhen, China Electronic Cooperation, China Video Industry Association, China Audio Industry Association, China Electronic Appliance Cooperation
Organizer: CEC Exhibition and Information Dissemination Co., Ltd
Address: Rm 702,A, No.49 Fuxing Road, Beijing
Zip Code: 100036
Tel: +86-10-51662329
Fax: +86-10-68132578
Contact Person: Qi Yingzi

2011 China(Shenzhen)International Battery Exhibition

Date: 2011.4.8-10
Frequency: Yearly
Venue: Shenzhen Convention & Exhibition Center
Host: People's Government of Shenzhen, China Electronic Cooperation, China Video Industry Association, China Audio Industry Association, China Electronic Appliance Cooperation
Organizer: CEC Exhibition and Information Dissemination Co., Ltd
Address: Rm 702,A, No.49 Fuxing Road, Beijing
Zip Code: 100036
Tel: +86-10-51662329
Fax: +86-10-68132578
Contact Person: Qi Yingzi

The 19th China (Shenzhen) International Gift, Handicraft, Clocks, Watches & Household Products Exhibition

Date: 2011.4.24-27
Venue: Shenzhen Convention & Exhibition Center
Host: Lizhan Huabo Exhibition (Shenzhen) Co., Ltd
Organizer: Lizhan Huabo Exhibition (Shenzhen) Co., Ltd
Address: Rm 1801,Shenzhen CCOIC Centre, 3rd Fuhua Road, Zhongxin District, Shenzhen
Zip Code: 518048
Tel: +86-755-33331166
Fax: +86-755-33331168
Email: info@reedhuabo.com

2011 The 3rd Shenzhen International Buddhist Supplies Exhibition

Date: 2011.5.1-4
Venue: Shenzhen Convention & Exhibition Center
Previous Data: 20000sq.m Exhibition Area, 89231 Spectators
Host: Shenzhen Buddhist Association, Shenzhen Hongfa Temple
Address: 11A Aquarius, Xinhe Ziyou Plaza, No.2088 Nanhai Ave., Nanshan District, Shenzhen
Zip Code: 518054
Tel: +86-755-82829083
Fax: +86-755-82829081
Email: 13028890909@163.com
Contact Person: Li Xiaolong (+86-13028890909)

The 7th China (Shenzhen) International Cultural Industry Fair

Date: 2011.5.13-16
Venue: Shenzhen Convention and Exhibition Center
Exhibits: Comply with the relevant state industrial policies, non-patented innovative projects.
Host: Ministry of Culture, Ministry of Commerce, State Administration of Radio, Film and Television, General Administration of Press and Publication, China Council for the Promotion of International Trade, People's Government of Guangdong Province, People's Government of Shenzhen
Address: 10th Floor, Olympic Building, Shangbao Road, Futian District, Shenzhen

Zip Code: 518034
Tel: +86-755-83522415
Fax: +86-755-83519477
Contact Person: Tang Yixiong, Wang Dan, Li Wei

2011 China (Shenzhen) International Food Exposition

Date: 2011.5.20-22
Venue: Shenzhen Convention & Exhibition Center
Address: Rm 202,3rd Pavilion, Conference & Exhibition Centre, 3rd Fuhua Road, Futian District, Shenzhen
Zip Code: 518048
Tel: +86-755-82880049
Fax: +86-755-82880069
Email: ry1010@126.com
Contact Person: Ren Yao(+86-13570847592)

2011 China (Shenzhen) International Famous Drinks Exhibition

Date: 2011.5.20-22
Venue: Shenzhen Convention & Exhibition Center
Address: Rm 202,3rd Pavilion, Shenzhen Convention & Exhibition Center, 3rd Fuhua Road, Futian District, Shenzhen
Tel: +86-755-82880049
Fax: +86-755-82880069
Contact Person: Ren Yao(+86-13570847592)

China Wine Industry Development Prospects Forum

Date: 2011.5.20-22
Venue: Shenzhen Convention & Exhibition Center
Address: Rm 202,3rd Pavilion, Shenzhen Convention & Exhibition Center, 3rd Fuhua Road, Futian District, Shenzhen
Tel: +86-755-82880049
Fax: +86-755-82880069

The 6th Shenzhen International Brand Underwear Exhibition

Date: 2011.5.20-22
Venue: Shenzhen Convention & Exhibition Center
Website: www.siuf.cn
Host: Guangdong Textile Association, Shenzhen Guangming New District Administration Committee
Organizer: Guangdong Textile Industry Association, Shenzhen Shengshi Bowen Exhibition Co., Ltd
Address: Rm 1312-1316,Global Logistic Building, Huanan City, Huanan Ave., Pinghu Street, Shenzhen
Tel: +86-755-83056070
Fax: +86-755-83056609
Email: szsiuf@126.com
Contact Person: Mr.Li

2011 China International Underwear Culture Week

Date: 2011.5.20-22
Venue: Shenzhen Convention & Exhibition Center
Website: www.siuf.cn
Host: Guangdong Textile Association, Shenzhen Guangming New District Administration Committee
Organizer: Guangdong Textile Industry Association, Shenzhen Shengshi Bowen Exhibition Co., Ltd
Address: Rm 1312-1316,Global Logistic Building, Huanan City, Huanan Ave., Pinghu Street, Shenzhen
Tel: +86-755-83056070
Fax: +86-755-83056609
Email: szsiuf@126.com
Contact Person: Mr.Li

2011 The 6th China Shenzhen International Door Industry Exposition

Date: 2011.5.24-26
Venue: Shenzhen Convention & Exhibition Center
Host: National High-Tech Building Materials Industrialization Committee
Organizer: Hanwei Exhibition Service Co., Ltd
Address: Sanlihe Road, Haidian District, Beijing
Tel: +86-10-57221331
Fax: +86-10-57221331
Email: 369867958@qq.com
Contact Person: Yan Tao(+86-15300094331)

2011 China International (Shenzhen) Pipe and Auxiliary Equipment Exhibition

Date: 2011.5.26-28
Venue: Guangzhou Liuhua Exhibition Hall
Host: French Steel Association, Asian Metal Industry Association, China International Sheet Metal Industry Association, Sanhui International Conference and Exhibition Co., Ltd
Organizer: Guangdong Sanhui International Conference and Exhibition Co., Ltd
Address: Rm B703-706,Shigang International Department, No.238 East Xingang Road, Guangzhou
Tel: +86-20-89883997
Fax: +86-20-89220667
Email: suwe2011@163.com
Contact Person: Mu Fan(+86-18922380207)

2011 Shenzhen International Locks Exposition and International Locks Supplier Meeting

Date: 2011.5.26-28
Venue: Shenzhen Convention & Exhibition Center
Website: www.lockfair.com
Organizer: Chinese Security Association Locks Repairing Sub-Commission, Sanhui International Exhibition Group
Address: Rm 512-515,5th Floor, Huajia Plaza, Luohu District, Shenzhen
Tel: +86-755-61288918
Fax: +86-755-61288917

2011 China International (Shenzhen) Petropipe Industry Exhibition

Date: 2011.5.26-28
Venue: Shenzhen Convention & Exhibition Center
Host: French Steel Association, Asian Metal Industry Association, The International Tubing Association(ITA), China Cold-Formed Steel Association, China International Sheet Metal Industry Association, Hebei Steel Tube Industry Association, Sanhui International Co., Ltd
Organizer: Guangdong Sanhui International Conference and Exhibition Co., Ltd
Address: Rm B703-706,Shigang International Department, No.238 East Xingang Road, Guangzhou
Zip Code: 510660
Tel: +86-20-89883997
Fax: +86-20-89220667
Email: 13016086099@126.com
Contact Person: Wang Hua

2011 The 5th China (Shenzhen) International Model Exhibition

Date: 2011.6.17-19
Venue: Shenzhen Convention & Exhibition Center
Host: Guangdong Aviation Society, Dortmund Exhibition Group, Guangzhou Huiyi Exhibition Co., Ltd
Organizer: Guangzhou Huiyi Exhibition Co., Ltd
Tel: +86-20-28309360
Fax: +86-20-28309360
Email: simexpo@163.com
Contact Person: Gao Sheng

The 4th China (Shenzhen) International Tape and Protective Film Exhibition

Date: 2011.6.17-19
Venue: Shenzhen Convention & Exhibition Center
Website: www.dgjzd.cn
Host: Dortmund Exhibition Group
Organizer: Guangzhou Huiyi Exhibition Co., Ltd
Address: No.7 Jianzhong Road, Tianhe Science & Technology Zone, Guangzhou
Tel: +86-20-85556058
Fax: +86-20-85551758
Email: huiyi3000@126.com

2011 The 2nd Shenzhen International Electromagnetic Line (obmw2), Insulating Material Exhibition

Date: 2011.6.23-25
Venue: Shenzhen Convention & Exhibition Center
Host: Hong Kong Wise Exhibition International Co., Ltd, Guangdong Wise Exhibition Co., Ltd
Organizer: Guangdong Wise Exhibition Co., Ltd
Tel: +86-20-62371251
Fax: +86-20-62371259
Email: xqexpo@126.com
Contact Person: Huang Yuling (+86-15914385891)

The 9th Shenzhen International Small Motor and Motor Industry Exhibition

Date: 2011.6.23-25
Venue: Shenzhen Convention & Exhibition Center
Host: Hong Kong Wise Exhibition International Co., Ltd, Guangdong Wise Exhibition Co., Ltd
Organizer: Guangdong Wise Exhibition Co., Ltd
Tel: +86-20-62371251
Fax: +86-20-62371259
Email: xqexpo@126.com
Contact Person: Huang Yuling (+86-15914385891)

The 9th Shenzhen International Magnetic Materials and Application, Production Equipment Exhibition

Date: 2011.6.23-25
Venue: Shenzhen Convention & Exhibition Center
Host: Hong Kong Wise Exhibition International Co., Ltd, Guangdong Wise Exhibition Co., Ltd
Organizer: Guangdong Wise Exhibition Co., Ltd
Tel: +86-20-62371251
Fax: +86-20-62371259
Email: xqexpo@126.com
Contact Person: Huang Yuling (+86-15914385891)

The 17th China International Power and Electronic Transformer Exhibition

Date: 2011.6.23-25
Venue: Shenzhen Convention & Exhibition Center
Host: Hong Kong Wise Exhibition International Co., Ltd, Guangdong Wise Exhibition Co., Ltd
Organizer: Guangdong Wise Exhibition Co., Ltd
Tel: +86-20-62371251
Fax: +86-20-62371259
Email: xqexpo@126.com
Contact Person: Huang Yuling (+86-15914385891)

The 19th China International Electronic Components, Electronic Equipment Exhibition

Date: 2011.6.23-25
Venue: Shenzhen Convention & Exhibition Center
Host: Hong Kong Wise Exhibition International Co., Ltd, Guangdong Wise Exhibition Co., Ltd
Organizer: Guangdong Wise Exhibition Co., Ltd
Tel: +86-20-62371251
Fax: +86-20-62371259
Email: xqexpo@126.com
Contact Person: Huang Yuling (+86-15914385891)

2011 Shenzhen International Special Ceramics Industry Forum and Exhibition

Date: 2011.6.23-25
Venue: Shenzhen Convention & Exhibition Center
Host: Hong Kong Wise Exhibition International Co., Ltd, Guangdong Wise Exhibition Co., Ltd
Organizer: Guangdong Wise Exhibition Co., Ltd
Tel: +86-20-62371251
Fax: +86-20-62371259
Email: xqexpo@126.com
Contact Person: Huang Yuling (+86-15914385891)

2011 China (Shenzhen) Educational Toys and Plastic Products Exhibition

Date: 2011.8.25-27
Venue: Shenzhen Great China International Trade Center
Host: Shenzhen Enterprise Innovation Promotion Associacion, Shenzhen Science and Technology & Trade and Informatization Commission
Organizer: Shenzhen Hanwei Exhibition Co., Ltd
Address: Rm 0818,Qiurui Building, West Minkang Road, Longhua Minzhi Street, Baoan District, Shenzhen
Tel: +86-755-33072845
Fax: +86-755-29177856
Email: yangqiong0706@126.com
Contact Person: Yang Qiong (+86-15815572560)

2011 China (Shenzhen) International Content Networking Technology and Application Exposition

Date: 2011.9.15-17
Venue: Shenzhen Convention & Exhibition Center
Website: www.rfidexpo.com.cn
Address: Rm 706,Shanghai Auto Building, No.4050 Nanhai Ave., Nanshan District, Shenzhen, Guangdong
Tel: +86-755-86227155
Fax: +86-755-86227110

2011 South China International Children & Pregnant Women Product Exhibition

Date: 2011.9.23-25
Venue: Shenzhen Convention & Exhibition Center
Host: Lizhan Huabo Exhibition (Shenzhen) Co., Ltd
Organizer: Lizhan Huabo Exhibition (Shenzhen) Co., Ltd
Address: Rm 1801,Shenzhen CCOIC Centre, 3rd Fuhua Road, Zhongxin District, Shenzhen
Zip Code: 518048
Tel: +86-755-33331166
Fax: +86-755-33331168
Email: info@reedhuabo.com

China Hi-Tech Fair ELEXCON 2011 (Chtf Elexcon 2011)

Date: 2011.11.16-21
Frequency: Yearly
Year of the First Event: 2004
Venue: Hall 2,Shenzhen Convention & Exhibition Center

Exhibits: Electronic Components, Materials & Assembly
Previous Data: 82,000 professionals visited
Host: Ministry of Commerce, PRC, Ministry of Industry and Information Technology of PRC, Ministry of Human Resources and Social Security of PRC, Chinese Academy of Sciences, State Intellectual Property Office of PRC, Ministry of Science and Technology of PRC, National Development and Reform Commission of PRC, Ministry of Education of PRC, Chinese Academy of Engineering Ministry of Agriculture, PRC, Shenzhen Municipal Peoples Government, Organizer: Shenzhen creative age exhibition Co., Ltd
Address: 2201,international chamber of commerce center, Fuhuasan Road, Futian District, Shenzhen
Zip Code: 518048
Tel: +86-755-88312522
Fax: +86-755-88312533
Website: www.elexcon.com
Email: chtf@elexcon.com
Contact Person: Xu Weihai

The 7th China (Shenzhen) International Touch-Screen Exhibition

Date: 2011.11.24-26
Venue: Shenzhen Convention & Exhibition Center
Previous Data: 386 Exhibitors
Organizer: Shanghai Kuozhan Exhibition Services Co., Ltd
Address: Rm 602,5th Building, Wangzu City, 251 Lane, Caoxi Road, Xuhui District, Shanghai
Zip Code: 200235
Tel: +86-21-64841166
Fax: +86-21-64843366
Email: touchexpo@163.com
Contact Person: Fei Xiong (+86-15921091892)

2011 China (Shenzhen) International Financial Exposition

Date: 2011.12.4-6
Frequency: Yearly
Venue: Shenzhen Convention and Exhibition Center
Exhibits: Enterprise financing and listed service, international financial services, Hong Kong, Macao and Taiwan financial services, financial talent communication, etc.
Previous Data: 30000sq.m of Exhibition Area, 500 Exhibitors , 150,000 Spectators
Host: China Council for the Promotion of International Trade, China Chamber of International Commerce, People's Government of Shenzhen, Bank of China, China Merchants bank, Shenzhen Stock Exchange, China International Capital Corporation Limited
Organizer: China Council for the Promotion of International Trade Shenzhen Sub-Council, Shenzhen Financial Office, Bank of China Shenzhen Branch, Shenzhen Banking Regulatory Commission, Shenzhen Insurance Regulatory Commission, Shenzhen Securities Regulatory Commission, China Chamber of International Commerce Shenzhen Sub-Chamber
Address: 8th Floor, CCIOC Building, No.2,Hupichang Hutong, Xicheng District, Beijing
Zip Code: 100035
Tel: +86-10-82217812
Fax: +86-10-68045253
Email: mina@ccoic.cn
Contact Person: Mi Na

Shunde

2011 (China) Shunde Kitchen, Bathroom and Life Appliances Purchase Exhibition

Date: 2011.3.10-12
Frequency: Yearly
Venue: Shunde Exhibition Center
Host: Shunde Appliance Chamber of Commerce
Organizer: *Appliance Flash Magazine*
Tel: +86-757-22219902
Contact Person: Mr.Chen

2011 Shunde Household Appliances, Raw Materials, Spare Parts Purchasing Exhibition

Date: 2011.3.10-12
Frequency: Yearly
Venue: Shunde Exhibition Center
Host: Shunde Appliance Chamber of Commerce
Organizer: *Appliance Flash Magazine*
Tel: +86-757-22219902
Contact Person: Mr.Chen

2011 The 5th Shunde International Machinery Components Purchase Exhibition

Date: 2011.4.20-23
Venue: Shunde Shunlian Machinery Exhibition Center
Host: People's Government of Chencun Town, Shunde Machinery and Equipment Manufacturing Chamber of Commerce
Organizer: Shunlian Machinery City Co., Ltd
Address: No.1 East Gongye Ave., Industry Zone of Chencun Town, Shunde District, Foshan
Tel: +86-757-23300088

2011 The 3rd Shunde Tea Exposition

Date: 2011.5.13-16
Venue: Shunde Exhibition Center
Host: Dongguang Yiqun Cultural Dissemination Co., Ltd
Organizer: Dongguang Yiqun Cultural Dissemination Co., Ltd
Address: Rm 409,Zhongxin Xiehe Building, East District, Dongguan
Tel: +86-769-23025387
Fax: +86-769-21666752
Contact Person: Jin Xin(+86-15019007663)

Zhongshan

2011 The 2nd Zhongshan Spring Fair

Date: 2011.1.20-26
Venue: Zhongshan Expo Center
Host: Zhongshan Expo Center Management Co., Ltd
Organizer: Zhongshan Expo Center Management Co., Ltd
Tel: +86-760-88663378
Fax: +86-760-88663380
Contact Person: Mr.Dong(+86-18988585058)

2011 The 11th China (Zhongshan) Packaging, Printing Industry Exhibition

Date: 2011.5.27-29
Venue: Zhongshan Expo Center
Previous Data: 10000sq.m of Exhibition area, 223 exhibitiors
Host: Guangdong Packaging Technology Association, Asia-Link International Exhibition Company
Organizer: Zhongshan Asia-Link International Exhibition Company
Address: HuoJu International Conference and Exhibition Center, Kangle Ave.Zhongshan Port, Zhongshan
Zip Code: 528437
Tel: +86-760-85311852
Fax: +86-760-85311808
Email: zs5311800@126.com

2011 The 11th China (Zhongshan) Machine Mould and Plastic Machinery Exhibition

Date: 2011.5.27-29
Venue: Zhongshan Expo Center
Previous Data: 10000sq.m of Exhibition Area,

223 Exhibitiors
Host: Guangdong Packaging Technology Association, Asia-Link International Exhibition Company
Organizer: Zhongshan Asia-Link International Exhibition Company
Address: HuoJu International Conference and Exhibition Center, Kangle Ave.Zhongshan Port, Zhongshan
Zip Code: 528437
Tel: +86-760-85311852
Fax: +86-760-85311808
Email: zs5311800@126.com

2011 The 6th South China (Zhong shan) Appliance Accessories and Manufacturing Technology Exhibition

Date: 2011.9.16-18
Frequency: Yearly
Year of the First Event: 1998
Venue: Zhongshan Huangpu International Exhibition Centre
Website: www.scef.com.cn
Host: Guangdong Household Elecrical Applicance Chamber of Commerce, Zhongshan Bureau of Foreign Trade & Economic Cooperation, Zhongshan People's Government of Huangpu Town, Star International Information (Hong Kong) Limited
Organizer: Dongguan Electric Purchase Exhibition Services Co., Ltd
Address: Rm 11D, A, Guoqi Building, South Shangbu Road, Futian District, Shenzhen
Zip Code: 518031
Tel: +86-755-25911739
Fax: +86-755-82129416

Zhuhai

2011 Zhuhai Spring Wedding Exhibition

Date: 2011.3.12-13
Venue: Zhuhai Stadium
Website: www.weddingexpo.com.cn
Host: Zhuhai Jiechuang Exhibition Co., Ltd
Organizer: Zhuhai Jiechuang Exhibition Co., Ltd
Address: Zhuhai Jiechuang Exhibition Co., Ltd
Tel: +86-756-3959299
Fax: +86-756-3959299
Email: susi.guo@weddingexpo.com.cn

2011 The 6th Zhuhai Tea & Tea Culture Expo

Date: 2011.4.22-25
Frequency: Yearly
Venue: Zhuhai International Conference Centre
Exhibits: Various types of tea and tea products, Yixing violet arenaceous, Jingdezhen ceramics, tea equipment and tea packaging
Host: Zhuhai Tea Culture Exchange Association
Organizer: Shanghai Shiyu Exhibition Services Co., Ltd
Tel: +86-20-86302553
Fax: +86-20-86302553
Email: shsy2288@163.com
Contact Person: Wang Wei (+86-15915822816)

The 10th China International Aviation & Aero-space Exhibition

Date: 2011.9
Venue: China International Aviation & Spaceflight Exhibition Center
Exhibits: Airport construction and management, aviation service, etc.
Host: People's Government of Guangdong, Ministry of Industry and Information Technology, China Council for the Promotion of International Trade, State Administration of Science, Technology and Industry for National Defense, Civil Aviation Administration of China, China Aviation Industry Corporation, Commercial Aircraft Corporation of China, Ltd., China Aerospace Science & Technology Corporation, China Aerospace Science & Industry Corporation
Zip Code: 519015
Te: +86-756-3375602
Fax: +86-756-3376415
Email: Lxw@airshow.com.cn
Contact Person: Ms.Liu

2011 China (Zhuhai) International Printing Consumables Exhibition

Date: 2011.10.13-15
Frequency: Yearly
Venue: Zhuhai Air-Show Hall
Previous Data: 23000sq.m Exhibition area, 360 exhibitors, 8626 visitors
Host: China Council for the Promotion of International Trade Zhuhai Sub-Council, Recycler Publishing & Events (China)
Organizer: Recycler Publishing & Events (China)
Address: 5th Floor, Pacific Insurance Building, Jiuzhou Ave., Zhuhai, Guangdong
Tel: +86-756-3220716
Fax: +86-756-3220717
Email: anna@therecycler.com.cn
Contact Person: Ms.Liang

Guangxi

Nanning

2011 Guangxi Nanning Automobile Fair

Date: 2011.1.1-3
Venue: Guangxi Sports Center
Host: Guangxi Daily Media Group
Organizer: Guangxi Daily Media Group Nan Guo Morning News, Guangxi Daily Media Group Advertisement Center
Contact Person: Wang Shang (+86-13077752677)

2011 The 2nd North Bay Guangxi Eugenic and Good Care Exhibition

Date: 2011.3.11-13
Venue: Guangxi Exhibition Stadium
Host: China Council of Promotion of International Trade Guangxi Office, Guangxi Nanning Libang Exhibition Co., Ltd.
Organizer: Guangxi Nanning Libang Exhibition Co., Ltd.
Tel: +86-771-5647565
Contact Person: Tian Hao (+86-13978863039)

2011 Nanning Children & Pregnant Women Supplies Exhibition

Date: 2011.3.11-13
Venue: Guangxi Exhibition Stadium
Host: China Council of Promotion of International Trade Guangxi Office, Guangxi Nanning Libang Exhibition Co., Ltd.
Organizer: Guangxi Nanning Libang Exhibition Co., Ltd.
Tel: +86-771-5647565
Contact Person: Tian Hao (+86-13978863039)

2011 Southeast Asia Guangxi Construction Water Proof Exhibition

Date: 2011.3.12-14
Venue: Guangxi Science Exhibition Center
Host: China Export/Import Economic Cooperation Company Association, Guangxi Civil Engineering Society
Organizer: Yinhe International Exhibition Group (HK.) Co., Ltd., Nanning Tianyun Exhibition Co., Ltd.
Address: Room 308,Shi Hua Gong Ye Building, No.49,Jian Zheng Road, Nanning
Zip Code: 530023
Tel: +86-771-5614216

Fax: +86-771-5614045
Email: dongnanyazhan@163.com
Contact Person: Huang Jianhong

2011 The 12th Guangxi Advertisement Technology Equipment Exhibition

Date: 2011.3.25-27
Frequency: Yearly
Venue: Nanning International Exhibition Center
Host: Guangxi Machine Engineering Society, Nanning Nan Chun Exhibition Service Co., Ltd.
Organizer: Nanning Nan Chun Exhibition Service Co., Ltd.
Address: Room B1002,Jin Wang Jiao, No.11,Jin Zhou Road, Nanning
Zip Code: 530028
Tel: +86-771-2368926
Fax: +86-771-2368926
Email: nanningnanchun@163.com
Contact Person: Wang Yanjun

2011 The 4th Guangxi Biogas Technology & Equipment Exhibition

Date: 2011.3.25-27
Frequency: Yearly
Venue: Nanning International Exhibition Center
Host: Guangxi Machine Engineering Society, Nanning Nan Chun Exhibition Service Co., Ltd.
Organizer: Nanning Nan Chun Exhibition Service Co., Ltd.
Address: Room B1002,Jin Wang Jiao, No.11,Jin Zhou Road, Nanning
Zip Code: 530028
Tel: +86-771-2368926
Fax: +86-771-2368926
Email: nanningnanchun@163.com
Contact Person: Wang Yanjun

2011 Guangxi Sugarcane Plant and Reap Technology & Equipment Exhibition

Date: 2011.3.25-27
Frequency: Yearly
Venue: Nanning International Exhibition Center
Host: Guangxi Machine Engineering Society, Nanning Nan Chun Exhibition Service Co., Ltd.
Organizer: Nanning Nan Chun Exhibition Service Co., Ltd.
Address: Room B1002,Jin Wang Jiao, No.11,Jin Zhou Road, Nanning
Zip Code: 530028
Tel: +86-771-2368926
Fax: +86-771-2368926
Email: nanningnanchun@163.com
Contact Person: Wang Yanjun

China-Asian Light Industrial Products Fair/CALIPF

Date: 2011.10
Frequency: Yearly
Year of first event : 2010
Venue: China South City Nanning
Exhibits: Textiles and garments, leather goods, watches, digital communications products
Previous data: Total area of 315,000 square meters
Host: China Chamber of International Commerce, China - ASEAN Expo Secretariat, Nanning Municipal People's Government
Organizer: Global Business International Travel Service, China South International Industrial Materials City (Shenzhen) Co., Ltd.
Address: No.1 Fuxingmenwai Avenue, Beijing
Post Code: 510355
Tel: +86-10-88075249
Fax: +86-10-68018320
Email: mashan@ccpit.org
Contact Person: Ma Shan

Hainan

Haikou

2011 Haikou Spring Carnival Expo

Date: 2011.1.19-25
Venue: Haikou International Convention and Exhibition Center
Exhibits: Clothing, leisure utilities, food, etc.
Host: Hainan Branch of China Council for the Promotion of International Trade, Haikou Division of China Council for the Promotion of International Trade
Organizer: Guangzhou Junchuang Exhibition Service Co., Ltd.
Address: Zhongxing Building, 1,Tianhe Dongpu Road, Tianhe District, Guangzhou
Zip Code: 510660
Tel: +86-20-87371249
Fax: +86-20-37570450
Contact Person: Long Wei

2011 South China (Hainan) International Leisure, Vocation and Tourism Exhibition

Date: 2011.2.25-27
Venue: Haikou International Convention and Exhibition Center
Exhibits: Special resort cities, leisure items, well-known resort villages (villas), supporting outdoor facilities, etc.
Host: Hainan Branch of China Council for the Promotion of International Trade, Hainan Scenery and Gardening Association, Asia Resort Industry Association, Global Resort Tourism Association
Organizer: Haikou Bohui Exhibition Co., Ltd.
Address: Room 1103,Building B, Empire Mansion, 16-2,Guomao Venue, Haikou, China
Zip Code: 570125
Tel: +86-898-31981998,13976861235
Fax: +86-898-31983099
Email: chen8888xing@163.com
Contact Person: Chen Rongxing

2011 China (Hainan) International Golf Utilities Exhibition

Date: 2011.2.25-27
Venue: Haikou International Convention and Exhibition Center
Exhibits: Special resort cities, leisure items, well-known resort villages (villas), supporting outdoor facilities, etc.
Host: Hainan Branch of China Council for the Promotion of International Trade, Hainan

Scenery and Gardening Association, Asia Resort Industry Association, Global Resort Tourism Association
Organizer: Haikou Bohui Exhibition Co., Ltd.
Address: Room 1103,Building B, Empire Mansion, 16-2,Guomao Venue, Haikou, China
Zip Code: 570125
Tel: +86-898-31981998, 13976861235
Fax: +86-898-31983099
Email: chen8888xing@163.com
Contact Person: Chen Rongxing

2011 China (Hainan) International Diving Equipment Exhibition

Date: 2011.2.25-27
Venue: Haikou International Convention and Exhibition Center
Exhibits: Diving equipment, lifesaving facilities, diving clubs, diving associations, diving schools, diving training organizations, technical diving, business diving, rescue, underwater project, etc.
Host: Hainan Branch of China Council for the Promotion of International Trade, Haikou Division of China Council for the Promotion of International Trade, Sanya Diving Training Center of China Diving Association, Haikou Bohui Exhibition Co., Ltd.
Organizer: Haikou Bohui Exhibition Co., Ltd.
Address: Room 1103,Building B, Empire Mansion, 16-2,Guomao Venue, Haikou, China
Zip Code: 570125
Tel: +86-898-31981998
Fax: +86-898-31983099
Email: chen8888xing@163.com
Contact Person: Chen Rongxing

2011 China (Hainan) International Fishing Equipment and Utility Exhibition

Date: 2011.2.25-27
Venue: Haikou International Convention and Exhibition Center
Exhibits: Fishing equipment, fishing utility, etc.
Host: Hainan Branch of China Council for the Promotion of International Trade, Haikou Division of China Council for the Promotion of International Trade, Hainan Sea Fishing Association, Hainan Council for Culture Promotion, Haikou Bohui Exhibition Co., Ltd.
Organizer: Haikou Bohui Exhibition Co., Ltd.
Address: Room 1103,Building B, Empire Mansion, 16-2,Guomao Venue, Haikou, China
Zip Code: 570125
Tel: +86-898-31981998
Fax: +86-898-31983099
Email: yangjunexpo@yeah.net
Contact Person: Yang Jun

2011 Hainan International Tourism Island Forum for the Development of Sea Fishing Pleasure

Date: 2011.2.25-27
Venue: Haikou International Convention and Exhibition Center
Exhibits: Fishing equipment, fishing utility, etc.
Host: Hainan Branch of China Council for the Promotion of International Trade, Haikou Division of China Council for the Promotion of International Trade, Hainan Sea Fishing Association, Hainan Council for Culture Promotion, Haikou Bohui Exhibition Co., Ltd.
Organizer: Haikou Bohui Exhibition Co., Ltd.
Address: Room 1103,Building B, Empire Mansion, 16-2,Guomao Venue, Haikou, China
Zip Code: 570125
Tel: +86-898-31981998
Fax: +86-898-31983099
Email: yangjunexpo@yeah.net
Contact Person: Yang Jun

2011 Hainan "Bohui" Sea Fishing Competition

Date: 2011.2.25-27
Venue: Haikou International Convention and Exhibition Center
Exhibits: Fishing equipment, fishing utility, etc.
Host: Hainan Branch of China Council for the Promotion of International Trade, Haikou Division of China Council for the Promotion of International Trade, Hainan Sea Fishing Association, Hainan Council for Culture Promotion, Haikou Bohui Exhibition Co., Ltd.
Organizer: Haikou Bohui Exhibition Co., Ltd.
Address: Room 1103,Building B, Empire Mansion, 16-2,Guomao Venue, Haikou, China
Zip Code: 570125
Tel: +86-898-31981998
Fax: +86-898-31983099
Email: yangjunexpo@yeah.net
Contact Person: Yang Jun

2011 China (Hainan) International Water Recreational Equipment and Utility Exhibition

Date: 2011.2.25-27
Venue: Haikou International Convention and Exhibition Center
Exhibits: Water recreational items, water recreational facilities, water sports utilities, medical treatment and service, etc.
Host: Hainan Branch of China Council for the Promotion of International Trade, Haikou Division of China Council for the Promotion of International Trade, Water Specialized Committee of China Game Machine and Amusement Park Association
Organizer: Haikou Bohui Exhibition Co., Ltd.
Address: Room 1103,Building B, Empire Mansion, 16-2,Guomao Venue, Haikou, China
Zip Code: 570125
Tel: +86-898-31981998
Fax: +86-898-31983099
Email: yangjunexpo@yeah.net
Contact Person: Yang Jun

2011 The 2nd Hainan International Refrigerating, Air conditioning, Heating, Ventilation and Food Processing Exhibition

Date: 2011.3.25-27
Venue: Haikou International Exhibition Center
Exhibits: Refrigerating unit, refrigeration equipment and supporting components, etc.
Host: Haikou Zhanhui Exhibition Co., Ltd.
Organizer: Haikou Zhanhui Exhibition Co., Ltd.
Address: First Floor, Building 10,Jinyuan Villa, 3rd East Road, Haidian Island, Haikou, Hainan, China
Zip Code: 570203
Tel: +86-898-66252360
Fax: +86-898-36386318
Email: xianhuizhanlan@126.com
Contact Person: Mr.Wang

2011 China (Hainan) International Resort Hotel Equipment & Supplies Exhibition

Date: 2011.3.25-27
Venue: Haikou International Convention and Exhibition Center
Host: Hainan Branch of China Council for the Promotion of International Trade
Organizer: Haikou Zhanhui Exhibition Co., Ltd.
Address: First Floor, Building 10,Jinyuan Villa, 3rd East Road, Haidian Island, Haikou, Hainan, China
Zip Code: 570203
Tel: +86-898-66252360
Fax: +86-898-36386318
Email: xianhuizhanlan@126.com
Contact Person: Mr.Wang

2011 The 2nd Hainan Hotel Furniture Exhibition

Date: 2011.3.25-27

Venue: Haikou International Convention and Exhibition Center
Host: Hainan Branch of China Council for the Promotion of International Trade
Organizer: Haikou Zhanhui Exhibition Co., Ltd.
Address: First Floor, Building 10,Jinyuan Villa, 3rd East Road, Haidian Island, Haikou, Hainan, China
Zip Code: 570203
Tel: +86-898-66252360
Fax: +86-898-36386318
Email: xianhuizhanlan@126.com
Contact Person: Mr.Wang(+86-15595769861)

2011 China (Hainan) International Wine Expo

Date: 2011.3.25-27
Venue: Haikou International Convention and Exhibition Center
Host: Hainan Branch of China Council for the Promotion of International Trade
Organizer: Haikou Zhanhui Exhibition Co., Ltd.
Address: First Floor, Building 10,Jinyuan Villa, 3rd East Road, Haidian Island, Haikou, Hainan, China
Zip Code: 570203
Tel: +86-898-66252360
Fax: +86-898-36386318
Email: xianhuizhanlan@126.com
Contact Person: Mr.Wang(+86-15595769861)

2011 The 2nd Hainan International Food Expo

Date: 2011.3.25-27
Venue: Haikou International Convention and Exhibition Center
Exhibits: Crops, oil, aquatic (sea) products, fowl, eggs and other agricultural products
Website: www.xianhuizhanlan.com
Host: Hainan Branch of China Council for the Promotion of International Trade
Organizer: Haikou Zhanhui Exhibition Co., Ltd.
Address: First Floor, Building 10,Jinyuan Villa, 3rd East Road, Haidian Island, Haikou, Hainan, China
Zip Code: 570203
Tel: +86-898-66252360
Fax: +86-898-36386318
Email: xianhuizhanlan@126.com
Contact Person: Mr.Wang(+86-15595769861)

Hebei

Cangzhou

China (cangzhou) pipeline equipment exhibition

Date: 2011.10
Frequency: Yearly
Year of the First Event: 2009
Venue: Cangzhou international conference and exhibition center
Exhibits: Piping equipment products, chemical products, hardware and electronic products
Previous Data: 580 Exhibitors, 70,000 sq.m Exhibition Area, 20,000 Spectators
Host: Hebei people's government, Petrochina, Sinopec, CNOOC, China Huaneng Group, China Datang Corporation, China Huaneng Corporation, China Guodian Corporation, China Power Investment Corporation
Organizer: Cangzhou people's government, Department of Commerce of Heibei Province
Address: No.88 West Jiefang Road, Cangzhou City, Hebei Province
Zip Code: 061000
Tel: +86-317-2127711
Website: www.czicec.cn
Email: czhxxx@126.com

Hengshui

Anping International Wire Mesh Fair

Date: 2011.9
Frequency: Yearly
Year of the First Event: 2001
Venue: Anping International Wire Mesh Cemter
Exhibits: Wire mesh, wire, nails, wire mesh products (barbecue grill, wire crafts, flower stand, metal belt, wire containers, kitchen ware, filters, wire ropes), wire mesh machine, wire drawing dies, wire drawing auxiliary, wire mesh finish treatment equipment, related materials and wire mesh machine fittings
Previous Data: exhibiting area of 160,000 sq meters with over 10,000 guests
Host: CCPIT, China Light Industrial Association, Hebei Provincial People's Government and China National Hardware Product Association
Organizer: CCPIT HeBei Sub-council, Hengshui Municipal Government and Anping County People's Government
Address: China Anping Screen Mesh World Management Committee
Zip Code: 053600
Tel: +86-318-7060861, 7975698
Fax: +86-318-7975698
Website: www.1022.cn
Email: info@1022.cn
Contact Person: Mr.Song

China Daying International Fur Fair

Date: 2011.10.28-11.1
Frequency: Yearly
Year of the First Event: 1992
Venue: China Daying International Fur Trade Center
Previous Data: More than 2000 fur enterprises attend the fair, 50 orders are signed.
Host: The People's Government of Hebei Province
Organizer: The People's Government of Hengshui City
Address: Renmin Street, Daying Town, Zaoqiang County, Hebei Province
Zip Code: 053100
Tel: +86-318-8323355
Fax: +86-318-8323912
Website: www.furscity.com
Email: sphgryx@sina.com
Contact Person: Sun Pinghua

Langfang

China Langfang International Economic and Trade Negotiation

Date: 2011
Frequency: Yearly
Year of the First Event: 2000
Venue: Langfang International Exhibition Hall
Exhibits: Municipal economic achievements
Previous Data: 300 Exhibitors, 35000sq.m, Exhibition Area, 30000 spectators
Host: ACFIC, Hebei people's government
Organizer: Langfang municipal people's government
Address: Langfang Development Zone international exhibition hall
Zip Code: 065001
Tel: +86-316-6078116
Fax: +86-316-6078444
Website: www.lfgz.com
Contact Person: Song Yuzhen

The 14th China (Langfang) Agricultural Fair

Date: 2011
Frequency: Yearly
Year of the First Event: 1999
Venue: Langfang International Exhibition Hall
Exhibits: Agricultural products

Previous Data: 1000 Exhibitors, Exhibition 35000sq.m Area, 50000 spectators
Host: Hebei people's government
Organizer: Langfang municipal people's government
Address: Langfang Development Zone international exhibition hall
Zip Code: 065001
Tel: +86-316-6078116
Fax: +86-316-6078444
Website: www.lfgz.com
Contact Person: Song Yuzhen

China (Langfang) International Balloon Fiesta & International Tourism Fair

Date: 2011
Frequency: Yearly
Venue: Langfang International Exhibition Hall
Exhibits: balloon fly performance etc
Previous Data: 20000 Spectators
Host: Langfang municipal people's government
Organizer: Langfang municipal tourism bureau
Address: Langfang Development Zone exhibition and convention centre
Zip Code: 065001
Tel: +86-316-6078116
Fax: +86-316-6078444
Website: www.lfgz.com
Contact Person: Song Yuzhen

2011 Hebei Rum Food Fair

Date: 2011
Frequency: Twice Yearly
Venue: Langfang International Exhibition Hall
Exhibits: Rum food
Previous Data: 400 Exhibitors, 12000sq.m Exhibition Area, 15000 spectators
Host: CCPIT Langfang Sub-Council
Organizer: Shijiazhuang Yusheng exhibition company, Langfang international trade convention & exhibition center
Address: Langfang Development Zone international exhibition hall
Zip Code: 065001
Tel: +86-316-6078116
Fax: +86-316-6078444
Website: www.lfgz.com
Contact Person: Song Yuzhen

China Pigeons Sport Exposition China Langfang (International) Pigeon Exhibition

Date: 2011
Frequency: Yearly
Venue: Langfang International Exhibition Hall
Exhibits: Pigeons display, competition
Previous Data: 400 Exhibitors, 10000sq.m Exhibition Area, 30000 spectators
Host: China pigeon association, Hebei sports federation, Langfang municipal people's government
Organizer: Langfang sports federation
Address: Langfang Development Zone international exhibition hall
Zip Code: 065001
Tel: +86-316-6078116
Fax: +86-316-6078444
Contact Person: Song Yuzhen

Blue Sea (Langfang) 2011 Spring Fishing Tackle Exhibition & Equipment

Date: 2011
Frequency: Yearly
Year of the First Event: 2005
Venue: Langfang International Exhibition Hall
Exhibits: Fishing equipments
Previous Data: 2500 Exhibitors, 60000sq.m exhibition area, 50000 spectators
Organizer: Beijing blue sea fishing tackle Company
Address: Langfang Development Zone exhibition and convention centre
Zip Code: 065001
Tel: +86-316-6078116
Fax: +86-316-6078444
Contact Person: Song Yuzhen

The 15th China City Expo

Date: 2011
Frequency: Yearly
Venue: Langfang International Exhibition Hall
Previous Data: 500 Exhibitors, 30000sq.m Exhibition Area, 50000 spectators
Organizer: Langfang municipal people's government
Address: Langfang Development Zone Exhibition and Convention Centre
Zip Code: 065001
Tel: +86-316-6078116
Fax: +86-316-6078444
Contact Person: Song Yuzhen

The 3rd Hebei Urban Planning and Construction Exposition

Date: 2011
Frequency: Yearly
Venue: Langfang International Exhibition Hall
Previous Data: 500 Exhibitors, 30000sq.m Exhibition Area, 50000 spectators
Organizer: Langfang municipal people's government
Address: Langfang Development Zone Exhibition and Convention Centre
Zip Code: 065001
Tel: +86-316-6078116
Fax: +86-316-6078444
Contact Person: Song Yuzhen

2011 China Motocycle and Accessories Fair

Date: 2011
Frequency: Twice Yearly
Venue: Langfang International Exhibition Hall
Exhibits: Motorcycle and fittings
Previous Data: 1000 Exhibitors, 22000sq.m Exhibition Area, 40000 spectators
Host: China Automobile Industrial Accessories Sales Company
Organizer: China Automobile Industrial Accessories Sales Company
Address: Langfang Development Zone exhibition and convention centre
Zip Code: 065001
Tel: +86-316-6078116
Fax: +86-316-6078444
Contact Person: Song Yuzhen

2011 China International Elevator Exhibition

Date: 2011
Frequency: Biyearly
Venue: Langfang International Exhibition Hall
Exhibits: elevator
Previous Data: 550 Exhibitors, 200 foreign exhibitors, 50000sq.m 1000 Exhibition Area, 20000 spectators
Host: China elevator Association
Address: Langfang Development Zone Exhibition and Convention Centre
Zip Code: 065001
Tel: +86-316-6078116
Fax: +86-316-6078444
Contact Person: Song Yuzhen

China (Langfang) Rural Energy Saving Technology Exhibition

Date: 2011
Frequency: Yearly
Venue: Langfang International Exhibition Hall
Exhibits: energy saving
Previous Data: 3000sq.m Exhibition Area
Host: Langfang Municipal People's Government
Organizer: Langfang Baisheng Convention & Exhibition Co., Ltd
Address: Room 310,F Huajia Village, 5th Street, Langfang
Zip Code: 065000
Tel: +86-316-2192558
Fax: +86-316-2192558

Email: bshzhl@163.com
Contact Person: Wang Shan

Langfang Agricultural Import and Export Enterprise Exhibition

Date: 2011
Frequency: Yearly
Venue: Langfang International Exhibition Hall
Exhibits: agricultural products
Previous Data: 3000sq.m Exhibition Area 10000 spectators
Host: Langfang Municipal People's Government
Organizer: Langfang Baisheng Convention & Exhibition Co., Ltd
Address: Room 310,F Huajia Village, 5th Street, Langfang
Zip Code: 065000
Tel: +86-316-2192558
Fax: +86-316-2192558
Email: bshzhl@163.com
Contact Person: Wang Shan

2011 China International Wind Energy Science, Technology and Equipment Construction Exposition

Date: 2011.5.18-21
Venue: Langfang International Convention & Exhibition Center
Exhibits: Wind Generating Set, Supporting Facilities And Technologies, Etc.
Website: www.hbfengneng.com
Host: Hebei Provincial People's Government
Tel: +86-10-58345931
Fax: +86-10-51418154
Contact Person: Mr.Zhang

2011 China Bohai Green and New Energy Sustainable Development Strategies Summit

Date: 2011.5.18-21
Venue: Langfang International Convention & Exhibition Center
Exhibits: Wind generating set, supporting facilities and technologies, etc.
Website: www.hbfengneng.com
Host: Hebei Provincial People's Government
Tel: +86-10-58345931
Fax: +86-10-51418154
Contact Person: Mr.Zhang

The 16th International Ecological Building Materials and City Construction Fair

Date: 2011.9.3-6
Venue: Langfang International Convention & Exhibition Center
Host: Ministry of Housing and Urban-Rural Development of the PRC, Hebei Provincial People's Government
Organizer: China Construction Culture Center, Hebei Housing and Urban-Rural Development Department, Langfang Municipal Government
Address: 13,Sanlihe Road, Haidian District, Beijing
Zip Code: 100037
Tel: +86-10-88082034
Email: sunny.99@163.com
Contact Person: Chen Xing

Qian'an

2011 (Qian'an) Spring Goods Demonstration and Trade Fair

Date: 2011.1.20-26
Venue: Qian'an Cultural Convention & Exhibition Center
Host: Tangshan Jiaji Exhibition Service Co., Ltd.
Organizer: Tangshan Jiaji Exhibition Service Co., Ltd.
Address: 5F, Building A, Chuangxin Mansion, Xichang Road, High-Tech Development Zone, Tangshan
Zip Code: 063020
Tel: +86-315-5376529, 15175515961
Fax: +86-316-5925529
Email: baiqiangbolan@163.com
Contact Person: Zhao Lin

2011 China Bohai Green and New Energy Sustainable Development Strategies Summit

Date: 2011.1.20-26
Venue: Qian'an Cultural Convention & Exhibition Center
Host: Tangshan Jiaji Exhibition Service Co., Ltd.
Organizer: Tangshan Jiaji Exhibition Service Co., Ltd.
Address: 5F, Building A, Chuangxin Mansion, Xichang Road, High-tech Development Zone, Tangshan
Zip Code: 063020
Tel: +86-315-5376529, 15175515961
Fax: +86-316-5925529
Email: baiqiangbolan@163.com
Contact Person: Zhao Lin

Shijiazhuang

2011 The 4th "Huicheng" Hebei Four-new Advertising Exhibition

Date: 2011.2.14-16
Venue: Convention & Exhibition Center of Shijiazhuang People's Hall
Previous Data: 12,825 visitors and 158 contracts signed on site
Host: Shijiazhuang Huicheng Exhibition Co., Ltd.
Organizer: Shijiazhuang Huicheng Exhibition Co., Ltd.
Address: 230,North Youyi Street, Shijia zhuang, China
Tel: +86-311-87269186
Fax: +86-311-87269816
Email: huichengzhanlan@163.com
Contact Person: Du Liqiang (+86-131115618111)

2011 The 4th Hebei LED and City Landscape Lighting Exhibition

Date: 2011.2.14-16
Venue: Convention & Exhibition Center of Shijiazhuang People's Hall
Exhibits: LED lighting, LED display screen, etc.
Website: www.huichengzhanlan.com
Host: Shijiazhuang Huicheng Exhibition Co., Ltd.
Organizer: Shijiazhuang Huicheng Exhibition Co., Ltd.
Address: 230,North Youyi Street, Shijia zhuang, China
Tel: +86-311-87269186
Fax: +86-311-87269816
Email: huichengzhanlan@163.com
Contact Person: Du Liqiang (+86-131115618111)

2011 Hebei (Shijiazhuang) Medical Devices Exhibition

Date: 2011.2.24-26
Venue: Shijiazhuang Zhuoda International Conference & Exhibition Center
Exhibits: X-ray machines, ultrasonic devices, magnetism resonance equipment, surgical instruments, first aid instruments, hospital nursing equipments and appliances, etc.
Website: www.hbyiliaozhan.com
Previous data: an exhibition area of over 9,600 sq.m, more than 400 exhibitors
Host: Shijiazhuang Medical Device Industry Association, China Medical Devices Magazine, "Wanglai Tianxia"Medical E-commerce Platform
Organizer: Hebei Hanwei Exhibition Service Co., Ltd.

Address: Floor 24,2nd Building, Tianzi Guanli Apartment Building, 15,Guang'an Street, Shijiazhuang
Zip Code: 050011
Tel: +86-311-86216829
Fax: +86-311-86216832
Email: hbyiliaozhan@126.com
Contact Person: Hou Qingli, Shen Yaping, Zheng Luqian

2011 The 10th Hebei Social Public Security Product Expo

Date: 2011.3.10-12
Venue: Shijiazhuang International Exhibition Center
Host: Hebei Security Technology and Protection Association
Organizer: Shijiazhuang Zhenjie Exhibition Service Co., Ltd., Hebei Changrong Exhibition Service Co., Ltd.
Address: Room 208,2nd Building, 368,North Xinshi Road, Shijiazhuang
Tel: +86-311-83835022
Fax: +86-311-83835767
Email: 839569044@qq.com
Contact Person: Zhang Ruizhen

2011 The 17th Hebei International Medical Equipment Exhibition

Date: 2011.3.17-19
Frequency: Yearly
Year of the First Event: 1996
Venue: Shijiazhuang International Expo Center
Exhibits: Images, ultrasound, monitoring equipment, first aid equipment, biochemical test equipment, optical equipment, treatment equipment, breathing anesthetic equipment, ophthalmology equipment, etc
Previous Data: 300 Exhibitors, 100 foreign exhibitors, 10,000sq.m Exhibition area, 30,000 spectators
Host: Department of Health of Heibei Province, CCPIT Heibei Sub-Council, Hebei Health Industry Foreign Technology Exchange Association
Organizer: Hebei international exhibition center
Address: 21st Floor, Tianli Business Building, No.34 Guangan Ave.Shijiazhuang
Zip Code: 050011
Tel: +86-311-85285581
Fax: +86-311-85285583
Website: www.hebeiyiliaozhan.com
Email: hebeiyiliaozhan@126.com
Contact Person: Qian Lina

Shijiazhuang The 1st Appreciation Stone Auction

Date: 2011.3.18
Organizer: Beijing Ruiping International Auction Co., Ltd.
Address: Room 418,Baihui Mansion, 57,Sizhong Road, Qiaodong District, Shijiazhuang
Zip Code: 050011
Tel: +86-311-87226668
Email: cangshipaimai@163.com
Contact Person: Li Qi

2011 The 4th Huabei (Shijiazhuang) Tourism Fair

Date: 2011.3.18-20
Venue: Convention & Exhibition Center of Shijiazhuang People's Hall
Host: Shijiazhuang Tourism Bureau
Organizer: Shijiazhuang Huicheng Exhibition Co., Ltd., North Tourism Network
Address: 230,North Youyi Street, Shijia zhuang, China
Tel: +86-311-87690898, 13613110586
Fax: +86-311-87690736
Email: huichengzhanlan@163.com
Contact Person: Zhao Zijie

2011 The 8th Hebei International Machine Tools and Mould Technology Exhibition

Date: 2011.3.25-27
Venue: Shijiazhuang International Exhibition Center
Exhibits: Machine tools, moulds, etc.
Host: Hebei Federation of Industrial Economics, Hebei Mould Industry Association
Organizer: Hebei Dingya Exhibition Service Co., Ltd.
Address: Floor 12,South Building, Jinyuan Mansion, 3,North Zhonghua Street, Shijiazhuang, China
Zip Code: 050000
Tel: +86-311-87871868,13081011298
Fax: +86-311-87871868
Email: dingyazhanlan@163.com
Contact Person: Mei Qisheng

2011 The 8th Hebei International Manufacturing Automation and Instrumentation Exhibition

Date: 2011.3.25-27
Venue: Shijiazhuang International Exhibition Center
Exhibits: Industrial automation control systems and devices, instrumentation, etc.
Host: Hebei Federation of Industrial Economics, Hebei Society of Automation
Organizer: Hebei Dingya Exhibition Service Co., Ltd.
Address: Floor 12,South Building, Jinyuan Mansion, 3,North Zhonghua Street, Shijiazhuang, China
Zip Code: 050000
Tel: +86-311-87871868,13081011298
Fax: +86-311-87871868
Email: dingyazhanlan@163.com
Contact Person: Mei Qisheng

2011 Hebei Building Energy Conservation and Renewable Energy Source Products Expo

Date: 2011.4.8-10
Venue: Shijiazhuang International Exhibition Center
Host: Hebei Society of Civil Engineering, Hebei Floor Heating Industry Association, Hebei Association of Lighting Industry, Hebei Association of Solar Energy Utilization
Organizer: Shijiazhuang Zhenjie Exhibition Service Co., Ltd.
Address: Room 208,2nd Building, 368,North Xinshi Road, Shijiazhuang
Zip Code: 050091
Tel: +86-311-83835001,13673138719
Fax: +86-311-83835767
Contact person: Yuan Zhibin

The 6th Hebei Solar Energy Exhibition

Date: 2011.4.8-10
Venue: Shijiazhuang International Exhibition Center
Host: Hebei Society of Civil Engineering, Hebei Floor Heating Industry Association, Hebei Association of Lighting Industry, Hebei Association of Solar Energy Utilization
Organizer: Shijiazhuang Zhenjie Exhibition Service Co., Ltd.
Address: Room 208,2nd Building, 368,North Xinshi Road, Shijiazhuang
Zip Code: 050091
Tel: +86-311-83835001,13673138719
Fax: +86-311-83835767
Contact person: Yuan Zhibin

2011 The 6th Hebei Energy Conservation Heating, Boiler and Air Conditioner Exhibition

Date: 2011.4.8-10
Venue: Shijiazhuang International Exhibition Center
Host: Hebei Society of Civil Engineering, Hebei Floor Heating Industry Association, Hebei Association of Lighting Industry, Hebei

Association of Solar Energy Utilization
Organizer: Shijiazhuang Zhenjie Exhibition Service Co., Ltd.
Address: Room 208,2nd Building, 368,North Xinshi Road, Shijiazhuang
Zip Code: 050091
Tel: +86-311-83835001,13673138719
Fax: +86-311-83835767
Contact person: Yuan Zhibin

2011 The 6th Hebei Water Supply and Drainage, Water Treatment, Valves and Pipes Exhibition

Date: 2011.4.8-10
Venue: Shijiazhuang International Exhibition Center
Host: Hebei Society of Civil Engineering, Hebei Floor Heating Industry Association, Hebei Association of Lighting Industry, Hebei Association of Solar Energy Utilization
Organizer: Shijiazhuang Zhenjie Exhibition Service Co., Ltd.
Address: Room 208,2nd Building, 368,North Xinshi Road, Shijiazhuang
Zip Code: 050091
Tel: +86-311-83835001,13673138719
Fax: +86-311-83835767
Contact person: Yuan Zhibin

2011 Hebei Steel Pipes and Pipe Fittings Technologies and Devices Exhibition

Date: 2011.4.21-23
Venue: Shijiazhuang Zhuoda International Conference & Exhibition Center
Exhibits: Steel pipes, pipe fittings, etc.
Host: Hebei Steel Pipe Industry Association, Cangzhou Pipe Manufacture Association, E-commerce Center of Manufacturing Base of Pipe Fittings of China
Organizer: Shijiazhuang Tongli Conference & Exhibition Co., Ltd.
Address: 126,East Zhongshan Road, Qiaodong District, Shijiazhuang, China
Tel: +86-311-80669169,15100189085
Fax: +86-311-86962866
Email: 524232544@qq.com
Contact Person: He Wei

The 1st Hebei Gardening Exhibition

Date: 2011.5.1-10.31
Year of the First Event: 2011
Venue: (in construction)
Host: Hebei Provincial Government, Hebei Department of Housing and Urban-Rural Development, Shijiazhuang Municipal Government
Tel: +86-311-86045798

2011 The 3rd Hebei Sports Fashion And Outdoor Leisure Products Exposition

Date: 2011.8.5-7
Frequency: Yearly
Year of the First Event: 2008
Venue: Shijiazhuang International Expo Center
Exhibits: School sports facilities and other special sports equipment, fitness equipment and accessories, sports equipments and facilities, outdoor sports and leisure products and sports research, rehabilitation medical equipment
Previous Data: 100 Exhibitors, 6000sq.m of exhibition area, 150 booths, 3000 spectators
Host: Sports Bureau of Heibei Province, CCPIT Heibei Sub-Council
Organizer: Hebei international exhibition center
Address: 21st Floor, Tianli Business Building, No.34 Guangan Ave.Shijiazhuang
Zip Code: 050011
Tel: +86-311-85285581
Fax: +86-311-85285583
Website: www.hbtibohui.cn
Email: hebeiyiliaozhan@126.com
Contact Person: Qian Lina

Hebei International IT Week

Date: 2011.9
Frequency: Yearly
Year of the First Event: 2003
Venue: Shijiazhuang International Science & Technology Center
Previous Data: 500 Exhibitors, 30 foreign exhibitors, 6500sq.m of exhibition area, 40000 spectators
Host: China Council for the Promotion of International Trade Hebei Sub-council, Industry and Information Technology Department of Hebei Province, Shijiazhuang Municipal People's Government
Organizer: World Trade Center Shijiazhuang, Hebei IT Application and Information Industry Association
Bureau of Industry and Information of Shijia zhuang
Address: No.368 Xinshibei Road, Shijia zhuang
Zip Code: 050000
Tel: +86-311-83850328
Fax: +86-311-87882626
Website: www.hbinfoweek.com
Email: Wtc-heb@ccpit.org
Contact Person: Lei Changqing

2011 Shijiazhuang The 6th International Pharmaceutical Fair

Date: 2011.10.18-20
Frequency: Yearly
Year of the First Event: 2006
Venue: Shijiazhuang international expo center
Exhibits: Aediciue, health products, pharmaceutical high-tech and soft technology, packing
Previous Data: 280 Exhibitors, 10000 sq.m of exhibition area
Host: Heibei Province People's Government
Organizer: Shijiazhuang Municipal People's Government
Zip Code: 050011
Tel: +86-311-86088502
Fax: +86-311-86032148
Contact Person: Liu Guangming

2011 The 3rd China (Shijiazhuang) International Leather Fur Exposition

Date: 2011.11.18-20
Frequency: Yearly
Year of the First Event: 2009
Venue: Shijiazhuang International Expo Center
Exhibits: Leather fur clothing, leather, PU, PVC fur, synthetic materials, bags, leather, leather, leather chemical industry, leather hardware products, leather equipment and auxiliary materials.
Previous Data: 350 Exhibitors, 10000sq.m of exhibition area, 20000 spectators
Host: China Chamber of Commerce of Import and Export of Foodstuffs, Native Produce & Animal By-Products
Organizer: Shijiazhuang Municipal People's Government, Department of Health of Commerce Province
Tel: +86-311-86088502
Fax: +86-311-86032148
Contact Person: Liu Guangming

Tangshan

China Ceramic Fair Tangshan

Date: 2011.9.16-20
Frequency: Yearly
Year of the First Event: 1998
Venue: Tangshan International Conference & Exhibition Center
Exhibits: Ceramic
Previous Data: 278 Exhibitors, 3822,000sq.m foreign exhibitors of exhibition area, 200,000 spectators
Host: China Council For The Promotion Of International Trade; China National Light

Industry Council; China Building Materials Federation; The People's Government Of Hebei Province
Organizer: Tangshan Municipal People's Government; China Council For The Promotion of International Trade Hebei Sub-council
Address: No.14,Meiyi Ave, Tangshan
Zip Code: 063000
Tel: +86-315-2846666
Fax: +86-315-2823741
Website: www.ceramicexpo.cn
Email: Ts2845771@126.com
Contact Person: Zhou Junwei

Xingtai

China Qinghe International Cashmere And Down Products Exposition

Date: 2011.9.26-28
Frequency: Yearly
Year of the First Event: 1993
Venue: Qinghe cashmere products market
Exhibits: Fluff, fluff dress, fluff mechanical and related auxiliary materials
Previous Data: 300 Exhibitors, 20000 Spectators
Host: CCPIT, China Textile Industry Association, Hebei People's Government
Organizer: China Wool Textile Industry Association, Qinghe People's Government
Address: Qinghe County, Xintai, Hebei Province
Tel: +86-319-8169085
Contact Person: Zhang Xingmin

Heilongjiang

Daqing

2011 The 2nd Daqing Culture Exhibition

Date: 2011.7
Venue: Daqing Time Square
Host: People's Government of Daqing
Organizer: Daqing News and Media Corporation
Address: Room 1218,C-1,Advanced Service Outsourcing Garden, Daqing
Zip Code: 163311
Tel: +86-459-6810002
Fax: +86-459-6810011
Email: daqingwenbohui@163.com

Harbin

The 14th Harbin International Advertizing Exhibition

Date: 2011.3.12-14
Venue: Harbin International Exhibition and Sports Center
Host: Harbin Bureau of Industry Commerce Administration
Organizer: Harbin East Exhibition Co., Ltd.
Tel: +86-451-87620099
Fax: +86-451-87620088
Contact Person: Li Dan

2011 Harbin International Advertising Logo, LED New Technology Exhibition

Date: 2011.3.12-14
Venue: Harbin International Exhibition and Sports Center
Host: Harbin Bureau of Industry Commerce Administration
Organizer: Harbin East Exhibition Co., Ltd.
Tel: +86-451-87620099
Fax: +86-451-87620088
Contact Person: Li Dan

2011 The 9th China Harbin International Green Energy Construction Furnishing Material Fair

Date: 2011.4.21-23
Frequency: Yearly
Venue: Harbin International Exhibition Center
Host: Harbin Bureau of Environment Protection, Harbin Bureau of Quality and Technical Supervision, China Council for the Promotion of International Trade Sub-Council
Organizer: Harbin Environment Protection Association, Harbin Quality Supervision Association, Harbin CITIC Weiye Exhibition Co., Ltd.
Address: Room 805,Huanghe Building, No.99,Huang He Road, Nangang District, Harbin
Zip Code: 150090
Tel: +86-451-82388901-8003
Fax: +86-451-82388903
Email: zxzl666@163.com
Contact Person: Li Yanjie (+86-15124544385)

The 9th China Harbin International Energy-Saving Building & New Wall Materials Exhibition

Date: 2011.4.21-23
Frequency: Yearly
Venue: Harbin International Exhibition Center
Host: Harbin Bureau of Environment Protection, Harbin Bureau of Quality and Technical Supervision, China Council for the Promotion of International Trade Sub-Council
Organizer: Harbin Environment Protection Association, Harbin Quality Supervision Association, Harbin CITIC Weiye Exhibition Co., Ltd.
Address: Room 805,Huanghe Building, No.99,Huang He Road, Nangang District, Harbin
Zip Code: 150090
Tel: +86-451-82388901-8003
Fax: +86-451-82388903
Email: zxzl666@163.com
Contact Person: Li Yanjie (+86-15124544385)

The 9th China Harbin International Dry Mortar, Wall Insulation and Waterproof Exhibition

Date: 2011.4.21-23
Frequency: Yearly
Venue: Harbin International Exhibition Center
Host: Harbin Bureau of Environment Protection, Harbin Bureau of Quality and Technical Supervision, China Council for the Promotion of International Trade Sub-Council
Organizer: Harbin Environment Protection Association, Harbin Quality Supervision Association, Harbin CITIC Weiye Exhibition Co., Ltd.
Address: Room 805,Huanghe Building, No.99,Huang He Road, Nangang District, Harbin
Zip Code: 150090
Tel: +86-451-82388901-8003
Fax: +86-451-82388903
Email: zxzl666@163.com
Contact Person: Li Yanjie (+86-15124544385)

The 9th China Harbin International Wallpaper and Cloth Art Exhibition

Date: 2011.4.21-23
Frequency: Yearly
Venue: Harbin International Exhibition Center
Host: Harbin Bureau of Environment Protection, Harbin Bureau of Quality and Technical Supervision, China Council for the Promotion of International Trade Sub-Council
Organizer: Harbin Environment Protection Association, Harbin Quality Supervision Association, Harbin CITIC Weiye Exhibition Co., Ltd.
Address: Room 805,Huanghe Building, No.99,Huang He Road, Nangang District, Harbin
Zip Code: 150090
Tel: +86-451-82388901-8003
Fax: +86-451-82388903
Email: zxzl666@163.com
Contact Person: Li Yanjie (+86-15124544385)

The 9th China Harbin International Architectural Coatings and Chemical Building Materials Exhibition

Date: 2011.4.21-23
Frequency: Yearly
Venue: Harbin International Exhibition Center
Host: Harbin Bureau of Environment Protection, Harbin Bureau of Quality and Technical Supervision, China Council for the Promotion of International Trade Sub-Council
Organizer: Harbin Environment Protection Association, Harbin Quality Supervision Association, Harbin CITIC Weiye Exhibition Co., Ltd.
Address: Room 805,Huanghe Building, No.99,Huang He Road, Nangang District, Harbin
Zip Code: 150090
Tel: +86-451-82388901-8003
Fax: +86-451-82388903
Email: zxzl666@163.com
Contact Person: Li Yanjie (+86-15124544385)

The 9th China Harbin International Floor and Pavement Technology Exhibition

Date: 2011.4.21-23
Frequency: Yearly
Venue: Harbin International Exhibition Center
Host: Harbin Bureau of Environment Protection, Harbin Bureau of Quality and Technical Supervision, China Council for the Promotion of International Trade Sub-Council
Organizer: Harbin Environment Protection Association, Harbin Quality Supervision Association, Harbin CITIC Weiye Exhibition Co., Ltd.
Address: Room 805,Huanghe Building, No.99,Huang He Road, Nangang District, Harbin
Zip Code: 150090
Tel: +86-451-82388901-8003
Fax: +86-451-82388903
Email: zxzl666@163.com
Contact Person: Li Yanjie (+86-15124544385)

The 9th China Harbin International Door and Architectural Decoration Hardware Exhibition

Date: 2011.4.21-23
Frequency: Yearly
Venue: Harbin International Exhibition Center
Host: Harbin Bureau of Environment Protection, Harbin Bureau of Quality and Technical Supervision, China Council for the Promotion of International Trade Sub-Council
Organizer: Harbin Environment Protection Association, Harbin Quality Supervision Association, Harbin CITIC Weiye Exhibition Co., Ltd.
Address: Room 805,Huanghe Building, No.99,Huang He Road, Nangang District, Harbin
Zip Code: 150090
Tel: +86-451-82388901-8003
Fax: +86-451-82388903
Email: zxzl666@163.com
Contact Person: Li Yanjie (+86-15124544385)

The 9th China Harbin International Glass, Curtain Wall and Top Material Exhibition

Date: 2011.4.21-23
Frequency: Yearly
Venue: Harbin International Exhibition Center
Host: Harbin Bureau of Environment Protection, Harbin Bureau of Quality and Technical Supervision, China Council for the Promotion of International Trade Sub-Council
Organizer: Harbin Environment Protection Association, Harbin Quality Supervision Association, Harbin CITIC Weiye Exhibition Co., Ltd.
Address: Room 805,Huanghe Building, No.99,Huang He Road, Nangang District, Harbin
Zip Code: 150090
Tel: +86-451-82388901-8003
Fax: +86-451-82388903
Email: zxzl666@163.com
Contact Person: Li Yanjie (+86-15124544385)

The 9th China Harbin International Cupboard and Wood Exhibition

Date: 2011.4.21-23
Frequency: Yearly
Venue: Harbin International Exhibition Center
Host: Harbin Bureau of Environment Protection, Harbin Bureau of Quality and Technical Supervision, China Council for the Promotion of International Trade Sub-Council
Organizer: Harbin Environment Protection Association, Harbin Quality Supervision Association, Harbin CITIC Weiye Exhibition Co., Ltd.
Address: Room 805,Huanghe Building, No.99,Huang He Road, Nangang District, Harbin
Zip Code: 150090
Tel: +86-451-82388901-8003
Fax: +86-451-82388903
Email: zxzl666@163.com
Contact Person: Li Yanjie (+86-15124544385)

The 9th China Harbin International Architectural Ceramics and Kitchen, Bathroom Facilities Exhibition

Date: 2011.4.21-23
Frequency: Yearly
Venue: Harbin International Exhibition Center
Host: Harbin Bureau of Environment Protection, Harbin Bureau of Quality and Technical Supervision, China Council for the Promotion of International Trade Sub-Council
Organizer: Harbin Environment Protection Association, Harbin Quality Supervision Association, Harbin CITIC Weiye Exhibition Co., Ltd.
Address: Room 805,Huanghe Building, No.99,Huang He Road, Nangang District, Harbin
Zip Code: 150090
Tel: +86-451-82388901-8003
Fax: +86-451-82388903
Email: zxzl666@163.com
Contact Person: Li Yanjie (+86-15124544385)

The 9th China Harbin International Stone Products and Equipment Exhibition

Date: 2011.4.21-23
Frequency: Yearly
Venue: Harbin International Exhibition Center
Host: Harbin Bureau of Environment Protection, Harbin Bureau of Quality and Technical Supervision, China Council for the Promotion of International Trade Sub-Council
Organizer: Harbin Environment Protection Association, Harbin Quality Supervision Association, Harbin CITIC Weiye Exhibition Co., Ltd.
Address: Room 805,Huanghe Building, No.99,Huang He Road, Nangang District, Harbin

Zip Code: 150090
Tel: +86-451-82388901-8003
Fax: +86-451-82388903
Email: zxzl666@163.com
Contact Person: Li Yanjie (+86-15124544385)

The 9th China Harbin International Steel Structure, Spatial Structure and Related Products Exhibition

Date: 2011.4.21-23
Frequency: Yearly
Venue: Harbin International Exhibition Center
Host: Harbin Bureau of Environment Protection, Harbin Bureau of Quality and Technical Supervision, China Council for the Promotion of International Trade Sub-Council
Organizer: Harbin Environment Protection Association, Harbin Quality Supervision Association, Harbin CITIC Weiye Exhibition Co., Ltd.
Address: Room 805,Huanghe Building, No.99,Huang He Road, Nangang District, Harbin
Zip Code: 150090
Tel: +86-451-82388901-8003
Fax: +86-451-82388903
Email: zxzl666@163.com
Contact Person: Li Yanjie (+86-15124544385)

The 9th China Harbin International City Landscape, Gardening Technology and Equipment Exhibition

Date: 2011.4.21-23
Frequency: Yearly
Venue: Harbin International Exhibition Center
Host: Harbin Bureau of Environment Protection, Harbin Bureau of Quality and Technical Supervision, China Council for the Promotion of International Trade Sub-Council
Organizer: Harbin Environment Protection Association, Harbin Quality Supervision Association, Harbin CITIC Weiye Exhibition Co., Ltd.
Address: Room 805,Huanghe Building, No.99,Huang He Road, Nangang District, Harbin
Zip Code: 150090
Tel: +86-451-82388901-8003
Fax: +86-451-82388903
Email: zxzl666@163.com
Contact Person: Li Yanjie (+86-15124544385)

2011 The 11th China Harbin International Green Tube Industry Exposition

Date: 2011.4.21-23
Frequency: Yearly
Venue: Harbin International Exhibition Center
Host: Harbin Bureau of Environment Protection, Harbin Bureau of Quality and Technical Supervision, China Council for the Promotion of International Trade Sub-Council
Organizer: Harbin Environment Protection Association, Harbin Quality Supervision Association, Harbin CITIC Weiye Exhibition Co., Ltd.
Address: Room 805,Huanghe Building, No.99,Huang He Road, Nangang District, Harbin
Zip Code: 150090
Tel: +86-451-82388901-8003
Fax: +86-451-82388903
Email: zxzl666@163.com
Contact Person: Li Yanjie (+86-15124544385)

The 11th China Harbin International Water Treatment Drainage Equipment Exhibition

Date: 2011.4.21-23
Frequency: Yearly
Venue: Harbin International Exhibition Center
Host: Harbin Bureau of Environment Protection, Harbin Bureau of Quality and Technical Supervision, China Council for the Promotion of International Trade Sub-Council
Organizer: Harbin Environment Protection Association, Harbin Quality Supervision Association, Harbin CITIC Weiye Exhibition Co., Ltd.
Address: Room 805,Huanghe Building, No.99,Huang He Road, Nangang District, Harbin
Zip Code: 150090
Tel: +86-451-82388901-8003
Fax: +86-451-82388903
Email: zxzl666@163.com
Contact Person: Li Yanjie (+86-15124544385)

2011 The 11th China Harbin International Environmental Protection, Energy Saving and Emission Reduction Technology industry Equipment Exposition

Date: 2011.4.21-23
Frequency: Yearly
Venue: Harbin International Exhibition Center
Host: Harbin Bureau of Environment Protection, Harbin Bureau of Quality and Technical Supervision, China Council for the Promotion of International Trade Sub-Council
Organizer: Harbin Environment Protection Association, Harbin Quality Supervision Association, Harbin CITIC Weiye Exhibition Co., Ltd.
Address: Room 805,Huanghe Building, No.99,Huang He Road, Nangang District, Harbin
Zip Code: 150090
Tel: +86-451-82388901-8003
Fax: +86-451-82388903
Email: zxzl666@163.com
Contact Person: Li Yanjie (+86-15124544385)

2011 China Harbin International Ecological City Construction Exposition

Date: 2011.4.21-23
Frequency: Yearly
Venue: Harbin International Exhibition Center
Host: Harbin Bureau of Environment Protection, Harbin Bureau of Quality and Technical Supervision, China Council for the Promotion of International Trade Sub-Council
Organizer: Harbin Environment Protection Association, Harbin Quality Supervision Association, Harbin CITIC Weiye Exhibition Co., Ltd.
Address: Room 805,Huanghe Building, No.99,Huang He Road, Nangang District, Harbin
Zip Code: 150090
Tel: +86-451-82388901-8003
Fax: +86-451-82388903
Email: zxzl666@163.com
Contact Person: Li Yanjie (+86-15124544385)

The 11th China Harbin International Metallurgical Industry Exhibition

Date: 2011.4.27-29
Venue: Harbin International Exhibition Center
Host: China Council for the Promotion of International Trade People's Government of Heilongjiang Province, People's Government of Harbin
Organizer: China Council for the Promotion Of International Trade Heilongjiang Office, China Council for the Promotion of International Trade Sub-Council, Harbin CITIC Weiye Exhibition Co., Ltd.
Address: Room 805,Huang He Building, No.99,Huanghe Road, Nangang District, Harbin
Zip Code: 150090
Tel: +86-451-82388901-8008
Fax: +86-451-82388903
Contact Person: Wang Ye (+86-1559086501)

The 11th China Harbin International Casting Forging and Industrial Furnace Exhibition

Date: 2011.4.27-29
Venue: Harbin International Exhibition Center
Host: China Council for the Promotion of International Trade People's Government of Heilongjiang Province, People's Government

of Harbin
Organizer: China Council for the Promotion Of International Trade Heilongjiang Office, China Council for the Promotion of International Trade Sub-Council, Harbin CITIC Weiye Exhibition Co., Ltd.
Address: Room 805,Huang He Building, No.99,Huanghe Road, Nangang District, Harbin
Zip Code: 150090
Tel: +86-451-82388901-8008
Fax: +86-451-82388903
Contact Person: Wang Ye (+86-1559086501)

2011 The 11th Harbin International Hardware Exposition

Date: 2011.4.27-29
Venue: Harbin International Exhibition Center
Host: China Council for the Promotion of International Trade People's Government of Heilongjiang Province, People's Government of Harbin
Organizer: China Council for the Promotion Of International Trade Heilongjiang Office, China Council for the Promotion of International Trade Sub-Council, Harbin CITIC Weiye Exhibition Co., Ltd.
Address: Room 805,Huang He Building, No.99,Huanghe Road, Nangang District, Harbin
Zip Code: 150090
Tel: +86-451-82388901-8008
Fax: +86-451-82388903
Contact Person: Wang Ye (+86-1559086501)

2011 China Harbin International Equipment Manufacturing Industry Exposition

Date: 2011.4.27-29
Venue: Harbin International Exhibition Center
Host: China Council for the Promotion of International Trade People's Government of Heilongjiang Province, People's Government of Harbin
Organizer: China Council for the Promotion Of International Trade Heilongjiang Office, China Council for the Promotion of International Trade Sub-Council, Harbin CITIC Weiye Exhibition Co., Ltd.
Address: Room 805,Huang He Building, No.99,Huanghe Road, Nangang District, Harbin
Zip Code: 150090
Tel: +86-451-82388901-8008
Fax: +86-451-82388903
Contact Person: Wang Ye (+86-1559086501)

2011 The 11th China Harbin International Electrotechnical Equipment Exhibition

Date: 2011.4.27-29
Venue: Harbin International Exhibition Center
Host: China Council for the Promotion of International Trade People's Government of Heilongjiang Province, People's Government of Harbin
Organizer: China Council for the Promotion Of International Trade Heilongjiang Office, China Council for the Promotion of International Trade Sub-Council, Harbin CITIC Weiye Exhibition Co., Ltd.
Address: Room 805,Huang He Building, No.99,Huanghe Road, Nangang District, Harbin
Zip Code: 150090
Tel: +86-451-82388901-8008
Fax: +86-451-82388903
Contact Person: Wang Ye (+86-1559086501)

2011 Harbin Industrial Automation and Instrumentation Exhibition

Date: 2011.4.27-29
Venue: Harbin International Exhibition Center
Host: China Council for the Promotion of International Trade People's Government of Heilongjiang Province, People's Government of Harbin
Organizer: China Council for the Promotion Of International Trade Heilongjiang Office, China Council for the Promotion of International Trade Sub-Council, Harbin CITIC Weiye Exhibition Co., Ltd.
Address: Room 805,Huang He Building, No.99,Huanghe Road, Nangang District, Harbin
Zip Code: 150090
Tel: +86-451-82388901-8008
Fax: +86-451-82388903
Contact Person: Wang Ye (+86-1559086501)

2011 The 16th China Harbin International Construction Door & Windows, Glass, Wall and Equipments Exhibition

Date: 2011.5.6-8
Venue: Harbin International Exhibition Center
Host: Heilongjiang Construction Furnishing Material Association, Heilongjiang Urban Planning Administrative Office, Harbin Xuyang Exhibition Co., Ltd.
Organizer: Harbin Xuyang Exhibition Co., Ltd.
Address: Exhibition Center Room 504,No.301,Hong Qi Road, Harbin
Zip Code: 150090
Tel: +86-451-82273207
Fax: +86-451-82273868
Email: yangli0451@126.com
Contact Person: Yang Li (+86-15846609465)

The 22nd China Harbin International Economic and Trade Fair

Date: 2011.6.15-19
Venue: Harbin International Exhibition and Sport Center Center
Exhibits: New material, new energy and energy saving technology, biomedical technology, advanced manufacturing and information, agriculture creativity and intensive processing, environment protection and public safety
Website: www.ichtf.com
Host: Ministry of Commerce of the People's Republic of China, National Development and Reform Commission, China Council for the Promotion of International Trade, People's Government of Heilongjiang Province, People's Government of Zhejiang Province, People's Government of Harbin
Address: No.35,Mei Shun Road, Nangang District, Harbin
Zip Code: 150090
Tel: +86-451-82340100
Fax: +86-451-82345874
Email: chn@ichtf.com
Contact Person: Jing Lin, Zhang Yuhong

Summer International of Harbin China

Date: 2011.6.30-7.11
Frequency: Yearly
Year of the First Event: 2008
Venue: Harbin Ice And Snow World
Exhibits: Beer Brands, Restaurant, Automobiles, Real Estate, Financial Institutions
Host: China National Light Industry Council, Harbin Municipal People's Government
Organizer: CCPIT Sub-council For Light Industry, China National Food Industry (Group) Corp., Harbin Tourism Administration
Address: No.22,2nd Fuwai Ave.Xicheng District
Zip Code: 100833
Tel: +86-10-68396327
Fax: +86-10-68396351
Website: www.chinahxbeer.com
Email: majianshe327@163.com
Contact Person: Ma Jianshe

Henan

Zhengzhou

2011 China (Henan) International Coal Industry Exposition

Date: 2011.3.10-12
Venue: Zhengzhou International Conference & Exhibition Center
Host: China Energy Association, Coal Branch of China Monitoring Association
Organizer: Beijing Hongcheng Exhibition Service Co., Ltd.
Address: 7-111,2nd Part, Jingtie Jiayuan, Fengtai District, Beijing, China
Zip Code: 100039
Tel: +86-10-52980188
Fax: +86-10-51803905
Email: hcexpo@126.com
Contact Person: Chen Hui

2011 China (Henan) International Engineering Machinery Exposition

Date: 2011.3.10-12
Venue: Zhengzhou International Conference & Exhibition Center
Host: China Engineering Machinery Management Association
Organizer: Beijing Hongcheng Exhibition Service Co., Ltd.
Address: 7-111,2nd Part, Jingtie Jiayuan, Fengtai District, Beijing, China
Zip Code: 100842
Tel: +86-10-52980190
Fax: +86-10-51803905
Contact Person: Chen Chuan
Email: bjzhmatao@126.com

The 20th Central China Medical Equipment Exhibition (Spring, 2011)

Date: 2011.3.16-18
Venue: Zhengzhou International Convention and Exhibition Center
Exhibits: Diagnostic equipment, treatment equipment, etc.
Host: China Medical Technology Market Association, Henan Medical Equipment Industry Association, Henan Medical Equipment Industrial Company
Organizer: Zhengzhou Hope-Tarsus Exhibition Co., Ltd.
Address: Room 2106,Jincheng Guomao Mansion, 60,ZiJinshan Road, Zhengzhou, Henan, China
Zip Code: 450004
Tel: +86-371-66619418
Fax: +86-371-66619419
Contact Person: Zhang Xuebin

The 20th Zhengzhou Oral and Dental Equipment and Material Exhibition (Spring, 2011)

Date: 2011.3.16-18
Venue: Zhengzhou International Convention and Exhibition Center
Exhibits: Diagnostic equipment, treatment equipment, etc.
Host: China Medical Technology Market Association, Henan Medical Equipment Industry Association, Henan Medical Equipment Industrial Company
Organizer: Zhengzhou Hope-Tarsus Exhibition Co., Ltd.
Address: Room 2106,Jincheng Guomao Mansion, No.60,ZiJinshan Road, Zhengzhou, Henan, China
Zip Code: 450004
Tel: +86-371-66619418
Fax: +86-371-66619419
Contact Person: Zhang Xuebin

2011 Central China (Zhengzhou) International Equipment Manufacture Industry Expo

Date: 2011.3.23-26
Frequency: Yearly
Year of the First Event: 1999
Venue: Zhengzhou International Convention and Exhibition Center
Exhibits: Digital machine tool, metal cutting machine tool, automation control, robot, fluid machinery, hydropneumatic transmission equipment, engineering machinery, transmission and transformation equipment, construction machinery, logistics machinery, etc.
Host: China Machinery Industry Federation, Henan Machinery Industry Association, Henan Province Machinery Engineering Society, Henan Automation Society, Sino-UK Joint Venture Hope-Tarsus Exhibition Co., Ltd.
Organizer: Zhengzhou Hope-Tarsus Exhibition Co., Ltd.
Address: Room 2106,Jincheng Guomao, No.60,ZiJinshan Road, Zhengzhou, Henan, China
Zip Code: 450004
Tel: +86-371-66619428
Fax: +86-371-66619430
Website: www.ccieme.com.cn
Email: ab198810@126.com
Contact Person: Shen Huabin

2011 Zhengzhou Automation Instrumentation Exhibition

Date: 2011.3.23-26
Venue: Zhengzhou International Convention and Exhibition Center
Exhibits: Automation instrumentation and control system, inspection, analysis, measurement, quality control and other apparatus, record display apparatus, relay, timer, switches, power, gauge, executor (electric, pneumatic, hydro transmission), adjusting valve, various step motors, etc.
Host: China Machinery Industry Federation, Henan Machinery Industry Association, Henan Machinery Engineering Society, Henan Automation Society, Sino-UK Joint Venture Hope-Tarsus Exhibition Co., Ltd.
Organizer: Sino-UK Joint Venture Hope-Tarsus Exhibition Co., Ltd.
Address: Room 1405,Tianyi Tower, No.129,Huanghe Road, Zhengzhou, Henan, China
Zip Code: 450008
Tel: +86-371-66619428
Fax: +86-371-66619430

The 13th Central China International Hydro-pneumatic Transmission and Control Technology Exhibition

Date: 2011.3.23-26
Frequency: Yearly
Year of the First Event: 1999
Venue: Zhengzhou International Convention and Exhibition Center
Exhibits: Hydro-transmission, mechanical transmission, pneumatic technology, electric transmission, compressor technology, etc.
Host: China Machienry Industry Federation, Henan Machinery Industry Association, Henan Machinery Engineering Society, Henan Automation Society, Sino-UK Joint Venture Hope-Tarsus Exhibition Co., Ltd.
Organizer: Zhengzhou Hope-Tarsus Exhibition Co., Ltd.
Address: Room 2106,Jincheng Guomao, No.60,ZiJinshan Road, Zhengzhou, Henan, China
Zip Code: 450004
Tel: +86-371-66619428
Fax: +86-371-66619430
Website: www.ccieme.com.cn
Email: slj66170980@126.com
Contact Person: Shen Huabin

2011 The 3rd China Zhengzhou Baking Industry Exhibition

Date: 2011.4.13-15
Venue: Zhengzhou International Convention

& Exhibition Center
Host: Asian Economic and Trade Development Promotion Center, Henan Food Industry Association, China Federation for the Promotion of International Trade, Haiming International Convention & Exhibition Group
Organizer: Zhengzhou Haiming Huibo Exhibition Planning Co., Ltd., Beijing Haiming Huibo Exhibition Co., Ltd., Qingdao Haiming International Exhibition Co., Ltd.
Address: Floor 5,Hezhong Business Center, 37,Jingqi Road, Zhengzhou
Zip Code: 450003
Tel: +86-15890628683
Fax: +86-371-63923100
Contact Person: Zhang Yu

2011 The 3rd China Zhengzhou Food Additives And Ingredients Exhibition

Date: 2011.4.13-15
Venue: Zhengzhou International Convention & Exhibition Center
Host: Asian Economic and Trade Development Promotion Center, Henan Food Industry Association, China Federation for the Promotion of International Trade, Haiming International Convention & Exhibition Group
Organizer: Zhengzhou Haiming Huibo Exhibition Planning Co., Ltd., Beijing Haiming Huibo Exhibition Co., Ltd., Qingdao Haiming International Exhibition Co., Ltd.
Address: Floor 5,Hezhong Business Center, 37,Jingqi Road, Zhengzhou
Zip Code: 450003
Tel: +86-15890628683
Fax: +86-371-63923100
Contact Person: Zhang Yu

2011 The 3rd China Zhengzhou Food Processing and Packaging Machinery Exhibition

Date: 2011.4.13-15
Venue: Zhengzhou International Convention & Exhibition Center
Host: Asian Economic and Trade Development Promotion Center, Henan Food Industry Association, China Federation for the Promotion of International Trade, Haiming International Convention & Exhibition Group
Organizer: Zhengzhou Haiming Huibo Exhibition Planning Co., Ltd., Beijing Haiming Huibo Exhibition Co., Ltd., Qingdao Haiming International Exhibition Co., Ltd.
Address: Floor 5,Hezhong Business Center, 37,Jingqi Road, Zhengzhou
Zip Code: 450003
Tel: +86-15890628683
Fax: +86-371-63923100
Contact Person: Zhang Yu

Along Yellow River Regions Famous Brand Exhibition

Date: 2011.5
Frequency: Yearly
Venue: Zhengzhou International Convention & Exhibition Centre(ZZICEC)
Exhibits: Region specialties, famous brand, gifts of nine provinces along the yellow river and Taiwan
Host: CCPIT in nine provinces along the yellow river
Organizer: CCPIT Henan Sub-Council, CCOIC Henan Sub-Council
Address: Room 6418,No.115 Wenhua Road, Zhengzhou, Henan Province
Zip Code: 450003
Tel: +86-371-63576588
Fax: +86-371-63576816
Email: zsb0371@126.com
Contact Person: Shi Weitang

2011 The 12th China (Zhengzhou) International Building Decoration Materials Expo

Date: 2011.5.7-9
Venue: Zhengzhou International Convention and Exhibition Center
Exhibits: Integrated kitchen, bathroom equipment, building coating, wall paper, wall cloth, etc.
Host: China Building Decoration Association, China Home Furnishing Industry Federation
Organizer: China Building Decoration Association Information Consulting Commission, China Home Furnishing Industry Joint Development Center, Henan Zhongzhan Dongli Exhibition Co., Ltd.
Address: 1,CBD Business Inner Ring Road, Zhengzhou, Henan, China
Tel: +86-371-68107873,66300598
Contact Person: Gu Xiang
(+86-13393707898)

2011 China (Zhengzhou) International Furniture Exhibition

Date: 2011.5.7-9
Venue: Zhengzhou International Convention & Exhibition Center
Exhibits: Modern furniture, living room furniture, bedroom furniture, etc.
Website: www.ciff-zz.com
Host: China Building Decoration Association, China Home Furnishing Industry Federation
Organizer: China Building Decoration Association Information Consulting Commission, China Home Furnishing Industry Joint Development Center, Henan Zhongzhan Dongli Exhibition Co., Ltd.
Address: Room 2203,West Block, Unit 1,19th Building, CBD Ring Road, Zhengzhou, Henan, China
Tel: +86-371-66300596,13837159533
Fax: +86-371-66300600
Email: ciff-zz@163.com
Contact Person : Xia Feng

2011 The 5th China (Zhengzhou) Stone Products, Technologies and Devices Exposition

Date: 2011.5.7-9
Venue: Zhengzhou International Conference & Exhibition Center
Exhibits: various kinds of granite, marble, board, etc.
Host: China Building Decoration Association, China Home Furnishing Industry Federation
Organizer: China Building Decoration Association Information Consulting Commission, China Home Furnishing Industry Joint Development Center, Henan Zhongzhan Dongli Exhibition Co., Ltd.
Address: Room 2203,West Building, Unit 1,19,CBD Business Inner Ring Road, Zhengzhou, Henan, China
Tel: +86-371-66300596
Fax : +86-371-66300600
Email : hnjbh@126.com
Contact Person: Gu Xiang
(+86-13393707898)

The 7th China (Zhengzhou) International Heating System Products and Technology Application Exhibition

Date: 2011.5.7-9
Venue: Zhengzhou International Convention and Exhibition Center
Exhibits: Floor heating products and facilities, heating technologies and devices, heating system automation and supporting devices, etc.
Website: www.hnntz.com
Previous data: an exhibition area of 12,000 sq.m and 212 exhibitors
Host: China Home Furnishing Industry Federation, China Building Decoration Association
Organizer: Henan Zhongzhan Dongli Exhibition Co., Ltd., China Home Furnishing Industry Joint Development Center, China Building Decoration Association Information Consulting Commission
Address: Room 2203,West Building, 19,CBD Business Inner Ring Road, Zhengzhou, Henan, China
Tel: +86-371-66300596
Fax : +86-371-66300600
Email : hnjbh@126.com

2011 China (Zhengzhou) International Jewelry Exhibition

Date: 2011.5.20-23
Venue: Zhongyuan International Exhibition Center
Exhibits: Jewelry, gold products, jade, equipment and apparatus
Host: Henan Jewelry and Jade Industry Association, Zhengzhou Fangyuan Convention & Exhibition Planning Co., Ltd.
Organizer: Zhengzhou Fangyuan Convention & Exhibition Planning Co., Ltd.
Address: Room 1302,22,CBD Business Inner Ring Road, Zhengdong New District, Zhengzhou, Henan
Zip Code: 450000
Tel: +86-371-68085112,13383857917
Fax: +86-371-68085112
Contact Person: Miss Gao (+86-13526544960)

2011 China (Zhengzhou) International Sewing Device Exhibition

Date: 2011.5.27-29
Venue: Zhengzhou International Conference & Exhibition Center
Exhibits: Sewing machinery, clothing production control and delivery equipment, washing equipment, greasy dirt cleaning equipment, lubricating oil, etc.
Website: www.dllsee.com
Host: Henan Clothing Industry Association
Organizer: Zhengzhou Dalu Exhibition Co., Ltd.
Address: Room 401,Unit 2,Building 23,Business Inner Ring Road, Zhengzhou
Code: 450000
Tel: +86-371-60970172
Fax: +86-371-60970173
Email: zzdalu@163.com
Contact Person: Ms.Tang, Chen Ke

2011 China (Zhengzhou) International Textiles, Auxiliary Materials and Yarn Exhibition

Date: 2011.5.27-29
Venue: Zhengzhou International Convention and Exhibition Center
Exhibits: Fabrics, auxiliary materials, yarn, buttons, zips, etc.
Host: Henan Clothing Industry Association, Clothing Chamber of Henan International Commerce Chamber
Organizer: Zhengzhou Dalu Exhibition Co., Ltd., Zhengzhou International Exhibition Co., Ltd.
Address: Room 401,Unit 2,Building 23,Business Inner Ring Road, Zhengdong New District, Zhengzhou, Henan, China
Zip Code: 450000
Tel: +86-371-60970172
Fax: +86-371-60970173
Contact Person: Tang Chao

2011 The 6th China (Zhengzhou) Ou Ya International Hospitality Equipment & Supplies Exhibition

Date: 2011.6.2-4
Venue: Zhengzhou International Exhibition Center
Host: Henan Tourism Association, Henan Catering and Restaurant Industry Association, Henna Chamber of Hotels, Henan Business Industry Association, Henan Ou Ya International Exhibition Co., Ltd.
Organizer: Henan Ou Ya International Exhibition Co., Ltd.
Address: Block B, 6th Building, 8,Business Inner Ring Road, Zhengdong New District, Zhengzhou
Zip Code: 450016
Tel: +86-371-60272760,13526473118
Fax: +86-371-60272750
Contact Person: Zhang Wei

The 6th China (Zhengzhou) International Home Textiles & Fabrics Exhibition

Date: 2011.6.3-5
Venue: Zhengzhou International Convention & Exhibition Center
Exhibits: Home textiles, hotel textiles, auto fabrics, various kinds of bedclothes, etc.
Host: Henan Home Textiles Associations, Henan Trade Association, Zhengzhou Euro-Asia International Exhibition Co., Ltd.
Organizer: Henan Textile Quality Supervision, Examination and Test Center, Henan Textile Information Association, Henan Textile Employees' Union, Chain Committee of Henan Trade Association, Retail Committee of Henan Trade Association, Wholesale Market Committee of Henan Trade Association
Address: Building B, Block 6,8,CBD Business Inner Ring Road, Zhengdong New District, Zhengzhou
Tel: +86-371-60272790,60272780
Fax: +86-371-60272750
Email: ouyainfo@163.com
Contact Person: Jia Fang

2011 China Zhengzhou Printing And Packaging Products Exposition

Date: 2011.9
Frequency: Biyearly
Year of the First Event: 2007.11
Venue: Zhengzhou International Convention & Exhibition Centre(ZZICEC)
Exhibits: All kinds of printing and packaging products, various kinds of leaflet, drum printing equipment, various kinds of packaging and printing equipment, prepress processing system, digital printing equipment, post-press processing equipment, computer direct plate-making equipment, various before printing, printing, after printing equipment parts, paper, ink , advertising design, production equipment
Host: Henan Province People's Government
Organizer: Zhengzhou Municipal People's Government, Henan Bureau Of Commerce, Ccpit Henan Sub-council, Zhongyuan Publication Investment Holding Group Limited
Address: Room 6418,No.115 Wenhua Road, Zhengzhou, Henan Province
Zip Code: 450003
Tel: +86-371-63576588
Fax: +86-371-63576816
Email: zsb0371@126.com
Contact Person: Shi Weitang

2011 Henan International Finance Expo

Date: 2011.9
Frequency: Yearly
Year of the First Event: 2010.12
Venue: Zhengzhou International Convention & Exhibition Centre(ZZICEC)
Exhibits: Financial institutions, financing and financial services products show, Folk capital credit, intermediaries demonstration; Financial technology, equipment show etc
Host: Henan financial services office, CCPIT Henan Sub-Council, Zhengzhou municipal people's government, Henan international chamber of commerce, Beijing golden exposition company, Beijing financial work bureau
Address: Room 6418,No.115 Wenhua Road, Zhengzhou, Henan Province
Zip Code: 450003
Tel: +86-371-63576588
Fax: +86-371-63576816
Email: zsb0371@126.com
Contact Person: Shi Weitang

China Ice-cream & Frozen Foods Exposition (Iffe2011)

Date: 2011.10.12-14
Frequency: Yearly
Year of the First Event: 2001
Venue: Zhengzhou International Convention & Exhibition Centre
Exhibits: Ice cream production equipment, raw materials and packing; Frozen food production equipment, raw and auxiliary

materials and packaging, etc
Previous Data: 12000 Spectators
Host: China baking food and sugar products industry association, national frozen drinks professional committee and Henan food office
Organizer: Beijing baked joint exhibition Co., Ltd
Address: 1305A, Zhongsheng Building, No.2 North Fengwo, Haidian District, Beijing
Zip Code: 100038
Tel: +86-10-63430880 ; 63430990
Fax: +86-10-63430660
Website: www.cn870.com
Email: cn870870@126.com
Contact Person: Li Xiang, Li Juan

2011 2nd Central (Zhengzhou) chemical exposition

Date: 2011.11
Frequency: Biyearly
Year of the First Event: 2009
Venue: CCICE
Exhibits: Coal chemical, petrochemical, salt chemical, agricultural chemicals, dye coatings, chemical equipment and technology, chemical industry informatization construction and high-tech chemical industry zone construction
Host: Henan SASAC, CCPIT Henan Sub-Council, Henan province petroleum and chemical industry association, Henan province coal society, Zhengzhou federations of chemical chamber of commerce
Address: Room 6418,No.115 Wenhua Road, Zhengzhou, Henan Province
Zip Code: 450003
Tel: +86-371-63576588
Fax: +86-371-63576816
Email: zsb0371@126.com
Contact Person: Shi Weitang

Hong Kong

Hong Kong International Licensing Show

Date: 2011.1.10-12
Venue: Hong Kong Convention and Exhibition Center
Exhibits: Art design, celebrities' portraits, cartoon characters, post-secondary institutions brand, famous brand, digital entertainment, film and television entertainment, fashion, sports
Host: Hong Kong Trade Development Council
Organizer: Hong Kong Trade Development Council
Tel: +86-852-25844163, 25844582
Fax: +86-852-28240249
Email: licensingshow@hktdc.org

Hong Kong Toys & Games Fair 2011

Date: 2011.1.10-13
Frequency: Yearly
Venue: Hong Kong Convention and Exhibition Center
Exhibits: Toys & games, hobby goods, magic items, outdoor & sporting items, paper products & toy packaging, party items, toy parts & accessories, etc.
Host: Hong Kong Trade Development Council
Organizer: Hong Kong Trade Development Council, Feima Business Convention and Exhibition Co., Ltd.
Tel: +86-591-83924938
Fax: +86-591-83951657
Email: tofair@yahoo.com
Contact Person: Mr.Zheng

Hong Kong Baby Products Fair

Date: 2011.1.10-13
Venue: Hong Kong Convention and Exhibition Center
Exhibits: Baby products
Host: Hong Kong Trade Development Council
Organizer: Hong Kong Trade Development Council
Tel: +86-852-1830668
Fax: +86-852-28240249
Email: exhibitions@tdc.org.hk

Hong Kong International Stationery Fair 2011

Date: 2011.1.11-13
Venue: Hong Kong Convention and Exhibition Center
Exhibits: Writing tool, pens, office gift, paper products, office stationery, art stationery and equipment, teaching instrument, kid stationery and school facilities, etc.
Host: Hong Kong Trade Development Council, Messe Frankfurt (HK) Co., Ltd.
Tel: +86-852-22404606
Fax: +86-852-28240026
Email: exhibitions@hktdc.org
Contact Person: Dong Ruiying

Hong Kong Fashion Week for Fall/Winter 2011

Date: 2011.1.17-20
Venue: Hong Kong Convention and Exhibition Center
Exhibits: Fall/winter fashion collections, garment accessories, etc.
Host: Hong Kong Trade Development Council
Organizer: Hong Kong Trade Development Council
Tel: +86-592-1830668
Fax: +86-592-28240249
Email: exhibitions@tdc.org.hk

World Boutique, Hong Kong

Date: 2011.1.17-20
Venue: Hong Kong Convention and Exhibition Center
Exhibits: Fashion series, clothing accessories, jewelry and cloth
Host: Hong Kong Trade Development Council
Organizer: Hong Kong Trade Development Council
Tel: +86-852-1830668
Fax: +86-852-28240249
Email: exhibitions@tdc.org.hk

Education & Careers Expo

Date: 2011.2.17-20
Venue: Hong Kong Convention and Exhibition Center
Exhibits: Education, occupation, books and materials
Host: Hong Kong Trade Development Council
Organizer: Hong Kong Trade Development Council
Tel: +86-852-1830668
Fax: +86-852-28240249
Email: exhibitions@tdc.org.hk

Hong Kong International Jewellery Show

Date: 2011.3.4-8
Venue: Hong Kong Convention and Exhibition Center
Exhibits: Fine jewellery, gemstones, pearls, accessories, tools & equipment, jewellery and

branded watches, etc.
Host: Hong Kong Trade Development Council
Organizer: Hong Kong Trade Development Council
Tel: +86-592-1830668
Fax: +86-592-28240249
Email: exhibitions@tdc.org.hk

The 2011 Hong Kong International ICT Expo

Date: 2011.4.13-16
Frequency: Yearly
Venue: Hong Kong Convention and Exhibition Center
Exhibits: Audiovisual products, digital image products, electronic appliances, electronics manufacturing service, electronic components and production technology, electronic health products, home appliances, home technology, lighting products, office automation equipment, personal electronic products, security products, communications products, and business service, etc.
Previous Data: 9000sq.m Gross area, 406 exhibitors, 31469 buyers
Host: Hong Kong Trade Development Council
Organizer: Hong Kong Trade Development Council
Address: No.3,Huacheng Avenue, Zhujiang Xincheng, Guangzhou, Guangdong, China
Zip Code: 510623
Tel: +86-20-87248839
Fax: +86-20-87248166
Email: happydayexpo@126.com
Contact Person: You Nannan

The 2011 Hong Kong Electronics Fair (Spring Edition)

Date: 2011.4.13-16
Venue: Hong Kong Convention and Exhibition Center
Exhibits: Communications, electronics, etc.
Host: Hong Kong Trade Development Council
Organizer: Hong Kong Trade Development Council
Address: Room 612 Mingshangge, Baoannan Road, Luohu District, Shenzhen, Guangdong, China
Zip Code: 518001
Tel: +86-755-25857573
Fax: +86-755-25857457
Email: exhibitions@tdc.org.hk
Contact Person: Ms.Zhang

Hong Kong International Lighting Fair (Spring Edition)

Date: 2011.4.13-16
Venue: Hong Kong Convention and Exhibition Center
Exhibits: Lighting, trade service
Host: Hong Kong Trade Development Council
Organizer: Hong Kong Trade Development Council
Tel: +86-852-1830668
Fax: +86-852-28240249
Email: exhibitions@tdc.org.hk

Hong Kong International Home Textiles Fair

Date: 2011.4.20-23
Venue: Hong Kong Convention and Exhibition Center
Exhibits: Liquor & beverage products, wine production & logistics, wine accessories and other related services, etc.
Host: Hong Kong Trade Development Council
Organizer: Hong Kong Trade Development Council
Tel: +86-592-1830668
Fax: +86-592-28240249
Email: exhibitions@tdc.org.hk

The 2011 Hong Kong Houseware Fair

Date: 2011.4.20-23
Venue: Hong Kong Convention and Exhibition Center
Exhibits: Manmade floriation, bath room appliance, cleaning tools, furniture, gardening and outdoor articles, handicrafts, hardware and DIY products, health care and personal care products, etc.
Host: Hong Kong Trade Development Council
Organizer: Hong Kong Trade Development Council, Shanghai Jiacheng Convention and Exhibition Service Co., Ltd.
Address: 202,No.21,5055 Lane, Yanggaonan Road, Pudong District, Shanghai, China
Tel: +86-21-50836736
Fax: +86-21-26621100
Email: tina@jiachengexpo.com
Contact Person: Ms.Xu

Hong Kong International Printing & Packaging Fair

Date: 2011.4.27-30
Venue: AsiaWorld-Expo
Exhibits: Printing and packaging service, printing consumable material, packaging material and auxiliaries, etc.
Host: Hong Kong Trade Development Council, CIEC Exhibition Co., Ltd.
Organizer: CIEC Exhibition Co., Ltd.
Address: Room 1909,Harbor Center, No.25,Harbor Road, Wanchai, Hong Kong, China
Tel: +86-20-87248839
Fax: ÷86-20-87248166
Email: worldexpo@21cn.com
Contact Person: Ms.Liu

Hong Kong Gifts & Premium Fair 2011

Date: 2011.4.27-30
Frequency: Yearly
Venue: Hong Kong Convention and Exhibition Center
Exhibits: Gifts and premium, art crafts, small porcelain gifts, electronic products, company gifts, fashion jewelry and decoration, kid gifts, women's gifts and premium, paper products and packaging products, party and Christmas gifts, etc.
Host: Hong Kong Trade Development Council
Organizer: Shanghai Yugao Exhibition Co., Ltd.
Address: 6th Floor, No.633,Pushen Road, Shanghai, China
Zip Code: 201114
Tel: +86-21-34504155
Fax: +86-21-51069283
Email: 258522985@163.com
Contact Person: Chen Hua

HKTDC Summer Sourcing Show for Gifts, Houseware & Toys

Date: 2011.7.4-7
Venue: Hong Kong Convention and Exhibition Center
Exhibits: Gifts and premium, household products, home decorations, toys and games, festive and party items, etc.
Host: Hong Kong Trade Development Council
Organizer: Hong Kong Trade Development Council
Tel: +86-592-1830668
Fax: +86-592-28240249
Email: exhibitions@tdc.org.hk

Hong Kong Fashion Week for Spring/Summer

Date: 2011.7.4-7
Venue: Hong Kong Convention and Exhibition Center
Exhibits: All sorts of clothing, fashion accessories, clothing related products and services
Host: Hong Kong Trade Development Council
Organizer: Hong Kong Trade Development Council
Tel: +86-852-1830668
Fax: +86-852-28240249
Email: exhibitions@tdc.org.hk

HKTDC Hong Kong Book Fair

Date: 2011.7.20-26
Venue: Hong Kong Convention and Exhibition

Center
Exhibits: Books, printed matters, stationery, printing services and multimedia education products, etc.
Host: Hong Kong Trade Development Council
Organizer: Hong Kong Trade Development Council
Tel: +86-592-1830668
Fax: +86-592-28240249
Email: exhibitions@tdc.org.hk

High Quality Life Expo

Date: 2011.7.22-24
Venue: AsiaWorld-Expo
Exhibits: Beauty and health care, recreation and cultivate, school supplies, shrewd consumption
Host: Hong Kong Trade Development Council
Organizer: Hong Kong Trade Development Council
Tel: +86-852-1830668
Fax: +86-852-28240249
Email: exhibitions@tdc.org.hk

Hong Kong International Tea Fair

Date: 2011.8
Venue: Hong Kong Convention and Exhibition Center
Exhibits: Tea, processed tea and tea products, tea packaging, processing equipment and testing services, tea ware, tea bars/organizations, tea technology, tea services and publications, etc.
Host: Hong Kong Trade Development Council
Organizer: Hong Kong Trade Development Council
Tel: +86-592-1830668
Fax: +86-592-28240249
Email: exhibitions@tdc.org.hk

International Conference & Exhibition of the Modernization of Chinese Medicine & Health Products

Date: 2011.8
Venue: Hong Kong Convention and Exhibition Center
Exhibits: Chinese medicine, health products, scientific, etc.
Host: Hong Kong Trade Development Council
Organizer: Hong Kong Trade Development Council
Tel: +86-592-1830668
Fax: +86-592-28240249
Email: exhibitions@tdc.org.hk

Food Expo

Date: 2011.8.11-15
Venue: Hong Kong Convention and Exhibition Center
Exhibits: Food and drinks, utensils and food packaging, labels, logistics and related services, food processing products, food technology, mechanical and services, government agencies and food industry association
Host: Hong Kong Trade Development Council
Organizer: Hong Kong Trade Development Council
Tel: +86-852-1830668
Fax: +86-852-28240249
Email: exhibitions@tdc.org.hk

HKTDC Hong Kong Watch & Clock Fair

Date: 2011.9.7-11
Venue: Hong Kong Convention and Exhibition Center
Exhibits: Complete watches & clocks, part & components, accessories, tools & instruments, machinery, etc.
Host: Hong Kong Trade Development Council
Organizer: Hong Kong Trade Development Council
Tel: +86-592-1830668
Fax: +86-592-28240249
Email: exhibitions@tdc.org.hk

Hong Kong International Building and Decoration Materials & Hardware Fair

Date: 2011.10
Venue: AsiaWorld-Expo
Exhibits: Bathroom, kitchen, architectural decoration hardware, building technology, smallpox, curtain wall, ceramic, stone, coatings, chemical building material, doors and Windows, household, office and outdoor equipment, environmental protection building materials, interior decoration material, testing and certification
Host: Hong Kong Trade Development Council
Organizer: Hong Kong Trade Development Council
Tel: +86-852-25844333
Fax: +86-852-35438717
Email: exhibitions@tdc.org.hk

Hong Kong Electronics Fair (Autumn Edition)

Date: 2011.10.13-15
Venue: Hong Kong Convention and Exhibition Center
Exhibits: Audio-visual products, computer and its peripherals, digital image products, electronic accessories, electronic games products, household appliances, electronic health care products, automobile electron and navigation system, office automation and equipment. personal electronic products, security products, telecommunications products, testing and certification,related services
Host: Hong Kong Trade Development Council
Organizer: Hong Kong Trade Development Council
Tel: +86-852-22404075
Fax: +86-852-22404075
Email: exhibitions@tdc.org.hk

Electronic Asia

Date: 2011.10.13-16
Venue: Hong Kong Convention and Exhibition Center
Exhibits: General semiconductor
Power semiconductor devices
Embedded system
Sensor
Microelectromechanical system
Printed circuit board and other circuit carrier and electronics manufacturing services
Connection technique
Cable
Motor/drive component
Components and subsystem
Microwave technology
Display
Solar photovoltaic electronic products
Host: Hong Kong Trade Development Council
Organizer: Hong Kong Trade Development Council
Tel: +86-852-22404018
Fax: +86-852-28240026, 28240249
Email: exhibitions@tdc.org.hk

Sports Source Asia

Date: 2011.10.27-29
Venue: Hong Kong Convention and Exhibition Center
Exhibits: Ball game equipment, cycling, fitness & gymnastic training equipment, golf equipment supplies, indoor sports, outdoor sports, racket sports, skating & skateboarding supplies, sports shoes, sportswear and accessories, track & field sports, water sports, winter sports, etc.
Host: Hong Kong Trade Development Council
Organizer: Hong Kong Trade Development Council
Tel: +86-592-1830668
Fax: +86-592-28240249
Email: exhibitions@tdc.org.hk

Hong Kong International Lighting Fair (Autumn Edition)

Date: 2011.10.27-30

Venue: Hong Kong Convention and Exhibition Center
Exhibits: Commercial lighting
Environmental lighting
Household lighting
LED lighting
Outdoor lighting
Lighting accessories and parts
Lighting management, design and technology
Trade service and publications
Host: Hong Kong Trade Development Council
Organizer: Hong Kong Trade Development Council
Tel: +86-852-22404811
Fax: +86-852-28240026
Email: exhibitions@tdc.org.hk

EcoExpo Asia

Date: 2011.10.27-30
Venue: AsiaWorld-Expo
Exhibits: Air quality, energy efficiency and energy, waste and recycling, environmental protection products
Host: Hong Kong Trade Development Council
Organizer: Hong Kong Trade Development Council
Tel: +86-852-25844333
Fax: +86-852-35438715
Email: exhibitions@tdc.org.hk

Hong Kong Optical Fair

Date: 2011.11.3-5
Venue: Hong Kong Convention and Exhibition Center
Exhibits: Invisible glasses, frames and mountings, lens
Host: Hong Kong Trade Development Council
Organizer: Hong Kong Trade Development Council
Tel: +86-852-1830668
Fax: +86-852-28240249
Email: exhibitions@tdc.org.hk

Hong Kong International Wine & Spirits Fair

Date: 2011.11.3-5
Venue: Hong Kong Convention and Exhibition Center
Exhibits: Liquor & beverage products, wine production & logistics, wine accessories and other related services, etc.
Host: Hong Kong Trade Development Council
Organizer: Hong Kong Trade Development Council
Tel: +86-852-1830668
Fax: +86-852-28240249
Email: exhibitions@tdc.org.hk

Hubei

Wuhan

2011 China (Wuhan) Public Safety Products, Technologies and Equipment Exhibition

Date: 2011.3.9-11
Venue: Wuhan International Convention & Exhibition Center
Exhibits: Video surveillance equipment, intrusion alarm system equipment, explosive safety inspection equipment, access control system equipment, electronic inspection system equipment, fire-fighting techniques and products, intelligent transportation techniques and products, etc.
Website: www.hubeiaf.com
Host: Hubei Security and Protection Association
Organizer: Beijing Sixing Exhibition Service Co., Ltd., Hubei Wanze Exhibition Service Co., Ltd.
Address: Room 803,Building A, Jindu Huating, 717,Minzhu Road, Wuhan
Zip Code: 430071
Tel: +86-27-50701302, 50702247, 13627257558
Fax: +86-27-50702682
Email: afexpo@126.com
Contact Person: Dai Jufeng

2011 China (Wuhan) Traffic Security Products, Technologies and Devices Exhibition

Date: 2011.3.9-11
Venue: Wuhan International Convention & Exhibition Center
Exhibits: intelligent traffic control system, traffic signals and signs, marking-off devices, other traffic security products and devices, etc.
Host: Hubei Security and Protection Industry Association
Organizer: Hubei Wanze Exhibition Service Co., Ltd.
Address: Room 803,Building A, Jindu Huating Mansion, 717,Minzhu Road, Wuchang District, Wuhan
Zip Code: 430071
Tel: +86-27-50701302,13627257558
Fax: +86-27-50702682
Email: afexpo@126.com
Contact Person: Dai Junfeng

The 3rd Wuhan Printing, Packaging & Paper Expo

Date: 2011.3.14-16
Venue: Wuhan International Convention & Exhibition Center
Host: Tarsus-Hope Exhibition Company
Organizer: Tarsus-Hope Exhibition Company, Wuhan Good Idea Advertising Co., Ltd.
Address: 10th Floor, International Finance and Trade Building, No.1 Wuchang Zhongnan Road, Wuhan
Zip Code: 430071
Tel: +86-27-87362609
Fax: +86-27-87362987
Contact Person: Mr.Feng

2011 The 27th Hubei (Wuhan) International Advanced Medical Equipment Exhibition

Date: 2011.3.29-31
Venue: Wuhan International Convention & Exhibition Center
Exhibits: medical imaging, medical ultrasonic, medical electronic, etc.
Host: Wuhan Office of Health, Wuhan Bureau of Health, Hubei Branch of the China Council for the Promotion of International Trade, Hubei Branch of China Chamber of International Commerce, etc.
Organizer: Equipment Division of Hubei Office of Health, Hubei International Exhibition Center
Address: Building 19,8,North Jianghan Road, Hankou, Wuhan
Zip Code: 430022
Tel: +86-27-85772659
Fax: +86-27-85772659
Email: whwb0531@126.com
Contact person: Wen Bin

2011 The 11th Central and South China (Wuhan) Cosmetology, Hair-dressing and Make-up Expo

Date: 2011.4.16-18
Venue: Wuhan International Convention & Exhibition Center
Website: www.whcciec.com
Host: Hubei Cosmetology and Hair-dressing Association
Organizer: Hubei Chuancheng Wenhua Exhibition Co., Ltd.
Address: Room 2106,Building B, Huangpu Donggong, 88,Huangpu Road, Jiang'an District, Wuhan
Zip Code: 430012
Tel: +86-27-62373008,13797009318
Fax: +86-27-82288715
Email: whciee2006@yahoo.com.com

Contact Person: Mr.Xiao

2011 Central and West China (Wuhan) Medical Equipment Exhibition

Date: 2011.5.12-14
Venue: Wuhan International Convention and Exhibition Center
Exhibits: diagnostic device, ultrasonic diagnostic equipment, x-ray imaging diagnostic equipment, monitoring devices, etc.
Website: www.cwmee.com
Host: Hope Tarsus Exhibition Co.
Address: Floor 10,International Finance and Trade Mansion, 1,Zhongnan Road, Wuchang District, Wuhan, Hubei, China
Zip Code: 430000
Tel: +86-27-87362945
Fax: +86-27-87362987
Website: www.whmts.com
Email: may@hope-tarsus.com
Contact Person: Wang Sumei

2011 The 4th China Wuhan Tea Industry Expo & Lu Yu International Tea Festival

Date: 2011.5.13-16
Frequency: Yearly
Venue: Wuhan International Convention & Exhibition Center
Exhibits: tea, tea set, tea machinery, tea enterprises, etc.
Website: www.hzteaexpo.com
Host: Hubei Agricultural Office
Organizer: Hubei Tea Society, Hubei Lu Yu Tea Culture Research Society, Wuhan Tea Industry Association of Hubei Tea Association, Wuhan Zhongxing Hengyuan Exhibition & Conference Co., Ltd.
Address: Nanda Building, 385,Xinhua Road, Wuhan, Hubei
Zip Code: 430015
Tel: +86-27-65602827,13971157979
Fax: +86-27-65603179
Email: teaexpo@qq.com
Contact Person: Wu Zhiyuan

2011 China (Wuhan) International Electronic Information Industry Exhibition

Date: 2011.5.15-17
Venue: Wuhan International Convention & Exhibition Center
Exhibits: communications operation, communications technologies and devices, radio and television technologies and devices, etc.
Host: Hubei Office of Science and Technology, Hubei Economic and Information Committee, Hubei Communications Administration, Hubei Radio, Film & Television Bureau, Hubei Provincial Radio and Television Station
Organizer: Hubei Zhongke Convention & Exhibition Co., Ltd.
Address: 1st Floor, Building 2,62,Hongshan Road, Shuiguo Lake, Wuchang, Wuhan
Zip Code: 430071
Tel: +86-27-87825462,+86-15202752434
Fax: +86-27-87278669
Email: yxy5981@163.com
Contact Person: Mr.Yang (+86-15007189966)

2011 Wuhan Business Wear Exhibition

Date: 2011.5.27-29
Venue: Wuhan International Convention and Exhibition Center
Exhibits: Business wear for different industries, business wear for factories, business wear for hotels, ornaments, etc.
Website: www.hudiezl.com
Host: Wuhan Hudie Exhibition Co., Ltd.
Address: Yuyuli, Jianghan District, Wuhan, Hubei, China
Zip Code: 430023
Tel: +86-27-65608445
Fax: +86-27-65608445
Email: zhiyezhuangzl@sina.com
Contact Person: Mr.Guan

2011 The 12th China International Mechanical And Electrical Products Expo

Date: 2011.9.23-26
Venue: Wuhan Xincheng International Expo Center
Exhibits: machine tools, industrial control, Welding technologies, electrician, etc.
Website : www.cwme.com.cn
Host: Commerce Department of the PRC, the China Council for the Promotion of International Trade, Shanxi Provincial Government, Henan Provincial Government, Hunan Provincial Government, Hubei Provincial Government, Wuhan Municipal Government
Organizer: China Chamber of Commerce for I/E of Machinery & Electronic Products, Wuhan Foreign Trade and Business Exhibition Company
Address: Room 1502,Building B, Penghu Apartment, 106,Taibei Road, Wuhan
Zip Code: 430032
Tel: +86-27-85801233,15926349435
Fax: +86-27-85771292
Email: yhrita2007@163.com
Contact Person: Yu Hui

Hunan

Changsha

2011 The 10th Hunan Advertising And Media Exhibition

Date: 2011.3.12-14
Frequency: Yearly
Year of the First Event: 2001
Venue: Changsha Hongxing International Exhibition Center
Exhibits: Advertising technology and equipment, advertising photography technology and equipment, large LED display technology and application, exhibition equipment, facility equipment and design software, printer and consumables, advertising gifts and promotion products, etc.
Host: Changsha Haotian Exhibition Planning Co., Ltd.
Organizer: ChangshaWenlong Exhibition Planning Co., Ltd.
Address: Room 407/409,Houdong, No.333,Wuyi Avenue, Changsha, Hunan, China
Zip Code: 410005
Tel: +86-731-4455909,2166069,2181829
Fax: +86-731-2166069,4455909
Website: www.wlo-cs.com
Email: wlo_cs@126.com
Contact Person: Zhang Yonggang (+86-13874807387),
Liu Jie (+86-13407313991)

2011 Hunan Public Security Products And Technology Fair

Date: 2011.4.21-23
Frequency: Yearly
Year of the First Event : 2000
Venue: Red Star International Exhibition Center
Previous Data: 200 exhibitors
Host: Logistics and Equipment and Technology Division of Hunan Public Security Department
Organizer: Hunan Public Security Protection Technology Association, Hunan Changsha Lande Exhibition & Advertisement Co., Ltd.
Address: Room 607 A Building Jinyuan Business Building No.438 Section 3 Middle Furong Road, Tianxin District, Changsha
Zip Code: 410015
Tel: +86-731-5212008
Fax: +86-731-2886798
Email: 13308468282@hn165.com
Contact Person: Zhang Zhi
(+86-13808450898)

2011 Central China (Changsha) International Chemical Technology and Equipment Exhibition

Date: 2011.5.18-20
Venue: Hunan International Convention & Exhibition Center
Exhibits: Industrial gas production equipment, pumps, valves, pipe fittings and fluid machinery, etc.
Host: China Machinery Industry Federation
Organizer: Tarsus Hope Changsha Exhibition Co., Ltd.
Tel: +86-731-82836027
Fax: +86-731-82836036
Email: cceme@qq.com
Contact Person: Li Shulin (+86-13707315271)

2011 Hunan International Machine Tool Exhibition

Date: 2011.5.29-31
Frequency: Yearly
Year of the First Event: 2000
Venue: Hunan International Exhibition Center
Exhibits: Hydraulic press machine, punching machine tool, shearing machine, folding machine, pipe bending machine, plate rolling machine, flattening machine, Pneumatic hammer, forging machine, other forging/punching equipment, etc.
Host: China Machinery Industry Federation
Organizer: Changsha Hope-Tarsus Exhibition Co., Ltd., Changsha Hengchuang Exhibition Planning Service Co., Ltd.
Address: Room 1904 Furture Center, No.468,Furong M.Road, First Section, Changsha, Hunan, China
Tel: +86-731-82836037
Fax: +86-731-82836036
Website: www.ccieme.com.cn
Contact Person: Li Shulin (+86-13707315271)

Jiangsu

Changzhou

2011 The 14th Changzhou International Machine Mold and Rubber Industry Exhibition

Date: 2011.5.12-14
Venue: Changzhou Human Resource Market
Website: www.expo.machine365.com
Host: Jiangsu Mold Industry Association, Jiangsu Xingye Mechanical Equipment Co., Ltd.
Organizer: Changzhou Lingyue Exhibition Service Co., Ltd.Changzhou Gonglian Mechanical Equipment Co., Ltd.
Address: No.99,Jin Ling North Street, Xinbei District, Changzhou
Zip Code: 213022
Tel: +86-519-85108175
Fax: +86-519-85119909
Email: sales@czxinda.com.cn
Contact Person: Ms.Song, Ms.Lu

2011 The 5th China Changzhou Electric Bicycle Fuel Bicycle and Spare Parts Exhibition

Date: 2011.6
Venue: Changzhou International Exhibition Center
Host: Electric Bicycle Information Magazine
Organizer: Qingdao Jin Ao Advertising Ltd. Company
Tel: +86-535-69188315
Contact Person: Mr.Zhang

Nanjing

2011 The 17th Nanjing Advertisement Exhibition

Date: 2011.3.11-13
Venue: Nanjing International Exhibition Center
Host: China Council for the Promotion of International Trade Nanjing Office, Nanjing Yadong Exhibition Service Co., Ltd.
Organizer: Nanjing Yadong Exhibition Service Co., Ltd.
Address: 4 Floor, Zhongye Building, No.34,Zhong Shan North Street, Nanjing
Zip Code: 210009
Tel: +86-25-83227379
Fax: +86-25-83227379
Email: Sunday001@126.com
Contact Person: Ms.Dai

2011 Nanjing International Neon Exhibition

Date: 2011.3.11-13
Venue: Nanjing International Exhibition Center
Host: China Council for the Promotion of International Trade Nanjing Office, Nanjing Yadong Exhibition Service Co., Ltd.
Organizer: Nanjing Yadong Exhibition Service Co., Ltd.
Address: 4 Floor, Zhongye Building, No.34,Zhong Shan North Street, Nanjing
Zip Code: 210009
Tel: +86-25-83227379
Fax: +86-25-83227379
Email: Sunday001@126.com
Contact Person: Ms.Dai

2011 Nanjing LED and Marking Scutcheon Exhibition

Date: 2011.3.11-13
Venue: Nanjing International Exhibition Center
Host: China Council for the Promotion of International Trade Nanjing Office, Nanjing Yadong Exhibition Service Co., Ltd.
Organizer: Nanjing Yadong Exhibition Service Co., Ltd.
Address: 4 Floor, Zhongye Building, No.34,Zhong Shan North Street, Nanjing
Zip Code: 210009
Tel: +86-25-83227379
Fax: +86-25-83227379
Email: Sunday001@126.com
Contact Person: Ms.Dai

2011 Nanjing International Advertising Equipment Exhibition

Date: 2011.3.11-13
Venue: Nanjing International Exhibition Center
Host: China Council for the Promotion of International Trade Nanjing Office, Nanjing Yadong Exhibition Service Co., Ltd.
Organizer: Nanjing Yadong Exhibition Service Co., Ltd.
Address: 4 Floor, Zhongye Building, No.34,Zhong Shan North Street, Nanjing
Zip Code: 210009
Tel: +86-25-83227379
Fax: +86-25-83227379
Email: Sunday001@126.com
Contact Person: Ms.Dai

2011 The 10th Nanjing Public Security Protection Product And Technology Exhibition

Date: 2011.3.17-19
Venue: Nanjing International Exhibition Center
Website: www.js-secu.com
Host: Jiangsu Office of Public Security Science Department
Organizer: Nanjing Huizhan Exhibition Service Co., Ltd.
Address: 18E, Jinlun Building, No.108,Han Zhong Road, Gu Lou District, Nanjing
Tel: +86-25-84714021
Fax: +86-25-84714041
Email: 1999@njhzexpo.com
Contact Person: Ding Ping

2011 The 9th Jiangsu International Machine Tools Exhibition

Date: 2011.3.23-25
Venue: Nanjing International Exhibition Center
Website: www.njfhzl.com
Host: Jiangsu Economy and Information Committee, Jiangsu Machine Tools Association
Organizer: Nanjing Phoenix Exhibition Co., Ltd.
Address: Room 1608,Min Zu Building, No.163,Fu Feng Road, Nanjing
Tel: +86-25-86645029
Fax: +86-25-84517548
Email: happycr888@163.com

2011 China International Clean Energy Exhibition

Date: 2011.4.12-14
Venue: Nanjing International Exhibition Center
Host: China Association Resource Comprehensive Utilization, Hong And Zhi Group
Organizer: Shanghai Hong Zhong Exhibition Co., Ltd.
Address: 3 Floor, Shanghai Railway Building, No.355 He Ling Road, Shanghai
Tel: +86-21-510135507
Fax: +86-21-51013044
Email: cew@hnzmedia.com

Cimps-China International Marine, Prot & Shipbuilding Fair

Date: 2011.4.12-14
Frequency: Yearly
Year of the First Event: 2010.5
Venue: Nanjing International Expo Center
Exhibits: Shipbuilding, marine equipment, marine engineering, communications, navigation, port technology, logistics and transport, services, shipping and storage terminals industrial park with investment projects, etc.
Previous Data: 416 exhibitors
Host: Ministry of Industry and Information Technology, People's Government of Jiangsu Province
China Council for the Promotion of International Trade
China Shipbuilding Industry Association
China Association of Shipbuilding Engineering
Organizer: Economic and Information Technology Commission of Jiangsu Province
Jiangsu Provincial Department of Commerce, People's Government of Nanjing
Address: Block AG, 19th Floor, No.333 South Taiping Road, Nanjing, Jiangsu Province
Zip Code: 210002
Tel: +86-25-84521101
Fax: +86-25-84692610
Website: www.china-ship.com
Email: frank@china-ship.com
Contact Person: Huang Hao

2011 Jiangsu Nanjing Photoelectric Fair

Date: 2011.4.15-17
Venue: Nanjing International Exhibition Center
Host: Jiangsu Optics Society, China Chamber of International Commerce Nanjing Office, China Council Of The Promotion Of International Trade Nanjing Office
Organizer: Nanjing Bell Exhibition Co., Ltd.
Address: 1237,Xianfeng Square, No.417, Central Road, Nanjing, Jiangsu
Zip Code: 210037
Tel: +86-25-86999579
Fax: +86-25-86999309
Email: sydeny1987@163.com
Contact Person: Wang Sujuan (+86-13915926078)

2011 Nanjing Intelligence Constructive Product Exhibition

Date: 2011.4.27-29
Venue: Nanjing International Exhibition Center
Host: Jiangsu Office of Construction Science Development Center
Organizer: Nanjing International Exhibition Center, Nanjing Huizhan Exhibition Service Co., Ltd.
Address: 18E, Jinlun Building, No.108,Han Zhong Road, Lou Gu District, Nanjing
Zip Code: 210029
Tel: +86-25-84714021

2011 The 3rd Nanjing International Automobile Fair

Date: 2011.4.30-5.4
Venue: Nanjing International Exhibition Center
Organizer: China Automobile Exhibition Co.Nanjing Office
Address: Nanjing International Exhibition Center, No.199,Yan Shan Road, Nanjing
Tel: +86-25-86753386
Fax: +86-25-86753386
Email: 370040508@qq.com
Contact Person: Shang Ge

2011 The 13th Nanjing Industrial Automation And Instrumentation Exhibition

Date: 2011.5.18-20
Year of First Event: 1998
Venue: Nanjing International Exhibition Center
Host: Nanjing Automation and Instrumentation Association, Nanjing East Asia Exhibition Service Co., Ltd.
Organizer: Nanjing East Asia Exhibition Service Co., Ltd.
Address: 17F, Chunfeng Building, No.37,Hua Qiao Road, Nanjing
Zip Code: 210029
Tel: +86-25-84700182
Fax: +86-25-84720708
Email: dyyanwei@163.com
Contact Person: Yan Wei (+86-15195966916)

The 8th Nanjing Instrumentation and Automation Experts Forum

Date: 2011.5.18-20
Year of First Event: 1998
Venue: Nanjing International Exhibition Center
Host: Nanjing Automation and Instrumentation Association, Nanjing East Asia Exhibition Service Co., Ltd.
Organizer: Nanjing East Asia Exhibition Service Co., Ltd.
Address: 17F, Chunfeng Building, No.37,Hua Qiao Road, Nanjing
Zip Code: 210029
Tel: +86-25-84700182
Fax: +86-25-84720708
Email: dyyanwei@163.com
Contact Person: Yan Wei (+86-15195966916)

2011 East China Nanjing Laboratory Medicine and Blood Transfusion Equipment Exhibition

Date: 2011.5.19-21
Venue: Nanjing International Exhibition Center
Host: Nanjing Bureau of Health, Zhejiang Center for Disease Control And Prevention, Nanjing Hospital Association, Nanjing Center for Disease Control And Prevention
Organizer: Nanjing Bomao Exhibition Co., Ltd.
Address: Room B, 26 Floor, Building B, Jingang Building, No.251 He Yan Road, Nanjing
Tel: +86-25-85550990
Fax: +86-25-85550655
Email: shbjzl@126.com
Contact Person: Xu Hao (+86-18951615090)

2011 Nanjing International Sewing Equipment and Embroidery Industry Fair

Date: 2011.5.26-28
Venue: Nanjing International Exhibition Center
Exhibits: 12,000 sq.m. of exhibition area, 338 exhibitors
Host: China Council for the Promotion of International Trade Nanjing Sub-cauncil
Organizer: Nanjing Zhongfang Exhibition Co., Ltd.
Address: Room 2506,Hong An Building, No.127,Ji Qing Road, Nanjing
Zip Code: 210006
Tel: +86-25-52315808
Fax: +86-25-52315918
Email: zfexpo@126.com
Contact Person: Wei Ya (+86-13813960577)

2011 The 10th Nanjing International Textile Fabrics, Auxiliary Materials Exposition

Date: 2011.5.26-28
Venue: Nanjing International Exhibition Center
Exhibits: 12,000 sq.m. of exhibition area, 338 exhibitors
Host: China Council for the Promotion of International Trade Nanjing Sub-cauncil
Organizer: Nanjing Zhongfang Exhibition Co., Ltd.
Address: Room 2506,Hong An Building, No.127,Ji Qing Road, Nanjing
Zip Code: 210006
Tel: +86-25-52315808
Fax: +86-25-52315918
Email: zfexpo@126.com
Contact Person: Wei Ya (+86-13813960577)

2011 The 2nd Nanjing Child Education and Products Exhibition

Date: 2011.6
Venue: Nanjing International Exhibition Center
Website: www.njchildexpo.com
Organizer: Nanjing Aoyi International Automobile Exhibition Co., Ltd.
Address: Room 100,Nanjing International Exhibition Center, No.88,Long Pan Road, Nanjing
Zip Code: 210037
Tel: +86-25-86891912
Fax: +86-25-86891580
Email: market@njae.net

2011 China Nanjing International Medal Processing Exhibition

Date: 2011.10.12-14
Venue: Nanjing International Exhibition Center
Host: China National Machine Tools Corp., German Stuttgart Exhibition Corporation
Organizer: Stuttgart China Exhibition Co., Ltd.
Tel: +86-21-50811929-16
Fax: +86-21-50813069
Email: cmte@messe-stuttgart.com.cn

2011 China International New Energy Car Industry Technology Meeting and Trade Fair

Date: 2011.11.10-12
Year of First Event: 2010
Venue: Nanjing International Exhibition Center
Host: National Development and Reform Commission, Ministry of Industry and Information Technology of the People's Republic of China, The Ministry of Science and Technology of the People's Republic of China, People's Government of Jiangsu
Organizer: Jiangsu Lianya International Exhibition Co., Ltd.
Address: A-G, 19 Floor, Jin Ling Yu Jing Office Building, No.333,Tai Ping South Road, Nanjing
Tel: +86-25-84521101-807
Fax: +86-25-84692610
Email: info@evtecchina.com
Contact Person: Ms.Geng

2011 China Nanjing International Hairdressing and Beauty Products Fair

Date: 2011.11.24-26
Venue: Nanjing International Exhibition Center
Host: Jiangsu Hairdressing and Beauty Association, China Beauty Association, Nanjing Zhongfang Exhibition Co., Ltd.
Organizer: Nanjing Zhongfang Exhibition Co., Ltd.
Address: Room 2506,Hong An Building, No.127,Ji Qing Road, Nanjing
Zip Code: 210006
Tel: +86-25-52315808
Fax: +86-25-52315918
Contact Person: Luo Yun (+86-13705181783)

2011 Jiangsu Chemical Cleaning Products and Packaging Exhibition

Date: 2011.11.24-26
Venue: Nanjing International Exhibition Center
Host: Jiangsu Hairdressing and Beauty Association, China Beauty Association, Nanjing Zhongfang Exhibition Co., Ltd.
Organizer: Nanjing Zhongfang Exhibition Co., Ltd.
Address: Room 2506,Hong An Building, No.127,Ji Qing Road, Nanjing
Zip Code: 210006
Tel: +86-25-52315808
Fax: +86-25-52315918
Contact Person: Luo Yun (+86-13705181783)

Suzhou

2011 The 8th Suzhou International Machine Tools and Mold Exhibition

Date: 2011.3.10-12
Venue: Suzhou International Exhibition Center
Host: People's Government of Suzhou
Organizer: Suzhou Lianchuang Exhibition Co., Ltd.
Address: Room B501,B504,Xin Cheng Business Building, No.1199,East Ring, Suzhou
Zip Code: 215021
Tel: +86-512-67426972
Fax: +86-512-67245702
Email: lianchuang518@126.com
Contact Person: Ye Xin (+86-15921801135)

2011 Suzhou International Energy Conservation and Environmental Protection Technology and Equipment Exhibition

Date: 2011.3.10-12
Venue: Suzhou International Exhibition Center
Host: People's Government of Suzhou
Organizer: Suzhou Lianchuang Exhibition Co., Ltd.
Address: Room B501,B504,Xin Cheng Business Building, No.1199,East Ring, Suzhou
Zip Code: 215021
Tel: +86-512-67426972
Fax: +86-512-67245702
Email: lianchuang518@126.com
Contact Person: Ye Xin (+86-15921801135)

2011 The 8th Suzhou International Industry Exhibition

Date: 2011.3.11-12
Venue: Suzhou International Exhibition Center
Host: Suzhou Die-casting Technology Association
Organizer: Suzhou Guohua Exhibition Co., Ltd.
Address: Bo Lan Square, Modern Street, Industrial Garden, Suzhou
Tel: +86-512-62580111
Fax: +86-512-62805042
Email: yq@suzhouexpo.com
Contact Person: Zhuang Yueqi

2011 Changjiang River Delta Company Service Fair

Date: 2011.4.8-9
Frequency: yearly
Venue: Suzhou International Exhibition Center
Host: Jiangsu Economics and Trade Committee, People's Government of Suzhou
Organizer: Suzhou Boya Public Relation Service Co., Ltd., Suzhou International Bolan Center
Address: Room 1701,Huaxia Building, No.660,East Ring, Suzhou
Zip Code: 215000
Tel: +86-512-67625702
Email: cmalyl@163.com

2011 The 6th China Suzhou International Surface Treatment Exhibition

Date: 2011.4.14-16
Venue: Suzhou International Exhibition Center
Host: Suzhou Economy and Trade Committee, Suzhou National High-Tech Development District Committee
Organizer: Suzhou Planting Association, Suzhou Tianxi Exhibition Co., Ltd.
Address: Room 313,Fu Hua Qi, National Environment Protection Garden, No.369,Lu Shan Road, Suzhou
Zip Code: 215129
Tel: +86-512-88607707
Fax: +86-512-88607718
Email: u212asu27@sina.com
Contact Person: Fang Aijun

2011 The 4th China Suzhou Coating Industry Exhibition

Date: 2011.4.14-16
Venue: Suzhou International Exhibition Center
Host: Suzhou Economy and Trade Committee, Suzhou National High-Tech Development District Committee
Organizer: Suzhou Planting Association, Suzhou Tianxi Exhibition Co., Ltd.
Address: Room 313,Fu Hua Qi, National Environment Protection Garden, No.369,Lu Shan Road, Suzhou
Zip Code: 215129
Tel: +86-512-88607707
Fax: +86-512-88607718
Email: u212asu27@sina.com
Contact Person: Fang Aijun

2011 Suzhou China Fine Chemical Engineering and Equipment Exhibition

Date: 2011.4.14-16
Venue: Suzhou International Exhibition Center
Host: Suzhou Economy and Trade Committee, Suzhou National High-Tech Development District Committee
Organizer: Suzhou Planting Association, Suzhou Tianxi Exhibition Co., Ltd.
Address: Room 313,Fu Hua Qi, National Environment Protection Garden, No.369,Lu Shan Road, Suzhou
Zip Code: 215129
Tel: +86-512-88607707
Fax: +86-512-88607718
Email: u212asu27@sina.com
Contact Person: Fang Aijun

2011 Suzhou China International Electroplating Exposition

Date: 2011.4.14-16
Venue: Suzhou International Exhibition Center
Host: Suzhou Economy and Trade Committee, Suzhou National High-Tech Development District Committee
Organizer: Suzhou Planting Association, Suzhou Tianxi Exhibition Co., Ltd.
Address: Room 313,Fu Hua Qi, National Environment Protection Garden, No.369,Lu Shan Road, Suzhou
Zip Code: 215129
Tel: +86-512-88607707
Fax: +86-512-88607718
Email: u212asu27@sina.com
Contact Person: Fang Aijun

2011 East China International Internet Technology and Application Exhibition

Date: 2011.4.22-24
Venue: Suzhou International Exhibition Center
Host: Suzhou Economics and Information Technology Committee, Suzhou Bureau of Science
Organizer: Suzhou Liyang Exhibition Co., Ltd.
Address: Room 245,South Bingying Building, No.146,Guang Ji South Road, Suzhou
Zip Code: 215000
Tel: +86-512-82108205
Fax: +86-512-82108072
Email: 18706135541@163.com
Contact Person: Lin Feng

2011 The 12th Suzhou Pacific Asia Electronic Product Exhibition

Date: 2011.4.22-24
Venue: Suzhou International Exhibition Center
Host: Chinese Institute of Electronics
Contact Person: Liu Tianhong (+86-13912616961)

2011 Suzhou Automation Production Equipment Exhibition

Date: 2011.5.11-13
Venue: Suzhou International Exhibition Center
Host: Economic and Science Cooperation between the Channel Center
Organizer: Shanghai Xunzhan Exhibition Co., Ltd.
Address: Room 1005,West Building, Jin Yu Lan Suqare, No.1,Da Pu Road, Shanghai
Zip Code: 200023
Tel: +86-21-63045419-219
Fax: +86-21-64181136
Email: shxunzhang@163.com
Contact Person: Guan Tiesong

2011 The 7th Suzhou Circuit Board exhibition

Date: 2011.5.11-13
Venue: Suzhou International Exhibition Center
Host: Economic and Science Cooperation between the Channel Center
Organizer: Shanghai Xunzhan Exhibition Co., Ltd.
Address: Room 1005,West Building, Jin Yu Lan Suqare, No.1,Da Pu Road, Shanghai
Zip Code: 200023
Tel: +86-21-63045419-219
Fax: +86-21-64181136
Email: shxunzhang@163.com
Contact Person: Guan Tiesong

2011 Suzhou International Furniture Exhibition

Date: 2011.6.3-6
Venue: Suzhou International Exhibition Center
Host: People's Government of Suzhou Xiangcheng District, Suzhou Xiangcheng Furniture Association
Organizer: Zhao Yixue Business Planning Organization
Tel: +86-512-65765333
Fax: +86-512-65750666

2011 Suzhou International Furniture Manufacturing Equipment and Building Materials Exhibition

Date: 2011.6.3-6
Venue: Suzhou International Exhibition Center
Host: People's Government of Suzhou Xiangcheng District, Suzhou Xiangcheng Furniture Association
Organizer: Zhao Yixue Business Planning Organization
Tel: +86-512-65765333
Fax: +86-512-65750666

2011 Suzhou Business Furniture Carpenter Equipment and Material Exhibition

Date: 2011.6.23-26
Venue: Suzhou International Exhibition Center
Host: People's Government of Suzhou Xiangcheng, Suzhou Xiangcheng Furniture Association
Organizer: Zhao Yixue Business Planning Organization
Tel: +86-512-65765333
Fax: +86-512-65750666

2011 Suzhou International Redwood furniture, Accelerates and Light Exhibition

Date: 2011.10.28-11.6
Venue: Suzhou International Exhibition Center
Host: People's Government of Suzhou Xiangcheng, Suzhou Xiangcheng Furniture Association
Organizer: Zhao Yixue Business Planning Organization
Tel: +86-512-65765333
Fax: +86-512-65750666

Wuxi

2011 The 1st Taihu Lake International Caravan Fair

Date: 2011.1.1-3
Venue: Wuxi Taihu Lake International Exhibition Center
Host: Zhong Zheng Automobile Sales and Service Co., Ltd.
Address: No.12,Jiang Hai East Road, Wuxi
Tel: +86-510-82137098
Fax: +86-510-82112168

2011 The 18th Wuxi Taihu Lake International Machine Tools and Mold Producing Equipment Exhibition

Date: 2011.3.5-8
Venue: Wuxi Taihu Lake International Exhibition Center
Exhibits: 30,000 sq.m.exhibition area
Host: China Council of the Promotion of International Trade Wuxi Office, Wuxi Machine Industry Association
Organizer: Wuxi Delta Exhibition Co., Ltd.
Address: Room 502,7 Building, Ji Qing Garden, No.62,Ji Qing Li, Wuxi
Zip Code: 214005
Tel: +86-510-82322145
Fax: +86-510-82301731
Contact Person: Teng Hui
(+86-13812196389)

2011 The 15th Taihu International Industrial Automation and Instrumentation Exhibition

Date: 2011.3.5-8
Venue: Wuxi Taihu Lake International Exhibition Center
Exhibits: 30,000 sq.m.exhibition area
Host: China Council of the Promotion of International Trade Wuxi Office, Wuxi Machine Industry Association
Organizer: Wuxi Delta Exhibition Co., Ltd.
Address: Room 502,7 Building, Ji Qing Garden, No.62,Ji Qing Li, Wuxi
Zip Code: 214005
Tel: +86-510-82322145
Fax: +86-510-82301731
Contact Person: Teng Hui
(+86-13812196389)

The 3rd Wuxi Automobile Festival

Date: 2011.4.23-27
Venue: Wuxi Sports and Exhibition Center
Host: Wuxi Bureau of Commerce, Wuxi Automobile Industry Association
Organizer: Wuxi Dadao Advertisement Co., Ltd.
Address: Automobile City Second Zone, Tai Hu Da Road, Wuxi
Zip Code: 214028
Tel: +86-510-82110553

2011 The 27th Asia International Stamp Exhibition

Date: 2011.11.11-15
Venue: Wuxi Taihu International Exhibition Center
Website: www.wuxistamp2011.com
Host: National Bureau of Stamps, People's Government of Jiangsu, China Post, China Stamping Collection Association
Organizer: People's Government of Wuxi
Tel: +86-510-82837777
Email: wuxistamp2010@hotmail.com

2011 Wuxi Auto Bicycle Oiled Bicycle and Spare Parts Exhibition

Date: 2011.12.12-14
Venue: Wuxi Motorcycle Auto Bicycle Market
Host: People's Government of Wuxi
Tel: +86-535-6918315
Contact Person: Mr.Zhang

Jiangxi

Jingdezhen

China Jingdezhen International Ceramic Fair (I.C.F.)

Date: 2011.10.18-22
Frequency: Yearly
Year of the First Event: 2004
Venue: the Great China Museum of Jingdezhen City
Exhibits: All kinds of ceramic: art ceramics, daily-use ceramics, industrial ceramics high-tech ceramics, building and sanitary ceramics, ceramic package, ceramic machinery, etc
Previous Data: 600 Exhibitors, 200 foreign exhibitors, 350,000 spectators
Host: Ministry of Commerce of People's Republic of China, China National Light Industry Council, CCPIT, Jiangxi Provincial People's Government
Organizer: Foreign Trade Development Bureau of Ministry of Commerce, China Association of Ceramic Industry, Department of Commerce of Jiangxi Province, CCPIT Jiangxi Sub-council, Jingdezhen Municipal People's Government.
Address: No.1 Shihong Road, Jingdezhen
Zip Code: 333000
Tel: +86-798-8561961
Fax: +86-798-8562779
Website: www.chinaicf.cn
Email: jdz@chinaicf.cn
Contact Person: Shu Ni

Nanchang

The 14th China (Jiangxi) Collection Culture Festival & Crafts and Houseware Trade Fair

Date: 2011.1.15-25
Venue: Jiangxi Exhibition Center
Exhibits: Food, Alcoholic Drinks and Tobacco, Clothing, etc.
Host: Nanchang Commercial and Trading Commission, Jiangxi Exhibition Center
Organizer: Jiangxi Exhibition Center, Jiangxi Huamei Exhibition Service Co., Ltd.
Address: Room 510-511, 2nd Road North No.68,Nanchang Provincial Government Compound
Tel: +86-791-6202823
Contact Person: Xie Qilin(+86-13026212882)

2011 Pesticide, Fertilizer and Related Products Spring Fair

Date: 2011.3.5-7
Venue: Nanchang International Exhibition Center
Host: China Pesticide Development and Application Association, Agriculture Department of Jiangxi Province, Nanchang People's Government
Organizer: Beijing Zhongmao Jiecheng Exhibition Service Co., Ltd.
Address: Room 501,Juer Hutong No.7,Dongcheng District, Beijing.
Tel: +86-10-64047288
Fax: +86-10-64047288
Contact Person: Chang Liang (+86-13439828599)

2011 The 3rd Nanchang Household Expo Fair

Date: 2011.3.12-13
Venue: Nanchang International Exhibition Center
Host: China Construction Sanitary Ceramics Association, Nanchang People's Government
Organizer: Beijing Every Household Culture Co., Ltd, Jiangnan Metropolis Daily, Every Family Net
Address: A5,A District, Xiangjiang Commercial City, Jiefang West Road No.999,Nanchang, Jiangxi Province
Tel: +86-791-8206600
Fax: +86-791-8225873
Email: zhangbiyu1986@163.com
Contact Person: Gao Fei

2011 The 14th Jiangxi International Medical Equipment Exhibition

Date: 2011.3.22-24
Venue: Nanchang International Exhibition Center
Host: Nanchang City Health Bureau, China International Health Industry Exchange Association
Organizer: Jiangxi Huamei Exhibition Service Co., Ltd
Address: Room 510-511,Multi-functional Building, North 2nd Road No.68,Nanchang Provincial Government Compound
Zip Code: 330046
Tel: +86-791-6211365
Fax: +86-791-6206571
Email: 287201314@126.com
Contact Person: Liu Ying(+86-13155817232)

2011 Nanchang International Advertising Technology and Equipment Exhibition

Date: 2011.3.24-26
Venue: Jiangxi Stadium
Host: Jiangnan Metropolis Daily, Innovation Advertisement Magazine
Organizer: Jiangxi Tiandi Renhe Exhibition Service Co., Ltd
Address: Room 922,Annex Building of the Foreign Trading Mansion, No.1358 Jinggang shan Avenue, Nanchang, Jiangxi
Tel: +86-791-2062257
Fax: +86-791-2062257
Contact Person: Yang ZhiJing (+86-15170463448)
Email: 76546826@qq.com

2011 Nanchang LED Industrial Technology and Urban Lighting Exhibition

Date: 2011.3.24-26
Venue: Jiangxi Stadium
Host: Jiangnan Metropolis Daily, Innovation Advertisement Magazine
Organizer: Jiangxi Tiandi Renhe Exhibition Service Co., Ltd
Address: Room 922,Annex Building of the Foreign Trading Mansion, No.1358 Jinggang shan Avenue,Nanchang, Jiangxi
Tel: +86-791-2062257
Fax: +86-791-2062257
Contact Person: Yang ZhiJing (+86-15170463448)
Email: 76546826@qq.com

2011 China Feed Industrial Exhibition & Animal Husbandry Technology Achievement Promotion

Date: 2011.4.20-21
Venue: Nanchang International Exhibition Center
Website: www.chinafeed.org.cn
Host: China Feed Industry Association, National Animal Husbandry Station
Organizer: Nanchang New Century Exhibition Center Co., Ltd
Tel: +86-10-59194586
Fax: +86-10-59194037
Email: yuxin@agri.gov.cn

2011 Jiangxi Housing Industry Exhibition

Date: 2011.5.21-22
Venue: Nanchang International Exhibition Center
Host: Nanchang People's Government

Organizer: Nanchang New Century Exhibition Center Co., Ltd
Address: No.50,Ganjiang South Avenue, Honggutan New District, Nanchang, Jiangxi
Zip Code: 330038
Tel: +86-791-3981805
Fax: +86-791-3981600

2011 China (Nanchang) Public Safety and Security Exhibition

Date: 2011.6.1-3
Venue: Nanchang International Exhibition Center
Host: Nanchang Security and Protection Association
Organizer: Beijing Four Stars Exhibition Service Co., Ltd, Nanchang Shixin Exhibition Service Co., Ltd.
Address: Room 1616,Block 19,Jiangxin International Garden, Red Valley Yellow, Nanchang, Jiangxi
Tel: +86-791-3820527
Fax: +86-791-3820675

2011 Jiangxi Nanchang Festival Collection Fair

Date: 2011.12.30-2012.1.30
Exhibits: Green food, Health Care Food, Local Products of Different Ethnics and Regions, Snacks, etc.
Host: Healthy Village Living Area, Collection of Excellent Goods-China Festival Collection Cyber Supermarket
Organizer: Chengdu Xirun Science & Technology Co., Ltd
Tel: +86-400-116-9884

Jilin

Changchun

The 4th China Changchun Chinese Culture Festival and 2011 China Changchun Culture Industry Exhibition

Date: Spring-2011.3,Autumn-2011.7
Frequency: Yearly
Venue: Changchun Eurasia Shopping Mall Exhibition Center, Changchun International Convention and Exhibition Center
Exhibits: cultural industry products
Previous Data: 100,000 visitors
Host: People's Government of Changchun, Changchun Governemnt Publicity Department, Changchun Culture Industry Office
Organizer: Changchun Daxin Exhibition Co., Ltd.
Address: No.1579,Renmin Road, Chang chun, Jilin Province
Zip Code: 130051
Tel: +86-431-82796663
Fax: +86-431-82796663
Email: Wangyingfeng2005@sina.com
Contact Person: Wang Yingfeng

The 8th Changchun International Digital Image Equipment and Automation Office Fair

Date: 2011.3.8-10
Venue: Changchun International Convention and Exhibition Center
Host: Changchun Association of Advertisement, Jilin Illuminating Engineering Society
Organizer: Changchun Weida Exhibition Services Co., Ltd.
Address: Room 110,No.100,Huizhan Road, Changchun, Jilin Province
Zip Code: 130033
Tel: +86-431-84606322
Fax: +86-431-84606161

2011 Changchun International LED, Lights and City Energy-Saving Lighting Technology & Equipment Exhibition

Date: 2011.3.8-10
Venue: Changchun International Convention and Exhibition Center
Host: Changchun Association of Advertisement, Jilin Illuminating Engineering Society
Organizer: Changchun Weida Exhibition Services Co., Ltd.
Address: Room 110,No.100,Huizhan Road, Changchun, Jilin Province
Zip Code: 130033
Tel: +86-431-84606322
Fax: +86-431-84606161

2011 Changchun the 14th Advertising Exposition

Date: 2011.3.8-10
Venue: Changchun International Convention and Exhibition Center
Host: Changchun Association of Advertisement, Jilin Illuminating Engineering Society
Organizer: Changchun Weida Exhibition Services Co., Ltd.
Address: Room 110,No.100,Huizhan Road, Changchun, Jilin Province
Zip Code: 130033
Tel: +86-431-84606322
Fax: +86-431-84606161

2011 The 5th China Changchun International Floor Board Exhibition

Date: 2011.3.25-28
Venue: Henglin International Floor Board Center
Host: China Forest Industry Association Floor Board Committee, Jiangsu Wooden Industry Association Floor Board Committee, People's Government of Changzhou
Organizer: People's Government of WuJin District, Beijing Chengtian Century International Exhibition Co., Ltd.
Address: 15 floor, Tian An Business Building, Tongjiang Road, Changzhou, Jiangsu
Zip Code: 213022
Tel: +86-519-85196666
Fax: +86-519-85139555

2011 The 12th China Changchun International Warehouse Logistics Technology and Equipment Fair

Date: 2011.3.29-31
Venue: Changchun International Convention and Exhibition Center
Host: People's Government of Changchun, Changchun Die & Mould Industrial Association, Changchun Association of Automobile Industry
Organizer: Changchun Weida Exhibition Service Co., Ltd.
Address: Room 110,No.100,Huizhan Road, Changchun, Jilin Province
Zip Code: 130033
Tel: +86-431-84606322
Fax: +86-431-84606161

2011 China (Changchun) the 12th International Hardware Tools Exhibition

Date: 2011.3.29-31
Venue: Changchun International Convention and Exhibition Center
Host: People's Government of Changchun, Changchun Die & Mould Industrial Association, Changchun Association of Automobile Industry
Organizer: Changchun Weida Exhibition Service Co., Ltd.
Address: Room 110,No.100,Huizhan Road, Changchun, Jilin Province
Zip Code: 130033
Tel: +86-431-84606322
Fax: +36-431-84606161

2011 China Changchun the 12th International Plastic Rubber Industry Exhibition

Date: 2011.3.29-31
Venue: Changchun International Convention and Exhibition Center
Host: People's Government of Changchun, Changchun Die & Mould Industrial Association, Changchun Association of Automobile Industry
Organizer: Changchun Weida Exhibition Service Co., Ltd.
Address: Room 110,No.100,Huizhan Road, Changchun, Jilin Province
Zip Code: 130033
Tel: +86-431-84606322
Fax: +86-431-84606161

2011 The 12th China Changchun International Industrial Equipments Exhibition

Date: 2011.3.29-31
Venue: Changchun International Convention and Exhibition Center
Host: Changchun Die & Mould Industrial Association, Shenyang Equipments Manufacturers Association
Organizer: Northern Industrial Products Exhibition Company, Changchun Weida Exhibition Services Co., Ltd.
Address: Room 110,No.100,Huizhan Road, Changchun, Jilin Province
Zip Code: 130033
Tel: +86-431-84606322
Fax: +86-431-84606161

2011 The 7th Changchun Furniture and Carpenter Machinery Fair

Date: 2011.4.8-11
Frequency: Yearly
Venue: Changchun International Convention and Exhibition Center
Host: Jilin Industrial and Information Technology Office
Organizer: Jilin Furniture Association, Jilin Architecture Furnishing Association, Jilin Arts and Crafts Association, Changchun Weida Exhibition Service Co., Ltd.
Address: Room 110,No.100,Huizhan Road, Changchun, Jilin Province
Zip Code: 130033
Tel: +86-431-84606322
Fax: +86-431-84696161

2011 China Changchun Solar Power and New Energy Exhibiton

Date: 2011.4.8-11
Frequency: Yearly
Venue: Changchun International Convention and Exhibition Center
Exhibits: Solar power machine, PV
Host: Jilin Architecture Furnishing Association, Jilin Heating Management Office
Organizer: Northern Industrial Exhibition Corporation Ltd., Changchun Weida Exhibition Service Co., Ltd.
Address: Room 113,Exhibition Center Office Building, No.100,Huizhan Road, Changchun, Jilin Province
Zip Code: 130033
Tel: +86-431-84606949
Fax: +86-431-84606161
Email: rezi20009@126.com
Contact Person: Zhang Hui

2011 Jilin (Changchun) the 14th International Door Window Curtain Wall, Roof Technology and Processing Equipment Exhibition

Date: 2011.4.8-11
Frequency: Yearly
Venue: Changchun International Convention and Exhibition Center
Host: Jilin Architecture Furnishing Association, Jilin Heating Management Office
Organizer: Northern Industrial Exhibition Corporation Ltd., Changchun Weida Exhibition Service Co., Ltd.
Address: Room 113,Exhibition Center Office Building, No.100,Huizhan Road, Changchun, Jilin Province
Zip Code: 130033
Tel: +86-431-84606949
Fax: +86-431-84606161
Email: rezi20009@126.com
Contact Person: Zhang Hui

2011 The 13th International Environment Protection Water Purifying Technology Equipment and Valve Pipe Exhibition

Date: 2011.4.8-11
Venue: Changchun International Convention and Exhibition Center
Exhibits: sewage water and industrial waste water purifying technology; swimming pool, sauna Room, bathroom, boiler water purifying equipment; family use/ commercial use water purifier; drinking machine; cooler; water filter; bottling equipment; pump; valve; and pipe
Host: Jilin Environment Protect Bureau, Changchun Environment Protect Association
Organizer: Northern Industrial Exhibition Corporation Ltd., Changchun Weida Exhibition Service Co., Ltd.
Address: Room 113,Exhibition Center Office Building, No.100,Huizhan Road, Changchun, Jilin Province
Zip Code: 130033
Tel: +86-431-84606161
Fax: +86-431-84606162
Email: beifang55@163.com
Contact Person: Ms.Han

2011 The 4th Changchun International Industrial Automation and Instrumentation Fair

Date: 2011.4.28-30
Venue: Changchun International Convention and Exhibition Center
Host: People's Government of Changchun, China Council for The Promotion of International Trade Changchun Office, Changchun Bairui International Exhibition Corporation Ltd.
Organizer: China Council for the Promotion of International Trade Changchun Office
Address: No.9399,Renmin Broad Way, Changchun, Jilin Province
Tel: +86-431-88784165
Fax: +86-431-88784177
Email: bairui@ccbrjt.com

2011 The 4th Changchun International Supply & Drainage Water Purifying and Pump Valve Pipe Exhibition

Date: 2011.4.28-30
Venue: Changchun International Convention and Exhibition Center
Exhibits: water supply/drainage technology and equipment, water purifying technology and equipment
Host: People's Government of Changchun, Changchun Haochuang Exhibition Service

Corporation Ltd.
Organizer: Changchun Haochuang Exhibition Service Corporation Ltd.
Address: Room 308,Boda Corporation, No.898,Pu Dong Road, Economic Development District, Changchun, Jilin Province
Zip Code: 130033
Tel: +86-431-85834601
Fax: +86-431-85834601
Contact Person: Zhao Chunhong (+86-13321407995)

2011 China Changchun Imported and High-end Commodity Trade Fair

Date: 2011.4.30-5.4
Venue: Changchun International Convention and Exhibition Center
Host: Department of Commerce of Jilin Provience, China Council For The Promotion Of International Trade Jilin Office
Organizer: Jilin Yinghe Commercial Exhibition Co., Ltd., Jilin Exhibition Development Center
Address: Room 109,No.1199,Pu Dong Road, Economic Development District, Changchun, Jilin Province
Zip Code: 130000
Tel: +86-431-85800548
Fax: +86-431-85800548
Email: 85800548@163.com
Contact Person: Mr.Li (+86-13159744888)

Liaoning

Dalian

The 16th China International Building Decoration Materials Exhibition

Date: 2011.4.6-11
Frequency: Yearly
Venue: Dalian Xinghai Convention and Exhibition Center
Exhibits: Windows, doors, curtain walls, hardware and equipment, engineering companies, sanitary ware, ceramic, stone, cement products, etc
Host: China National Interior Decoration Association, Dalian Municipal People's Government, Dalian Beizhan Haomai Group
Organizer: Dalian Beifang International Exhibition Co., Ltd
Address: 25th Floor, World Trade Building, No.25 Tongxing Street, Zhongshan District, Dalian, Liaoning
Zip Code: 116001
Tel: +86-411-82538642
Fax: +86-411-82538678
Email: my12336@126.com

2011 the China Dalian 10th Game Exhibition

Date: 2011.4.21-23
Venue: Dalian World Expo Plaza
Exhibits: Amusement parks and facilities, electronic entertainment game arcade and related equipment, etc
Host: Department of Culture of Liaoning Province, Dalian Culture, Radio and TV Bureau, CCPIT Dalian Sub-Council, Liaoning Cultural and Entertainment Industry Association, Dalian High-Tech Industrial Zone Administration Committee
Organizer: Dalian Junhe Exhibition Co., Ltd
Address: 5-4-3 No.8 Yuxue Street, Dalian, Liaoning
Zip Code: 116038
Tel: +86-411-83897559
Fax: +86-411-86483332
Email: 19852@163.com
Contact Person: Mr.Yuan(+86-13998634267)

Dalian Animation Games Industry Investment Fair

Date: 2011.4.21-23
Venue: Dalian World Expo Plaza
Exhibits: Amusement parks and facilities, electronic entertainment game arcade and related equipment, etc
Host: Department of Culture of Liaoning Province, Dalian Culture, Radio and TV Bureau, CCPIT Dalian Sub-Council, Liaoning Cultural and Entertainment Industry Association, Dalian High-Tech Industrial Zone Administration Committee
Organizer: Dalian Junhe Exhibition Co., Ltd
Address: 5-4-3 No.8 Yuxue Street, Dalian, Liaoning
Zip Code: 116038
Tel: +86-411-83897559
Fax: +86-411-86483332
Email: 19852@163.com
Contact Person: Mr.Yuan(+86-13998634267)

2011 The 2nd China Dalian International Biotechnology Product and Equipment Exposition

Date: 2011.4.25-27
Venue: Dalian World Expo Plaza
Exhibits: Life science leading technology, various biological products, biological medicine, biological energy, biological agriculture, biological environment and environmental protection products, etc
Host: Chinese Academy of Sciences, Chinese Academy of Engineering, Ministry of Education, Ministry of Science and Technology, National Development and Reform Commission
Organizer: Dalian Municipal People's Government
Address: No.26 Gaoneng Street, High-Tech Zone, Dalian, Liaoning
Zip Code: 116025
Tel: +86-411-84796897
Fax: +86-411-84796897
Email: ida@bitlifesciences.com
Contact Person: Geng Yun

The 2nd China Dalian International DNA and Genome Week

Date: 2011.4.25-27
Venue: Dalian World Expo Plaza
Exhibits: Life science leading technology, various biological products, biological medicine, biological energy, biological agriculture, biological environment and environmental protection products, etc
Host: Chinese Academy of Sciences, Chinese Academy of Engineering, Ministry of Education, Ministry of Science and Technology, National Development and Reform Commission
Organizer: Dalian Municipal People's Government
Address: No.26 Gaoneng Street, High-Tech Zone, Dalian, Liaoning
Zip Code: 116025

Tel: +86-411-84796897
Fax: +86-411-84796897
Email: ida@bitlifesciences.com
Contact Person: Geng Yun

The 1st Biological Energy Conference

Date: 2011.4.25-27
Venue: Dalian World Expo Plaza
Exhibits: Life science leading technology, various biological products, biological medicine, biological energy, biological agriculture, biological environment and environmental protection products, etc
Host: Chinese Academy of Sciences, Chinese Academy of Engineering, Ministry of Education, Ministry of Science and Technology, National Development and Reform Commission
Organizer: Dalian Municipal People's Government
Address: No.26 Gaoneng Street, High-Tech Zone, Dalian, Liaoning
Zip Code: 116025
Tel: +86-411-84796897
Fax: +86-411-84796897
Email: ida@bitlifesciences.com
Contact Person: Geng Yun

The 4th Industrial Biological Technology Conference

Date: 2011.4.25-27
Venue: Dalian World Expo Plaza
Exhibits: Life science leading technology, various biological products, biological medicine, biological energy, biological agriculture, biological environment and environmental protection products, etc
Host: Chinese Academy of Sciences, Chinese Academy of Engineering, Ministry of Education, Ministry of Science and Technology, National Development and Reform Commission
Organizer: Dalian Municipal People's Government
Address: No.26 Gaoneng Street, High-Tech Zone, Dalian, Liaoning
Zip Code: 116025
Tel: +86-411-84796897
Fax: +86-411-84796897
Email: ida@bitlifesciences.com
Contact Person: Geng Yun

The 1st Marine Biological Technology Conference

Date: 2011.4.25-27
Venue: Dalian World Expo Plaza
Exhibits: Life science leading technology, various biological products, biological medicine, biological energy, biological agriculture, biological environment and environmental protection products, etc
Host: Chinese Academy of Sciences, Chinese Academy of Engineering, Ministry of Education, Ministry of Science and Technology, National Development and Reform Commission
Organizer: Dalian Municipal People's Government
Address: No.26 Gaoneng Street, High-Tech Zone, Dalian, Liaoning
Zip Code: 116025
Tel: +86-411-84796897
Fax: +86-411-84796897
Email: ida@bitlifesciences.com
Contact Person: Geng Yun

The 2nd Industrial Enzymes and Biological Catalysis Conference and the 2nd Oil Microbial Conference

Date: 2011.4.25-27
Venue: Dalian World Expo Plaza
Exhibits: Life science leading technology, various biological products, biological medicine, biological energy, biological agriculture, biological environment and environmental protection products, etc
Host: Chinese Academy of Sciences, Chinese Academy of Engineering, Ministry of Education, Ministry of Science and Technology, National Development and Reform Commission
Organizer: Dalian Municipal People's Government
Address: No.26 Gaoneng Street, High-Tech Zone, Dalian, Liaoning
Zip Code: 116025
Tel: +86-411-84796897
Fax: +86-411-84796897
Email: ida@bitlifesciences.com
Contact Person: Geng Yun

2011 China International Metallurgical Equipment Industry Exposition

Date: 2011.5.12-14
Frequency: Yearly
Venue: Dalian International Expo Center
Exhibits: Steel, tubes, rods, etc
Host: China Council for the Promotion of International Trade
Organizer: China Special Steel Enterprises Association Exhibition Office, Dalian Mechanical and Electronic Import and Export Enterprise Association
Address: Floor 8-9,Tianfu Building, No.167 Dongbei Road, Xigang District, Dalian, Liaoning
Zip Code: 116013
Tel: +86-411-66663088
Fax: +86-411-66663221
Email: dlmomiji4@hotmail.com
Contact Person: Ms.Yu

2011 The 13th Dalian International Power Transmission and Control Technology Expo

Date: 2011.5.19-21
Venue: Dalian Xinghai Convention and Exhibition Center
Host: The People's Government of Liaoning Province, Dalian Municipal People's Government, Liaoning Mechanical Engineering Society, Chinese Chambers of Commerce of Mechanical and Electronic Import and Export, Dalian Electromechanical Industry Association
Organizer: Dalian Huazhan Exhibition Services Co., Ltd , Dalian Shuangxin Exhibition Co., Ltd
Address: Rm1203,No.211 Youhao Road, Zhongshan District, Dalian, Liaoning
Zip Code: 116001
Tel: +86-411-83787490
Fax: +86-411-82310692
Email: 6969x1@163.com
Contact Person: Wei Juan (+86-13998493072)

2011 The 6th Dalian International Surface Treatment, Coating and Electroplating Industry Exhibition

Date: 2011.5.19-21
Venue: Dalian Xinghai Convention and Exhibition Center
Host: The People's Government of Liaoning Province, Dalian Municipal People's Government, Liaoning Mechanical Engineering Society, Chinese Chambers of Commerce of Mechanical and Electronic Import and Export, Dalian Electromechanical Industry Association
Organizer: Dalian Huazhan Exhibition Services Co., Ltd , Dalian Shuangxin Exhibition Co., Ltd
Address: Rm1203,No.211 Youhao Road, Zhongshan District, Dalian, Liaoning
Zip Code: 116001
Tel: +86-411-83787490
Fax: +86-411-82310692
Email: 6969x1@163.com
Contact Person: Wei Juan (+86-13998493072)

2011 The 4th Dalian International Heating, Refrigeration, Air-Conditioning, Ventilation Equipment and Energy-Saving Technology Exhibition

Date: 2011.5.19-21
Venue: Dalian Xinghai Convention and Exhibition Center
Host: The People's Government of Liaoning Province, Dalian Municipal People's Government, Liaoning Mechanical Engineering Society, Chinese Chambers of Commerce of Mechanical and Electronic Import and Export, Dalian Electromechanical Industry Association
Organizer: Dalian Huazhan Exhibition Services Co., Ltd , Dalian Shuangxin Exhibition Co., Ltd
Address: Rm1203,No.211 Youhao Road, Zhongshan District, Dalian, Liaoning
Zip Code: 116001
Tel: +86-411-83787490
Fax: +86-411-82310692
Email: 6969x1@163.com
Contact Person: Wei Juan (+86-13998493072)

2011 The 13th (China) Dalian International Automation and Instruments Exhibition

Date: 2011.5.19-21
Venue: Dalian Xinghai Convention and Exhibition Center
Host: The People's Government of Liaoning Province, Dalian Municipal People's Government, Liaoning Mechanical Engineering Society, Chinese Chambers of Commerce of Mechanical and Electronic Import and Export, Dalian Electromechanical Industry Association
Organizer: Dalian Huazhan Exhibition Services Co., Ltd , Dalian Shuangxin Exhibition Co., Ltd
Address: Rm1203,No.211 Youhao Road, Zhongshan District, Dalian, Liaoning
Zip Code: 116001
Tel: +86-411-83787490
Fax: +86-411-82310692
Email: 6969x1@163.com
Contact Person: Wei Juan (+86-13998493072)

2011 The 11th Dalian International Water Supply, Drainage, Water Treatment and Pump Valve Pipeline Exhibition

Date: 2011.5.19-21
Venue: Dalian Xinghai Convention and Exhibition Center
Host: The People's Government of Liaoning Province, Dalian Municipal People's Government, Liaoning Mechanical Engineering Society, Chinese Chambers of Commerce of Mechanical and Electronic Import and Export, Dalian Electromechanical Industry Association
Organizer: Dalian Huazhan Exhibition Services Co., Ltd , Dalian Shuangxin Exhibition Co., Ltd
Address: Rm1203,No.211 Youhao Road, Zhongshan District, Dalian, Liaoning
Zip Code: 116001
Tel: +86-411-83787490
Fax: +86-411-82310692
Email: 6969x1@163.com
Contact Person: Wei Juan (+86-13998493072)

2011 The 9th Dalian International Welding Industry Exhibition

Date: 2011.5.19-21
Venue: Dalian Xinghai Convention and Exhibition Center
Host: The People's Government of Liaoning Province, Dalian Municipal People's Government, Liaoning Mechanical Engineering Society, Chinese Chambers of Commerce of Mechanical and Electronic Import and Export, Dalian Electromechanical Industry Association
Organizer: Dalian Huazhan Exhibition Services Co., Ltd , Dalian Shuangxin Exhibition Co., Ltd
Address: Rm1203,No.211 Youhao Road, Zhongshan District, Dalian, Liaoning
Zip Code: 116001
Tel: +86-411-83787490
Fax: +86-411-82310692
Email: 6969x1@163.com
Contact Person: Wei Juan (+86-13998493072)

2011 The 6th Dalian International Cleaning Equipments Exhibition

Date: 2011.5.19-21
Venue: Dalian Xinghai Convention and Exhibition Center
Host: The People's Government of Liaoning Province, Dalian Municipal People's Government, Liaoning Mechanical Engineering Society, Chinese Chambers of Commerce of Mechanical and Electronic Import and Export, Dalian Electromechanical Industry Association
Organizer: Dalian Huazhan Exhibition Services Co., Ltd , Dalian Shuangxin Exhibition Co., Ltd
Address: Rm1203,No.211 Youhao Road, Zhongshan District, Dalian, Liaoning
Zip Code: 116001
Tel: +86-411-83787490
Fax: +86-411-82310692
Email: 6969x1@163.com
Contact Person: Wei Juan (+86-13998493072)

2011 The 6th Dalian International Industry Exposition

Date: 2011.5.19-21
Venue: Dalian Xinghai Convention and Exhibition Center
Host: The People's Government of Liaoning Province, Dalian Municipal People's Government, Liaoning Mechanical Engineering Society, Chinese Chambers of Commerce of Mechanical and Electronic Import and Export, Dalian Electromechanical Industry Association
Organizer: Dalian Huazhan Exhibition Services Co., Ltd , Dalian Shuangxin Exhibition Co., Ltd
Address: Rm1203,No.211 Youhao Road, Zhongshan District, Dalian, Liaoning
Zip Code: 116001
Tel: +86-411-83787490
Fax: +86-411-82310692
Email: 6969x1@163.com
Contact Person: Wei Juan (+86-13998493072)

2011 The 10th Dalian International Electronic Equipment, Electronic Components Industry Exhibition

Date: 2011.5.19-21
Venue: Dalian Xinghai Convention and Exhibition Center
Host: The People's Government of Liaoning Province, Dalian Municipal People's Government, Liaoning Mechanical Engineering Society, Chinese Chambers of Commerce of Mechanical and Electronic Import and Export, Dalian Electromechanical Industry Association
Organizer: Dalian Huazhan Exhibition Services Co., Ltd , Dalian Shuangxin Exhibition Co., Ltd
Address: Rm1203,No.211 Youhao Road, Zhongshan District, Dalian, Liaoning
Zip Code: 116001
Tel: +86-411-83787490
Fax: +86-411-82310692
Email: 6969x1@163.com
Contact Person: Wei Juan (+86-13998493072)

2011 The 10th Dalian International Casting, Industrial Furnace and Heat Treatment Exhibition

Date: 2011.5.19-21
Venue: Dalian Xinghai Convention and Exhibition Center
Host: The People's Government of Liaoning Province, Dalian Municipal People's Government, Liaoning Mechanical Engineering Society, Chinese Chambers of Commerce of Mechanical and Electronic Import and Export, Dalian Electromechanical Industry Association
Organizer: Dalian Huazhan Exhibition Services Co., Ltd , Dalian Shuangxin Exhibition Co., Ltd
Address: Rm1203,No.211 Youhao Road, Zhongshan District, Dalian, Liaoning
Zip Code: 116001
Tel: +86-411-83787490
Fax: +86-411-82310692
Email: 6969x1@163.com
Contact Person: Wei Juan
(+86-13998493072)

2011 China Dalian International Logistics Exhibition

Date: 2011.5.19-21
Venue: Dalian Xinghai Convention and Exhibition Center
Host: The People's Government of Liaoning Province, Dalian Municipal People's Government, Liaoning Mechanical Engineering Society, Chinese Chambers of Commerce of Mechanical and Electronic Import and Export, Dalian Electromechanical Industry Association
Organizer: Dalian Huazhan Exhibition Services Co., Ltd , Dalian Shuangxin Exhibition Co., Ltd
Address: Rm1203,No.211 Youhao Road, Zhongshan District, Dalian, Liaoning
Zip Code: 116001
Tel: +86-411-83787490
Fax: +86-411-82310692
Email: 6969x1@163.com
Contact Person: Wei Juan
(+86-13998493072)

The 16th China (Dalian) International Furniture Exhibition

Date: 2011.6.10-13
Venue: Dalian World Expo Plaza
Host: China Furniture Association
Organizer: Dalian Furniture Association
Address: 25th Floor, World Trade Building, No.25 Tongxing Street, Zhongshan District, Dalian, Liaoning
Zip Code: 116001
Tel: +86-411-82538642
Fax: +86-411-82538678

China International Beer Festival

Date: 2011.7.29-8.9
Frequency: Yearly
Year of the First Event: 1999
Venue: Dalian Xin-hai Square
Exhibits: Beer Brands, Restaurant, Automobiles, Real Estate, Financial Institutions
Previous Data: 400,000Sq.m Total Space, 30 Exhibitors
Host: China National Light Industry Council, Dalian Municipal People's Government
Organizer: CCPIT Sub-council for Light Industry, China National Food Industry (Group) Corp., Dalian Tourism Administration
Address: No.22,Fuwai Avenue, Xicheng District, Dalian, Liaoning
Zip Code: 100833
Tel: +86-10-68396327
Fax: +86-10-68396351
Website: www.chinahxbeer.com
Email: majianshe327@163.com
Contact Person: Ma Jianshe

2011 China (Dalian) International Environmental Protection Exposition

Date: 2011.8.25-27
Venue: Dalian Xinghai Convention and Exhibition Center
Host: Dalian Municipal People's Government
Organizer: Dalian Environmental Protection Industry Association, Dalian Beifang International Exhibition Company
Tel: +86-411-82538656
Fax: +86-411-82538678
Email: hxx_0608@163.com
Contact Person: Hu Xiaoxin

2011 Dalian International Baby & Pregnant Women Products and Educational Toy Industry Exhibition

Date: 2011.9.1-3
Frequency: Yearly
Venue: Dalian Xinghai Convention and Exhibition Center
Host: CCPIT Dalian Sub-Council, Dalian Huazhan Exhibition Services Co., Ltd
Organizer: Dalian Shuangxin Exhibition Co., Ltd, Dalian Huazhan Exhibition Services Co., Ltd
Address: Rm1203,Business Zone, No.211 Youhao Road, Zhongshan District, Dalian, Liaoning
Tel: +86-411-82310691
Email: dlhzzwy@163.com
Contact Person: Ms.Zhao(+86-15904961725)

2011 The 4th Dalian International Advertising Technology and Equipment Exhibition

Date: 2011.9.1-3
Venue: Dalian Xinghai Convention and Exhibition Center
Exhibits: Advertising production, technology and equipment, advertising materials, inside and outside advertising media, etc
Previous Data: 7,000sq.m Exhibition Area, 9582 Spectators
Host: Liaoning Advertising Apparatus Industry Association, Dalian Huazhan Exhibition Services Co., Ltd
Organizer: Dalian Huazhan Exhibition Services Co., Ltd
Address: Rm1203,Business Zone, No.211 Youhao Road, Zhongshan District, Dalian, Liaoning
Tel: +86-411-82310691
Email: dlhzzwy@163.com
Contact Person: Ms.Zhao
(+86-15904961725)

2011 8th Asian International Tourism Exhibition

Date: 2011.10.14-16
Venue: Dalian Xinghai Convention and Exhibition Center
Host: National Tourism Administration of the People's Republic of China, The People's Government of Liaoning Province, Dalian Municipal People's Government
Organizer: Liaoning Tourism Bureau, Dalian Tourism Bureau, Dalian Beifang International Exhibition Company
Address: 25th Floor, World Trade Building, No.25 Tongxin Street, Zhongshan District, Dalian, Liaoning
Zip Code: 116001
Tel: +86-411-82538695
Fax: +86-411-82538678
Email: sunyu0306@sina.com
Contact Person: Sun Yu

2011 Dalian International Electronic Industry Exhibition

Date: 2011.11
Venue: Dalian Xinghai Convention and Exhibition Center
Exhibits: Electronic equipment, electronic production, processing, forming, maintenance equipment assembly, sealing equipment, etc
Host: Chinese Institute of Electronics, China Chamber of Commerce for Import and Export

of Machinery and Electronic Products, The People's Government of Liaoning Province, Dalian Municipal People's Government
Organizer: Dalian Huazhan Exhibition Services Co., Ltd
Address: No.18 Huizhan Road, Dalian
Tel: +86-411-66663625
Email: shanhongliu1314@163.com
Contact Person: Shan Hongliu (+86-13591821816)

Shenyang

2011 The 6th China Northeast Animal Husbandry And Feed Industrial Exhibition

Date: 2011.3
Frequency: Yearly
Year of the First Event: 1999
Venue: Liaoning agricultural exhibition Centre
Exhibits: Advanced kind of livestock and poultry and animal health, feed related products, livestock machinery exhibition machinery and animal products, processing technology and media
Host: Shenyang international exhibition company
Address: 1-8-1,Jingwei Building, No.32 East Yunji Alley, Shiyiwei Road, Heping District, Shenyang
Zip Code: 110003
Tel: +86-24-23256988
Fax: +86-24-23256988
Website: www.neimme.cn
Email: iecsy@126.com
Contact Person: Li Nan

2011 The 2nd China Shenyang (spring) Household Decorative Materials Exposition

Date: 2011.3.11-13
Venue: Liaoning Industrial Exhibition Center
Host: China Building and Sanitary Ceramics Association, All-China Federation of Industry & Commerce Furniture Industry Association Home Outfit Committee, China Building Decoration Association, China Timber Distribution Association Floor Circulation Committee, China Building Materials Federation Logistics and Market Committee
Organizer: Beijing Jiabohui Exhibition Co., Ltd Shenyang Branch
Address: Rm2702,Luer Building, No.5 South Xinghua Street, Tiexi District, Shenyang
Zip Code: 110021
Tel: +86-24-25868200
Fax: +86-24-25868400
Website: www.jbhsy.com
Contact Person: Ms.Kang(+86-13998116645)

2011 The 14th Northeast China Automation Expo

Date: 2011.3.22-24
Venue: Liaoning Industrial Exhibition Center
Exhibits: Electronic components, instrumentation, data acquisition, signal processing, etc
Host: Shenyang Equipment Manufacturing Industry Association, Northern Industrial and Commercial Exhibition Co., Ltd.
Organizer: Northern Industrial and Commercial Exhibition Co., Ltd.
Address: Floor 5,Jinyuan Building, No.93 Sanhao Street, Shenyang
Zip Code: 110004

2011 The 12th Northeast China International Plastics and Packaging Machinery Industry Exhibition

Date: 2011.3.22-24
Venue: Shenyang International Exhibition Centre
Host: Shenyang Equipment Manufacturing Industry Association
Organizer: Northern Industrial and Commercial Exhibition Co., Ltd.
Address: Floor 5,Jinyuan Building, No.93 Sanhao Street, Shenyang
Zip Code: 110004
Tel: +86-24-23848943
Fax: +86-24-23922432
Contact Person: Jiang Yue (+86-13840323580)

2011 23rd (spring) Shenyang International Medical Equipment Exhibition

Date: 2011.3.22-24
Venue: Shenyang KeXueGong Convention & Exhibition Center
Host: Liaoning Provincial Economy and Informatization Commission, Department of Health of Liaoning Province, Liaoning Medical Equipment Industry Company
Organizer: Liaoning Shengang Exhibition Services Co., Ltd
Address: No.28 North Heping Ave.Heping District, Shenyang
Tel: +86-24-22853303
Fax: +86-24-22853500
Email: Liaoningsg@163.com
Contact Person: Lu Hong(+86-13332412328)

2011 Northeast China International Doors, Windows, Walls, Glass and Processing Equipment Exhibition

Date: 2011.3.22-24
Venue: Liaoning Industrial Exhibition Center
Exhibits: All kinds of aluminum, plastic material, stainless steel products, etc
Host: People's Government of Shenyang, Liaoning Provincial Department of Construction, Shenyang Urban and Rural Construction Committee
Organizer: Liaoning Decoration Association, Shenyang Construction Materials and Application Management Office, Shenyang Science and Technology Bureau, Northern Industrial and Commercial Exhibition Co., Ltd.
Address: Floor 5,Jinyuan Building, No.93 Sanhao Street, Shenyang
Zip Code: 110004
Tel: +86-24-31881707
Fax: +86-24-23922432
Email: wangshuaihj@163.com
Contact Person: Wang Shuai

2011 The 14th China Northeast International Electric Power and Energy Technology Equipment Exhibition

Date: 2011.3.22-24
Venue: Liaoning Industrial Exhibition Center
Exhibits: All kinds of aluminum, plastic material, stainless steel products, etc
Host: People's Government of Shenyang, Liaoning Provincial Department of Construction, Shenyang Urban and Rural Construction Committee
Organizer: Liaoning Decoration Association, Shenyang Construction Materials and Application Management Office, Shenyang Science and Technology Bureau, Northern Industrial and Commercial Exhibition Co., Ltd.
Address: Floor 5,Jinyuan Building, No.93 Sanhao Street, Shenyang
Zip Code: 110004
Tel: +86-24-31881707
Fax: +86-24-23922432
Email: wangshuaihj@163.com
Contact Person: Wang Shuai

2011 The 14th Northeast China International Heating, Air Conditioning, Heat Pump Technology Equipment Exhibition

Date: 2011.3.27-29
Venue: Liaoning Industrial Exhibition Center
Exhibits: Heating, heating equipment and technology
Host: People's Government of Shenyang,

Shenyang Urban and Rural Construction Committee
Organizer: Northern Industrial and Commercial Exhibition Co., Ltd.
Address: 5th Floor, Jinyuan Building, No.93 Sanhao Street, Shenyang
Zip Code: 110004
Tel: +86-24-23914926
Fax: +86-24-23922432
Email: bfexpo@126.com

2011 The 17th Northeast China Shenyang International Building and Decoration Exhibition

Date: 2011.3.27-29
Venue: Liaoning Industrial Exhibition Center
Exhibits: Heating, heating equipment and technology
Host: People's Government of Shenyang, Shenyang Urban and Rural Construction Committee
Organizer: Northern Industrial and Commercial Exhibition Co., Ltd.
Address: 5th Floor, Jinyuan Building, No.93 Sanhao Street, Shenyang
Zip Code: 110004
Tel: +86-24-23914926
Fax: +86-24-23922432
Email: bfexpo@126.com

2011 The 9th Northeast China Energy-Saving Construction, New Wall Materials and Equipment Exhibition

Date: 2011.3.27-29
Venue: Liaoning Industrial Exhibition Center
Exhibits: Heating, heating equipment and technology
Host: People's Government of Shenyang, Shenyang Urban and Rural Construction Committee
Organizer: Northern Industrial and Commercial Exhibition Co., Ltd.
Address: 5th Floor, Jinyuan Building, No.93 Sanhao Street, Shenyang
Zip Code: 110004
Tel: +86-24-23914926
Fax: +86-24-23922432
Email: bfexpo@126.com

2011 The 13th Northeast China International Doors, Windows, Walls, Glass and Processing Equipment Exhibition

Date: 2011.3.27-29
Venue: Liaoning Industrial Exhibition Center
Exhibits: Heating, heating equipment and technology
Host: People's Government of Shenyang, Shenyang Urban and Rural Construction Committee
Organizer: Northern Industrial and Commercial Exhibition Co., Ltd.
Address: 5th Floor, Jinyuan Building, No.93 Sanhao Street, Shenyang
Zip Code: 110004
Tel: +86-24-23914926
Fax: +86-24-23922432
Email: bfexpo@126.com

2011 The 12th Northeast China International Water Supply and Drainage, Water Treatment Technology and Equipment, Pumps, Valves and Piping Exhibition

Date: 2011.3.27-29
Venue: Liaoning Industrial Exhibition Center
Exhibits: Heating, heating equipment and technology
Host: People's Government of Shenyang, Shenyang Urban and Rural Construction Committee
Organizer: Northern Industrial and Commercial Exhibition Co., Ltd.
Address: 5th Floor, Jinyuan Building, No.93 Sanhao Street, Shenyang
Zip Code: 110004
Tel: +86-24-23914926
Fax: +86-24-23922432
Email: bfexpo@126.com

2011 The 8th Northeast National Solar Exhibition

Date: 2011.3.28-30
Venue: Shenyang KeXueGong Convention & Exhibition Center
Host: DM International Information
Tel: +86-471-3380065
Fax: +86-471-3380054
Contact Person: Mr.Fan (+86-13948614116)

2011 The 4th Shenyang Sino-South Korean International Condiment and Food Ingredients Exposition

Date: 2011.4.14-18
Venue: Shenyang KeXueGong Convention & Exhibition Center
Host: Liaoning Provincial Economy and Informatization Commission
Organizer: Liaoniang Shengang Exhibition Services Co., Ltd, Heilongjiang Food Industry Association
Address: No.28 North Heping Ave.Heping District, Shenyang
Tel: +86-24-22853303
Fax: +86-24-22853500
Email: Liaoningsg@163.com
Contact Person: Lu Hong(+86-13332412328)

2011 Sino-South Korean Condiment Forum

Date: 2011.4.14-18
Venue: Shenyang KeXueGong Convention & Exhibition Center
Host: Liaoning Provincial Economy and Informatization Commission
Organizer: Liaoniang Shengang Exhibition Services Co., Ltd, Heilongjiang Food Industry Association
Address: No.28 North Heping Ave.Heping District, Shenyang
Tel: +86-24-22853303
Fax: +86-24-22853500
Email: Liaoningsg@163.com
Contact Person: Lu Hong (+86-13332412328)

2011 The 15th International Welding, Cutting, Laser Technology and Equipment Exhibition

Date: 2011.4.22-25
Venue: Shenyang New International Exhibition Centre
Exhibits: All kinds of Welding machine, Welding equipment, etc
Host: People's Government of Shenyang
Organizer: Liaoning Welding Society, Shen yang Welding Society, Shenyang Equipment Manufacturing Industry Association, Northern Industrial and Commercial Exhibition Co., Ltd.
Address: Floor 5, Jinyuan Building, No.93 Sanhao Street, Shenyang
Zip Code: 110004
Tel: +86-24-31881707
Fax: +86-24-23922432
Email: wangshuaihj@163.com
Contact Person: Wang Shuai

2011 The 12th Northeast China International Logistics And Transportation System Technology Exhibition

Date: 2011.4.22-25
Venue: Shenyang New International Exhibition Centre
Exhibits: All kinds of Welding machine, Welding equipment, etc
Host: People's Government of Shenyang
Organizer: Liaoning Welding Society, Shen yang Welding Society, Shenyang Equipment Manufacturing Industry Association, Northern Industrial and Commercial Exhibition Co., Ltd.
Address: Floor 5,Jinyuan Building, No.93 Sanhao Street, Shenyang
Zip Code: 110004

Tel: +86-24-31881707
Fax: +86-24-23922432
Email: wangshuaihj@163.com
Contact Person: Wang Shuai

Northeast the 13th International Industrial Equipment Exposition

Date: 2011.4.22-25
Venue: Shenyang New International Exhibition Centre
Exhibits: All kinds of Welding machine, Welding equipment, etc
Host: People's Government of Shenyang
Organizer: Liaoning Welding Society, Shen yang Welding Society, Shenyang Equipment Manufacturing Industry Association, Northern Industrial and Commercial Exhibition Co., Ltd.
Address: Floor 5,Jinyuan Building, No.93 Sanhao Street, Shenyang
Zip Code: 110004
Tel: +86-24-31881707
Fax: +86-24-23922432
Email: wangshuaihj@163.com
Contact Person: Wang Shuai

Northeast the 11th International Machine and Mould Exhibition

Date: 2011.4.22-25
Venue: Shenyang New International Exhibition Centre
Exhibits: All kinds of Welding machine, Welding equipment, etc
Host: People's Government of Shenyang
Organizer: Liaoning Welding Society, Shen yang Welding Society, Shenyang Equipment Manufacturing Industry Association, Northern Industrial and Commercial Exhibition Co., Ltd.
Address: Floor 5,Jinyuan Building, No.93 Sanhao Street, Shenyang
Zip Code: 110004
Tel: +86-24-31881707
Fax: +86-24-23922432
Email: wangshuaihj@163.com
Contact Person: Wang Shuai

2011 The 11th Northeast China International Plastics and Packaging Machinery Industry Exhibition

Date: 2011.4.22-25
Venue: Shenyang New International Exhibition Centre
Exhibits: All kinds of Welding machine, Welding equipment, etc
Host: People's Government of Shenyang
Organizer: Liaoning Welding Society, Shen yang Welding Society, Shenyang Equipment Manufacturing Industry Association, Northern Industrial and Commercial Exhibition Co., Ltd.
Address: Floor 5,Jinyuan Building, No.93 Sanhao Street, Shenyang
Zip Code: 110004
Tel: +86-24-31881707
Fax: +86-24-23922432
Email: wangshuaihj@163.com
Contact Person: Wang Shuai

2011 China(Shenyang)International Floor Expo

Date: 2011.4.29-5.3
Venue: Shenyang New International Exhibition Centre
Exhibits: All types of floor, ground material, auxiliary equipment and packing technique process shows, etc
Host: China Forest Products Industry Association, People's Government of Shenyang
Organizer: China Forest Products Industry Association Floor Professional Committee, Liaoning Furniture Association, Shenyang Floor Industry Association
Address: 6th Floor, No.306 Youth Ave.Heping District, Shenyang
Zip Code: 110004
Tel: +86-24-88515557
Fax: +86-24-88572916
Website: www.jj999.com
Email: lnsjx@163.com
Contact Person: Bai Hong, Wang Manwei

2011 Shenyang International Information Communication Broadcasting Television Exhibition

Date: 2011.5.17-19
Venue: Shenyang KeXueGong Convention & Exhibition Center
Host: Liaoning Provincial Economy and Informatization Commission, Liaoning Communications Bureau, Liaoning Radio, Film and TV Bureau
Organizer: Liaoning Daqi Exhibition Co., Ltd
Address: Rm 304,No.35 Changqing Street, Dongling District, Shenyang
Zip Code: 110015
Tel: +86-24-24228555
Fax: +86-24-24228555
Email: 13940099440@139.com

2011 The 13th Shenyang National Franchise Alliance & Small Investment Project Expo

Date: 2011.5.21-23
Venue: Shenyang Diyi Avenue Diamond Exhibition Hall
Host: China Commercial Association Training Center, International Green Industry Association, China Chain-Like Alliance Project Center, Shenyang Huabo Exhibition Co., Ltd
Organizer: Shenyang Huabo Exhibition Co., Ltd
Address: No.72 East Jianshe Road, Tiexi District, Shenyang
Tel: +86-24-85861058

2011 Shenyang Jewelry Exhibition

Date: 2011.6.9-13
Venue: Shenyang KeXueGong Convention & Exhibition Center
Host: Shenyang Huabo Exhibition Co., Ltd
Organizer: Shenyang Huabo Exhibition Co., Ltd
Address: Rm1-15-10 Aidu International, No.72,East Jianshe Road, Shenyang
Zip Code: 110021
Tel: +86-24-25612969
Fax: +86-24-25657817
Email: 25848175 @163.com
Contact Person: Wang Lin (+86-13032458741)

2011 The 12th Shenyang Gift, Handicraft, Artwork Collects Exhibition

Date: 2011.6.9-13
Venue: Shenyang KeXueGong Convention & Exhibition Center
Host: Shenyang Huabo Exhibition Co., Ltd
Organizer: Shenyang Huabo Exhibition Co., Ltd
Address: Rm1-15-10,Aidu International, No.70 East Jianshe Road, Tiexi District, Shenyang
Zip Code: 110021
Tel: +86-24-85861056
Fax: +86-24-25657817
Email: sy_gift@126.com
Contact Person: Li Hong

2011 The 11th Northeast China International Metallurgy And Metal Industry Exposition

Date: 2011.8
Frequency: Yearly
Year of the First Event: 1994
Exhibits: Metallurgy and metal industry
Host: Anshan Iron and Steel Group Corporation, Shenyang international exhibition company
Organizer: Shenyang international exhibition company
Address: 1-8-1,Jingwei Building, No.32 East Yunji Alley, Shiyiwei Road, Heping District, Shenyang

Zip Code: 110003
Tel: +86-24-23256988
Fax: +86-24-23256988
Website: www.neimme.cn
Email: iecsy@126.com
Contact Person: Li Nan

The 5th China Northeast Asia (Shenyang) Import & Export Fair

Date: 2011.8.25-28
Frequency: Yearly
Year of the First Event: 2007
Venue: Liaoning Industrial Exhibition Hall
Exhibits: Textiles, clothing; daily use commodities (cosmetics, jewelry, handicrafts, groceries); catering, food, health care products; IT electronic & electrical appliances products; animation & videogame; culture, tourism & education.
Host: China Council for the Promotion of International Trade, Shenyang Municipal People's Government
Organizer: Shenyang Chamber of International Commerce, Shenyang Sub-Council of China Council for the Promotion of International Trade
Address: 4th Floor, International Trade Building, Qingnian Street, Shenhe District, Shenyang
Zip Code: 110014
Tel: +86-24-22729975,22729972
Fax: +86-24-22729975
Website: www.northeastasiafair.cn
Email: ccpitmail@163.com
Contact Person: Wang Haijun

2011 Northeast China (shenyang) Government Procurement And Energy Saving And Emission Reduction Exhibition

Date: 2011.11
Frequency: Yearly
Year of the First Event: 2006
Venue: Shenyang KeXueGong convention center
Exhibits: Government procurement supplies, saving products
Host: Shenyang international exhibition company
Address: 1-8-1,Jingwei Building, No.32 East Yunji Alley, Shiyiwei Road, Heping District, Shenyang
Zip Code: 110003
Tel: +86-24-23256988
Fax: +86-24-23256988
Website: www.iecsy.com
Email: iecsy@126.com
Contact Person: Li Nan

Macao

Macao Education Exhibition

Date: 2011.1.15-16
Venue: The Venetian Macao Resort Hotel, Exhibition Centre
Host: The Venetian Macao Resort Hotel, Exhibition Centre
Tel: +853-28710300
Fax: +853-28590309
Email: ipim@ipim.gov.mo

The 23rd Wedding Hairdressing And Jewellery Exhibition

Date: 2011.1.15-16
Venue: The Venetian Macao Resort Hotel, Exhibition Centre
Host: Yijia Public Relations Advertising Company
Tel: +853-28710300
Fax: +853-28590309
Email: ipim@ipim.gov.mo

2011 Real Estate Exhibition

Date: 2011.1.15-16
Venue: The Venetian Macao Resort Hotel, Exhibition Centre
Host: Zhuhai Huashi Advertising Co., Ltd
Tel: +853-28710300
Fax: +853-28590309
Email: ipim@ipim.gov.mo

The 6th Children Products Exhibition

Date: 2011.2.25-27
Venue: The Venetian Macao Resort Hotel, Exhibition Centre
Host: Yijia Public Relations Advertising Company
Tel: +853-28710300
Fax: +853-28590309
Email: ipim@ipim.gov.mo

Macao International Environmental Cooperation Forum & Exhibition 2011

Date: 2011.3.21-4.2
Frequency: Yearly
Venue: The Venetian Macao Resort Hotel
Exhibits: Drinking water treatment technology, home and plant effluent management technology, alternative energy and energy-saving & emission reduction technology, etc.
Previous Data: 5,697 visitors from 43 countries and regions.
Host: Government of the Macao Special Administrative Region
Organizer: Macao Trade and Investment Promotion Institute
Macao Environmental Protection Bureau
Address: F/4,World Trade Center, No.918,Friendship Avenue, Macao
Tel: +853-28710300
Fax: +853-28590309
Website: www.macaomiecf.com
Email: ipim@ipim.gov.mo

2011 Macao International Environmental Cooperation Development Forum and Exhibition

Date: 2011.3.31-4.2
Venue: The Venetian Macao Resort Hotel, Exhibition Centre
Host: Macao Special Administrative Region Government
Tel: +853-28710300
Fax: +853-28590309
Website: http: //www.macaomiecf.com/miecf2011
Email: ipim@ipim.gov.mo

Macao International Printing Consumables Exhibition

Date: 2011.5.13-14
Venue: The Venetian Macao Resort Hotel, Exhibition Centre
Host: Shanghai Guanghui Exhibition Co., Ltd
Tel: +853-28710300
Fax: +853-28590309
Website: www.remacau.com.cn
Email: ipim@ipim.gov.mo

2011 Asia International Gaming Expo

Date: 2011.6.7-9
Venue: The Venetian Macao Resort Hotel, Exhibition Centre
Host: Reed Exhibition Group, American Gaming Industry Association
Tel: +853-28710300
Fax: +853-28590309
Website: www.g2easia.com
Email: ipim@ipim.gov.mo

Macao International Brand Alliance Exhibition 2011

Date: 2011.7.8-10
Venue: The Venetian Macao Resort Hotel, Exhibition Centre
Host: Macao Trade and Investment Promotion Institute
Tel: +853-28710300
Fax: +853-28590309
Website: www.mfe.mo

Email: ipim@ipim.gov.mo

The 4th Computer and Digital Products Exhibition and the 3rd Household Expo

Date: 2011.7.9-10
Venue: The Venetian Macao Resort Hotel, Exhibition Centre
Host: Yijia Public Relations Advertising Company
Tel: +853-28710300
Fax: +853-28590309
Email: ipim@ipim.gov.mo

The 7th Children Products Exhibition

Date: 2011.8.13-14
Venue: The Venetian Macao Resort Hotel, Exhibition Centre
Host: Yijia Public Relations Advertising Company
Tel: +853-28710300
Fax: +853-28590309
Email: ipim@ipim.gov.mo

China Homeland Security and Aviation Security Exhibition

Date: 2011.8.16-18
Venue: The Venetian Macao Resort Hotel, Exhibition Centre
Host: International Aviation Security Association, Asian Professional Security Association, Asian Anti-Counterfeiting Association, Shenzhen Anbo Exhibition Company
Tel: +853-28710300
Fax: +853-28590309
Email: ipim@ipim.gov.mo

Culture Art Industry Exposition

Date: 2011.8.27-28
Venue: Macau Fisherman's Wharf Convention and Exhibition Centre
Host: Macao Advertising & Exhibition Co., Ltd
Tel: +853-28710300
Fax: +853-28590309
Email: ipim@ipim.gov.mo

The 24th Wedding Hairdressing and Jewellery Exhibition

Date: 2011.9.17-18
Venue: The Venetian Macao Resort Hotel, Exhibition Centre
Host: Yijia Public Relations Advertising Company
Tel: +853-28710300
Fax: +853-28590309
Email: ipim@ipim.gov.mo

2011 Asian Food & Wine Exhibition and Hotel & Catering Equipment Exhibition

Date: 2011.11.2-4
Venue: The Venetian Macao Resort Hotel, Exhibition Centre
Host: Koelnmesse International Exhibition Co., Ltd (Singapore)
Tel: +853-28710300
Fax: +853-28590309
Website: www.wineandgourmetasia.com
Email: ipim@ipim.gov.mo

The 7th International Hotel Equipment & Supplies Exposition and Catering Equipment, Food & Beverage Exhibition

Date: 2011.11.23-25
Venue: The Venetian Macao Resort Hotel, Exhibition Centre
Host: Coast International Exhibition Co., Ltd
Tel: +853-28710300
Fax: +853-28590309
Website: www.hotel-exhibition.com
Email: ipim@ipim.gov.mo

Ningxia

Yinchuan

2011 China (Ningxia) International Fair for Investment & Trade & the 2nd China-Arab States Economic and Trade Forum

Date: 2011.9.21-25
Frequency: Yearly
Venue: Ningxia Yinchuan International Exhibition Center
Host: Ministry of Commerce, China Council for the Promotion of International Trade, People's Government of Ningxia Hui Autonomous Region
Organizer: CCPIT Ningxia Sub-Council, Trade Development and Cooperation Centre of CCPIT
Address: No.165 Beijing East St., Yinchuan, Ningxia, China
Zip Code: 750001
Tel: +86-951-5039882
Email: tangjie@ccpit.org
Contact Person: Mr.Tang Jie

Qinghai

Xining

2011 the 1st Western China (Qinghai) International Engineering Machinery Exhibition

Date: 2011.4.21-24
Venue: Qinghai International Exhibition Center
Host: People's Government of Xining, Housing and Urban-Rural Development Bureau of Xining, Qinghai Provincial Water Resources Bureau, People's Government of Chengzhong District of Xining, Xining Development and Reform Committee, Xining Urban and Rural Planning Bureau, China Council for the Promotion of International Trade Xining Sub-Council, China Chamber of International Commerce Xining Sub-Chamber.
Organizer: Xining Tianyi Exhibition Co., Ltd.
Tel: +86-28-86080309
Fax: +86-28-86080319
E-mail: chengtian@126.com

The 2011 China (Qinghai) International Halal Food & Products Fair

Date: 2011.7.26-30
Frequency: Yearly
Year of the First Event: 2007
Venue: Qinghai Chengnan International Exhibition Center
Exhibits: Halal fresh food, halal fast-frozen food, Muslim characteristic products, etc.
Previous Data: 25,000 sq.m.exhibition area and 1000 Exhibitors
Host: People's Government of Qinghai Province, China Council for the Promotion of International Trade
Organizer: China Council for the Promotion of International Trade Qinghai Sub-Council, Trade Development and Cooperation Centre of China Council for the Promotion of International Trade
Address: 5th floor of Zhenghua Building, No.220,South Binhe Rd., Xining, Qinghai, China
Zip Code: 810001
Tel: +86-10-88075391,6133951
Fax: +86-10-68023790,6116381
Website: www.halalfair.org
Email: liwenming@ccpit.org, ccpitqh@yahoo.cn
Contact Person: Mr.Li Wenming

Shaanxi

Xi'an

2011 China West International Low-carbon Expo

Date: 2011.3.3-5
Frequency: Yearly
Year of the First Event: 2011
Venue: Xi'an Qujiang International Conference & Exhibition Center
Exhibits: Pollution control, emission reduction and environmental protection technologies and applications, recyclable economy and comprehensive utilization technologies and applications, industrial energy-saving technologies and applications; new energy resource technologies and applications, constructional energy-saving technologies and applications, transportation energy-saving technologies and applications, etc.
Host: National High-Tech Energy Conservation and Emission Reduction Center
Organizer: Xi'an Qujiang Diji Conference & Exhibition Co., Ltd., Xi'an Qujiang International Conference & Exhibition (Group) Co., Ltd.
Address: South Building, Qujiang Cultural Industry Center, 318,South Yanta Road, Qujiang New District, Xi'an
Tel: +86-29-85495226
Fax: +86-29-85495226
Contact person: Wang Baoquan (+86-15902962792)

2011 The 14th Shaanxi (Xi'an) Advertising Equipment and LED Photo-electrical Display Technology Exhibition

Date: 2011.3.3-5
Venue: Xi'an Qujiang International Conference & Exhibition Center
Address: Room 14A, Mingde Huayuan Building, South section of Zhuque Street, Xi'an
Tel: +86-29-85490002
Fax: +86-29-85272596

2011 Xi'an Wedding Industry Fair

Date: 2011.3.4-6
Venue: Xi'an Qujiang International Conference & Exhibition Center
Host: Xi'an Business Bureau, Xi'an Wedding Industry Society
Organizer: Shaanxi Tianyi Information Consultation Co., Ltd.
Contact Person: Mr.Wu (+86-13319288750)

China West International Equipment Manufacturing Exposition

Date: 2011.3.16-19
Frequency: Twice Yearly
Year of the First Event: 2003
Venue: Xi'an Qujiang International Conference & Exhibition Center
Exhibits: Machine Tool and Mold, Welding and cutting equipment, industrial automation, etc.
Previous Data: 1200 Exhibitors, 60,000 Spectators
Host: China Machinery Industry Federation, The Shaanxi Provincial equipment manufacturing Leading Group industry, Xi'an Municipal Government
Organizer: CCPIT Xi'an Sub-Council, Xi'an sanlian technology exhibition Co., Ltd
Address: 25th Floor, B Chuangye Plaza, No.48 Keji Road, Xi'an
Zip Code: 710075
Tel: +86-29-88350391
Fax: +86-29-88350391
Website: www.cwieme.com
Email: pianhua@126.com
Contact Person: Yu Anna

2011 Xi'an International Logistics & Transportation Exhibition

Date: 2011.3.16-19
Venue: Xi'an Ludi Bike International Conference & Exhibition Center
Host: China Mechanic Industry Federation, Shaanxi Zhenxing Equipment Manufacturing Group; Xi'an People's Government; Shaanxi Provincial Government
Organizer: Xi'an Sub-Council of China Council for the Promotion of International Trade, Xi'an Qujiang Sanlian Exhibition Co., Ltd.
Address: 25th Floor, Building B, Chuangye Square, 48,Keji Road, Xi'an, Shaanxi
Zip Code: 710075
Tel: +86-29-88350391
Fax: +86-29-88350391

China West Logistics & Manufacturing Integration & Updating Summit Forum

Date: 2011.3.16-19
Venue: Xi'an Ludi Bike International Conference & Exhibition Center
Host: China Mechanic Industry Federation, Shaanxi Zhenxing Equipment Manufacturing Group; Xi'an People's Government; Shaanxi Provincial Government

Organizer: Xi'an Sub-Council of China Council for the Promotion of International Trade, Xi'an Qujiang Sanlian Exhibition Co., Ltd.
Address: 25th Floor, Building B, Chuangye Square, 48,Keji Road, Xi'an, Shaanxi
Zip Code: 710075
Tel: +86-29-88350391
Fax: +86-29-88350391

2011 Xi'an Fluid Machinery and Rotation Fair

Date: 2011.3.16-19
Venue: Xi'an Qujiang International Conference & Exhibition Center
Host: China Mechanic Industry Federation, Shaanxi Zhenxing Equipment Manufacturing Group; Xi'an People's Government
Organizer: Xi'an Sub-Council of China Council for the Promotion of International Trade, Xi'an Sanlian Science and Technology Exhibition Co., Ltd.
Address: 25th Floor, Building B, Chuangye Square, 48,Keji Road, Xi'an, Shaanxi
Zip Code: 710075
Tel: +86-29-88350391
Fax: +86-29-88350391

2011 Xi'an Building Material, Decorative Glass, Solar Energy and Energy Conservation Exhibition

Date: 2011.4.8-12
Venue: Xi'an Qujiang International Convention and Exhibition Center
Host: National Development and Reform Committee, Shaanxi Provincial Government
Organizer: China Construction Culture Center, Shaanxi Convention & Exhibition Center
Address: 4F, China Construction Culture Building, 13,Sanlihe Road, Haidian District, Beijing, China
Zip Code: 100037
Tel: +86-10-68311370
Fax: +86-10-88082061
Email: ztj407@126.com
Contact Person: Zhang Tiejun
(+86-13911561388)

The 15th China (Xi'an) East & West Cooperation, Investment and Trade Fair

Date: 2011.4.8-12
Venue: Xi'an Qujiang International Convention and Exhibition Center
Host: National Development and Reform Committee, Shaanxi Provincial Government
Organizer: China Construction Culture Center, Shaanxi Convention & Exhibition Center
Address: 4th Floor, China Construction Culture Building, 13,Sanlihe Road, Haidian District, Beijing, China
Zip Code: 100037
Tel: +86-10-68311370
Fax: +86-10-88082061
Email: ztj407@126.com
Contact Person: Zhang Tiejun
(+86-13911561388)

The 11th Spring Xi'an Housing and Construction Technology Industry Exhibition

Date: 2011.4.22-25
Venue: Xi'an Qujiang International Convention and Exhibition Center
Host: Xi'an Bureau of Housing Guarantee and Management; Xi'an Committee of Municipal and Rural Construction; Xi'an Planning Bureau
Organizer: Xi'an Real Estate Transaction Management Center, Xi'an Qujiang Qianqiu Cultural Transmission Co., Ltd., Xi'an Real Estate Supermarket Co., Ltd.
Address: 809,Real Estate Transaction Building, 234,West Street, Xi'an, Shaanxi, China
Tel: +86-29-85325705
Fax: +86-29-85325567

2011 Xi'an International Gardening Fair

Date: 2011.4.28-10.22
Venue: Xi'an Chanba Ecological Zone
Website: www.expo2011.cn
Host: State Forestry Administration, China Council for the Promotion of International Trade, China Flower Society, Shaanxi Provincial Government
Organizer: Xi'an People's Government
Address: 7th Building, Business Center, 1,Chanba Street, Chanba Ecological Zone, Xi'an
Zip Code: 710024
Tel: +86-29-83596533

The 13th China (Xi'an) International Heat Supply and Boiler Oven Energy Saving & Emission Reduction Technology and Equipment Exhibition

Date: 2011.5.18-20
Venue: Xi'an Qujiang International Convention and Exhibition Center
Website: www.cnhe.com.cn
Host: Shaanxi Refrigeration society, Shaanxi Civil Engineering & Architectural Society
Organizer: Shaanxi Zhenwei International Exhibition Co., Ltd.
Address: Room 806,8th Floor, Fucheng Building, 91,North Chang'an Road, Xi'an, Shaanxi, China
Tel: +86-29-87818002
Fax: +86-29-87812358
Website: www.cnhe.com.cn
Email: mengwei@zhenweiexpo.com
Contact Person: Meng Wei

2011 China (Xi'an) International Cooling Air-conditioners and Heat Supply Technology and Equipment Exhibition

Date: 2011.5.18-20
Venue: Xi'an Qujiang International Convention and Exhibition Center
Website: www.cnhe.com.cn
Host: Shaanxi Refrigeration society, Shaanxi Civil Engineering & Architectural Society
Organizer: Shaanxi Zhenwei International Exhibition Co., Ltd.
Address: Room 806,8th Floor, Fucheng Building, 91,North Chang'an Road, Xi'an, Shaanxi, China
Tel: +86-29-87818002
Fax: +86-29-87812358
Website: www.cnhe.com.cn
Email: mengwei@zhenweiexpo.com
Contact Person: Meng Wei

The 11th China (Xi'an) Door, Window & Curtain Wall Exhibition

Date: 2011.5.18-20
Venue: Xi'an Qujiang International Convention and Exhibition Center
Website: www.cnhe.com.cn
Host: Shaanxi Refrigeration society, Shaanxi Civil Engineering & Architectural Society
Organizer: Shaanxi Zhenwei International Exhibition Co., Ltd.
Address: Room 806,8th Floor, Fucheng Building, 91,North Chang'an Road, Xi'an, Shaanxi, China
Tel: +86-29-87818002
Fax: +86-29-87812358
Website: www.cnhe.com.cn
Email: mengwei@zhenweiexpo.com
Contact Person: Meng Wei

2011 The 12th Xi'an Hospitality Equipment &Supplies Exhibition

Date: 2011.5.18-20
Venue: Xi'an Qujiang International Conference & Exhibition Center
Organizer: Guangzhou Huazhan Exhibition

Co., Ltd.
Address: 9H, Jinsui Tower, No.900 Mid Guangzhou Ave, Guangzhou
Zip Code: 510620
Tel: +86-20-31746168
Fax: +86-20-22223568
Email: yejianbovip@126.com
Contact Person: Ye Jianbo (+86-13662351358)

2011 The 12th Xi'an Kitchen Ware Exhibition

Date: 2011.5.18-20
Venue: Xi'an Qujiang International Conference & Exhibition Center
Organizer: Guangzhou Huazhan Exhibition Co., Ltd.
Address: 9H, Jinsui Tower, No.900 Mid Guangzhou Ave, Guangzhou
Zip Code: 510620
Tel: +86-20-31746168
Fax: +86-20-22223568
Email: yejianbovip@126.com
Contact Person: Ye Jianbo (+86-13662351358)

2011 The 12th Xi'an Kitchen Facility Exhibition

Date: 2011.5.18-20
Venue: Xi'an Qujiang International Conference & Exhibition Center
Organizer: Guangzhou Huazhan Exhibition Co., Ltd.
Address: 9H, Jinsui Tower, No.900 Mid Guangzhou Ave, Guangzhou
Zip Code: 510620
Tel: +86-20-31746168
Fax: +86-20-22223568
Email: yejianbovip@126.com
Contact Person: Ye Jianbo (+86-13662351358)

2011 The 12th Xi'an Hospitality Facility Exhibition

Date: 2011.5.18-20
Venue: Xi'an Qujiang International Conference & Exhibition Center
Organizer: Guangzhou Huazhan Exhibition Co., Ltd.
Address: 9H, Jinsui Tower, No.900 Mid Guangzhou Ave, Guangzhou
Zip Code: 510620
Tel: +86-20-31746168
Fax: +86-20-22223568
Email: yejianbovip@126.com
Contact Person: Ye Jianbo (+86-13662351358)

2011 China (Xi'an) Intelligent Housing Exhibition

Date: 2011.5.21-25
Venue: Xi'an Qujiang International Conference & Exhibition Center
Host: Intelligent Building and Building Automation Committee of Shaanxi Automation Society
Organizer: Shaanxi Constructional Weak Current Professional Committee
Tel: +86-29-62806808
Fax: +86-29-62806877
Contact Person: Mr.Zhang (+86-13992819932)

2011 China (Xi'an) the 3rd Reproductive Health and Sexual Culture Exhibition

Date: 2011.5.28-6.1
Venue: Xi'an Qujiang International Conference & Exhibition Center
Host: Xi'an Population and Birth Control Committee
Organizer: Shaanxi Health Care Association; Shaanxi Hannuowei Exhibition & Planning Co., Ltd.
Address: 503,Building B, Qujiang Huizhan International, 6,Yanzhan Road, Xi'an
Tel: +86-29-85490616
Fax: +86-29-85490620
Email: xbh029@126.com
Contact Person: Zhang Yi (+86-13384985401)

China Xi'an International Hi-Tech Fair 2011

Date: 2011.6
Frequency: Yearly
Year of the First Event: 2005
Venue: Xi'an Greenland PICO International Convention & Exhibition Center
Exhibits: High-Tech achievements, Hi-Tech products, new industries, etc
Previous Data: 500 Exhibitors, 10,000 Spectators
Host: China High-Tech Industrial Development Zone Association, China Development Zone Association, Xi'an Municipal People's Government
Organizer: Xi'an Municipal Science And Technology Commission, Xi'an Personnel Bureau, CCPIT Xi'an Sub-Council, Xi'an Exhibition Office, Xi'an High-Tech Zone Administrative Committee, Xi'an Economic and Technical Zone Administration Committee, X'ian Zhengyang Expo Planning Service Co., Ltdaddress: B Chuangye Plaza, No.48 Keji Road, Xi'an Zip Code: 710075
Tel: +86-29-88350391
Fax: +86-29-88350391
Website: www.sxayax.com
Email: pianhua@126.com
Contact Person: Yu Anna

Xi'an International Automobile Industry Exposition

Date: 2011.7
Frequency: Yearly
Year of the First Event: 2010
Venue: Xi'an Qujiang International Conference & Exhibition Center
Exhibits: Auto, spare parts, auto derivatives
Previous Data: 70 Exhibitors, 360,000 Spectators
Host: CCPIT, China Auto Industry Association, Xi'an Municipal Government
Organizer: CCPIT Xi'an Sub-Council, Xi'an Exhibition Office, Xi'an Evening Newspaper, Shaanxi Xiangao Media Co., Ltd.
Address: 25th Floor, B Chuangye Plaza, No.48 Keji Road, Xi'an
Zip Code: 710071
Tel: +86-29-88350391
Fax: +86-29-88350391
Email: Blackscreen@163.com
Contact Person: Yu Anna

2011 Xi'an Electronic Product Exhibition

Date: 2011.8.25-27
Venue: Xi'an Qujiang International Convention and Exhibition Center
Host: China Electronic Appliance Corporation
Organizer: Zhongdian Exhibition and Information Transmission Co., Ltd.
Tel: +86-10-51661100-8008
Fax: +86-10-51661100-8011
Email: sunxu520@hotmail.com
Contact Person: Sun Xu

2011 Xi'an Military Electronic Product Exhibition

Date: 2011.8.25-27
Venue: Xi'an Qujiang International Convention and Exhibition Center
Host: China Electronic Appliance Corporation
Organizer: Zhongdian Exhibition and Information Transmission Co., Ltd.
Tel: +86-10-51661100-8008
Fax: +86-10-51661100-8011
Email: sunxu520@hotmail.com
Contact Person: Sun Xu

2011 The 13th Xi'an International Special Franchising & Large and Medium Pioneering Project Exhibition

Date: 2011.9
Venue: Xi'an Qujiang International Conference & Exhibition Center
Organizer: Beijing Xiximu International Exhibition Co., Ltd.
Address: 1-602,2nd Building, Yacheng Erli, Chaoyang District, Beijing
Zip Code: 100123
Tel: +86-10-59227308
Contact Person: Cui Peng

China International General Aviation Convention

Date: 2011.10
Frequency: Biyearly
Year of the First Event: 2009
Venue: Xi'an Greenland Pico International Convention and Exhibition Centre, Pucheng Neifu Airport
Exhibits: Flight performances, general-purpose aircraft and general-purpose aircraft manufacturing, pilot training simulator, avionics products
Previous Date: 100 Exhibitors, 1000,000 Spectators
Host: People's Shaanxi Province Government, CAAC, CCPIT
Organizer: Xi'an Municipal People's government, Weinan municipal people's government
Address: B Chuangye Plaza, No.48 Keji Road, Xi'an
Zip Code: 710075
Tel: +86-29-88350391
Fax: +86-29-88350391
Website: www.chinagacity.com
Email: pianhua@126.com
Contact Person: Yu Anna

Shandong

Dongying

2011 China Guangrao International Rubber Tire and Auto Parts Exhibition

Date: 2011.5.15-17
Venue: Shandong Guangrao Conference and Exhibition Center
Exhibits: Tire, Tire accessories, Natural tire, Auto parts, etc.
Host: China Council for the Promotion of International Trade, People's Government of Shandong
Organizer: China Council for the Promotion of International Trade Shandong Sub-council, People's Government of Dongying
Address: No.585 Fujia Road, Guangrao Town, Shandong
Zip Code: 266071
Tel: +86-546-7799000
Fax: +86-546-7799111

Jinan

2011 The 15th Shandong International Electric Bicycles & Cars and Components Exhibition

Date: 2011.2.26-28
Venue: Jinan International Convention & Exhibition Center
Exhibits: All sorts of ordinary bicycles, exercise bike, folding bike, children's bike, skateboards bike etc; all kinds of electric bicycle, electric motors, electric tricycle, electric car, motorcycle, special electric vehicles, etc.
Host: People's Government of Jinan, Shandong Bicycles & Electric Bike Industry Association
Organizer: Jinan Shibo Exhibition Co., Ltd
Address: Rm 334,No.189-1 Huayuan Road, Jinan, Shandong
Tel: +86-531-82385199
Fax: +86-531-82385199-808
Email: 79155623@qq.com
Contact Person: Zhang Di(+86-13964125444)

2011 The 13th Jinan International Machine Tools & Moulds Exhibition

Date: 2011.3.3-5
Frequency: yearly
Year of the first event: 1998
Venue: Jinan International Convention & Exhibition Center
Exhibits: machine tools, machine tools components, tools and accessories, molds, and spare parts
Previous Data: 504 exhibitors, 40 foreign exhibitors, 24480 visitors
Host: China Council for the Promotion of International Trade Machinery Industry Sub-Council, China Chamber of International Commerce Machinery Industry Sub-Chambe, Jinan Municipal Government Shandong Automation Society
Organizer: China Council for the Promotion of International Trade Jinan Sub-Council, Qingdao Jinnuo Exhibition Co., Ltd, Jinan Huazhan Exhibition Co., Ltd
Address: Room 1104,Block B, E.Rd International Plaza, No.3966 2 Circle Rd East, Jinan City
Zip Code: 250100
Tel: +86-531-83532222
Fax: +86-531-83532333
Email: qdJinnuo@126.com
Contact: Xie Ming

The 13th China International Power Transmission & Control Technology (Jinan) Exhibition

Date: 2011.3.3-5
Venue: Jinan International Convention & Exhibition Center
Exhibits: hydraulic technology, sealing technology, pneumatic technology, transmission equipment, etc.
Host: China Council for the Promotion of International Trade Machinery Sub-Council, China Chamber of International Commerce Machinery Industry Chamber, Jinan Municipal Government, Shandong Institute of Automation
Organizer: China Council for the Promotion of International Trade Jinan Sub-Council, Hua Zhan Exhibition Co., Ltd.
Address: Room 1104,Block B, Jinan City, Donghuan International Plaza, No.3966 East Road, Jinan City
Tel: +86-531-83532222
Fax: +86-531-83532333
Website: www.jn-ptc.com
Email: Jinanzhanhui@sina.com
Contact: Cui Degao(+86-13465406910)

2011 The 13th China (Jinan) International Industrial Automation and Instrumentation Exhibition

Date: 2011.3.3-5
Venue: Jinan International Convention & Exhibition Center
Exhibits: Control system, instrumentation

control, instrument material components and accessories, industrial robots and related technology, automation and IT solutions.
Website: www.jn-iaie.com
People's Government of Jinan, China Council for the Promotion of International Trade Machinery Industry Sub-Council, International Chamber of Commerce Machinery Industry Branch, Shandong Institute of Automation
Organizer: China Council for the Promotion of International Trade Jinan Sub-Council, Jinan Huazhan Exhibition Co., Ltd.
Address: 1104,Building B, Donghuan International Plaza, No.3966 the 2nd 3966 the Second Ring East Road, Jinan, Shandong, China
Zip Code: 250100
Tel: +86-531-83532222
Fax: +86-531-83532333
Email: Jinanzhanhui@sina.com
Contact Person: Cui Degao
(+86-13465406910)

2011 The 4th China (Jinan) International Solar Energy Conference and Exhibition

Date: 2011.3.4-6
Venue: Jinan Shungeng International Convention & Exhibition Center
Host: Renewable Energy Professional Committee of China Comprehensive Utilization of Resources Association, Jinan Municipal Government, Energy-Saving Office of People's Government of Shandong, Shandong Economic and Informatization Commission, Shandong Development and Reform Committee, Shandong Lighting Electrical Apparatus Association, Shandong Semiconductor Lighting Industry Alliance, Shandong Department of Agriculture, China Council for the Promotion of International Trade Shandong Sub-Council
Organizer: Jinan Commerce Bureau, Shandong Solar Energy Industry Association, Jinan Xinchenghua Exhibition Co., Ltd.
Tel: +86-531-88879969/9971
Fax: +86-531-88879916
Email: solar361@yahoo.com.cn

The 7th China International Welding Cuts Technology & Machine Tool Jinan Exhibition

Date: 2011.3.16-18
Frequency: yearly
Year of the First Event: 2005
Venue: Jinan International Convention & Exhibition Center
Host: China Council for the Promotion of International Trade Machinery Sub-Council, China Chamber of International Commerce Machinery Industry Chamber, Jinan Municipal Government
Organizer: China Council for the Promotion of International Trade Jinan Sub-Council
Address: Room 1104,Block B, Jinan City, Donghuan International Plaza, No.3966 East Road, Jinan City
Zip Code: 250000
Tel: +86-531-83532222
Fax: +86-531-83532333

The 6th China (Shandong) International Welds Equipment Exhibition

Date: 2011.3.16-18
Venue: Jinan International Convention & Exhibition Center
Exhibits: Welding equipment, cutting and auxiliary equipment, Welding auxiliary machine, Welding machine fittings.
Host: People's Government of Shandong, China Machinery Industry Federation
Organizer: Shandong Economic and Informatization Commission, People's Government of Jinan, Shandong Machinery Industry Association, China Council for the Promotion of International Trade Shandong Sub-Council
Address: North University Science and Technology Park, High-Tech Development Zone, Jinan
Zip Code: 250101
Tel: +86-531-86512558
Fax: +86-531-88879893
Email: chinaieme@sina.com
Contact Person: Dong Qingzhen
(+86-15966697719)

2011 Shandong (International) Technical Equipment Exhibition on Pulp & Paper Industry

Date: 2011.3.17-19
Venue: Shandong Mechanical Equipment Exhibition Center
Website: www.expoline.cn
Host: Shandong Papermaking Industry Association, Shandong Printing Materials Company
Organizer: Shandong Mechanical Equipment Exhibition Center
Zip Code: 250104
Tel: +86-531-88932925
Fax: +86-531-88932924
Email: ex2010@126.com

2011 The 9th Shandong International Scientific Instruments And Laboratory Equipment Exhibition

Date: 2011.3.24-26
Venue: Jinan International Convention & Exhibition Center
Exhibits: General analysis instruments, biochemical instruments, life science and microbiological testing instrument, lab instrument and auxiliary products.
Website: www.sisilee.com
Host: Shandong Department of Science and Technology
Organizer: Shandong Physical and Chemical Analysis and Test Association, Shandong Analysis and Test Centre, Qingdao Analysis and Test Society, Shandong New Chenghua Exhibition Co., Ltd
Address: Rm 1104,B, Donghuan International Plaza, No.3966 2nd East Ring, Jinan
Zip Code: 250100
Tel: +86-531-86512587
Fax: +86-531-88879811, 88879944
Email: shandongzhanhui@126.com
Contact Person: Qiu Ping

2011 The 14th Jinan Four New Ads & LED Expo

Date: 2011.3.28-30
Frequency: yearly
Venue: Jinan Shungeng International Convention & Exhibition Center
Exhibits: inkjet, photo, thermal transfer, carving, cutting, blister, mount technology and equipment, advertising materials and supplies, etc.
Host: China Council for the Promotion of International Trade Jinan Sub-Council, China Chamber of International Commerce Jinan Sub-Chamber
Organizer: Shanghai Huizhan Trade Co., Ltd., Jinan Exhibition Organizing Committee
Address: 3F Xinkang Building, No.25 Huaicun Street, Jinan City, Shandong Province
Tel: +86-531-87111981
Fax: +86-531-87114586
Email: 87111981@163.com
Contact: Fu Bing

2011 Starch And Starch Derivative (Shandong) Exhibition

Date: 2011.3.28-30
Venue: Jinan International Convention & Exhibition Center
Exhibits: Starch and related products and equipment, new materials and new technology.
Host: Chinese Food Enterprise Federation,

Chinese Food Enterprise Association
Organizer: Jinan Yaxing Services Co., Ltd
Address: Hualong Road, Jinan, Shandong
Tel: +86-531-88010175
Email: zhuyangzxh@163.com
Contact Person: Zhao Xinghong
(+86-13455140532)

China Condiment, Catering Seasoning (Shandong) Exhibition

Date: 2011.3.30-4.1
Venue: Jinan International Convention & Exhibition Center
Website: www.expoline.cn
Host: Chinese Food Enterprise Federation, Chinese Food Enterprise Association
Organizer: ASTAREXPO
Address: No.1825,Longhua Road, Jianan
Zip Code: 250100
Tel: +86-531-88020531
Fax: +86-531-88010175
Email: yaxing086@163.com
Contact Person: Sun Jingwen
(+86-15863792043)

The 5th Urban Municipal Construction Exposition, Jinan · China

Date: 2011.4.1-3
Year of the first event: 2005
Venue: Jinan International Convention & Exhibition Center
Exhibits: Municipal Construction machinery and equipment, energy-efficient city lighting technology and equipment, special vehicles, and other municipal works
Host: China Municipal Engineering Association, Shandong Department of Construction
Organizer: Shandong Municipal Engineering Association, Shandong New Chenghua Exhibition Co., Ltd.
Tel: +86-531-88879882
Fax: +86-531-88879991

The 12th China (Jinan) Adornment Art Glass and Glass Door Exhibition

Date: 2011.4.15-17
Venue: Jinan International Convention & Exhibition Center
Exhibits: Glass products, glass processing machinery and equipment and glass product line, glass manufacturing technology, glass fiber and various kinds of composite materials, raw materials, etc.
Host: People's Government of Jinan, Shandong Building Materials Association Glass Professional Committee, China Architectural Decoration Association, China International Trade Promotion Association
Organizer: Jinan Xinzhan Exhibition Co., Ltd, Hong Kong Donggang International Exhibition Co., Ltd
Contact Person: Zhou Yanmei
(+86-13589042842)

2011 The 12th China (Jinan) International Architecture Energy-Saving and New Wall Materials Exhibition

Date: 2011.4.15-17
Venue: Jinan International Convention and Exhibition Center
Exhibits: Building insulation, wall and roof materials, production equipment, construction products, mortar equipment, additives, etc.
Host: Jinan Photography Industry Association, National High-Tech Building Materials Industrialization Committee, Jinan Photography Industry Association Wall and Heat Preservation Material Professional Committee, Shandong Institute of Energy-Saving Building Civil Engineering and Construction Branch
Organizer: Jinan Xinzhan Exhibition Co., Ltd.,
Address: Floor 5,Zhineng Park, No.28 Hualong Road, Jinan, Shandong, China
Zip Code: 250100
Tel: +86-531-88010173
Fax: +86-531-88160483
Email: jiancai411@126.com
Contact Person: Wang Lei
(+86-15106926955)

2011 The 9th China Jinan International City Garden Landscape & Architectural Design Exhibition

Date: 2011.4.15-17
Frequency: yearly
Venue: Jinan International Convention & Exhibition Center
Exhibits: Urban and regional planning in general, the new district planning, community planning, transportation planning, outdoor landscape, wood structure facilities, villas and building materials
Previous Data: 15000sq.m.exhibition area
Host: Jinan Municipal Government, Asia New Building Materials Industry Promotion Association, China International Trade Promotion Association, Jinan Xinzhan Exhibition Co., Ltd.,
Address: 5th F, Intelligent Park, No.28 Hualong Road, Licheng District, Jinan
Tel: +86-531-88010173
Fax: +86-531-88160483
Email: 373548864@163.com
Contact Person: Wu Wenliang
(+86-13256666946)

2011 The 11th China (Jinan) International kitchen, bathroom and Supporting facilities Exhibition

Date: 2011.4.15-17
Venue: Jinan International Convention & Exhibition Center
Exhibits: The whole kitchen, kitchen furniture, kitchen appliances, off range hood, gas stoves
Host: Jinan Municipal Government, China Architectural Decoration Association, Asian Economic and Trade Development Promotion Center, China International Trade Promotion Association, Asia New Building Materials Industry Promotion Association, Shandong Building Materials Industry Association
Organizer: Jinan Xinzhan Exhibition Co., Ltd., Hong Kong Donggang International Exhibition Co., Ltd
Address: 5th F, Intelligent Park, No.28 Hualong Road, Licheng District, Jinan
Zip Code: 250100
Tel: +86-531-81903088
Fax: +86-531-88160483
Email: xinzhan413@163.com

2011 The 11th Shandong International Woodworking Machinery And Processing Equipment Exhibition

Date: 2011.4.15-17
Venue: Jinan International Convention & Exhibition Center
Host: Jinan Municipal Government, Shandong Forest Industry Association, Shandong Timber Circulation Association, Henan Timber Circulation Association, Hebei Timber Circulation Association, Anhui Timber Circulation Association, Jiangsu Timber Circulation Association, Zhejiang Timber Circulation Association
Organizer: Jinan Xinzhan Exhibition Co., Ltd.
Address: 5th Floor, Intelligent Park, No.28 Hualong Road, Jinan
Zip Code: 250100
Tel: +86-531-88160493
Fax: +86-531-88160483
Contact Person: Guo Linlin
(+86-15275189325)

2011 The 4th Shandong International Stone Products and Machinery & Equipment Exhibition

Date: 2011.4.15-17
Venue: Jinan International Convention &

Exhibition Center
Exhibits: Marble, granite waste material, sandstone waste materials, limestone, quartz, sandstone, slate, conserve materials and equipment.
Host: Jinan Municipal Government, Asian Economic and Trade Development Promotion Center, China International Trade Promotion Association, Shandong Building Materials Industry Association
Organizer: Jinan Xinzhan Exhibition Co., Ltd., Hong Kong Donggang International Exhibition Co., Ltd
Address: 5F, Intelligent Park, Hualong Road, No.28 Jinan City
Zip Code: 250100
Tel: +86-531-88010173
Fax: +86-531-88160483
Email: xinzhanscz@163.com
Contact Person: Wang Jingzhi

2011 The 10th China (Jinan) International Lighting Exhibition

Date: 2011.4.15-17
Venue: Jinan High-Tech Zone International Conference and Exhibition Center
Exhibits: Outdoor lighting, commercial lighting, solar lighting, municipal lighting, etc.
Host: Shandong Lighting Association , People's Government of Jinan , Shandong Lighting Electrical Apparatus Association, Shandong Semiconductor Lighting Industry Alliance, China International Trade Promotion Association
Organizer: Jinan Xinzhan Exhibition Co., Ltd., Hong Kong Donggang International Exhibition Co., Ltd
Address: Intelligent Park, No.28 Hualong Road, Jinan
Zip Code: 250100
Tel: +86-15589901521
Fax: +86-531-88160483
Email: wang471x@163.com
Contact Person: Mr.Wang

The 10th China Jinan International LED Exhibition

Date: 2011.4.15-17
Venue: Jinan International Convention & Exhibition Center
Exhibits: LED lighting, LED display, LED advertising illuminant, LED chips, extension slice and related base material, etc.
Host: People's Government of Jinan, Shandong Lighting Association, Shandong Lighting Electrical Apparatus Association, Shandong Semiconductor Lighting Industry Alliance, China International Trade Promotion Association
Organizer: Jinan Xinzhan Exhibition Co., Ltd., Hong Kong Donggang International Exhibition Co., Ltd
Address: Intelligent Park, No.28 Hualong Road, Jinan
Zip Code: 250100
Tel: +86-531-88160493
Fax: +86-531-88160483
Email: xinzhan863@163.com
Contact Person: Xu Qinglong

2011 The 12th Shandong Jinan Coating Exhibition

Date: 2011.4.15-17
Venue: Jinan International Convention & Exhibition Center
Exhibits: Interior wall coating materials, wall paint, floor coating, fire-retardant coating, coating raw material, coating equipment, coating packaging barrels and various coating equipment.
Host: People's Government of Jinan, National High-Tech Building Materials Industrialization Committee, China Architectural Decoration Association, China International Trade Promotion Association, Asia New Building Materials Industry Promotion Association, Shandong Building Materials Industry Association
Organizer: Jinan Xinzhan Exhibition Co., Ltd
Address: No.28 South Gongye Road, Jinan
Tel: +86-531-86512558
Fax: +86-531-88879893
Email: wangxiao08@163.com
Contact Person: Wang Wenqing (+86-15054152865)

2011 The 8th Shandong Photographic Equipment, Digital Videos And Wedding Photo Studios Fair

Date: 2011.4.16-18
Venue: Jinan International Convention & Exhibition Center
Exhibits: Fireworks, candlestick, balloon, lantern, flowers, stage equipment, dry ice machine, flame machine, snow machine, smoke machine, head light, bubble machine, etc.
Host: Jinan Photography Industry Association, Jinan Xinzhan Exhibition Co., Ltd, Hong Kong Donggang International Exhibition Company, Asia Economic and Trade Development Promotion Center
Organizer: Jinan Xinzhan Exhibition Co., Ltd.
Address: 5th F, Intelligent Park, Hualong Road, No.28 Jinan City
Zip Code: 250100
Tel: +86-531-88160493
Email: xinzhan86@163.com
Contact Person: Wang Chuanguo (+86-13127153387)

2011 The 8th (Shandong) Photographic Equipment, digital Imaging and Wedding Studio Products Exhibition

Date: 2011.4.16-18
Venue: Jinan International Convention & Exhibition Center
Exhibits: Studio supplies, digital imaging, photographic equipment, studio makeup.
Host: Jinan Xinzhan Exhibition Co., Ltd, Hong Kong Donggang International Exhibition Company, China International Trade Promotion Association, Asia Economic and Trade Development Promotion Center
Organizer: Jinan Xinzhan Exhibition Co., Ltd
Contact Person: Yan Weichao (+86-13658600385)

2011 Shandong International Food Additive and Ingredients Exhibition

Date: 2011.4.22-24
Venue: Jinan International Convention & Exhibition Center
Exhibits: Food additives, food ingredients, health food ingredients and related industry production, testing equipment, instruments, packaging materials, applied technology, etc.
Host: China Food Industry Association, Jinan Food Industry Association, Shandong Baking Food Industry Associations
Organizer: Jinan Xinzhan Exhibition Co., Ltd
Address: 5th Floor, Intelligent Park, No.28 Hualong Road, Jianan
Zip Code: 250100
Tel: +86-531-88160493
Fax: +86-531-88160483
Email: xinzhan422@163.com
Contact Person: Zhang Xiaomeng (+86-15054175180)

2011 China Shandong Meat Processing Technology and Machinery Exhibition

Date: 2011.4.22-24
Venue: Jinan International Convention & Exhibition Center
Exhibits: Meat processing machinery, slaughter equipment.
Host: China Food Industry Association, Jinan Food Industry Association, Shandong Baking Food Industry Associations
Organizer: Jinan Xinzhan Exhibition Co., Ltd
Address: 5th Floor, Intelligent Park, No.28 Hualong Road, Jianan
Zip Code: 250100
Tel: +86-531-88160493

Email: xzxy666888@163.com
Contact Person: Xu Yan (+86-13864147762)

2011 China Shandong Baking Industry Exhibition

Date: 2011.4.22-24
Venue: Jinan International Convention & Exhibition Center
Exhibits: Baking equipment, cookies, candy machinery, leisure food production mold, packing equipment.
Host: China Food Industry Association, Jinan Food Industry Association, Shandong Baking Food Industry Associations
Organizer: Jinan Xinzhan Exhibition Co., Ltd
Address: 5th Floor, Intelligent Park, No.28 Hualong Road, Jianan
Zip Code: 250100
Tel: +86-531-88160493
Fax: +86-531-88160483
Email: xinzhan422@163.com
Contact Person: Li Xiaodong (+86-15063394713)

2011 China Shandong International Food Processing and Packaging Machinery Exhibition

Date: 2011.4.22-24
Venue: Jinan International Convention & Exhibition Center
Exhibits: Food processing equipment, food packaging equipment and other auxiliary processing equipment.
Host: China Food Industry Association, Jinan Food Industry Association, Shandong Baking Food Industry Associations
Organizer: Jinan Xinzhan Exhibition Co., Ltd
Address: 5th Floor, Intelligent Park, No.28 Hualong Road, Jianan
Zip Code: 250100
Tel: +86-531-88160493
Fax: +86-531-88160483
Email: xinzhan422@163.com
Contact Person: Liu Qian (+86-115866781121)

The 9th Shandong Chain Franchising & Small and Medium-Sized Business Projects Expo

Date: 2011.4.22-24
Venue: Jinan Shungeng International Convention and Exhibition Center
Exhibits: Franchising enterprises, relevant accessory products manufacturers, boutique, consulting services, media, etc.
Host: Shandong Television Station, Shandong Entrepreneurial Promotion Association, Shandong Economic and Trade Committee, Shandong Department of Commerce, People's Government of Jinan
Organizer: Jinan Shungeng International Convention and Exhibition Center
Address: 28 Shungeng Road, Jinan, Shandong
Zip Code: 250014
Tel: +86-531-82611050
Fax: +86-531-82910367
Contact Person: Mr.Han (+86-13181740556)

2011 The 13th Shandong International Water Supply & Drainage, Water Treatment & Pipe Valve Exhibition

Date: 2011.5.11-13
Frequency: yearly
Venue: Jinan Shungeng International Convention & Exhibition Center
Exhibits: Metals and non-metallic pipe, pipe fittings, pipes, fittings, tanks and accessories, etc.
Host: Shandong Housing & Urban and Rural Construction Office, Shandong Thermal Association, China Council for the Promotion of International Trade Jinan Sub-Council, China International Chamber of Commerce Jinan Chamber
Organizer: Jinan Huazhan Exhibition Co., Ltd.
Address: Room 1104,Block B, E.Rd International Plaza, No.3966 2 Circle Rd East, Jinan
Zip Code: 250100
Tel: +86-531-83532222
Fax: +86-531-83532333
Email: tanshujun-hz@163.com
Contact: Tan Shujun

2011 The 13th Shandong International Heating Boilers And Air Conditioning Technology And Equipment Exhibition

Date: 2011.5.11-13
Venue: Jinan Shungeng International Convention & Exhibition Center
Exhibits: Heating technology and equipment.
Host: Shandong Housing and Urban-Rural Development Bureau, Shandong Heating Management Office
Organizer: Jinan Huazhan Exhibition Co, Ltd
Address: Rm 1104,B, Donghuan International Plaza, No.3966 2nd East Ring, Jinan
Zip Code: 250100
Tel: +86-531-83532222
Fax: +86-531-83532333

2011 Shandong International Filtering and Separating Technology & Equipment Exhibition

Date: 2011.5.11-13
Venue: Jinan Shungeng International Convention & Exhibition Center
Exhibits: Filtering equipment, centrifuges, water purification and related products.
Host: Shandong Housing and Urban-Rural Development Bureau, China Council for the Promotion of International Trade Jinan Sub-Council, Jinan Environment Protection Bureau,
China Chamber of International Commerce Jinan Chamber
Organizer: Jinan Huazhan Exhibition Co., Ltd
Address: 1104,Building B, Donghuan International Plaza, No.3966 the 2nd 3966 the Second Ring East Road, Jinan
Zip Code: 250100
Tel: +86-531-83532222
Fax: +86-531-83532333
Email: 844904190@qq.com

Linyi

2011 "Tianfeng"Cup China (Linyi) the 5th Solar Energy Spring Exhibition

Date: 2011.2.20-22
Venue: Linyi International Mall Conference & Exhibition Center
Exhibits: Solar energy water heater, flat-panel solar energy collector, etc.
Host: People's Government of Linyi
Organizer: Shandong Weihai Longda Advertisement Co., Ltd.
Address: Tongxin Building No.79 Shichang Avenue, Weihai, Shandong
Zip Code: 264200
Tel: +86-631-58661786
Fax: +86-631-5867567
Email: tynsq@163.com
Contact Person: Director Wang

2011 The 4th Shandong Animal Husbandry And Feed Industry Exhibition

Date: 2011.4.1-3
Venue: Linyi International Mall Conference & Exhibition Center
Host: Shandong Veterinary association, Linyi Bureau of Animal Husbandry
Organizer: Linyi Feed Industry Association, Linyi Veterinary association, Linyi Chaoyang Exhibition Services Co., LtdAddress: Rm 1901,AA, Century City Plaza, Linyi
Tel: +86-539-3106232

Fax: +86-539-3106229
Email: zhaoyanghzfw@163.com

2011 The 2nd China (Linyi) International Security Equipment Franchising Exhibition

Date: 2011.4.1-3
Venue: Linyi International Mall Conference & Exhibition Center
Exhibits: Police equipment, fire control, industrial safety
Host: China Council for the Promotion of International Trade Shandong Sub-Council, Linyi Qijian Exhibition Co., Ltd
Organizer: Linyi Qijian Exhibition Co., Ltd, World Famous Brand Council China Chamber of Commerce
Address: No.50,Tongda Road, Linyi, Shandong
Zip Code: 276000
Tel: +86-539-3113211
Fax: +86-539-3113211
Email: changli@qijianexpo.com
Contact Person: Zhang Li

2011 The 2nd China (Linyi) International Medical Equipment Franchising Exhibition

Date: 2011.4.1-3
Venue: Linyi International Mall Conference & Exhibition Center
Exhibits: Police equipment, fire control, industrial safety.
Host: China Council for the Promotion of International Trade Shandong Sub-Council, China Council for the Promotion of International Trade Linyi Sub-Council, Linyi Qijian Exhibition Co., Ltd
Organizer: Linyi Qijian Exhibition Co., Ltd
Address: No.50,Tongda Road, Linyi, Shandong
Zip Code: 276000
Tel: +86-539-3113211
Fax: +86-539-3113211
Email: changli@qijianexpo.com
Contact Person: Zhang Li

2011 The 6th China Southern Shandong (Linyi) Hardware Electrical And Welding Equipment Exhibition

Date: 2011.5.17-19
Venue: Linyi Convention and Exhibition Center
Exhibits: Welding equipment, hardware tools, hardware machinery and equipment, hardware products.
Host: Shandong Welding Association, China Chamber of International Commerce Shandong Sub-Chamber, China Council for the Promotion of International Trade Linyi Sub-Council
Organizer: Jinan Hengzhan Exhibition Co., Ltd
Address: No.26 Lixia District, Jinan
Tel: +86-531-85880252
Fax: +86-531-55560501

2011 The 6th China Linyi Plank Woodworking Machinery and Furniture Exhibition

Date: 2011.5.17-19
Venue: Linyi Luxin International Convention and Exhibition Center
Exhibits: Wood, plank, woodworking machinery, wood processing workshop dust removal equipment, paring conveying and combustion equipment etc.
Host: Shandong Wood Association, Shandong Wood Circulation Association , China Chamber of International Commerce Shandong Sub-Chamber, China Council for the Promotion of International Trade Shandong Sub-Council, China Council for the Promotion of International Trade Linyi Sub-Council, Canada New Brunswick China Investment and Trade Office, Canada Atlantic Chamber of Commerce
Organizer: Jinan Hengzhan Exhibition Co., Ltd, Linyi Hengzhan Exhibition Co., Ltd
Tel: +86-531-85880252
Fax: +86-531-88153208
Contact Person: Zhang Yun (+86-15254170345)

2011 The 6th China Linyi International Plastic And Rubber Industry Fair & Raw Material Fair

Date: 2011.5.27-29
Venue: Linyi Luxin International Convention and Exhibition Center
Host: China Plastic Packaging Association, Shandong Plastic Industry Association
Organizer: Jinan Hengzhan Exhibition Co., Ltd.
Tel: +86-631-85880252
Fax: +86-631-88153208
Email: zq207374@126.com
Contact Person: Zhang Yun (+86-15254170345)

2011 The 6th China Lunan (Linyi) Automation and Power Transmission Exhibition

Date: 2011.5.27-29
Venue: Linyi Luxin International Convention and Exhibition Center
Exhibits: Instrument and meter, control system, meter element and accessories, industrial robot and technology, automation and IT solution, etc.
Host: Machinery Sciety of Shandong Province, China Council for the Promotion of International Trade Linyi Sub-Council
Organizer: Linyi Xinhai Exhibition Design Co., Ltd., Jinan Hengzhan Exhibition Co., Ltd.
Address: No.26 Building, Lixia District, Jinan, Shandong, China
Tel: +86-531-85880252
Fax: +86-531-88153208

Qingdao

2011 Qingdao (Spring) International Packaging & Printing Technology Equipment Exhibition

Date: 2011.3.10-12
Year of the First Event: 2004
Venue: Qingdao International Convention Center
Website: www.qdpackage.com
Host: People's Government of Qingda, The Press and Publication Bureau of Shandong
Organizer: Qingdao International Convention Center, Press and Publication Bureau of Qingdao, Qingdao Printing Association, Qingdao Foreign Economic & Commerce Exhibition Co., Ltd.
Address: No.9 Miaoling Road, Laoshan District, Qingdao
Zip Code: 266061
Tel: +86-532-82995727
Fax: +86-532-88891421
Contact Person: Gao Tao (+86-18953200525)

2011 The 9th Qingdao International Casting, Die-casting And Industrial Furnace Fair

Date: 2011.3.23-25
Frequency: Yearly
Year of the First Event: 2003
Venue: Qingdao International Convention Center
Exhibits: Casting equipment, die-casting equipment, industrial furnace for heat treatment, etc.
Host: Chinese Society of Metals, People's Government of Qingdao
Organizer: Qingdao Jinnuo Convention and Exhibition Co., Ltd.
Address: Room 902,Fulin Building, No.87,South Fuzhou Road, Qingdao, Shandong, China
Zip Code: 266071
Tel: +86-532-85552936

Fax: +86-532-85552960
Email: qdzhoujianghua@126.com
Contact Person: Yang Xiaohua (+86-13969728766)

The 6th China International Materials Handing And Factory Assembly Line Technology & Equipment Exhibition

Date: 2011.3.25-27
Frequency: Yearly
Year of the First Event: 2001
Venue: Qingdao International Convention Center
Exhibits: Warehousing technologies and equipment, handling technology and peripheral equipment, logistics information technology and logistics service, etc.
Website: www.linexpo.cn
Host: Logistics Engineering Branch of Chinese Mechanical Engineering Society, Mechanical Transmission Branch of Chinese Mechanical Engineering Society, China Council for the Promotion of International Trade, Shandong Logistics Engineering Society
Qingdao Haihan Convention and Exhibition Co., Ltd., Hongkong New International Exhibition Co., Ltd.
Address: 1604,Huajia Building, No.52, Shandong Road, Qingdao, Shandong, China
Zip Code: 266071
Tel: +86-532-83613988,85019822
Fax: +86-532-83613588
Email: yuxuanzuji@163.com

2011 China International Forklift & Accessories Exhibition

Date: 2011.3.29-31
Frequency: Yearly
Year of First Event: 2001
Venue: Qingdao International Convention Center
Exhibits: Warehousing technologies and equipment, handling technology and peripheral equipment, logistics information technology and logistics service, etc.
Website: www.logisticschina.cn
Host: China Machinery Industry Institute Logistics Engineering Branch, China Machinery Industry Institute Mechanical Transmission Branch, China Council for the Promotion of International Trade, Shandong Logistics Engineering Society
Organizer: Qingdao Haihan Exhibition Co., Ltd, Hong Kong Dingxin International Exhibition Co., Ltd
Address: Rm 1604,Huajia Building, No.52 Shandong Road, Qingdao
Zip Code: 266071
Tel: +86-532-83613988, 85019817
Fax: +86-532-83613588
Email: hanhe1986@sina.com
Contact Person: Han He (+86-13678874435)

The 7th China (Qingdao) International Floor Industrial Technology And Construction Machinery Exhibition

Date: 2011.3.29-31
Venue: Qingdao International Convention Center
Exhibits: Floor material, elastic ground material and ground machinery, etc.
Host: China Economy and Trade Development Promotion Center, Asia New Building Materials Industry Promotion Association
Organizer: Asia Economic and Trade Development Promotion Center, China Machinery Industry Institute
Address: Rm 1604,Huajia Building, No.52 Shandong Road, Qingdao
Zip Code: 266071
Tel: +86-532-83613988
Fax: +86-532-83613588
Email: zhumeili.ok@163.com
Contact Person: Zhu Meili (+86-13465829685)

2011 The 30th China (Qingdao) International Beauty, Hairdressing and Cosmetic Exhibition

Date: 2011.3.30-4.1
Venue: Qingdao International Convention Center
Exhibits: Beauty, hairdressing and cosmetic products, weight loss products, cosmetic surgery & health care products, etc.
Host: Jinan Beauty and Hairdressing Association, Qingdao Beauty and Hairdressing Association
Organizer: Qingdao Deer Expo Service Co., Ltd., Jinan Haobo Exhibition Co., Ltd
Address: 3-1106,Luneng Kang Bridge, Sankongqiao Street, Jinan, Shandong
Zip Code: 250000
Tel: +86-531-68807388
Fax: +86-531-68807388
Contact Person: Han Xia (+86-15154137918)

2011 The 8th China Qingdao International Rubber Technology Fair

Date: 2011.4.9-11
Frequency: Yearly
Year of the First Event: 2004
Venue: Qingdao International Convention Center
Exhibits: Tire, rubber products and semi-products, rubber machinery and rubber material, etc.
Host: People's Government of Shandong, Shandong Rubber Industry Association, People's Government of Qingdao
Organizer: Qingdao Jinnuo Convention and Exhibition Co., Ltd.
Address: Room 902,No.87,South Fuzhou Road, Qingdao, Shandong, China
Zip Code: 266071
Tel: +86-532-55552919
Fax: +86-532-85785105
Email: sujiao85785101@163.com
Contact Person: Wang Fei

2011 China (Qingdao) International Meat Industry Fair

Date: 2011.4.27-29
Frequency: Yearly
Year of the First Event: 2004
Venue: Qingdao International Convention Center
Exhibits: Machinery and equipment, low temperature logistics equipment and technology, etc.
Host: China Food Industry Association, People's Government of Qingdao, Qingdao Jinnuo Convention and Exhibition Co., Ltd.
Organizer: Qingdao Jinnuo Convention and Exhibition Co., Ltd.
Address: Address: Room 902,Fulin Building, No.87,South Fuzhou Road, Qingdao
Tel: +86-532-55552901
Fax: +86-532-55552903
Email: shibohui168@163.com

2011 Shandong Stomatology Instruments And Dental Material (Qingdao) Exhibition

Date: 2011.4.27-29
Venue: Qingdao International Convention Center
Exhibits: Oral pathology apparatus and dental materials, oral pathology health supplies.
Host: Asian Economic and Trade Development Promotion Center, Qingdao Dental Association, Qingdao Haiming International Exhibition Co., Ltd
Organizer: Qingdao Haiming International Exhibition Co., Ltd
Address: Rm. 1104,B, Donghuan International Plaza, No.3966 2nd East Ring, Jinan
Zip Code: 250100
Tel: +86-532-85012141
Fax: +86-532-85012624
Email: kakaxizhanshi@126.com
Contact Person: Ms.Wang

2011 The 10th Qingdao International Auto Expo

Date: 2011.5.26-30
Venue: Qingdao International Convention Center
Exhibits: Motor cars, off-road vehicles, concept vehicles, auto media and finance service, etc.
Host: China Automotive Engineersing Society, Shandong Auto Industry Association
Organizer: Shandong Automotive Engineersing Society Qingdao Jialubo International Exhibition Co., Ltd.
Address: Rm.1104 Tianhong Building, No.169 Hong Kong Mid Road, Qingdao
Zip Code: 266071
Tel: +86-532-85896533
Fax: +86-532-85896533
Contact Person: Jiang Wei

The 9th China International Marine Expo

Date: 2011.5.27-29
Frequency: Yearly
Year of the First Event: 2002
Venue: Qingdao Olympic Sailing Center
Exhibits: Ship technology and equipment, water sports equipment, water entertainment equipment, etc.
Host: China Council for the Promotion of International Trade, State Oceanic Adnimistration, General Administration of Sport Water Sports Management Center, People's Government of Qingdao
Organizer: China Council for the Promotion of International Trade Qingdao Sub-Council
Address: Room 501,No.121,Yan'ansan Road, Qingdao
Zip Code: 266071
Tel: +86-532-83892373
Fax: +86-532-83892050
Email: marinefair@163.com

The 12th China Qingdao International Gift, Art Crafts And Home Decoration Expo

Date: 2011.6.10-12
Website: www.cqige.com
Host: China Gift Association, Chinese Promotional Committee of World National Culture Exchange, China Household Industry Federation, Shandong Crafts Association, Shandong Tourist Hotel Association, Guangdong Bochang Exhibition Service Co., Ltd., Qingdao BoTai Exhibition Trade Co., LtdOrganizer: Guangdong Bochang Exhibition Service Co., Ltd.
Address: Room 712-715,Shizheng Office Building, No.17,Jiading Road, Qingdao
Tel: +86-532-83755508,83722208
Fax: +86-532-83742577
Email: qdblh@126.com

2011 The 12th China Qingdao International Hotel Products and Equipment Expo

Date: 2011.6.10-12
Website: www.cqihe.com
Host: China Hotel Association, Guangdong Bochang Exhibition Service Co., Ltd.
Organizer: Guangdong Bochang Exhibition Service Co., Ltd.
Address: Room 712-715,Shizheng Office Building, No.17,Jiading Road, Qingdao
Tel: +86-532-83755508,83722208
Fax: +86-532-83743238
Email: qdblh@126.com

The 5th China (Shandong) International Children Industry Fair 2011

Date: 2011.6.10-12
Venue: Qingdao International Convention Center
Exhibits: Children's education, children's household, treats supplies, integrated services.
Host: People's Government of Qingdao Exhibition Industry Development Office, Qingdao International Convention Center, Qingdao News
Organizer: Qingdao Foreign Trade Business Exhibition Co., Ltd, Qingdao News Network Dissemination Co., Ltd, Haiao.com
Address: 11th Floor, 5th Pavillion, Qingdao International Convention Center, No.9 Miaoling Road, Laoshan District, Qingdao
Zip Code: 2266061
Tel: +86-532-82995616,82995619
Fax: +86-532-88894849,82995580
Email: qingdaozhanlan@163.com
Contact Person: Wang Zhencai (+86-13573810095)

2011 The 12th China (Qingdao) International Leather, Shoe Machine and Shoe Material Fair

Date: 2011.6.28-30
Exhibits: All kinds of leather, synthetic leather, shoes, shoe lining, shoetree, etc
Host: Shandong Leather Industry Association, China Council for the Promotion of International Trade Shandong Sub-Council, Shandong Garment Industry Association, China Chamber of International Commerce Shandong Chamber, Asia Economic and Trade Promotion Center, Qingdao Leather Industry Association
Organizer: Qinghai Haiming International Convention and Exhibition Co., Ltd., Shandong Association of Leather Industry
Address: 4th Floor, Huajia Building, No.52,Shandong Road, Qingdao
Zip Code: 266071
Tel: +86-532-85012141
Fax: +86-532-85012624

2011 China (Qingdao) International Non-Metal Mining Industry Exhibition

Date: 2011.7.1-3
Venue: Qingdao International Convention Center
Exhibits: Non-metal mining products, non-metal mining production & processing mechanical equipment, etc.
Host: Shandong Society of Particuology, International Federation of Powdery Test and Control, China Vibration Engineering Society Vibration Utilize Engineering Professional Committee, China Machinery Engineering Society Logistics Engineering Branch, National Pipe Conveying Technique Professional Committee, China International Trade Promotion Federation, China Nonmetalliferous Ore Industry Association Talc Professional Committee, China Nonmetalliferous Ore Industry Association PlasterProfessional Committee, China Nonmetalliferous Ore Industry Association Graphite Professional Committee
Organizer: Qingdao Haihan Exhibition Co., Ltd.International Federation of Powdery Test and Control, Shandong Society of Particuology Particle Testing Professional Committee
Address: Rm.1604 Huajia Building, No.52 Shandong Rd., Qingdao
Zip Code: 266071
Tel: +86-532-83613988
Fax: +86-532-83613588
Website: www.cipechina.cn
Email: zhumeili.ok@163.comm
Contact Person: Zhu Meili

2011 Qingdao International Stone Products & Machinery Exhibition

Date: 2011.7.14-17
Venue: Qingdao International Convention Center
Exhibits: Mable materials, granite materials, natural stone materials, stone carving products, stone tablets, etc.
Host: People's Government of Qindao, Shandong Stone Industry Association
Organizer: Qingdao Haichen International

Expo.Co., Ltd.
Address: Qingdao International Convention Center 5-8F
Zip Code: 266061
Tel: +86-532-83831786
Fax: +86-532-83841887
Contact Person: Liu Baofang

2011 The 6th Shandong International Electronics Industry Manufacturing Exhibition

Date: 2011.7.28-30
Venue: Qingdao International Convention Center
Exhibits: Electronic components and modules, integrated circuit, electronic material and electronic chemical products, electronic tools, etc.
Host: Asia Economic and Trade Development Promotion Center, Shandong Electric Apparatus Industry Association, Chinese Institute of Electronics Components Branch, China International Trade Promotion Association
Organizer: Qingdao Deer Exhibition Co., Ltd
Zip Code: 250100
Tel: +86-531-82376167
Fax: +86-531-82376177
Contact Person: Liu Hui

2011 The 10th (Qingdao) East China International Electronic Industry Manufacturing Exhibition

Date: 2011.7.28-30
Venue: Qingdao International Convention Center
Exhibits: electrical components, integrated circuits, electrical materials, electrical and chemical products, electrical tools, etc.
Previous Data: 25,000 sq.m exhibition area, 572 exhibitors, 43,472 professional visitors
Host: Asia Economic and Trade Promotion Center, Component Sub-Council of Chinese Institute of Electronics, Shandong Electric Apparatus Industry Association, China International Trade Promotion Association
Organizer: Qingdao Deer Expo Service Co., Ltd.Hong Kong Donggang International Exhibition Co., Ltd
Address: Rm.201 Huajia Building, No.52 Shandong Rd., Qingdao
Zip Code: 266071
Tel: +86-532-85017066
Fax: +86-532-85833615
Contact Person: Zhao Li (+86-15820035503)

2011 The 6th Qingdao International LED Exhibition

Date: 2011.7.28-30
Venue: Qingdao International Convention Center
Exhibits: LED lightings, LED display and supplies, LED traffic signs and plates, etc.
Host: Component Sub-Council of Chinese Institute of Electronics, China International Trade Promotion Association, Shandong Illumination Institute, Shandong Qingdao Illuminating Apparatus Association, Yangzhou Association of Industry and Commerce Lamps Industry Branch, Guangdong Electronic Chamber of Commerce
Organizer: Qingdao Deer Expo Service Co., Ltd.Hong Kong Donggang International Exhibition Co., Ltd
Address: Rm.201 Huajia Building, No.52 Shandong Rd., Qingdao
Zip Code: 266071
Fax: +86-532-85833615
Email: chinazhanhui@126.com
Contact Person: Li Qian (+86-13964810865)

2011 The 6th Qingdao International Street Lamps, Garden Lamps and Outdoor Illuminating Exhibition

Date: 2011.7.28-30
Venue: Qingdao International Convention Center
Previous Data: 8,000 sq.m of exhibition area, 135 exhibitors
Host: Component Sub-Council of Chinese Institute of Electronics, China International Trade Promotion Federation, Shandong Illumination Institute, Shandong Qingdao Illuminating Apparatus Association, Yangzhou Association of Industry and Commerce Lamps Industry Branch, Guangdong Electronic Chamber of Commerce
Organizer: Qingdao Deer Expo Service Co., Ltd.Hong Kong Donggang International Exhibition Co., Ltd
Address: Rm.201 Huajia Building, No.52 Shandong Rd., Qingdao
Zip Code: 266071
Tel: +86-532-85019618
Fax: +86-532-85833615
Email: wenyu_88@126.com
Contact Person: Song Wenyu

2011 Qingdao International Machine Tool Mould Fair

Date: 2011.8.4-7
Frequency: Yearly
Venue: Qingdao International Convention Center
Exhibits: All kinds of machine drive and control technology, CNC system, etc.
Host: China Council for the Promotion of International Trade Machinery Sub-Council, China Chamber of International Commerce Machinery Chamber of Commerce, Big Event Office of Qingdao Municipal People's Government, Qingdao Jinnuo Convention and Exhibition Co., Ltd.
Organizer: Qingdao Jinnuo Convention and Exhibition Co., Ltd.
Address: Room 902,Fulin Building, No.87,South Fuzhou Road, Qingdao, Shandong, China
Zip Code: 266071
Tel: +86-532-80771360
Fax: +86-532-80771890
Email: qdJinnuo@126.com

2011 China (Qingdao) Pharmaceutical Machine & Packaging Equipment and Materials Exhibition

Date: 2011.8.11-13
Venue: Qingdao International Convention Center
Exhibits: Medicine cleaning machine, medicine moisten machine, medicine cutting machine, medicine screening machine, medicine scrambling machine, medicinal slices equipment
Host: China International Medical Technology Promotion Association, China Federation of International Trade Development
Organizer: Qingdao Lanbo Exhibition Service Co., Ltd.
Address: Rm.605 Huayu Building, No.46 Shandong Rd., Qingdao
Zip Code: 266071
Tel: +86-532-85012515
Fax: +86-532-85012915
Email: qd-fair@163.com

2011 The 6th China (Qingdao) Food & Medicine Packaging Materials and Design Exhibition

Date: 2011.8.11-13
Venue: Qingdao International Convention Center
Host: China International Medical Technology Promotion Association, China Federation of International Trade Development
Organizer: Qingdao Lanbo Exhibition Service Co., Ltd.
Address: Rm.605 Huayu Building, No.46 Shandong Rd., Qingdao
Zip Code: 266071
Tel: +86-532-85012515
Fax: +86-532-85012915
Email: qdlanbo@163.com

Contact Person: Wang Jinli
(+86-15965585772)

The 6th China (North) International Food Addictives And Ingredients Fair

Date: 2011.8.11-13
Venue: Qingdao International Convention Center
Exhibits: Food addictives and ingredients, etc.
Host: Food Industry Office of Shandong Province, China Federation of International Trade Development
Shandong Food Industry Association, Shandong Food Additive Professional Committee
Organizer: Qingdao Lanbo Exhibition Service Co., Ltd.
Tel: +86-532-85012515
Fax: +86-532-85012915
Email: qdlanbo@163.com
Contact Person: Liu Aiwen
(+86-13780608070)

2011 The 11th China (Qingdao) International Logistic Fair

Date: 2011.8.11-13
Frequency: Yearly
Year of the First Event: 2001
Venue: Qingdao International Convention Center
Exhibits: Warehousing technologies and equipment, handling technology and peripheral equipment, logistics information technology and logistics service, etc.
Website: www.logisticschina.cn
Host: Logistics Engineering Branch of Chinese Mechanical Engineering Society, Mechanical Transmission Branch of Chinese Mechanical Engineering Society, China Council for the Promotion of International Trade, Shandong Logistics Engineering Society
Organizer: Qingdao Haihan Convention and Exhibition Co., Ltd., Hongkong New International Exhibition Co., Ltd.
Address: Room 1604,Huajia Building, No.52,Shandong Road, Qingdao
Zip Code: 266071
Tel: +86-532-83613988,85019810
Fax: +86-532-83613588
Email: cilechina@126.com

2011 The 7th International Powder Industry And Bulk Technology (Qingdao) Exhibition

Date: 2011.8.11-13
Venue: Qingdao International Convention Center
Exhibits: Powder equipment, particle size detection, powder material etc.
Host: Shandong Society of Particuology, International Federation of Powdery Test and Control, China Vibration Engineering Society Vibration Utilize Engineering Professional Committee, China Machinery Engineering Society Logistics Engineering Branch, National Pipe Conveying Technique Professional Committee, China International Trade Promotion Federation, China Nonmetalliferous Ore Industry Association Talc Professional Committee, China Nonmetalliferous Ore Industry Association Plaster Professional Committee, China Nonmetalliferous Ore Industry Association Graphite Professional Committee
Organizer: Qingdao Hainan Exhibition Co., Ltd, Shandong Society of Particuology, International Federation of Powdery Test and Control
Address: Rm. 1604,Huajia Building, No.52 Shandong Road, Qingdao
Zip Code: 266071
Tel: +86-532-83613988
Fax: +86-532-83613588
Email: haihanexpo@126.com

2011 The 13th China International Power Transmission & Control Technology (Qingdao) Exhibition

Date: 2011.8.25-27
Venue: Qingdao International Convention Center
Exhibits: Hydraulic technology, pneumatic technology, seal technology, rectilinear motion system, compresses air technology, etc.
Website: www.china-ptce.com
Host: China Council for the Promotion of International Trade Machinery Sub-Council, China Chamber of International Commerce Machinery Chamber of Commerce, Qingdao Jinnoc Exhibition Co., Ltd.
Organizer: Qingdao Jinnoc Exhibition Co., Ltd.
Address: Rm.902 Fulin Building, No.87 Fuzhou South Rd., Qingdao, Shandong
Tel: +86-532-55552901
Fax: +86-532-55552903
Email: service@china-Jinnuo.com

2011 The 13th China Qingdao International Indus-trial Automation And Instrument And Meter Fair

Date: 2011.8.25-27
Frequency: Yearly
Venue: Qingdao International Convention Center
Exhibits: Instrument and meter, control system, automation and IT solution, etc.
Website: www.zd-yiqi.com
Host: China Council for the Promotion of International Trade Machinery Sub-Council, Intelligent Control Branch of China Computer Users Association, Shandong Automation Society, People's Government of Qingdao
Organizer: Qingdao Jinnuo Convention and Exhibition Co., Ltd.
Address: Room 902,Fulin Building, No.87,South Fuzhou Road, Qingdao, Shandong, China
Zip Code: 266071
Tel: +86-532-55552901
Fax: +86-532-55552903
Email: jndaiming@126.com
Contact Person: Dai Ming
(+86-13615320907)

China Fisheries & Seafood Expo

Date: 2011.11.1-3
Frequency: Yearly
Year of the First Event: 1996
Venue: Qingdao International Convention Center
Exhibits: Seafood products, seafood processing equipment, aquaculture products and supplies, fishing equipment, associated services
Previous Date: 31300 sq.m Exhibiting area
Host: CCPIT-SSA
Address: 8th Floor, Building No.20,Maizidian Street, Chaoyang District, Beijing
Zip Code: 100125
Tel: +86-10-59194405
Fax: +86-10-65918986
Website: www.cafte.gov.cn
Email: joy@agri.gov.cn
Contact Person: Zhang Xiaoying

Weihai

2011 Weihai Food Exposition

Date: 2011.6.11-13
Venue: Weihai International Exhibition Center
Exhibits: Food, aquatic products
Website: www.weihaishipin.com
Host: Shandong Department of Commerce, Shandong Entry-Exit Inspection and Quarantine Bureau, People's Government of Weihai
Organizer: Weihai Department of Commerce, Weihai Entry-Exit Inspection and Quarantine Bureau, China Council for the Promotion of International Trade Weihai Sub-Council, Weihai Commercial Office, Weihai Wanlong

Exhibition Co., Ltd
Address: Pavilion A, No.58 Haibin Mid Road, Weihai, Shandong
Zip Code: 264209
Tel: +86-631-5335149
Fax: +86-631-5182509
Email: weihaishipin@126.com
Contact Person: Li Yanxu (+86-13963198868)

2011 China Fishing Gear Manufacturing Base (Weihai) International Exhibition

Date: 2011.10
Venue: Weihai International Exhibition Center
Exhibits: Fishing gears, fishing accessories, manufacturing materials and equipment of fishing gear, fishing boats and ships, outdoor products such as fishing clothes and tents, etc.
Website: www.cgcexpo.cn
Host: Weihai Department of Commerce, China Council For the Promotion Of International Trade Weihai Branch , Weihai Pan-Sino Exhibition Co., Ltd.
Organizer: Weihai Pan-Sino Exhibition Co., Ltd.
Address: Room 605,Building B, Haiyue Jianguo Hotel, No.177,Wenhuaxi Road, Weihai City
Zip Code: 264209
Tel: +86-631-5625630,5675630
Fax: +86-631-5624630
Email: info_c@chinafish.cn
Contact Person: Wang Yingming

Yantai

The 7th Yantai International Welding, Hardware & Tools Exhibition

Date: 2011.5.19-21
Venue: Yantai International Expo Center
Exhibits: Welding equipment, cutting machine equipment, hand tools, power tools, pneumatic tools, pneumatic tools, etc.
Host: China Electromechanical Products Circulation Association, People's Government of Yantai, Qingdao Jinnuo Exhibition Co., Ltd
Organizer: Yantai Jinnuo Exhibition Co., Ltd.
Address: Room 2218,Cultural Palace Building, No.117 South Street, Yantai City
Zip Code: 264000
Tel: +86-535-6663198,6677027, +86-15854513346
Fax: +86-535-6686272,6686273
Email: ytzhanhui@163.com
Contact Person: Li Xin (+86-15854513346)

2011 The 9th Yantai International Industrial Automation and Instrument Exhibition

Date: 2011.5.19-21
Frequency: Yearly
Venue: Yantai International Expo Center
Exhibits: industrial robots and related technologiy, automation and IT solutions, etc.
Host: China Electromechanical Products Circulation Association, People's Government of Yantai, Qingdao Jinnuo Exhibition Co., Ltd
Organizer: Yantai Jinnuo Exhibition Co., Ltd.
Address: Room 2218,Cultural Palace Building, No.117 South Street, Yantai City
Tel: +86-535-6663198,6677027
Fax: +86-535-6686272,6686273
Email: yanglie1023@163.com
Contact Person: Yang Lie

The 9th Yantai International Machine Tool & Industrial Mould Technology And Equipment Exhibition

Date: 2011.5.19-21
Frequency: Yearly
Year of the First Event: 2003
Venue: Yantai International Expo Center
Exhibits: Metal-cutting machine tools, the combination of machine tools, processing power and special machine tools, CNC machine tools, processing center machine tools and forging machines, bending machines, related processing equipment, industrial robots, etc.
Host: China Electromechanical Products Circulation Association, People's Government of Yantai, Qingdao Jinnuo Exhibition Co., Ltd
Organizer: Yantai Jinnuo Exhibition Co., Ltd.
Address: Room 2218,Cultural Palace Building, No.117 South Street, Yantai City
Zip Code: 264000
Tel: +86-535-6663198
Fax: +86-535-6686272, 6686273
Email: ytjn6663198@163.com

Shanghai

2011 International Solar Industry and PV Engineering (Shanghai) Exhibition

Date: 2011.2.22-24
Venue: Shanghai New International Exhibition Center
Website: www.snec.org.cn
Host: China Renewable Energy Association, Shanghai Science And Technology Development Exchange Center, Shanghai Economic Organization Federation, Shanghai New Energy Industry Association
Organizer: Shanghai environmental science and information technology exchange center, Shanghai Follow MeInternational Exhibition (Shanghai), Inc., Shanghai Follow MeInternational Expo (Shanghai), Inc.
Address: Room 1008,Technology and Trade Mansion, Zhongshan West Road No.1525,Xuhui District, Shanghai
Zip Code: 200235
Tel: +86-21-64380781
Fax: +86-21-33561097

The 5th (2011) International Photovoltaic Power Generation Conference & (Shanghai) Exhibition

Date: 2011.2.22-24
Venue: Shanghai New International Exhibition Center
Website: www.snec.org.cn
Host: China Renewable Energy Association, Shanghai Science And Technology Development Exchange Center, Shanghai Economic Organization Federation, Shanghai New Energy Industry Association
Organizer: Shanghai environmental science and information technology exchange center, Shanghai Follow MeInternational Exhibition (Shanghai), Inc., Shanghai Follow MeInternational Expo (Shanghai), Inc.
Address: Room 1008,Technology and Trade Mansion, Zhongshan West Road No.1525,Xuhui District, Shanghai
Zip Code: 200235
Tel: +86-21-64380781
Fax: +86-21-33561097

The 17th Shanghai International Clothing & Textile Expo

Date: 2011.3.9-11
Venue: Shanghai New International Expo Center
Host: Shanghai International Fashion Culture Festival

Organizer: Shanghai Textile Technology Service & Exhibition Centre
Address: 25th floor, Hengda Plaza, Changshou Road No.25,Shanghai
Zip Code: 200060
Tel: +86-21-62775353-610
Fax: +86-21-62270002
Email: fashionshanghai@163.com
Contact Person: Zhang Jianjun, Tian Engang, Tu Shan

2011 The 3rd Shanghai Household Comfortable Environment System Exhibition

Date: 2011.3.11-13
Venue: Shanghai Guangda Exhibition Center
Exhibits: Heating system, electric heating series products, wall-hang boiler, heating radiator, household heating equipment, etc.
Website: www.jze168.com.cn
Host: Shanghai Decoration Industry Association
Organizer: Shanghai Jingzheng Exhibition Service Co, Ltd, Shanghai Huamo Exhibition Service Co, Ltd.
Address: No.10,Erhai Road No.99,Minxing District, Shanghai
Tel: +86-21-51698082
Fax: +86-21-26614286
Email: shjzexpo@yahoo.com.cn
Contact Person: Zhou Jun
(+86-15001736543)

2011 China (Shanghai) Household Applicances Expo

Date: 2011.3.15-18
Venue: Shanghai New International Expo Center
Host: China Household Electrical Appliances Association, China Video Industry Association, China Audio Industry Association
Organizer: Beijing Xielian Information Technology Company
Tel: +86-10-67159042
Fax: +86-10-67156913
Email: liuxl@cheaa.com
Contact Person: Liu Xiuli

2011 Shanghai International Fashion Show

Date: 2011.3.16-18
Venue: Expo Theme Pavilion
Exhibits: Men's Wear, Casual Wear, Women's Wear, Fashion Accessories
Previous Date: 12 countries and 180 brands participating, nearly 10,000 visitors
Host: Shanghai Municipal Government, Shanghai International Fashion Culture Festival Organization Committee, Shanghai Textile Holding (Group) Company
Organizer: Shanghai Textile Technology Service & Exhibition Center, Shanghai Garment Trade Association
Address: 25th floor, Hengda Plaza, Changshou Road No.285,Shanghai
Tel: +86-21-61242368
Fax: +86-21-61242366
Email: liufen0625@163.com
Contact Person: Liu Fen(+86-18721520405)

2011 Food Ingredients China

Date: 2011.3.23-25
Frequency: Yearly
Year of the First Event : 1997
Venue: Shanghai Everbright Convention & Exhibition Center (SECEC), Shanghaimart & Shanghai International Exhibition Center (INTEX Shanghai)
Exhibits: Food ingredients and additives, testing equipment, food processing and packing machinery, packing material
Previous Data: 58,000 sqm. Total space, 1058, exhibitors, 76570 visitors
Host: China Food Additives and Ingredients Association, China Food Additives Journal & CCPIT Sub-Council of Light Industry
Organizer: China Food Additives and Ingredients Association, China Food Additives Journal & CCPIT Sub-Council of Light Industry
Address: No.22,Second Fuwai Ave.Beijing
Zip Code: 100833
Tel: +86-10-68396330
Fax: +86-10-68396422
Website: www.chinafoodadditives.com
Email: ccpitsli@public3.bta.net.cn
Contact Person: Zhang Xin

The 14th China (Shanghai) Beauty Cosmetics Fair

Date: 2011.3.28-30
Venue: Shanghai Guangda Exhibition Center
Exhibits: Beauty and Hair Dressing, Skin Care, Slimming Products, etc.
Website: www.meirongexpo.com
Host: Shanghai Hair & Beauty Industry Association, Hair and Beauty (Shanghai) Co-operation Organization
Organizer: Shanghai Xiubo Exhibition Co., Ltd
Address: Room 1905,block E, Guangda Exhibition Center, Caobao Road No.82, Shanghai
Zip Code: 200235
Tel: +86-21-34140987
Fax: +86-21-51714528
Email: shixing@bhcexpo.net

2011 China Shanghai Weight Loss and Slimming Exhibition

Date: 2011.3.28-30
Venue: Shanghai Guangda Exhibition Center
Exhibits: Skin-care products, moistening supplies, whitening bask series, facial cosmetics series, facial cleaning, maintenance series, health body supplies etc
Host: Shanghai Hair & Beauty Industry Association, Hair & Beauty (Shanghai) Co-operation Organization
Organizer: Shanghai Xiubo Exhibition Co., Ltd
Address: Room 1905,block E, Guangda Exhibition Center, Caobao Road No.82, Shanghai
Zip Code: 200235
Tel: +86-21-54971522
Fax: +86-21-51714528
Email: gaoxin_gg@163.com
Contact Person: Gao Xin(+86-13917694548)

2011 The 12th China (Shanghai) International Advertisement Four New Exhibition

Date: 2011.3.29-31
Venue: Shanghai Guangda Exhibition Center
Exhibits: Advertising Manufacturing equipment, advertising materials, exhibition display systems and advertising logos, multimedia and touch technology and equipment, etc.
Website: www.expo-ad.com
Host: China Advertising Association, China Tongyuan Co., Ltd., China Advertising Association Neon Committee
Organizer: Shanghai Xiubo Exhibition Co., Ltd, Shanghai Weileng Exhibition Co.Ltd.
Address: Room 1905,Block E, Caobao Road No.82,Shanghai
Zip Code: 200235
Tel: +86-21-64329266
Fax: +86-21-51714528

2011 The 9th China LED Large Screen Display Technology and Equipment Exhibition

Date: 2011.3.29-31
Venue: Shanghai Guangda Exhibition Center
Host: China Business Advertising Association, Chinese Advertising Association Illuminated Advertisement Branch, China Tongyuan Co., Ltd, Shanghai Xiubo Exhibition Co., Ltd
Organizer: Shanghai Xiubo Exhibition Co., Ltd
Address: Room 1905,Block E, Caobao Road No.82,Shanghai
Zip Code: 200235

Tel: +86-21-34140470
Fax: +86-21-51714528
Email: xu.rui1234@163.com
Contact Person: Xu Juan(+86-13918582197)

2011 The 5th Shanghai International Environmental Shopping Bag, Packing Exhibition

Date: 2011.3.29-31
Venue: Shanghai Guangda Exhibition Center
Host: Shanghai Ya-hui Exhibition Service Co., Ltd.
Address: Room 20F, Nongwangzu City Building No.5,Caoxi Road, Shanghai
Zip Code: 200235
Tel: +86-21-64827889-814
Fax: +86-21-51714666
Email: fangyuan567@126.com
Contact Person: Fang Yuan (+86-13917109531)

2011 The 8th Shanghai International Leather, Synthetic Leather, Artificial Leather Exhibition

Date: 2011.3.29-31
Venue: Shanghai Guangda Exhibition Center
Host: Shanghai Ya-hui Exhibition Service Co., Ltd.
Address: Room 20F, Nongwangzu City Building No.5,Caoxi Road, Shanghai
Zip Code: 200235
Tel: +86-21-64827889-814
Fax: +86-21-51714666
Email: fangyuan567@126.com
Contact Person: Fang Yuan (+86-13917109531)

China Clean Expo 2011

Date: 2011.3.29-31
Frequency: Yearly
Venue: SNIEC
Exhibits: Cleaning Machines, Cleaning Tools and accessories, Cleaning Chemicals, Laundry, Solid Waste Disposal, Indoor Environment Purifier, Car care, Water Purifier (New)
Previous Data: Total Show Area 12,500sq.m Exhibitor No.178 Visitor No.6,940
Host: Shanghai UBM Sinoexpo International Exhibition Co., Ltd.(UBM Sinoexpo)
Wings (Shanghai) Exhibition Co., Ltd.
Shanghai Indoor Environment Purifying Association
Address: 8th Floor, Modern Building, No.218,Xiangyang Road, Shanghai, China
Zip Code: 200031
Tel: +86-21-64371178
Fax: +86-21-64370982
Website: www.chinacleanexpo.com/
Contact Person: Sean Song

2011 Expo Build China Doors, Windows, Structures & Sunshades

Date: 2011.3.29-4.1
Frequency: Yearly
Venue: SNIEC
Exhibits: Premium building material and interior decoration
Doors, windows, façade, sunshade, roofing, hardware, accessories
Building intelligence & automation
Flooring, wall covering, ceiling, kitchen cabinet, wardrobe, partition, glass, heating, home furnishing, lighting
Wooden products, coating & chemical building materials
Ceramics, tile & sanitary ware, stone
Architecture & design
Previous Data: Total Show Area 51,750 sqm, Exhibitor No.438,Visitor No.29,874
Host: Shanghai UBM Sinoexpo International Exhibition Co., Ltd
BolognaFiere S.P.A
Shanghai Expobuild International Exhibition Co., Ltd.
Address: 8th Floor, Modern Building, No.218,Xiangyang Road, Shanghai, China
Zip Code: 200031
Tel: +86-21-64371178
Fax: +86-21-64370982
Website: www.expobuild.com
Email: expobuild@ubmsinoexpo.com
Contact Person: Sean Song

Hotelex Shanghai 2011

Date: 2011.3.29-4.1
Frequency: Yearly
Year of the First Event: 1991
Venue: SNIEC
Exhibits: Catering Equipment & Supply, Food & Beverage, Bakery, Coffee & Tea, Chocolate & Ice Cream, Table Ware, Furniture & Textile, Appliance & Amenities, Fitness & Leisure
Previous Data: Area 60,000 sqm, 885 exhibitor, 43,288 Visitor
Host: Shanghai UBM Sino Expo International Exhibition Co., Ltd.
Address: 8th Floor, Modern Building, No.218,Xiangyang Road, Shanghai, China
Zip Code: 200031
Tel: +86-21-64371178
Fax: +86-21-64370982
Website: www.hotelexchina.com
Email: hotelex@ubmsinoexpo.com
Contact Person: Zhang Hong

Catering Equipment & Supply China 2011

Date: 2011.3.29-4.1
Frequency: Yearly
Year of the First Event: 1991
Venue: SNIEC
Exhibits: Catering Equipment & Supply, Food & Beverage, Bakery, Coffee & Tea, Chocolate & Ice Cream, Table Ware, Furniture & Textile, Appliance & Amenities, Fitness & Leisure
Previous Data: Total Show Area more than 60,000 sqm, Exhibitor No.885,Visitor No.43,288
Host: Shanghai UBM Sino Expo International Exhibition Co., Ltd.
Address: 8th Floor, Modern Building, No.218,Xiangyang Road, Shanghai, China
Zip Code: 200031
Tel: +86-21-64371178
Fax: +86-21-64370982
Website: www.hotelexchina.com
Email: hotelex@ubmsinoexpo.com
Contact Person: Zhang Hong

Tableware China 2011

Date: 2011.3.29-4.1
Frequency: Yearly
Year of the First Event: 1991
Venue: SNIEC
Exhibits: Catering Equipment & Supply, Food & Beverage, Bakery, Coffee & Tea, Chocolate & Ice Cream, Table Ware, Furniture & Textile, Appliance & Amenities, Fitness & Leisure
Previous Data: Total Show Area more than 60,000 sqm, Exhibitor No.885,Visitor No.43,288
Host: Shanghai UBM Sino Expo International Exhibition Co., Ltd.
Address: 8th Floor, Modern Building, No.218,Xiangyang Road, Shanghai, China
Zip Code: 200031
Tel: +86-21-64371178
Fax: +86-21-64370982
Website: www.hotelexchina.com
Email: hotelex@ubmsinoexpo.com
Contact Person: Zhang Hong

Food & Beverage China 2011

Date: 2011.3.29-4.1
Frequency: Yearly
Year of the First Event: 1991
Venue: SNIEC
Exhibits: Catering Equipment & Supply, Food & Beverage, Bakery, Coffee & Tea, Chocolate & Ice Cream, Table Ware, Furniture & Textile, Appliance & Amenities, Fitness & Leisure
Previous Data: 60,000 sqm of chibition area exhibition, 885 Exhibitor, 43,288 Visitor
Host: Shanghai UBM Sino Expo International

Exhibition Co., Ltd.
Address: 8th Floor, Modern Building, No.218,Xiangyang Road, Shanghai, China
Zip Code: 200031
Tel: +86-21-64371178
Fax: +86-21-64370982
Website: www.hotelexchina.com
Email: hotelex@ubmsinoexpo.com
Contact Person: Zhang Hong

Bakery China 2011

Date: 2011.3.29-4.1
Frequency: Yearly
Year of the First Event: 1991
Venue: SNIEC
Exhibits: Catering Equipment & Supply, Food & Beverage, Bakery, Coffee & Tea, Chocolate & Ice Cream, Table Ware, Furniture & Textile, Appliance & Amenities, Fitness & Leisure
Previous Data: Total Show Area more than 60,000 sqm, Exhibitor No.885,Visitor No.43,288
Host: Shanghai UBM Sino Expo International Exhibition Co., Ltd.
Address: 8th Floor, Modern Building, No.218,Xiangyang Road, Shanghai, China
Zip Code: 200031
Tel: +86-21-64371178
Fax: +86-21-64370982
Website: www.hotelexchina.com
Email: hotelex@ubmsinoexpo.com
Contact Person: Zhang Hong

Coffee & Tea China 2011

Date: 2011.3.29-4.1
Frequency: Yearly
Year of the First Event: 1991
Venue: SNIEC
Exhibits: Catering Equipment & Supply, Food & Beverage, Bakery, Coffee & Tea, Chocolate & Ice Cream, Table Ware, Furniture & Textile, Appliance & Amenities, Fitness & Leisure
Previous Data: Total Show Area more than 60,000 sqm, Exhibitor No.885,Visitor No.43,288
Host: Shanghai UBM Sino Expo International Exhibition Co., Ltd.
Address: 8th Floor, Modern Building, No.218,Xiangyang Road, Shanghai, China
Zip Code: 200031
Tel: +86-21-64371178
Fax: +86-21-64370982
Website: www.hotelexchina.com
Email: hotelex@ubmsinoexpo.com
Contact Person: Zhang Hong

Ice Cream China 2011

Date: 2011.3.29-4.1
Frequency: Yearly
Year of the First Event: 1991
Venue: SNIEC
Exhibits: Catering Equipment & Supply, Food & Beverage, Bakery, Coffee & Tea, Chocolate & Ice Cream, Table Ware, Furniture & Textile, Appliance & Amenities, Fitness & Leisure
Previous Data: Total Show Area more than 60,000 sqm, Exhibitor No.885,Visitor No.43,288
Host: Shanghai UBM Sino Expo International Exhibition Co., Ltd.
Address: 8th Floor, Modern Building, No.218,Xiangyang Road, Shanghai, China
Zip Code: 200031
Tel: +86-21-64371178
Fax: +86-21-64370982
Website: www.hotelexchina.com
Email: hotelex@ubmsinoexpo.com
Contact Person: Zhang Hong

Fitness & Leisure China 2011

Date: 2011.3.29-4.1
Frequency: Yearly
Year of the First Event: 1991
Venue: SNIEC
Exhibits: Catering Equipment & Supply, Food & Beverage, Bakery, Coffee & Tea, Chocolate & Ice Cream, Table Ware, Furniture & Textile, Appliance & Amenities, Fitness & Leisure
Previous Data: Total Show Area more than 60,000 sqm, Exhibitor No.885,Visitor No.43,288
Host: Shanghai UBM Sino Expo International Exhibition Co., Ltd.
Address: 8th Floor, Modern Building, No.218,Xiangyang Road, Shanghai, China
Zip Code: 200031
Tel: +86-21-64371178
Fax: +86-21-64370982
Website: www.hotelexchina.com
Email: hotelex@ubmsinoexpo.com
Contact Person: Zhang Hong

Furniture China 2011

Date: 2011.3.29-4.1
Frequency: Yearly
Year of the First Event: 1991
Venue: SNIEC
Exhibits: Catering Equipment & Supply, Food & Beverage, Bakery, Coffee & Tea, Chocolate & Ice Cream, Table Ware, Furniture & Textile, Appliance & Amenities, Fitness & Leisure
Previous Data: Total Show Area more than 60,000 sqm, Exhibitor No.885,Visitor No.43,288
Host: Shanghai UBM Sino Expo International Exhibition Co., Ltd.
Address: 8th Floor, Modern Building, No.218,Xiangyang Road, Shanghai, China
Zip Code: 200031
Tel: +86-21-64371178
Fax: +86-21-64370982
Website: www.hotelexchina.com
Email: hotelex@ubmsinoexpo.com
Contact Person: Zhang Hong

Appliance & Amenities China 2011

Date: 2011.3.29-4.1
Frequency: Yearly
Year of the First Event: 1991
Venue: SNIEC
Exhibits: Catering Equipment & Supply, Food & Beverage, Bakery, Coffee & Tea, Chocolate & Ice Cream, Table Ware, Furniture & Textile, Appliance & Amenities, Fitness & Leisure
Previous Data: Total Show Area more than 60,000 sqm, Exhibitor No.885,Visitor No.43,288
Host: Shanghai UBM Sino Expo International Exhibition Co., Ltd.
Address: 8th Floor, Modern Building, No.218,Xiangyang Road, Shanghai, China
Zip Code: 200031
Tel: +86-21-64371178
Fax: +86-21-64370982
Website: www.hotelexchina.com
Email: hotelex@ubmsinoexpo.com
Contact Person: Zhang Hong

The 12th China International Architectural Ceramic and Sanitary Ware Fair

Date: 2011.3.29-4.1
Frequency: Yearly
Venue: SNIEC
Exhibits: Building ceramic products, sanitary ceramics and bathroom fixtures, kitchen facilities, stones, glaze and pigment, stone, mosaic, etc.
Previous Data: Total Show Area more than 51,750 sqm, Exhibitor No.438,Visitor No.29,874
Host: Shanghai UBM Sinoexpo International Exhibition Co., Ltd
BolognaFiere S.P.A
Shanghai Expobuild International Exhibition Co., Ltd.
Address: 8th Floor, Modern Building, No.218,Xiangyang Road, Shanghai, China
Zip Code: 200031
Tel: +86-21-64371178
Fax: +86-21-64370982
Website: www.ceramics-china.cn
Email: ceramics@ubmsinoexpo.com
Contact Person: Sean Song

Expo Light 2011

Date: 2011.3.29-4.1
Frequency: Yearly
Venue: SNIEC
Exhibits: Hotel Project Lighting
Previous Data: Total Show Area More than 10,000 sqm 83 Exhibitor No, 7328 Visitor No
Host: Shanghai UBM Sinoexpo International Exhibition Co., Ltd
China Association of Lighting Industry
Address: 8th Floor, Modern Building, No.218,Xiangyang Road, Shanghai, China
Zip Code: 200031
Tel: +86-21-64371178
Fax: +86-21-64370982
Website: www.expolight.cn
Email: james.qiu@ubmsinoexpo.com
Contact Person: Sean Song

Hotelex Shanghai 2011

Date: 2011.3.29-4.1
Frequency: Yearly
Year of the First Event: 1991
Venue: SNIEC
Exhibits: Catering Equipment & Supply, Food & Beverage, Bakery, Coffee & Tea, Chocolate & Ice Cream, Table Ware, Furniture & Textile, Appliance & Amenities, Fitness & Leisure
Previous Data: Total Show Area more than 60,000 sqm, Exhibitor No.885,Visitor No.43,288
Host: Shanghai UBM Sinoexpo International Exhibition Co., Ltd.
Address: 8th Floor, Modern Building, No.218,Xiangyang Road, Shanghai, China
Zip Code: 200031
Tel: +86-21-64371178
Fax: +86-21-64370982
Website: www.hotelexchina.com
Email: hotelex@ubmsinoexpo.com
Contact Person: Zhang Hong

2011 22nd International Refrigeration, Air Conditioning, Heating, Ventilation, Frozen Food Processing Exhibition

Date: 2011.4.7-9
Frequency: yearly
Year of the First Event: 1987
Venue: Shanghai New International Expo Center
Exhibits: Refrigeration, Air Conditioning, Heating, Ventilation, Frozen Food, etc.
Previous Data: 70000sq.m exhibition area
Host: CCPIT Beijing Branch, China Association of Refrigeration, China Refrigeration and Air Conditioning Industry Association
Organizer: Beijing International Exhibition Center
Address: Room 601-603,6th floor, Henghua International Mansion, Yuetan North Street No.26,Xicheng District, Beijing
Zip Code: 100045
Tel: +86-10-58565888-610
Fax: +86-10-68719984
Email: wqzhong@car.org.cn
Contact Person: Zhang Ping

2011 Shanghai International Mining Equipment Exhibition

Date: 2011.4.7-9
Venue: Shanghai Guangda Exhibition Center
Exhibits: Mining Equipment and Instruments, Mineral exploration and Mapping Equipment, Vehicles and Equipment, Tunnel Boring and Drilling Equipment, Mine Safety and Rescue Equipment and Supplies
Host; Luoyang Mining Machinery Engineering Design Institute
Organizer: Shanghai Space Exhibition Service Co., Ltd.
Tel: +86-21-33586934
Fax: +86-21-61294171
Email: ksjx_zb@163.com
Contact Person: Mr.Li Ming (+86-15901881006)

The 13th Hortiflorexpo China

Date: 2011.4.13-16
Frequency: Yearly
Year of the First Event: 1998
Venue: Intex Shanghai Co., Ltd.
Exhibits: Flowers, cut flowers, potted flowers, flower shop display, packaging, bulbs, seeds, seedlings, etc.
Host: China Flower Association
Organizer: Intex Shanghai Co., Ltd., China Great Wall International Exhibition Co., Ltd.
Address: No.55 Lou Shan Guan Road, 8th Floor, New Hongqiao Building, Shanghai
Zip Code: 200336
Tel: +86-21-62958367; 62956677
Fax: +86-21-62780038
Website: www.hortiflorexpo.com
Email: intexcl@sh163.net
Contact Person: Cui Lin

China International Boat Show 2011

Date: 2011.4.14-17
Frequency: Yearly
Year of the First Event: 1996
Venue: SNIEC
Exhibits: Fourth (China) Shanghai International Boat Show Charity Regatta-The Tenth China International Economic and landscape water yacht resource development forum.Opening dinner, reception, press conference.
Previous Data: 400 Exhibitor 15,827 Visitor
Host: Shanghai Association of Shipbuilding Industry
China Boat Industry & Trade Association
Shanghai UBM Sinoexpo International Exhibition Co., Ltd.
Shanghai Centre for Scientific & Technological Exchange with Foreign Countries
Address: 8th Floor, Modern Building, No.218,Xiangyang Road, Shanghai, China
Zip Code: 200031
Tel: +86-21-64371178
Fax: +86-21-64370982
Website: www.boatshowchina.cn
Email: Helena.gao@ubmsinoexpo.com
Contact Person: Helena Gao

China International Exhibition of Olive Oil & Edible Oil

Date: 2011.4.18-20
Frequency: Yearly
Year of the First Event: 2005
Venue: Shanghai Everbright Convention & Exhibition Center
Exhibits: edible oil, olive oil and related products
Previous Data: exhibiting area: 3000squm
Host: CCPIT-SSA
Address: 8th Floor, Building 20,Maizidian Street, Chaoyang District, Beijing
Zip Code: 100125
Tel: +86-10-59194402
Fax: +86-10-65918986
Website: www.cafte.gov.cn
Email: linda@agri.gov.cn
Contact Person: Jiang Yuepeng

2011 Shanghai Office Equipment Exhibition

Date: 2011.4.20-22
Venue: Shanghai International Exhibition Center
Exhibits: Office equipment, office supplies, etc
Host: Shanghai Computer Industry Association, Shanghai Stationery Industry Association, Shanghai Guanghui Culture Media Co.Ltd
Organizer: Shanghai Guanghui Culture Media Co.Ltd
Address: 18C, Xin An Mansion East Building, Zhenning Road No.200,Shanghai
Zip Code: 200040
Tel: +86-21-62473100
Fax: +86-21-62470085
Contact Person: Miss Lin

The 14th Shanghai International Automobile Exhibition

Date: 2011.4.21-28
Venue: Shanghai New International Expo Center
Exhibits: Cars, Commercial Vehicles, Buses and Trucks, Special Vehicles, etc.
Host: China Machinery Industry Federation
Organizer: Shanghai Baiyu Exhibition Co., Ltd, China Exhibition Net
Address: 4C, Zhongcheng Commercial Building, Pudong South Road No.2157, Shanghai
Tel: +86-21-51696950-205
Fax: +86-21-51692750
Email: hongjuan-1988@163.com
Contact Person: Miss Li

2011 China (Shanghai) International Refractory Industry Exhibition

Date: 2011.4.22-24
Venue: Shanghai Guangda Exhibition Center
Host: Shanghai Technology Convention & Exhibition Co., Ltd.
Shanghai Global Exhibition Co., Ltd.
Organizer: Shanghai Global Exhibition Co., Ltd.Shanghai Boji Exhibition Service Co., Ltd
Address: Room 302,445 Road No.35,Renmin Road, Qingcun County, Fengxian District, Shanghai
Fax: +86-21-61294581
Email: wangdaihe@163.com
Contact Person: Wang Tao (+86-13403979848)

2011 China International Magnetic Powder Metallurgy Industry Exhibition

Date: 2011.4.22-24
Venue: Shanghai Guangda Exhibition Center
Host: Zhejiang Magnetic Materials Industry Association, Five provinces and one city of East China Metallurgy Institute
Address: 26th floor, Yangguang Mansion, Guangxin Road No.128,Shanghai
Zip Code: 200061
Tel: +86-21-23010599
Email: gaosheng1688@live.cn
Contact Person: Gao Sheng

The 14th China International Trade Fair For Bakery & Confectionery (China Bakery 2011)

Date: 2011.5.11-14
Frequency: Yearly
Venue: Shanghai New International Expo Centre
Previous Data: 8.12 million Visitors
Host: China Association Of Bakery & Confectionery Industry
Address: Room 1305A, Zhongsheng Building, No.2 Beifengwo, Haidian District, Beijing
Zip Code: 100038
Tel: +86-10-63430880, 63430990
Fax: +86-10-63430660
Website: www.cnbakery.com
Email: chinabakery@126.com
Contact Person: Li Xiang

The 6th China International Exhibition of Rehabilitation, Nursing & Healthcare

Date: 2011.5.16-18
Frequency: Yearly
Year of the First Event : 2000
Venue: INTEX Shanghai
Previous Data: Hundred of renowned companies from Germany, USA, Britain, France, Holland, Belgium, Sweden, Singapore, Japan, China mainland and the Taiwan province showcased their wide range of products and new technology in China Aid 2010.The fair brought together 7,378 trade visitors from 19 countries and regions, 24 provinces and 93 cities, increased 20% compared with last time.Among them 284 visitors are overseas.
Host: Shanghai civil Affairs Bureau, Shanghai disabled Person's Federation, China Council for the Promotion of International Trade Shanghai Sub-Council
Organizer: Shanghai Social Service, Shanghai Resource Center of Technical Aids of Persons with Disabilities, INTEX Shanghai Co., Ltd.
Address: No.55 Lou Shan Guan Road, 8th Floor, New Hongqiao Building, Shanghai
Zip Code: 200336
Tel: +86-21-62952131
Fax: +86-21-62780038
Website: www.china-aid.com
Email: intexljs@sh163.net
Contact Person: Li Jusheng

China Aid 2011

Date: 2011.5.16-18
Frequency: Yearly
Year of the First Event : 2000
Venue: INTEX Shanghai
Previous Data: Hundred of renowned companies from Germany, USA, Britain, France, Holland, Belgium, Sweden, Singapore, Japan, China mainland and the Taiwan province showcased their wide range of products and new technology in China Aid 2010.The fair brought together 7,378 trade visitors from 19 countries and regions, 24 provinces and 93 cities, increased 20% compared with last time.Among them 284 visitors are overseas.
Host: Shanghai civil Affairs Bureau, Shanghai disabled Person's Federation, China Council for the Promotion of International Trade Shanghai Sub-Council
Organizer: Shanghai Social Service, Shanghai Resource Center of Technical Aids of Persons with Disabilities, INTEX Shanghai Co., Ltd.
Address: No.55 Lou Shan Guan Road, 8th Floor, New Hongqiao Building, Shanghai
Zip Code: 200336
Tel: +86-21-62952131
Fax: +86-21-62780038
Website: www.china-aid.com
Email: intexljs@sh163.net
Contact Person: Li Jusheng

2011 China (Shanghai) Industrial textiles, Nonwovens and Nonwovens Exhibition

Date: 2011.5.17-19
Venue: Shanghai Guangda Exhibition Center
Exhibits: Non-woven materials and related processing products, chemical fiber raw materials and additives
Website: www.chybzl.com
Previous Data: 18198 visitors, 200 exhibitors
Organizer: Shanghai Yahui Exhibition Service Co., Ltd
Address: Room 20F, Building 5,Nongwangzu City, Caoxi Road No.251,Shanghai
Tel: +86-21-26533783
Fax: +86-21-51561778
Email: yhexpo@163.com

2011 The 8th Shanghai International Luggage, Bag, Leather Handbags Exhibition

Date: 2011.5.17-19
Venue: Shanghai Guangda Exhibition Center
Exhibits: Luggage, Bag, Handbags, etc.
Website: www.chinabagexpo.com
Address: Room 20F, Building No.5,Nongwangzu City, Caoxi Road 251,Shanghai
Zip Code: 200235
Tel: +86-21-64827889
Fax: +86-21-51714666
Email: shyhzl2008@126.com
Contact Person: Jiang Nan(+86-13818226158)

China Beauty Expo(CBE)

Date: 2011.5.18-20
Frequency: Yearly

Year of the First Event: 1995
Venue: shanghai New International Expo Center
Exhibits: cosmetics, perfume, health Care Products, packing Machines, raw Materials, magazines Etc.
Previous Data: Total Space: 76,000 Sqm., No.of Exhibitors: 1257,No.of Visitors: 200,000
Host: CCPIT Sub-Council of Light Industry, China Association of Perfume, Essence And Cosmetic Industry
Organizer: Shanghai Baiwen Exhibition Service Co, .Ltd.
Address: No.728,Xizangzhonglu Road, Shanghai
Tel: +86-21-53082132
Fax: +86-21-53082151
Website: www.cbebaiwen.com
Email: joans@chinabeautyexpo.com
Contact Person: Zhang Wenyan

Metro China

Date: 2011.5.19-21
Frequency: Yearly
Year of the First Event : 2002
Venue: Shanghai New International Expo Center
Exhibits: All sectors in urban rail & railway industry
Previous Data: 18,000sq.m Space, 270 Exhibitors: 6912 Visitors
Host: Intex Shanghai Co., Ltd., China International Engineering Consulting Corporation
Organizer: Shanghai Tianhe Exhibition Service Co., Ltd.
Address: No.55 Lou Shan Guan Road, Room 801-804,New Hongqiao Building, Shanghai
Zip Code: 200336
Tel: +86-21-62956677
Fax: +86-21-62780038
Website: www.metro-china.org
Email: Intexhxp@sh163.net
Contact Person: Hu Xiaoping

China (Shanghai) Tea Expo

Date: 2011.5.20-23
Venue: Shanghai International Expo Center
Website: www.tea-shexpo.com
Host: China Tea Marketing Association, China's tea industry cooperation Yangtze River
Delta (Shanghai) Organization, Shanghai Tea Trade Association, Zhejiang
Tea Industry Association, Jiangsu Tea Industry Association, Anhui Tea
Industry Association
Organizer: Shanghai Dongmao Exhibition Service Co., Ltd.
Address: Room 1006,Block A, Shengli Mansion, Humin Road No.9116,Xuhui District, Shanghai
Zip Code: 200235
Tel: +86-21-64752979
Fax: +86-21-64752907
Email: dongmaosh@163.com

2011 Shanghai Outdoor Sports Expo

Date: 2011.5.21-23
Venue: Shanghai Guangda Exhibition Center
Host: Huxinbao Exhibition (Shanghai) Co., Ltd.
Organizer: Huxinbao Expo (Shanghai) Co., Ltd.
Address: 600-18-302,Jianghua Road, Shanghai
Zip Code: 201114
Tel: +86-21-33883670
Fax: +86-21-26817211
Email: huxinbaoexpo@163.com
Contact Person: Yu Yue(+86-13671733399)

2011 Shanghai Commercial Space Design and Display Products Exhibition

Date: 2011.5.21-23
Venue: Shanghai Guangda Exhibition Center
Host: Huxinbao Exhibition (Shanghai) Co., Ltd.
Organizer: Huxinbao Expo (Shanghai) Co., Ltd.
Address: 600-18-302,Jianghua Road, Shanghai
Zip Code: 201114
Tel: +86-21-33883670
Fax: +86-21-26817211
Email: huxinbaoexpo@163.com
Contact Person: Yu Yue(+86-13671733399)

2011 Shanghai Commercial Intelligence and Information Security Technology Equipment Exhibition

Date: 2011.5.21-23
Venue: Shanghai Guangda Exhibition Center
Host: Huxinbao Exhibition (Shanghai) Co., Ltd.
Organizer: Huxinbao Expo (Shanghai) Co., Ltd.
Address: 600-18-302,Jianghua Road, Shanghai
Zip Code: 201114
Tel: +86-21-33883670
Fax: +86-21-26817211
Email: huxinbaoexpo@163.com
Contact Person: Yu Yue(+86-13671733399)

2011 Shanghai Commercial Facilities and Equipment Exhibition

Date: 2011.5.21-23
Venue: Shanghai Guangda Exhibition Center
Host: Huxinbao Exhibition (Shanghai) Co., Ltd.
Organizer: Huxinbao Expo (Shanghai) Co., Ltd.
Address: 600-18-302,Jianghua Road, Shanghai
Zip Code: 201114
Tel: +86-21-33883670
Fax: +86-21-26817211
Email: huxinbaoexpo@163.com
Contact Person: Yu Yue(+86-13671733399)

2011 Shanghai World Tourism Resources Expo

Date: 2011.5.21-29
Venue: Shanghai Exhibition Center
Host: Shanghai Tourism Administrative Committee, VNU Europe Exhibitions Group
Organizer: Shanghai Tourism Exhibition Promotion Center, Shanghai VNU Exhibitions Co., Ltd
Address: 3rd floor, Administration Building, Shanghai Exhibition Center, Nanjing West Road No.1333,Shanghai
Zip Code: 200040
Tel: +86-21-62477668
Fax: +86-21-62479818
Email: victoria@vnuexhibitions.com.cn
Contact Person: Victoria

2011 The 6th China International Starch and Starch Derivatives (Shanghai) Exhibition

Date: 2011.5.26-28
Venue: Shanghai Guangda Exhibition Center
Website: www.cisie.cn
Previous Data: 7000sq.m exhibition area
Host: China Starch Industry Association, Shanghai Science and Technology Development Exchange Center
Organizer: Shanghai Zhongsheng Exhibition Service Co., Ltd, Shanghai Jingcheng Exhibition Service Co., Ltd
Address: Room 300,301,Zhongshan West Road No.1291,Shanghai
Tel: +86-21-32098889
Fax: +86-21-32091252
Email: zsz@zs-expo.com
Contact Person: Chen Yongqiang (+86-13916912992)

The 1st Starch Sugar Products Exhibition

Date: 2011.5.26-28
Venue: Shanghai Guangda Exhibition Center
Website: www.cisie.cn
Host: China Starch Industry Association, Shanghai Science and Technology Development Exchange Center
Organizer: Shanghai Zhongsheng Exhibition Service Co., Ltd, Shanghai Jingcheng Exhibition Service Co., Ltd
Address: Room 300,301,Zhongshan West Road No.1291,Shanghai
Tel: +86-21-32098889
Fax: +86-21-32091252
Email: zsz@zs-expo.com
Contact Person: Chen Yongqiang (+86-13916912992)

The 9th China (Shanghai) International Furniture Fair

Date: 2011.6.2-4
Venue: Shanghai New International Expo Center
Exhibits: Civil Furniture, Office Furniture, Classic Furniture, Soft Furniture, Hotel Furniture, Kitchen Furniture, Outdoor Furniture, Educational Furniture, etc
Host: China Furniture Industry Information Center, World Expo Group Shanghai FESCO International Exhibition & Advertising Co., Ltd, Shanghai Ningbo Chamber of Commerce Furniture Branch, Ninghai County Furniture Association Shanghai Branch
Address: 8th floor, Modern Communication Mansion, New Jinqiao Road No.201, Shanghai
Tel: +86-21-50552222

2011 Shanghai International Offshore Wind Power and Wind Power Industrial Chain Conference and Exhibition

Date: 2011.6.15-17
Venue: Shanghai New International Expo Center
Exhibits: Wind Power equipment, Wind Power Ancillary Services, Wind Farm Development, Wind Power Project Construction
Website: www.offshorewindchina.com
Previous Data: Exhibition area of 9,000 sq.m, 639 participants, 410 participating companies
Host: China Resources Comprehensive Utilization of Renewable Energy Professional Committee, Chinese Renewable Energy Industries Association Industry Committee, Shanghai International Exhibition Co., Ltd.
Organizer: Shanghai International Exhibition Co., Ltd.
Address: 8th floor, East Foreign Mansion, Yan An Mid Road No.841,Shanghai
Zip Code: 200040
Tel: +86-21-62792828
Fax: +86-21-65455124
Email: fjy@siec-ccpit.com
Contact Person: Fei Jiayi

CPhI China 2011

Date: 2011.6.21-23
Frequency: Yearly
Year of the First Event : 2001
Venue: Shanghai New International Expo Centre
Exhibits: Api, intermediates, fine chemicals, natural extracts, custom manufacturing, contract research, analytical services
Previous Data: 63000sq.m Gross space, 1400 Exhibitors, 26547 Visitors
Host: China Chamber of Commerce for Import & Export of Medicines & Health Products; UBM
Organizer: UBM SINOEXPO
Address: Floor 11-12,No.3 INN Building, Chaoyangmennei Street, Dongcheng District, Beijing
Zip Code: 100010
Tel: +86-10-58036298
Fax: +86-10-58036317/18/19
Website: www.cphi-china.cn
Email: zhangxiong@cccmhpie.org.cn
Contact Person: Zhao Jinman

FiA China 2011

Date: 2011.6.21-23
Frequency: Yearly
Year of the First Event : 1999
Venue: Shanghai New International Expo Center
Exhibits: Food Additive, Food Ingredients, Natural Ingredients, Health Food, Natural Extracts, Analytical services
Previous Data: Gross space: 15000sq.m, Exhibitors: 400,Visitors: 8000
Host: China Chamber of Commerce for Import & Export of Medicines & Health Products; UBM
Organizer: UBM SINOEXPO
Address: Floor 11-12,No.3 INN Building, Chaoyangmennei Street, Dongcheng District, Beijing
Zip Code: 100010
Tel: +86-10-58036298
Fax: +86-10-58036317/18/19
Website: www.cphi-china.cn
Email: zhangxiong@cccmhpie.org.cn
Contact Person: Zhao Jinman

P-MEC China 2011

Date: 2011.6.21-23
Frequency: Yearly
Year of the First Event : 2006
Venue: Shanghai New International Expo Center
Exhibits: Analytical Equipment, Automation & Robotics, Batching System, Cleanroom equipment, Filling equipment, Filtration/ Seperation/Purification, Instrument, Machinery, Laboratory products and equipment, Packaging
Previous Data: 22,000 Gross space, 350 Exhibitors, 8000 Visitors
Host: China Chamber of Commerce for Import & Export of Medicines & Health Products; UBM
Organizer: UBM SINOEXPO
Address: Floor 11-12,No.3 INN Building, Chaoyangmennei Street, Dongcheng District, Beijing
Zip Code: 100010
Tel: +86-10-58036298
Fax: +86-10-58036317/18/19
Website: www.cphi-china.cn
Email: zhangxiong@cccmhpie.org.cn
Contact Person: Zhao Jinman

Fi Asia-China 2011

Date: 2011.6.21-23
Frequency: Yearly
Exhibits: Food additives and ingredients
Previous Data: Exhibitor No.2,109
Visitor No.43,580
Host: UBM International Media
CCCMHPIE
UBM Sinoexpo
Address: 8th Floor, Modern Building, No.218,Xiangyang Road, Shanghai, China
Zip Code: 200031
Tel: +86-21-64371178
Fax: +86-21-64370982
Website: www.fia-china.com
Contact Person: Eunice Weng

ICSE China 2011

Date: 2011.6.21-23
Frequency: Yearly
Venue: SNIEC
Exhibits: CPhI & ICSE China 2011
P-MEC & LAB World China 2011
Previous Data: Total Show Area 85,000sq.m
Exhibitor No.1719
Visitor No.26,547
Host: UBM International Media
Chamber of Commerce for Import & Export of Medicines & Health Products (CCCMHPIE)
UBM Sinoexpo
Address: 8th Floor, Modern Building,

No.218,Xiangyang Road, Shanghai, China
Zip Code: 200031
Tel: +86-21-64371178
Fax: +86-21-64370982
Website: www.cphi-china.cn, www.p-mec.cn
Contact Person: Eunice Weng

LAB World China 2011

Date: 2011.6.21-23
Frequency: Yearly
Venue: SNIEC
Previous Data: Total Show Area 85,000sq.m
Exhibitor No.1719
Visitor No.26,547
Host: UBM International Media
Chamber of Commerce for Import & Export of Medicines & Health Products (CCCMHPIE)
UBM Sinoexpo
Address: 8th Floor, Modern Building, No.218,Xiangyang Road, Shanghai, China
Zip Code: 200031
Tel: +86-21-64371178
Fax: +86-21-64370982
Website: www.cphi-china.cn, www.p-mec.cn
Contact Person: Eunice Weng

CPhI & ICSE China 2011

Date: 2011.6.21-23
Frequency: Yearly
Venue: SNIEC
Previous Data: Total Show Area 85,000sq.m
Exhibitor No.1719
Visitor No.26,547
Host: UBM International Media
Chamber of Commerce for Import & Export of Medicines & Health Products (CCCMHPIE)
UBM Sinoexpo
Address: 8th Floor, Modern Building, No.218,Xiangyang Road, Shanghai, China
Zip Code: 200031
Tel: +86-21-64371178
Fax: +86-21-64370982
Website: www.cphi-china.cn, www.p-mec.cn
Contact Person: Eunice Weng

P-MEC & LAB World China 2011

Date: 2011.6.21-23
Frequency: Yearly
Venue: SNIEC
Previous Data: 85,000sq.m Total Show Area, 1719Exhibitor, 26,547 Visitor
Host: UBM International Media
Chamber of Commerce for Import & Export of Medicines & Health Products (CCCMHPIE)
UBM Sinoexpo
Address: 8th Floor, Modern Building, No.218,Xiangyang Road, Shanghai, China
Zip Code: 200031
Tel: +86-21-64371178
Fax: +86-21-64370982
Website: www.cphi-china.cn, www.p-mec.cn
Contact Person: Eunice Weng

2011 The 3rd Shanghai International Digital Signage Exhibition

Date: 2011.6.22-24
Venue: Shanghai International Exhibition Center
Exhibits: Digital bulletin, digital electronic display board, network advertisement machine, multimedia information publishing system, high-definition networking information release system, etc
Website: www.chinadigitalsignage.org
Previous Data: over 100 exhibitors, 11853 professional visitors
Host: China Video Industry Association Big Screen Display Equipment Branch, Shanghai Multimedia Industry Association, Shanghai Communications Radio and TV Industry Association
Organizer: Shanghai Tiansheng Exhibition Service Co., Ltd
Address: Room 303,Block C, Luoyang Road No.168,Shanghai
Zip Code: 201104
Tel: +86-21-34080278
Fax: +86-21-54306576
Email: info@chinadigitalsignage.org

The 3rd Shanghai International Digital Signage Forum

Date: 2011.6.22-24
Venue: Shanghai International Exhibition Center
Exhibits: Digital bulletin, Digital Electronic Display Board, Network Advertisement Machine, Multimedia Information Publishing System, High-Definition Networking Information Release System, etc
Website: www.chinadigitalsignage.org
Previous Data: over 100 exhibitors, 11853 professional visitors
Host: China Video Industry Association Big Screen Display Equipment Branch, Shanghai Multimedia Industry Association, Shanghai Communications Radio and TV Industry Association
Organizer: Shanghai Tiansheng Exhibition Service Co., Ltd
Address: Room 303,Block C, Luoyang Road No.168,Shanghai
Zip Code: 201104
Tel: +86-21-34080278
Fax: +86-21-54306576
Email: info@chinadigitalsignage.org

2011 The 9th China (Shanghai) Household Medical Supplies Exhibition

Date: 2011.6.27-29
Venue: Shanghai Guangda Exhibition Center
Previous Data: 20000sq.m exhibition area
Host: Chinese Medical Line, Chinese Family Medical Instrument Association, Chinese Medical and Health Promotion of International Exchange
Organizer: Shanghai Zhanya Exhibition Service Co., Ltd
Address: Room 2203,Block A, Yinxiao Mansion, Hu Min Road No.6259,Shanghai
Tel: +86-21-54133201
Fax: +86-21-64126798
Email: 18930510186@126.com
Contact Person: Peng Shuai (+86-18930510186)

2011 China (Shanghai) Household Medical Supplies Technology Development CEO Forum

Date: 2011.6.27-29
Venue: Shanghai Guangda Exhibition Center
Previous Data: 20000sq.m exhibition area
Host: Chinese Medical Line, Chinese Family Medical Instrument Association, Chinese Medical and Health Promotion of International Exchange
Organizer: Shanghai Zhanya Exhibition Service Co., Ltd
Address: Room 2203,Block A, Yinxiao Mansion, Hu Min Road No.6259,Shanghai
Tel: +86-21-54133201
Fax: +86-21-64126798
Email: 18930510186@126.com
Contact Person: Peng Shuai (+86-18930510186)

2011 Household Medical Supplies Purchasing Symposium

Date: 2011.6.27-29
Venue: Shanghai Guangda Exhibition Center
Previous Data: 20000sq.m exhibition area
Host: Chinese Medical Line, Chinese Family Medical Instrument Association, Chinese Medical and Health Promotion of International Exchange
Organizer: Shanghai Zhanya Exhibition Service Co., Ltd
Address: Room 2203,Block A, Yinxiao Mansion, Hu Min Road No.6259,Shanghai
Tel: +86-21-54133201
Fax: +86-21-64126798
Email: 18930510186@126.com
Contact Person: Peng Shuai

(+86-18930510186)

The 7th 2011 China International Aluminum Industry Exhibition

Date: 2011.7.13-15
Venue: Shanghai New International Expo Center
Website: www.aluminiumchina.com
Host: Lizhan Expo Group (China) Company
Address: 01-03,05,15th floor, Block A, Pingan International Financial Center, Xinyuan South Road No.1-3,Chaoyang District, Beijing
Zip Code: 100027
Tel: +86-10-59339000
Fax: +86-10-59339333
Email: alu@reedexpo.com.cn
Contact Person: Zhang Lan

2011 China (Shanghai) International Landscape Design Exhibition

Date: 2011.7.14-16
Venue: Shanghai New International Exhibition Center
Exhibits: Landscape planning and design, landscaping works, anticorrosive wood, wood-plastics, roof greening materials, roofing system engineering
Host: Shanghai landscaping industry association, Shanghai Wanyao Qilong Exhibition Co., Ltd, Shanghai Jinshun Exhibition Service Co., Ltd.
Address: 3rd floor, Shanghai Exhibition Center Administration Building, Nanjing West Road No.1333,Shanghai
Zip Code: 200040
Tel: +86-21-62477668
Fax: +86-21-62479818
Email: victoria@vnuexhibitions.com.cn

2011 China International Sustainable Architecture Convention

Date: 2011.7.14-16
Venue: Shanghai New International Exhibition Center
Exhibits: Landscape planning and design, landscaping works, anticorrosive wood, wood-plastics, roof greening materials, roofing system engineering
Host: Shanghai landscaping industry association, Shanghai Wanyao Qilong Exhibition Co., Ltd, Shanghai Jinshun Exhibition Service Co., Ltd.
Address: 3rd floor, Shanghai Exhibition Center Administration Building, Nanjing West Road No.1333,Shanghai
Zip Code: 200040
Tel: +86-21-62477668
Fax: +86-21-62479818
Email: victoria@vnuexhibitions.com.cn

2011 China International Garden Machinery and Equipment and Technology Exhibition

Date: 2011.7.14-16
Venue: Shanghai New International Exhibition Center
Exhibits: Landscape planning and design, landscaping works, anticorrosive wood, wood-plastics, roof greening materials, roofing system engineering
Host: Shanghai landscaping industry association, Shanghai Wanyao Qilong Exhibition Co., Ltd, Shanghai Jinshun Exhibition Service Co., Ltd.
Address: 3rd floor, Shanghai Exhibition Center Administration Building, Nanjing West Road No.1333,Shanghai
Zip Code: 200040
Tel: +86-21-62477668
Fax: +86-21-62479818
Email: victoria@vnuexhibitions.com.cn

2011 The 4th China International Lifting Machinery and Accessories Exhibition

Date: 2011.7.14-16
Venue: Shanghai International Expo Center
Exhibits: Lifting appliances, lifting gear, etc
Host: China Machinery Industry Federation, China Heavy Machinery Industry Association, Beijing Wuzhou Excellence International Exhibition Co., Ltd.
Organizer: Beijing Wuzhou Excellence International Exhibition Co., Ltd.
Address: Room 1608,Qingyou Garden Tower 2,Beiyuan Home Garden, Chaoyang District, Beijing
Zip Code: 100012
Tel: +86-10-84967955
Fax: +86-10-84967955
Email: qinyuexpo@126.com
Contact Person: Qin Tian

2011 The 6th China (Shanghai) International Touch Screen Exhibition

Date: 2011.7.20-22
Venue: Shanghai New International Expo Center
Host: Shanghai Electronics Institute, Shanghai Communication Manufacturing Industry
Association, Hong Kong Expand International Exhibition Co., Ltd, China Touching Association Touch Screen Professional Committee
Organizer: Shanghai Expand Exhibition Service Co., Ltd
Address: 602,Building No.5,Nongwangzu City, Caoxi Road, Xuhui District, and Shanghai
Tel: +86-21-64841171
Fax: +86-21-64843366
Email: hubin_kuozhan@126.com
Contact Person: Hu Bin(+86-18621189285)

2011 The 7th China (Shanghai) International Construction Energy Saving and New Building Materials Exhibition

Date: 2011.8.16-19
Venue: Shanghai Pudong New International Expo Center
Exhibits: Building insulation system, Energy-saving windows and doors, new energy products, etc.
Host: Shanghai Building Materials Industry Association, Expo Corporation Shanghai Modern International Exhibition Co., Ltd
Address: Room 1601-1602,1701-1702,Huaihai Mansion Esat Building, Pu an Road No.128,Shanghai
Tel: +86-21-61179628
Fax: +86-21-61916497
Email: infojiancai@163.com
Contact Person: He Wei(+86-13671856722)

The 22nd China (Shanghai) International Construction Material and Indoor Decoration Exhibition

Date: 2011.8.16-19
Venue: Shanghai Pudong New International Expo Center
Exhibits: Building insulation system, Energy-saving windows and doors, new energy products, etc.
Host: Shanghai Building Materials Industry Association, Expo Corporation Shanghai Modern International Exhibition Co., Ltd
Address: Room 1601-1602,1701-1702,Huaihai Mansion Esat Building, Pu an Road No.128,Shanghai
Tel: +86-21-61179628
Fax: +86-21-61916497
Email: infojiancai@163.com
Contact Person: He Wei(+86-13671856722)

The 9th China International Offshore Oil & Gas Technology and Equipment Exhibition

Date: 2011.8.22-24

Venue: Shanghai New International Expo Center
Exhibits: Oil and gas exploration and mining equipment, Wire and Cable, Electrical Equipment, Instruments, Ropes, Steel Cable, Cable Wire, etc.
Website: www.sh.ciooe.com.cn
Host: Beijing Zhenwei Expo Co., Ltd, China Petroleum and Petrochemical Equipment Industry Association
Organizer: Beijing Zhenwei Expo Co., Ltd
Address: Room 801,8th floor, Kaixuan City E Block, Beiyuan Road No.170,Chaoyang District, Beijing
Tel: +86-10-58236588
Fax: +86-10-58236567
Email: cippe@zhenweiexpo.com
Contact Person: Jia Yao

2011 The 12th China (Shanghai) International Organic Food and Green Food Exhibition

Date: 2011.8.22-24
Venue: Shanghai New International Expo Center
Website: www.gnfeexpo.com.cn
Host: International Green Industry Association, National Organic Industry Alliance, China Health and Nutrition Council, China Oil People Nutrition and Food Council
Organizer: Beijing Shibowei International Exhibition Co., Ltd
Address: No.69,Chaoyang Road, Chaoyang District, Beijing
Zip Code: 100123
Tel: +86-10-85755107
Fax: +89-10-51413308
Email: Beijingfoodexpo@yeah.net
Contact Person: Zhang Xuefeng (+86-15811512873)

2011 The 6th China International Healthy and Nutritious Edible Oil Industry Shanghai Expo

Date: 2011.8.22-24
Venue: Shanghai Pudong International Expo Center
Host: China Health and Nutrition Council, High-end cooking oil Professional Committee of the China Health and Nutrition Council
Organizer: Beijing Shibowei International Exhibition Co., Ltd, High-end cooking oil Professional Committee of the China Health and Nutrition Council
Tel: +86-10-80693488
Fax: +89-10-51413308
Email: 18610288801@163.com
Contact Person: Bai Yun(+86-18610288801)

China International Hardware Exhibition

Date: 2011.9
Frequency: Yearly
Year of the first event : 2000
Venue: shanghai new international expo center
Exhibits: hardware, diy products, kitchen wares
Previous data: total space: 103,500 sqm; no.Of exhibitors: 2016; no.Of visitors: 38925
Host: ccpit sub-council of light industry
China hardware assoiation
Organizer: china hardware assoiation
Address: no.22,Second fuwai ave.Beijing
Zip Code: 100833
Tel: +86-10-68033182
Fax: +86-10-68396422
Contact Person: Wang Zhenhe

Furniture Manufacturing & Supply China 2011 (FMC China 2011)

Date: 2011.9.14-17
Frequency: Yearly
Year of the First Event: 1993
Venue: the Expo Theme Pavilion
Exhibits: manufacturing equipment, component & materials; upholstery manufacturing equipment; furniture woodworking tools & saws; furniture raw material & components; furniture decorating materials; furniture chemicals; furniture manufacturing detection, design & services; media & association
Previous Data: Total Show Area 37,000sq.m
Exhibitor No.650
Visitor No.30,000
Host: China National Furniture Association (CNFA)
Shanghai UBM Sinoexpo International Exhibition Co., Ltd.(UBM Sinoexpo)
Address: 8th Floor, Modern Building, No.218,Xiangyang Road, Shanghai, China
Zip Code: 200031
Tel: +86-21-64371178
Fax: +86-21-64370982
Website: www.fmcchina.com.cn
Email: fmc@ubmsinoexpo.com
fmp@ubmsinoexpo.com
Contact Person: Helena Gao

FMC Premium 2011

Date: 2011.9.14-17
Frequency: Yearly
Year of the First Event: 1993
Venue: the Expo Theme Pavilion
Exhibits: Manufacturing Equipment, Component & Materials; Upholstery Manufacturing Equipment; Furniture Woodworking Tools & Saws; Furniture Raw Material & Components; Furniture Decorating Materials; Furniture Chemicals; Furniture Manufacturing Detection, Design & Services; Media & Association
Previous Data: Total Show Area 37,000sq.m
Exhibitor No.650
Visitor No.30,000
Host: China National Furniture Association (CNFA)
Shanghai UBM Sinoexpo International Exhibition Co., Ltd.(UBM Sinoexpo)
Address: 8th Floor, Modern Building, No.218,Xiangyang Road, Shanghai, China
Zip Code: 200031
Tel: +86-21-64371178
Fax: +86-21-64370982
Website: www.fmcchina.com.cn
Email: fmc@ubmsinoexpo.com
fmp@ubmsinoexpo.com
Contact Person: Helena Gao

Furniture China 2011

Date: 2011.9.14-17
Frequency: Yearly
Year of the First Event: 1993
Venue: SNIEC
Exhibits: Home Furniture
Office Furniture
Furnishing & Accessories
Kitchen & Cabinet
Previous Data: Total Show Area 300,000sq.m, Exhibitor No.1925,Visitor No.62,387
Host: China National Furniture Association (CNFA)
Shanghai UBM Sinoexpo International Exhibition Co., Ltd.(UBM Sinoexpo)
Address: 8th Floor, Modern Building, No.218,Xiangyang Road, Shanghai, China
Zip Code: 200031
Tel: +86-21-64371178
Fax: +86-21-64370982
Website: www.furnitureinchina.com
Email: furniture@ubmsinoexpo.com
Contact Person: Stella Zhong

Office Furniture China 2011

Date: 2011.9.14-17
Frequency: Yearly
Year of the First Event: 1993
Venue: SNIEC
Exhibits: Home Furniture
Office Furniture
Furnishing & Accessories
Kitchen & Cabinet
Previous Data: Total Show Area 300,000sq.m, Exhibitor No.1925,Visitor No.62,387
Host: China National Furniture Association

(CNFA)
Shanghai UBM Sinoexpo International Exhibition Co., Ltd.(UBM Sinoexpo)
Address: 8th Floor, Modern Building, No.218,Xiangyang Road, Shanghai, China
Zip Code: 200031
Tel: +86-21-64371178
Fax: +86-21-64370982
Website: www.furnitureinchina.com
Email: furniture@ubmsinoexpo.com
Contact Person: Stella Zhong

Furnishings, Fabrics & Lightings China 2011

Date: 2011.9.14-17
Frequency: Yearly
Year of the First Event: 1993
Venue: SNIEC
Exhibits: Home Furniture
Office Furniture
Furnishing & Accessories
Kitchen & Cabinet
Previous Data: Total Show Area 300,000sq.m, Exhibitor No.1925,Visitor No.62,387
Host: China National Furniture Association (CNFA)
Shanghai UBM Sinoexpo International Exhibition Co., Ltd.(UBM Sinoexpo)
Address: 8th Floor, Modern Building, No.218,Xiangyang Road, Shanghai, China
Zip Code: 200031
Tel: +86-21-64371178
Fax: +86-21-64370982
Website: www.furnitureinchina.com
Email: furniture@ubmsinoexpo.com
Contact Person: Stella Zhong

Kitchen & Cabinet China 2011

Date: 2011.9.14-17
Frequency: Yearly
Year of the First Event: 1993
Venue: SNIEC
Exhibits: Home Furniture
Office Furniture
Furnishing & Accessories
Kitchen & Cabinet
Previous Data: Total Show Area 300,000sq.m, Exhibitor No.1925,Visitor No.62,387
Host: China National Furniture Association (CNFA)
Shanghai UBM Sinoexpo International Exhibition Co., Ltd.(UBM Sinoexpo)
Address: 8th Floor, Modern Building, No.218,Xiangyang Road, Shanghai, China
Zip Code: 200031
Tel: +86-21-64371178
Fax: +86-21-64370982
Website: www.furnitureinchina.com
Email: furniture@ubmsinoexpo.com
Contact Person: Stella Zhong

2011 The 14th Pet Fair Asia

Date: 2011.9.24-27
Venue: Shanghai Guangda Exhibition Center
Exhibits: Pet food, Pet Supplies, Pet Care, etc.
Website: www.petfairasia.com
Previous Data: 20000sq.m exhibition area, over 400 exhibitors, over 30000 visitors from 23 countries
Host: Shanghai Wanyao Qilong Exhibition Co., Ltd
Organizer: Shanghai Wanyao Qilong Exhibition Co., Ltd
Address: Wanyao Qilong Office Building, Block 26A, Tianlin Road No.140,Xuhui District, Shanghai
Zip Code: 200233
Tel: +86-21-61956088
Fax: +86-21-61956099
Email: pfa@vnuexhibitions.com.cn

2011 The 5th China Shanghai International Door Industry Expo

Date: 2011.9.26-28
Venue: Shanghai New International Expo Center
Website: www.doorexpo.cn
Host: China Timber and Wood Products Circulation Association, China Wood and Wood Products Distribution Association Wooden Door Commission, CCPIT Shanghai Pudong Branch, China International Chamber of Commerce Shanghai Pudong Branch, Shanghai Pudong International Exhibition Corporation
Organizer: China Timber and Wood Products Circulation Association Exhibition Department, Shanghai Pudong International Exhibition Corporation, Shanghai Bojun Exhibition Service Co., Ltd., Shanghai Baiying Exhibition Co., Ltd.
Tel: +86-21-50550909
Fax: +86-21-50321966
Contact Person: Luo Ling

The 6th China (Shanghai) International Meat Industry Exhibition

Date: 2011.10.10-12
Venue: Shanghai Guangda Exhibition Center
Website: www.meatexpo.com.cn
Host: China Meat Industry Association Shanghai Office, China Co-operation Business Enterprise Association, Shanghai Meat Industry Association, Zhejiang Meat Association, Dongfang International Group Advertisement Exhibition Co., Ltd, Huagang International Exhibition Group Investment Co., Ltd
Organizer: Shanghai Huagang Exhibition Service Co., Ltd, Dongfang International Group Advertisement Exhibition Co., Ltd.
Address: Room 506,Chunshen Road 3758 No.2,Shanghai
Zip Code: 201100
Tel: +86-21-64602706
Fax: +86-21-64602848-808
Email: shmeatexpo@163.com

Music China

Date: 2011.10.11-14
Frequency: Yearly
Year of the First Event : 2002
Venue: SINEC
Exhibits: Traditional Chinese instruments; Brass instruments; Stringed instruments; Percussion instruments; Woodwind instruments; Pianos, accordions & keyboards; Electronic & electric instruments; Sheet Music; Accessories & furniture; Music related computer hardware & software Services; association & media
Previous Data: Number of visitors: 42499,number of exhibitors: 1164.
Host: Cmia, Intex Shanghai, Messe Frankfurt(Hk)ltd
Address: No.55 Lou Shan Guan Road, Room 801,New Hongqiao Building, Shanghai
Zip Code: 200336
Tel: +86-21-62956677,62096149
Fax: +86-21-62780038
Website: www.musicchina-expo.com
Contact Person: Wang Lei

China International TRADE Fair for Household Products and Accessories

Date: 2011.10.13-16
Frequency: Yearly
Year of the First Event: 2007
Venue: Shanghai Exhibition Center
Exhibits: Meal kitchen supplies, gifts miscellaneous items, home arts
Previous Data: 200 Exhibitors: 10,500 Visitors
Host: Jiangsu United Asia International Exhibition Co., Ltd
Address: 19th Floor, AG, Jinling Royal Park, 333 South Taiping Road, Nanjing
Zip Code: 210002
Tel: +86-25-84521101
Fax: +86-25-84692610
Website: www.EI-china.com
Email: ilc@uaec-expo.com
Contact Person: Yuan Hao

The 11th China (Shanghai) International Optics Fair

Date: 2011.10.13-16
Frequency: Yearly
Venue: Shanghai Everbright Convention and Exhibition Center
Exhibits: Glasses
Host: Chinese Optical Association
Address: No.6 East Chang'an Avenue, Beijing
Tel: +86-10-83559070
Fax: +86-10-83559075
Website: www.chinaoptics.cn

2011 China International Industry Fair

Date: 2011.11.1-5
Venue: Shanghai New International Expo Center
Exhibits: CNC machine tools and metal processing, industrial automation, environmental technology and equipment
Host: National Development and Reform Commission, Ministry of Commerce, Industry and Information Technology, Ministry of Science and Technology, Ministry of Education, Chinese Academy of Sciences, Chinese Academy of Engineering, CCPIT and Shanghai Municipal People's Government.
Organizer: Shanghai World Expo (Group) Co., Ltd.Industry Fair Projects Branch
Address: 200040,Yan An Mid Road No.837,Shanghai
Tel: +86-21-62892666
Fax: +86-21-62895703

The 11th China International lubricating oil, Grease and Refining Technology Exhibition

Date: 2011.11.22-24
Frequency: Yearly
Year of the First Event : 2000
Venue: INTEX Shanghai Co., Ltd
Exhibits: Automotive lubricant products and automotive chemical maintenance products
Previous Data: Inter Lubric China has been held in Beijing, Guangzhou, Shanghai in the last ten years.It has now becomes the annual must-attend event within the lubricant industry, which offers a great opportunity for latest technical exchanges, and trade cooperation.In the past ten years, Inter Lubric China attracted more than 1200 exhibitors from over 20 countries around the world including the United States, Canada, Mexico, Britain, Germany, South Africa, Singapore, Japan, South Korea, and China.In 2009,when all sectors were affected tremendously by the global financial crisis , exhibiting size and visitors number of Inter lubric China 2009 was both increased by over 30%.Beside, as an important part of the exhibition, the high-level lubricant forum and seminars were also well received.
Host: SINOPEC Lubricant Company, PetroChina Lubricant Company, Council for the Promotion of International Trade Shanghai
Organizer: INTEX Shanghai CO., Ltd
Address: No.55 Lou Shan Guan Road, Room 801-804,New Hongqiao Building, Shanghai
Zip Code: 200336
Tel: +86-21-62952137 , 62951404 , 62956677
Fax: +86-21-62780038
Website: www.interlubric.com
Email: intexhjn@sh163.net; intexlj@sh163.net
Contact Person: Liu Jun

Label Expo Asia

Date: 2011.11.29-12.2
Frequency: Biyearly
Year of the First Event: 2003
Venue: Shanghai New International Expo Center
Exhibits: Label printing machinery, materials and related
Previous Data: 300 Exhibitors, 160 International Exhibitors, 16000 Visitors
Host: Tarsus Exhibition (Shanghai) Co.Ltd.
Address: Room 1108,Grand Gateway Tower 1,No.1 Hongqiao Road, Shanghai
Zip Code: 200030
Tel: +86-21-64484890
Fax: +86-21-64484880
Website: www.labelexpo.cn
Email: xchen@tarsus.co.uk
Contact Person: Hu Wei

Shanxi

Taiyuan

2011 Shanxi Business and Franchise Brand Exhibition

Date: 2011.1.1
Venue: Taiyuan Casa International Convention Centre
Host: China Communist Youth League Shanxi Committee, Shanxi Radio and Television Station
Organizer: Shanxi Economy Information Channel "I will venture" Column
Address: Rm2703,3rd Building, Baihemeidi, South Yinze Street, Taiyuan
Zip Code: 030012
Tel: +86-351-4366481
Fax: +86-351-4366481
Website: www.chuangtoucn.cn
Email: tysjcf@hotmail.com
Contact Person: Mr.Liang

2011 Shanxi Sign Show

Date: 2011.3.12-14
Venue: Shanxi Exhibition Hall
Exhibits: Inside and outside pictorial painting equipment and materials, carving cutting scutcheon technical equipment and materials
Host: Taiyuan Tiantian Exhibition Services Co., Ltd, Zhengzhou Tiantian Advertising Co., Ltd, Zhengzhou Tiantian Exhibition Services Co., Ltd
Organizer: Henan Zhongli International Advertising Market, Central LED Photoelectricity Center
Zip Code: 450008
Tel: +86-371-65350057
Fax: +86-371-63227599
Website: www.sxtthz.com
Email: ttad0371@163.com
Contact Person: Wang Jia

2011 Shanxi Printing Technology, Equipment & Office Supplies Exhibition

Date: 2011.3.12-14
Venue: Shanxi Exhibition Hall
Exhibits: Office supplies
Host: Taiyuan Tiantian Exhibition Services Co., Ltd, Zhengzhou Tiantian Advertising Co., Ltd, Zhengzhou Tiantian Exhibition Services Co., Ltd, Tiantian Advertising
Organizer: Zhengzhou Tiantian Exhibition Services Co., Ltd
Address: Rm D, 10th Floor, 3rd Building, Fortune Plaza, No.32 Jingsan Road,

Zhengzhou
Zip Code: 450008
Tel: +86-371-65350058

2011 Shanxi Urban Lighting, LED and Neon Light Exhibition

Date: 2011.3.12-14
Venue: Shanxi Exhibition Hall
Exhibits: Office supplies
Host: Taiyuan Tiantian Exhibition Services Co., Ltd, Zhengzhou Tiantian Advertising Co., Ltd, Zhengzhou Tiantian Exhibition Services Co., Ltd, Tiantian Advertising
Organizer: Zhengzhou Tiantian Exhibition Services Co., Ltd
Address: Rm D, 10th Floor, 3rd Building, Fortune Plaza, No.32 Jingsan Road, Zhengzhou
Zip Code: 450008
Tel: +86-371-65350058

2011 China (Taiyuan) Franchise Exposition

Date: 2011.3.19-21
Venue: China Coal Museum
Host: CCPIT Taiyuan Sub-Council, Taiyuan Exhibition Office
Organizer: Taiyuan Convention and Exhibition Information Centre, Taiyuan XinJinshang Investment Management Consulting Co., Ltd, Shanxi Zhonghua Media Advertising Co., Ltd
Contact Person: Mr.Run(+86-13911565554)

2011 The 7th Taiyuan Social Public Security Products Exhibition

Date: 2011.3.30-4.1
Venue: China Coal Museum
Exhibits: Monitoring system, explosion-proof equipment, detecting system, etc
Host: Technical Prevention Office of Taiyuan Public Security Bureau, Taiyuan Exhibition Office, Taiyuan Public Security Technology and Prevention Industry Association
Organizer: Taiyuan Exhibition Industry Association, Taiyuan Xinte trade & exhibition planning Co., Ltd
Address: Rm1103,Building B, Liunan Commercial Center, South Liuxiang, Taiyuan, Shanxi
Zip Code: 030001
Tel: +86-351-5624109
Fax: +86-351-4693309
Website: www.xinte-expo.com
Email: xinterzm@sina.com

The 4th China (Taiyuan) Doors, Windows, Walls, Glass and Processing Equipment Exhibition

Date: 2011.4.12-14
Venue: Shanxi Exhibition Hall
Host: Shanxi Housing and Rural Development Bureau
Organizer: Taiyuan Junjie Exhibition Services Co., Ltd
Address: Rm7001,Golden Apple Business Building, No.29 South Neihuan Street, Taiyuan, Shanxi
Zip Code: 030024
Tel: +86-351-6333203
Email: huyan924@126.com
Contact Person: Hu Yan

2011 The 2nd Shanxi Jewelry Jade Ornaments and Craft Gift Exhibition

Date: 2011.4.21-25
Venue: Shanxi Exhibition Hall
Exhibits: Diamond and gem, jewellery, gold products, pearls and coral, equipment instrument, etc
Host: Shanxi Jewelry Industry Association, Taiyuan Exhibition Office
Organizer: Shanxi Wanlian Exhibition Co., Ltd, Taiyuan Convention and Exhibition Information Centre
Address: No.12,North Taoyuan Road, Taiyuan
Zip Code: 030002
Tel: +86-351-4166813
Fax: +86-351-4079700
Website: zb.wlhz.net
Email: 445899318@qq.com
Contact Person: Du Hufeng

2011 The 5th China (Shanxi) Solar Energy, Heat Pump Heating Exhibition

Date: 2011.4.22-24
Venue: China Coal Museum
Host: China Building Decoration Association
Organizer: Taiyuan Guobo Exhibition Co., Ltd
Address: Rm509,5th Floor, Jincheng Business Building, North Qianfeng Road, Taiyuan
Tel: +86-351-2828138
Fax: +86-351-6166595
Website: www.zglszs.com

The 6th China (Shanxi) Energy-Saving Heating, Boiler, Heat Pump Exhibition

Date: 2011.4.22-24
Venue: China Coal Museum
Host: China Building Decoration Association
Organizer: Taiyuan Guobo Exhibition Co., Ltd
Address: Rm509,5th Floor, Jincheng Business Building, North Qianfeng Road, Taiyuan
Tel: +86-351-2828138
Fax: +86-351-6166595
Website: www.zglszs.com

2011 The 10th Taiyuan Coal Industry Technology & Equipment Exhibition

Date: 2011.4.22-24
Venue: Shanxi Exhibition Hall
Exhibits: Geology survey, construction technology, equipment & accessories, coal washing-selecting processing technology, equipment & accessories, etc.
Host: Shanxi Coal Industry Administration, Shanxi Administration of Coal Mine Safety, Shanxi Coal Mining Industry Association
Address: Rm408-410,DongJin Building, No.86 South Liuxiang, Taiyuan
Tel: +86-351-4051234
Fax: +86-351-4183723
Contact Person: Chen Songlin (+86-13803450011)

2011 Shanxi Medical Instruments Fair

Date: 2011.5.12-14
Venue: Shanxi Exhibition Hall
Host: China Medical Technology Market Association, Tarsus-Hope Exhibition Company
Address: Rm1103,Building B, Liunan Commercial Centre, No.99 South Liuxiang, Taiyuan
Zip Code: 030001
Tel: +86-351-5624103
Fax: +86-351-5624101
Email: xinte@hope-tarsus.com
Contact Person: Chen Xinqi

China Middle-West Medical Instruments Exhibition

Date: 2011.5.12-14
Venue: Shanxi Exhibition Hall
Host: China Medical Technology Market Association, Tarsus-Hope Exhibition Company
Address: Rm1103,Building B, Liunan Commercial Centre, No.99 South Liuxiang, Taiyuan
Zip Code: 030001
Tel: +86-351-5624103
Fax: +86-351-5624101
Email: xinte@hope-tarsus.com
Contact Person: Chen Xinqi

China International Folklore and Tourism Fair

Date: 2011.10
Frequency: Biyearly
Year of the First Event : 2011
Venue: Shanxi Taiyuan International Exhibition Center
Exhibits: Folklore products, tourism products and folk costume show
Host: China Chamber of International Commerce
Address: 8th Floor, CCOIC Building, No.2 Huapichang Hutong, Xicheng District, Beijing, PR China
Zip Code: 100035
Tel: +86-10-82217870
Fax: +86-10-68025737
Email: wangyan@ccoic.cn
Contact Person: Wang Yan

2011 Taiyuan The 5th (TOP) International Auto Exhibition

Date: 2011.10.12-17
Venue: Shanxi Exhibition Hall
Host: Shanxi Auto Industry Association
Organizer: Taiyuan Tianxi Culture Media Co., Ltd
Tel: +86-351-6199165
Contact Person: Mr.Wang

Sichuan

Chengdu

2011 The 9th (Chengdu) International Printing & Packaging Exhibition

Date: 2011.2.20-22
Venue: Chengdu New International Convention and Exhibition Center
Host: China Foreign Economic and Technical Cooperation of Light Industry, Chengdu Dana Exhibition Group
Organizer: Chengdu Dana Exhibition Co., Ltd.
Address: 1-1-3305 No.166,Xiangshulin Road, Jinjiang District, Chengdu
Tel: +86-28-86008777-811
Fax: +86-28-86009111
Email: sc8y@163.com
Contact: Yuan Xucheng

The 9th Chengdu International Advertising Sixin Exhibition

Date: 2011.2.20-22
Venue: Chengdu New International Convention and Exhibition Center
Host: China Foreign Economic and Technical Cooperation of Light Industry, Chengdu Dana Exhibition Group
Organizer: Chengdu Dana Exhibition Co., Ltd.
Address: 1-1-3305 No.166,Xiangshulin Road, Jinjiang District, Chengdu
Tel: +86-28-86008777-811
Fax: +86-28-86009111
Email: sc8y@163.com
Contact: Yuan Xucheng

2011 The 10th West Chengdu Dental Equipment & Materials Exhibition

Date: 2011.2.23-25
Venue: Chengdu New International Convention and Exhibition Center
Host: Hospital Association in Sichuan Province, Sichuan Rural Health Association
Organizer: Chengdu Tianyi Exhibition Co., Ltd.
Address: Room 508,Gaosheng Center, Gaoshengqiao East Road, Chengdu
Post code: 610041
Tel: +86-28-86080319
Fax: +86-28-86080309
Email: chengtian@126.com
Contact: Yuan Ze (+86-13198528358)

2011 The 10th West Chengdu Medical Equipment Exhibition

Date: 2011.2.23-25
Venue: Chengdu New International Convention and Exhibition Center
Host: Hospital Association in Sichuan Province, Sichuan Rural Health Association
Organizer: Chengdu Tianyi Exhibition Co., Ltd.
Address: Room 508,Gaosheng Center, Gaoshengqiao East Road, Chengdu
Post code: 610041
Tel: +86-28-86080319
Fax: +86-28-86080309
Email: chengtian@126.com
Contact: Yuan Ze (+86-13198528358)

The 9th China (Chengdu) International Water Treatment Technology and Equipment Exhibition & Water Services Development Forum

Date: 2011.3.29-31
Venue: Chengdu New International Convention and Exhibition Center
Host: Sichuan Urban Water Association, Sichuan Institute of Environmental Sciences
Address: 7th Floor, A Block, Qunyi Building, No.181,Fuxin West Road, Chengdu
Post Code: 610072
Tel: +86-28-68276846
Fax: +86-28-68168944
Contact: Li Yuan

2011 The 4th Chengdu International Vocational Education Technology & Equipment Exhibition

Date: 2011.3.29-31
Venue: Chengdu New International Convention and Exhibition Center
Host: Analysis and Testing Institute of Sichuan, Wuhan Fengxiangbiao Exhibition Service Co., Ltd.
Organizer: Chengdu Dana Exhibition Co., Ltd.
Tel: +86-28-84087057

2011 The 4th Chengdu International Educational Technology Equipment& Higher Education Instrument Exhibition

Date: 2011.3.29-31
Venue: Chengdu New International Convention and Exhibition Center
Host: Analysis and Testing Institute of Sichuan, Wuhan Fengxiangbiao Exhibition Service Co., Ltd.

Organizer: Chengdu Dana Exhibition Co., Ltd.
Tel: +86-28-84087057

2011 The 2nd China (Chengdu) New Energy & Energy Efficiency Technology Exhibition

Date: 2011.4.2-4
Venue: Chengdu New International Convention and Exhibition Center
Address: Fifth Floor, B Block, Hongyuan Building, No.213,Second Ring Road, Chengdu
Post code: 518048
Tel: +86-28-86009111
Fax: +86-28-87718219-802
Email: degree@vip.sina.com

The 11th China Chengdu Jewelry Fair

Date: 2011.4.8-11
Venue: Chengdu New International Convention and Exhibition Center
Website: www.cdzbz.cn
Host: Chengdu Tianyi Exhibition Service Co., Ltd.Chongqing Gold & Silver jewelry Industry Association, Guizhou Testing Center of Gold & Jewelry
Organizer: Chengdu Dana Exhibition Co., Ltd.
Address: Room 508,Gaosheng Center, Gaoshengqiao East Road, Chengdu
Post Code: 610041
Tel : +86-28-86080319
Fax : +86-28-86080309
E-mail: chengtian@126.com
Contact: Cai Ronghua

2011 11th Chengdu International Public Security Products and Technology Exhibition

Date: 2011.4.12-14
Venue: Chengdu New International Convention and Exhibition Center
Address: No.6 Zhongyuan Road, People's South Road, Chengdu
Tel: +86-28-85253110
Fax: +86-28-85250117

2011 The 4th China West (Chengdu) International Chemical Fair

Date: 2011.4.12-14
Venue: Chengdu New International Convention and Exhibition Center
Address: No.6 Zhongyuan Road, People's South Road, Chengdu
Tel: +86-28-85253110
Fax: +86-28-85250117

2011 The 2nd China (Chengdu) Industrial Equipment & Defense Technology Exhibition

Date: 2011.4.27-29
Venue: Chengdu New International Convention and Exhibition Center
Host: China Machinery Industry Federation, Chengdu Municipal Government, Technology and Industry for National Defense Information Center
Organizer: Sichuan Die & Mould Industry Association, Shanghai East Hope Exhibition Co., Ltd., Chengdu Dana Exhibition Co., Ltd.
Address: 1-1-3305 No.166,Xiangshulin Road, Jinjiang District, Chengdu
Tel: +86-28-86095077
Fax: +86-28-86009111

The 16th Chengdu International Machine Tool & Mold Exhibition

Date: 2011.4.27-29
Venue: Chengdu New International Convention and Exhibition Center
Host: China Machinery Industry Federation, Chengdu Municipal Government, Technology and Industry for National Defense Information Center
Organizer: Sichuan Die & Mould Industry Association, Shanghai East Hope Exhibition Co., Ltd., Chengdu Dana Exhibition Co., Ltd.
Address: 1-1-3305 No.166,Xiangshulin Road, Jinjiang District, Chengdu
Tel: +86-28-86095077
Fax: +86-28-86009111

The 37th Chengdu Real Estate Fair

Date: 2011.4.29-5.3
Venue: Chengdu New International Convention and Exhibition Center
Host: Chengdu Urban and Rural Housing Management Bureau
Organizer: Chengdu Real Estate Trading Center, Chengdu Building & Decoration Association
Address: 6th floor, Jianshe Building, No.78 Dongchenggen Street, Chengdu
Fax: +86- 28-86248299
Email: chengdugd@163.com
Contact: Huang Lanqi (+86-13880609825)

2011 Spring Chengdu International Building and Decoration, Exhibition Materials & Residential Parts Exhibition

Date: 2011.4.29-5.3
Venue: Chengdu New International Convention and Exhibition Center
Host: Chengdu Urban and Rural Housing Management Bureau
Organizer: Chengdu Real Estate Trading Center, Chengdu Building & Decoration Association
Address: 6th floor, Jianshe Building, No.78 Dongchenggen Street, Chengdu
Fax: +86- 28-86248299
Email: chengdugd@163.com
Contact: Huang Lanqi (+86-13880609825)

2011 The 2nd China Chengdu Elevator, Parts & Accessories Exhibition

Date: 2011.6.7-9
Venue: Chengdu New International Convention and Exhibition Center
Host: Chengdu Real Estate Development Enterprises Association, Sichuan Electric Institute, Trade Association of Metal Structures in Chengdu, Chengdu Building Decoration Association, Sichuan Institute of Refrigeration
Organizer: Chengdu Tianyi Exhibition Service Co., Ltd.
Address: Room 508,Gaosheng Center, Gaoshengqiao East Road, Chengdu
Post code: 610041
Tel: +86-28-86080319
Fax: +86-28-86080309
Email: chengtian@126.com
Contact: Zhao Yuxia（+86-13084465404）

2011 The 6th China Chengdu Building Decoration Material Exposition

Date: 2011.6.7-9
Venue: Chengdu New International Convention and Exhibition Center
Host: Chengdu Real Estate Development Enterprises Association, Sichuan Electric Institute, Trade Association of Metal Structures in Chengdu, Chengdu Building Decoration Association, Sichuan Institute of Refrigeration
Organizer: Chengdu Tianyi Exhibition Service Co., Ltd.
Address: Room 508,Gaosheng Center, Gaoshengqiao East Road, Chengdu
Post code: 610041
Tel: +86-28-86080319
Fax: +86-28-86080309
Email: chengtian@126.com
Contact: Zhao Yuxia（+86-13084465404）

2011 The 8th China Chengdu Construction Steel Structure, Network Structure Technology & Equipment Exhibition

Date: 2011.6.7-9
Venue: Chengdu New International Convention and Exhibition Center
Host: Chengdu Real Estate Development Enterprises Association, Sichuan Electric Institute, Trade Association of Metal Structures in Chengdu, Chengdu Building Decoration Association, Sichuan Institute of Refrigeration
Organizer: Chengdu Tianyi Exhibition Service Co., Ltd.
Address: Room 508,Gaosheng Center, Gaoshengqiao East Road, Chengdu
Post code: 610041
Tel: +86-28-86080319
Fax: +86-28-86080309
Email: chengtian@126.com
Contact: Zhao Yuxia（+86-13084465404）

2011 The 6th Chengdu China Door Industry Exhibition

Date: 2011.6.7-9
Venue: Chengdu New International Convention and Exhibition Center
Host: Chengdu Real Estate Development Enterprises Association, Sichuan Electric Institute, Trade Association of Metal Structures in Chengdu, Chengdu Building Decoration Association, Sichuan Institute of Refrigeration
Organizer: Chengdu Tianyi Exhibition Service Co., Ltd.
Address: Room 508,Gaosheng Center, Gaoshengqiao East Road, Chengdu
Post code: 610041
Tel: +86-28-86080319
Fax: +86-28-86080309
Email: chengtian@126.com
Contact: Zhao Yuxia(+86-13084465404)

2011 The 2nd China Chengdu Floor Heating Technology & Equipment Exhibition

Date: 2011.6.7-9
Venue: Chengdu New International Convention and Exhibition Center
Host: Chengdu Real Estate Development Enterprises Association, Sichuan Electric Institute, Trade Association of Metal Structures in Chengdu, Chengdu Building Decoration Association, Sichuan Institute of Refrigeration
Organizer: Chengdu Tianyi Exhibition Service Co., Ltd.
Address: Room 508,Gaosheng Center, Gaoshengqiao East Road, Chengdu
Post code: 610041
Tel: +86-28-86080319
Fax: +86-28-86080309
Email: chengtian@126.com
Contact: Zhao Yuxia（+86-13084465404）

2011 The 5th (Chengdu) International Chemical Industry Exhibition

Date: 2011.6.8-10
Venue: Chengdu New International Convention and Exhibition Center
Host: China Chengda Engineering Co., Ltd., China Petroleum and Petrochemical Equipment Industry Association
Organizer: Chengdu Dana Exhibition Co., Ltd.
Address: No.279,Tianfu Street, Chengdu
Tel: +86-28-65537017
Fax: +86-28-65530000

2011 Chengdu Home, Leisure Products & Gifts Fair

Date: 2011.6.17-19
Venue: Chengdu New International Convention and Exhibition Center
Host: Reed Exhibition (Shenzhen) Co., Ltd.
Organizer: Reed Exhibition (Shenzhen) Co., Ltd.
Address: 1801,Shenzhen International Chamber Center, Fuhuassan Road, Futian District, Shenzhen
Post code: 518048
Tel: +86-755-33989235
Fax: +86-28-86009111
Email: judy.zhu@reedhuabo.com
Contact: Ms.Zhu

2011 The 13th West China (Chengdu) Hardware Trade Fair

Date: 2011.7.21-23
Venue: Chengdu New International Convention and Exhibition Center
Host: China Machinery Industry Federation, Chengdu People's Government, Xi'an Municipal Government
Organizer: Xi'an Sanlian Science and Technology Exhibition Co., Ltd.
Tel: +86-28-86922708
Fax: +86-28-66476338
Email: zh20004@126.com
Contact: Ms.Zhang (+86-15882127538)

Taiwan

Taipei International Book Exhibition 2011

Date: 2011.2.9-14
Venue: Taipei World Trade Center
Host: Taipei World Trade Center
Organizer: Taipei World Trade Center
Tel: +886-2-27671268

Taipei Marriage and Jewelry Art Exhibition

Date: 2011.2.18-21
Venue: Taipei World Trade Center
Host: Taipei World Trade Center
Organizer: Taipei World Trade Center
Tel: +886-2-25603008

Taipei International Machine Tool Show

Date: 2011.3.1-6
Venue: Taipei World Trade Center Nangang Exhibition Center
Host: Taipei World Trade Center
Organizer: Taipei World Trade Center
Tel: +886-2-27255200-2616
Fax: +886-2-23494666-681

Taipei Cycle2011

Date: 2011.3.16-19
Venue: Taipei World Trade Center Nangang Hall
Exhibits: Bicycle, electric bicycle and accessories, etc.
Host: Taipei World Trade Center, Taiwan Bicycle Export Industry Association
Organizer: Taiwan Vehicle Industry Association, Taiwan Rubber Industry Association
Tel: +86-8662-27255200
Fax: +86-8662-27251314
Website: www.taipeide.com.tw
Email: candy_d@126.com

The 21st International Hairdressing Cosmetic Exhibition

Date: 2011.3.17-21
Venue: Taipei World Trade Center
Host: Taipei World Trade Center
Organizer: Taipei World Trade Center
Tel: +86-886-2-86925588-2804

Taipei Children Exposition and Instruments Exhibition/Taipei Baby and Mommy Houseware Show

Date: 2011.4.1-4
Venue: Taipei World Trade Center
Host: Taipei World Trade Center
Organizer: Taipei World Trade Center
Tel: +86-886-2-27592679

2011 Taipei International Auto Parts and Accessories Show (AMPA 2011)

Date: 2011.4.12-15
Venue: Taipei World Trade Center Nangang Exhibition Center
Host: Taipei World Trade Center
Organizer: Taipei World Trade Center
Address: No.42,Xisheng Street, Tongxin Road, Yuexiu District, Guangzhou, Guang dong, China
Tel: +86-20-83585771
Fax: +86-20-62824847
Email: lx.jz2008@yahoo.com.cn
Contact Person: Lin Xin

2011 AutoTronics Taipei

Date: 2011.4.12-15
Venue: Taipei World Trade Center Nangang Exhibition Center
Host: Taipei World Trade Center
Organizer: Taipei World Trade Center
Tel:+866-2-27255200-2623
Fax:+866-2-87926666-333

SecuTech Expo 2011

Date: 2011.4.20-22
Venue: Taipei World Trade Center Nangang Exhibition Center
Host: Taipei World Trade Center
Organizer: Taipei World Trade Center
Tel: +886-2-26599080-351

Taipei Wedding Jewelry and Wedding Festival-Strait Wedding Jewelry Exhibition

Date: 2011.4.22-25
Venue: Taipei World Trade Center
Host: Taipei World Trade Center
Organizer: Taipei World Trade Center
Tel: +886-2-25564668

2011 TaiSPO

Date: 2011.4.27-30
Venue: Taipei World Trade Center Nangang Exhibition Center
Host: Taipei World Trade Center
Organizer: Taipei World Trade Center
Tel: +866-2-27255200-2262

Young Designers' Exhibition

Date: 2011.5.20-23
Venue: Taipei World Trade Center
Host: Taipei World Trade Center
Organizer: Taipei World Trade Center
Tel: +886-2-27255200

Computex Taipei 2011

Date: 2011.6.1-5
Venue: Taipei World Trade Center
Exhibits: Computer hardware, computer software, peripheral equipment, digital camera
Host: Taipei World Trade Center, Taipei Computer Association
Tel: +86-755-25863780
Fax: +86-755-25857457

Display Taiwan 2011

Date: 2011.6.14-16
Venue: Taipei World Trade Center Nangang Exhibition Center
Host: Taipei World Trade Center
Organizer: Taipei World Trade Center
Tel: +886+27255200-2168

Photonics Festival in Taiwan 2011

Date: 2011.6.14-16
Venue: Taipei World Trade Center Nangang Exhibition Center
Host: Taipei World Trade Center
Organizer: Taipei World Trade Center
Tel: +886-2-23514026

Taipei Wedding Photography and Jewelry Exhibition

Date: 2011.6.17-20
Venue: Taipei World Trade Center
Host: Taipei World Trade Center
Organizer: Taipei World Trade Center
Tel: +886-2-25970321

2011 Taipei Pack

Date: 2011.6.22-25
Venue: Taipei World Trade Center Nangang Exhibition Center
Host: Taipei World Trade Center
Organizer: Taipei World Trade Center
Tel: +886-2-27255200-2678
Fax:+886-2-27252585

2011 Foodtech & Pharmatech Taipei

Date: 2011.6.22-25
Venue: Taipei World Trade Center Nangang Exhibition Center
Host: Taipei World Trade Center
Organizer: Taipei World Trade Center
Tel: +886-2-27255200-2678
Fax:+886-2-27230036

2011 Taipei International Food Expo

Date: 2011.6.23-26
Frequency: Yearly
Venue: Taipei World Trade Center Nangang Exhibition Hall
Previous Data: 14,661 sq.m.exhibition area, 825 exhibitors from 32 countries, 40,724 visitors.
Host: Leway Interntional Fairs
Organizer: Leway Interntional Fairs
Address: Room 719,Ruichen Interntional Center, 13 Nongzhanguan South Road, Chaoyang District, Beijing, China, 100125
Email: expo168@126.com
Contact Person: Yu Huiyong (+86-13521761056)

Home & Lifestyle Fair

Date: 2011.6.24-26
Venue: Taipei World Trade Center
Host: Taipei World Trade Center
Organizer: Taipei World Trade Center
Tel: +886-2-25954212

Taipei Wine Show

Date: 2011.6.25-26
Venue: Taipei World Trade Center
Host: Taipei World Trade Center
Organizer: Taipei World Trade Center
Tel: +886-2-25954212

Interwood Taipei 2011

Date: 2011.7.7-10
Venue: Taipei World Trade Center Nangang Exhibition Center
Host: Taipei World Trade Center
Organizer: Taipei World Trade Center
Tel: +886-2-27255200-2676

2011 Taipei International AquaPets Fair

Date: 2011.7.15-18
Venue: Taipei World Trade Center
Host: Taipei World Trade Center
Organizer: Taipei World Trade Center
Tel: +886-2-26596000

Taipei Century Wedding Jewelry and Marriage Exhibition

Date: 2011.7.22-25
Venue: Taipei World Trade Center
Host: Taipei World Trade Center
Organizer: Taipei World Trade Center
Tel: +886-2-27597167

The 21st International Hairdressing Cosmetic Exhibition (Autumn & Winter Edition)

Date: 2011.9.23-26
Venue: Taipei World Trade Center
Host: Taipei World Trade Center
Organizer: Taipei World Trade Center
Tel: +886-2-86925588-2929

The 15th Taipei Children Exposition and Taipei Baby and Mommy Houseware Show

Date: 2011.10.7-10
Venue: Taipei World Trade Center
Host: Taipei World Trade Center
Organizer: Taipei World Trade Center
Tel: +886-2-27592679

The 27th Taipei Gift Expo

Date: 2011.10.14-17
Venue: Taipei World Trade Center
Host: Taipei World Trade Center
Organizer: Taipei World Trade Center
Tel: +886-2-23014049

2011 Taipei International Digital Photographic Equipment and AV Exhibition

Date: 2011.10.28-31
Venue: Taipei World Trade Center
Host: Taipei World Trade Center
Organizer: Taipei World Trade Center
Tel: +886-2-26596000

2011 Taiwan Pets Show

Date: 2011.11.18-21
Venue: Taipei World Trade Center
Host: Taipei World Trade Center
Organizer: Taipei World Trade Center
Tel: +886-4-23509899

2011 Taipei B, C & Dex

Date: 2011.12.15-18
Venue: Taipei World Trade Center
Host: Taipei World Trade Center
Organizer: Taipei World Trade Center
Tel: +886-2-27588173

Tianjin

2011 The 15th Tianjin International Exhibition of Industrial Automation and Instrumentation

Date: 2011.3.8-10
Venue: Tianjin Meijiang International Exhibition Center
Exhibits: instrumentation, control systems, etc.
Host: Tianjin Institute of Automation & Tianjin Shijia Exhibition Service Co., Ltd.
Organizer: Tianjin Shijia Exhibition Service Co., Ltd.
Tel: +86-22-27366505
Fax: +86-22-27696035
Email: zqrtj@126.com
Contact Person: Zhang Qiurong

2011 The 15th Tianjin International Electronic Equipment, Components and Electronic Device Exhibition

Date: 2011.3.8-10
Frequency: Yearly
Venue: Tianjin Meijiang International Exhibition Center
Exhibits: Electronics manufacturing equipment, electronic components, electronic instrumentation, test and measurement and electronic manufacturing automation technology, etc.
Host: Tianjin Institute of Electronics, Tianjin Shijia Exhibition Co., Ltd.
Organizer: Tianjin Shijia Exhibition Co., Ltd.
Tel: +86-22-27695802
Fax: +86-22-27610951
Email: bz8251@163.com
Contact Person: Ms.Wang

2011 Tianjin International Connector and Wire Cable Industry Exhibition

Date: 2011.3.8-10
Frequency: Yearly
Venue: Tianjin Meijiang International Exhibition Center
Exhibits: Electronics manufacturing equipment, electronic components, electronic instrumentation, test and measurement and electronic manufacturing automation technology, etc.
Host: Tianjin Institute of Electronics, Tianjin Shijia Exhibition Co., Ltd.
Organizer: Tianjin Shijia Exhibition Co., Ltd.
Tel: +86-22-27695802
Fax: +86-22-27610951
Email: bz8251@163.com
Contact Person: Ms.Wang

2011 Bohai (Tianjin) 15th Electronic Industry Exhibition

Date: 2011.3.8-10
Frequency: Yearly
Venue: Tianjin Meijiang International Exhibition Center
Exhibits: Electronics manufacturing equipment, electronic components, electronic instrumentation, test and measurement and electronic manufacturing automation technology, etc.
Host: Tianjin Institute of Electronics, Tianjin Shijia Exhibition Co., Ltd.
Organizer: Tianjin Shijia Exhibition Co., Ltd.
Tel: +86-22-27695802
Fax: +86-22-27610951
Email: bz8251@163.com
Contact Person: Wang Xiujun

2011 Tianjin Machine Tool Exhibition

Date: 2011.3.8-10
Frequency: Yearly
Year of the First Event : 2002
Venue: Tianjin International Exhibition Centre
Exhibits: Metal-cutting machine tools, holding devices and measuring tools, numerical controlling and automation, moulds and materials, casting machinery, industrial containers, tool cabinets, storage and logistics equipment, etc.
Host: Tianjin Shijia Exhibition Service Co., Ltd.
Organizer: Tianjin Shijia Exhibition Service Co., Ltd.
Address: 57,Xianyang Road, Nankai District, Tianjin
Tel: +86-22-27696023
Fax: +86-22-27610951
Email: wjz5802@163.com
Contact Person: Mr.Wang

2011 The 10th China Tianjin International Bus and Components Expo

Date: 2011.3.19-21
Frequency: Yearly
Venue: Tianjin Meijiang International Exhibition Center
Exhibits: Passenger cars and components, etc.
Host: China Urban Public Transport Association, Science and Technology Branch of China Urban Public Transport Association, Tianjin Public Transport Group (Holdings) Co., Ltd.
Organizer: Beijing Jiantong Guohao

Advertising Co., Ltd., Tianjin Public Transport Co., Ltd.
Contact Address: Room 831,Building A, Huatong Mansion, 19,West Chegongzhuang Road, Haidian District, Beijing, China
Zip Code: 100048
Tel: +86-10-68416664, 68700558
Fax: +86-10-68414610

2011 Conference of Leading Figures of China Public Transport and Passenger Cars

Date: 2011.3.19-21
Frequency: Yearly
Venue: Tianjin Meijiang International Exhibition Center
Exhibits: Passenger cars and components, etc.
Host: China Urban Public Transport Association, Science and Technology Branch of China Urban Public Transport Association, Tianjin Public Transport Group (Holdings) Co., Ltd.
Organizer: Beijing Jiantong Guohao Advertising Co., Ltd., Tianjin Public Transport Co., Ltd.
Contact Address: Room 831,Building A, Huatong Mansion, 19,West Chegongzhuang Road, Haidian District, Beijing, China
Zip Code: 100048
Tel: +86-10-68416664, 68700558
Fax: +86-10-68414610

2011 Travel Passenger Market Development Forum

Date: 2011.3.19-21
Frequency: Yearly
Venue: Tianjin Meijiang International Exhibition Center
Exhibits: Passenger cars and components, etc.
Host: China's Urban Public Transport Association, Science and Technology Branch of China Urban Public Transport Association, Tianjin Public Transport Group (Holdings) Co., Ltd.
Organizer: Beijing Jiantong Guohao Advertising Co., Ltd., Tianjin Public Transport Co., Ltd.
Contact Address: Room 831,Building A, Huatong Mansion, 19,West Chegongzhuang Road, Haidian District, Beijing, China
Zip Code: 100048
Tel: +86-10-68416664, 68700558
Fax: +86-10-68414610

2011 Spring Business Conference of China Public Transport

Date: 2011.3.19-21
Frequency: Yearly
Venue: Tianjin Meijiang International Exhibition Center
Exhibits: Passenger cars and components, etc.
Host: China's Urban Public Transport Association, Science and Technology Branch of China Urban Public Transport Association, Tianjin Public Transport Group (Holdings) Co., Ltd.
Organizer: Beijing Jiantong Guohao Advertising Co., Ltd., Tianjin Public Transport Co., Ltd.
Contact Address: Room 831,Building A, Huatong Mansion, 19,West Chegongzhuang Road, Haidian District, Beijing, China
Zip Code: 100048
Tel: +86-10-68416664, 68700558
Fax: +86-10-68414610

China (Tianjin) International Energy Storage & Power Battery Technology and Equipment Show

Date: 2011.4.8-10
Venue: Tianjin International Exhibition Centre
Exhibits: Various vehicles, electric tools and energy storage batteries, etc.
Host: China Energy Association, Tianjin Association of Science and Technology, Machinery Branch of Tianjin Energy Conservation Association, Tianjin Yuhua International Exhibition Co., Ltd.
Organizer: Beijing Ousai International Exhibition Co., Ltd. &
Tianjin Yuhua Exhibition Service Co., Ltd.
Address: 1609,Building A, Jinyu Kele Mansion, Shuangqiao Road, Chaoyang District, Beijing
Tel: +86-10-65426818
Fax: +86-10-65702429
Contact Person: Zhao Lin

2011 The 5th China (Tianjin) International Construction Energy-Saving and Advanced Building Materials Exhibition

Date: 2011.4.26-28
Frequency: Yearly
Year of the First Event: 2007
Venue: Tianjin Building Materials Industry Association & Tianjin International Exhibition Center
Exhibits: Window and door hardware and accessories, new wall materials, architectural coatings and water-proof materials, plastic pipes, kitchen and bathroom facilities, ceramics, stone, stairs and interior decoration materials
Host: China Association of Building Materials, Tianjin Management Committee of Municipal and Rural Construction and Transport Construction, Tianjin Zhongxin Technology Development Co., Ltd.
Organizer: Tianjin Zhongxin Technology Development Co., Ltd.
Address: Floor 13,Building A, Wanlong Center Mansion, 85,Liuwei Road, Hedong District, Tianjin, China
Zip Code: 300012
Tel: +86-22-24218213
Fax: +86-22-24218221
Email: tjjienengzhan@sina.com

2011 The 8th China (Tianjin) International Painting, Electroplating and Surface Treatment Exhibition

Date: 2011.4.28-30
Frequency: Yearly
Venue: Tianjin International Exhibition Center
Exhibits: Paint coating, powder coating, automotive coating lines, household appliances coating lines, machinery hand painting, color coated sheets, hot-dip galvanizing, air and air-free sprays, spraying rooms, curing ovens, transportation lines, engineering services, etc.
Previous Data: 27,680 visitors, among whom 95% are professional
Host: Tianjin Association of Science and Technology, Tianjin Society of Electroplating Engineering, Tianjin Electroplating Industry Association; Editorial Office of Electroplating and Finishing
Organizer: Tianjin Yuhua Exhibition Service Co., Ltd.
Address: 2108,Guohua Mansion, 857,South Dagu Road, Hexi District, Tianjin, China
Zip Code: 300200
Tel: +86-22-58581918, 13662065133
Fax: +86-22-58581928
Email: yuhua808@126.com
Contact Person: Chen Hao

China (Tianjin) International Coating, New Electroplating Technologies, New Products Seminar and Summit Forum

Date: 2011.4.28-30
Frequency: Yearly
Venue: Tianjin International Exhibition Center
Exhibits: Paint coating, powder coating, automotive coating lines, household appliances coating lines, machinery hand painting, color coated sheets, hot-dip

galvanizing, air and air-free sprays, spraying rooms, curing ovens, transportation lines, engineering services, etc.
Previous Data: 27,680 visitors, among whom 95% are professional
Host: Tianjin Association of Science and Technology, Tianjin Society of Electroplating Engineering, Tianjin Electroplating Industry Association, Editorial Office of Electroplating and Finishing.
Organizer: Tianjin Yuhua Exhibition Service Co., Ltd.
Address: 2108,Guohua Mansion, 857,South Dagu Road, Hexi District, Tianjin, China
Zip Code: 300200
Tel: +86-22-58581918, 13662065133
Fax: +86-22-58581928
Email: yuhua808@126.com
Contact Person: Chen Hao

2011 The 8th China (Tianjin) International Coating Exposition

Date: 2011.4.28-30
Frequency: Yearly
Venue: Tianjin International Exhibition Center
Exhibits: Paint coating, powder coating, automotive coating lines, household appliances coating lines, machinery hand painting, color coated sheets, hot-dip galvanizing, air and air-free sprays, spraying rooms, curing ovens, transportation lines, engineering services, etc.
Previous Data: 27,680 visitors, among whom 95% are professional
Host: Tianjin Association of Science and Technology, Tianjin Society of Electroplating Engineering, Tianjin Electroplating Industry Association, Editorial Office of Electroplating and Finishing.
Organizer: Tianjin Yuhua Exhibition Service Co., Ltd.
Address: 2108,Guohua Mansion, 857,South Dagu Road, Hexi District, Tianjin, China
Zip Code: 300200
Tel: +86-22-58581918, 13662065133
Fax: +86-22-58581928
Email: yuhua808@126.com
Contact Person: Chen Hao

2011 Tianjin Electroplating Exposition

Date: 2011.4.28-30
Frequency: Yearly
Venue: Tianjin International Exhibition Center
Exhibits: Paint coating, powder coating, automotive coating lines, household appliances coating lines, machinery hand painting, color coated sheets, hot-dip galvanizing, air and air-free sprays, spraying rooms, curing ovens, transportation lines, engineering services, etc.
Previous Data: 27,680 visitors, among whom 95% are professional
Host: Tianjin Association of Science and Technology, Tianjin Society of Electroplating Engineering, Tianjin Electroplating Industry Association, Editorial Office of Electroplating and Finishing.
Organizer: Tianjin Yuhua Exhibition Service Co., Ltd.
Address: 2108,Guohua Mansion, 857,South Dagu Road, Hexi District, Tianjin, China
Zip Code: 300200
Tel: +86-22-58581918, 13662065133
Fax: +86-22-58581928
Email: yuhua808@126.com
Contact Person: Chen Hao

2011 China (Tianjin) International Solar Photovoltaic Industry Fair

Date: 2011.4.28-30
Venue: Tianjin International Exhibition Center
Exhibits: Photovoltaic products
Host: China Energy Association, Tianjin Association of Science and Technology, Machinery Branch of Tianjin Energy Conservation Association, Beijing Ousai International Exhibition Co., Ltd.
Organizer: Beijing Ousai International Exhibition Co., Ltd. & Tianjin Yuhua Exhibition Service Co., Ltd.
Address: 1609,Building A, Jinyu Kele Mansion, Shuangqiao Road, Chaoyang District, Beijing
Tel: +86-18605481889
Contact Person: Liu Yulei

China (Tianjin) International Clean Energy Expo

Date: 2011.4.28-30
Venue: Tianjin International Exhibition Center
Exhibits: Wind generating set, offshore wind power equipment and technology, etc.
Host: China Energy Association, Tianjin Association of Science and Technology, Machinery Branch of Tianjin Energy Conservation Association, Tianjin Yuhua Exhibition Service Co., Ltd.
Organizer: Tianjin Yuhua Exhibition Service Co., Ltd., Beijing Ousai International Exhibition Co., Ltd.
Address: Room 2108,Guohua Mansion, 857,South Dagu Road, Hexi District, Tianjin
Zip Code: 300200
Tel: +86-22-58581918, 13502068395
Fax: +86-22-58581928
Email: Tianjinexpo@126.com
Contact Person: Lin Chenhui

2011 China (Tianjin) International Wind Energy Industry Exposition

Date: 2011.4.28-30
Venue: Tianjin International Exhibition Center
Exhibits: Wind generating set, offshore wind power equipment and technology, etc.
Host: China Energy Association, Tianjin Association of Science and Technology, Machinery Branch of Tianjin Energy Conservation Association, Tianjin Yuhua Exhibition Service Co., Ltd.
Organizer: Tianjin Yuhua Exhibition Service Co., Ltd., Beijing Ousai International Exhibition Co., Ltd.
Address: Room 2108,Guohua Mansion, 857,South Dagu Road, Hexi District, Tianjin
Zip Code: 300200
Tel: +86-22-58581918, 13502068395
Fax: +86-22-58581928
Email: Tianjinexpo@126.com
Contact Person: Lin Chenhui

2011 China (Tianjin) International Biomass Energy Exposition

Date: 2011.4.28-30
Venue: Tianjin International Exhibition Center
Exhibits: Wind generating set, offshore wind power equipment and technology, etc.
Host: China Energy Association, Tianjin Association of Science and Technology, Machinery Branch of Tianjin Energy Conservation Association, Tianjin Yuhua Exhibition Service Co., Ltd.
Organizer: Tianjin Yuhua Exhibition Service Co., Ltd., Beijing Ousai International Exhibition Co., Ltd.
Address: Room 2108,Guohua Mansion, 857,South Dagu Road, Hexi District, Tianjin
Zip Code: 300200
Tel: +86-22-58581918, 13502068395
Fax: +86-22-58581928
Email: Tianjinexpo@126.com
Contact Person: Lin Chenhui

2011 The 4th Tianjin International Industrial Arts and Art Collection Exhibition

Date: 2011.5.6-9
Frequency: Yearly
Venue: Tianjin International Exhibition Center
Exhibits: Fine art, ceramic art, classical furniture, traditional sculptures, stones, antiques, etc.
Host: Jintian Jinshi Society of Industrial Arts, Tianjin Gemological Association, Tianjin Qiyang Exhibition Service Co., Ltd.
Organizer: Tianjin QiYang Exhibition Service Co., Ltd.

Address: 32,Youyi Road, Hexi District, Tianjin, China
Zip Code: 300200
Tel: +86-22-83711728, 1382085040
Fax: +86-22-83713578
Email: wangwei18188@126.com
Contact Person: Wang Wei

2011 The 4th Tianjin International Jewelry Fair

Date: 2011.5.6-9
Venue: Tianjin International Exhibition Center
Exhibits: Diamonds and precious stones, jewelry, gold products, equipment, apparatus, etc.
Host: Tianjin Gemological Association, Tianjin Qiyang Exhibition Service Co., Ltd.
Organizer: Tianjin Qiyang Exhibition Service Co., Ltd.
Address: Room 1508,Buildign 15,Yangguang 100 International New Town, South Hongqi Road, Nankai District, Tianjin, China
Zip Code: 300381
Tel: +86-22-83711728
Fax: +86-22-83711728-801
Email: tjqiyang@163.com

2011 China (Tianjin) International Medical Instruments And Equipment Exhibition

Date: 2011.5.18-20
Frequency: Yearly
Year of the First Event: 2010
Venue: Tianjin Sports Center
Exhibits: Radiation Equipment, ultrasonic Diagnostic Instrument, ecg Monitoring Equipment, biochemical Inspection Equipment, breathing Anesthesia Machine, endoscope, first Aid Equipment, etc
Host: Department Of Health Of Tianjin, Tianjin Electromechanical Equipment Tendering Innings
Organizer: Tianjin Taihe Xinqiao Science Zone Administration Committee, Tianjin Jianhe International Trade Exhibition Co.,Ltd
Address: 10,22nd Floor, mingyuan Building, No.2 Kaifeng Ave.Heping District, Tianjin
Zip Code: 300042
Tel: +86-22-23115536,23312556
Fax: +86-22-23310042
Email: kenwall@163.com
Contact Person: Ms.Zhao, Ms.Zhang

2011 The 9th Tianjin International Mobile Phone Industry Exhibition

Date: 2011.6.8-10
Frenquency : Yearly
Year of the First Event : 2003
Venue: Tianjin Binhai International Convention & Exhibition Centre
Host: TD-SCDMA Industry Alliance, Tianjin Municipal Economic Commission, The Information Industry Office of Tianjin Municipal People's Government, Tianjin Commission of Commerce, Tianjin Communication Administration, Administrative Commission of Tianjin Economic-Technological Development Area
Organizer: Tianjin Binhai Convention & Exhibition Co., Ltd, Shenzhen Howell Exhibition & Scheme Co., Ltd.
Tel: +86-755-83721748
Fax: +86-755-83721979
Email: belly1234@163.com
Contact Person: Liu Lu (+86-13684940952)

The 8th International Manufacturing Industry (Mobile Phone) Trade Fair

Date: 2011.6.8-10
Frenquency : Yearly
Year of the First Event : 2003
Venue: Tianjin Binhai International Convention & Exhibition Centre
Host: TD-SCDMA Industry Alliance, Tianjin Municipal Economic Commission, The Information Industry Office of Tianjin Municipal People's Government, Tianjin Commission of Commerce, Tianjin Communication Administration, Administrative Commission of Tianjin Economic-Technological Development Area
Organizer: Tianjin Binhai Convention & Exhibition Co., Ltd, Shenzhen Howell Exhibition & Scheme Co., Ltd.
Tel: +86-755-83721748
Fax: +86-755-83721979
Email: belly1234@163.com
Contact Person: Liu Lu (+86-13684940952)

2011 The 7th China International Metal Working Technology & Equipment (Tianjin) Exhibition

Date: 2011.8.18-21
Frequency: Yearly
Venue: Tianjin Binhai International Convention and Exhibition Center
Exhibits: Metal-cutting machine tools, metal forming machine tools, special machine tools, mould forming machine tools, numerical control systems, digital machine tools and electrical equipment, machine parts and auxiliary equipment, test and measurement equipment, etc.
Host: China Machinery Industry Federation, China Non-ferrous Metals Fabrication Industrial Association, Machinery Industry Branch of China Council for the Promotion of International Trade, Zhenwei Exhibition Group
Organizer: Tianjin Zhenwei Exhibition Co., Ltd.
Address: Floor 2,Part F, Binhai International Convention and Exhibition Center, Tianjin Economic Development Area, Tianjin, China
Tel: +86-22-66224071,66224075
Fax: +86-22-66224099
Contact Person: Han Jie

2011 The 5th China International Casting, Forging, Heat Treatment and Furnace (Tianjin) Exhibition

Date: 2011.8.18-21
Venue: Tianjin Binhai International Convention & Exhibition Centre
Exhibits: Casting equipment, pressure casting equipment, smelting equipment, etc.
Host: China Non-ferrous Metals Fabrication Industrial Association, Tianjin Foundry & Forging Association, Tianjin Heat Treatment Association, Tianjin Society for Metals, Zhenwei Exhibition Group
Organizer: Tianjin Zhenwei Exhibition Co., Ltd.
Address: Binhai International Convention & Exhibition Centre, the 5th Street, Tianjin Economic Development Area, Tianjin, China
Zip Code: 300457
Tel: +86-22-66224092
Fax: +86-22-66224099
Email: zhanghangyu1119@msn.cn
Contact Person: Zhang Hangyu

China (Tianjin) World Sports Car Fair

Date: 2011.10
Frequency: Yearly
Year of first event: 2010
Venue: Tianjin Olympic Stadium
Exhibits: Activity-based utility vehicles, cars, modified cars vehicle, recreational vehicle parts and decorative items, etc.
Previous data: An exhibition area of 80,000 square meters
Host: China Chamber of International Commerce
Organizer: Beijing Samson International Sports Development Co., Ltd.
Address: Room 616 Tung International Building, No.80 Guangqumennei Avenue, Chongwen District, Beijing
Post Code: 100062
Tel: +86-10-62222842
Fax: +86-10-62222650
Email : Wdsliuyu@gmail.com
Contact Person: Liu Yu

Xinjiang

Hami

2011 Xinjiang (Tuha) International Coal and New Energy Industry Exposition

Date: 2011.5.18-20
Venue: Hami Yongliang Coal Trading Center
Host: Xinjiang Uygur Autonomous Region Coal Industry Association, Hami Yongliang Coal Trading Center
Address: No.126,East Zhongshan Road, Qiaodong District, Shijiazhuang, Hebei
Contact Person: Chen Zhen

Urumchi

2011 Xinjiang Spring Purchase Exposition

Date: 2011.1.11-30
Venue: Xinjiang International Expo Centre
Contact Person: Mr.Wang

2011 Xinjiang International Building Materials Exposition

Date: 2011.5.19-21
Venue: Xinjiang International Expo Centre
Host: China Council for the Promotion of International Trade Xinjiang Sub-Council, Xinjiang Uygur Autonomous Region Investment Development Bureau, Xinjiang Building Materials Industry Management Office
Organizer: China Council for the Promotion of International Trade Kezhou Sub-Council, Xinjiang International Trade Exhibition Co., Ltd, Xinjiang Sky International Trade Exhibition Co., Ltd
Address: M/N, 15th Floor, HSBC Building, No.56 Zhengxie Lane, Urumchi
Zip Code: 830049
Tel: +86-991-2866318
Fax: +86-991-8531318
Email: ite928@sohu.com
Contact Person: Lin Chunye

2011 China (Xinjiang) International Construction Engineering Equipment Exhibition

Date: 2011.5.27-29
Venue: Xinjiang International Expo Centre
Host: Xinjiang Uygur Autonomous Region Economic and Informatization Commission, Xinjiang Uygur Autonomous Region Development and Reform Commission, Xinjiang Uygur Autonomous Region Department of Communications, Xinjiang Uygur Autonomous Region Housing and Urban-Rural Development Bureau, Xinjiang Uygur Autonomous Region Department of Land and Resources, Xinjiang Uygur Autonomous Region Bureau of Commerce, Xinjiang Production and Construction Corps Bureau of Communications, Xinjiang Uygur Autonomous Region Investment Development Bureau
Organizer: Xinjiang Zhengwei International Exhibition Co., Ltd
Address: M/N, 15th Floor, HSBC Building, No.56 Zhengxie Lane, Urumchi
Zip Code: 830002
Tel: +86-991-2330537
Fax: +86-991-2330537
Email: maillipeng58532688@163.com
Contact Person: Li Yong(+86-13199911517)

The 8th China Xijiang International Coal Industry Exhibition

Date: 2011.7.22-24
Venue: Xinjiang International Expo Centre
Website: www.xjicme.com.cn
Host: Xinjiang Uygur Autonomous Region Economic and Informatization Commission, Xinjiang Uygur Autonomous Region Coal Industry Bureau, Xinjiang Production and Construction Corps Administration of Work Safety, Xinjiang Administration of Coal Mine Safety, Xinjiang Uygur Autonomous Region Investment Development Bureau
Organizer: Xinjiang Zhengwei International Exhibition Co., Ltd
Address: M/N, 15th Floor, HSBC Building, No.56 Zhengxie Lane, Urumchi
Zip Code: 830002
Tel: +86-991-2330537
Fax: +86-991-2330537
Email: maillipeng58532688@163.com
Contact Person: Li Yong(+86-13199911517)

2011 The 10th Xinjiang International Oil and Gas Equipment Exhibition

Date: 2011.7.28-30
Venue: Xinjiang International Expo Centre
Host: Xinjiang Uygur Autonomous Region Economic and Informatization Commission, Xinjiang Uygur Autonomous Region Investment Development Bureau, Xinjiang Uygur Autonomous Region Petroleum and Chemical Industry Management Office
Organizer: Xinjiang Zhengwei International Exhibition Co., Ltd
Address: M/N, 15th Floor, HSBC Building, No.56 Zhengxie Lane, Urumchi
Zip Code: 830002
Tel: +86-991-2330537
Fax: +86-991-2330537
Email: maillipeng58532688@163.com
Contact Person: Li Yong(+86-13199911517)

2011 The 7th Xinjiang International Social Public Security Products and Police Technical Equipment Exposition

Date: 2011.8.10-12
Venue: Xinjiang International Expo Centre
Host: Government of the Xinjiang Uygur Autonomous Region, Xinjiang Uygur Autonomous Region Public Security Department, Xinjiang Uygur Autonomous Region Department of Justice, Xinjiang Uygur Autonomous Region Bureau of Commerce, Armed Police Xinjiang Fire Corps, Xinjiang Uygur Autonomous Region Prison Administrative Bureau
Organizer: Urumqi Public Security Management Team, Xinjiang International Expo Center Exhibition Co., Ltd
Address: Rm 903,1st Building Meidong Garden, Chepi Road, Tianhe District, Guangzhou
Zip Code: 510660
Tel: +86-13560409138
Fax: +86-20-82161389
Email: qxj201108@126.com

2011 The 11th China Xinjiang International Agricultural Expo

Date: 2011.8.12-14
Venue: Xinjiang International Expo Centre
Host: Xinjiang Uygur Autonomous Region Agriculture Bureau, Xinjiang Uygur Autonomous Region Department of Animal Husbandry, Xinjiang Uygur Autonomous Region Agriculture Machinery Bureau, Xinjiang Uygur Autonomous Region Department of Forestry, Xinjiang Production and Construction Corps Agriculture Bureau, Xinjiang Uygur Autonomous Region Science and Technology Bureau, Xinjiang Production and Construction Corps Economic Cooperation Office, Xinjiang Uygur Autonomous Region Investment Development Bureau
Address: M/N, 15th Floor, HSBC Building, No.56 Zhengxie Lane, Urumchi
Zip Code: 830002
Tel: +86-991-2330537
Fax: +86-991-2330537
Email: maillipeng58532688@163.com
Contact Person: Li Yong(+86-13199911517)

Yunnan

Kunming

2011 Kunming Spring Shopping Festival

Date: 2011.1.14-31
Venue: Kunming International Exhibition Center
Host: Yunnan Office of Agriculture, Yunnan Office of Commerce, Yunnan Office of Flower Industry, People's Government of Kunming, China Council For The Promotion Of International Trade Kunming Office
Address: Kunming International Exhibition Center, Chun Cheng Road, Kunming
Fax: +86-871-6998973
Email: libiao1950@163.com
Contact Person: Gao Yu (+86-13013327007)

2011 The 4th Huazhan Yunnan Advertisement Exhibition

Date: 2011.3.18-20
Venue: Kunming International Exhibition Center
Host: Sichuan Huazhan Culture Communication Co., Ltd.
Organizer: Sichuan Huazhan Culture Communication Co., Ltd.
Address: 2903,Building 4,Hua Fu Jin Sha, No.1,Shu Yuan Road, Chengdu
Tel: +86-28-66970755
Fax: +86-28-61962761
Email: 200659989@qq.com
Contact Person: Mr.Luo

2011 Yunnan LED Lighting Fair

Date: 2011.3.18-20
Venue: Kunming International Exhibition Center
Host: Sichuan Huazhan Culture Communication Co., Ltd.
Organizer: Sichuan Huazhan Culture Communication Co., Ltd.
Address: 2903,Building 4,Hua Fu Jin Sha, No.1,Shu Yuan Road, Chengdu
Tel: +86-28-66970755
Fax: +86-28-61962761
Email: 200659989@qq.com
Contact Person: Mr.Luo

2011 China Midwest Medication Facility Exhibition

Date: 2011.3.24-26
Venue: Kunming International Exhibition Center
Organizer: Tarsus Hope Exhibition
Address: 19F, Shu Xiang Xie, No.12 Cheng Fu Garden, South First Street, First Ring Road, Chengdu, Sichuan
Tel: +86-28-85225922
Fax: +86-28-85226177
Contact Person: Li Fuping

2011 China Kunming International Exhibition Center Furnishing Material Exhibition

Date: 2011.4.14-18
Venue: Kunming International Exhibition Center
Host: Yunnan Office of Apartment Building and Urban Rural Development, Yunnan Daily Group
Organizer: Chuncheng Evening News, Yunnan News and Advertisement Company, Xi'an Qujiang Qianqiu Culture Communication Co., Ltd.
Address: 2-2-502,Guo Mao Wan Xing Yin Xiang Garden, Kunming
Tel: +86-871-3554799
Fax: +86-871-7184096
Contact Person: Shu Zhan (+86-1872506682)

The 7th Yunnan Estate Culture Festival

Date: 2011.4.14-18
Venue: Kunming International Exhibition Center
Host: Yunnan Office of Apartment Building and Urban Rural Development, Yunnan Daily Group
Organizer: Chuncheng Evening News, Yunnan News and Advertisement Company, Xi'an Qujiang Qianqiu Culture Communication Co., Ltd.
Address: 2-2-502,Guo Mao Wan Xing Yin Xiang Garden, Kunming
Tel: +86-871-3554799
Fax: +86-871-7184096
Contact Person: Shu Zhan (+86-1872506682)

2011 China Kunming New Residential Home Outfit Design and Decoration Materials Exhibition

Date: 2011.4.14-18
Venue: Kunming International Exhibition Center
Host: Yunnan Office of Apartment Building and Urban Rural Development, Yunnan Daily Group
Organizer: Chuncheng Evening News, Yunnan News and Advertisement Company, Xi'an Qujiang Qianqiu Culture Communication Co., Ltd.
Address: 2-2-502,Guo Mao Wan Xing Yin Xiang Garden, Kunming
Tel: +86-871-3554799
Fax: +86-871-7184096
Contact Person: Shu Zhan (+86-1872506682)

2011 China Yunnan Estate Culture Festival (Kunming) Springtime Real Estate Exhibition Fair

Date: 2011.4.14-18
Venue: Kunming International Exhibition Center
Host: Yunnan Office of Apartment Building and Urban Rural Development, Yunnan Daily Group
Organizer: Chuncheng Evening News, Yunnan News and Advertisement Company, Xi'an Qujiang Qianqiu Culture Communication Co., Ltd.
Address: 2-2-502,Guo Mao Wan Xing Yin Xiang Garden, Kunming
Tel: +86-871-3554799
Fax: +86-871-7184096
Contact Person: Shu Zhan (+86-1872506682)

The 8th Southwest International Coal and Mining Technology Equipment Exhibition

Date: 2011.5.13-15
Venue: Kunming International Exhibition Center
Host: Yunnan Industrial and Information Committee, Yunnan Bureau of Mining Security Supervision, Yunnan Bureau of Resource, Yunnan Mining Industry Association, China Mining Cities Development Association
Organizer: Kunming Liteng Exhibition Co., Ltd.
Address: 3-302,Building B, Hong He Gu, Ri Xin Road, Kunming
Tel: +86-871-8132423
Fax: +86-871-8132423
Contact Person: Wang Ping (+86-13618718843)

2011 China Yunnan Intelligent Transportation System and Traffic Safety Facility Exhibition

Date: 2011.5.19-21
Venue: Kunming International Exhibition Center
Host: Yunnan Highway Maintenance and Management Association, Yunnan City Construction Association
Organizer: Kunming Feng Xiang Biao Exhibition Co., Ltd.
Address: 1-706,Ling Yun Building, Hang

Kong Garden, Ri Xin Road, Kunming
Zip Code: 650200
Tel: +86-871-8369576
Fax: +86-871-3561974
Email: kmcsk@163.com
Contact Person: Cao Shengkun (+86-13577187795)

2011 China Yunnan Engineering Machinery, Construction Machinery and Engineering Vehicles Exposition

Date: 2011.5.19-21
Venue: Kunming International Exhibition Center
Host: Yunnan Highway Maintenance and Management Association, Yunnan City Construction Association
Organizer: Kunming Feng Xiang Biao Exhibition Co., Ltd.
Address: 1-706,Ling Yun Building, Hang Kong Garden, Ri Xin Road, Kunming
Zip Code: 650200
Tel: +86-871-8369576
Fax: +86-871-3561974
Email: kmcsk@163.com
Contact Person: Cao Shengkun (+86-13577187795)

2011 China Yunnan Expressway Curing Technology and Equipment Exhibition

Date: 2011.5.19-21
Venue: Kunming International Exhibition Center
Host: Yunnan Highway Maintenance and Management Association, Yunnan City Construction Association
Organizer: Kunming Feng Xiang Biao Exhibition Co., Ltd.
Address: 1-706,Ling Yun Building, Hang Kong Garden, Ri Xin Road, Kunming
Zip Code: 650200
Tel: +86-871-8369576
Fax: +86-871-3561974
Email: kmcsk@163.com
Contact Person: Cao Shengkun (+86-13577187795)

Zhejiang

Cixi

2011 China Cixi Household Appliances Expo

Date: 2011.4.21-23
Venue: Cixi International Convention and Exhibition Centre
Host: China Household Electrical Appliances Chamber of Commerce, People's Government of Cixi City
Organizer: Cixi Jiangnan Exhibition Management Co., Ltd.
Address: Convention Center, No.588,North 3rd Ring Road, Cixi City
Post Code: 315300
Tel: +86-574-63072021
Fax: +86-574-63072011
Contact Person: Xu Shaowei

2011 Zhejiang (Cixi) Bearings & Special Equipment Exhibition

Date: 2011.4.27-29
Venue: Cixi International Convention and Exhibition Centre
Address: Convention Center, No.588,North 3rd Ring Road, Cixi City
Email: fuyeli@163.com
Post Code: 315300
Tel: +86-574-63072444
Fax: +86-574-63072093
Email : nbexpo@163.com
Contact Person: Wang Jun (+86-13777124709)

Hangzhou

2011 China Hangzhou International Luxury Brand Expo

Date: 2011.1.1-3
Venue: Zhejiang World Trade Exhibition Center
Website: www.hzluxury.cn
Host: Zhejiang Regional Economic Cooperation Promotion Association, Zhejiang Association for Tsinghua CEO Cooperation and Development, Zhejiang Businessman Council, World Famous Brand Association, Zhongbo Exhibition Group
Organizer: Zhongbo Exhibition Co., Ltd.
Address: 3rd Floor, Zhejiang World Trade Exhibition Center, 122,Shuguang Road, Hangzhou, Zhejiang, China
Tel: +86-571-28001691
Fax: +86-571-28001660

2011 Hangzhou Public Environment Facilities and Advertisement Application Equipment Exhibition

Date: 2011.2.25-27
Venue: Hangzhou Haiwaihai International Exhibition & Conference Center
Host: Nanjing Branch of China Council for the Promotion of International Trade, Nanjing Branch of China Chamber of International Commerce; Yadong Exhibition Service Co., Ltd.
Organizer: Nanjing Yadong Exhibition Service Co., Ltd.
Address: Room 418,Zhongye Building, 34,North Zhongshan Road, Nanjing China
Zip Code: 210009
Tel: +86-25-83227379
Fax: +86-25-83215537
Email: 584480800@qq.com
Contact Person: Miss Zhang

2011 The 5th National (Hangzhou) Medical Products and Health Care Products Ordering Exposition

Date: 2011.2.25-27
Venue: Hangzhou Peace International Conference & Exhibition Center
Host: Zhongshang Exhibition Group Co., Ltd.
Organizer: Hangzhou Shangyi Exhibition & Conference Co., Ltd.
Tel: +86-571-89930712
Fax: +86-571-87083969
Email: rehexpo@163.com
Contact Person: Zhai Yan

2011 the 16th China Reproduction Health Care Product Exposition

Date: 2011.2.25-27
Venue: Hangzhou Peace International Conference & Exhibition Center
Host: Zhongshang Exhibition Group Co., Ltd.
Organizer: Hangzhou Shangyi Exhibition & Conference Co., Ltd.
Tel: +86-571-89930712
Fax: +86-571-87083969
Email: rehexpo@163.com
Contact Person: Zhai Yan

The 4th China (Hangzhou) International Garden, Outdoor Furniture and Leisure Products Exhibition

Date: 2011.3.13-16
Venue: Hangzhou Peace International

Exhibition Center
Host: China Light Industry Crafts Import and Export Chamber of Commerce, People's Government of Hangzhou
Organizer: Hangzhou Bureau of Foreign Trade and Economic Cooperation; Beijing Talent Exhibition Co., Ltd.
Tel: +86-592-2226159
Email : linxiujuan@talent-expo.com
Contact Person: Lin Xiujuan

2011 China (Zhejiang) International Bamboo Industry Exposition

Date: 2011.3.25-27
Venue: Zhejiang World Trade Exhibition Center
Host: Bamboo Research and Development Center of the State Forestry Bureau, Anji People's Government, Zhejiang Bamboo Industry Association
Organizer: Zhejiang Zhongbo Exhibition Limited Liability Company, Hangzhou Zhongzhu Information Technology Co., Ltd.
Tel: +86-571-28001677

The 7th China International Maternity & Baby Industry Exposition (CMBE)

Date: 2011.3.25-27
Frequency: Yearly
Year of the First Event: 2005
Venue: Hangzhou Peace International Exhibition & Convention Center
Previous Data: 316 Exhibitors 20000 Spectators
Host: China Light Industry Federation
Hangzhou Municipal People's Government
Organizer: China Council for the Promotion of International Trade Hangzhou Sub-Council
The Children's Trade Association Hangzhou China
Address: 6th Floor, Tianming Building, No.286 Tiyuchang Road, Hangzhou
Zip Code: 310003
Tel: +86-571-85174905
Fax: +86-571-85068893
Website: www.expo.cncta.org
Email: gonglianghz@sohu.com
Contact Person: Gong Liang

2011 The 5th Hangzhou International Community Public Safety Expo

Date: 2011.3.31-4.2
Venue: Zhejiang World Trade Exhibition Center
Host: Hangzhou Safety Technology and Precaution Industry Association
Organizer: Hangzhou Huazhan Exhibition Co., Ltd.
Address: 3rd Floor, Zhejiang People's Hall, 9,Shengfu Road, Hangzhou, Zhejiang, China
Zip Code: 310007
Tel: +86-571-88080648
Fax: +86-571-88806467
Email: xjwork@tom.com
Contact Person: Fang Qin
(+86-13858084285)

2011 The 11th Zhejiang International Intelligent Building and Safety Precaution Product Exhibition

Date: 2011.3.31-4.2
Venue: Zhejiang World Trade Exhibition Center
Host: Hangzhou Safety Technology and Precaution Industry Association
Organizer: Hangzhou Huazhan Exhibition Co., Ltd.
Address: 3rd Floor, Zhejiang People's Hall, 9,Shengfu Road, Hangzhou, Zhejiang, China
Zip Code: 310007
Tel: +86-571-88080648
Fax: +86-571-88806467
Email: xjwork@tom.com
Contact Person: Fang Qin
(+86-13858084285)

2011 China (Hangzhou) International Buddhist Products Fair

Date: 2011.4
Frequency: Yearly
Year of the First Event: 2009
Venue: Hangzhou Peace International Exhibition & Convention Center
Exhibits: Buddhist supplies, temples supplies, Buddhism handicraft, raw material equipment
Previous Data: 300 Exhibitors, 3000 Spectators
Host: China Council for the Promotion of International Trade Hangzhou Sub-Council
Organizer: Business Development Center of Hangzhou Chamber of International Commerce
Address: 6th Floor, Tianming Building, No.286 Tiyuchang Road, Hangzhou
Zip Code: 310003
Tel: +86-571-85174905
Fax: +86-571-85068893
Email: gonglianghz@sohu.com
Contact Person: Gong Liang

2011 The 18th Hangzhou Cosmetology and Hair-dressing Appliances, Make-ups and Detergent Fair

Date: 2011.4.15-17
Venue: Hangzhou Peace International Conference & Exhibition Center
Host: Hangzhou Cosmetology and Hair-dressing Federation Committee, Hair-dressing Branch of Hangzhou Technician Association
Organizer: Hangzhou Xinhua Exhibition Co., Ltd.
Tel: +86-571-87169468
Fax: +86-571-87169131
Email: 87169468@163.com
Contact Person: Lu Jianliang

2011 The 5th Hangzhou International Jewelry Exhibition

Date: 2011.4.15-18
Venue: Hangzhou Peace International Exhibition Center
Host: Hangzhou Branch of China Council for the Promotion of International Trade, Hangzhou Branch of China Chamber of International Commerce; Hangzhou Jewelry and Watch Chamber Commerce, Hangzhou Qiyang Exhibition & Conference Co., Ltd.
Organizer: Hangzhou Qiyang Exhibition & Conference Co., Ltd.
Address: 158,Shaoxing Road, Hangzhou, Zhejiang, China
Tel: +86-571-85791513
Email: hangzhouljmx818@163.com
Contact Person: Chen Ke
(+86-13362186506)

2011 China (Hangzhou) International Industry Fair

Date: 2011.5.20-22
Venue: Hangzhou Peace International Exhibition Center
Host: Hangzhou People's Government, China Mechanical Industry Federation, Zhejiang Economic and Information Committee.
Organizer: Hangzhou Economic Committee
Add: 381,Dongxin Road, Hangzhou
Post Code: 310004
Tel: +86-571-85886252
Fax: +86-571-85380305
Contact Person: Cao Yuan
(+86-13738072639)

2011 China (Zhejiang) Logistics & Supply Chain Management Exhibition

Date: 2011.5.20-22
Venue: Hangzhou Peace International Exhibition Center
Host: Zhejiang Supply Chain Association, Zhejiang Logistics and Purchasing Association
Organizer: Zhejiang Economic Committee, Hangzhou Modern Logistics Association

Address: 381,Dongxin Road, Hangzhou, Zhejiang, China
Zip Code: 310004
Tel: +86-571-85886253
Fax: +86-571-85380959
Email: 1194508663@qq.com
Contact Person: Gao Feng (+86-13616550040)

2011 The 10th China (Hangzhou) Digit Control Machine Tool and Die Exhibition

Date: 2011.5.20-22
Venue: Hangzhou Peace International Exhibition Center
Host: Zhejiang Supply Chain Association, Zhejiang Logistics and Purchasing Association
Organizer: Zhejiang Economic Committee, Hangzhou Modern Logistics Association
Address: 381,Dongxin Road, Hangzhou, Zhejiang, China
Zip Code: 310004
Tel: +86-571-85886253
Fax: +86-571-85380959
Email: 1194508663@qq.com
Contact Person: Gao Feng (+86-13616550040)

2011 China (Hangzhou) Cultural Creative Industry Fair

Date: 2011.10
website：www.ccie.xh-expo.com
Host: People's Government of Hangzhou, Zhejiang University, Chinese Academy of Fine Arts
Organizer: Hangzhou Cultural Creative Industry Office
Address: 33,Chaijiawu, Shengtai Chuangyicheng, Baima Lake, Binjiang District, Hangzhou
Zip Code: 310052
Tel: +86-571-87667355
Email: hzccie@126.com
Contact Person: Mr.Wang (+86-15858170180)

The 2nd Hangzhou Creative Life Festival

Date: 2011.10
website：www.ccie.xh-expo.com
Host: People's Government of Hangzhou, Zhejiang University, Chinese Academy of Fine Arts
Organizer: Hangzhou Cultural Creative Industry Office
Address: 33,Chaijiawu, Shengtai Chuangyicheng, Baima Lake, Binjiang District, Hangzhou
Zip Code: 310052
Tel: +86-571-87667355
Email: hzccie@126.com
Contact Person: Mr.Wang (+86-15858170180)

The 6th China International Leisure Industry Exposition (CLI)

Date: 2011.11.4-7
Frequency: Yearly
Year of the First Event: 2006
Venue: Hangzhou Peace International Exhibition & Convention Center
Exhibits: Leisure industry
Previous Data: 298 Exhibitors, 24000 Spectators
Host: Hangzhou Municipal People's Government
Organizer: China Council for the Promotion of International Trade Hangzhou Sub-Council
Address: 6th Floor, Tianming Building, No.286 Tiyuchang Road, Hangzhou
Zip Code: 310003
Tel: +86-571-85174905
Fax: +86-571-85068893
Website: www.cli-expo.com
Email: gonglianghz@sohu.com
Contact Person: Gong Liang

Haining

Haining China Leather Exhibition HCLM EXPO

Date: 2011.9
Frequency: Yearly
Year of the First Event: 1994
Venue: Haining China Leather City
Exhibits: Leather Garment, fur garment, fur material, fur accessories, leather auxiliary materials, Leather Case, bags, wallets, belts, Leather Goods, gloves, leather slippers, etc.
Previous Data: The exhibition fair was held in the hall of 170,000 sq.m.It attracted more than 2000 companies and 10 000 audience.
Host: The People's Government of Zhejiang Province, China Council for the Promotion of International Trade, China National Light Industry Council, China Leather Association
Organizer: China Council for the Promotion of International Trade Zhejiang Sub-council, Jiaxing Municipal People's Government, Haining County People's Government
Address: No.466,Yan'an Road, Hangzhou
Zip Code: 310006
Tel: +86-571-85811952
Fax: +86-571-87702810
Website: www.chinafairs.org
Email: lbe@ccpit.org
Contact Person: Li Baoer

Ningbo

2011 The 8th China Ningbo, Fasteners, Components & Manufacturing Equipment Exhibition

Date: 2011.3.5-7
Venue: Ningbo International Convention and Exhibition Centre
Host: Ningbo Municipal Economic Commission
Organizer: San Chong Exhibition Planning Co., Ltd.
Address: 6F070-071,No.9 Hall, No.181, Convention Road, Jiangdong District, Ningbo
Tel: +86-574-27865719
Fax: +86-574-27855299
Email: zhxh328@yahoo.com.cn

2011 Ningbo International Metal Stamping Parts & Metal Car Parts Exhibition

Date: 2011.3.5-7
Venue: Ningbo International Convention and Exhibition Centre
Host: Ningbo Municipal Economic Commission
Organizer: San Chong Exhibition Planning Co., Ltd.
Address: 6F070-071,No.9 Hall, No.181, Convention Road, Jiangdong District, Ningbo
Tel: +86-574-27865719
Fax: +86-574-27855299
Email: zhxh328@yahoo.com.cn

2011 Ningbo International Foundry, Metal Forming and Industrial Furnace Exhibition

Date: 2011.3.5-7
Venue: Ningbo International Convention and Exhibition Centre
Host: Ningbo Municipal Economic Commission
Organizer: San Chong Exhibition Planning Co., Ltd.
Address: 6F070-071,No.9 Hall, No.181, Convention Road, Jiangdong District, Ningbo
Tel: +86-574-27865719
Fax: +86-574-27855299
Email: zhxh328@yahoo.com.cn

2011 Ningbo Metallurgical Industry Expo

Date: 2011.3.5-7
Venue: Ningbo International Convention and Exhibition Centre
Host: Ningbo Municipal Economic Commission
Organizer: San Chong Exhibition Planning Co., Ltd.
Address: 6F070-071,No.9 Hall, No.181, Convention Road, Jiangdong District, Ningbo
Tel: +86-574-27865719
Fax: +86-574-27855299
Email: zhxh328@yahoo.com.cn

2011 China Ningbo International Maritime Expo

Date: 2011.3.17-19
Venue: Ningbo International Convention and Exhibition Centre
Host: Association of Shipbuilding Industry in Zhejiang Province, People's Republic of Ningbo Maritime Safety Administration, People's Government of Ningbo City, Jiangdong District, Ningbo City, Leading Group Office of the Development of Modern Logistics Industry Organizer
Organizer: EJ Krause International Exhibition Company, Yazhuo Exhibition Service Co., Ltd., Ningbo Ship Industry Association
Address: Building 7,No.650,Baizhangdong Road, Convention Road, Jiangdong District, Ningbo
Post code: 315040
Tel: +86-574-27716607
Fax: +86-574-87849306
Contact Person: Gu Xiaoli

2011 Ningbo Logistics and Technology Exhibition

Date: 2011.3.17-19
Venue: Ningbo International Convention and Exhibition Centre
Host: Ningbo logistics office, Ningbo Logistics Association, Yazhuo Exhibition Service Co., Ltd.
Organizer: Yazhuo Exhibition Service Co., Ltd.
Address: Building 7,No.650,Baizhangdong Road, Convention Road, Jiangdong District, Ningbo
Post code: 315040
Tel: +86-760-22588963
Fax: +86-760-89822020
Contact Person: Zhai Tianlong
(+86-18924988266)

The 8th China (Ningbo) International Stationery & Gifts Exposition

Date: 2011.3.17-19
Venue: Ningbo International Convention and Exhibition Centre
Host: China International Trade Promotion Committee, Ningbo Municipal People's Government
Organizer: CCPIT Ningbo Branch, Hai County Government
Address: Building 7,No.650,Baizhangdong Road, Convention Road, Jiangdong District, Ningbo
Tel: +86-574-87254018
Fax: +86-574-87254017
Email : 1246348873@qq.com
Contact Person: Yao Jialing

The 2nd Century Stationery Network International Procurement

Date: 2011.3.17-19
Venue: Ningbo International Convention and Exhibition Centre
Host: China International Trade Promotion Committee, Ningbo Municipal People's Government
Organizer: CCPIT Ningbo Branch, Hai County Government
Address: Building 7,No.650,Baizhangdong Road, Convention Road, Jiangdong District, Ningbo
Tel: +86-574-87254018
Fax: +86-574-87254017
Email : 1246348873@qq.com
Contact Person: Yao Jialing

2011 The 3rd China (Ningbo) International Fishery Fair

Date: 2011.4.16-18
Venue: Ningbo International Convention and Exhibition Centre
Website: www.haiboexpo.com
Organizer: Haibo Exhibition Co., Ltd.
Address: Room 311/323,Haiyungang, No.1130,Baizhangdong Road, Jiangdong District, Ningbo
Tel: +86-574-56112557
Fax: +86-574-56112668

The 3rd China (Ningbo) International Aquatic Equipment and Technology Exhibition

Date: 2011.4.16-18
Venue: Ningbo International Convention and Exhibition Centre
Website: www.haiboexpo.com
Organizer: Haibo Exhibition Co., Ltd.
Address: Room 311/323,Haiyungang, No.1130,Baizhangdong Road, Jiangdong District, Ningbo
Tel: +86-574-56112557
Fax: +86-574-56112668

2011 Ningbo International Meat Industry Exhibition

Date: 2011.4.16-18
Venue: Ningbo International Convention and Exhibition Centre
Website: www.haiboexpo.com
Organizer: Haibo Exhibition Co., Ltd.
Address: Room 311/323,Haiyungang, No.1130,Baizhangdong Road, Jiangdong District, Ningbo
Tel: +86-574-56112557
Fax: +86-574-56112668

2011 China (Ningbo) International Lighting Lamps Fair

Date: 2011.5.10-12
Venue: Ningbo International Convention and Exhibition Centre
Host: Zhejiang Illuminating Engineering Society
Organizer: Shanghai Yisheng Exhibition Services Co., Ltd.
Address: Room 503,No.5,Nongjiangshan Street, Xinsong Road Shanghai
Post code: 200000
Tel: +86-21-61246316
Fax: +86-21-61246320
Email : yishengexpo@126.com

2011 Ningbo International Textile Yarn & Fabric Accessories Exhibition

Date: 2011.5.19-21
Venue: Ningbo International Convention and Exhibition Centre
Host: Ningbo Garment Association, Ningbo City Office of Textile & Apparel Management
Organizer: Ningbo Jiangdong Dongbo Exhibition Co., Ltd
Address: Room 603,No.12 Building, Xintiandi International Business Building, No.689,Shiji Avenue, Ningbo
Post code: 315040
Tel: +86-574-87784339
Fax: +86-574-87773480
Email : nbdongbo@163.com
Contact Person: Ms.Zhang

2011 The 9th Ningbo International Home Textile Trade Fa

Date: 2011.5.19-21
Venue: Ningbo International Convention and

Exhibition Centre
Host: Ningbo Garment Association, Ningbo City Office of Textile & Apparel Management
Organizer: Ningbo Jiangdong Dongbo Exhibition Co., Ltd
Address: Room 603,No.12 Building, Xintiandi International Business Building, No.689,Shiji Avenue, Ningbo
Post code: 315040
Tel: +86-574-87784339
Fax: +86-574-87773480
Email : nbdongbo@163.com
Contact Person: Ms.Zhang

2011 8th International Ningbo Sewing Equipment Exhibition

Date: 2011.5.19-21
Venue: Ningbo International Convention and Exhibition Centre
Host: Ningbo Garment Association, Ningbo City Office of Textile & Apparel Management
Organizer: Ningbo Jiangdong Dongbo Exhibition Co., Ltd
Address: Room 603,No.12 Building, Xintiandi International Business Building, No.689,Shiji Avenue, Ningbo
Post code: 315040
Tel: +86-574-87784339
Fax: +86-574-87773480
Email : nbdongbo@163.com
Contact Person: Ms.Zhang

2011 The 7th China Mould (Ningbo) Fair

Date: 2011.5.26-29
Venue: Ningbo International Convention and Exhibition Centre
Organizer: Mould Industry Association of Ningbo City, Ningbo City Machine Equipment Industry Association
Address: Room 603,No.12 Building, Xintiandi International Business Building, No.689,Shiji Avenue, Ningbo
Post code: 315040
Tel: +86-574-7964003
Email : nbdongbo@163.com
Contact Person: Ms.Shen
(+86-13777268725)

2011 Ningbo Machine Tool Exhibition

Date: 2011.5.26-29
Venue: Ningbo International Convention and Exhibition Centre
Organizer: Mould Industry Association of Ningbo City, Ningbo City Machine Equipment Industry Association
Address: Room 603,No.12 Building, Xintiandi International Business Building, No.689,Shiji Avenue, Ningbo
Post code: 315040
Tel: +86- 574-7964003
Email : nbdongbo@163.com
Contact Person: Ms.Shen
(+86-13777268725)

2011 The 10th China International Consumer Goods Fair

Date: 2011.6.8-12
Frequency: Yearly
Year of first event: 2002
Venue: Ningbo International Convention and Exhibition Centre
Previous data: 90,000 exhibition area
Host: Ministry of Commerce, Zhejiang Provincial People's Government
Organizer: Ningbo Municipal People's Government
Address: No.16 Foreign Economic and Trade Building, No.190,Lingqiao Road, Ningbo
Post code: 315000
Tel: +86-574-87327683
Fax: +86-574-87327443
Email : trade@cicgf.com

The 11th China International Exhibition for the Grain & Oil Products, Equipment and Technology (CGOF)

Date: 2011.10.13-15
Frequency: Yearly
Year of the First Event: 1999.9
Venue: Ningbo International Conference & Exhibition Center
Exhibits: Domestic and foreign grain processing products, cereals, oil and foodstuffs, grain & oil processing products, feed processing machinery equipment and technology, oil and foodstuffs packaging equipment and technology, oil storage, transportation, testing and management equipment and technology, trade logistics equipment, exchange.
Previous Data: 1000 Exhibitors, 15 Foreign Exhibitors, 30000 Spectators
Host: China State Administration of Grain
The People's Government of Zhejiang Province
Organizer: China Council for the Promotion of International Trade Grain Sub-council. Development and Exchange Center of State Grain Administration, The Grain Administration of Zhejiang Province. Conference & Expo Office of Ningbo Municipal Government, Ningbo International Conference & Exhibition Center co., Ltd.
Address: No.45 Fuxingmennei Street, Beijing
Zip Code: 100801
Tel: +86-10-66094251/54/65/68/39
Fax: +86-10-66094291, 66014932
Website: www.cgof.cn
Email: lintian@ccpit.org
Contact Person: Tian Lin

Shaoxing

China Keqiao International Textile Expo

Date: 2011.10.25-28
Frequency: Yearly
Year of the First Event: 2000
Venue: Keqiao • International Convention and Exhibition Center of China Textile City
Exhibits: Textile fabrics, Accessories, raw materiais, Apparels, Hometex
Previous Data: The last exhibition had 1289 booths, covering 31000 sq.m.The registered purchasers were 25391,among whom 5579 were from overseas.The transaction value reached 4.893 billion RMB.
Host: People's Government of Zhejiang Province, China council for the Promotion of International Trade, China Textile Industry Association, China Chamber of Commerce
Organizer: Department of Commerce of Zhejiang Province, China Council for the Promotion of International Trade Zhejiang Sub-council, Shaoxing Municipal People's Government, Shaoxing County Government
Address: No.466,Yan'an Road, Hangzhou
Zip Code: 310006
Tel: +86-571-85811952
Fax: +86-571-87702810
Website: www.chinafairs.org
Email: lbe@ccpit.org
Contact Person: Li Baoer

Wenzhou

2011 The 2nd Wenzhou (International) High-end Properties and Investment Fair

Date: 2011.3.26-28
Venue: Wenzhou International Convention and Exhibition Center
Host: Wenzhou Chamber of Commerce, Wenzhou Association of Private Entrepreneurs
Organizer: Wenzhou Jingzhi Exhibition Co., Ltd.
Address: 3rd floor, Chamber Building, No.3,Houcang Street, Wenzhou
Post code: 325800
Email: 694766360@qq.com
Contact Person: Li Ming

2011 China (Wenzhou) Outdoor Leisure Products Expo

Date: 2011.4.16-18
Venue: Wenzhou International Convention and Exhibition Center
Host: Wenzhou City Economic and Trade Commission, Wenzhou Municipal Bureau of Tourism
Organizer: Wenzhou International Convention and Exhibition Centre
Address: Fourth floor, International Convention and Exhibition Center, Jiangbin East Road, Wenzhou
Tel: +86-577-88139008
Fax: +86-577-88139191
Email: 871170422@qq.com
Contact Person: Zeng Zhi

2011 China (Wenzhou) Baby Products Exhibition

Date: 2011.5.28-30
Venue: Wenzhou International Convention and Exhibition Center
Exhibits: Vehicle air conditioning systems, vehicle air conditioning parts, etc.
Website: www.bogooo.com.cn
Host: China National Association of Women and Children Products
Organizer: Wenzhou Bogao.Exhibition Co., Ltd.
Address: 3rd floor, No.1 Building, No.12 Baozhou Road, Xueyuan East Road, Wenzhou
Post Code: 325001
Tel: +86-577-85678566
Fax: +86-577-85678577
Email: bogooo@bogooo.com.cn

2011 China (Wenzhou) Leather Handbags Fair

Date: 2011.6.17-18
Venue: Wenzhou International Convention and Exhibition Center
Host: Wenzhou Bogao Exhibition Co., Ltd.
Organizer: Wenzhou Bogao Exhibition Co., Ltd
Address: 3rd floor, No.1 Building, Baozhou Road, Xueyuan East Street, Wenzhou
Tel: +86-577-85678566
Fax: +86-577-85678577

2011 The 16th China (Wenzhou) International Leather, Shoes & Shoes Machine Exhibition

Date: 2011.8.26-28
Venue: Wenzhou International Convention and Exhibition Center
Host: China Plastics Processing Industry Association
Organizer: Wenzhou Dana Exhibition Co., Ltd.
Address: 7th floor, Evening News Building, Xincheng Street, Wenzhou
Tel: +86-577-88905881
Fax: +86-577-88901788

2011 China (Wenzhou) Machinery & Equipment Exhibition

Date: 2011.10.21-23
Venue: Wenzhou International Convention and Exhibition Center
Host: China Machinery Industry Federation, Wenzhou Municipal People's Government
Organizer: Wenzhou International Convention and Exhibition Centre
Address: 3rd floor, No.1 Building, No.12 Baozhou Road, Xueyuan East Road, Wenzhou
Tel: +86-21-60910207
Fax: +86-21-60910208
Email: 871170422@qq.com
Contact Person: Wang Jiao

Yiwu

China International Hardware & Electrical Appliances Trade Fair

Date: 2011.4.20-23
Frequency: Yearly
Year of the First Event: 2004
Venue: Yiwu International Exhibition Center
Exhibits: Hardware tools, architectural hardware, hardware gifts, daily-use hardware, hotel kitchen supplies, leisure item, machinery and equipment, electronics, equipped with sewing zipper, processing machinery, metal machine tool, mechanical and electrical products, mold products
Previous Data: 46,012 Buyers
Host: China National Hardware Electric and Chemical Products Commercial Association, Yiwu Municipal People's Government
Organizer: Zhejiang China Commodities City Group Co., Ltd.Yiwu Hardware & Electrical Appliances Trade Association.
Address: Exhibition Dep., No.301 Binwang Road, Meihu Exhibition and Convention Centre, Yiwu, Zhejiang Province
Zip Code: 322000
Tel: +86-579-85415002,85415003, 85415026,85415262
Fax: +86-579-85415004
Website: www.hardwareexpo.cn
Email: web@hardwareexpo.cn
Contact Person: Manager Hu

Yiwu Sourcing Fair: Consumer Goods

Date: 2011.4.20-23
Frequency: Yearly
Year of the First Event: 2006
Venue: Yiwu International Exhibition Center
Exhibits: Houseware, Decorative Process, Household & Home textile, Clothing shoes
Previous Data: This exhibition has arranged 432 exhibitors, 630 booths, 3194 spectators, including 1171 foreign exhibitors from 92 countries and regions.There are 2023 domestic guests, 47 delegations, including 28 overseas delegations.
Host: Zhejiang Foreign Trade Service Centre Zhejiang China Commodities City Group Co., Ltd
Organizer: Yiwu China Commodities City Exhibition Co., Ltd
Zhejiang Broad International Exhibition Co., Ltd
Address: 3rd Exhibition Dep.No.301 Binwang Road, Meihu Exhibition and Convention Centre, Yiwu, Zhejiang Province
Zip Code: 322000
Tel: +86-579-85415333, 85415266, 85415277, 85415288
Fax: +86-579-85415244
Website: www.yiwusourcingfair.com
Email: expo@chinafairs.org
Contact Person: Manager Sun

China Yiwu Stationery and Arts Trade Fair

Date: 2011.4.20-23
Frequency: Yearly
Year of the First Event: 2004
Venue: Yiwu International Exhibition Center
Exhibits: office, sports, arts and crafts, creative cartoon and toys, calligraphy and antique painting, book
Previous Data: 2011 China Yiwu Stationery and Arts Trade Fair occupied an area of 52,000 sq.m, The fair attracted 998 companies in total which came from 25 provinces in China and 16 countries and regions,
Host: The People's Republic of China Cultural Department; The People's Government of Zhejiang Province.Organizer: Zhejiang Provincial Department of Culture, Zhejiang Council for the Promotion of Culture Industry, Yiwu Municipal People's Government.
Address: 4th Exhibition Dep, No.301 Binwang Road, Meihu Exhibition and Convention Centre, Yiwu, Zhejiang Province
Zip Code: 322000
Tel: +86-579-85415406
Fax: +86-579-85415386,85415777
Website: www.ssofair.com
Email: expo@chinafairs.org

Contact Person: Manager Chen

China International Tourism Commodities Fair

Date: 2011.5
Frequency: Yearly
Year of the First Event: 2009
Venue: Yiwu International Exhibition Center
Exhibits: Tourism equipment, hotel equipment, tourism products, Tourism Souvenirs
Previous Data: 1585 Exhibitors, 2256 Booths, total deal with 27.69 million RMB, more than 100,000 spectators.
Host: National Tourism Administration Zhejiang Provincial People's Government
Organizer: China Tourism Association Zhejiang Tourism Bureau Yiwu Municipal People's Government
Address: Exhibition Dep.No.301 Binwang Road, Meihu Exhibition and Convention Centre, Yiwu, Zhejiang Province
Zip Code: 322000
Tel: +86-579-85415111/257/258
Fax: +86-579-85415005, 85415777
Website: www.tourismfair.cn
Email: hst@chinafairs.org
Contact Person: Manager Hu

2011 The 6th China Crystal & Glass Products Fair

Date: 2011.10.21-25
Frequency: Yearly
Year of the First Event: 2005
Venue: Yiwu International Exhibition Center
Exhibits: Crystal crafts, domestic glassware, crystal lights, crystal processing facilities & accessories
Previous Data: 165 Exhibitors, 400 booths, 82,000 spectators, 11,000 professional spectators
Host: China National Association for Glass Industry, Zhejiang Economic and information Commission, Pujiang People's Government
Organizer: Pujiang Economic and Foreign Trade Bueau, Zhejiang China Commodities City Group Co., Ltd., Zhejiang Crystal Handicraft Asssociation
Address: 3rd Exhibition Dep., No.301 Binwang Road, Meihu Exhibition and Convention Centre, Yiwu, Zhejiang Province
Zip Code: 322000
Tel: +86-579-85415268
Fax: +86-579-85415386
Website: www.crystalfair.cn
Contact Person: Manager Sun

China Yiwu International Commodities Fair

Date: 2011.10.21-25
Frequency: Yearly
Year of the First Event: 1995
Venue: Yiwu International Exhibition Center
Exhibits: Stationery & Office Supplies, Sports & Recreation Articles, Toys, Knitting Accessories, Garment, Footwear & Headwear, Cosmetics & Beauty-care Products, Hardware & Machinery, Electronic & Electrical Appliances, Leather, Cases & Bags, Fashion Jewelry, Artistic Gifts, Home Appliances, Auto Supplies, Trade Services, Crystal & Glass Products, International Hall
Previous Data: 120,000sq.m Exhibition Area, 120,000 Professional Spectators, 5000 Foreign Booth, 18,000 Foreign Exibitors, 80 Foreign Delegation
Host: Ministry of Commerce of the P.R.C.Zhejiang Provincial People's Government
China Council for the Promotion of International Trade China National Light Industry Council, China General Chamber of Commerce
Organizer: Foreign Trade and Economic Cooperation Department of Zhejiang Provincial People's Government, Yiwu Municipal People's Government
Address: Exhibition Dep.No.301 Binwang Road, Meihu Exhibition and Convention Centre, Yiwu, Zhejiang Province
Zip Code: 322000
Tel: +86-579-85415111, 85415222, 85415333, 85415406, 85415800
Fax: +86-579-85415777,85415444
Website: www.yiwufair.com
Email: expo@chinafairs.org
Contact Person: Manager Yu

China Yiwu International Forest Product Fair

Date: 2011.11.1-4
Frequency: Yearly
Year of the First Event: 2008
Venue: Yiwu International Exhibition Center
Exhibits: Bamboo and wooden home article, Bamboo and wooden art crafts, Bamboo and wooden daily-use goods, Forest food, Flower and gardening products, Forest leisure products, Forestry machinery
Previous Data: 1800 Booths, 45,000sq.m exhibition area, 1000 exhibitors, total deal with 24.84 billion yuan, spectators: 105,300
Host: State Forestry Administration, P.R.China, The People's Government of Zhejiang Province
Organizer: Zhejiang Provincial Forestry Department, Yiwu Municipal People Government
Address: Exhibition Dep.No.301 Binwang Road, Meihu Exhibition and Convention Centre, Yiwu, Zhejiang Province
Zip Code: 322000
Tel: +86-579-85415001,85415255
Fax: +86-579-85415244
Website: www.forestryfair.com
Email: expo@chinafairs.org
Contact Person: Manager Sun, Manager Chen

The 11th Yiwu International Exhibition on Hosiery, Knitting, Dyeing & Finishing Machinery

Date: 2011.11.24-26
Frequency: Yearly
Year of the First Event: 1999
Venue: Yiwu International Exhibition Center
Exhibits: Knitting machinery, finishing machinery, garment machinery, label printing machinery, knitting machine parts, yarn fibers, knitting accessories
Previous Data: Attracted 5,078 professional buyers and audience.The exhibition area is more than 7,600 sq.m, has attracted 130 exhibitors from 11 countries like Turkey, Bangladesh, Germany, Hong Kong, Italy, Japan, South Korea, China, Switzerland, Taiwan and Thailand
Host: China Council for the Promotion of International Trade, Zhejiang Sub-Council Zhejiang China Commodities City Group Co., Ltd; Adsale Exhibition Services Ltd
Organizer: Yiwu China Commodities City Exhibition Co., Ltd Zhejiang Economy and Trade International Exhibition Centre Ltd
Address: Exhibition Dep.No.301 Binwang Road, Meihu Exhibition and Convention Centre, Yiwu, Zhejiang Province
Zip Code: 322000
Tel: +86-579-85415801
Fax: +86-579-85415444
Website: www.2456.com/yiwu
Email: expo@chinafairs.org
Contact Person: Manager He

Yongkang

China Hardware Fair

Date: 2011.9.26-28
Frequency: Yearly
Year of the First Event: 1995
Venue: Technology Hardware City Yongkang China
Exhibits: Tools & Hardware, Machinery, dynomotor, Daily Hardware Electric Appliance, Vehicle, Electric Machinery,

Decoration & Construction Hardware, Doors, Machinery Equipment, pipe and parts, doors and accessories, standard fastener, sanitary pottery, fire equipment, pumps, abrasive tools, measure instrument, meters, kitchen equipment, Others
Previous Data: There were 2785 booths and 1241 companies in the fair.The venue covered 46,000 sq.m in total.104,000 visitors participated in the fair and the transaction value was 8.82 billion RMB.
Host: China Council For The Promotion of International Trade, China Chamber of Commerce, China's Technology And Finance Association, China Light Industry Association, China Association Of Inventions
Organizer: Yongkang County Government, China Council For The Promotion of International Trade Zhejiang Sub-council
Address: No.466,Yan'an Road, Hangzhou
Zip Code: 310006
Tel: +86-571-85811952
Fax: +86-571-87702810
Website: www.chinafairs.org
Email: lbe@ccpit.org
Contact Person: Li Baoer

Zhuji

China International Hosiery Industry Expo

Date: 2011.10.18-20
Frequency: Biyearly
Year of the First Event: 2000
Venue: Zhejiang Datang Textile Hosiery City
Exhibits: Socks, socks machine, raw materials.Accessories
Previous Data: The venue for the fair is 10000 sq.m.There were about 2000 foreign purchasers from over 20 countries including USA, UK, Mexico, South Africa, etc.
Host: China Council for the Promotion of International Trade, China Industry and economy League, China Chamber of Commerce for Import and Export of Textile, China Knitting Industrial Association
Organizer: Zhuji County Government, China Council for the Promotion of International Trade Zhejiang Sub-council
Address: No.466,Yan'an Road, Hangzhou
Zip Code: 310006
Tel: +86-571-85811952
Fax: +86-571-87702810
Website: www.chinafairs.org
Email: lbe@ccpit.org
Contact Person: Li Baoer